공자가 들려주는 인생경험

論語

별재

하

남회근 지음
송찬문 번역

마하연

論語別裁

南懷瑾 先生 述著

ⓒ 南懷瑾文化事業有限公司, 2014

Korean translation copyright ⓒ Mahayon Publishing Co., 2023
Korean edition is published by arrangement with
Nan Huai Jin Culture Foundatian.

논어별재 (하)

초판 1 쇄 2023년 12월 10일 초판 발행 2023년 12월 15일

지은이 남회근 지음 | 옮긴이 송찬문 | 펴낸이 송찬문 | 펴낸곳 마하연 |
등록일 2010년 2월 3일 | 등록번호 제 311-2010-000006 호 | 주소 10266 경기도
고양시 덕양구 통일로 966번길 84-4 | 전화번호 010-3360-0751
이메일 youmasong@naver.com
다음카페 홍남서원 http: //cafe.daum.net/youmawon

ISBN 979-11-85844-17-6   04150

책값은 뒤표지에 있습니다. 잘못된 책은 바꿔 드립니다

차례

제11편 선진 先進

제12편 안연 顏淵

제13편 자로 子路

제14편 헌문 憲問

제15편 위령공 衛靈公

제16편 계씨 季氏

제17편 양화 陽貨

제18편 미자 微子

제19편 자장 子張

제20편 요왈 堯曰

제10편 향당 鄕黨

일러두기

1. 이 책은 원래 초판과 2판은 대만의 노고문화사업주식회사老古文化事業股分有限公司가 발행한 2000년 3월 대만 4판6쇄 정장본의 『논어별재』論語別裁를 완역하여 『논어강의』로 출판하였던 것입니다. 이를 다시, 중국 인민동방출판전매유한공사人民東方出版傳媒有限公司가 2017년 11월 7차로 발행한 『논어별재』 상하를 저본으로 수정하여 2023년 12월 『논어별재』로 개명하여 발행한 것입니다.

2. 논어 원문의 풀이는 저자의 해석을 반영하였으되 예스러운 표현을 가능한 살렸습니다. 풀이 속의 괄호( )안의 글은 저자의 해석을 보충한 것입니다. 해당 번역문 이해에 꼭 유의해야 할 점이 있는 경우 바로 하단에 보다 작은 글자로 저자의 강해를 넣었습니다.

3. 번역 저본에 나오는 중국어 인명과 시명 책이름 등의 고유명사는 중국식 발음으로 표기하지 않고 우리식 한자 발음으로 표기하였습니다.

4. 이 책은 논어를 상론上論과 하론下論으로 각각 10편씩 나누어 강의하되, 상론의 제10편인 향당편은 제20편 「요왈편」 다음에 두어 논어의 총결론으로 삼고 있습니다. 부록 중 「중국문화 속에서의 유가」와 「공자의 생애」는 역자가 더한 것입니다.

5. 이 논어강의는 저자가 1974년도 대만에서 행한 것으로 강의에서 언급하고 있는 화폐단위나 국제사정은 당시의 시대 상황입니다.

6. 독자의 이해를 돕기 위해 필요한 경우 괄호에 간단히 주를 달고 역주로 표시하거나 각주를 달았습니다.

강의를 시작하며

이제부터 『논어』 하론下論 강의를 시작하겠습니다. 하론 강의를 마친다음, 다시 상론 제10편으로 돌아와 총 결론으로 삼겠습니다. 앞으로여러분이 『논어』를 가르칠 기회가 생긴다면, 내가 여러분에게 의견을제공하는데, 두 가지 방법으로 가르칠 수 있을 것입니다. 하나는 공자의일상생활을 간단히 묘사한 제10편 「향당」을 먼저 강의하고, 그 다음에제1편 「학이」부터 쭉 강의해 가는 방법입니다. 다른 하나는 우리가 지금 하고 있는 대로 제1편부터 제9편까지 강의하고, 제10편 「향당」은보류해 두었다가 맨 마지막 결론으로 삼는 방법입니다.

아울러 여기서 생각나는데, 앞에서도 말한 적이 있듯이, 송나라 개국재상인 조보趙普가 "반 권의 논어로 천하를 다스린다."(半部論語治天下)고말한 적이 있습니다. 이 말은 중국 문화중의 한 마디 명언입니다. 조보는 젊은 시절에 황제인 조광윤과 학우처럼 지냈는데, 비교적 시골의 어려운 집안 출신이었기 때문에 일생 동안 글공부를 많이 하지 못했지만뒷날 재상이 되었습니다. '반 권의 논어'란 그의 겸손한 말로서, 글공부를 많이 못해 『논어』 반 권밖에 읽지 못했다는 말입니다. 다른 한 편으로는, 역사 기록에 의하면 조보는 어려운 국가 대사나 중요한 문제에부딪칠 때면 시간을 두고 생각하여 오늘 해결할 수 없는 문제는 내일까지 보류했다가 해결하곤 했습니다. 어떤 사람이 보니 조보는 집에 돌아오면 자주 서재에서 책 한 권을 꺼내 읽었습니다. 나중에 그의 측근이이 비밀을 알고 싶은 호기심에서 몰래 꺼내 보았더니, 바로 『논어』였다고 합니다.

사실 『논어』는 우리들에게 어떻게 국가를 다스리라고 구체적으로 일러주지는 않습니다. 공문孔門 특유의 정치 기법을 일러주는 것은 더더욱 아닙니다. 『논어』가 말하는 것은 모두 대원칙입니다. 물론 우리는 책을 읽고 나서 책에 있는 말을 융통성 없이 그대로 적용해서는 안 됩니다. 보통 어떤 구절의 원칙은 우리의 영감을 계발하고 연상을 불러일으킵니다. 우리가 어렸을 때 책을 읽은 경험인데, 이해할 수 없는 구절을 만나게 되어 선생님께 물어 보면, 선생님은 "너는 그런 것은 상관하지 말고 외우기만 하면 된다. 장래에 차츰 이해하게 된다."고 하셨습니다. 그때는 이런 대답이 마음속으로 아주 불만스러웠습니다. 그런데 그렇게 글을 외워두고 난 뒤, 나이가 점점 들어가고 행동이나 일처리의 경험이 많아지면서 어떤 일에 부딪치면 홀연히 그 한 구절이 떠올라 큰 영감과 높은 지혜를 주었고, 이로 인해 어떻게 일을 처리해야 할지 흔히 알게 되는 것이 사실이었습니다.

이제 이상의 도리를 이해하고 났으니 제11편 「선진」先進을 보기 시작하겠습니다. 아울러 여러분에게 한 가지 경험을 말씀드립니다. 우리 같은 옛날 서생 출신들은 학교가 아니라 사숙私塾에서 공부했다는 사실입니다. 우리가 읽었던 『논어』도 오늘날처럼 한 권의 책으로 된 것이 아니라, 목각판으로 종이에 찍어 한 편마다 얇은 책 한 권으로 묶은 것이었습니다. 한 권마다 동전 두세 닢 값이었는데, 한 권을 다 읽고 낡아지면 다시 새 책을 살 준비를 했습니다. 그리고 예전에는 『논어』를 배울 때 제일 먼저 읽는 편이 「선진」 편이었지, 「학이」 편을 읽는 것이 아니었습니다.

先進

소박한 아름다움

먼저 「선진」편의 성격을 말해 보겠습니다. 이 편은 다음에 나오는 제 12편 「안연」 등과 함께 상론上論의 「학이」·「위정」·「이인」편의 주해에 해당합니다. 실제 예증例證을 들어 주해하고, 공자 당시 사제지간의 토론과 공자 자신의 실제 행위들을 서술하고 있습니다. 그러므로 이 여러 편들도 서로 연관된 것입니다.

그런데 이 편의 이름을 왜 「선진」이라고 했을까요? 앞에서 보았듯이 상론 각 편은 거의 모두 맨 첫 구절의 머리 두 글자를 제목으로 삼았습니다. 옛 사람들은 저술할 때 흔히 지금 우리가 하는 식과 반대로 했습니다. 오늘날 우리는 한 편의 글을 지을 때 먼저 전체적인 윤곽을 구상하고, 그 다음에 몇 장으로 나누어 큰 제목을 세우고, 장 아래에는 몇 개의 항목과 절 등으로 나누어 아주 조리 있게 써내려 갑니다. 마치 집을 지을 때 먼저 설계도를 그리고 철근을 엮어 세운 다음 시멘트를 쏟아 붓으면 되는 것과 같습니다. 그러나 중국의 옛 사람들이 글을 짓는 방법은 완전히 달랐습니다. 우리가 어린 시절에 글을 지을 때에도 옛 사람들 방식을 따라서 대체로 제목을 미리 정하지 않았습니다. 자신의 감정과 생각이 떠오르는 대로 글을 쓰고, 다 쓰고 난 다음에 제목을 정했습니다. 옛 사람들의 시를 보면, 특히 당시唐詩 가운데 이상은李商隱의 시에는 「무제」無題가 유달리 많습니다. 먼저 글을 짓고 나서 제목이 없으면 그냥 무제시無題詩라고 불렀기 때문입니다. 하지만 속아서도 안 됩니다. 어떤 무제시들은 사실은 제목이 있었지만 제목을 밝히기가 거북하거나 작자의 개인적인 일과 연관되어 있어서 공개하기 곤란하여 차라리 밝히지 않은 것도 있습니다.

　우리가 알듯이 『논어』 속의 「학이」·「선진」 같은 제목은 당시 편집자가 지은 것 같지는 않습니다. 아마 후인들이 편을 나누기 위해 첫 부분의 두 글자를 취해서 한 편의 제목으로 삼았을 것입니다. 이 편의 제목인 '선진'先進은 '선배'先輩라는 뜻입니다.

　공자께서 말씀하셨다. "(인류의 선배인 상고인들은 아마도 상고의 상고 시대에 문화가 없어 인류가 동물과 같았을 것이다. 그래서) 옛날 선배들은 예악禮樂에 있어 소박한 야인野人과 같았으나, (야인생활을 하면서 서서히 진화에 진화를 거듭하여 비로소 문화가 형성되었다. 우리 후배들은 문화가 있고 나서야 달라졌다. 태어나서부터 문화적인 교육을 받고, 교육을 잘 받아 수양이 높고 깊어졌다. 문화의 감화를 받아 학문이 매우 있는 이런 사람을 우리는 군자라고 부른다. 그리하여) 오늘날 후배들은 예악에 있어 세련된 군자와 같이 되었다.

　만약 둘 중에 선택하라고 하면, (실용적인 면으로 볼 때) 나는 옛날 선배들의 소박함을 따르겠다. (예악은 사람의 속마음과 생각을 바탕으로 해서 이루어지는 것이다. 진정한 정성과 소박함이 바로 가장 좋은 문화이자 진정한 예악 정신이다. 그런데 후천적으로 이런 지식들의 훈도를 받아 때로는 지나치게 세련되고 다듬어진다면, 도리어 인성人性의 본질을 잃게 되고 문화가 천박해지기 때문이다)"

　　子曰：先進於禮樂 , 野人也 。 後進於禮樂 , 君子也 。 如用之 , 則吾
　　자왈　선진어례악　야인야　　후진어례악　군자야　　여용지　즉오

從先進 。
종 선 진

　예악禮樂은 중국 문화의 중심으로서 공자는 이를 대단히 중시했습니다. 여기에서의 예악은 문화 철학과 관계되는 문제입니다. 공자는 인류의 선배인 상고인들이 문화를 어떻게 시작했는지 의문스러워하면서, 아마도 상고의 상고에는 문화가 없어 인류가 동물과 같았을 것이라고 말

하고 있습니다. 앞에서 말한 바와 같이, 도가 사상에서는 인류를 '나충' 倮蟲, 즉 털 없는 매끄러운 벌레라고 불렀는데, 털도 없고 옷도 입지 않은 벌거숭이 벌레로서 일종의 생물이라 할 수 있겠지요. 이처럼 인류는 애초에 문화가 없었습니다.

인류의 문화는 생활 경험을 토대로 서서히 쌓여 온 것입니다. 공자는 여기서 "옛날 선배들은 예악 문화에 있어 소박한 야인野人과 같았다."(先進於禮樂, 野人也)고 말하고 있습니다. 원시인들이 야인생활을 하면서 서서히 진화에 진화를 거듭하여 비로소 문화가 형성된 것입니다. 그래서 공자는 "오늘날 후배들은 예악에 있어 세련된 군자와 같이 되었다."(後進於禮樂, 君子也)고 말했습니다. 즉, "우리 후배들은 문화가 있고 나서야 달라졌다. 태어나서부터 문화적인 교육을 받고, 교육을 잘 받아 수양이 높고 깊어졌다. 문화의 감화를 받아 학문이 매우 있는 이런 사람을 우리는 군자라고 부른다." 라고 한 것입니다.

공자는 또, "만약 둘 중에서 선택하라고 하면, 나는 옛날 선배들의 소박함을 따르겠다."(如用之, 則吾從先進)고 했습니다. 실용적인 면으로 본다면 선배들의 소박함을 주장한다는 것입니다. 이 말은 대체 무슨 의미일까요? 인류의 문화는 훌륭하지만, 서권기書卷氣 — 옛날 말로는 두건기頭巾氣라 하고, 요즈음 말로는 책벌레라고 한다 — 가 지나치게 되면, 이 역시 문화가 천박하다고 할 수 있다는 것입니다. 실제로 인류의 진정한 문화는, 예를 들면 예악禮樂은 사람의 속마음과 생각을 바탕으로 해서 이루어지는 것입니다. 진정한 정성과 소박함이 바로 가장 좋은 문화이자 진정한 예악 정신입니다. 그런데 후천적으로 이런 지식들의 훈도를 받아 때로는 지나치게 세련되고 다듬어진다면, 도리어 인성人性의 본질을 잃게 됩니다.

명나라의 이학가理學家 홍자성洪自誠은 『채근담』菜根譚이라는 책을 썼는데, 이 책은 2백여 년 동안 보이지 않다가 청말 민국 초에야 어떤 사람이 일본 서점가에서 사왔습니다. 『채근담』은 여곤呂坤의 『신음어』呻吟語와 비슷한 유형의 책으로, 그 첫 구절은 "섭세천, 점염역천, 역사심, 기계역심"涉世淺, 點染亦淺, 歷事深, 機械亦深입니다. '섭세'涉世란 처세의 경험을 말합니다. 사람이 사회에 첫 발을 내디딜 때에는 인생의 경험이 별로 없으므로, 마치 하얀 천과 같아서 여러 가지 색에 물들지 않아 비교적 소박하고 사랑스럽습니다. 그러나 점점 나이가 많아지면 좋아하는 것에 대한 욕심도 많아지고(여기에는 담배·술·도박·외도만이 아니라 부귀공명도 모두 들어갑니다), 교활하고 간사한 심리와 갖가지 음험한 계략도 갈수록 많아집니다. 이러한 체험은 다시 말해, 나이가 많아지면 견문지식과 체험이 많아지는 장점이 있지만, 또 다른 관점에서 보면 확실히 심리가 복잡해지게 됩니다. 어떤 사람들은 입이 무겁고 말이 적은 사람으로 변해서, 침착하고 수양이 몹시 높은 듯이 보이지만, 실제로는 교활하고 간사한 심리가 더욱 깊이 숨어 있습니다. 할 말이 있어도 감히 하지 않는데, 옳은 말을 해도 남의 미움을 사고 그른 말을 해도 남의 미움을 사기 때문입니다.

그러나 마음씨가 비교적 좀 소박한 사람이라면 감히 말을 합니다. 예를 들면, 측천무후則天武后 시대의 재상 양재사楊再思는 명경(明經: 당나라 때의 명경과, 또는 이 분과에 합격한 사람) 출신이었는데, 경력이 쌓여 재상이 된 후에는 남들이 시기할까 두려워 공손 신중하고 남에게 거슬리는 행동을 하지 않는 사람으로 변했습니다. 어떤 사람이 그에게 "명예도 있고 벼슬도 높은데 왜 그렇게 자신을 낮추느냐?"(名高位重, 何爲屈折如此)고 묻자, 그는 "세상 길이 험난하니 곧은 자는 화를 입는다. 이처럼 하지 않으면 어떻게 몸을 보전하겠는가?"(世路艱難, 直者受禍, 苟不如此, 何以全身)라고 말했습니다.

이 때문에 공자가 여기에서 "옛날 선배들은 예악에 있어 소박한 야인野人과 같았으나, 오늘날 후배들은 예악에 있어 세련된 군자같이 되었다. 만약 둘 중에 선택하라고 하면, 나는 옛날 선배들의 소박함을 따르겠다."고 한 말도 이와 같은 의미로 이해할 수 있습니다. 공자는 차라리 소박함을 취했는데, 소박함은 확실히 사랑스런 점이 있습니다. 여기에서 우리는 간단하게 풀이했지만 이에 관계되는 내용은 매우 중요해서, 여러분은 공자가 "차라리 그 소박함을 택할지언정 번드르르함을 택하지 않겠다."(寧取其樸素, 不取其機械)고 말한 의미를 이해할 수 있을 것입니다.

그러므로 세상 물정을 잘 알고 경험이 많아지는 것은 때로는 사람을 완전히 변질시키기 때문에 꼭 좋은 일이라고만은 할 수 없습니다.

사람을 알아보고 일을 논한다

다음에서는 공자가 자기 학생들에 대해 이야기하고 있습니다.

공자께서 (만년에 옛 시절을 그리워하며 탄식하여) 말씀하셨다. "나를 따라 진陳나라와 채蔡나라에서 고난을 당했던 학생들이 (이제는) 모두 (떠나) 내 문하門下에 없게 되었구나! 덕행에는 안연·민자건·염백우·중궁이 뛰어났고, 언어에는 재아와 자공이 뛰어났고, 정사政事에는 염유와 계로가 뛰어났고, 문학에는 자유와 자하가 뛰어났다."

子曰：從我於陳蔡者，皆不及門也。德行：顔淵·閔子騫·冉伯牛·
자왈　종아어진채자　개불급문야　덕행　안연　민자건　염백우

仲弓。言語：宰我·子貢。政事：冉有·季路。文學：子游·子夏。
중궁　언어　재아　자공　정사　염유　계로　문학　자유　자하

공자가 진陳나라와 채蔡나라 사이에서 곤경에 처했던 사실은 역사상 유명한 일입니다. 당시 그의 처지는 매우 어려웠는데, 데리고 간 학생들은 모두 공자를 떠나지 않고 그를 에워싸 하나로 단결했습니다. 공자는 만년에 이르러, 당시 진나라와 채나라 사이에서 그를 따르며 함께 고난을 당했던 학생들이 이제는 다 떠나고 없다고 탄식하고 있습니다. 옛 시절을 그리워하는 정이 넘쳐나고 있습니다. 당시에 그를 따랐던 학생들은 모두 각 분야에서 특출한 성취를 이루었으며, 또한 공자 문하에서 가장 유명한 몇몇 학생들이었습니다.

공자는 이들의 성취를 각각 평가하고 있습니다. "품덕 면에서 가장 훌륭한 학생은 안연·민자건·염백우·중궁 네 사람이었다. 언어 면에서는—물론 오늘날의 어문계가 아니라 언변을 말합니다—재아·자공 두 사람이 뛰어났고, 정사政事 면에서는 염유와 계로가, 문학 면에서는 자유와 자하가 뛰어났다."

이 단락과 상론上論에서 "사상은 도에 뜻을 두고, 행위는 덕에 의거하며, 도와 덕의 발휘는 인에 의지하고, 지식과 학문은 육예에 노닐어야 한다."(志於道, 據於德, 依於仁, 游於藝)고 한 공자의 말을 결합해 보면, 사람의 재능은 저마다 특기가 있어서 만능인은 아주 드물다는 것을 분명히 알 수 있습니다. 공자의 학생만 보더라도 덕행이 훌륭한 사람이라고 꼭 일을 잘할 수 있는 것은 아니었습니다. 우리가 인재의 됨됨이를 관찰해 보면, 특히 학생들이 그러한데, 어떤 학생들은 품행 도덕이 아주 좋지만 일은 절대로 맡길 수 없는 경우가 있습니다. 일을 하자마자 망쳐 놓고 말기 때문이지요. 그러므로 지도자는 사람을 편애하지 않도록 주의해야 합니다. 누구나 정직한 사람을 좋아하지만 정직한 사람이 반드시 일을 잘할 수 있는 것은 아니며, 재능 있는 사람은 일을 잘하지만 그에게 덕행까지 훌륭하기를 요구해서는 안 됩니다.

그러므로 과거 중국 제왕은 사람을 쓸 때 오로지 재능만 중시했습니다. 어지러운 세상을 바로잡아 정상으로 회복시킬 때에는 인재의 재능을 중시하고 덕행은 무시할 수밖에 없었습니다. 우리가 알다시피 조조가 내린 인재 모집 명령서는 역사상 유명한 문헌인데, 그는 닭이나 개를 훔치는 도둑도 상관없이 자기에게 도움만 된다면 누구든지 와서 봉사할 수 있다고 했습니다. 오직 조조만이 그런 명령을 내릴 담력이 있었습니다. 후세 사람들은 감히 노골적으로 말하지는 못했지만 실제로는 모두 그렇게 했습니다.

한고조에게는 장량·소하·진평이라는 삼걸三傑이 있어서 그를 도와 천하를 평정했습니다. 그 중에서 진평은 그를 위해 여섯 번이나 뛰어난 계략을 내놓았는데, 이 계략은 오직 그와 진평 두 사람만이 알았습니다. 한고조는 항우와 전투할 때, 진평에게 항우에 대한 정보 공작을 하고 또 이간계를 쓰라면서 황금 50일(鎰: 옛날의 중량단위로, 20냥에 해당함)을 경비로 주었습니다. 그 때 어떤 사람이, 진평은 형수와 간통한 믿을 수 없는 사람이라고 한고조에게 모함했는데, 한고조는 이 말을 곧이들었습니다. 그래서 진평이 정보공작 하러 떠나기 전에 작별인사를 하러 왔을 때, 한고조는 진평에게 형수와의 간통 사실에 대해 물었습니다. 이 말을 들은 진평은 즉시 경비로 받은 황금을 한고조에게 돌려주면서, 한고조에게 이렇게 말했습니다. "당신이 나에게 맡긴 일은 국가 대사인데, 내가 형수와 간통했고 안 했고가 국가 대사와 무슨 관계가 있습니까?" 사실 진평에게는 형이 없었으니 당연히 형수도 없습니다. 간통은 다른 사람이 날조한 이야기였지요. 그러나 진평은 변명하지 않았던 것입니다. 이것이 바로 재능 있는 사람의 태도입니다. 한고조는 대단히 총명해서 즉시 미안하다는 뜻을 표시하고, 계획대로 가서 임무를 완성하라고 했습니다. 이것도 한고조의 영명한英明 점입니다. 사람들 중에는 작은 것 때문에 큰 것을 잃거나, 작은 일 때문에 큰 일을 그르치는 이들이 종종 있습니다.

훗날 또 한 가지 문학적으로 유명한 "장창이 눈썹을 그리다"(張敞畫眉)라는 이야기가 있습니다. 한선제漢宣帝 역시 대단한 황제였는데, 장창은 당시의 재자才子로서 뒷날 명신이 되었습니다. 장창과 그의 부인은 금실이 매우 좋았습니다. 장창의 부인은 어렸을 때 상처를 입어 눈썹 끝에 약간 흠이 있었으므로, 장창은 매일 아침 부인에게 눈썹을 그려 준 후에 출근했습니다. 그런데 어떤 사람이 이 일을 한선제에게 일러바치자, 한선제는 조정 대신들 앞에서 장창에게 이 일을 물었습니다. 그러자 장창은 "규방에는 눈썹 그리는 것보다 더 큰 즐거움이 있습니다."(閨房之樂, 有甚於畫眉者)라고 말했습니다. 이 말은 "규방의 부부지간에는 눈썹 그리는 것보다도 더 살맛나는 즐거운 일이 있습니다. 당신은 내게 국가 대사를 잘 처리했는가만 물으면 되지, 내가 마누라를 위해 눈썹을 그려주든 말든 당신이 상관할 게 뭡니까?"라는 뜻이었습니다.

그러므로 책을 읽고 역사를 읽는 것은 세상 물정을 이해하고 올바르게 살아가는 법을 배우기 위한 것입니다. 어떤 책임자들은 모든 사람이 성현이 되기를 바라기라도 하는 듯 부하에 대해 자질구레한 것까지 너무 간섭하는데, 일하는 사람이 반드시 성현이 될 수 있는 것은 아닙니다.

공자의 제자들을 보면 덕행 면에서 뛰어난 사람이라도 언어 면에서도 반드시 성공한 것은 아니었습니다. 또, 재아나 자공처럼 언어 면에서 성취를 이룬 사람이 반드시 덕행 면에서도 안회만큼의 수준에 도달할 수 있는 것은 아니었습니다. 정치적으로 성공한 사람의 도량은 덕행이 있는 사람과는 또 달랐습니다. 문학이 훌륭하고 글을 잘 쓰면 더 물어 볼 필요도 없습니다. 천고 이래로 문사文士는 풍류를 즐겼습니다. 역사적으로 보면 문인들은 불평이 가장 많았지만, 황제가 몇 명의 궁녀를 상으로 주거나 몇 명의 예쁜 부인을 골라 주고, 돈을 좀더 주고 벼슬을 좀 높여 주면 불평할 시간이 없었습니다. 이상의 이야기들은 모든 면을 두루 갖춘 인재를 구하기 어렵다는 것입니다. 역사상 모든 면에서 뛰어난 인재가 없었던 것은 아니지만, 덕행·언어·정사·문학 등에 두루 훌륭했던 인재는 그야말로 드물었습니다.

말 잘 듣는 안회

다음에서는 덕행 문제를 말합니다.

공자께서 말씀하셨다. "회는 나를 돕는 사람이 아니다. (내게 진정으로 도움이 되는 사람은 반드시 다른 의견을 제시하는 사람인데) 내 말에 대하여 기뻐하지 않는 바가 없기 때문이다. (회는 내 말이라면 무엇이나 다 옳다고 여겨 따르는데, 내가 정말 옳은지 나 스스로 많이 반성해 보아야겠다)"

子曰：回也，非助我者也，於吾言，無所不說。
자왈　회야　비조아자야　어오언　무소불열

상론上論에서도 말했듯이, 안회는 공자의 말이라면 어긴 적이 없어 "마치 어리석은 사람 같았습니다."(不違如愚). 그러나 가만히 관찰해 보면 안회는 공자의 말을 충분히 이해하고 실천하여 원칙을 어기지 않았으므로, 결코 어리석다고 할 수 없었습니다. 면전에서는 "예, 예." 하고 대답해 놓고 등 뒤에서는 그 말대로 행하지 않거나 행하더라도 원칙을 어기는 것과는 근본적으로 차이가 있습니다. 전자는 성실한 것이고, 후자는 권모술수입니다.

공자는 안회가 공자 자신에게 아무런 도움이 되지 않는 까닭은 안회가 자신의 말이라면 무엇이나 다 옳다고 여겨 따르기 때문이라고 말하고 있습니다. 공자가 성인이 될 수 있었던 까닭은 바로 이런 점에 있었습니다. 공자가 여기에서 한 말은, 안회가 스승인 공자의 말이라면 모두 옳다고 여기지만 공자 스스로는 자기가 정말 다 옳은지 많이 반성해 봐야겠다는 뜻입니다. 이 말은 도덕적인 면에서가 아니라 개인적인 수양 면에서 말하는 것인데, 만일 어느 부하가 상사의 말이라면 뭐든지 옳다 하고 전혀 반대 의견이 없다면 그 상사는 자신을 스스로 반성해 보아야 합니다. 공자는 스승인 자기 말을 모두 옳다고 하는 사람은 "나를 돕는 사람이 아니다."(非助我者也)라고 말했습니다. 자신에게 진정으로 도움이 되는 사람은 반드시 다른 의견을 제시하는 사람이라는 뜻입니다.

그러므로 지도자로서 가져야 할 가장 어려운 점은 반대 의견을 용납하는 것입니다. 반대 의견을 듣고 난 후 자신의 관점을 미룬 채 그 반대 의견에 대해 생각해 보고, 매우 타당한 이치가 있으면 자신의 의견과 서로 중화中和시키는 태도야말로 인생 처세에서 고도의 수양입니다. 공자는 바로 이런 도량이 있었기 때문에, 안회처럼 공자가 하는 말을 다 옳다고 여기는 사람은 공자 자신에게 도움이 되지 않는다고 했던 것입니다.

효자 민자건

공자께서 말씀하셨다. "효성스럽구나, 민자건은. (그의 계모는 그를 무척 박대했다. 겨울철에 옷을 만들 때, 데리고 온 친자식에게는 솜을 넣어 만들어 주고 민자건에게는 값싸고 추위를 막을 수도 없는 갈대꽃을 넣어 만들어 주었다) 남들이 (그의 계모가 눈에 거슬리고 형제지간에 심한 차별 대우를 하는 것이 마음에 들지 않아) 그의 부모형제들에 대하여 (불평을 품고하는) 말을 해도 상관하지 않(고 언제나 효순하고

동생들을 우애로써 대하고 있)으니. (이는 참으로 어려운 일이며 매우
기특한 효자이다)"

子曰：孝哉閔子騫，人不間於其父母昆弟之言。
자 왈　효재민자건　인불간어기부모곤제지언

　공자는 진정으로 효자로 불릴 만한 사람은 민자건이라고 말했습니다.
옛날에 널리 읽혀진 『24인의 효자』(二十四孝) 이야기를 보면, 민자건의
계모는 그를 무척 박대했습니다. 겨울철에 옷을 만들 때, 데리고 온 친
자식에게는 솜을 넣어 만들어 주고 민자건에게는 값싸고 추위를 막을
수도 없는 갈대꽃을 넣어 만들어 주었습니다. 그런데도 민자건은 그의
계모에게 아주 효순해서 뒷날 그 계모를 감동시켰습니다. 그래서 '24인
의 효자' 중 한 사람이 되었습니다.

　공자는 여기에서 민자건이 정말 큰 효자라고 칭찬하면서, "남들이 그
의 부모 형제들에 대해 말을 해도 상관하지 않는다."(人不間於其父母昆弟之
言)고 말했습니다. 남들은 모두 그의 계모가 눈에 거슬리고 형제지간에
심한 차별 대우를 하는 것이 마음에 들지 않았습니다. 그렇지만 민자건
은 남들이 불평을 품고 하는 말에 대해서 일체 듣지 않고, 그는 언제나
계모에게 효순하고 배다른 동생들을 우애로써 대했으니, 이는 참으로
어려운 일이며 매우 기특한 효자라는 것이었습니다.

　이 점은 해보면 어려운데, 독립적인 주견을 가지고 남의 말에 흔들리
지 않기란 실로 어려운 일입니다. 증자의 어머니가 베틀 북을 내던진
고사를 이야기해 보겠습니다. 우리가 알고 있듯이 증삼은 품덕이 탁월
했던 사람입니다. 그런데 한 동명이인이 살인을 해서 체포되었기 때문
에, 한 사람이 증삼의 어머니에게 와서 증삼이 살인을 했다고 말했습니
다. 증삼의 어머니는 처음에는 믿지 않고 그대로 베틀에 앉아 베를 짰
습니다. 하지만 두 번째, 세 번째 사람이 와서 같은 말을 하자, 증자의
어머니는 베틀 북을 내던지고 내려와서 자초지종을 물었습니다. 믿는
마음(信心)이 흔들렸기 때문입니다.

　모자지간에도 이러하니, 상사와 부하 간에 믿는 마음이 흔들리지 않

기란 더욱 어렵습니다. 세 사람이 와서 부하에 대해 나쁜 말을 해도 믿지 않고 네 번째 사람이 똑같은 말을 해도 믿지 않는 상사란 전혀 없지는 않겠지만, 아주 드물 것입니다. 이는 곧 "뜬소문은 지혜로운 이에게는 통하지 않는다."(謠言止於智者)는 것으로 대단히 어려운 일입니다.

민자건의 예와 같이 많은 가정에서 일어나는 문제들은 그 원인이 반드시 가정 자체에만 있는 것이 아닙니다. 주위의 친척·친구·이웃들 사이에 이러쿵저러쿵 이야기들이 많기 때문에 형제지간·부부지간 또는 고부지간에 문제가 발생하는 일이 많습니다. 이럴 경우에는 자기의 주견이 반드시 있어야 합니다. 그래서 공자는 이렇게 말한 것입니다. "민자건의 계모는 행실이 좋지 않다. 민자건도 이 점을 잘 알고 있다. 그러나 그에게는 나름대로 생각이 있기 때문에 남이 어떻게 말하든 영향을 받지 않고 한결같이 정성스럽다."

지도자라면 이 이치를 확대하여 더욱 주의해 보아야 합니다. 옛 사람이 "의심스런 사람은 쓰지 말고, 쓰기로 결정했으면 의심하지 말라."(疑人不用, 用人不疑)고 한 말이 있습니다. 한편으로는 의심하면서도 한편으로 그 사람을 쓰면 문제가 너무 커집니다. 자신을 그르칠 뿐만 아니라 일도 그르치므로 주의해야 합니다.

남용이 (완전무결한 미덕을 찬양하는 내용의) 「백규」白圭라는 시를 세 번 외우자, (평소에 이미 남용의 사람됨을 충분히 관찰했던) 공자께서 자기 형님의 딸을 그에게 시집보내셨다.

南容三復白圭, 孔子以其兄之子妻之。
남 용 삼 복 백 규   공 자 이 기 형 지 자 처 지

이 일도 상론上論에서 이미 언급한 적이 있습니다. 남용南容은 공자의 학생들 중에 특히 덕행이 뛰어났던 사람인데, 「백규」白圭라는 시를 세 번이나 읊었기 때문에 공자는 조카딸을 그에게 시집보냈습니다. 시를 외우고 노래 몇 번 불러서 공자의 조카딸을 부인으로 얻게 된 것이지요. 이는 물론 우연이 아니었습니다. 노래 좀 불렀다고 조카딸을 시집보

낸 것이라면 공자의 행위가 너무 경솔하지 않습니까? 설마 공자는 조카 사위가 가수라도 되길 바란 것일까요? 당연히 그럴 리가 없습니다. 공자가 평소에 이미 남용의 사람됨을 충분히 관찰했기 때문입니다.

「백규」는 완전무결한 미덕을 찬양하는 내용의 시입니다. 사람에게 한 점 흠이 있는 것은 곧 일생의 누累가 됩니다. 남용은 「백규」의 미덕을 지향했기 때문에 덕스런 품성을 함양할 수 있었던 것이고, 공자는 그런 그를 충분히 관찰해 보았기 때문에 조카딸을 시집 보낸 것입니다.

재능은 길고 수명은 짧았던 안회

계강자가 물었다. "제자들 중에 누가 배우기를 가장 좋아합니까?"

공자께서 대답하셨다. "안회라는 사람이 가장 배우기를 좋아했는데, 불행히도 단명하여 죽었습니다. 지금은 그런 사람이 없습니다."

李康子問 : 弟子孰爲好學?　孔子對曰 : 有顔回者好學, 不幸短命死矣;
계 강 자 문　제 자 숙 위 호 학　　공 자 대 왈　유 안 회 자 호 학　불 행 단 명 사 의

今也則亡。
금 야 즉 무

계강자는 노나라의 대부인데, 상론에서 이미 언급한 적이 있습니다. 그가 공자에게 "학생 중에 누가 제일 배우기를 좋아합니까?" 하고 물었습니다. 공자는 오직 안회가 있었는데 불행히도 단명하여 죽었다고 두 번, 세 번이나 말했습니다. 전하는 말에 의하면, 공자가 한번은 안회를 비롯한 여러 학생들과 함께 노나라 동문東門 쪽 성城 위에 서서 태산 아래 경치를 구경했다 합니다. 그 때 공자가 학생들에게 저 멀리 있는 것이 무엇이냐고 물었습니다. 시력이 좋은 학생 한 사람이 하얀 사슬 같은 것이 빠르게 지나가는 것 같다고 대답했습니다. 그러자 안회는 "흰옷을 입은 사람이 흰말을 타고 빨리 달려서 하얀 사슬같이 보이는 것입니다." 하고 말했습니다. 안회는 이처럼 시력이 아주 좋았습니다. 그래서 후세 사람들은 안회가 공부를 매우 열심히 했고 시력은 지나칠 정도

로 좋았지만, 너무 많이 굶었기 때문에 영양 부족으로 서른두 살이라는 젊은 나이에 죽었다고 했습니다. 공자는 안회의 죽음을 매우 슬퍼하면서 "금야즉무"今也則亡, 즉 이제는 그처럼 배우기 좋아하는 사람이 없다고 말했습니다.

　안연이 죽자 (집안이 가난했기에 안회의 부친이자 공자의 학생인) 안로가 (장례식을 의논하러 찾아와) 공자의 수레를 팔아 덧관을 마련해 줄 것을 청하니,
　공자께서 말씀하셨다. "(안 된다. 너는 네 아들을 사랑해서 그런 생각을 하지만) 재주가 있건 없건 각기 자기 자식을 위하여 말하기 마련이다. 내 아들 이鯉가 죽었을 때에도 관만 있었지 덧관은 없었다. 내가 아들의 덧관을 마련하려고 수레를 팔고 걸어 다닐 수 없는 것은, 내가 (정무에 종사하는 사람으로서 늘) 대부들과 왕래하는 신분이니 걸어 다닐 수는 없기 때문이다. (부귀하면 부귀한 대로 행하고, 빈천하면 빈천한 대로 행해서, 사람이란 자신의 본분대로 살아야 한다)"

　　顏淵死, 顏路請子之車以爲之槨。子曰：才不才, 亦各言其子也。鯉
　　안 연 사　　안 로 청 자 지 거 이 위 지 곽　　자 왈　　재 부 재　　역 각 언 기 자 야　　　이

也死, 有棺而無槨。吾不徒行以爲之槨, 以吾從大夫之後, 不可徒行也。
야 사　　유 관 이 무 곽　　오 부 도 행 이 위 지 곽　　이 오 종 대 부 지 후　　불 가 도 행 야

　이 이야기도 후세 사람들이 공자를 공격하는 빌미가 되었습니다.
　안회가 죽었는데, 집안이 가난했기에 안회의 부친이자 공자의 학생인 안로顏路가 장례식을 의논하러 공자를 찾아왔습니다. 옛날 사람은 장례를 치를 때 관 밖에다 곽槨이란 것을 씌웠습니다. 오늘날에도 출상出喪 행렬 때 관 밖에 꽃덮개 같은 것이 씌워져 있는 것을 볼 수 있는데, 이것이 바로 옛날의 곽槨과 같은 것입니다. 안연의 아버지 안로는 아들이 죽었는데도 곽을 살 능력이 없었습니다. 당시 공자에게는 수레가 한 대 있었는데, 안로는 공자와 의논하면서 공자의 수레를 팔아 곽을 사서 아들 장례를 치르고 싶다고 했습니다.
　이 때 공자는 "안 된다. 너는 네 아들을 사랑해서 그런 생각을 하지

만, 내 아들 이鯉가 죽었을 때도 너처럼 가난하여 곽이 없었다. 그 때도 나는 내 아들 곽을 마련하려고 수레를 팔지는 않았다." 하고 말했습니다. 공자는 또 수레를 팔 수 없는 이유로, 자신이 정무에 종사하는 사람으로서 대신들과 늘 왕래해야 하기 때문에 수레 없이 걸어 다닐 수는 없다고 말했습니다.

　이런 일은 체험해 본 사람이라야 알 수 있습니다. 내가 대륙에 있을 때 한번은 일이 있어서 어느 성省의 고관을 만나러 갔습니다. 인력거를 타고 가서 성 청사 입구에서 내렸는데, 경비가 이것저것 물어 보는데다 여러 가지 수속하는 것도 귀찮아서 그냥 돌아와 버렸습니다. 때마침 한 청장이 일이 있어서 내게 전화를 했기에, 그 김에 그의 차를 빌려 타고 갔더니 입구에서 내리지도 않고 성 안으로 들어갈 수 있어서 아주 편리하고 간단했습니다.

　오사 운동 이후 어떤 사람들은 공자가 너저분하게 겉치레를 중시했다고 공격했습니다. 낡은 수레 한 대를 아들에게도 주지 않았고, 자기가 가장 사랑하는 학생에게도 주지 않았다는 것입니다. 하지만 공자가 의도한 말 뜻은 사람이란 자신의 본분대로 살아야 한다는 것이었습니다. 『중용』 제14장에 "부귀하면 부귀한 대로 행하고, 빈천하면 빈천한 대로 행한다."(素富貴, 行乎富貴. 素貧賤, 行乎貧賤)고 언급한 대로, 가난할 때는 가난한 생활을 해서 본분 밖의 일을 하지 말라는 것입니다. 집에 돈이 없는데도 체면을 중시한 나머지 돈을 빌리면서까지 죽은 사람 장례를 치르는 것이야말로 "죽은 사람 체면 차리느라 산 사람이 고생한다."(死要面子, 活受罪)는 것입니다. 그래서 공자는 자기 아들이 죽었을 때도 돈이 없어 장례를 간단히 치렀으며, 관만 있고 곽이 없어도 상관하지 않았다고 말한 것입니다.

　안연이 죽자 공자께서 (몹시 슬퍼 탄식하여) 말씀하셨다. "(나의 도를 전해 받을 만한 사람으로 안회만한 사람을 얻기 어려운데) 아아! 하늘이 나를 버리셨구나! 하늘이 나를 버리셨구나!"

　　顔淵死, 子曰 : 噫! 天喪予! 天喪予!

안연사　자왈　희　천상여　천상여

　이것은 안회가 죽자 공자가 몹시 슬퍼하며 탄식한 말입니다. 안회는 모든 제자 중에서 공자 학문을 가장 훌륭하게 계승할 수 있었던 사람이었기 때문입니다. 이제 그가 죽었으니 공자 학문의 계승자에 문제가 생긴 것입니다. 도를 전해 받을 만한 사람으로 안회만한 사람을 얻기 어려웠기 때문에 공자는 "아아! 하늘이 나를 버리셨구나! 하늘이 나를 버리셨구나!" 하고 말했습니다.

　안연이 죽자 공자께서 통곡을 하셨다. 모시고 간 제자가 "선생님, (너무) 통곡하십니다!"고 하자,
　"(내가) 통곡한다고 (했느냐)? (안회처럼 성실하고 배우기 좋아한 사람이 죽었는데) 이런 사람을 위하여 통곡하지 않는다면 누구를 위해 하겠느냐? (어떤 사람의 죽음이 나를 이토록 슬프게 하겠느냐?)"고 하셨다.

　　顏淵死，子哭之慟。從子曰：子慟矣！曰：有慟乎？非夫人之爲慟
　　안 연 사　자 곡 지 통　종 자 왈　자 통 의　왈　유 통 호　　비 부 인 지 위 통
而誰爲？
이 수 위

　여기에서 '통'慟은 매우 슬퍼한다는 뜻입니다. 안회가 죽었을 때 공자는 통곡하며 슬프게 울었습니다. 공자 곁을 따르던 학생이 선생님이 너무 슬프게 운다고 말하자, 공자는 "내가 슬프게 운다고 했느냐? 안회처럼 성실하고 배우기 좋아한 사람이 죽었으니 내가 당연히 슬퍼하는 것이다. 만약 안회가 죽었는데도 내가 슬퍼하지 않는다면, 그밖에 누구를 위해서 슬퍼하겠느냐? 어떤 사람의 죽음이 나를 이토록 슬프게 하겠느냐?" 하고 말하고 있습니다.

　안연이 죽자 문인門人들이 그를 후하게 장사지내고자 하니,
　공자께서는 "안 된다! (후한 장례는 안회에게 이미 아무 도움이 되

지 않는다. 뿐만 아니라 안회의 덕행과 사상으로 보더라도 그 역시 후한 장례를 바라지 않을 것이다)"고 하셨다.

그러나 문인들이 (공자의 말을 듣지 않고) 그를 후하게 장사지내자,

공자께서 (이 사실을 알고 나서) 말씀하셨다. "생전에 회回는 나를 아버지처럼 대하였는데, 그의 장례에서 나는 그를 자식처럼 대할 수 없었다. 이렇게 후한 장례는 나의 뜻이 아니라 너희들의 뜻이었다."

顔淵死, 門人欲厚葬之。子曰 : 不可! 門人厚葬之。子曰 : 回也, 視
안 연 사   문 인 욕 후 장 지   자 왈   불 가   문 인 후 장 지   자 왈   회 야   시

予猶父也, 予不得視猶子也。非我也, 夫二三子也。
여 유 부 야   여 부 득 시 유 자 야   비 아 야   부 이 삼 자 야

안연이 죽자, 학우들이 그를 후하게 장사지내자고 공자에게 건의했습니다. 그러나 공자는 "안 된다. 후한 장례는 안회에게 이미 아무 도움이 되지 않는다. 뿐만 아니라 안회의 덕행과 사상으로 보더라도 그 역시 후한 장례를 바라지 않을 것이다."고 했습니다. 그랬음에도 이 일에 대해 학생들은 공자의 말을 듣지 않고, 안회를 후하게 장사지냈습니다.

공자는 이 사실을 알고 나서, 안회는 생전에 자기를 아버지처럼 여겼지만, 그를 안장하는 일에 있어서 "나는 그를 자식처럼 대할 수 없었다."(予不得視猶子也)고 탄식하였습니다. 猶(유)는 如(여)와 같은 뜻으로서, '유자'猶子란 '아들과 같다'는 뜻입니다. 후세 사람들은 조카를 유자猶子라고 하였습니다. 여기서 공자는 장례를 치르는 일에 있어서 안회를 자기 아들처럼 대할 수 없었다고 하면서, 평소 검소한 생활을 했던 안회의 성품에 따라 장례를 치렀어야 마땅하다고 말하고 있습니다. 그래서 공자는 죽은 안회에게 좀 미안한 뜻을 담아 말하기를, "이렇게 후한 장례는 나의 뜻이 아니라 너희 학우들의 뜻이었다."(非我也, 夫二三子也)고 한 것입니다.

공자의 탄식은 솔직하고 거리낌 없는 표현입니다. 안회 이야기가 나오니, 재능은 있었지만 단명하거나 박명했던 동서고금의 많은 인물들이 생각나서 몹시 슬퍼집니다. 당나라 시인 이상은李商隱의 다음과 같은 구절이 있는데, 정말 운명을 아는 달인達人의 논조입니다.

벼슬 중에 적당히 지냄이 나의 능한 재주라   中路因循我所長
예로부터 재능과 수명은 반대였다네   由來才命兩相妨

창생을 묻지 않고 귀신을 묻다

다음에서는 하나의 문제가 제기됩니다.

    계로가 귀신 섬기는 일에 대하여 묻자, 공자께서 말씀하셨다. "사람도 제대로 섬기지 못하는데, 어찌 귀신을 섬길 수 있겠느냐? (먼저 사람을 제대로 알고 나서 귀신 문제를 연구해야 한다)"
    계로가 말했다. "감히 죽음에 대하여 묻겠습니다." 공자께서 말씀하셨다. "(어떻게 태어났는지, 생명은 어디로부터 왔는지) 삶도 잘 알지 못하는데, 어찌 죽음을 알겠느냐?"

    季路問事鬼神。子曰：未能事人，焉能事鬼？ 曰：敢問死？ 曰：未
    계 로 문 사 귀 신   자 왈   미 능 사 인   언 능 사 귀   왈   감 문 사   왈   미

知生，焉知死？
지 생   언 지 사

    귀신에 관해서는 두 가지 문제가 있습니다. 하나는 도대체 귀신이 있는가 없는가 하는 문제입니다. 세상의 모든 종교가 귀신이 있다고 인정하는 데는 일치합니다. 그러나 귀신이 있다고 인정하는 이론은 각 종교마다 다릅니다. 대학에서는 이처럼 다른 종교의 이론들을 종합해서 연구하는데, 귀신에 관한 이론을 포함해서 다른 종교의 이론들을 함께 연구하는 것을 '비교종교학'이라고 합니다. 이런 학문적 태도에서 볼 때 어느 종교나 나름대로 귀신을 인정합니다. 그 밖에 유심 철학도 귀신이 있다는 것을 인정합니다. 다만 유물론 철학은 귀신의 존재를 인정하지 않습니다.
    과학자들은 귀신의 존재를 믿지 않는 것은 아니지만, 의심하는 태도를 유지하면서 이 문제의 답을 찾고 있는 중을 뿐입니다. 앞서 말했듯

이 아인슈타인이 최후에는 하느님을 믿었다는 사실은 가장 좋은 예입니다. 지금 과학계에서는 이 분야를 연구하는 데에 열중하고 있는데, 특히 심령학·신비학에서 적극적으로 연구하고 있습니다. 게다가 적외선 카메라 같은 과학 기구를 이용하여 영혼의 존재를 증명하고 있습니다. 그들은 이미 적지 않은 발견을 하였고, 여러 가지 기록을 갖고 있습니다. 예를 들면, 인체는 육안으로 볼 수 없는 빛을 발산하는데, 사람이 앉아 있던 곳을 그 사람이 떠난 지 7, 8시간 후에도 특수 카메라로 찍으면 그의 그림자가 찍힌다는 것입니다. 식물에도 지각과 감정이 있다고 여겨집니다.

이런 연구들은 매우 일반적이면서도 적극적입니다. 언젠가 심령학이 과학적인 방법으로 영혼의 존재를 증명할 수 있다면, 즉 영혼이란 물질이 아니라 초물질적이고 초전자超電子적인 것임이 밝혀진다면, 그 때에는 인류 문화에 아주 중대한 변화가 일어날 것입니다. 현재 유물론 철학은 이미 과학에 의해 뒤엎어졌습니다. 물질이 불변한다는 법칙은 이미 성립되지 않으며, 물질은 반드시 변하고 소멸한다는 것이 밝혀졌습니다. 현대 과학은 질량과 에너지가 상호 변화를 일으킨다는 입장이기 때문에 유물론 철학의 입장은 무너져 버렸습니다. 현재 날로 발전하고 있는 과학은 생명의 비밀을 한창 탐구하고 있습니다.

귀신 문제는 우리 문화에서도 중요합니다. 오늘날 모두들 전통 문화와 서양 문화의 융합을 주장하고 있는데, 한 가지 주의해야 할 점은 미국 문화가 서양 문화를 대표하지 못한다는 사실입니다. 미국 문화는 단지 서양 문화의 한 지류일 뿐입니다. 서양 문화를 연구하려면 반드시 유럽을 알아야 합니다. 유럽 문화의 최초 근원은 종교였기 때문에, 서양의 종교 사상을 연구하지 않으면 안 됩니다. 지난날 유럽의 종교 사상계는 우리에게 종교가 없다고 여겼습니다. 그러나 사실은 귀신 관념이 바로 우리의 종교 사상이었습니다. 다른 점이라면 조상들의 영혼이 귀신과 함께 뒤섞여 있다는 것입니다. 이처럼 귀신 문제는 종교를 연구하는 데 있어서 중요한 주제입니다.

귀신에 대한 공자의 태도는 상론에서 말했듯이 "귀신을 공경하면서도 멀리한다."(敬鬼神而遠之)는 것이었습니다. 공자는 여기서 다시, "사람도 제대로 섬기지 못하는데, 어찌 귀신을 섬길 수 있겠느냐?"(未能事人, 焉能事鬼)고 말하고 있습니다. 이것은 귀신의 존재를 부인한 것이 아니라, 먼저 사람을 제대로 알고 나서 귀신 문제를 연구해야 한다는 것입니다. 아직 사람도 제대로 안 되고, 사람이 무엇인지도 알지 못하면서 귀신의 일까지 알려고 하는 것은 너무 먼 이야기라는 것입니다. "천도는 멀고, 인도는 가깝다."(天道遠, 人道邇)라는 말이 있는데, 여기서 천도는 당연히 천문학·우주학을 의미하는 것이 아닙니다. 과거에 쓰였던 천도란 말은 형이상形而上의 문제로서 아주 심오합니다. 우리가 사람으로서 살아가며 겪는 인간사는 알기 어려운 것이 아닙니다. 그런데 우리가 사람으로서 일생을 살면서 사람의 일에 대해서도 투철히 연구하지 못하면서, 그렇게 먼 천도를 담론할 필요가 어디 있겠습니까? 이 말을 미루어 볼 때, 공자는 귀신이 있다는 것을 소극적으로 인정한 것이나 마찬가지입니다.

공자는 학생들의 수준이 아직 거기에 미치지 못한다고 생각했기 때문에, 귀신 문제는 잠시 논의하지 않기로 했던 것입니다. 그래서 공자는 자로에게, "사람도 제대로 섬기지 못하는데, 어찌 귀신을 섬길 수 있겠느냐?"(未能事人, 焉能事鬼)라고 대답했는데, 여기서의 事(사)는 동사입니다. 즉, 인간사의 문제도 아직 제대로 알지 못하면서 귀신 문제를 토론하지 말라는 것입니다.

이어서 귀신과 관련된 큰 문제가 나옵니다. 자로가 "감히 죽음에 대하여 묻겠습니다."(敢問死) 하면서, 사람은 어떻게 죽느냐고 물었습니다. 어떻게 죽느냐고 묻다니, 여러분은 그의 말이 아주 우습게 들릴 것입니다. 하지만 죽음(死)은 확실히 한 분야의 과학입니다. 사람은 도대체 어떻게 죽는 것일까요? 공자의 대답은 아주 묘합니다. "삶도 잘 알지 못하는데, 어찌 죽음을 알겠느냐?"(未知生, 焉知死).

당신은 당신이 어떻게 태어났는지 알고 있습니까? 생명은 어느 곳으로부터 오는 것일까요? 일반인들은 모두 어머니가 낳아 주는 것으로 알고 있습니다. 철학적으로 '사람'(人)이란 존재는 도대체 어디서 오는 것일까요? 이 문제는 매우 중요합니다. 사람마다 나름대로 철학적인 생각을 가지고 있지만, 환경이나 지혜가 다르기 때문에 어떤 사람은 철학적으로 추구해 가고 어떤 사람은 그렇지 않습니다. 누구나 어릴 때에는 "나는 어떻게 태어났을까?"라는 철학적 의문을 가진 적이 있을 것입니다. 우리가 어렸을 때 어머니에게 물어 보면 어머니는 우리들이 어머니 배꼽에서 태어났다고 말해 주곤 했습니다. 그런 대답을 듣고 우리는 이상하게 생각했습니다. 지금은 교육이 보급되어 우리가 어떻게 태어나는지를 다 알고 있지만, 그것은 단지 생리적인 설명일 뿐입니다.

　사람을 낳는 것이 정말 그렇게 간단할까요? 생리학적으로 말하면 매우 간단합니다만, 철학에서는 의학계의 설명을 만족스러워하지 않습니다. 의학은 아직 문제를 해결하지 못했습니다. 의학적인 설명에 따르더라도 나는 어머니가 낳았고, 어머니는 외할머니가 낳았고, 외할머니는 또 외할머니의 어머니가 낳은 것입니다. 이렇게 거슬러 올라가면 최초의 사람은 어디에서 온 것일까요? 여전히 문제가 남습니다. 사람의 생명은 결국 어디에서 왔을까요? 이것은 크나큰 문제입니다. 또한, 사람은 어떻게 죽을까요? 왜 죽을까요? 철학적인 관점에서 인생을 보면, 우주는 사람을 가지고 노는 셈입니다. "천지는 불인하니, 만물을 풀로 만든 강아지로 삼는다."(天地不仁, 以萬物爲芻狗)는 노자의 말도 이런 일면을 해석한 것입니다. 천지는 그야말로 만물을 가지고 노는 셈이니, 사람을 낳은 이상 왜 또 죽게 할까요? 이 얼마나 유감스런 일입니까!

　유감스러운 점을 이야기하다 보니, 철학에서의 중요한 문제 하나가 떠오릅니다. 동양 철학의 하나인 『역경』의 관점에서 볼 때, 세계는 언제나 변화하는 것이며 그 변화는 항상 원만하지 않습니다. 『역경』이란 책은 '건'乾과 '곤'坤 두 괘로부터 시작하여 마지막 '미제'未濟 괘로 끝납니다. '미제'는 결론이 없다는 뜻입니다. 『역경』의 관점에서 볼 때 이 세계의 모든 일은 종결終結이 없습니다. 인생은 결론이 있을까요? 우리는 "사람의 공과功過와 선악은 죽고 나서야 정해진다."(蓋棺論定)고 상론에서 이야기했지만, 그것이 결론은 아니었습니다. 사람은 죽어도 결론이 없습니다. 우주와 역사는 결론이 있을까요? 과학·종교·철학이 이해한 바로는, 우주도 결국 소멸되지만 소멸되더라도 다시 새롭게 태어난다고 하니 역시 결론이 없는 것이지요. 그러므로 인생은 결론이 없는 것이며, 이 결론 없는 인생은 영원히 결함이 있는 것입니다.

불교에서는 이 세계를 '사바세계'娑婆世界라고 합니다. 이를 번역하면 '수많은 결함을 견뎌야 하는 세계'란 뜻입니다. 원래부터 세계는 결함이 있도록 되어 있는 것입니다. 결함이 없으면 인간 세계라고 할 수 없으며 인간 세계는 원래부터 결함이 있기 때문에, 어쩌다 원만해지면 끝장나 버립니다. 남녀 관계를 보더라도 누구나 다 원만하기를 바랄 것입니다. 그런데 세상에는 이런 말이 있습니다. 소리치고 다투는 부부는 오히려 백발이 될 때까지 살 수 있지만, 금실 좋은 부부는 어떤 결함, 이를테면 자식이 없다거나 아니면 자식 중 하나가 일찍 죽거나 하는 결함이 있다는 것입니다.

『부생육기』浮生六記를 읽어 보면 심삼백沈三白과 운랑芸娘 두 사람이 얼마나 금실이 좋습니까! 그렇지만 둘 중 한 사람이 일찍 죽습니다. 소설 중에서 연애 소설이 아름다운 이유는 단지 2, 3년 사이의 일, 심지어는 몇 달 사이의 일이 쓰여 있기 때문입니다. 영원히 이룰 수 없는 사랑 이야기는 아름답기 그지없지만, '생계를 유지하기 위해 결합된 부부'가 되는 이야기는 그야말로 아름답지 않습니다!

우스운 이야기를 하나 더 해 보겠습니다. 태양은 왜 지는 것일까요? 태양이 지지 않고 항상 떠 있어서, 전등불도 발명할 필요가 없었다면 더 좋지 않을까요? 어떤 사람은 우스갯소리로 하느님이 처음부터 사람을 잘못 만들었다고 합니다. 눈썹을 눈 위에 자라게 하지 말고, 손가락에 자라게 했다면 칫솔도 살 필요가 없었다는 것이지요. 이런 말은 모두 결함에 관한 우스갯소리입니다. 이 세상은 결함 있는 세상이며, 결함이 있는 세상에 인간이 살아가기 마련입니다. 꽃은 그토록 아름답게 피었다가 왜 시들어야 할까요? 사람은 그렇게 잘 살다가 왜 죽어야 할까요? 이 모든 것은 철학적인 문제입니다. 이 우주의 심오함과 신기함을 누가 주재하는 것일까요? 관할하는 사람이 있을까요? 만약 관할하는 사람이 있다면, 이 사람은 아마 컴퓨터로 계산할 것입니다. 사람은 누구나 똑같이 코·입·눈 등의 오관이 있지만, 그렇게 많은 사람 중에서 모양이 똑같은 사람은 단 둘도 없습니다. 사람 하나만 보더라도 이렇게 많은 점들이 서로 다릅니다. 그래서 누군가 하느님이 인간을 만들었다고 주장하면, 나는 하느님이 그 제조 공장에서 모형 틀을 잘못 잡고 찍어 냈기 때문에 어떤 사람은 코 모양이 안 좋고 어떤 사람은 귀 모양이 안 좋은 것인지도 모른다고 말합니다. 이것은 도대체 어떻게 된 것일까요?

서양 종교에서는 하느님이 자기 모습을 본따 인간을 만들었으니 우리더러 더 이상 캐묻지 말라고 가르칩니다. 그렇다면 하느님의 형태는 어떤 모습일까요? 알 수 없습니다. 서양의 종교는 여기에서 멈추고 그 이상 묻지 말라면서, 다만 믿으면 구원 받고 믿지 않으면 구원 받을 수 없다고 말합니다.

그러나 동양의 종교에서는 믿는 자는 구원을 얻고, 믿지 않는 자는 더욱 구원해야 한다고 가르칩니다. 좋은 사람도 구원해야 하지만, 나쁜 사람은 더욱 구원해야 합니다. 동양의 종교에서는 인생을 그 누군가가 주재하는 것으로 보지 않았기 때문에, 하느님도 신도 아닌 다른 명칭을 정해 놓았습니다. 즉, 최초의 원인(第一因)이라는 것인데, 이 최초의 원인은 어디에서 온 것일까요? 최초의 인종人種은 어디에서 왔을까요? 인도에서 전해 온 불교나 중국의 도교는 인간을 생물로부터 진화한 것으로 보지 않으며, 또 어떤 주재자가 창조한 것이나 우연한 존재로 보지도 않습니다. 따라서 이것은 하나의 크나큰 문제라고 할 수 있습니다.

여러분에게 간단히 말씀드리자면, 이 생사 문제와 귀신 문제는 서로 연관되어 있다는 것입니다. 동양의 학설은 남자의 정자와 여자의 난자만으로는 인간이 만들어질 수 없다고 봅니다. 인간이 만들어지려면 '삼원 화합'三元和合이 필요합니다. 즉, 남자의 정자와 여자의 난자에다 영혼이 결합되어야 사람이 만들어질 수 있다는 것입니다. 오늘날에는 이미 시험관 아기까지 연구해 냈는데, 정자와 난자를 시험관 속에 넣어 키우는 것을 삼원 화합이라고 할 수 있을까요? 그 역시 삼원 화합입니다. 정자와 난자가 유리관에서 자라든 인체 내에서 자라든 자라는 것은 마찬가지이지만, 정자와 난자가 결합할 수 있는 것 역시 한 영혼의 힘에 의지해서 오기 때문입니다.

사람이 태어난 뒤에는 크고 작고, 뚱뚱하고 마르고, 똑똑하고 우둔한 차이가 있는데, 이것을 완전히 유전이라고만 할 수는 없습니다. 유전은 다만 그 중의 한 가지 요소일 뿐이며, 또 다른 원인이 있습니다. 그것을 인연因緣이라 표현하기도 하는데, 이 개념은 인도의 불교문화에서 온 것입니다. 예를 들면, 내가 여기서 『논어』를 강의하는 것은 인因이 되고 여러분이 여기서 듣는 것은 연緣이 되어 쌍방이 서로 이 인과 연이 있는 것입니다. 반대로 여러분이 인이 되면 여러분이 듣고 있기 때문에 내가 여기서 강의할 기회가 있게 된 것이니, 나는 연이 됩니다. 이처럼 인과 연이 서로 연쇄적인 관계를 인연이라고 합니다.

사람이 태어나는 데는 네 가지 인연이 있습니다. 첫째는 친인연親因緣으로, 종성種姓이 친인연이 됩니다(이런 문제들을 토론하게 되면 서너 마디로 다 말할 수 없으므로 대략 언급만 하겠습니다). 여기에는 영혼과 인간의 습성이 포함되어 있는데, 지난날의 생명역정生命歷程이 현세까지 전달된 것으로, 다시 현세로부터 내세까지 전달됩니다.

부모의 유전 등은 소인연疏因緣으로서 증상연增上緣이라고도 합니다. 무엇을 증상(增上: 증가하는 것)이라 할까요? 종자 하나는 원래 친인연이지만, 땅에다 심으면 토질이 다르고 흡수하는 양분이 다르기 때문에 변하게 되는데, 그렇다고 해서 본성이 그리 변하는 것은 아닙니다. 그러므로 서양의 유전학에서 말하는 것을 우리 동양 철학에서는 다만 증상연의 작은 작용으로 볼 뿐 전부는 아니라고 생각합니다.

그리고 현재의 생명이 있고 난 뒤부터는 소연연所緣緣이라 부릅니다. 무엇을 소연연이라고 할까요? 소동파의 시에 "책은 금생에 와서 읽으면 이미 늦다."(書到今生已遲)라는 말이 있듯이, 현세를 위하여 책을 읽는다면 이미 늦으므로, 우리는 금생에서 하루라도 빨리 책을 읽어 내세의 지혜를 더 높일 수 있도록 해야 하는데, 이것을 소연연에 대한 설명이라고 할 수 있습니다.

다음은 등무간연等無間緣입니다. 인연의 관계는 영원히 끊어짐 없이 계속 이어져 가므로 평등하며, 중간에 쉬는 법이 없이 영원히 돌아갑니다.

마치 이 은하계가 영원히 돌고 있으면서 연속적으로 관계를 이어가는 것과 같습니다. 이상으로 대략 소개한 내용은 철학과 과학에서 다루는 전문적인 과제로 매우 복잡하고 정밀한 문제입니다. 우리는 지금 그 대략만 이야기할 수밖에 없는데, 이것도 바로 생사에 관한 문제입니다.

동양 철학에서 논의하는 또 하나의 문제는 최초의 생명이 어디서 왔느냐 하는 것입니다. 동양 철학에는 이른바 '원인론'原人論이란 것이 있는데, 원시 생명이 최초에 어디에서 왔는가를 다룬 것입니다. 지금 전 세계적으로 유행하고 있는 선禪 ― 이것은 중국 특산물입니다 ― 중에서의 중요한 문제도 "태어남은 어디로부터 오며, 죽음은 어디로 가는가?"(生從那裏來, 死往那裏去)를 묻는 것입니다.

유물론의 해석에 의하면, "사람이 죽는 것은 등불이 꺼지는 것과 같다."(人死如燈滅)고 하는데, 이 답안은 괜찮은가요? 만족할 수 없습니다. 실제로 사람의 죽음은 등불이 꺼지는 것과는 다르다는 사실이 증명되었습니다. 사회학·심리학·의학·심령학의 연구 결과 많은 사례들이 이 점을 증명하고 있는데, 예를 들어 어떤 사람이 아직 살아 있을 때 그의 죽음을 예고하는 징후가 있습니다. 먼 곳의 예는 얘기는 하지 않기로 하고 바로 여기 대만에서 발생했던 이야기를 예로 들겠습니다. 오랜 친구의 할아버지가 죽기 사흘 전 아침, 할머니는 영감이 문밖으로 걸어 나가는 것을 보고 감기에 걸리니 나가지 말라고 불렀는데, 갑자기 영감이 보이지 않더라는 것입니다. 할머니가 이상히 생각하면서 방으로 들어가 보니, 할아버지는 침대에서 쿨쿨 자고 있었습니다. 이 때 할머니는 영감이 곧 죽을 것이라는 사실을 직감적으로 알았습니다. 말하자면 영혼이 먼저 몸에서 빠져나간 것입니다. 과연 사흘 후 할아버지는 세상을 떠났다고 합니다.

이런 사례들은 매우 많은데, 과학에서는 아직까지도 풀기 어려운 수수께끼입니다. 도대체 생명은 어디에서 오며 죽고 나서는 어디로 갈까요? 우리 모두 살다가 결국 죽을 텐데, 사람의 정상적인 죽음은 도대체 어떻게 이루어지는 것일까요?

생명의 유머

『장자』에 "죽지 못해 이 생명이 다하기를 기다리며 살아가고 있다."(不亡以待盡)는 묘한 말이 있습니다. 무슨 뜻일까요? 그 뜻은, 우리가 세상에 살고 있다고 말하지만 실제로는 살아 있는 것이 아니라 죽음을 기다리고 있다는 것입니다. 장자는 또, "생명 존재는 태어남과 동시에 죽어가고, 죽음과 동시에 태어난다."(方生方死, 方死方生)라고 말했습니다.

아기가 태어났을 때 우리는 '태어났다'고 말하지만, 장자는 그것을 태어난 것이 아니라 '죽음이 시작된 것'이라고 보았습니다. 태어나는 시각부터 곧 서서히 죽음으로 다가가기 시작한다는 것입니다. 두 살 때는 이미 한 살 때의 '나'가 지나갔으며, 열 살 때는 이미 아홉 살 때의 '나'가 지나가 버렸습니다. 마흔 살 때에는 이미 서른아홉 살 때의 '나'가 지나가 버렸습니다. 이처럼 매일의 생사 속에 신진대사를 하면서, 생각도 살았다가 죽고 죽었다가 다시 살아납니다. 새로운 생각이 나타나면 이전의 생각은 곧바로 소멸하는데, 이런 생멸의 반복은 마치 흐르는 물과 같습니다. 바로 공자가 "지나가고 있음이 저 흐르는 물과 같구나! 밤낮을 쉬지 않으니."(逝者如斯夫! 不舍晝夜)라고 말한 것과 같습니다. 그러므로 장자는, 생명이란 보기에는 비록 살아 있지만 그 생명은 마지막 하루를 기다리고 있는 것이나 다름없다고 말한 것입니다. 철학적인 관점에서 인생을 보면 확실히 그러합니다.

그래서 어떤 사람은 철학을 배울 때 잘 배우지 못하면 인생을 재미없다고 느끼게 됩니다. 보세요, 한참 동안 연구했는데 무슨 결론이 있습니까? 결론이 없습니다. 이 세상은 이렇게 결함이 있는 세상이지요. 그렇지만 어떤 사람은 통달해서, 이 세상이 원래 결함이 있는 세상이라는 것을 깨달았습니다. 증국번曾國藩은 만년에 자기의 서재를 '구궐재'求闕齋라고 이름 지었는데, 자기 자신에게 결함이 있기를 바라야지 완전하기를 바라지 말라는 뜻이었습니다. 너무 완전하면 문제가 되니, 사람됨에서 약간의 결함을 가지고 있어야 합니다.

『역경』에 통달하여 과거와 미래를 알 수 있었다는 송나라의 대철학가 소강절邵康節은 이름난 이학가인 정호程顥, 정이程頤와 내외종 사촌 형제

로서, 소동파와도 친분이 있었습니다. 그런데 두 정程씨 형제와 소동파
는 사이가 좋지 않았습니다. 소강절의 병이 위중하게 되었을 때, 두 정
씨가 그를 병상머리에서 보살펴 주고 있었습니다. 그 때 밖에서 문병
온 사람이 있다고 해서 물어 보니 소동파인지라 두 정씨는 들어오게 하
지 말라고 분부하였습니다. 그 때 침대에 누워 있던 소강절은 이미 말
을 할 수 없었기 때문에, 두 손을 들어서 결함이 있는 모양을 만들어
보였습니다. 그러나 정씨 두 형제는 그 손짓이 무슨 뜻인지 알 수 없었
습니다. 나중에 소강절은 숨을 헐떡거리면서, "눈 앞의 길을 좀 넓혀 두
어, 뒤에 오는 사람들이 걸어갈 수 있도록 하라."(把眼前路留寬一點, 讓後來
的人走走)라는 말을 남기고 숨을 거두었습니다. 이 역시, "세상은 원래 결
함이 있는 것인데 어째서 한 걸음 양보하여 다른 사람들이 걷기 좋게
하지 않느냐!"는 말이었습니다.

공자는 여기서 생사 문제를 언급하긴 했지만, 결론을 내리지는 않았
습니다. 철학적인 관점에서 이 문제를 이야기하려면 여기서 상세하게
다룰 수가 없습니다. 지금처럼 이렇게 일주일에 두 시간씩 강의한다면
5, 6년, 심지어는 10년이란 시간이 지나도 다 강의할 수 없을 것입니
다. 사실 사람이 어디에서 와서 어디로 가는지 누가 알 수 있습니까?
아무도 감히 말하지 못했으며, 아무도 감히 절대적인 단정을 내리지 못
했습니다. 다만 의학적인 입장에서 과학적인 개념으로 사람은 어떻게
태어나서 어떻게 죽는가 하는 것과, 생명이 연속되는 한 신진대사의 작
용이 있다는 것을 설명할 수 있을 뿐입니다.

의학에서도 사람은 살고 있는 동시에 죽고 있으며, 인체도 하나의 작
은 우주와 같다고 생각하고 있습니다. 나뭇잎 하나도 과학적으로 본다
면 핵 공장보다 복잡한 구조를 가지고 있는데, 하물며 인체의 구조는
더 말할 것도 없이 우주처럼 복잡하다는 것입니다. 예컨대 우리가 먹은
음식을 어떻게 소화하고, 어떻게 인체에 필요한 열량을 공급하고, 어떻
게 폐기물을 배설하는지, 그 과정은 너무나 복잡하고 신기하다는 것입
니다. 게다가 기생충과 소화를 돕는 세균까지 포함시킨다면 그 관계는
훨씬 더 복잡하게 됩니다.

생사의 문제는 대단히 큰 문제이기 때문에 공자는 여기에서 매우 오묘하게 대답했습니다. 공자는 "귀신은 천도天道의 일에 속한다. 인도人道는 가깝고 천도는 멀다. 인간 자체의 일도 해결하지 못하는데 어떻게 그렇게 먼 천도의 일을 이야기할 수 있느냐?"고 했습니다. 즉, 공자는 "중 등급 이하의 사람들에게는 상 등급의 것을 말해서는 안 된다."(中人以下, 不可以語上也)고 말했듯이, 자로 등의 학생들이 아직은 수준 미달이라 생사에 관한 문제를 말하기 어렵다고 생각한 것입니다. 생사 문제를 말하기 이전에 살아 있는 동안 잘 살면서 우리의 본분을 다하려면 먼저 사람이 되고 보자는 것입니다.

귀신 문제와 생사 문제는 인류 문화에서 두 가지 가장 큰 문제이므로, 여러분이 관심을 가지고 생각해 보도록 하기 위하여 다시 한 번 말씀드립니다.

세계 각국의 대학 철학과나 각 파의 종교, 나아가 오늘날의 많은 과학 분야에서도 모두 이 두 문제를 연구하고 있습니다. 하지만 인류는 지금에 이르도록 이 두 가지 문제를 여전히 해결하지 못하고 있습니다. 도대체 귀신은 존재할까요? 사람은 어떻게 태어나고 어떻게 죽을까요? 원시 인류는 어디서 어떻게 왔을까요?

물론 우리가 알다시피 오늘날 공산주의 철학은 마르크스의 경제사상과 헤겔의 유물론 변증법을 기초로 하고, 그리스의 유물론 철학을 흡수하여 만들어진 것입니다. 그 다음으로 인류의 사상에 영향을 준 것은 다윈의 진화론과 프로이트의 성심리설性心理說입니다. 이 몇 개의 학설은 오늘날 세계의 인문 문화에 커다란 영향을 미쳤지만, 현재는 물질과학의 진보에 의해 이 문제가 가려져 있어서 우리가 그리 느낄 수 없습니다. 실제로는 이 문제는 엄중하게 존재하고 있습니다.

생과 사 문제의 연구는 이미 다윈의 진화론을 인정하지 않고 있습니다. 새로운 이론이 이미 일부 성립되었지만, 전체적인 것은 아직 해결하지 못했습니다. 그러므로 이것은 하나의 매우 큰 문제로서 짧은 시간 내에 토론하여 끝낼 수 있는 것이 아닙니다. 『논어』에서도 분명히 이 두 가지 문제를 언급하고 있음을 우리는 특별히 유의해야 합니다. 하지

만 지금은 전문적으로 이 두 가지 문제만을 토론할 수 없으므로 여기서
는 이 정도로만 이야기하고, 앞으로 다른 기회가 있으면 다시 연구하도
록 하겠습니다.22)

공문 제자의 인물 스케치

「선진」편에서는 바로 위의 단락인 귀신 문제와 생사 문제가 정점에
해당되며, 다음 단락은 인물에 관한 논평입니다.

**민자건이 공자를 곁에서 모시고 있었는데 말하는 태도가 온화하며 조
리가 있었고, 자로는 가만히 있지 못하는 모습이었고, 염유와 자공은
대범한 모습이었다.**

**공자는 (제자들에게 둘러싸여 지내는 것을) 즐거워하면서 다만 자로
를 걱정해서 말씀하셨다. "유由는 제 명에 죽지 못할 것이다."**

閔子侍側, 誾誾如也；子路, 行行如也；冉有·子貢, 侃侃如也。
민 자 시 측　은 은 여 야　자 로　　항 항 여 야　염 유　　자 공　　간 간 여 야

子樂。若由也, 不得其死然。
자 락　　약 유 야　부 득 기 사 연

이 단락은 몇몇 학생들에 대한 공자의 평론입니다.

"민자건이 공자를 곁에서 모시고 있었는데, 말하는 태도가 온화하며
조리가 있었다."(閔子侍側, 誾誾如也). 민자건은 이름난 효자로서 공자가 매
우 좋아하는 학생이었습니다. 공자는 그를 관찰해 보고, 그가 말을 할
때 매우 온화하고 조리 정연하다고 했습니다. 무엇 때문에 말하는 태도
가 그토록 중요한 것일까요? 증국번이 『빙감』冰鑑에서 말했듯이, 어떤
사람의 두뇌의 사고능력이 정밀하고 자세한지 않은지를 알려면 그의 코
나 눈을 볼 것이 아니라 그가 말하는 것을 보면 됩니다. 어떤 사람은

---

22) 이상의 생사 문제들에 대한 보다 자세한 내용은 『입태경 현대적 해석』과
『생과 사 그 비밀을 말한다』를 읽어보기 바란다.

조리 정연하게 말하지만, 어떤 사람은 한참 동안 말을 해도 무엇을 말하는지 알 수가 없습니다. 또, 어떤 사람의 일처리가 조리가 있는지 없는지도 그 사람이 말하는 태도를 보면 알 수 있습니다. 민자건은 말하는 태도가 "은은여야"誾誾如也, 즉 온화하고 조리가 있으며 느긋해 보였습니다.

자로는 어떠했을까요? "항항여야"行行如也, 즉 가만히 있지 못하는 모습이었습니다. 무엇이 '항항'行行일까요? 책이나 지식만으로 이해하는 것이 아니라, 인생의 경험을 결합시켜서 이해한다는 뜻입니다. 사마천은 『사기』를 저술하기 위해 만 권의 책을 읽고 만 리 길을 걸었다고 진술했습니다. 책만 많이 읽는다고 해서 학문이 되는 것은 아닙니다. 그것은 쓸모없는 책벌레일 뿐입니다. 책을 많이 읽고 거기에다 만 리 길을 걸으면서 관찰을 많이 해야 비로소 학문이 될 수 있습니다. 나는 이전에 이 시대의 몇몇 큰 인물들을 만나보고 "항항여야"行行如也라는 구절을 이해하게 되었습니다. 어떤 분은 말은 아주 간단하게 했지만, 몸은 가만히 앉아 있지 못하고 부단히 움직였습니다. 이런 모습을 보고 자로의 "항항여야"行行如也가 생각났습니다.

염유와 자공 두 사람에 대하여는 "간간여야"侃侃如也라고 하였습니다. '간간'侃侃은 사람의 도량이 넓은 것을 형용하는 말인데, 요즘 말로는 시원스럽고 대범하다는 뜻입니다.

공자는 이 몇 사람에 대하여 말한 다음, 마지막으로 "자로는 제 명에 죽지 못할 것이다."(若由也, 不得其死然)라고 단언했습니다. 결국 공자가 제대로 보았다는 것을 알 수 있습니다. 자로는 나중에 위나라 정변政變 때 전사했는데, 매우 명예롭게 죽었습니다. 앞서 말한 적이 있듯이, 그는 위나라의 반란을 평정하려고 서둘러 돌아와 작전에 참가했다가 몸에 큰 상처를 입었는데도 의관을 단정히 하고 똑바로 앉아서 죽었던 것입니다.

중국 역사상 당·송·명 각 시대에 이런 인물들이 많았는데, 전사한 뒤에도 꼿꼿이 선 채 시체가 넘어지지 않았기 때문에 적의 장군마저도 그를 매우 숭배하여 사당을 지어 준 일이 흔히 있었습니다. 이런 일들이 바로 귀신이나 생사 문제와 연관되는 것입니다. 그래서 중국인들은 "총명하고 정직하면 죽어서 신이 된다."(聰明正直, 死而爲神)고 말합니다. 충성스럽고 정의로운 사람 같이 품격이 훌륭한 사람이기만 하면 죽어서 신이 될 수 있다는 것입니다. 사당 같은 곳들에 가면 사람들이 향을 피워 놓고 절하는 것을 흔히 볼 수 있는데, 그곳에 모신 신들은 바로 이런 사람들을 승화시켜 놓은 것입니다. 이상은 자로의 "항항여야"行行如也를 말하다 보니 이야기하게 된 것입니다.

"공자는 즐거워하였다."(子樂). 이 말은 공자가 당시에 학생들에게 둘러싸여 지내는 것을 매우 즐거워했다는 것을 나타내고 있습니다. 그렇지만 공자는 유감스럽게도 자로가 끝내 천수를 다하지 못할 것을 예측하고, 매우 깊이 애석하게 여겼습니다.

여기서도 우리는 자로의 "항항여야"行行如也에 주의해야 합니다. 예를 들어 어떤 사람들은 앉기만 하면 다리를 떠는데, 관상학에서는 이런 사람들을 아무리 돈이 많더라도 탕진해 버리는 '패상'敗相으로 봅니다. 돈뿐만 아니라 사업도 망쳐 버리는데, 사실상 다리를 떠는 것은 항항여야行行如也의 작은 동작에 불과할 뿐입니다. 사람은 앉으면 앉는 상相이 있고, 잠을 자면 자는 상이 있으며, 걸을 때도 걷는 상이 있고, 먹을 때는 먹는 상이 있으니, 정면에도 상이 있고 뒷면에도 상이 있는 것이어서 올바로 관상을 보는 것은 정말 간단한 일이 아닙니다. 이것은 중국 문화 중의 형명학形名學으로 설명해 본 것입니다.

위 문장은 공자가 늘 자신의 곁에 있던 몇몇 학생들의 인품 수양이 외형에 나타난 것을 논평한 것으로, 비록 간단히 한마디씩으로 표현했지만 요점을 찌르고 있습니다.

언어의 예술

이어서 일처리에 대하여 말하고 있습니다.

노나라 어떤 사람이 (재경부 장관격인) 장부長府가 되어 제도를 바꾸

려 하자,

민자건이 말했다. "(제도는 가볍게 고쳐서는 안 됩니다. 만약 제도를 변경하게 되면 그 영향이 커서, 전 사회가 한 번 파동을 겪어야만 새로운 제도에 적응할 수 있습니다. 따라서) 예전대로 그냥 두면 어떻겠습니까? 구태여 고칠 필요가 있을까요!"

(나중에 이 말이 전해지자) 공자께서 말씀하셨다. "이 사람은 (평소에 아주 성실하고) 말을 많이 하지 않(는다. 그렇)지만 (이번에 국가와 대중의 이익을 위해 말을 했는데, 아주 의미 있는 말을 했다. 그의 말은 옳다! 그는) 말을 했다 하면 꼭 핵심에 들어맞는다. (큰 일을 처리할 때에는 말을 함부로 해서는 안 된다)"

魯人爲長府。閔子騫曰：仍舊貫, 如之何？ 何必改作！子曰：夫人不
노인위장부　민자건왈　잉구관　여지하　하필개작 자왈　부인불

言, 言必有中。
언　언필유중

이는 당시 노나라 재정에 문제가 생겼다는 것을 말합니다. 여기에서 말하는 장부長府는 오늘날의 재경부 장관에 가깝지만 완전히 같다고는 할 수 없습니다. 지금은 재정과 경제가 분리되어 있고 회계도 독립적이지만, 고대의 장부는 돈을 관리하는 부서로서 재정·경제가 포함되고 국세청, 나아가 감사원 업무까지 집중되어 있었습니다. 바꾸어 말하면, 돈을 거두어들이고 쓰는 것을 관장했습니다.

노나라 당시 장부長府라는 기구를 주관하는 사람이 되어 당시의 제도를 고치려고 했던 것 같습니다. 이에 대해 민자건은, "제도는 가볍게 고쳐서는 안 됩니다. 현행 제도를 계속 사용하되 방법만 좀 바꾸는 것이 좋습니다. 만약 제도를 변경하게 되면 그 영향이 커서, 전 사회가 한 번 파동을 겪어야만 새로운 제도에 적응할 수 있습니다. 따라서 예전의 제도를 그대로 유지하는 것만 못합니다. 당신이 보기에는 어떤가요?" 라고 말한 것입니다.

이것이 바로 민자건의 말하는 태도입니다. 매우 겸손하고 온화하며 예의가 있습니다. 바로 위의 단락에서 말했던 "은은여야"誾誾如也입니다.

그는 사회적인 명망이 있는 사람이었지만, 시종일관 벼슬하겠다는 생각이 없었기 때문에 초연한 입장에 설 수 있었습니다. 그래서 "고칠 필요가 어디 있겠는가!"(何必改作)라고 말한 것입니다.

제도 개혁은 매우 중요한 일입니다. 우선 외국은 제쳐두고, 중국 역사를 연구해 보더라도 사회 구조나 정치 제도, 정치 구조 형태를 한꺼번에 완전히 고치려 한 경우에는, 당시에 성공한 선례가 거의 없었습니다. 이것이 바로 『역경』의 이치입니다. 천하의 일은 점차 변하는 것이지 갑자기 변하지는 않는 것으로, 갑자기 변하면 반드시 문제가 나타납니다. 이것은 정치 철학에 있어서 하나의 큰 법칙으로서, 연구하자면 역시 번거롭습니다. 그래서 민자건은 급격한 제도변혁을 주장하지 않았으며, 갑작스런 변화의 결과는 반드시 사회에 많은 문제점을 가져올 것이라고 생각하여 이를 겸손하게 지적한 다음, "고칠 필요가 어디 있겠는가!" 하고 결론을 내린 것입니다. 이것은 민자건이 정치적으로 내놓은 중요한 의견이었습니다.

나중에 이 말이 공자에게 전해지자, 공자는 "부인불언, 언필유중"夫人不言, 言必有中이라고 말했습니다. 여기서의 '부인'夫人은 남의 아내를 가리키는 말이 아닙니다. 夫(부)는 말을 시작할 때 쓰는 어조사로서, 말을 하기 전에 먼저 내는 소리입니다. 공자는 민자건의 의견을 인정하면서, "민자건은 평소에 아주 성실하고 말을 많이 하지 않는다. 그렇지만 이번에 국가와 대중의 이익을 위해 말을 했는데, 아주 의미 있는 말을 했다. 그의 말은 옳다! 그는 말을 했다 하면 핵심을 파악한다."고 했습니다. 이는 민자건을 칭찬하는 말이지만, 우리는 이 말을 민자건에 대한 단순한 칭찬으로만 보아서는 안 됩니다. "이 사람은 말은 잘 안 하지만, 말을 했다 하면 꼭 핵심에 들어맞는다."고 한 공자의 말을 가볍게 지나쳐서는 안 됩니다. 이 역시 우리가 배워야 할 점으로, 큰 일을 처리할 때에는 말을 함부로 해서는 안 된다는 교훈을 주고 있습니다. 말을 하려면 꼭 핵심에 들어맞아야 합니다. 마치 화살을 쏘아 과녁을 맞추듯 핵심이 되는 요점만을 말해야 합니다.

자로의 거문고 입문

공자께서 (자로가 한참 거문고를 타고 있는데 이를 재미있게 지켜보다가 우스갯소리로 비평하여) 말씀하셨다. "유由는 어찌하여 거문고를 내 집 안에서 타는고?" 문인들이 이 (말에 맹종적인 군중심리) 때문에 자로를 존경하지 않았다.

그러자 공자께서 말씀하셨다. "(너희들도 정말 사람을 너무 가볍게 보는구나. 진정으로 냉정한 두뇌를 지닌 사람이라면 무슨 일이든 남을 따라하지 않고 자신의 바른 지혜와 안목으로 사람을 보고 사물을 보아야 한다. 나는 자로를 분발하라고 격려하는 뜻으로 그렇게 말한 것이다. 사실) 유는 (거문고 연주 수준이) 대청마루에 올라서 있고, 아직 내실까지 들어가지 못했을 뿐이다!"

子曰 : 由之瑟, 奚爲於丘之門? 門人不敬子路。子曰 : 由也升堂矣,
자왈　유지슬　해위어구지문　문인불경자로　자왈　유야승당의

未入於室也!
미입어실야

자로는 거문고 연주를 배웠습니다. 여기에서 말하는 거문고는 옛날 중국의 슬瑟이라는 악기를 가리킵니다. 슬은 지금 유행하는 고쟁古箏 같은 악기보다 더 오래된 것으로, 요즘의 책상 크기만 하며 50개의 줄弦이 있어서 매우 복잡합니다. 자로가 한참 거문고를 타고 있는데, 공자가 이를 재미있게 지켜보다가, "자로야! 너는 거문고를 타고는 있지만 아직 입문하지 못했느니라." 하고 우스갯소리를 한마디 했습니다.

공자의 이 말을 읽으니, 실제 있었던 우스운 이야기가 생각납니다. 나의 제자 중에 과학을 연구하는 학생이 하나 있는데, 그의 별명은 '과학괴인'科學怪人입니다. 일하거나 말하거나 모든 것이 기계적이었으니까요. 나중에 우리 집에서 같이 지내게 되었는데, 내가 전통문화를 강의했던 것도 그가 다 기록했을 정도로 강의에 아주 흥미를 가지고 있었습니다. 그는 쟁箏을 연주하는 것도 매우 기계적이었습니다. 나는 그가 과학적으로 쟁을 연주한다고 웃었지만, 그는 상관하지 않았습니다. 오직 한 가지, 그는 무슨 일을 하든 과학적이었습니다. 처음 쟁을 배울 때에도 매일 10분씩만 배우겠다고 말하더니, 그 뒤 아예 배우기를 고정시켜서 아무리 바쁘더라도 더도 않고 덜도 않고 매일 10분씩 배우는 것이었습니다. 그렇게 반년이 지나자 그는 쟁을 아주 잘 연주할 수 있게 되었습니다. 나는 그의 수양을 보고, 어떤 일을 하든 남의 비웃음을 두려워하지 않는 것도 과학적인 정신이라고 생각했습니다. 그에게는 '과학 괴인'이라는 별명 외에 '긴장 대사'緊張大師라는 별명도 있었습니다. 나중에 미국에 갔을 때 요청을 받아 많은 사람들 앞에서 연주할 기회가 있었나 봅니다. 그는 무대에 올라서자마자 긴장해서 손이 떨렸습니다. 모르는 사람은 아마 일종의 독특한 운지법運指法이라고 생각했을 것입니다.

사람들은 흔히 나이가 들면 무엇을 배우려 해도 시간이 없다고 말합니다. 그런 사람들에게 나는 그의 이야기를 들려주면서, 하루에 10분씩 1년이나 2년 정도만 투자해도 큰 성취를 얻을 수 있다고 말합니다. 사실 우리 자신을 돌이켜보면, 독서를 하든 다른 것을 배우든 하루에 10분 이상 연속 3년 동안 계속해 본 일이 거의 없습니다. 진정으로 이런 공을 들인다면 무슨 일이든 성취할 수 있을 것입니다. 자로가 거문고를 타는 일에 대해서도 공자는 바로 이런 관점에서 비평한 것입니다.

공자의 비평을 듣고 학우들은 자로를 존경하지 않았습니다. 여기서 우리는 맹종적인 군중심리를 엿볼 수 있습니다. 책을 읽을 때는 이런 부분에 주의해야 합니다. 진정으로 냉정한 두뇌를 지닌 사람이라면 무슨 일이든 남을 따라하지 않고 자신의 바른 지혜와 안목으로 사람을 보고 사물을 보아야 합니다. 그래서 공자는 학생들의 맹종적인 나쁜 버릇을 보고 말하기를, "너희들도 정말 사람을 너무 가볍게 보는구나. 나는 자로를 분발하라고 격려하는 뜻으로 그렇게 말한 것이다. 사실 자로의 거문고 연주 수준은 이미 '대청'大廳에 올라선 단계이며, 단지 내실에 들어가지 못했을 뿐이다."라고 했습니다. '승당입실'升堂入室이라는 고사성어도 여기에서 온 것입니다. 당(堂: 마루)과 실(室: 방)은 지금의 건축구조로는 설명할 수 없습니다. 옛 건축에는 명당격식明堂格式이 있었는데, 사람들이 남을 욕할 때 "네가 내놓을 만한 게 뭐 있느냐?"(你是什麼明堂)라는 말을 합니다. 과거의 건축은 사합원식四合院式으로, 중간에 큰 뜰이 있었고, 그 가운데 대청大廳이 있었는데 이 대청을 명당이라고 했습니다. 이 대청에서 더 안으로 들어가면 내실이 나오고 그 뒤는 뒷마당입니다. 공자는 "자로의 거문고 연주 솜씨가 이미 대청에는 올라섰지만, 아직 내실까지는 깊이 들어가지 못한 수준일 뿐이다. 내가 이렇게 한마디 말을 하니 너희들은 그를 경시하는 태도를 보이는데, 결코 그래서는 안 된다. 너무 경솔한 것이다." 라고 한 것입니다.

지나치는 것은 곧 모자라는 것

자공이 여쭈었다. "사師와 상商 둘 중에 누가 더 총명합니까?"

공자께서 말씀하셨다. "사는 지나치고, 상은 모자라지."

"그러면 사가 더 낫습니까? (자장은 총명이 지나치니 어쨌든 좋은 것입니다)"

공자께서 말씀하셨다. "(그렇지 않다. 총명이) 지나치는 것은 모자라는 것이나 같다. (사람됨과 일처리도 기준을 넘은 것과 미치지 못하는 것은 똑같이 잘못이다)"

子貢問：師與商也孰賢？ 子曰：師也過, 商也不及。 曰：然則師愈與？
자공문　사여상야숙현　자왈　사야과　상야불급　왈　연즉사유여

子曰：過猶不及。
자왈　과유불급

오늘날 우리가 흔히 사용하는 고사성어 '과유불급'過猶不及은 바로 여기서 공자가 한 말에 연유합니다. 사師는 자장子張이며, 상商은 자하子夏인데, 앞에서 소개했듯이 두 사람 모두 공자의 뛰어난 제자들입니다. 한번은 자공이 공자에게 "자장과 자하 둘 중에 누가 더 낫습니까?" 하고 물었습니다. 그러자 공자는 "자장은 지나치고(過), 자하는 모자란다(不及)."고 했습니다. 공자가 말한 '과'過와 '불급'不及이라는 두 단어의 의미는 무엇일까요? '과'過란 잘못했다는 뜻이 아니라 지나치게 총명하다는

말입니다. 어떤 사람들은 두뇌 회전이 빨라서 반응이 지나치게 빠릅니다. 또 어떤 사람들은 하나의 문제를 너무 지나치게 연구하다가 잘못된 길로 나아가기 쉬운데, 이것이 비로 '과'過입니다. 도덕의 경우에도 지나치면 잘못되기 마련입니다.

한 학생이 있었는데, 나도 그에게 존경심을 가질 정도였지만 자연스럽게 지낼 수 없습니다. 태도가 지나치게 예의바르고 엄숙하기 때문이었지요. 그는 언제나 단정하게 앉았지만, 마치 온 몸이 굳은 것 같아서 모습이 자연스럽지 못했습니다. 중학교 다닐 때부터 유가 책들을 읽고 책 속에서 말한 공자를 본받았기 때문에 그런 모습이 형성되었다고 합니다. 나는 공자가 그렇지는 않았을 것으로 생각합니다. 그런 모습은 모두 송나라 이학자理學者들이 빚어 놓은 것으로, 너무 지나치고 너무 틀에 박혀 있어서 그렇게 살면 인생이 무미건조하게 느껴질 것입니다. 이것이 바로 지나친 것입니다.

'불급'不及이란 어떤 문제를 심혈을 기울여 생각하기를 싫어하고, 대략 이렇겠지 생각하고는 대충 되었다 싶으면 그만두는 것을 말하는데, 이것은 바로 중국인의 나쁜 버릇입니다. 그래서 외국인들이 중국인들의 '대충대충 한다', '건성이다', '엇비슷하게만 한다'는 관념을 욕하는데, 이것은 모두 '불급'하다는 뜻입니다. 과학적인 정신으로 보면, 간장 살 돈으로 식초를 사면 절대 안 됩니다. 그런데 우리 나라 사람들은 간장이나 식초나 비슷하다고 여기고 건성건성 해치우기 때문에, 시고 짠 맛이 한데 뒤섞여 있습니다. 이런 것이 바로 사람됨과 일처리에서 '불급'한 점입니다. 요컨대, '불급'하면 도달하지 못하고 '과'하면 표준을 초과하기 때문에 둘 다 잘못된 것입니다.

공자가 "자장은 지나치고, 자하는 모자란다."(師也過, 商也不及)고 말하자, 자공은 "그럼 자장이 자하보다 나은 것이 아닙니까? 자장은 총명이 지나치니 어쨌든 좋은 것입니다." 라고 말했습니다. 그러자 공자는 "그렇지도 않다. 기준을 넘은 것과 미치지 못하는 것은 똑같이 잘못이다." 라고 말했습니다.

공자와 자공은 여기서 한 가지 이치만 들어 말하고 있지만, 응용하여 설명하자면 예로 들 수 있는 사례가 대단히 많습니다. 사람됨과 일처리가 조금만 조심하지 않으면 곧 "지나치는 것은 모자라는 것"(過猶不及)이 될 수 있습니다. 꼭 알맞은 정도까지 처리해서 중용中庸의 도리에 부합해야만 옳습니다. 중용의 도리는 실천해내기가 어렵습니다. 요즘도 일부 사람들은 중용의 도리라는 게 바로 대충대충 모나지 않게 하는 것이라고 일부러 풍자적으로 말하는데, 이것은 중용이 아니라 '미치지 못하는 것'不及입니다. 미치지 못하는 것을 중용으로 여기는 것은 잘못입니다.

(노나라 권문세가) 계씨는 (노나라 최초 임금인) 주공周公보다도 부유했는데, (계씨 집안의 총무장이었던) 구求는 그를 위하여 (공공연히 수단을 가리지 않고) 세금을 수탈하여 그의 부유를 더 보태 주었다.
공자께서 말씀하셨다. "그는 나의 제자가 아니다. 너희들이 북을 울리며 그를 공격해 (쫓아내고 제명시켜)도 좋다."

季氏富於周公 , 而求也爲之聚斂 , 而附益之 。 子曰：非吾徒也 , 小
계 씨 부 어 주 공　　이 구 야 위 지 취 렴　　이 부 익 지　　자 왈　비 오 도 야　소

子鳴鼓而攻之可也 。
자 명 고 이 공 지 가 야

한 학생에 대한 공자의 질책이 어떠한 지 보여주는 대목입니다. 염구冉求는 당시 노나라 권문세가인 계씨 집안의 총무장總務長이었습니다. 계씨 집안은 노나라 권문세가로서 재산이 대단히 많아 주공周公보다도 부유했습니다. 주공은 노나라 시조로 봉해진, 노나라 최초의 임금입니다.

계씨 집안의 부유함은 한 나라와 비길 만했습니다. 그러나 공자의 제자인 염구는 계씨를 위해 더 많은 돈을 모으기 위해 수단을 가리지 않고 공공연히 세금을 수탈했습니다. 이는 계씨에게 아첨하는 것이나 다름없는 짓으로, 염구가 특별히 계씨 집안을 위해 노력한 탓으로 빈부격차가 심해져 갔습니다.

그래서 공자는 염구에 대해, "이 사람은 내 학생이 아니다. 제명해도 좋다. 너희들이 공개적으로 쫓아내도 좋다."고 말한 것입니다. 이것이 바로 학생들의 품행에 대한 공자의 요구였습니다. 그는 학생들이 책벌

레가 되는 것을 바라지 않고, 나라와 사회를 위해 열심히 일하여 공헌할 수 있기를 바랐습니다. 이것이야말로 진정한 학문이자 유가학문의 중심점이 됩니다.

유가의 네 가지 인간 유형

(공자께서 네 제자를 평론하셨다.) 시柴는 (비교적 고지식하고 거동이 좀 느려서) 우직하고,

삼參은 (어리석으면서도 좀 곧음을 지니고, 곧은 가운데 거칠지 않되 느릿느릿하여서) 노둔하고,

사師는 (좀) 고집 세고, 유由는 (매우) 거칠다.

(일반인도 이 네 가지 인격 유형으로 분류할 수 있어서, 이 유형 아니면 저 유형에 속합니다)

> 柴也愚 , 參也魯 , 師也辟 , 由也喭 。
> 시 야 우　　삼 야 로　　사 야 벽　　유 야 언

이 역시 네 학생에 대한 평론입니다.

시柴의 성은 고高, 자字는 자고子羔인데, 나이가 공자보다 30세 어렸습니다. 이 평론은 공자가 직접 말한 것인지 확실하지 않고, 나중에 제자들이 기록한 것일 수도 있습니다. 공자는 이들 네 제자 중에서 자고가 비교적 우직하다(愚)고 했습니다. '우'愚는 요즘 표현으로는 둔한 것이지만, 우리가 둔하다고 말하는 것과는 좀 다릅니다. 좀 고지식하고 거동이 비교적 느려서 둔해서 '우愚에 가깝다'는 뜻이지 완전히 둔하다는 뜻은 아닙니다.

또 이 '우'愚자에 관련한 웃음거리가 있습니다. 어떤 학생들은 외국에서 박사·석사 학위를 받고 내게 편지를 보내면서 '우생'愚生이라 자칭하는데, 이것은 정말 전통문화에 대한 하나의 큰 풍자諷刺입니다. 나중에 물어 보니 고등학교 과정에서 모두 정식으로 가르쳤답니다. 교육적으로는 잘못된 것이 없는데, 학생 자신이 유의하지 않고 쓴 데에 잘못이 있음을 알 수 있습니다.

당대唐代 이후 천여 년 동안 '우'愚자는 연장자가 후배나 비슷한 또래에게 자신을 낮추는 말로 쓰여 왔습니다. 예를 들면, 스승이 학생에게 편지를 쓸 때 자신을 '우형'愚兄이라 겸칭謙稱할 수 있습니다. 외삼촌이 나이 든 조카에게 '우구'愚舅라고 겸칭할 수 있고, 형이 남동생에게 '우형愚兄'이라 겸칭할 수 있습니다. 그런데 학생이 선생에게 '우생'愚生이라 쓰고 있으니, 이상한 일이 아닙니까? 그렇게 되면 편지 머리에 선생님이라 했으니, 그 대칭은 마땅히 어리석은 스승인 '우사'愚師가 되지 않겠습니까?(웃음). 말이 나온 김에 편지 쓰는 예절을 곁들여 이야기해 보았습니다. 이 단락에서 '우'愚의 의미는 반응이 굼뜨다는 것입니다.

두 번째로 "삼은 노둔하다."(參也魯)고 했습니다. '노'魯와 '우'愚는 거의 비슷해 보입니다.

『수호전』은 기묘한 작품인데, 사회 철학과 역사 철학도 포함하고 있습니다. 소설 속의 인물인 36천강天罡과 72지살地煞은 모두 괴물입니다. 이 108명에게는 모두 별명이 있는데, 이 별명에는 민간의 철리哲理를 내포하고 있어 아주 재미있습니다. 예를 들어, 송강宋江의 별명은 '급시우'及時雨인데, 이는 '오랜 가뭄 끝에 때맞추어 내리는 비'라는 뜻으로, 더할 나위 없이 반가운 비입니다. 하지만 '때맞추어 내리는 비'를 강으로 보내니(宋〈送〉江) 아무런 도움이 되지 않습니다. 지다성智多星 오용吳(無)用도 마찬가지입니다.

화화상花和尙 노지심魯智深은 성을 노魯씨로 썼는데, 노魯는 거친 것입니다. 그는 상당히 거칠어서 툭하면 싸웠습니다. 출가하여 스님이 된 뒤에도 술에 취하면 불상까지 때려 부수지요. 그러나 그가 불상을 부순 것은 총명함에서 비롯된 것으로, 맹목적인 우상 숭배는 진정한 신앙 정신이 아니라는 것이었습니다. 진정으로 신앙하는 사람은 반드시 우상을 숭배해야 하는 것은 아니며, 진정으로 종교가의 정신을 가지고 있는 사람은 반드시 종교의 형태를 가져야 하는 것은 결코 아닙니다. 때문에 노지심의 노魯는 이런 성격을 나타냅니다. 우리는 '노'魯를 둔한 것이라고 생각하는데, 정확하지 않습니다. '노'魯는 어리석으면서도 좀 곧음을 지니고, 곧은 가운데 거칠지 않되 느릿느릿한 것입니다.

세 번째로 "사는 고집세다."(師也辟)고 했습니다. 자장은 좀 고집이 세었는데, 학문이 있는 사람은 대부분 이런 병폐에 빠지기 쉽습니다. 대체로 문인들도 고집이 세어 어떤 것은 눈에 거슬려하고 또 어떤 것은 깔봅니다. 여기서 말하는 자장은 특별한 개성을 가지고 있었고, 공자는 이를 '벽'辟이라고 했습니다.

마지막으로 "유는 거칠다."(由也喭)고 했습니다. 이 喭(언)은 諺(언)자와 같은 뜻으로, 촌스럽고 속되고 매우 거친 것과 유사한 상태를 의미합니다. 자로는 일을 처리할 때 매우 거칠고 말도 비교적 호방하게 했습니다.

본편은 왜 이들 네 사람에 대해서만 언급했을까요? 이 네 사람도 인격의 네 가지 유형을 대표하고 있기 때문입니다. 일반인은 이 네 가지 유형으로 분류할 수 있어, 이 유형 아니면 저 유형에 속합니다.

안회의 공空, 자공의 유有

공자께서 (안회와 자공을 논평하여) 말씀하셨다. "(품덕이 가장 좋은 제자인) 회回는 (여러 방면의 장점을 가지고 있을 뿐만 아니라 이미) 학문과 도덕이 거의 경지에 이르렀지만, (너무 가난해서 항상) 쌀통은 자주 비었다.

(남다른 개성을 가진) 사賜는 (도덕과 학문을 받아들이기는 했지만 그에만 힘쓰라는 나의) 가르침을 받아들이지 않고 (생활 방식에서 걸어가는 노선은 완전히 달라서, 고지식한 노선을 그리 걸어가려 하지 않고 장사를 했다. 그는 장사하는 재주가 대단히 뛰어나서) 물건을 사재어 투기를 하였는데, 그의 예측은 여러 번 적중하였다."

子曰：回也，其庶乎！屢空。賜不受命，而貨殖焉，億則屢中。
자왈 회야 기서호 누공 사불수명 이화식언 억측누중

여기서 언급하는 두 사람은 공자가 가장 마음에 들어 하던 제자와,

공자에게 도움을 가장 많이 준 제자입니다.

이 「선진」편에서 보듯이 공자의 학생들은 각각 장점도 가지고 있었고 결점도 가지고 있었습니다. 상사라면 반드시 부하들을 잘 이해하고 있어야 하는데, 사람은 누구나 장점과 단점을 같이 가지고 있습니다. 게다가 인생철학의 하나의 도리로서, 우리는 어떤 사람이 모모씨의 장점은 무엇이고 단점은 무엇이라고 말하는 것에 주의해야 합니다.

철학적으로 보면, 한 사람의 단점은 동시에 장점이 되기도 하고, 장점은 단점이 되기도 합니다. 어느 한 사람만 그런 것이 아니라 사람은 누구나 다 그래서 장점과 단점을 거의 구분하기 어렵습니다. 잘 사용하면 장점이 되고 잘 사용하지 못하면 단점이 됩니다. 상사라면 반드시 이 점을 알아 두어야 합니다. 자기가 부리는 사람이 모두 자신과 같기를 바란다면 사업할 필요가 없습니다. 사람은 가지각색으로 다르기 때문에, 각양각색의 사람들을 모두 포용하고 지도할 수 있는 능력을 키우는 것이 매우 중요합니다.

공자는 여기서 말하기를, 품덕이 가장 좋은 제자로는 오직 안회가 있으며 여러 방면의 장점을 가지고 있을 뿐만 아니라 거의 이미 도덕의 기준에 이르렀다고 했습니다. 그렇지만 "쌀통은 자주 비었다."(屢空)고 했습니다. 안회는 너무 가난해서 항상 쌀독이 비어 있었습니다. 그러나 이 '누공'屢空이란 두 글자에 대하여 다른 해석이 있었습니다. 특히 불가나 도가를 배운 사람들의 해석은 더욱 달랐습니다. 그들은 안회만이 공자의 마음에 드는 제자로서 '텅 빈'空 경지에 이르렀기에, 어떠한 일에 대해서나 뜻을 이루든 이루지 못하든 모두 비워버려서 놓아 버릴 수 있었다고 해석했는데, 이 역시 매우 일리가 있습니다.

다음으로 "자공은 가르침을 받아들이지 않았다."(不受命)고 했는데, 왜 '가르침'(命)을 받아들이지 않았을까요? 공자는 자공이 학문과 도덕에만 힘쓸 것을 바랐습니다. 그러나 남다른 개성을 가진 자공은 스승의 도덕과 학문을 받아들이기는 했지만 생활방식에서 걸어가는 노선은 완전히 달라서, 고지식한 노선을 그리 가려 하지 않고 장사를 했습니다. 그는 장사하는 재주가 대단히 뛰어나서 실패하지 않으리라 판단하면 매번 다

적중되었습니다. 오늘날 서양 사회의 상황으로 보더라도 제일류의 인재가 장사를 합니다. 그런데 자공의 재간은 정말로 그에 그치지 않았습니다. 우리는 여기에서야 비로소 자공 역시 장사를 할 줄 알았음을 알게 되었습니다. 그래서 사마천은 『사기』史記 「화식열전」貨殖列傳에서 『논어』의 이 부분에 나오는 '화식'貨殖이라는 말로 상공업을 나타내고, 거기에 자공을 기록해 놓았습니다. 사실 자공은 상공업계의 대단한 인재였을 뿐만 아니라, 외교·경제 등등에도 능통했습니다. 그래서 나는 공자의 후반생의 생활은 대부분 역시 그에 의해 유지되었다고 말합니다.

흔적에 집착하지 않는 선인善人

공자의 제자들에 관해 여러 논평을 한 뒤, 다음 단락에서는 다른 주제로 바뀝니다.

자장이 (진정한) 선인善人의 도리에 대하여 묻자,
공자께서 말씀하셨다. "선행을 하더라도 (마음속으로 그것이 좋은 일임을 알아차리는) 흔적을 남기지 말고, (좋은 사람이 되고 좋은 일을 하기 위해) 선善의 관념을 의도적으로 지키(면서 자신을 구속하)지 말라. (착한 사람이 되려고 의도적으로 착한 행동을 하면 흔적을 남기기 때문에 잘못된 것이다)"

子張問善人之道。子曰:不踐迹,亦不入於室。
자 장 문 선 인 지 도   자 왈   불 천 적   역 불 입 어 실

문제가 나타났는데, 이 몇 마디 말은 해석해보려면 아주 번거롭습니다. 자장은 공자에게 어떻게 해야 진정한 '선인'善人이라 할 수 있느냐고 물었습니다. 정말 어떻게 행동해야 '선인'이라 할 수 있을까요? 이는 하나의 큰 문제이자 정말 철학적·논리적 문제인데, 논리는 시비를 판별하고 정의를 내리는 것입니다. 모든 것을 제쳐 놓고라도, 순수하게 철학적인 입장만으로 본다 하더라도 무엇이 선善이고 무엇이 악惡인지 고정

된 기준을 정하기가 어렵습니다. 똑같은 일이 한 시대에는 선한 것이지만 다른 시대에는 악한 것으로 변하고, 한 지역에서는 선한 것이 다른 지역에 가면 악한 것으로 되는 것처럼 시간과 공간의 변화에 따라 변합니다. 그러므로 선악에는 일정한 기준이 없습니다.

사람됨은 어떻게 해야 선악의 기준에 맞을까요? 서양에는 서양의 예절이 있고, 중국 고대에는 고대의 예절이 있고, 현대에는 현대의 기준이 있습니다. 만약 오늘날 중국 문화를 발전시키기 위해 승복(명나라 때의 평상복입니다. 고대에는 출가한 사람과 그렇지 않은 사람을 머리를 깎았는가 깎지 않았는가로 구별하였습니다)을 입고 서양식 헤어스타일을 하고 게다가 넥타이까지 매고 수업에 들어온다면, 훼방을 놓는 것인지 아니면 나라를 사랑하는 행동인지, 선한 행동인지 악한 행동인지, 정말 단정하기 어렵습니다. 그러므로 선악의 문제는 도덕철학상의 큰 문제입니다.

여기서 자장이 묻기를, 어떠해야 착한 사람이라 할 수 있느냐고 하자, 공자는 "선행을 하더라도 흔적을 남기지 말고, 선의 관념을 의도적으로 지키지 말라."(不踐迹, 亦不入於室)고 했습니다. 이 구절의 원문을 문자 그대로 풀이하면, '자취를 조금도 밟지 않고서는 집안에 들어가지도 못하고 방안에도 들어가지 못한다.'는 것입니다. 이렇게 해석하면, 착한 사람은 부인 방에도 들어가지 말아야 합니다. 우스운 얘기가 되고 맙니다. 그렇다면 어떠한 것을 '불천적'不踐迹이라 할까요?

이 문제는 도가인 장자의 "자취를 없애기는 쉽지만, 땅으로 다니지 않기란 어렵다."(滅迹易, 無行地難)란 말을 통해서 이해할 수 있습니다. 옛 사람의 문자는 매우 간단하지만 해설하려면 또 번거롭습니다. 우리는 단지 이렇게 해석할 수 있습니다. 좀도둑이 물건을 훔칠 때 장갑을 껴서 손자국이나 지문을 모두 남기지 않으면 형사도 달리 조사할 방법이 없는데, 이것이 바로 자취를 없애 흔적을 남기지 않는 것입니다. 그렇지만 "땅으로 다니지 않기란 어렵다."(無行地難)고 했듯이, 사람은 결국은 땅에 의지해서 걸어야 합니다. 완전히 땅에 의지하지 않고 걸을 수 있기란 해낼 수 없습니다. 예컨대 방금 이야기한 것처럼 좀도둑은 자신의 흔적을 없애기는 쉽지만, 좀도둑이 땅으로 다님行地은 무엇일까요? 무릇 좀도둑은 마음이 가라앉으면 자신이 물건을 훔쳤다는 사실을 생각하게 됩니다. 이런 마음속의 행지行地를 없애려고 해도 해낼 수가 없습니다. 나쁜 일을 하고 세상 사람을 모두 속일 수는 있지만 자신을 속일 수는 없는 것입니다. 이것이 "자취를 없애기는 쉽지만, 땅으로 다니지 않기란 어렵다."는 뜻입니다.[23]

이로써 알 수 있듯이 여기서의 '불천적'不踐迹이라는 공자의 말은, 좋은 일을 할 때 그것이 선행임을 알아차릴 필요가 없다는 뜻입니다. 선한 일을 하더라도 남이 알아주기를 바라지 말아야 합니다. 만약 선한 일을 하면서도 명예를 좋아하여 남이 우러러 주는 본보기가 되기를 바란다면 문제가 있는 것입니다.

"선의 관념을 의도적으로 지키지 말라."(亦不入於室)는 말은, 좋은 사람이 되고 좋은 일을 하기 위해 이러한 '선'의 관념으로 자신을 구속해서는 안 된다는 뜻입니다. 앞에서 이야기한 유가를 모방하는 그 학생은 서 있을 때도 바로 서고 앉을 때도 단정히 앉으며 머리를 끄덕이는 것도 함부로 하지 않습니다. 이것은 예의에 속박되어 자취를 벗어나지 못한 것입니다. 선의 관념을 의도적으로 지킬 필요는 없습니다. 자신이 좋은 사람이라는 간판을 내세울 필요가 어디 있겠습니까! 그래서 우리 선조들은 착한 일을 하더라도 음덕을 쌓는 것을 중시했습니다. 남에게 보이지 않는 것이 음陰이고, 드러내는 것은 양陽입니다. 남모르게 좋은 일을 하는 것이 음덕陰德입니다. 남을 도와주는 것은 당연한 것으로, 도와주었으면 도와준 것으로 끝이어서, 남이 묻더라도 그것을 내세우지

---

23) 참고로 『장자강의』(상) 「제4편 인간세」에서 해당 단락의 번역문과 원문을 전재하니 이에 대한 자세한 강의는 같은 책을 읽어보기 바란다.

걸어간 흔적을 끊기는 쉬워도, 땅을 걸어 다니지 않기는 어렵다. 사람에 부려져 일하면 자신을 속이고 남을 속이는 등의 거짓을 행하기 쉽고, 천리인 도(道)에게 부려져 일하면 스스로 자신에게 책임을 져야 하므로 그런 거짓을 행하기 어렵다. 너는 날개 있는 것이 난다는 얘기는 들었으나, 날개 없는 것이 난다는 얘기는 아직 듣지 못했다. 너는 학문지식의 앎으로써 도리를 안다는 것은 들었으나, 일체에 대해 앎이 없음으로써 안다는 것은 아직 듣지 못했다.

絶跡易, 無行地難. 爲人使易以僞, 爲天使難以僞. 聞以有翼飛者矣, 未聞以無翼飛者也; 聞以有知知者矣, 未聞以無知知者也.

않는 것입니다. 이것이 과거 우리의 도덕 기준인, "자손에게 음덕을 쌓는다."(積陰德於子孫)는 개념이며, 이 때문에 보편적으로 사람들의 마음속에 남아 있습니다.

중국의 주로 귀신과 여우 이야기인 『요재지이』聊齋誌異라는 책이 있는데, 제1편은 「고성황」考城隍이라는 이야기입니다. 한 수재가 과거시험을 보는 꿈을 꾸었는데, 시험관인 관공關公이 그의 답안지를 보자마자 합격시켰습니다. 그의 답안지에는 "유심으로 선행하면 비록 선하더라도 상을 받지 못하고, 무심으로 악행을 저지르면 비록 악하더라도 벌을 받지 않는다."(有心爲善, 雖善不賞。無心爲惡, 雖惡不罰)라고 쓰여 있었습니다. 의도적으로 좋은 일을 하여 남에게 보이거나 귀신에게 보이면 비록 좋은 일이라도 상을 받지 못한다는 뜻입니다. 또 예컨대, 칼이 잘 들지 않아서 무심결에 던졌는데 불행히도 사람을 다치게 했다면, 의도적으로 해친 것이 아니기 때문에 나쁜 일이긴 하지만 벌주지 말아야 한다는 것입니다. 이 「고성황」편은 줄곧 선악의 두 문제를 논하고 있습니다. 귀신이나 괴이한 일, 여우같은 게 등장하는 이 소설은 왜 제1편에서 이런 이야기를 하나 말 할까요?

중국의 과거에 소설을 쓴 사람은 함부로 쓰지 않았습니다. 전통 문화의 하나인 소설에도 도덕 규범의 정신을 신중하게 살려 놓았던 것입니다. 「고성황」에 나온 이 말도 공자가 "선행을 하더라도 흔적을 남기지 말고, 선의 관념을 의도적으로 지키지 말라."고 한 말과 같은 뜻입니다. 착한 사람이 되려고 의도적으로 착한 행동을 하면 흔적을 남기기 때문에 잘못된 것입니다. 또, 일부 사람은 '선'의 관념으로 자신을 속박합니다. 예컨대 종교를 믿으면 믿는 것이지 꼭 신도 티를 내고 남의 이목을 끄는데, 이는 흔적을 남기고 또 그런 관념을 의도적으로 지키는 일에 해당합니다.

수준에 맞추어 가르침을 베풀다

공자께서 말씀하셨다. "하는 말이 조리 있고 이치에 들어맞아 옳다고

해서, 그가 군자일까? 아니면 겉모양만 장중한莊重 사람일까?"

子曰 : 論篤是與 ? 君子者乎 ? 色莊者乎 ?
자왈   논독시여   군자자호   색장자호

어떤 사람은 문제를 토론할 때 말이 대단히 이치에 맞고 논리도 매우 치밀합니다. 그러나 하는 말이 옳더라도 어디까지나 말에 그침을 알아야 합니다. 말하는 것이 맞다고 해서 그 사람을 군자나 대단한 사람으로 생각해서는 안 됩니다. 어떤 사람의 태도가 온화하고 언행이 온유하다고 해서 그 사람을 예의 바르고 견해가 있으며 재능이 있다고 생각하는 것도 잘못입니다. 특히 발표하는 의견이나 의론議論이 주도면밀하거나 글을 잘 쓴다고 해서 꼭 군자인 것은 아니며, 태도가 장중莊重하다 해서 꼭 인재인 것은 아닙니다. 이는 우리가 사람을 관찰할 때, 때로는 남이 말하는 것을 듣고 그대로 인정하지 말고 구체적으로 나타난 사실이 맞는지 맞지 않는지 자신이 직접 검토해 보라는 가르침입니다.

그래서 어떤 분들이 나의 책을 읽고 나서 만나고 싶다는 연락을 해오면, 나는 그럴 필요가 없다고 답합니다. 책을 읽고 나서 저자를 만나지 않는 것이 훨씬 좋습니다! 만난 뒤에 실망하면 만나지 않은 것만 못하니까요. 예전에 이런 우스갯소리가 있었습니다. "훌륭한 이름을 귀가 따갑도록 들었는데, 오늘 만나고 보니 그저 그렇군요."(久仰大名, 如雷貫耳。今日一見, 不過如此). 이러니 만날 필요가 있겠습니까?

이어지는 다음 단락은 이러한 관념의 확장입니다.

자로가 물었다. "(제가 도리를) 들어 알게 되었다면 이를 곧 실행하여 (언행과 일치시켜)야 합니까?"

공자께서 말씀하셨다. "(너는 아직) 부모형제가 계시(고 책임이 끝나지 않았으)니 (조심스럽게 일을 처리해야지) 어찌 들어 알게 된 것을 바로 실행하겠느냐!"

염유가 물었다. "(제가 도리를) 들어 알게 되었다면 이를 곧 실행하여 (언행과 일치시켜)야 합니까?"

공자께서 말씀하셨다. "(물론이다. 너는) 들어 알게 되었다면 바로 그것을 실행하여야지!"

공서화가 (이 말을 듣고 이상한 생각이 들어) 물었다. "유가 '들어 알게 되었다면 이를 곧 실행하여야 합니까?' 하고 물었을 때에는 선생님께서 '부모형제父兄가 계시다.'고 말씀하시고, 구가 '들어 알게 되었다면 이를 곧 실행하여야 합니까?' 하고 물었을 때에는 선생님께서 '들어 알게 되었다면 바로 실행하라.'고 말씀하셨습니다. (두 사람의 똑같은 질문에 선생님께서는 완전히 다른 두 가지 대답을 하셨는데, 저는 들을수록 그 뜻을 이해하지 못하겠습니다. 이 때문에) 저는 어리둥절하여, 감히 그 까닭을 묻고자 합니다."

공자께서 말씀하셨다. "구는 (성격상) 소극적이(어서 어떤 일에서나 망설임이 많고 추진력이 없)기 때문에 (이해한 도리를 곧 실행해야 한다고 말해 주어) 그를 나아가도록 해 준 것이다.

(그러나 유는 다르다) 유는 (생명력이 대단히 강하여 그 열정과 기백이 보통사람을 초월해서) 남보다 두 배나 (용감하고) 진취적이기 때문에 (오히려) 그를 (억제시켜) 물러서도록 해 준 것이다."

子路問:聞斯行諸? 子曰:有父兄在, 如之何其聞斯行之! 冉有問 : 聞
자로문 문사행저 자왈 유부형제 여지하기문사행지 염유문 문

斯行諸? 子曰:聞斯行之! 公西華曰:由也問聞斯行諸? 子曰:有父兄
사행저 자왈 문사행지 공서화왈 유야문문사행저 자왈 유부형

在。求也問聞斯行諸? 子曰:聞斯行之。赤也惑, 敢問。子曰:求也退,
재 구야문문사행저 자왈 문사행지 적야혹 감문 자왈 구야퇴

故進之。由也兼人, 故退之。
고진지 유야겸인 고퇴지

이 단락은 공자의 교육 태도와 교육 방법을 나타내고 있으면서, 동시에 자신의 사람됨과 일처리에서의 한 가지 반성을 반영하고 있습니다. 자로가 "한 가지 이치를 들어 알게 뒤에는 즉시 실행해서 언행과 일치시켜야 합니까?" 하고 물으니, 공자는 "너는 아직 부모형제가 계시고 책임이 끝나지 않았으니 조심스럽게 일을 처리해야지 어찌 듣자마자 행동

할 수 있겠느냐?"고 말했습니다. 또 다른 학우 염유도 공자에게 똑같은 질문을 했습니다. "스승께서 이야기한 도리들을 내가 즉시 실행해야 합니까?" 그러자 공자는 "물론이다! 너는 들었다면 곧 행하여야 히고 실천해야 한다."고 답했습니다.

공자는 두 제자에게 전혀 다르게 대답한 것입니다. 공서화는 이 말을 듣고 이상한 생각이 들어 공자에게 달려와 말했습니다. "용기를 내어 선생님께 감히 여쭈옵니다(敢問). 두 사람의 똑같은 질문에 선생님께서는 완전히 다른 두 가지 대답을 하셨는데, 저는 들을수록 그 뜻을 이해하지 못하겠습니다." 그러자 공자는 이렇게 말했습니다. "염유는 성격상 어떤 일에서나 망설임이 많고 추진력이 없기 때문에 이해한 학문을 곧 실천해야 한다고 말해 주었다. 그러나 자로는 다르다. 그는 생명력이 대단히 강하여(兼人), 그 열정과 기백이 보통 사람을 초월한다. 지나치게 용감하고 진취적이기 때문에 오히려 그를 억제시켜 좀 물러서게 한 것이다."

우리는 이 장면에서 문자상으로는 공자의 교육 방법만을 볼 수 있습니다. 교육계에 오래 종사한 사람이라면 지나치게 열심히 공부하는 학생에게는 많이 휴식하면서 좀 놀라고 권하고 너무 게으른 학생에게는 좀더 열심히 하라고 권장할 수 있습니다. 이런 방법은 누구나 사용할 수 있는 것으로, 공자는 더 말할 나위가 없습니다. 하지만 이것은 문장의 표면에 나타난 것에 불과하고, 한 걸음 더 들어가면 공자의 제자에 대한 배양을 보게 됩니다.

우선 우리는 자로가 싸움터에서 용감하게 전사함으로써 인仁을 성취한 열사란 것을 알고 있습니다. 공자는 일찍부터 그가 인을 이룰 수 있는 인물임을 간파했기 때문에 "유는 제 명에 죽지 못할 것이다."(若由也, 不得其死然)라고 말한 바 있습니다. 이 말은 그를 꾸짖은 것이 아니라 감탄한 것입니다. 만약 그 때 공자가 그를 조금이라도 격려해 주었다면 그는 더 일찍 열사가 되었을 것이고, 그렇게 되었다면 위나라 변란 때 인을 이루지 못했을 것입니다. 그래서 공자는 자로에게, "너에겐 가족들이 많으니 먼저 자신의 책임을 다한 뒤에 이상을 위해 분투하라."고 경고하여, 자로의 지나친 의협심을 중화中和한 것입니다. 반대로 염유는 현 상태에 만족하고 별로 진보하려고 하는 성격이 아니었기 때문에, 공자는 그가 일하러 나서는 것을 그리 원하지 않았습니다. 그러나 결국 그는 노나라 계씨 가문에서 권력을 잡았습니다. 그러자 공자는 그에게 현실의 울타리에서 벗어나 굳센 독립 정신을 가져야 한다고 격려한 것입니다.

태산보다 무거운 죽음

공자께서 광匡 지방에서 (있을 때 사람들에게 양호로 오인되어 포위되는) 위난危難을 당하(고, 포위가 풀려 제자들이 있는 곳으로 돌아오)셨을 때, 안연이 마지막으로 돌아왔다.

이에 공자께서 말씀하셨다. "나는 (너 때문에 몹시 애가 탔다) 네가 (그곳에서 난을 당해) 죽은 줄 알았다!"

안연이 말했다. "선생님이 계신데 제가 어찌 감히 (먼저) 죽을 수 있겠습니까?"

子畏於匡, 顏淵後。子曰 : 吾以女爲死矣 ! 曰 : 子在, 回何敢死 ?
자 외 어 광　안 연 후　자 왈　오 이 여 위 사 의　왈　자 재　회 하 감 사

이 장면은 참 평범한 이야기지만, 『논어』에 기록해 놓음으로써 스승과 제자간의 도의道義의 진지한 감정을 나타내고 있습니다. 공자가 광匡 지방에 있을 때 사람들은 공자를 양호陽虎로 오인하여 그를 포위했습니다. 포위가 풀려 제자들이 있는 곳으로 돌아올 때, 공자와 함께 포위되었던 안회가 맨 마지막으로 돌아왔습니다. 공자가 안회를 보자마자, "너 때문에 몹시 애가 탔다. 네가 그곳에서 난을 당해 죽은 줄 알았다."고 말하자, 안회는 "스승님이 계신데 제가 어찌 감히 먼저 죽을 수 있겠습니까?" 라고 대답했습니다. 이는 공문 제자의 공자에 대한 존경과 도의의 정이 진실하고 꾸밈이 없었음을 드러내고 있습니다.

역사 인물의 전형

다음 단락은 아주 중요한 문제입니다.

(노나라 사람) 계자연이 물었다. "중유와 염구는 (관직에 나와 일을 하면 그들을 국가) 대신大臣이라 할 수 있겠습니까?"

공자께서 말씀하셨다. "나는 그대가 다른 특별한 것을 물으실 줄 알았더니 고작 중유와 염구에 대한 질문이시군요! (내 당신에게 일러드리겠소) 이른바 (진정한) 대신이란 도道로써 임금을 섬기다가 불가능하면 그만두는 것입니다. (이상理想과 신념으로써 주군을 도와, 주군으로 하여금 이성적 기준, 이상적 신념, 인도적 사상의 길로 나아가게 합니다. 만약 주군이 이런 의견을 듣지 않으면 차라리 그만둘지언정 계속 일하려 하지는 않습니다. 대신이란 도를 행하는 사람이지, 지위나 부귀 공명·벼슬을 위해 일하는 사람이 아니기 때문입니다) 지금 자로와 염구는 (확실히 인재로서 정치·경제·군사를 다 맡을 수 있는) 구신具臣·능신能臣이라 할 수 있습니다. (그들은 유능하고 재주가 있으며 매우 절개가 있습니다)"

(그러자) 계자연이 말했다. "그렇다면 (그들에게 나와서 일을 하라고 하면) 임금에게 (절대적으로) 복종하는 사람들이겠군요?"

공자께서 말씀하셨다. "(결코 그렇지 않습니다. 그들은 구신이기 때문에 당신이 그들에게 일을 시키면 절대적으로 충실하고 마음을 다할 것입니다. 그러나 절대적인 복종에도 한도가 있습니다. 당신이 만약 도의를 배반하는 일이나 국가를 배반하는 일, 사회 대중을 배반하는 일을 한다면, 그들은 따르지 않을 것입니다. 당신이 부모를 죽이거나 반란을 일으키면, 설마 그들도 당신을 따라 반란을 일으키고, 부모를 배반하고 죽일까요? 그들은) 부모나 임금을 시해하는 (그런) 일은 절대로 따르지 않을 것입니다. (이것이 바로 구신으로, 자격이 있는 신하라도 재능이 있고 충성스러운 절개를 갖추어야 합니다)"

季子然問:仲由·冉求, 可謂大臣與 ? 子曰 : 吾以子爲異之問, 曾由

계자연문 중유   염구   가위대신여   자왈   오이자위이지문   증유
與求之問！所謂大臣者，以道事君，不可則止。今由與求也，可謂具臣
여구지문   소위대신자   이도사군   불가즉지   금유여구야   가위구신

矣。曰：然則從之者與？子曰：弒父與君，亦不從也。
의   왈   연즉종지자여   자왈   시부여군   역부종야

　이것은 공자가 고급 간부나 지도자 또는 동업자를 두고 한 말입니다. 공자는 여기서 구신具臣과 대신大臣을 구별하고 있습니다. 중국의 과거 역사에서 국가의 고급 간부는 귀납하면 대체로 몇 가지 칭호가 있었습니다. 명신名臣·대신大臣·충신忠臣·간신奸臣·현신賢臣·영신佞臣, 그리고 공자가 『논어』 속에서 말한 구신具臣 등입니다. 이것은 중국 문화 역사상 국가의 고급 간부의 기준이기도 합니다.

　역사에서 명신名臣이 되기란 말처럼 쉬운 일이 아닙니다. 수천 년의 역사에서 이름을 남긴 사람은 제갈량·왕양명王陽明·증국번 등 손꼽을 수 있을 정도로 몇몇 사람밖에 없습니다. 그들은 모두 명신으로 이름이 높았습니다. 명신이라 하더라도 반드시 대신大臣인 것은 아닙니다. 범중엄范仲淹 같은 사람 등이 국가의 대신이라고 불릴 자격이 있는데, 이런 분은 더욱 많지 않았습니다. 이 밖에 충신·간신·영신佞臣의 의미는 여러분이 모두 잘 알고 있을 것입니다. 구신具臣은 인원수를 채우는 신하일 뿐입니다. 우리가 알듯이 정말 역사에 이름을 남기는 일은 쉽지 않습니다!

　중국 역사에는 나름대로 인물 평가 기준이 있었는데, 그 시대에 권세가 아무리 컸어도 마지막에 가서는 아주 공평하게 평가되었습니다. 예컨대 청나라 황제의 명령으로 명조明朝 역사가 편찬되었지만, 명나라의 많은 대신들 중 나중에 청나라에 투항했던 사람들은 결국 이신二臣으로 등급이 매겨졌습니다. 이것은 강희 황제가 내린 결정이었습니다. 이들은 비록 청나라 조정에 충성했지만, 황제의 눈으로 보기에 역시 문제가 있는 사람들로서 두 임금을 섬긴 절조가 없는 이신二臣에 지나지 않았을 뿐이었습니다.

　또, 우리가 역사를 읽어 알고 있듯이, 이틈李闖이 북경으로 쳐들어가

자 명나라의 사종思宗인 숭정崇禎 황제는 매산煤山에 올라 목을 매어 자살했습니다. 이틈은 그래도 숭정 황제에게 공경의 예를 갖추었습니다. 나중에 만주족이 북경을 공격하여 함락시켰을 때도 숭정 황제의 능묘에 가서 제사지냈습니다. 좋은 사람은 끝까지 좋은 사람이니, 역사에서 이런 것을 기록한 것에는 정당한 이치가 있습니다. 이런 개념을 분명히 했으니, 다시 본문으로 돌아가겠습니다.

계자연季子然은 노나라 사람입니다. 그는 공자에게 "자로와 염구 두 사람이 관직에 나와 일을 하면 그들을 국가 대신이라 할 자격이 되겠습니까?" 하고 물었습니다. 오늘날 말로 표현하면, 영국의 처칠이나 일본의 이토 히로부미를 국가 대신이라 할 수 있겠느냐고 물은 것입니다. 계자연이 물은 뜻은 이 두 학생이 국가 대신이 되어도 좋겠느냐 하는 것이었습니다.

이에 대해 공자는 말했습니다. "나는 당신이 다른 특별한 것을 물을 줄 알았는데, 고작 자로와 염구의 일을 묻는군요. 내 당신에게 일러 드리겠소. 진정한 대신이란 '도로써 임금을 섬기다가 불가능하면 그만두는 것입니다.'(以道事君, 不可則止). 이상理想과 신념으로써 주군을 도와, 주군으로 하여금 이성적 기준, 이상적 신념, 인도적 사상의 길로 나아가게 합니다. 만약 주군이 이런 의견을 듣지 않으면 차라리 그만둘지언정 계속 일하려 하지는 않습니다. 대신이란 도를 행하는 사람이지, 지위나 부귀공명·벼슬을 위해 일하는 사람이 아니기 때문입니다.

당신은 자로와 염구 두 젊은이에 대해 물었습니다. 그들은 확실히 인재로서 정치·경제·군사를 다 맡을 수 있는 구신具臣·능신能臣입니다. 그들은 유능하고 재주가 있으며 매우 절개가 있습니다."

그러자 계자연은 "그렇다면 그들에게 나와서 일을 하라고 하면 주군에게 절대적으로 복종하겠군요." 하고 말했습니다. 절대 복종하는 것이 꼭 대신은 아닙니다. 그래서 공자는 이렇게 말합니다. "결코 그렇지 않습니다. 그들은 구신이기 때문에 당신이 그들에게 일을 시키면 절대적으로 충실하고 마음을 다할 것입니다. 그러나 절대적인 복종에도 한도가 있습니다. 당신이 만약 도의를 배반하는 일이나 국가를 배반하는 일,

사회 대중을 배반하는 일을 한다면, 그들은 따르지 않을 것입니다. 당신이 부모를 죽이거나 반란을 일으키면, 설마 그들도 당신을 따라 반란을 일으키고, 부모를 배반하고 죽일까요? 그들은 그런 일은 절대로 하지 않습니다." 이것이 바로 구신으로, 자격이 있는 신하라도 재능이 있고 충성스러운 절개를 갖추어야 합니다.

우리는 대신과 구신을 대체적으로 구별할 수 있습니다. 공자는 대신과 구신을 구별하여 말했지만, 동시에 조금 전에 언급한 능신能臣도 암시하였습니다. 이는 『후한서』後漢書에서 발견할 수 있습니다. 조조가 젊었을 때 허소許邵가 그의 관상을 본 적이 있었습니다. 허소는 조조에게 "치세에는 능신이 될 것이고, 난세에는 간웅이 될 것이다."(治世之能臣, 亂世之奸雄)라고 말하였습니다. 만약 훌륭한 지도자를 만나서 함께 일을 하면 유능한 신하가 될 수 있고, 반대로 혼란한 시대에 훌륭한 지도자를 만나지 못하면 간사한 영웅이 될 것이라는 이야기입니다. "치세에는 능신이 될 것이고, 난세에는 간웅이 될 것이다."라는 두 마디 말로 조조의 일생을 단정하였습니다. 능신과 간웅은 보통 극히 분간하기가 매우 어렵습니다. 대신·구신·명신도 솔직히 말해서 엄격한 구분을 짓기는 힘듭니다.

정치 종사와 학문 탐구

다음에서는 또 다른 문제를 말합니다.

자로가 (동문인) 자고를 (발탁해서) 비費 지방의 (행정 수장인) 읍재邑宰를 시키자, 공자께서 (매우 불쾌하여) 말씀하셨다. "이 사람을 망치는 놈들아! (네 놈들은 사람도 아니다)"

자로가 (변명하여) 말했다. "백성들이 있고 사직이 있는데, 왜 반드시 책을 더 읽어야 공부를 했다고 하겠습니까?"

공자께서 말씀하셨다. "이래서 나는 말만 잘하는 사람을 미워하는 것이다. (책을 읽는 것은 선인의 경험을 배우는 것이다. 그러나 보통사람들은 대부분 너처럼, 백성도 있고 사직도 있는데, 하필 글을 읽어야만 학문이라고 하겠는가라는 생각을 지니고 있다. 우선 하고 보자는 식이다. 그래서 많은 사람들이, 잘못하면 다시 고치면 되는 것이므로 잘못할까 두려워하지 말라고 주장한다. 이 말에는 문제가 있다. 개인적인 일이나 사소한 일에서는 그것도 가능하지만, 사회와 국가, 천하대사에서는 매우 신중해야 한다. 한 번 고칠 때마다 그 영향이 매우 크기 때문이다. 이것이 바로 역사를 읽고 학문을 연구하는 이유이다)"

子路使子羔爲費宰。子曰：賊夫人之子！子路曰：有民人焉，有社稷
자로사자고위비재　　자왈 적부인지자　자로왈 유민인언　유사직

焉，何必讀書，然後爲學？子曰：是故惡夫佞者。
언　하필독서　연후위학　자왈 시고오부녕자

자로는 우리가 잘 알고 있고, 자고도 공자의 학생으로 바로 앞에서 이야기했습니다. 자로는 동문인 그를 발탁해서 비費라는 곳의 지방 수장이 되게 했습니다. 자로가 이렇게 하자, 공자는 매우 불쾌했습니다. 그래서 "이 사람을 망치는 놈아!"(賊夫人之子) 하고 꾸짖었습니다. 이것은 사람을 심하게 욕하는 말로서, 현대적인 표현으로는 "네 놈은 사람도 아니다!"라는 뜻입니다. 이 말은 자고만 꾸짖은 것이 아니라, 자로도 함께 꾸짖은 것이었습니다.

공자가 꾸짖자, 자로는 "백성들이 있고 사직社稷이 있는데, 왜 반드시 책을 더 읽어야 공부를 했다고 하겠습니까?"(有民人焉, 有社稷焉, 何必讀書, 然後爲學)라고 변명했습니다. 자로는 "가서 포부를 실현할 대중도 있고 지방도 있는데, 왜 하필 죽은 글을 읽고서야 일하러 나서야 합니까?" 하고 말한 것입니다. 그러자 공자는 "이 때문에 내가 말만 잘하는 자를 미워하는 것이다."(是故惡夫佞者)라고 말했습니다. 佞(영)은 억지로 변명하거나 아첨하거나 미신을 믿거나 독선적이거나 미련하면서도 자기밖에 없다고 여기는 것을 말합니다.

우리는 이 단락에서 몇 가지 점을 발견할 수 있습니다. 첫째, 송나라 고종은 "재상은 반드시 책을 읽는 사람이어야 한다."고 했는데, 왜 그랬을까요? 어쨌든 학문이 있는 사람이라야 정치를 잘할 수 있습니다. 역

사학자의 연구에 따르면(이것은 학자들의 견해로서 절대적으로 정확하다고 할 수도 없고 절대적으로 틀리다고 할 수도 없습니다), 한漢나라가 개국할 때 규모는 컸지만 포부가 충분히 크지 못했던 것은 한고조가 소하蕭何·장량張良·진평陳平 세 사람만 중용했기 때문입니다. 소하는 지방 관리에서 시작하여 재상까지 되었는데, 원대한 건국의 포부가 없었습니다. 이것은 역사학자들의 연구인데, 그렇기 때문에 대정치가는 큰 학식이 있어야 한다고 주장하고 있습니다.

그래서 자하도 "벼슬을 하면서 여력이 있으면 학문을 하고, 학문을 하면서 여력이 있으면 벼슬을 한다."(仕而優則學, 學而優則仕)고 말한 것입니다. 사仕는 정치에 종사하는 것으로, 먼저 학문의 기초를 잘 다지고, 정치에 종사하는 동안에도 끊임없이 새로운 학문과 새로운 지식을 배워야 합니다. 이 두 마디의 말은 어느 한 마디를 빼먹어서는 안 되는데도 우리의 교육계, 학술계에서는 "학문을 하면서 여력이 있으면 벼슬을 한다."(學而優則仕)는 한마디 말만 인용하고 있습니다. 물론 어떤 사람은 이에 반대하면서, 직장 경험도 학문을 쌓는 길이라 생각하고, 사서오경 전체도 경험에서 온 것에 지나지 않는데 뒤에 이것을 학문이라 불렀을 뿐이라고 생각합니다.

우리는 왜 책을 읽어야 할까요? 책을 읽는 것은 선인의 경험을 배우는 것입니다. 그러나 보통사람들은 대부분 자로처럼, 백성도 있고 사직도 있는데, 하필 글을 읽어야만 학문이라고 하겠는가라는 생각을 지니고 있습니다. 우선 하고 보자는 식입니다. 그래서 많은 사람들이, 잘못하면 다시 고치면 되는 것이므로 잘못할까 두려워하지 말라고 주장합니다. 이 말에는 문제가 있습니다. 개인적인 일이나 사소한 일에서는 그것도 가능하지만, 사회와 국가, 천하대사에서는 매우 신중해야 합니다. 한 번 고칠 때마다 그 영향이 매우 크기 때문입니다. 이것이 바로 역사를 읽고 학문을 연구하는 이유입니다.

중년 이상 된 친구들은 자주 불평을 하는데, 나는 그들에게 집에 가서 책을 읽으라고 권합니다. 과거의 실패는 우리 모두에게 책임이 있습니다. 지금 중요한 일은 원래의 위치로 돌아갔을 경우 어떻게 해야 하느지를 아는 것입니다. 이를 위해서는 책을 많이 읽어 동서고금에 대한 이해를 깊게 한 다음 방법을 생각해 내는 것입니다. 지금 불평한다고 해서 해결되는 것은 아닙니다.

둘째, 최근 몇십 년 동안 일반 지식인의 사상에 엄중한 오류偏差가 있다는 것을 발견할 수 있습니다. 범위를 확대해서 학술적 입장에서 보면, 오늘날 세계의 많은 나라들이 이런 잘못을 피하지 못하고 있습니다. 그것은 바로, 몇십 년 동안 우리가 중국 문화를 말하면서도, 무인武人은『삼국연의』에 나오는 이른바 "천하를 종횡하면서 성지에 할거한다."(縱橫天下, 割據城池)는 말처럼 개인적 영웅주의에서 벗어나지 못하고 있다는 것입니다.

솔직히 말해서 나도 사회로 나올 때만 해도 국가와 천하의 문제를 나 자신의 책임으로 생각했던 열정이 있었습니다. 그러나 마음속으로는 여전히 영웅주의 사상이 있어서 꿩 깃털을 꽂고 천하를 호령하고 싶었습니다. 문인으로서의 풍격도 여전히 제갈량이 부쳤던 거위 털 부채와 문학가들이 기생 데리고 술 마시는 경지에서 벗어나지 못했습니다. 모두『화월흔』花月痕이라는 소설 속에 묘사된 경지와 같았습니다. 이른바 명사名士의 풍류風流라는 게 이와 같아서, 이 몇십 년 동안 우리 문예의 대체적인 상황이 이러했습니다. 오늘날 청소년 문제를 연구해 보면 대학연합고사 경쟁 열기 속에서도 그들의 생각 근저에는 여전히 이 영웅주의가 있는데, 이것은 매우 심각한 문제입니다. 그러므로 순수하게 국가와 천하를 자신의 책임으로 생각하면서 학문만을 위해 공부하는 사람은 매우 적습니다.

다시 본문으로 돌아와 자로의 말을 살펴보면, 그의 생각 역시『삼국연의』식의 사고방식에 지나지 않습니다. 많은 청년들이 이와 같은 잘못을 쉽게 범하는데, 우리 자신도 예전에는 그랬습니다. "백성도 있고 사직도 있다."(有民人焉, 有社稷焉)는 말은 왜 하필 공부를 더 해야만 정치에 종사할 수 있느냐는 뜻입니다. 나이가 들면서 인생경험도 많아지고 여러 가지 일도 많이 겪게 되면, 그제야 학문의 중요성을 이해하게 됩니다. 물론 지금 우리가 말하는 학문은, 죽은 글을 읽는 것이 아니라 경험이 책과 결합된 진정한 학문이 확실히 중요하다는 것입니다.

다음 단락으로 가면 또 글의 방향이 바뀌는데, 이 단락은 매우 중요합니다. 공자의 사상, 공자의 경지, 나아가서는 『예기』「예운대동편」에 나오는 대동세계大同世界의 인생 경지를 연구하려면 바로 여기에 있습니다.

광란의 세상을 힘껏 구하고 싶었던 자로

자로·증석·염유·공서화가 선생님을 모시고 곁에 서 있었다.

공자께서 말씀하셨다. "내가 너희들보다 얼마간 나이가 많기는 하나 나를 꺼려하지 말아라. 너희들은 뒤에서 말하기를, 내가 너희들을 이해해 주지 못한다고 하는데, 만약 내가 너희들을 이해해 준다면 어떻게 하겠느냐?"

子路·曾晳·冉有·公西華侍坐。子曰:以吾一日長乎爾, 毋吾以也
자로 증석 염유 공서화시좌 자왈 이오일일장호이 무오이야

居則曰:不吾知也, 如或知爾, 則何以哉?
거즉왈 불오지야 여혹지이 즉하이재

'시좌'侍坐는 옛날의 예절로서, 제자나 후배는 스승과 웃어른 앞에서 함부로 앉지 못하고 곁에 서 있었습니다. 자로를 비롯한 네 명의 우등생이 공자 곁에 서 있을 때, 공자가 "내가 너희들보다 나이가 조금 많다고 해서 나를 어려워하지 말아라. 나도 너희들과 마찬가지다." 하고 말했습니다. "나를 꺼리지 말아라."(毋吾以也)라는 말은 자기를 너무 대단하게 보지 말라는 것입니다.

공자는 스승으로서 이렇게 간절한 심정을 제자들에게 토로했는데, 이는 대종사大宗師의 도량으로 이른바 "가득 찬 물은 소리가 나지 않는다."(滿灌水不響)는 경지입니다. 공자는 또, "너희들은 뒤에서 말하기를, 내가 너희들을 이해해 주지 못한다(不吾知也)고 하는데, 만약 내가 너희들을 이해해 준다면 어떻게 하겠느냐? 스스로 갖고 있는 생각을 서슴지

말고 이야기해 보아라." 하고 말했습니다.

자로가 불쑥 나서며 대답하였다. "제후의 나라가 큰 나라들 사이에 끼여 있어 (강한 적들이 엿보고 있는데다 여러 해 동안 계속) 군대에 의한 침략을 당하고 있(어 내부 재정적으로 대단히 어렵)고, 게다가 (재해) 기근까지 끊임없이 발생하고 있더라도 제가 그 나라를 맡아 다스린다면, 대략 삼 년이면 백성들이 (모두) 재기再起하고 또 (자신들이) 마땅히 가야 할 길을 알(며 자신들이 해야 할 일을 할) 수 있도록 하겠습니다."

공자께서는 빙긋이 웃으셨다.

> 子路率爾而對曰 : 千乘之國, 攝乎大國之間, 加之以師旅, 因之以饑
> 자로솔이이대왈　천승지국　섭호대국지간　가지이사려　인지이기
>
> 饉由也爲之, 比及三年, 可使有勇, 且知方也。夫子哂之。
> 근유야위지　비급삼년　가사유용　차지방야　부자신지

자로의 개성이 어떠한지는 여러분도 이미 알고 있을 것입니다. 성격이 급한 그는 공자의 말을 듣자마자 무모하게 말했습니다. "만약 천승지국千乘之國 — 이 정도면 당시 제후국 중에도 큰 나라에 해당합니다 — 이 큰 나라들 사이에 끼여, 강적들이 엿보고 있는데다 여러 해 계속되고 있는 전쟁으로 내부 재정적으로 대단히 어렵고 재해와 기근이 끊임없이 발생하고 있는데, 이런 나라를 저 자로에게 맡겨줄 경우, 제가 그 나라를 맡아 3년가량 다스리기만 하면 이 나라의 전체 백성들이 모두 재기할 수 있고, 백성마다 모두 자신이 마땅히 가야 할 길을 알고 자신이 해야 할 일을 할 수 있게 될 것입니다." 자로의 이 말에는 정말 아주 기백이 넘쳐서, 영웅적인 기개氣槪가 있을 뿐만 아니라 대정치가의 기백도 있습니다. 그러나 공자는 듣고 나서 '신지'哂之 — 이를 드러내고 빙긋이 미소를 지었는데, 공자의 이 웃음에는 부정의 뜻이 다분히 담겨 있습니다.

여기서 다시 우스운 이야기가 하나 생각납니다. 바로 『삼국연의』(이것은 소설이지 역사가 아닙니다. 그러나 지난 날 3, 4백 년 동안의 정치사상은 『삼국

연의』의 영향에서 벗어나지 못했습니다)에 나오는 "술을 데우면서 영웅을 논한다"煮酒論英雄는 이야기입니다. 어느 날 조조와 유비가 술을 마시면서 이야기를 나누고 있었습니다. 그 때의 유비는 아직은 조조에게 의탁하고 있어서 조조의 부하나 다름없었습니다. 조조가 유비에게 이 세상에서 누구를 진정한 영웅이라 할 수 있느냐고 물었습니다. 유비는 물론 조조가 제일이라고 치켜세웠습니다. 조조가 그 다음에는 또 누가 있느냐고 묻자, 유비는 원소袁紹·유표劉表 등 당시 권세를 누리던 사람을 꼽았습니다. 그러나 조조는 그런 사람들은 모두 영웅이 될 자격이 없다고 부인하면서, 천하의 영웅은 자신과 유비 두 사람밖에 없다고 했습니다. 그가 이렇게 말할 때 갑자기 하늘에서 벼락이 치고 큰 천둥이 울렸습니다. 유비는 조조의 말에 놀랐는지 천둥소리에 놀랐는지 손에 들고 있던 젓가락을 땅에 떨어뜨렸습니다.

조조가 왜 그러느냐고 묻자, 유비는 자신이 어렸을 때 유모의 손에 자라면서 그들의 귀염만 듬뿍 받았기 때문에 담이 매우 작아, 방금 같은 천둥소리에도 놀란다고 말했습니다. 조조는 원래 유비를 가장 무서워했는데, 이 말을 듣고는 유비도 별 볼일 없다고 생각하게 되었습니다. 그러나 유비는 곧이어 방법을 찾아 도주했습니다. (우리들은 모두 이 소설을 잘 알고 있습니다. 우리가 주의해야 할 점은 소설이 사상이 아니라고 단정 지을 수 없다는 것입니다. 이 소설이 민간대중에게 끼친 영향은 매우 큽니다. 소설은 지식인의 사상을 나타냅니다. 『삼국연의』는 나관중이 썼는데, 그 안에 나관중의 사상이 듬뿍 배어 있고 그는 당시 지식인을 대표했습니다.)

며칠 전 한 학생이 한 편의 글을 읽다가 거기에 인용된 두 구절 시의 출처를 몰라서 내게 물으러 왔습니다. 나는 갑자기 생각이 나지 않아, 그에게 돌아가서 찾아보라고 할 수밖에 없었습니다. 나중에 찾아보니, 조조의 『단가행』短歌行에 나오는 시였습니다. 조조 부자는 남북조 문학에 큰 영향을 끼쳤습니다. 그의 영웅사상은 몇천 년 동안 영향을 주었는데, 이런 사상적인 영향은 시간과 공간의 제한을 받지 않습니다.

그래서 나는 글쓰기를 좋아하는 작가들에게 "당신의 작품이 후대에 전해지면 그 사상이 얼마나 많은 사람들에게 영향을 주게 될지 모르니, 각별히 주의해야 한다."고 늘 말합니다. 어떤 사람은 풍부하고도 훌륭한 인생경험이 있어도 일생 동안 가볍게 글을 쓰지 않았고, 쓰더라도 감히 자신의 본명을 사용하지 않았습니다. 어디 지금처럼 원고료를 벌기 위해서만 글을 썼겠습니까?

다시 본문으로 돌아갑시다. 자로의 대답은 물론 영웅을 논한 조조의 뜻이나 태도와는 다릅니다. 자로의 말에는 영웅적인 기개와 대정치가의 풍모가 있었지만, 공자는 그의 말을 듣고 웃었습니다. 자로의 말이 잘못되었기 때문에 웃은 것이 아니라, 그에게는 아직 그런 능력이 없다고 보았기 때문입니다.

겸손한 군자 염구

"구야, 너는 어떠하냐?"

염유가 대답하였다. "사방 육칠십 리 또는 오륙십 리 되는 작은 나라를 제가 맡아 다스린다면, 대략 삼 년이면 (나라를 번영시키고 국가 경제를 발전시켜) 백성들을 풍족하게 할 수 있을 것입니다. (이것은 제가 해낼 수 있습니다. 그러나 경제가 충족되고 부유해졌다고 해서 훌륭한 문화가 건립되는 것은 아니고, 문화의 토대를 건립하는 것은 매우 중요하고 어려운 일이므로) 예악 같은 것은 (고명한) 군자를 기다리(며 찾아내거든 맡기)겠습니다."

求 , 爾何如? 對曰: 方六七十 , 如五六十 , 求也爲之 , 比及三年 , 可
구   이하여   대왈   방육칠십   여오륙십   구야위지   비급삼년   가

使足民; 如其禮樂 , 以俟君子 。
사족민   여기예악   이사군자

염구는 말을 할 때 태도가 매우 겸손했습니다. 그는 공자의 질문에 이렇게 대답합니다. "사방 6,70리 되는 작은 나라나 더 작은 나라를 제가 맡아 다스리도록 해주기만 하면, 3년가량이면 이 나라를 번영시키고 국가 경제를 발전시켜 온 백성들을 안락하게 할 수 있습니다. 이것은 제가 해낼 수 있습니다. 그러나, '여기예악, 이사군자'(如其禮樂, 以俟君子),

사회 경제가 충족되고 부유해졌다고 해서 훌륭한 문화가 건립되는 것은 아니고, 문화의 토대를 건립하는 것은 매우 중요하고 어려운 일이므로 뛰어난 인재를 찾아 맡기도록 하겠습니다." 이것은 염구의 겸손한 말이기도 하지만, 솔직한 말이기도 합니다.

이 말에는 두 가지 관점이 들어 있습니다. 그 하나는, 문화를 건립하는 일은 정말 쉽지 않다는 것입니다. 큰 일은 제쳐놓고 사소한 일만 보더라도 그렇습니다. 나는 전에 학술적인 문장을 좀 썼는데, 나중에는 수십 년 동안의 인생 경험과 내가 보고 들은 것을 소설로 써 보려 했지만 끝내 쓰지 못했습니다. 새로운 형식의 소설이든 낡은 형식의 소설이든 모두 쓰다가 찢어 버렸습니다. 요즈음 많은 젊은 독자층을 가지고 있는 작가들과는 달리 소설 쓰는 재주가 없었던 것입니다. 나는 작가들을 대단하다고 면전에서 칭찬합니다. 그러므로 우리는 소설을 경시해서는 안 됩니다. 많은 사람들이 눈만 높지 실제 쓰는 능력은 없으면서 다른 사람의 글을 함부로 비난합니다. 소설이라는 문화 분야를 건립하는 일만 해도 이처럼 정말 어렵습니다.

이른바 "나무를 기르는 데는 십 년이 필요하고, 인재를 양성하는 데는 백 년이 필요하다."(十年樹木, 百年樹人)는 말과 같습니다. 한 인재를 길러 내는 데는 아주 긴 시간이 필요합니다. 나는 앞에서 부유溥儒의 훌륭한 그림이 나오게 된 것은, 만주족이 산해관으로 들어왔다 산해관으로 나간 사이의 3백 년 동안 그를 길러 내었기 때문이라고 말했습니다. 그가 궁중에서 보았던 그 많은 명화를 다른 사람은 볼 수 없었습니다. 사실 그의 글씨는 그림보다 더 좋고, 그의 시는 글씨보다 더 좋은데, 이는 다른 사람으로서는 배울 수 없는 것이었습니다. 이후주李後主의 시詞에 대해서도 앞서 이야기한 적이 있습니다. 그의 「파진자」破陣子라는 사詞는 다음과 같습니다.

사십 년 지나온 국가	四十年來家國
삼천 리 넓고 넓은 강산	三千里地山河
은하수에 닿을 듯 높은 호화로운 궁궐에서	鳳閣龍樓連霄漢

아름다운 수목들에 깊숙이 둘러싸여 살았으니	玉樹瓊枝作煙蘿
언제 창칼을 알아나 보았던가	幾曾識干戈
하루아침에 포로가 된 몸	一旦歸爲臣虜
여윈 허리 반백의 살쩍	沈腰潘鬢銷磨
무엇보다도 허둥지둥 종묘 하직하던 날	最是倉皇辭廟日
교방에서는 오히려 이별의 노래 울리는데	敎坊猶奏別離歌
눈물지으며 궁녀를 바라보았네	揮淚對宮娥

읽는 사람을 감탄케 하는, 대단히 훌륭한 사詞입니다. 구절구절마다 모두 작자의 생활 경험에서 우러난 진정한 감정과 참 생각이 담겨 있는데, 그가 쓰기에는 오히려 쉬웠을 것입니다. 그러나 작자와 같이 황제로서 포로의 신세가 되어 보지 못한 사람이라면 누가 이런 사를 써낼 수 있겠습니까?! 문학을 배양하는 것만 해도 이렇게 어려운 것을 보더라도 우리는 문화를 건설하는 것이 얼마나 어려운지를 이해할 수 있습니다.

다음으로 관자管子의 고견인 "창고가 차 있으면 예절을 알고, 의식주가 충분하면 영욕을 안다."(倉稟實則知禮節, 衣食足則知榮辱)는 말을 살펴봅시다. 이 말은 동서고금 어디에서나 모두 적용될 수 있습니다. 그러므로 중국의 정치사상은 관자를 떠나서는 이야기할 수 없습니다. 또, 이 두 구절을 통해서 사회와 국가의 번영과 교육 문화의 흥성 모두가 경제를 토대로 해야 한다는 사실을 알 수 있습니다. 의식이 풍족해야 비로소 영욕을 알고, 창고가 채워져 있어야 예의가 흥합니다. 그래서 누군가 말하기를 "입을 옷마저 없는 찢어지게 가난한 사람은 더 이상 두려울 것이 없어서 목숨도 아까워하지 않지만, 지위가 있고 돈이 있으면 두려워하게 된다."고 했는데, 관자의 말에 이런 뜻이 담겨 있습니다. 그리고 우리는 염구의 말에서 그가 이런 이치를 깊이 이해하고 있었음을 알 수 있습니다. 그는 작은 나라를 자신에게 맡겨주면 3년 만에 경제를 안정시키고 사회 정치를 안정시킨 뒤 문화의 건설은 '이사군자'以俟君子, 한동안 기다리거나 자신보다 더 고명한 사람을 청해 오겠다고 말했습니다. 그의 말은 겸손한 표현이기도 하지만 그의 진심이기도 했습니다.

염구가 이렇게 말하고 나자, 공자는 다시 공서화에게 물었습니다.

"적아, 너는 어떠하냐?"

공서화가 대답하였다. "제가 (재능이 있어) 이것을 할 수 있다는 뜻이 아니라, (좀 부족하더라도 일하는 과정을 통해) 이런 수준에 이르도록 (따라) 배우고 (경험을 쌓고) 싶습니다. 종묘의 제사나 회의를 할 때, 예복을 차려입고 작은 보좌관 노릇을 하고 싶습니다."

赤, 爾何如? 對曰: 非曰能之, 願學焉 。 宗廟之事, 如會同 , 端章甫,
적 이하여   대왈 비왈능지 원학언   종묘지사   여회동   단장보

願爲小相焉 。
원위소상언

공서화에 대해서는 상론上論에서 이야기했습니다. 공자는 그를 "예복을 입고 조정에 서서 빈객들과 응대를 하게 할만하다."(束帶立於朝, 可使與賓客言也)고 하였습니다. 그는 훌륭한 외교관이 될 수 있었습니다. 의관이 단정하고 생활을 아무렇게나 하지 않고 풍채가 엄숙하면서 손님 응대가 예의에 맞아 외교관으로서의 표준이 될 만했습니다. 그는 이 단락에서의 표현도 외교관의 풍모여서 입을 열자마자 외교관의 말투로서 다른 사람들과 다릅니다(『논어』의 이 단락은 실로 훌륭한 문학작품입니다).

공서화는 "선생님, 저는 아무 것도 할 수 없지만 따라서 배우기를 원합니다." 라고 말했습니다. 세 사람의 표현 방식은 서로 다른데, 첫 번째의 자로는 불쑥 나서서 생각나는 대로 말을 했지만, 그 다음의 염구는 겸손하게 "조금 작은 지방……"이라고 말했습니다. 그런데 공서화는 "나 자신이 재능이 있다고 말하는 것이 아닙니다. 다만 부족하더라도 배우기를 원합니다." 라고 말했습니다.

무엇을 배운다는 것일까요? 바로 '종묘지사'宗廟之事입니다. 여기에서 종묘는 국가를 의미합니다. 지난날 종법사회에서는 모든 국가마다 종묘를 사직의 상징으로 하였기 때문에, 종묘의 일이란 곧 국가 대사였습니다. '회동'會同은 회의를 하는 것입니다. 오늘날의 국민 대회나 국회 회의·정부 회의와 같은 것입니다. '단장보'端章甫는 다들 예복을 차려 입

고 예절을 지키는 것입니다. '원위소상언'願爲小相焉에서 '소상'小相은 훌륭한 참모장이나 국민대회의 비서실장에 해당됩니다. 공서화는 공자에게 배우고 일하는 과정을 통해 경험을 쌓으면 이런 수준에 이를 수 있을 것이라고 말했습니다. 그렇지만 국민 대회 비서실장이 되기란 결코 쉽지 않으며, 중요한 회의에서 보좌역을 수행하는 것은 매우 어렵습니다. '소상'小相은 총무감이자 재상감을 말합니다. 진정 훌륭한 총무는 재상인데, 소하蕭何같은 사람이 가장 뛰어난 총무감이었습니다. 역사에서 이런 부류의 사람은 손가락으로 셀 수 있는 정도였습니다.

나도 풍월을 즐기며 살고 싶건만

다음 대화는 여기에서 가장 중요한 한 단락입니다. 증점曾點은 증삼의 부친으로 자는 석晳인데, 역시 공자의 제자였습니다. 다음은 그와 공자의 대화입니다.

"점點아, 너는 어떠하냐? (말해 보아라)"

증석은 거문고를 연주하고 있다가 (소리가 점점 약해지더니, 손가락을 한데 모아 줄을) 한 번 튕겨 '쨍!' 하고는 거문고를 놓고 일어서서 대답하였다. "(선생님, 저에게 물으셨군요) 저는 세 사람들이 이야기한 것과는 다릅니다. (저의 생각은 이들과 같지 않습니다)"

공자께서 말씀하셨다. "무슨 상관이 있느냐? (결코 모순되거나 충돌되지 않을 것이다) 우리끼리 각자가 자기의 뜻을 말하는 데. (불과하니 마음껏 말해도 좋다)"

증석이 말했다. "(저는) 봄이 되면 겨울옷을 간편한 봄옷으로 갈아입고 (싶습니다), 농번기가 지나면 어른 대여섯 명과 십대 소년 예닐곱 명과 함께 기수沂水에서 목욕하고, (그런 다음) 무우대에서 바람을 쐬고 흥얼거리며 (노래도 좀 부르고 춤도 좀 추면서 다들 흐늘거려 즐겁게 놀고 마음껏 즐긴 뒤에) 돌아오겠습니다."

공자께서 감탄하면서 큰 소리로 말씀하셨다. "나도 점點과 함께 하고 싶구나!"

點, 爾何如? 鼓瑟希, 鏗爾, 舍瑟而作。對曰:異乎三子者之撰。子
점　이하여　고슬희　갱이　사슬이작　대왈　이호삼자자지찬　자

曰:何傷乎? 亦各言其志也。曰:莫春者, 春服旣成, 冠者五六人, 童子
왈　하상호　역각언기지야　왈　모춘자　춘복기성　관자오륙인　동자

六七人, 浴乎沂, 風乎舞雩, 詠而歸。夫子喟然歎曰:吾與點也!
육칠인　욕호기　풍호무우　영이귀　부자위연탄왈　오여점야

공자가 세 제자와 토론하고 있을 때, 증점은 옆에서 한가로이 거문고를 타고 있었습니다. 공자는 자로 등 세 사람의 말을 듣고 난 후 거문고를 타고 있던 증점에게 말했습니다. "증점아, 너는 어떠하냐? 말해 보아라." 그러자 거문고 소리가 점점 약해지더니, 증점은 거문고 타던 손가락을 한데 모아 줄을 한 번 튕겨 맑고 세찬 소리를 내고는 거문고를 타던 자리에서 일어나 공자에게 말했습니다. "선생님, 저에게 물으셨군요. 저는 이 세 사람이 조금 전 말했던 것과는 다릅니다. 저의 생각은 이들과 같지 않습니다."

여기에 한 가지 문제가 있습니다. 이 단락의 묘사에서 우리는 증점이 명예나 이익을 탐내지 않는 조용한 성품을 가졌음을 알 수 있습니다. 그는 음악에만 신경을 쓰고 있었기 때문에 다른 사람들이 토론하는 이야기를 듣지 못했을 수도 있습니다. 그런데 공자가 그에게 묻자, 그는 자신의 생각이나 하는 방법이 자로 등 세 사람과 다르다고 분명하게 대답합니다. 증점이 거문고를 연주하면서도 다른 사람 말을 다 듣고 있었음을 알 수 있는데, 그의 높은 수양을 엿볼 수 있습니다.

사회생활에서 가장 바쁠 때 여러 가지 일을 동시에 처리하려면, 진정한 학문, 진정한 수양, 최고의 마음 안정 공부가 되어 있어야 합니다. 나는 이런 친구를 본 적이 있습니다. 한편으로는 공문公文을 보면서 문구를 검토하여 고치고, 다른 한편으로는 다른 사람이 보낸 긴급 정보를 들으면서 "오! 오!" 하고 응대합니다. 문구를 고친 뒤에는 보고한 사람에게 일을 처리하고 상황에 대처하는 방법을 지시합니다. 동일한 시간에 많은 일을 처리하면서도 아주 수월하게 하는데, 나는 그의 훌륭한

수양에 탄복했습니다.

여기서 다시 소설 얘기 하나 하겠습니다. 『삼국연의』에서 보면, 제갈량에 버금가는 방통龐統이 제갈량의 소개장을 품고 유비를 만나러 갔습니다. 그런데 그는 오기傲氣가 대단해서 유비를 만나고도 소개장을 꺼내지 않았습니다. 소개장에 의지하는 것은 체면이 깎이는 일이라고 생각했기 때문입니다. 의외로 유비는 눈이 잘못되었던지 그에게 현장縣長 자리를 주었습니다. 방통은 부임한 후 매일 술만 마시면서 공무는 전혀 돌보지 않고 일 처리를 하지 않았습니다. 3개월 뒤 장비가 시찰을 나가 보니, 그는 그 때까지도 술을 마시고 있었습니다. 장비가 방통을 꾸짖자, 그는 장비에게 앉아서 기다리라고 하더니, 석 달 동안 밀린 공문서와 관련된 사람들을 모두 불러 함께 보고하게 했습니다. 그는 듣는 즉시 대답하면서 공문서를 처리했는데, 잠깐 사이에 모든 일을 끝내고 붓을 놓으면서 장비에게 다른 일이 있느냐고 물었습니다. 장비는 지혜가 있는지라 즉시 사과했습니다. 방통은 그제서야 제갈량의 소개장을 꺼내 보여 부참모장 부군사富軍師로 진급되었습니다. 확실히 이런 사람이 있습니다. 그러므로 이 단락은 대충 읽어서는 안 되고, 책을 읽을 때는 육신의 두 눈으로만 읽지 말고 지혜의 눈으로 읽어야 한다고 말하는 겁니다.

이 단락에서 우리는 증점의 고상하고도 청아한 풍모를 볼 수 있습니다. 공자도 그의 말을 듣고 태도가 달랐습니다. 공자가 "다른 사람과 생각이 같지 않은 게 무슨 상관이냐? 결코 모순되거나 충돌되지 않을 것이다. 우리끼리 각자 생각을 이야기하는 데 불과하니 마음껏 말해도 좋다."고 말하자, 증점은 이렇게 대답했습니다. "저는 봄이 되면 겨울옷을 간편한 옷으로 바꿔 입고 싶습니다. 농번기가 지나면 어른 대여섯 명, 십대 소년 예닐곱 명과 함께 기수沂水에서 수영하고, 그런 다음 노래도 좀 부르고 춤도 좀 추면서 다들 흐늘거리면서 즐겁게 놀고 마음껏 즐긴 뒤에, 유쾌하게 노래하면서 집으로 돌아오겠습니다." 이 경지는 참 보잘 것 없는 것처럼 보입니다!

그런데도 공자는 증점의 말을 듣고 감탄하면서 큰 소리로 말하였습니다. "나도 너와 함께 하고 싶다." 공자의 이 말은 무슨 뜻일까요? 공자가 정말 이렇게 어린아이처럼 굴었을까요? 이 때문에 사람들은 이 단락의 글을 이해하기 힘들다고 말합니다.

우리는 요 몇 년 동안 난리가 난 인생을 경험했습니다. 즉, 국가·사회·천하사가 그렇게 큰 변란을 겪었는데, 그런 인생을 경험하고 나서야, 국가와 사회가 안정되고 천하가 태평해야 개인의 진정한 정신적 행복이 있을 수 있다는 사실을 알게 되었습니다. 불안정한 사회, 불안정한 국가에서는 개인의 행복이 있을 수 없습니다. 난세에는 집도 잃고 가족도 잃고 처자와 흩어지는 비극이 수많이 생깁니다. 그래서 옛 사람들은 "태평성세의 닭이나 개가 될지언정 난세의 백성이 되지는 말라."(寧爲太平鷄犬, 莫作亂世人民)고 말한 것입니다.

증점이 말한 이 경지는, 사회가 안정되고 국가가 자주적으로 서며 경제가 안정되고 천하가 태평할 때의 사람이면 누구나 누리는 진·선·미의 인생입니다. 이것이 진정한 자유민주주의입니다. 서양의 것도 아니고 미국의 것도 아닌, 바로 우리의 대동세계大同世界라는 이상입니다. 누구나 실천할 수 있으며, 진정으로 생명을 누릴 수 있습니다. 바로 청나라 사람이 읊은 다음의 시와 같습니다.

하늘이 세월을 늘리니 사람의 수명도 늘고　　　天增歲月人增壽
봄빛이 천지에 가득하니 집안마다 복이 가득 찼네　春滿乾坤福滿門

우리는 젊었을 때 서재에서 독서 생활을 하면서 확실히 이런 경지를 경험했습니다. 하루가 너무 길다고 느꼈을 그 때, 어디 지금처럼 시시각각 긴장감을 느꼈겠습니까? 언젠가 퇴직해서 고향으로 돌아가 한가로이 채소 농사나 지으면 얼마나 편안하겠습니까!

이 단락의 네 제자와의 문답 중에서도 공자와 증점의 대화는 최고봉에 이르렀다고 할 수 있습니다. 스승과 제자가 함께 아름다운 인생에 대한 동경을 나타낸 것입니다. 정치의 목적은 부강 안락을 추구하는 데 지나지 않기 때문에, 이 단락은 대동세계의 편안하고 스스로 만족하는 생활을 간단히 묘사한 것이라고 할 수 있습니다.

봄바람, 때맞추어 내리는 비

다음 단락은 이 「선진」편의 결론이 됩니다.

세 사람이 나가고 증석만이 뒤에 남았다.

증석이 물었다. "세 사람의 말이 어떠합니까?"

공자께서 말씀하셨다. "(별 것 아니다) 각자 자기의 뜻을 말했을 따름이지."

"선생님께서는 왜 유의 말에는 빙긋이 웃으셨습니까?"

"(자로가 말한 것은 국가 천하 대사이다. 그것은 대영웅이나 대정치가의 사업으로, 그렇게 간단한 일이 아니다) 나라는 (문화적 토대와 학문적 수양인) 예禮로써 다스려야 하는데, (큰소리치면서 자신을 대단하게 여기고) 그의 말에는 겸양이 없어, 그래서 내가 웃었던 것이야. (자로가 말한 국가에 대한 이상은 잘못이 없지만, 그가 너무나 자만하고 너무나 경솔했기 때문에 웃었을 뿐이다)"

"구의 경우는 나라 다스리는 게 아니잖습니까?"

"사방 육칠십 리든 오륙십 리든 어찌 나라로 보지 않겠느냐? (지방이 크든 작든 다스리는 법은 모두 같은 것이다)"

"적의 경우는 나라 다스리는 게 아니겠지요?"

"종묘의 제사와 회의가 제후의 일이 아니고 무엇이겠느냐? 적이 하고자 하는 일이 작다면 어떤 일을 큰 일이라고 할 수 있겠느냐!"

三子者出, 曾晳後, 曾晳曰: 夫三子者之言何如? 子曰: 亦各言其志
삼자자출 증석후 증석왈 부삼자자지언하여 자왈 역각언기지

也已矣! 曰: 夫子何哂由也? 曰: 爲國以禮, 其言不讓, 是故哂之。唯
야이의 왈 부자하신유야 왈 위국이례 기언불양 시고신지 유

求則非邦也與? 安見方六七十, 如五六十, 而非邦也者? 唯赤則非邦也
구즉비방야여 안견방육칠십 여오륙십 이비방야자 유적즉비방야

與？ 宗廟會同，非諸侯而何？ 赤也爲之小，孰能爲之大！
여　　종묘회동　비제후이하　적야위지소　숙능위지대

　　모시고 서 있던 네 제자가 공자의 물음에 대답한 뒤, 자로·염유·공
서화는 떠나고 증석만이 남아 있었습니다. 공자가 증석의 말에만 의견
을 표시하고 다른 세 학우들의 대답에는 의견을 표하지 않았기 때문에,
증석은 궁금하여 공자에게 다른 학우들의 대답을 어떻게 생각하느냐고
물었습니다. 공자가 "별 것 아니다. 마음에 터득한 바를 보고하고 각자
자신의 생각을 말한 것뿐이다." 라고 말하자, 증석은 한 걸음 더 나아가
물었습니다, "자로가 한 말에 선생님께서는 웃으셨는데, 왜 웃으셨는지
요?"

　　우리는 아마 자로의 말이 별로 문제가 없고 공자의 마음에도 들어서
웃음거리가 될 것이 없다고 생각할 것입니다. 그러나 공자는 증석에게
이렇게 말합니다. "자로가 말한 것은 국가 천하 대사이다. 그것은 대영
웅이나 대정치가의 사업으로, 문화적 토대와 학문적 수양이 있어야 하
지 그렇게 간단한 일이 아니다. 그런데도 자로는 큰소리치면서, 겸손함
이 없이 자신을 대단하게 여겼기 때문에 내가 웃은 것이다. 자로가 말
한 국가에 대한 이상은 잘못이 없지만, 그가 너무나 자만하고 너무나
경솔했기 때문에 웃었을 뿐이다."

　　염구도 잘 이야기했습니다. 사실 그의 말은 정치인의 행위인데, 실제
로 사방 6, 70리든 5, 60리든 다를 것이 없습니다. 여기서 우리는 노자
의 말을 인용하여 해석할 수 있습니다. 노자의 철학을 연구하는 사람들
은 "작은 나라 적은 백성"(小國寡民)과 "큰 나라를 다스리는 것은 작은
생선을 요리하는 것과 같다."(治大國如烹小鮮)를 서로 다르게 해석하고 있
습니다. (『노자』 제60장―역자).

　　요즘 청년들은 대학에서 문학을 연구하든 철학을 연구하든 정치학을
연구하든 석·박사 학위논문으로 노자에 관하여 많이 쓰고 있습니다.
노자의 정치사상·철학사상·경제사상 등 노자의 사상이라는 사상은 다
나오고 있습니다! 노자 자신은 당시 5천 자밖에 쓰지 않았지만, 그 내
용은 그 후 몇천 년 동안 몇천 만 자로도 다 이야기할 수 없을 지경이

되었습니다. 이런 대작大作들을 노자가 본다면 틀림없이 박장대소할 것입니다. 요즘 논문들에서 나오는 노자는 도대체 어느 학설의 노자인지 노자 자신도 알 수 없을 것입니다. 진정한 노자 사상은 간단하고 평범해서 5천 자밖에 안 됩니다. 노자는 "큰 나라를 다스리는 것은 작은 생선을 요리하는 것과 같다."고 했는데 약한 불로 삶고 작은 불로 끓인다는 이 '팽'烹자에 주의해야 합니다. 작은 생선과 육류는 센 불로 끓이면 다 타버리니 약한 불로 천천히 요리해야 합니다. 이 말은 우리에게 사람됨과 더 나아가 처세의 중요한 원칙을 알려 주고 있는데, 혼란할 때 마음이 조급해서는 안 된다는 것입니다.

어느 시대의 혼란이든 모두 하나의 관건이 있으니 천천히 해가면서 차츰차츰 해결해야 한다는 것입니다. 태극권의 원리를 이용하여 넉 냥의 힘으로 천 근의 무게를 움직인다는 것은, 그 세勢를 따라 천천히 한다는 것입니다. 만약 한꺼번에 갑작스런 방법으로 바꾸어 놓으려고 하면 흔히 아직 잘 변화되지 않았는데, 새로운 문제가 또 생기기 마련입니다. 이 때문에 노자는 "작은 나라 적은 백성"을 주장한 것입니다. 다시 말하면 그는 지방 정치를 토대로 시작했습니다. 이것도 공자가 이야기한 "사방 6, 70리든 5, 60리든 어찌 나라가 아니라고 하겠는가?"의 뜻과 같은 의미로서, 지방이 크든 작든 다스리는 법은 모두 같다는 것입니다. 공자가 염구에 대해 한 말은 염구가 잘못됐다는 뜻이 아니라, 염구의 사상으로써 큰 나라를 다스리든 작은 나라를 다스리든 같다는 뜻입니다. 이 말을 우리 자신에게 적용하면, 직위가 높든 낮든 책임도 마찬가지고, 일의 성취도 마찬가지란 것입니다. 문제는 잘할 수 있느냐 없느냐에 있다는 것입니다.

공자는 공서화의 사상도 대정치가의 견지이지만 그가 매우 겸손하게 말했다고 보았습니다. 사실 '종묘회동'宗廟會同, 즉 국가간의 큰 연합 회의를 주최하면 각국의 원수들이 모두 참가하는데, 공서화는 이런 회의의 비서실장을 맡아 주석이 되어 보겠다고 말한 것입니다. 공서화는 능히 할 수 있다는 것이 아니라 배우겠다고 말했는데, 말은 겸손하게 했지만 그 어조는 매우 강합니다. 그는 이것이 작은 일이라고 했는데, 세상에 이보다 더 큰 일이 또 뭐가 있겠습니까?

　이 단락에서 우리는 또 다른 면을 읽을 수 있습니다. 자로 등의 사상과 포부는 훌륭했지만, 나는 어떻게 할 수 있다든가, 나는 어떻게 하겠다는 개인적인 영웅주의에서 벗어나지 못했습니다. 뿐만 아니라, 자신들의 사상과 포부를 실현하기 위해서는 정치로부터 시작해야 한다는 생각에 치우쳐 있었습니다. 그러나 증석은 달랐습니다. 그는 똑같이 대동 세계를 희구하지만, 자신이 꼭 성공할 수 없을지라도 문화 교육 면에 치중하겠다고 했습니다. 이것이 진정으로 공자의 염원과 일치했기 때문에 공자는 "나도 점과 함께 하고 싶구나!"(吾與點也) 하고 감탄한 것입니다.

顏淵

천인합일天人合一

하론에서 제11편 「선진」은 이미 강의를 마쳤습니다. 이제 제12편 「안연」에 대한 강의를 시작하겠습니다. 이 「안연」편은 개인의 내적 수양을 말한 상론上論의 「학이」편과, 그 수양의 외적 활용을 말한 「위정」편에 대한 주해입니다. 이제 공자의 사상에서 하나의 큰 문제가 대두됩니다.

안연이 인仁(이란 무엇인지)에 대하여 묻자,

공자께서 말씀하셨다. "자기(의 심리)를 (깨끗하게 함으로써) 극복해서 (언제나 공경하지 않음이 없고 언제나 올바르게 생각하는 듯 엄숙한 상태, 즉 내심에서의 자신에 대한 신중함이 자기를 극복한 자아의 성실하고 공경하는 상태를 유지하는) 예禮의 경지를 회복한 것이 인仁(의 체體 경지)이다.

(다시 말해, 자신의 망념·정욕·사악한 생각·편향된 관념을 정화淨化 극복하여 올바른 생각正思으로 완전히 걸어간 다음의 '예'의 경지라야, 비로소 인仁이라 부릅니다. 그리고 그 예의 경지에서 발전하여 사람과 사물에 대해 어디서나 예를 갖추는 것이 예의禮儀입니다. 이런 수양을 갖추기 위해서는 먼저 자신의 심리를 인식해야 합니다)

어느 날이라도 (그렇게) 자기를 극복하고 예禮의 경지를 회복하면, (온 세계) 천하가 인의 경지로 돌아간다. (그 인의 경지란 우주 만물과 자기의 심신이 하나로 합하여 일체一體가 된 것이다. 그러한 인생 최고의 경지인) 인의 경지를 이루는 것은 자기(의 심신으)로부터 비롯되지

남으로부터 비롯되겠느냐?"

顔淵問仁。 子曰 : 克己復禮爲仁。 一日克己復禮, 天下歸仁焉。 爲仁
안연문인   자왈   극기복례위인   일일극기복례 천하귀인언   위인

由己, 而由人乎哉 ?
유기   이유인호재

이 한 단락은 공자 사상의 중심인 '인'仁에 대한 연구입니다. 우선 안
연이 공자에게 무엇을 인이라고 하는지 질문한 것을 문자상으로 논해
봅시다. 이 단락을 보니, 상론의 「이인」편 전체가 인을 논했던 것이 생
각나지요? 「이인」편을 강의할 때, 이 문제는 큰 문제이므로 나중에 천
천히 연구해 보자고 했습니다. 이제 그것을 연구할 때가 되었습니다.

「이인」편에서는 인의 체體, 인의 용用, 인의 현상現象을 말했습니다.
때로는 인의 사상을 말하고, 때로는 인에 입각한 대인처세를 말했기 때
문에, 서로 조금씩 달랐습니다.

그러나 여기서는 공자가 가장 마음에 들어 하는 제자 안회가 "인이란
무엇입니까?" 하고 총괄적인 문제를 제기하면서, 인에 대한 정의를 요
구했습니다. 이에 대해 공자는 "극기복례위인"克己復禮爲仁이라 했습니다.
이 말은 "자기를 극복해서 예를 회복한 것이 인이다."라는 뜻입니다. 이
것은 글자 그대로 해석한 것입니다. 예전에 우리가 서당에서 글을 배울
때 선생님은 이렇게만 해석해 주고, 더 이상 질문을 허락하지 않았습니
다. 지금 다시 과거에 글을 읽던 방법으로, 공자가 여기에서 말한 "일일
극기복례, 천하귀인언"一日克己復禮, 天下歸仁焉을 해석하여 보겠습니다. 이
말은 "어느 날 자기를 극복해서 예禮를 회복하는 공부를 해내기만 하면,
온 세계가 다 인의 경지로 돌아간다."라는 뜻입니다. 바로 이어서 "위인
유기, 이유인호재?"爲仁由己, 而由人乎哉라고 했습니다. 즉, "인은 자기의
심신 안에 있는 것이지 외부에 의지해서 오는 것이 아니다."라는 뜻입
니다.

문자적인 뜻으로는 이렇게 해석하는데, 이것을 '의문해의'(依文解義: 문
자에만 의거해서 뜻을 해석하는 것—역주)라고 합니다. '의문해의'는 불교의
선종에서 말하는, "문자에만 의거해서 뜻을 해석하면, 삼세 부처님의 원

수다."(依文解義, 三世佛寃)라는 구절에 있는 말입니다. 불경을 읽을 때 문자대로만 뜻을 이해하면, 과거·현재·미래의 세 부처가 모두 "억울하구나! 나는 결코 그런 뜻이 아니었다." 하고 말한다는 것입니다. 다시 말하면, 책을 읽을 때는 말뜻을 꿰뚫어 알아서, 언어와 문자의 내적 함의와 그 사상과 이치의 참뜻을 찾아내어야 비로소 학문이라 할 수 있다는 것입니다. 그저 글자를 알고 글을 잘 쓰는 것이 꼭 학문인 것은 아닙니다.

그럼 이 문제를 좀더 깊이 있게 토론해 보겠습니다.

'인'仁은 공자의 중심 사상으로서, 역대로 많은 해석이 있었습니다. 특히 송나라 유생들, 곧 이학자들은 '인'仁에 대해 전문적으로 이야기했습니다. 그러나 내가 보기에 송나라 이학자들의 '인'에 대한 이론은 이미 공자 사상의 본래 모습이 아니었습니다. 왼쪽으로는 불가의 것을 훔치고 오른쪽으로는 도가 노장의 것을 훔쳤는데, 특히 노자의 것을 더 많이 훔쳤습니다. 그러고 나서 이들을 한데 융합하여 자신의 것으로 만들었습니다. 마치 훔쳐온 옷을 한 번 빨아 입고 나서 자기 옷이라고 주장하는 것과 같은데, 이런 행위는 사람을 실망시킵니다.

송나라 유학자는 '성실하고誠' '공경하라敬'고 날마다 말했지만, 나는 그들이 학문을 연구하는 기본 태도에서부터 이 두 가지를 위반하여 성실하지도 공경하지도 않았다고 생각합니다. 솔직히 말해, 다른 학파의 사상을 빌렸다 한들 그것이 무슨 잘못이겠습니까? 게다가 그것이 그들의 학문을 방해하지도 않았습니다. 예컨대 오늘날 서양의 어느 정치가나 철학자의 사상을 빌려 어떤 문제를 해석했다 하더라도 잘못이 아닌 것과 같습니다. 그런데 어째서 다른 사람의 사상을 빌리고도 그 사람을 욕합니까? 마치 오늘날 강도가 돈을 빼앗고 사람마저 죽여 버리는 것과 같은데, 이것이 말이 됩니까? 이것을 성실과 공경의 도라고 말할 수 있습니까? 그러므로 송나라 유학자가 인을 해석한 것은 역시 문제가 있습니다.

다음은 앞에서 언급한 바 있는 한유韓愈가 '인'을 '박애'博愛로 해석한 것입니다. 후세에도 이것을 공자의 사상으로 오해하여, 인을 곧 박애라고 생각한 사람들이 있었습니다. 사실 한유보다 앞선 한나라 무제武帝 때 공손홍公孫弘이 "인은 사랑이다."라고 말한 적이 있습니다. 정식으로 "박애를 인이라고 부른다."(博愛之謂仁)고 정의한 것은 한유인데, 한유는 묵자를 연구하는 전문가였습니다. '겸애'兼愛는 묵자가 매우 중시한 것으로, 묵가의 사상이라 할 수 있습니다. 학술 사상은 엄격한 것으로서 잘못 이해해서는 안 되며, 잘못 이해하게 되면 웃음거리가 되고 맙니다. 학문은 모든 맹인은 속일 수 있지만, 눈 뜨고 있는 한 사람은 속일 방법이 없습니다. 학술은 이토록 엄격한 것입니다.

그 밖에도 청나라 말엽 '무술정변'의 여섯 군자 중 한 사람인 담사동 譚嗣同이 지은 『인학』仁學이라는 책이 있는데, 단행본은 찾아보기 어렵습니다. 그러나 지금 시중에서 발행되는 『담유양전집』潭瀏陽全集이라는 책에 『인학』의 모든 내용이 들어 있습니다. 이 『인학』은 기본적으로 송나라 이학을 기초로 공문의 학문을 논한 책입니다.

이상 몇 가지를 대체적으로 소개했으니, 다시 돌아가 '인' 자체에 대해 연구해 보겠습니다. 안회가 '인'仁을 묻자, 공자는 "극기복례"克己復禮가 인仁이라고 대답했습니다. '극기'克己란 무엇일까요? 요즘 말로 하면 '심리의 정화淨化'가 바로 극기克己입니다.

오늘 낮에, 오랫동안 강의를 듣던 학생이 미국으로 간다고 작별인사를 하러 왔다가 이 문제를 이야기하게 되었습니다. 그는 내게 어떻게 해야 자신의 번뇌를 극복할 수 있느냐고 물었습니다. 그의 번뇌란 생각이 멈추지 않는다는 것이었습니다. 어떻게 해야 언제나 생각하지 않게 될까요? 그것은 불가능한 일입니다. 사람은 생각을 하지 않을 수 없습니다. 내가 말하기를, 어느 때나 할 수 있는 것으로 '생각하되 머물지 않음'(想而不住)이라고 하는데, 이것은 선학禪學의 경지라고 했습니다.

여러분은 지금부터 특히 주의를 기울이십시오. 지금 내가 말하고 있고 여러분이 듣고 있는 이 순간에도 우리의 생리 작용은 심리적인 감수성과 어울려 여러 가지로 작용하고 있습니다. 즉, 눈으로 보고 귀로 들을 뿐만 아니라, 의자의 편안함과 불편함, 공기의 차고 더움도 느끼면서, 내적으로는 또 다른 생각이 꼬리에 꼬리를 물고 이어집니다. 우리의 생각은 흐르는 물과 같아서 한 물결이 지나가면 또 다른 물결이 꼬리를 물고 나타납니다. 게다가 수많은 잡생각이 끼어듭니다.

그러나 생각을 돌이켜보면 이렇게 많고 많은 생각이 단 하나도 존재하지 않습니다. 우리가 "극기복례"克己復禮라는 말을 하면 이 자체가 한 가지 생각이고, 이 생각이 지난 후 다시 "극기복례"를 말하면 이미 처음 것이 아닌 두 번째 생각이고, 다시 "극기복례"를 말하면 세 번째 생각이 되는 것과 같습니다. 다시 말해서 우리가 이야기했듯이, 한 줄기 물이 흐르는 것을 보는 것과 같습니다. 겉으로는 한 줄기 흐르는 물처럼 계속 흐르고 있지만, 처음 본 그 물결은 이미 지나가고 끊임없이 다른 물결이 눈앞에 닥쳐오는데, 그것은 뒤에서 끊임없이 밀려오는 것입니다. 우리가 전등을 볼 때 그 빛이 계속 존재하는 것처럼 보이지만, 사실상 이 빛은 끊임없이 흩어지고 새로운 빛이 끊임없이 보충되어 오는 것입니다. 우리의 생각과 심리작용도 마찬가지인데, 우리는 항상 생각이 존재하는 것 같습니다. 그러나 실제로 이 생각을 분석해 보면, 앞의 생각은 이미 지나갔고 뒤의 생각은 아직 오지 않았으며, 현재의 생각은 우리가 '현재'라고 말할 때 이미 지나가 버렸습니다.

정靜의 수양

됐습니다, 우리는 이런 이치를 이해했습니다. 그러므로 우리는 생각을 억제해보려 할 필요가 없습니다. 가령 아무 생각 없이 마음이 고요해지고 싶을 때, "나는 고요해지고 싶다."는 생각을 하게 되면, 오히려 생각이 하나 더 많아지는 셈입니다. 그러므로 "나는 고요해지고 싶다."는 생각조차 하지 말아야 합니다. 많은 사람들이 불경을 배우고, 도를 배우고, 정좌하고, 무예를 연마하면서 의도적으로 마음을 고요히 하려고 하는데, 이 마음이 어떻게 고요해질 수 있겠습니까?

어떤 사람은 책상다리를 한 채 눈을 감고 아무 말도 하지 않고 앉아 있는데, 광대놀음을 하는 것처럼 그럴 수도 있지만 이것도 진정한 '고요함'靜의 경지는 아닙니다. 생리적으로는 도움은 되겠지만, 이것을 '고요함'이라 할 수는 없습니다. 한 곳에 앉아 있으면 마음속에 잡생각이 더 많아지기 때문에, '진정한 고요함'을 얻을 수 없습니다. '진정한 고요함'을 얻기 위해서는 매우 높은 수준의 수양이 있어야 합니다. 앞에서 말한 것처럼, 한편으론 공문을 검토하고 또 한편으론 보고를 듣는 것과 같이, 매일 온갖 일을 처리하면서도 마음이 한결같이 평온한 것이 '고요함'입니다.

우리는 이런 수양을 갖추기 위해 먼저 자신의 심리를 인식해야 합니다. 생각이란 끊임없이 지나가는 것으로, 지금 여기 앉아 있으면서도 체험할 수 있습니다. 우리는 앞에 지나간 생각은 상관하지 않는데, 이미 지나갔기 때문입니다. 예컨대 우리의 모든 고통과 번뇌는 어디에 있을까요? 우리는 흔히 이미 돌이킬 수 없다는 걸 알면서도 억지로 다시 끌어오려고 합니다. 후회란 이미 지나간 것을 다시 돌이키려는 것입니다. 생각해 보면, 아직 오지 않은 미래를 쓸데없이 생각할 필요가 어디 있습니까?

어떤 사람은 내가 걸음을 빨리 걷는다고 하는데, 나는 이런저런 생각을 하는 것이 귀찮기 때문이라고 말합니다. 예를 들어, 집에서 나와 여기로 올 때 목적지가 항려恒廬이면 나는 곧장 항려로 향하면서 길에서 생긴 일은 상관하지도 않고 생각하지도 않습니다. 그러나 많은 사람들은 길에서 보고 듣고 만나는 것을 많이 생각합니다. 만약 그런 것을 생각하지 않고 이런 마음의 평온함을 유지할 수 있다면, 심리가 건강해지고 생리도 자연히 건강해지는데, 이것은 의학적으로 필연적인 이치입니다.

이제 다시 본 주제로 돌아가겠습니다. 우리는 과거의 것은 이미 지나간 것으로 알고, 미래의 것은 아직 오지 않았으니 상관하지 않고, 현재의 것만 이야기하는데 그 '현재'도 사실은 없는 것입니다. 우리가 '현재'라고 말하는 순간, 이 '현재'는 지나가 버립니다. 천천히 이런 면으로부터 체험해가서 영원히 마음의 평안安寧을 유지해야 합니다. 심지어 적에게 잡혀 총살당할 때에도 이 평정한平靜 마음을 유지할 수 있다면 어떻게 될까요? 총알이 여기로 들어와서 저쪽으로 나가면 나는 거꾸러져 죽고 말 것입니다. 하지만 총알이 아직 오지 않았다면, 무서워할 필요가 어디 있습니까? 또, 총알이 이미 왔다면 무서워해도 소용없으니 겁낼 필요가 어디 있겠습니까? 지금 현재에 조금이라도 청정淸靜을 즐거이 누리는 것입니다.

그러므로 고대의 많은 대신·충신들, 예를 들면 문천상文天祥이 의연히 정의를 위해 희생한 것이 바로 이러한 예입니다. 문천상의 전기를 보면 그가 이런 수양을 지니고 있었다는 걸 알 수 있습니다. 그는 잡혀 가는 길에서 한 분의 스승을 만났다고 하는데, 그가 도가의 인물인지 불가의 인물인지는 말하지 않았습니다. 다만, 그가 남긴 문집을 보면 시 한 수의 머리말에서 한 이인異人을 만나 '대광명법'(大光明法: 이것은 불가의 것입니다)을 전수 받았다고 말하고 있습니다. 이로 해서 그는 삶과 죽음을 달관하여 마음에 두지 않게 되었습니다.

전기를 읽어 보면, 그러기에 문천상이 이런 높은 수양이 있었고, 그 뒤로부터는 생사 관념을 완전히 마음에 두지 않게 되었음을 비로소 알게 됩니다. 불가나 도가의 관점에서 말한다면, 그는 도를 얻었고 공부가 있었기 때문에, 육체적인 생사를 대수롭지 않게 여기게 된 것입니다. 그런데 여기에 무슨 특별한 점이 있었을까요? 전혀 없었습니다. 그저 우리가 방금 토론한 마음속의 생각과 같았습니다.

다시 지금 우리가 있는 이곳을 예로 들어봅시다. 우리는 모두 이 강의실에 앉아 있는데, 무슨 공부를 할 필요가 없고 고요함도 구할 필요 없이, 이 에어컨 소리를 우리는 들을 수 있습니다. 사실 여러분은 저 소리를 본래부터 듣고 있었는데, 내가 말하게 되어 주의를 돌리게 된 것입니다. 본래 여러분은 나의 동작도 보았고 나의 말소리도 들었습니다. 이 사이에서 여러분은 한 가지 것을 찾아보십시오. 우리 마음의 다양한 작용은 소리를 들을 수도 있고, 볼 수도 있고, 움직일 수도 있고, 생각할 수도 있으며, 또 우리 자신이 여기에 앉아 생각하고 있고 여기에 앉아 있다는 것도 알 수 있습니다. 자신을 알 수 있는 그 한 가지 것이 정말 중요합니다. 그것이 바로 당신 자신의 진정한 '본래 모습'本來面目의 일면이며, 진정한 '자기'입니다.24)

24) 여기서 말하고 있는 것은 지성知性, 즉 아는 기능 작용을 말하고 있는데 "당신 자신의 진정한 '본래 모습'의 일면이며, 진정한 '자기'입니다"를 구체적으로 이해하고 인식하고 수양하도록 『능엄경 대의 풀이』 제4권 중의 일부 내용을 번역문만 전재하니 참고하기 바란다.

이때에 부처님은 라후라(부처님의 아들)에게 종을 한 번 치라한 다음 아난에게 물으셨다. "너는 지금 들었느냐?"
아난과 대중은 모두 대답했다. "들었습니다."
조금 지난 뒤 종소리가 멎자 부처님은 또 물으셨다. "너는 지금 들었느냐?"
아난과 대중은 모두 대답했다. "이제는 들리지 않습니다."
이때 라후라가 또 한 번 종을 치자 부처님은 또 물으셨다. "너는 지금 들었느냐?"
아난과 대중은 또 대답했다. "모두 들었습니다."
부처님은 또 아난에게 물으셨다. "너는 어쩌면 들을 수 있고 어쩌면 들리지 않는 것이냐?"
아난과 대중은 모두 대답했다. "만약 종을 쳐 소리가 나면 우리가 들을 수 있고, 치고 난 지 오래지나 소리가 사라져서 소리와 향동(響動)이 모두 없어지면 들리지 않는다고 합니다."
이때에 부처님은 또 라후라에게 종을 한 번 치게 하고는 아난에게 물으셨다. "지금 소리가 있느냐?"
아난과 대중은 모두 대답했다. "소리가 있습니다."
잠시 지나 소리가 사라지자 부처님은 또 물으셨다. "지금 소리가 있느냐?"
아난과 대중은 모두 대답했다. "소리가 없습니다."
다시 잠시 지나자 라후라가 또 종을 쳤다. 부처님이 다시 물으셨다. "지금 소리가 있느냐?"
아난과 대중은 모두 대답했다. "소리가 있습니다."
부처님이 아난에게 물으셨다. "너는 어떠해야 소리가 있다고 하고, 어떠해야 소리가 없다고 하느냐?"
아난과 대중은 모두 말했다. "종을 쳐서 소리가 나면 소리가 있다하고, 종을 친지 오래지나 소리가 사라져 소리와 향동이 모두 없어져버리면 소리가 없다고 합니다."
부처님이 말씀하셨다. "너희들은 지금 어찌하여 이렇게 말이 이랬다저랬다 하여서 기준이 전혀 없는 것이냐?"
대중과 아난은 부처님이 이렇게 말씀하시는 것을 듣고 물었다. "저희들이 어떻게 말이 이랬다저랬다 해서 기준이 전혀 없다는 것인지요?"
부처님이 말씀하셨다. "내가 너희들에게 들었느냐고 물으면 들었다고 말하고, 또 소리가 있느냐고 물으면 소리가 있다고 말한다. 들었다고 대답했다가 소리가 있다고 대답하는데, 이렇게 하면서 어떻게 말이 이랬다저랬다 하는 것이 아니겠느냐? 소리가 사라져서 향동이 없으면 들리지 않는다고 말하는데, 만약 실제로 들리지 않는다면 능히 들을 수 있는 자성이 이미 소멸해서 고목이나 마찬가지가 된다. 그렇다면 종소리를 다시 칠 때에 너는 어찌하여 소리가 있는지 소리가 없는지를 또 아는 것이냐? 소리가 있거나 소리가 없음은 자연히 음향의 작용이지만, 음향을 능히 듣는 자성은 소리가 있거나 소리가 없음과 또 무슨 관계가 있느냐? 설마 그 능히 듣는 자성이 너의 필요에 따라 있고 없고 하는 것이냐? 능히 듣는 자성이 만약 정말 절대적으로 없다면, 이 절대적으로 없다는 사실을 아는 그것은 또 누구이겠느냐?

그러므로 너는 알아야한다, 소리는 능히 듣는 자성의 기능 속에 있으면서 단지 소리가 스스로 생겨났다가 소멸한 것이다. 결코 네가 소리가 생겨나고 소리가 소멸함을 듣기 때문에, 너의 그 능히 듣는 자성 기능이 따라서 있게 되고 없게 되는 것이 아니다. 어느 것이 음향이고 어느 것이 능히 듣는 자성인지 네가 아직 모르는 이상, 네가 혼미하여 깨닫지 못해서 진실하고 영원히 존재하는[眞常] 자성이 장차 단멸할 것으로 여기는 것도 무리가 아니다.

너는 움직임과 고요함[動靜], 막힘과 통함을 떠나면 능히 듣는 자성이 없다고 말해서는 더더욱 안 된다. 왜 그러겠느냐? 예를 들어, 깊이 잠든 사람이 잠을 자고 있는 바로 그 때에 집안에서 어떤 사람이 다듬이질을 하거나 쌀 방아를 찧는다고 하자. 깊이 잠든 그 사람은 꿈속에서 이 쌀 방아 찧는 소리를 듣고서 다른 물건의 소리로 환각하여, 북치는 것으로 여기거나 혹은 종을 치고 있는 것으로 여겼다. 이 사람은 꿈을 꾸고 있는 중에 이 종소리가 충분히 우렁차지 못하고 나무나 돌의 음향 같다고 스스로 이상하게 여겼다. 그리고는 깨어나 보고서야 다듬이 소리인줄 알고 나서는 집안사람에게 이르기를, '내가 방금 꿈을 꾸고 있었는데 이 다듬이 소리를 북 울리는 소리로 여겼다'라고 했다. 이 사람은 꿈을 꾸고 있는 중에도 설마 움직임과 고요함, 열림과 닫힘, 통함과 막힘을 기억하고 있겠느냐?

이로써 알 수 있듯이 그의 몸은 비록 잠들어 있지만, 그의 능히 듣는 자성은 결코 혼미하지 않는다. 한 걸음 더 나아가 말하면 설사 너의 형체가 완전히 소멸하여 생명의 빛나는 본능이 변천했다하더라도, 이 능히 듣는 자성이 너의 형체를 따라 소멸할 것이라고 어찌 말할 수 있겠느냐? 모두 다 온갖 중생이 무시이래부터 온갖 소리와 색상을 뒤쫓고 의식심념을 따라서 멈추지 않고 생사에 윤회[流轉]하면서, 자성은 청정하고 영묘하며 상주불변한 것임을 지금까지 스스로 깨닫지 못했기 때문이다. 중생들은 상주하는 자성을 따르지 않고 외연(外緣)의 변천만을 따라서 온갖 생멸 작용과 현실을 뒤쫓아 간다. 그러므로 세세생생 그치지 못하고 습염(習染)에 얽히고 헝클어져서[雜亂] 그 때문에 쉬지 않고 생사에 윤회한다.

만약 생멸작용을 버리고 진실하고 영원히 존재하며 불변하는[眞常不變] 자성을 지키면서 정지(定止)의 상태가 오래되면, 자성의 진실하고 영원히 존재하는 광명이 나타날 것이다. 그리고 생리 기능인 6근의 본능과 상대적인 외부경계인 6진 현상, 그리고 의식심념의 작용이 단박에 녹아 없어질 것이다. 생각의 현상은 곧 청정한 자성의 먼지 찌꺼기요, 의식 정념(情念)의 작용은 바로 청정한 자성의 더러운 때이다. 만약 이 두 가지를 다 멀리 떠난다면 너의 법안(法眼: 불법에서 가리키는 자성의 마음의 눈을 갖추어 봄)이 단박에 환히 청명(淸明)해질 것인데, 어찌 무상정각을 이루지 못할 이치가 있겠느냐?

내 말 뜻이 정확히 전달되었는지는 모르겠지만, 여러분의 수양에 조금이라도 도움이 되어 심신이 의지할 곳이 있는(安身立命) 수양을 얻기 바랍니다. 이러한 매우 높은 정도의 수양이 있어야 비로소 큰일을 처리할 수 있고 비로소 큰 임무를 맡을 수 있습니다.

방금 말한 제1단계 방법은 비교적 수준이 높은 것입니다. 그 다음 단계로는 "극기복례"克己復禮의 '극'克자에 주의를 기울여야 합니다. 克은 극복한다는 뜻의 剋(극)과 같은 자로서, 심리적인 투쟁의 뜻을 내포하고 있습니다. 가령 남의 넥타이가 멋진 것을 보면 그것을 가져오고 싶은 생각이 들지만, 이성적으로는 "나는 무엇 때문에 이렇게 무료할까? 이런 저급한 생각이 있다니!"라고 생각하는데, 이것이 바로 '극'克으로서 심리적 투쟁 현상이 일어난 것입니다. 『장자』의 관념에서는 이를 '심병' 心兵이라고 부르는데, 마음의 군사를 부리고 있는 것입니다. 이른바 천리天理와 인욕人慾의 투쟁은 요즈음 말로 하면 감정과 이성의 투쟁으로서, 우리는 하루 종일 이런 모순 속에 있습니다.

그러면 우리는 자신을 어떻게 극복해야 할까요? 『서경』書經에 "광인은 생각을 극복해서 성인이 되고, 성인은 생각을 함부로 해서 광인이 된다."(惟狂克念作聖, 惟聖妄念成狂)는 말이 있습니다. 이 '광'狂은 우리가 일반적으로 생각하는 뜻과는 다릅니다.

불가와 도가의 해석에 따르면 보통의 '범부'凡夫가 곧 '광'狂입니다. 가령 평범한 사람이 생각을 극복하면 바로 성인의 경지입니다. 그 반대로 일반인이 자신의 생각, 감정, 관념을 제멋대로 내버려두면 보통 사람으로 변합니다. 이것이 『서경』의 문화로서, 공자보다 빠른 우리 상고 시대의 조상의 문화인데, 공자는 바로 이로부터 전통 문화를 계승했습니다. "생각을 극복해서 성인이 된다."(克念作聖)에서의 '극'克자는 공자가 말한 "자신을 극복하는 것"임을 우리는 이해할 수 있습니다.

청각 기능 작용을 이용하는 수행 방법에 대한 보다 자세한 강의는 『능엄경 대의 풀이』 제6권 「(25) 음성에 의지하여 이근 원통을 증득하는 수행법」과 『선정과 지혜 수행입문』 중의 「제7강 관음법문 강의」를 읽어보라. 그리고 지성知性에 관하여는 『선과 생명의 인지 강의』 부록 「5. 인지에 관한 남회근 선생의 법문을 간단히 말한다」를 읽어보기 바란다.

자기를 극복한 후에 '예'禮의 경지를 회복합니다. '예'는 요즘 말하는 예절이 아닙니다. '예'란 무엇일까요? 『예기』의 첫 구절은 "사람은 언제나 공경하지 않음이 없고 언제나 올바르게 생각하는 듯 엄숙해야 한다."(毋不敬, 儼若思)고 말합니다. 『예기』에 나오는 '경'敬은 경례한다는 것이 아닙니다. 내심에서의 자신에 대한 신중함이 자기를 극복한, 자아의 성실하고 공경하는 상태를 유지하는 것입니다. 겉으로 보기에 늙은 스님의 입정入定한 모습처럼 내심의 수양에 주의를 돌리는 것입니다. 이른바 '예'禮란 이런 경지를 가리키는 것인데, 여기서 발전하여 사람과 사물에 대해 어디서나 예를 갖추는 것이 예의禮儀입니다. 『예기』의 이 구절은 하늘과 사람이 하나로 합하는(天人合一) 인생 최고의 경지를 말한 것입니다.

"극기복례"克己復禮란, 자신의 망념·정욕·사악한 생각·편향된 관념을 극복하여 올바른 생각(正思)으로 완전히 걸어간 다음의 "예"의 경지라야 비로소 인仁이라 부른다는 것입니다. 송나라 유학자 주희의 시를 보겠습니다.

지난 밤 강가에 봄물이 불어나니	昨夜江邊春水生
적과 싸우는 큰 배도 터럭처럼 가볍구나	艨艟巨艦一毛輕
예전에는 배를 옮기는 힘을 헛되이 썼는데	向來枉費推移力
지금은 중류中流를 타고 자재로이 가는구나	此日中流自在行

이 시를 통해 주희의 수양 정도를 알 수 있는데, 그가 공부하지 않았다고는 할 수 없습니다. 그 역시 몇십 년 동안 공부했습니다. 송나라 유학자의 많은 관점들은 재고해 보아야 하지만, 그들의 올바른 점까지 말살해서는 안 됩니다. 조금 전에 얘기했듯이, 자신의 생각을 극복하고 늘 평정심平靜心을 유지하면서 외적인 간섭을 받지 않기란 매우 어렵습니다. 이 시는 몇십 년 동안 학문과 수양을 연마한 주희의 경험담인데, 이런 수련은 시작하자마자 곧 성취할 수 있는 것이 아니라, 평소에 차근차근 체험과 노력을 쌓아야 합니다.

　이 시에서 그는 하나의 경관景觀으로 자신의 마음 속 경지를 묘사하고 있습니다. 우리의 마음 속 번뇌와 근심은 강에 좌초한 큰 배와 같아서 아무리 끌어도 움직이지 않습니다. 그렇지만 봄이 되어 강물이 어느 정도 불어나면 배는 스스로 뜨게 됩니다. 뒤의 두 구절이 핵심인데, 평소에는 배를 움직이려고 많은 노력을 기울였지만 모두 헛수고여서 조금도 움직일 수 없었습니다.

　그러나 수양이 상당한 정도가 되면, "지금은 중류를 타고 자재로이 가는구나."(此日中流自在行)의 경지에 이르게 됩니다. 이 정도가 되면, 공자의 이른바 "자기를 극복해서 예의 경지를 회복한 것이 인이다."(克己復禮爲仁)에 해당합니다. '인仁'은 이렇게 해석할 수 있는 것입니다. 이제 우리는 한 가지 사실을 알게 되었습니다. 즉, 공자가 말한 '인'은 실제로 존재하는 하나의 경지로서, 추상적 이론이 아닌 실제 내면의 수양이라는 것입니다. 그러므로 진정으로 내면의 수양을 하는 어려움은 사람이 직접 물을 마셔 봐야 그 물이 차고 더운 것을 스스로 아는 것과 같습니다.

천지는 말의 터럭 하나

　그 다음에 "어느 날이라도 자기를 극복하고 예의 경지를 회복하면, 천하가 인의 경지로 돌아간다."(一日克己復禮, 天下歸仁焉)라는 구절을 보겠습니다. 이 문제도 중대합니다. 우리는 도처에서 '천인합일'天人合一이라는 사자성어四字成語를 볼 수 있습니다. 물리적으로 보면 하늘은 하늘이고, 사람은 사람으로서, 서로 까마득히 멀리 떨어져 우주선이 없으면 오를 수 없고 오르더라도 머물 수 없는데, 어떻게 하나로 될 수 있겠습니까? 수양의 경지가 천인합일의 정도에 이르면 하늘과 같아질 수 있을까요? 형태상으로 보면 하늘은 텅 비어 있는데, 마음도 그렇게 텅 빌 수 있을까요? 마음속은 매우 복잡한데 어떻게 하늘처럼 텅 빌 수 있을까요? 이런 것은 모두 허황된 명칭이고 구두선口頭禪입니다.

　그러나 공자가 말한 천인합일에는 한 가지 이치가 있으니, 바로 '천하귀인'天下歸仁입니다. '천인합일'은 사실 장자莊子가 말한 것인데, 후세의 유가가 빌려서 사용한 것입니다. 장자는 또 "천지란 하나를 가리키는 것이요, 만물이란 한 마리의 말과 같은 것이다."(天地一指也, 萬物一馬也) 라 하여, 마음과 만물의 뿌리가 하나라는 '심물일원'心物一元의 관점을 나타냈습니다. 이 두 마디 말을 충분히 설명하려면 긴 논문 한 편이 될 것입니다. '심물일원'心物一元은 절대로 유물唯物도 아니고 유심唯心도 아니지만, 순수한 유심唯心이라고 할 수 있습니다(서양 철학의 유심과는 다릅니다).

"천지일지"天地一指의 '일지'一指는 한 손가락이란 뜻이 아니라 한 물건, 즉 일체一體라는 뜻입니다. "만물일마"萬物一馬는 만물을 한 필의 말에 비유한 것인데, 말에는 머리·발·꼬리·털…… 등이 있습니다. 천지간의 만물은 말의 머리·발·꼬리·털…… 등이 모두 합쳐져야 한 마리의 말이라고 부를 수 있는 것과 같습니다. 말에 털이 없으면 완전한 말이 아니고, 꼬리가 없어도 완전한 말이 아니니, 어느 한 가지만 없어도 완전한 말이 아닙니다. 많은 것이 하나로 돌아가고, 하나가 흩어져 많은 것이 됩니다. 감산대사憨山大師의 시에 "천지는 말의 한 터럭이다."(乾坤馬一毛)라는 구절이 있는데, 우주의 모든 것은 각각 말의 몸에 있는 하나의 털이라는 뜻입니다.25)

이것은 문학에서 말하는 "창해일속"滄海一粟과 같은데, 우리 인생은 푸른 바다의 작은 물거품과 같다는 뜻입니다. 비록 작은 물거품이지만 그것은 큰 바다의 일부분입니다. 그러므로 우리는 "만물을 자기에게 회통하는 것은 아마 오직 성인일 것이다."(會萬物於己者, 其惟聖人乎) 라는 경지에 이르러야 합니다. 이 말은 남북조 시대의 유명한 젊은 스님 승조僧肇가 말한 것입니다. 그는 서른 살 남짓밖에 살지 못했지만, 그의 저작은 수천 년 동안 중국에 영향을 주었습니다. 그의 명저 『조론』肇論은 유가·불가·도가의 사상을 융합한 것입니다. 그의 이 말은 진정한 성인의 경지로서, 이론이 아니라 수양이 물아동체物我同體에 도달한 것입니다.26)

---

25) 이에 대한 보다 자세한 강의는 남회근 지음 송찬문 번역 『장자강의』(상) 제2편 제물론 「천지만물은 한 마리의 말과 같다」를 읽어보기 바란다.

사람과 만물은 동일한 근원, 동일한 본체이며 단지 현상이 다를 뿐입니다. 마치 지금 우리가 같은 사람이면서도 서로 다름이 있는 것과 같습니다. 왜냐하면 당신은 당신의 몸, 당신의 모습이고, 나는 나의 몸, 나의 모습이기 때문입니다. 그러나 각자 다르긴 하지만 동시에 동일한 인류입니다. "천지는 말의 한 터럭이다."는 바로 이런 이치입니다.

"천하귀인"天下歸仁은 이처럼 '하늘과 사람이 합하여 하나가 되고'(天人合一) '만물과 나가 동일한 본체인'(物我同體) 인仁의 경지를 말합니다. 진정으로 자기를 극복해서 예의 경지를 회복하면(克己復禮), 심물일원心物一元의 진실한 경지에 이를 수 있습니다. 이론상으로만 그런 것이 아닙니다. 우주 만상과 자기의 심신이 하나로 모여 합하여 일체一體가 될 수 있는데, 이것은 불가에서 말하는 '여래대정'如來大定의 경지이기도 합니다.27)

---

26) 『조론』肇論 1권. 후진의 승조僧肇의 저술로서, 네 편의 논론과 전체를 개괄하는 서문 격인 「종본의宗本義」, 그리고 두 편의 편지로 이루어져 있다.

먼저 「물불천론物不遷論」에서는 경불천境不遷 · 물불천物不遷 · 시불천時不遷 · 인과불천因果不遷 등을 통해 제법의 실상이 본래 진공명적眞空冥寂하다는 것을 밝히고 있다.

「부진공론不眞空論」에서는 유有와 무無 양변을 통해 공空의 진정한 의미를 규명하는데, 먼저 당시 격의불교格義佛敎시대의 잘못된 공의 이해를 비판하고 진공묘유眞空妙有를 설파한다.

「반야무지론般若無知論」에서는 지知와 무지無知를 상정해서 상대적인 앎을 뛰어넘어 일체지一切智로서의 무지無知를 밝히는데, 특히 9회에 걸친 자문자답自問自答의 형식을 빌려 진실반야의 체體를 천명한다. 또한 당시에 이 논을 접한 여산혜원廬山慧遠의 재가제자 유유민과의 서신을 통해 분별을 뛰어넘은 반야무지를 구체적이고 심층적으로 설명한다.

끝으로 「열반무명론涅槃無名論」에서는 유명有名과 무명(無名, 승조 자신) 두 가상인물을 내세워 열반의 실체에 관한 논의를 19회에 걸쳐 펼치는데, 구절(九折, 유명의 아홉 가지 질문)과 십연(十演, 무명이 제시한 명제와 아홉 가지 답변)으로 부제를 달아 전개한다.

『조론』의 국내번역서로는 몇 종이 출판되어 있으니 참고하기 바란다.

27) 불생불멸의 생명의 본체를 가리키는 용어들에 대해서는 남회근 지음 송찬문 번역 『원각경강의』 역자의 말 「진여 · 불성 · 열반 · 원각 등 절대적 최고 진리의 이름들」을 읽어보기 바란다.

'정'定의 경지란 무엇일까요? 우리의 생각은 하루 종일 매우 복잡한데, 불가에서는 이것을 '산란'散亂이라고 부릅니다. 또, 생각하지 않고 산란하지 않을 때는 잠이 드는데, 이것을 '혼침'昏沈이라 부릅니다. 또, 잠이 들지는 않았지만 정신이 없는 상태를 '세혼침'細昏沈이라 부릅니다. 인생은 바로 '산란' 아니면 '혼침'의 두 가지 현상입니다. 산란하지도 않고 혼침하지도 않은 경지가 '정'定인데, 이것은 공부 수양의 경지이지만, 이 수양은 꼭 단전을 연마하거나 정좌해야 하는 것은 아닙니다. 아무 때나 마음속으로 연습할 수 있습니다. 즉, 공자가 말한 "자기를 극복해서 예의 경지로 돌아간다면 천하가 인의 경지로 돌아간다."는 것입니다.

불가의 '정'定은 현상을 가리키고, 공자의 '인'仁은 작용을 가리키는데, 수양이 이 경지에 이르면 사랑하지 않는 사람이 없고 누구를 보아도 좋아 보입니다. 오늘 오전 미국으로 간다고 내게 인사를 하러 온 학생에게 나는 불가의 산문山門 밖 정신을 배우라고 했습니다. 절에 들어서면 불룩한 배로 입을 벌리고 웃고 있는 미륵불이 한눈에 들어오는데, 그 위에 걸려 있는 편액에는 '皆大歡喜'(개대환희: 모두가 크게 기뻐한다)라는 네 글자가 쓰여 있습니다.

이것은 『예기』에서 말하는 대동세계의 경지에 이르러야 가능한 것입니다. 다시 말하면 공자가 말한 "나는 증점과 함께 하겠다."(吾與點也)는 경지입니다. 모든 사람이 다 훌륭하고 천하가 태평하며, 온통 환희가 넘치고 원수도 없고 번뇌도 없고 고통도 없는 경지입니다. 절 대문 양쪽에는 다음과 같은 대련 한 폭이 걸려 있는데, 바로 최고의 수양이자 인仁의 경지입니다.

큰 배포가 포용할 수 있으니	大肚能容
천하에서 용납하기 어려운 일도 용납한다	容天下難容之事
입을 열어 항상 웃으니	開口常笑
세상에서 가소로운 사람을 웃는다	笑世上可笑之人

그러므로 인의 경지는 자신에게 있는 것이지 외부에서 찾는 것이 아

님니다. 늙은 도사에게 무슨 법문을 전수 받아서 무슨 도를 얻었다고 하는 것은 강호江湖에서 허풍을 쳐서 사람을 속이는 짓입니다. 그것은 도가의 도道도 아니고, 불가의 부처도 아니고, 유가의 인仁도 아닙니다. 도이든 부처이든 인이든 모두가 각자 자기의 심신 안에 있으며, 높은 수양을 하여 자기 몸으로 힘써 행해야 하는 것이지, 결코 남이 주는 것도 아니고 선생이 전수하는 것도 아니며 보살이 하사하는 것은 더욱 아닙니다.

대광명과 예禮의 경지를 회복함

앞에서 "자기를 극복해서 예의 경지를 회복한 것이 인이다."(克己復禮爲仁)라는 문장을 풀이할 때, 문천상이 어떤 이인異人을 만나 대광명법을 전수 받고 시를 지었다는 이야기를 했는데, 강의를 듣는 한 분이 그 시와 대광명법의 대체적인 내용에 대해 질문했습니다. 그래서 여기서 잠시 『논어』를 밀쳐놓고, 이 문제에 대해 이야기해 보겠습니다. 그 시는 다음과 같습니다.

영양자를 만나 도를 이야기한 뒤 시를 증정하다

遇靈陽子談道贈以詩

예전에 나는 천명泉名을 사랑했는데 　　昔我愛泉名
그대와는 허리 굽혀 읍揖하면서 이별을 했지 　長揖離公卿
청산 밑에다 집을 지으니 　　結屋青山下
지척이 봉래산이요 영주산이었네 　咫尺蓬與瀛
지인　은 보지를 못하고 　至人不可見
세상 티끌에 홀연히 휘말려서 　世塵忽相縈
업의 바람이 오랜 겁 동안 불어대자 　業風吹浩劫
달팽이 뿔 위에서 헛된 명성을 다투었네 　蝸角爭浮名

우연히 대여옹大呂翁을 만나니	偶逢大呂翁
마치 전생에 맹세한 사이 같구나	如有宿世盟
서로 탁 트인 경지를 이야기하니	相從語寥廓
잠깐 사이에 온갖 잡념이 가벼워지네	俯仰萬念輕
천지는 늙을 줄 모르고	天地不知老
해와 달은 그 정기를 교류하네	日月交其精
사람은 하나의 음과 양의 성품인데	人一陰陽性
본래 저절로 장생하는 것이라네	本來自長生
허무 사이에 점을 찍어서	指點虛無間
나를 이끌어 원명圓明으로 돌아가게 하고	引我歸員明
하나의 침으로 정수리 문을 투과하니	一針透頂門
도골이 하늘로부터 이루어지네	道骨由天成
여인숙 같은 나의 몸	我如一逆旅
오랫동안 신선 길에 오르고 싶었는데	久欲躡峙行
스승에게 이 묘절함을 듣고 나니	聞師此妙絶
초막 같은 이 몸에 아무 미련 없어라	遽廬復何情

또 한 수의 시는 다음과 같습니다.

기묘년 12월 갑신일, 이인을 만나 대광명정법을 지시받고,
마치 옷을 벗듯 생사를 해탈하였다. 이에 오언팔구를 짓노라

歲祝犁單閼, 月赤奮若, 日焉逢涒灘,
遇異人指示以大光明正法, 於是死生脫然若遺矣

누가 알리, 진정 환란 속에서	誰知眞患難
홀연히 대광명을 깨달았음을	忽悟大光明
해가 나오자 모든 구름 고요해지고	日出雲俱靜
바람이 멎자 물은 저절로 잔잔해지네	風消水自平
공명은 얼마나 성품을 마멸시켰는가	功名幾滅性

충효는 너무나도 삶을 피곤케 했네	忠孝大勞生
천하에 오직 호걸만이	天下惟豪傑
신선의 경지를 그 자리에서 이룩한다네	神仙立地成

이상의 두 시는 문천상이 원나라 병사에게 잡혀 북경으로 압송되는 길에서 지은 것입니다. 그의 유집에는 이 때 수십 편의 시를 지었다고 기록되어 있는데, 모두 그의 느낌을 읊은 것입니다. 그의 시와 관련된 저작 과 원나라의 역사 기록 등을 참고해 보면, 그가 비록 포로의 신분이었지만 누구나 그를 공손히 대했고, 심지어 감시하는 적 병사들도 그에게 경의를 표했음을 알 수 있습니다. 이로써 우리는 철저하게 올바른 사람은 그의 정기正氣가 확실히 사람을 감동시킬 수 있다는 것을 알 수 있습니다. 당시 원나라의 많은 부대가 그를 압송했지만, 겉으로는 그를 보호한다고 하면서도 실제로는 매우 정중히 대했습니다.28)

고향을 지날 때 그는 고향에서 죽기 위해 독약을 먹었지만, 결국 성공하지 못했습니다. 그 점에서 그의 마음은 물론 매우 고통스러웠습니다. 북경으로 압송되는 길에서 그는 기인奇人 두 사람을 만났는데, 한 사람은 도가 인물로서 첫째 시에 나오는 영양자靈陽子입니다. 이 도사가 문천상에게 와서 도를 전수한 이유는 모두 그렇게 알았듯이 그가 충신으로서 반드시 나라를 위해 희생할 줄 알았기 때문입니다. 그래서 영양자는 문천상에게 생명의 참뜻眞諦과 생사해탈의 대의大義, 그리고 편하게 죽음을 맞는 방법을 전수했습니다. 그가 지조를 군게 지켜 죽음 앞에서도 변치 않기를 바란 것입니다. 당시 적들은 문천상을 매우 존경했기 때문에 사람을 파견해 그가 도망가지 못하도록 감시만 했을 뿐이었습니다. 그래서 영양자는 그에게 접근할 수 있었고, 두 사람이 헤어질 때 문천상은 앞서 인용한 시 한 수를 지어 그에게 주었습니다.

둘째 시의 제목의 「세축리단알歲祝犁單閼, 월적분약月赤奮若, 일언봉군탄日焉逢涒灘」은 상고문화에서 연월일을 기록하는 부호였습니다. '세歲: 축

---

28) 문천상의 유명한 「정기가」正氣歌는 역자가 번역하여 『생과 사 그 비밀을 말한다』 부록 「생과 사의 사이」편에 실어놓았으니 참고하기 바란다.

리단알歲祝犁單閼'은 기묘년己卯年입니다. '축리'祝犁는 '기'己, '단알'單閼은 '묘'卯입니다. '월月: 적분약赤奮若'은 축월丑月입니다. 자월子月은 매년 음력 11월이고, 축월은 12월입니다. 또 '일日: 언봉군탄'에서 '언봉'焉逢은 '갑'甲이고 '군탄'涒灘은 '신'申으로서 곧 갑신일甲申日입니다.

문천상은 다른 일은 모두 분명하게 쓰고 있는데, 무엇 때문에 연월일에 대해서는 상고 문화의 단어로 기록했을까요? 이것은 그가 중국의 신비학(현대적인 명칭으로, 서양 사람들은 도가, 불가나 기타 오랜 수련 공부를 하는 학문을 신비학이라고 부릅니다)을 이미 잘 알고 있었음을 보여줍니다. 그래서 연월일에 대한 기록은 상고 시대 신비학의 기록 방법을 사용한 것입니다.

그는 이 날 이인을 만났습니다. 이인이라는 개념은 소설에서의 기인과 같은데, 기인·이인은 모두 평범한 사람과는 다른 사람으로서 이른바 도가 있는 사람입니다. 문천상은 이인으로부터 대광명법을 지시指示받았다고 했습니다. '지시'라는 두 글자는 매우 공손한 표현인데, 이로써 문천상 자신에게 도를 전수한 사람을 매우 공경하고 있음을 알 수 있습니다. 그로 해서 "생사를 마치 옷을 벗듯 해탈하였다."(於是死生脫然若遺矣)고 말했는데, 이때에 이르러 그는 사는 것도 죽는 것도 모두 해탈한 것 같습니다. 본래는 한 매듭이 풀리지 않는 상태였는데, 이제는 생사를 완전히 꿰뚫어보아 대수롭지 않게 여겨서 죽고 사는 생각을 던져 버리고 놓아 버렸습니다. 설령 내일 목이 달아나도 상관없다고 생각했습니다. 마치 낡은 옷을 입을 만큼 입고 내버리면 그만이라고 여기는 듯 했습니다. 그에게는 이런 도량이 있었는데, 수양이 매우 높았기 때문입니다. 그래서 그는 오언팔구五言八句로 위의 시를 지었던 것입니다.

시의 본문은 이해하기가 매우 쉽습니다. "누가 알리, 진정 환란 속에서 홀연히 대광명을 깨달았음을."(誰知眞患難, 忽悟大光明). 당시 문천상은 진정으로 환란에 처해 목숨이 아침 저녁 사이에 있는 지경에서 대광명의 정법正法을 깨닫게 된 것입니다. "해가 나오자 구름이 모두 고요해지고, 바람이 멎자 물은 저절로 잔잔해지네."(日出雲俱靜, 風消水自平). 이것은 대광명법을 닦아 얻은 경지를 묘사한 것인데, 이 때 그의 가슴이 활짝 열리면서 이른바 온갖 위험과 고생을 전혀 무서워하지 않게 되었습니다. "공명은 얼마나 성품을 마멸시켰는가, 충효는 너무나도 삶을 피곤케 했네."(功名幾滅性, 忠孝大勞生). 이것은 그가 도를 깨달았다는 말입니다. 인생의 부귀공명을 세속적인 관점에서는 대단하게 영광스럽게 보지만, 불교의 형이상적 입장에서는 부귀공명과 인간세상의 모든 것을 깨끗한 본성을 방해하는 질곡이자 본성의 광명을 훼멸하는 것으로 봅니다. 마치 비바람과 먹구름이 맑은 하늘을 뒤덮는 것처럼 말입니다.

사람이 살아가는 등 일체의 사업이 모두 노생勞生인데, '노생'도 불교의 용어로서 일생 동안 바쁘게 보내는 것을 말합니다. 중국의 도가 불가에는 한결같이 하나의 관념이 있는데, 이른바 신선이나 부처를 이룸은 모두 대충대효大忠大孝하는 사람들에서 나온다는 것입니다. 사람으로서의 도리의 기초가 튼튼하면 부처를 배우나 도를 배우나 매우 쉽습니다. 문천상의 마지막 두 마디인 "천하에 오직 호걸만이 신선의 경지를 그 자리에서 이룩한다네."(天下惟豪傑, 神仙立地成)는 바로 이런 뜻으로서, 이 때 그의 심경은 대단히 유쾌했습니다. 앞에서 문천상이 생과 사를 완전히 해탈할 수 있었던 것은 대광명법에 의지했기 때문이라고 말한 바 있습니다. 그 자신의 문장에 따르면, 이때 인仁을 이루려는 의지가 더욱 확정적이면서 더 이상 동요하지 않았다고 합니다.

무엇을 대광명법이라고 할까요? 이것은 까다로운 문제이며, 번거롭고 성가신 일입니다. 대광명법은 불가佛家에서 행하는 일종의 수련 방법입니다. "자기를 극복해서 예의 경지를 회복하면, 천하가 인의 경지로 돌아간다."(克己復禮, 天下歸仁)는 말은 불가의 도리로 말한다면 불가의 대광명법과도 절대적으로 서로 관련된다고 말할 수 있습니다. 이제 『논어』 강의는 밀쳐두고, 우리는 현대인이므로 부득이 현대인의 관념으로 말해 보겠습니다.

조금 전에 '노생'勞生을 이야기했는데, 어쨌든 사람의 일생이 내내 매우 바쁜 것이 바로 '노생'입니다. 도가 문학에서도 '부생'浮生이라는 낱말이 있습니다. 여러분은 모두 이백이 지은 「춘야연도리원서」(春夜宴桃李園序)를 읽었을 것입니다. 이 시에,

덧없는 인생은 꿈과 같으니 浮生若夢
즐거운 일이 그 얼마나 되겠는가? 爲懽幾何

라는 구절이 나오는데, 이 '부생'이란 관념과 명사는 도가에서 나온 것
으로 '노생'과 같은 뜻입니다. 그런데 사람들은 무엇 때문에 생명은 고
달프게 살아가는 것이라고 느낄까요? 가난한 사람이든 부유한 사람이든
매일매일 쟁취하려고 노력하면서 바삐 보내는 그 대상은 결국 진정으로
소유할 수 없습니다. 부자가 매일 천만 원 남짓 수입이 있는 것은 대단
한 일이기는 하지만, 들락날락하는 것일 뿐 역시 그의 것이 아닙니다.
그러므로 물질세계의 사물은 결코 나의 '소유'所有가 아니고, 나에게 잠
시 '소속'所屬되어 있는 것일 뿐입니다. 나와 서로 관련이 있다고 해서
내가 점유할 수 있는 것이 아니며, 그 누구도 점유하지 못합니다.

머무는 바 없는 마음

어떤 사람들은 책을 읽지 않아도 일부 현상들로부터 인생을 분명하게
볼 수 있습니다. 산부인과에 가서 보기만 하면, 아기들은 누구나 네 손
가락으로 엄지손가락을 움켜쥐고 있을 뿐만 아니라 단단히 움켜쥐고 있
습니다. 이와 같이 사람은 태어나자마자 무엇을 잡아 쥐려고 합니다. 그
런데 장례식장에 가서 결과를 보면, 죽은 사람들의 손은 모두 펴져 있
으며 이미 풀어져있습니다. 사람은 태어나서는 잡아 쥐려고 하지만 마
지막에 이르러서는 잡아 쥐고 있지 못합니다. 예전에 대륙에서 산중생
활을 할 때 나는 원숭이가 옥수수를 훔치는 광경을 보았습니다. 왼손으
로 하나를 따서는 오른쪽 겨드랑이에 끼우고, 다시 오른손으로 하나 따
서 왼쪽 겨드랑이에 끼웁니다. 이렇게 두 손으로 쉬지 않고 따서 겨드
랑이에 끼우지만 옥수수는 계속 떨어집니다. 결국 원숭이가 옥수수 밭
을 나갈 때는 기껏해야 하나밖에 손에 쥐고 있지 않는데, 그나마 사람
에게 쫓기게 되면 하나마저도 버리고 맙니다. 이처럼 인생도 줄곧 옥수
수를 따지만 최후에는 어느 것 하나 자기 것으로 가지지 못합니다. 여

기에서 우리는 인생이 무엇인지 이해할 수 있습니다. 부귀빈천에 상관 없이 모두 이렇게 잡아 쥐었다가 다시 놓고, 마지막에 가면 역시 아무 것도 없습니다. 알몸으로 왔다가 알몸으로 간다는 것은 바로 그런 일입 니다.

생과 사 양쪽의 현상을 살펴보고 알게 되었는데, 살아가는 과정에서 느낀 고통이나 번뇌 등 이런 심리적인 정서는 모두 생각이라는 근원에 서 온 것입니다. 현상을 이야기하지 않고 생각의 근본만 추구하는 것이 바로 형이상학입니다. 지금 우리가 여기 앉아 있는데, 누가 생각이 없을 수 있을까요? 생각이 없다는 것은 불가능합니다.

서양의 철학자 데카르트는 "나는 생각한다. 그러므로 나는 존재한다." 고 말했습니다. 그는 생각이 있으면 내가 존재하고, 생각이 없으면 내가 존재하지 않는다고 보았습니다. 서양 철학에서는 '생각'이란 것을 매우 중요시했습니다. 사람에게 생각이 없다면 뭐라고 부를까요? 당연히 '죽 은 사람'이라고 부릅니다. 그러면 내가 존재하지 않는 것이지요. 이런 생각은 엄격히 말하면 유물 사상의 범주에 귀속해야 합니다.

우리가 중국 철학이나 동양 철학의 관점에서 서양의 이런 철학을 보 면, 생각할 수 있는 '나'는 모두 단속적斷續的인 '나'입니다. 앞에서 우리 는 전기 불빛과 흐르는 물로 그것을 비유한 적이 있습니다. 지금 여기 앉아서도 깨어 있기만 하면 생각이 있다는 것을 체험할 수 있습니다. 그러나 돌이켜 다시 한 번 반성하고 이해해 보면 영원히 존재하는 생각 이란 없습니다. 한 생각 한 생각이 매우 빨리 지나가 버립니다. 우리 머릿속의 의식 형태가 "내가 현재……" 라고 생각하는 순간 이미 현재 는 지나가 버리기 때문에, 결국 현재란 존재하지 않습니다. 미래의 것은 아직 오지 않았지만, 우리가 '미래'라고 했을 때는 이미 '현재'로 변하고, 이 '현재'는 또 금방 지나갑니다. 흐르는 물의 물결처럼 하나하나 지나 갑니다. 하지만 매우 밀접하게 이어집니다. 이것은 인간 본성의 기능이 일으키는 현상입니다.

불교에서는 본성을 큰 바다에 비유합니다. 우리들의 현재 생각 — 감 각·지각을 포괄하는 — 은 모두 바다의 파도입니다. 파도는 겹겹이 밀려오고 밀려가면서 영원히 존재하지는 않습니다. 우리가 이를 통해서 보듯이 사람의 생각과 감정은 어쨌든 변하기 마련입니다. 예를 들어, 어떤 사람이 분노할 경우 그로 하여금 분노하도록 내버려두면, 분노하고 나서 그는 분노하지 않게 되는데, 이것이 바로 파도가 일어났다 지나가는 것입니다. 불교는 이런 관점에서 이것을 공空하다고 말합니다. 우주의 모든 현상은, 사람의 심리적인 생명 현상까지 포함해서 머물러 있는 것이 하나도 없습니다. 이것을 불교에서는 '무상'無常이라고 부릅니다. 세상의 일은 모두 무상하여 영원히 존재하는 것이 없습니다. 그러나 종교철학을 모르는 사람은 다릅니다. 그들은 '무상'無常을 제멋대로 '무상귀'無常鬼로 변화시킵니다. 사실 '무상'은 하나의 술어로서 '영원히 존재하는 것은 없다.'는 뜻입니다. 그러므로 사람의 감정도 무상한 것으로서 영원히 불변하는 것이 아닙니다. 내가 이 물건을 좋아한다고 하지만 사흘이 지나면 그만입니다. 이런 '무상'의 관념은 인도 문화이자 동양 문화의 범주이기도 합니다.

중국의 문화에서 보면 『역경』에서는 '무상'이라 부르지 않고 '변화'라고 부릅니다. 천지간의 일은 언제 어디서나 매분 매초마다 변하고 있으며, 변하지 않을 도리가 없습니다. 반드시 변합니다. 다시 말하면 『역경』에서 말하는 변화의 이치는 원칙을 이야기한 것이고, 불교에서 말하는 무상은 현상을 이야기한 것입니다. 명칭은 다르지만 이치는 같습니다. 즉, 사람의 생각을 말하는 것으로 심리적인 파도는 지나가기 마련입니다. 그래서 공空하다고 합니다. 이것은 소극적인 관점으로서, 인생을 비관적으로 바라본 것입니다. 인생이란 마치 원숭이가 옥수수를 훔치는 것과 같아서 빈손으로 오고 빈손으로 가서 아무 것도 가질 수 없다는 것입니다. 이는 소승불교의 관념입니다.

지금까지 겨우 절반만 이야기했는데, 또 하나의 이치가 있습니다. 즉, 생각만이 무상하고 공한 것이 아니라, 이 몸과 생명 모두 '나'가 없습니다無我. 그러면 어느 것이 '나'일까요? 불교에서는 우리가 말하는 '나'는 가짜假일 뿐 '진정한 나'는 없다고 봅니다. 서양 데카르트의 철학에서는 생각을 '진정한 나'眞我로 여기는데, 이 이론은 앞서 지적했다시피 틀린 것으로서 여전히 문제가 있습니다. 다음에는 '물질적인 나'에도 '진정한 나'가 없다는 것을 말해 보겠습니다.

몸은 내 것이 아니다

불교에서는 사람의 몸이 '사대'四大로 구성되어 있다고 봅니다. 우리는 소설에서 "사대가 모두 공하다."(四大皆空)는 말을 자주 볼 수 있는데, '사대'란 무엇일까요? '사대'의 '대'大는 커다란 한 부류입니다. 불교에서는 지地·수水·화火·풍風을 사대라고 하는데, 바로 네 가지 큰 부류입니다. 우주 현상을 이야기할 때, 물질세계 전체는 '지대'地大에 속하고, 사람의 골육과 같은 고체의 체질도 '지대'에 속합니다. '수대'水大는 우주간의 수증기·바다·하천·빙산 등입니다. 사람 몸에 있는 침·땀·혈액·호르몬 등도 '수대'입니다. '화대'火大는 열에너지를 가리킵니다. '풍대'風大는 물리적인 세계에서는 대기류大氣流이고, 사람 몸에서는 호흡을 가리킵니다. 이 네 가지를 귀납하여 '사대'라고 하는데, 우주와 사람의 몸도 이 '사대'에 지나지 않습니다. 이것은 인도 철학에서 말하는 사대입니다. 중국에는 이와 유사한 금金·목木·수水·화火·토土의 오행五行 관념이 있습니다. 인도에는 사대四大 외에도 오대五大가 있는데, 지地·수水·화火·풍風·공空입니다. 여기서 말하는 '공空'은 없다는 뜻이 아니라, 물리적인 공간을 가리킵니다. 하지만 일반적으로는 사대를 주로 말합니다.

자, 이제 골육·혈액·열에너지·산소 등 이런 것들 중에서 도대체 어느 것이 나인지 살펴보겠습니다. 만약 살이 나라면 설마 뼈는 내가 아닌가요? 응당 모든 것이 다 나여서 솜털 하나조차도 나이어야 합니다. 만약 머리를 맞아서 아프다고 하면 머리가 바로 나이고, 손발을 맞아서 아프면 손발이 나인데, 그렇다면 '나'가 아닌 부분이 없습니다. 그런데 만약 모두가 '나'라고 해 보면 사실상 또 모두가 '나'가 아닙니다. 사람들은 이발소에 가서 머리카락을 자른다고 하지 '나를 자른다' 고는 말하지 않습니다. 또, 몸이 태어나서 하루가 지나면 이미 하루만큼 늙은 것입니다. 몇 년 지난 뒤의 '나'는 온몸의 근육이나 세포 등이 신진대사로 모두 이미 바뀌었기 때문에 이미 이전의 그 사람이 아닙니다. '나'는 도대체 어디에 있을까요? 도대체 누가 '나'일까요? '나'는 또 누구일까요? 그러므로 불교에서는 이 육체적인 '나'를 공空한 것으로 봅니다. 사대四大는 모두 공空하여 믿을 수 없고 무상한 것으로 영원히 변화하고 있습니다. 이것은 여전히 소극적인 관념입니다.

꿈·허깨비·허공꽃은 진짜로 없는 것이 아니다

그럼 어떻게 하면 적극적인 것으로 전환할 수 있을까요? 우리는 앞에서 생명은 큰 바다와 같다고 말했습니다. 우리의 현재 생명이 살아있는 모든 작용은 이 본성의 기능이 일으킨 현상에 불과할 뿐으로, 한 물결이 지나면 또 다른 물결이 지나가는 것과 같습니다. 비록 이 물결이 무상하고 단속적이기는 하지만, 여기서 한 가지 주의해야 할 점은 바로 물결을 일으킬 수 있는 것은 전체 바닷물입니다. 풍랑이 가라앉은 고요한 상태라도 바닷물은 여전히 바닷물로서 변하지 않습니다. 모든 변화 속에서도 변하지 않는 것이 하나 있는 것입니다. 앞에서 비유했듯이, 우리 생각은 한 염두念頭 한 염두 지나가는 무상한 것이며 움켜쥘 수 없는 것입니다. 내가 '그렇다'고 생각하면 이 '그렇다'는 것은 이미 지나가 버렸습니다. 그러나 내가 다시 생각하면 그것은 올 수 있습니다. 그럼 이 변하지 않는 것은 도대체 어디에 있을까요? 그것을 찾고자 바로 생명의 근본을 궁구窮究하는 것입니다. 우주와 생명의 동일한 본체인 그 근본의 것을 철저하게 탐구하는 것입니다. 이 근본의 것을 찾으면, 자기의 생명 자체가 온통 대광명임을 발견할 수 있습니다. 이른바 '광명청정'光明淸淨의 네 글자가 형이상적 본체의 경지입니다.

본문으로 돌아가서, 공자가 말한 "자기를 극복해서 예의 경지를 회복하면, 천하가 인의 경지로 돌아간다."(克己復禮, 天下歸仁)는 말도 이 점을 이야기한 것입니다. 대광명법의 원칙은 대체로 이러하고, 이론은 또 매우 많습니다. 어떻게 해야 몸과 마음이 언제 어디서나 대광명의 경지에 들어갈 수 있느냐 하는 것은 별개의 방법에 속합니다. 그러나 방법은 원칙을 떠날 수 없으니, 만약 우리가 진정으로 이 경지에 들어설 수 있다면, 생과 사의 사이에 대해 문천상이 말한 대로 "옷을 벗듯이 해탈"(脫然若遺)하는 것으로 보아서, 지금 있는 이 생명이 죽어가는 것이나 혹은 살아 있는 것에 대해 하나로 보이고 무슨 분별이 없습니다.

우리가 때로 불교를 얘기하면서 언급하는데, 많은 사람들이 불교의 용어를 오해하고 있습니다. 불교에서는 자주 '꿈'(夢)이라든가, '허깨비'(幻)라든가, '허공꽃'(空花)이라는 말을 씁니다. 문학적으로 보면 아름다운 말인데, 세상의 모든 감정과 인간사가 모두 이 네 한자로 표현됩니다. 문학적인 면에서는 이 네 글자의 의미를 '아무 것도 없는 것'으로 여깁니다. 그러나 이 꿈(夢)·허깨비(幻)·허공꽃(空花)은 매우 훌륭한 묘사로서, 결코 '없다'는 뜻으로 이해해서는 안 됩니다. 이것은 곧 철학입니다.

어떤 사람이 꿈속에서 "꿈은 없다."라고 말한다면, 이 말은 성립될 수 있다고 생각되지 않습니다. 우리가 꿈속에 있을 때는 꿈이 없다고 결코 느끼지 않습니다. 그러므로 꿈속에서도 상심하면 예전대로 울고 맛있으면 먹고 맞으면 아픈데, 꿈속에 있는 것을 '없다'고 말할 수 있을까요? 꿈속에 있을 때는 분명히 존재합니다. 사람이 꿈을 꿀 때는 무슨 꿈을 꾸고 있는 중이든 절대로 그를 깨우지 마십시오. 그를 깨우면 흥을 깨게 됩니다. 꿈속에서도 고통을 느끼지만 고통 속에서도 역시 뒷맛이 있고 그것 역시 그의 생활인데, 왜 굳이 그를 깨워야 하겠습니까?(웃음)

우리가 알듯이 꿈의 현상은 수면 속에서 발견하고 느끼는 것으로, 우리는 꿈에서 깨어난 뒤 스스로 웃으면서 꿈을 꿨다고 말합니다. 꿈은 공허한 것으로서 눈을 감고 있을 때 생긴 혼미한 일이며, 눈을 뜨면 없어진다고 말합니다. 그러나 사실상 우리는 지금도 눈을 뜬 채 꿈을 꾸고 있습니다. 지금 눈을 감으면 앞에 있던 사물들이 당장 보이지 않습니다. 낮에 눈을 뜨고 지내면서 마음으로 활동을 구성하는 것도 역시 꿈을 꾸고 있는 것이나 다름없습니다. 지금 눈을 감으면 즉시 눈앞의 사물들이 꿈인 양 보이지 않게 되고 지나가 버립니다. 어제의 일을 오늘 생각해 보면 역시 지나가 버렸습니다. 아주 빨리 지나가 버렸습니다.

이 역시 아주 빠른 꿈으로 눈을 뜨자마자 사라져 버렸는데, 꿈을 꾸는 심경과 완전히 같습니다. 그러므로 꿈속에서는 그것이 없다고 말할 수 없습니다.

이번에는 '허공꽃'(空花)을 말해 보겠습니다. 허공에 있는 꽃을 어떻게 볼 수 있을까요? 우리가 눈을 비비면 눈앞에 많은 점들이 나타나는 것을 볼 수 있는데, 그런 점들은 본래 없는 것이지만 눈을 비볐기 때문에 생긴 것입니다. 그러나 시각적으로는 보았습니다. 생리학적·의학적으로 말하면, 시각 신경이 마찰에 의해 피로해져서 충혈 압박으로 자극을 받아 환각이 생긴 것이지만, 비록 환각이라도 실제로 보았습니다.

대광명법을 언급하면서 이상의 이런 두서없는 이론들을 말했는데, 이런 이론들을 연결하면, 대광명법의 공부를 어떻게 수양할 수 있는지를 대체적으로 이해할 수 있습니다. 그 밖에도 여러 방법이 있는데, 예컨대 최면술을 배우는 것도 지금은 과학으로 변했습니다. 사실상 중국의 불가나 도가의 입장에서 볼 때 이런 것들은 방문좌도旁門左道입니다. 그렇지만 외국 사람들이 과학이라고 말하면 다들 과학이라고 말하고, 우리가 말할 때는 아무리 과학이라 말해도 소용이 없습니다. 이것은 정말 이상한 일이며 이 시대 문화의 괴상한 현상이니, 우리는 주의해야 합니다.

최면술은 본래 인도의 요가에서 발전한 것입니다. 최면술을 수련하는 사람은 처음 훈련할 때 수정구水晶球나 인조 수정구, 수은구水銀球를 이용해서 구球의 밝은 빛을 주시합니다. 생각과 의지를 구球의 밝은 빛에 집중시킨 채 아무것도 생각하지 않고 몇 시간씩 움직이지 않습니다. 이것은 매우 힘든 훈련인데, 훈련이 완성되면 그는 자신도 잊고 신체도 잊고 감각도 잊을 수 있게 됩니다. 그의 정신적 의지와 밝은 빛은 합하여 완전히 하나가 되며, 이 정신적인 힘으로 물질에 영향을 미칠 수 있습니다.

옛날에는 어둠 속에서도 물체를 보는 일이 이미 있었습니다. 과거 무술인 들은 모두 이것을 배워야 했습니다. 밤에 문과 창을 꼭 닫은 어두운 방에서 향 한 자루 피워 놓고 오른발을 앞으로 내밀고 허리를 낮춘

자세로 향의 불꽃을 주시하는데, 눈은 깜빡일 수 없습니다. 오래 연습하면 향의 불빛이 천천히 커지면서 방 안이 불빛으로 가득하게 됩니다. 마지막에는 향을 켜지 않고도 어둠 속에서 여전히 물체를 볼 수 있습니다. 지금의 생리학으로는 해석하기가 매우 어렵습니다. 물론, 잘못 연마한 사람도 있었습니다. 나는 예전에 수련하다가 검은 눈동자가 오목해지고 흰자위가 볼록해진 사람을 보았습니다. 그러나 그는 자신만만한 사람이라서 3주 동안 더 연습하자 다시 회복되었습니다.

옛날 무공에서 검을 내리치는 연습을 할 때, 손에 검을 한 자루 쥐고 어깨와 팔꿈치의 두 관절을 굽히지 않고, 붓글씨를 쓰는 것처럼 손목 부위의 관절을 움직여서 아래로 내리쳤습니다. 또, 암실에서 향불을 켜고 검으로 향을 절반으로 쪼갰지만, 불은 꺼지지 않았습니다. 콩을 한 줌 쥐고 한 알씩 공중에 던진 뒤에 검으로 두 쪽을 낼 수도 있었습니다. 옛날에는 이 정도가 되어야 검을 배울 수 있었습니다. 이를 위해서는 마음·눈·손·법·걸음을 배합시켜 많은 노력을 해야 합니다. 그런 다음에 눈을 움직이지 않고 대나무 하나하나의 움직이는 모습을 분명히 볼 수 있도록 연습합니다. 그 다음 단계로, 물을 눈에 뿌려도 눈동자가 움직이지 않는데, 이것이 바로 공부입니다.

무엇 때문에 대광명법을 얘기하면서 이런 것들을 말했을까요? 이런 것들도 대광명법을 수련하는 작은 방법들 중의 하나이기 때문입니다. 문천상이 만난 이인이 그에게 전해준 것이 어느 수련 길이었는지는 우리가 알 수 없지만, 이런 작은 방법들이 아니라는 것은 단정할 수 있습니다. 그는 대광명법의 비결을 이심전심以心傳心으로 얻어 생사에 대해 꿰뚫어본 것이 분명합니다.

지금까지 많은 것을 이야기한 까닭은, "자기를 극복해서 예의 경지를 회복한다면, 천하가 인의 경지로 돌아간다."는 관념이 끌어냈기 때문입니다. 그러나 "극기복례, 천하귀인"의 정도까지 해내려면 정말 쉽지가 않습니다. 그래서 안회는 다음 단락에서 다시 묻습니다.

돈오와 점수

안연이 말했다. "(그 도리가 심오하고 어려우니, 입문하도록 아무래도 수양 공부 순서의 시작 지점인) 그 세목을 묻고자 합니다."

공자께서 대답하셨다. "(극기복례克己復禮에 있어서, 형이상의 가장 높은 공부는 매우 어렵다. 우선 한 걸음 물러나 그보다 낮은 방법으로써, 자신을 가두어 놓아 감히 멋대로 움직이지 않도록 훈련하면서 먼저 단정 엄숙하게 해야 한다. 그러므로) 예禮가 아니면 보지 말며, 예가 아니면 듣지 말며, 예가 아니면 말하지 말며, 예가 아니면 행동하지 말라. (이렇게 눈·귀·입·신체를 통해 엄격하게 자신을 관리 단속하라. 외적인 규범으로 자신을 훈도薰陶하라)"

안연이 말했다. "제가 비록 (둔해서 그다지) 영민하지 못하(고 이해력이 뛰어나지 못하)나, (외부의 힘을 빌려 내심을 훈도하는 방법을 알았으니, 저는) 이 말씀을 실천하겠습니다. (그리하여 천천히 극기복례의 경지에 도달할 수밖에 없습니다)"

顔淵曰: 請問其目。 子曰: 非禮勿視, 非禮勿聽, 非禮勿言, 非禮勿
안 연 왈　청 문 기 목　자 왈　비 례 물 시　　비 례 물 청　　비 례 물 언　　비 례 물

動。 顔淵曰: 回雖不敏, 請事斯語矣!
동　안 연 왈　회 수 불 민　청 사 사 어 의

안회는 말하기를, 그 도리가 심오하고 어려우니, 입문하도록 아무래도 그 수양 공부 순서의 시작 지점을 말해주시면 아마 "극기복례"克己復禮의 경지에 들어갈 수 있겠다고 했습니다. 그러자 공자는 그에게, "예가 아니면 보지 말며, 예가 아니면 듣지 말며, 예가 아니면 말하지 말며, 예가 아니면 행동하지 말라."(非禮勿視, 非禮勿聽, 非禮勿言, 非禮勿動)는 네 가지 소극적인 규범을 말해 줍니다. 다시 말하면, 눈·귀·입·신체를 통해 엄격하게 자신을 관리 단속하라는 것입니다. 외적인 규범으로 자신을 훈도薰陶하라는 것입니다. 앞에서 말한 최면술이나 요가도 이 길을 걸었고, 불가의 정좌 입정入定도 이러한 이치입니다. 이것은 실제적인 수양 공부의 한 가지 방법입니다.

"예가 아니면 보지 말라."(非禮勿視)고 했는데, 이것은 이론적으로 말하기 어렵습니다. 어떤 것이 예의에 어긋나니 보지 말아야 할까요? 남자는 예쁜 옷을 입은 여자를 보면 한 번 더 보게 됩니다. 그러나 고지식한 선생들이나 착실한 이학자들은 이런 것을 예의에 어긋난 잘못된 것으로 간주하기 때문에 보지 말아야 한다고 생각합니다. 이렇게 되면 설명하기가 어렵습니다. 다만 옷이 새롭고 신기해서 본 것일 뿐 다른 뜻은 없는데, 어째서 예의에 어긋난다고 할 수 있습니까? 이것을 보는 것은 예의에 어긋나고 저것을 보는 것은 예의에 맞다고 꼭 말하기가 매우 어렵습니다. 그렇다면 천하의 일은 하나도 볼 것이 없습니다. 우선 텔레비전도 보지 말아야 하는데, 미니스커트에 가슴을 드러낸 채 미인 선발대회에 참가하는 것은 결코 보지 말아야 합니다.

"예가 아니면 듣지 말라."(非禮勿聽)는 어떨까요? 현재 텔레비전이나 라디오에서 방송되는 노래들은 대부분 예의에 어긋나는 것이니, 우리는 솜으로 귀를 틀어막을 수밖에 없습니다. 그러므로 이론을 말하려면 정말 말하기 어렵습니다.

그러나 사실 우리는 이렇게 이해해야 합니다. 즉, 『논어』에 근거하면 공자의 말에는 후세 사람들처럼 이것은 예의에 어긋나고 저것도 예의에 어긋난다는 식의 해석은 없습니다. 공자의 말은 방법으로서, 금방 앞에서 이야기한 최면술을 배우는 것과 같습니다. 눈빛이 움직이지 않는 훈련을 하기 위해서는 반드시 예의에 어긋나는 일은 보지 말아야 하는데, 한 점 밝은 빛을 보는 것 외에는 전혀 움직여서는 안 됩니다. 안회는 이 네 가지 방법을 듣고 나서야 이해했다고 말했습니다. 다시 말하면 "극기복례"克己復禮에 있어서, 형이상의 가장 높은 공부는 매우 어렵습니다. 우선 한 걸음 물러나 그보다 낮은 방법으로, 자신을 가두어 놓아 감히 멋대로 움직이지 않도록 훈련하면서 먼저 단정 엄숙하게 해야 합니다. 그래서 안회는 말하였습니다. "제가 비록 둔해서 그다지 영민하지 못하고 이해력이 뛰어나지 못하지만, 외부의 힘을 빌려 내심을 훈도하는 방법을 알았으니, 나는 이 방법으로 천천히 극기복례의 경지에 도달할 수밖에 없습니다."

앞 단락은 '인'의 학문 인학仁學을 말한 것으로서, 공자의 도학을 전하는 계통道統의 중심은 '인'을 건립하는 것이었습니다. 이 단락의 글은 두 부분으로 나누어집니다. "극기복례"란 진정한 수양 공부가 '인'의 체體에 도달한 것을 말합니다. 『대학』에서는 "대학의 도는 명덕(明德)을 밝힘에 있으며, 백성을 친애함에 있으며, 지극한 선의 경지에 머묾에 있다."(大學之道, 在明明德, 在親民. 在止於至善)고 말했는데, 여기서 "명덕을 밝힘에 있다."(在明明德)가 공자가 말한 "극기복례"에 해당합니다. 또, 외적으로 발생시키는 작용은 "백성을 친애함에 있으며"(親民), 최고의 경지는 "지극한 선의 경지에 머묾에 있는 것"(止於至善)이 원칙입니다. "밝은 덕"(明德)은 단번에 밝힐 수 없기 때문에, 공부를 해야 합니다. 즉, "(자기의 심리 상태, 좀 더 명백하게 말하면 자기의 심사와 정서를) 지성(知性: 소지지성所知之性, 아는 작용)이 알고서 멈추어(止: 制止) 지성의 평온하고 청명한 경계에 전일하도록 한 뒤에야 안정(定: 安定)이 있고, 안정이 있은 뒤에야 평정(靜: 平靜)할 수 있고, 평정이 있은 뒤에야 경안(安: 輕安)할 수 있고, 경안이 있은 뒤에야 혜지[慮: 慧智]가 열릴 수 있고, 혜지가 있은 뒤에야 얻을 수 있다."(知止而後有定, 定而後能靜, 靜而後能安, 安而後能慮, 慮而後能得)는 것입니다. 얻는다는 것은 무엇일까요? 바로 '명덕'(明德)입니다. 그러므로 『대학』에서의 수양 공부는 여기 부분과 서로 같은 점이 있습니다.

다음은 계속해서 인의 용用을 이야기합니다. 가령 증자의 『대학』에 비유한다면 앞 단락은 '명덕'(明德)을 말했고, 다음 단락은 '백성을 친애함'(親民)과 '지극한 선의 경지'(至善)를 말하고 있습니다. 즉, 용用의 도리를 말합니다.

  중궁이 인仁(의 용用의 도리)에 대하여 묻자,
  공자께서 말씀하셨다. "집 문을 나서면 (사람과 접촉할 때) 누구에게나 큰 손님을 (뵙고) 대하듯이 (예의를 지키고 태도가 성실하고 공경스러워야 하며 누구든지 깔보지 않고 존중해서) 행동하고, (지도자로서 모두를 위해 책임감을 가지고) 대중을 부려 일함은 큰 제사를 받들(어 모시)듯이 (신중하게) 하라. (남이 나에게 행하기를) 내가 바라지 않는 일은, 남에게 행하지 말아(서 일이나 인간관계를 원만하게 만들어)야 한다. (그리하여) 나라 안에 원망하는 소리가 없으면, (자신의) 집안에서도 원성이 없을 것이다."

중궁이 말했다. "제가 비록 (뛰어난 지혜가 없어) 영민하지 못하나, 이 말씀을 실천하(려고 노력하)겠습니다!"

仲弓問仁。子曰：出門如見大賓，使民如承大祭。己所不欲，勿施
중궁문인　자왈　출문여견대빈　사민여승대제　기소불욕　물시

於人。在邦無怨，在家無怨。仲弓曰：雍雖不敏，請事斯語矣！
어인　재방무원　재가무원　중궁왈　옹수불민　청사사어의

여러분은 공자의 제자 염옹을 기억하고 있을 것입니다. 여기에 나오는 중궁仲弓은 염옹의 자字입니다. 공자는 그가 제왕의 자질을 갖고 있어서 큰 지도자가 될 만한 인물이라고 보았습니다. 중궁이 인仁에 대해 묻자, 공자는 그에게 인을 가르쳐 주었습니다. 그것은 내적 수양의 도를 외적으로 발휘하여 사람됨과 일처리에서의 활용과 특히 정치지도 원칙에서 사람을 대하는 면에서 활용하는 것입니다.

공자는 중궁에게, "집 문을 나서면 누구에게나 큰 손님을 대하듯 행동하라."(出門如見大賓)고 했는데, 이것은 인의 수양에서 어려운 것입니다. 집 문을 나서서 사람과 접촉할 때 인仁에 처하는 도리는, 누구에게나 예의를 지키고 태도가 성실하고 공경스러워야 하며 누구든지 깔보아서는 안 됩니다. 누구를 보든지 귀빈을 만난 듯 예의를 지켜야 하고 정성스러우며 존중해야 합니다. 특히 지도자일수록 더욱 이 같은 태도를 가져야 합니다. 이것이 지도자의 학문입니다. 하급 간부라면 대충 할 수도 있겠지만, 주요 책임자는 아랫사람에 대해서도 이처럼 대단히 존중해야 하는데, 이것은 중요한 수양입니다.

왜 이것을 사람됨과 처세에 대한 외적 활용이라고 할까요? 『대학』과 『중용』에서는 "집 문을 나서면 누구에게나 큰 손님을 대하듯 행동하라."고 가르친 것이 아니라, "신기독야."(愼其獨也)라고 가르치고 있습니다.29) 집 안에서는 다른 사람이 없더라도 스스로 신중하고 엄숙해야莊

29) 이의 출처인 『중용』 제1절의 번역문과 원문을 전재하니 참고하고 이에 대
한 자세한 강의는 『중용 강의』 「상론」 첫 부분을 읽어보기 바란다.

형이상의 하늘이 사람에게 부여하여 태어나면서부터 자연히 왔으며 천도(天道)와
서로 통하는 본성이면서 마음과 물질의 동일한 근원인 것, 이를 인도(人道) 근본의 자
성(自性)이라 한다. 그 천성 자연 중에서 갑자기 일어나는 초심(初心) 한 생각[一念]은
바로 성명(性命)이 기동(機動) 작용을 일으킨 것, 이를 도(道)의 유래(由來)라 한다. 그
갑자기 일어나는 성명(性命) 기동의 도(道)는 선악(善惡)이 함께 갖추어진 작용이 있으
니 선악을 가리지 않고 제멋대로 함부로 행동하고 난동을 부리도록 내맡겨서는 안 되
므로, 이를 고요히 사유 관찰하여 악(惡)을 없애고 선(善)을 따르도록 주동적으로 바로
잡고, 더 나아가 자성의 본래 청정(淸淨)으로 되돌아가서 천연 본성 순선(純善)의 도의
경지에 합하도록 학문수양의 도를 닦는 것, 이를 교화[敎]의 요지라 한다.
　도(道)라는 것은 잠시라도 닦음을 떠나서는 안 되는 것이니, 떠나도 된다면 도가 아
니다. 그러므로 천연 자성을 알고 나서 도를 닦는 군자는 언제 어디서나 마음이 일어
나고 생각이 움직임에 대하여, 다른 사람이 보지 않는 곳에서도 경계(警戒)하고 신중
하며, 다른 사람이 듣지 않는 곳에서도 두려워하여 방임(放任)하지 않고 멋대로 함부
로 행동하지 않는다. 천연 자성은 온갖 기능을 본래 갖추고 있는데, 그 기능은 있는
곳이 없는 것 같으면서도 있지 않는 곳이 없어서 언제 어디서나 자기를 감시하는 작용
이 있기 때문에, 가장 깊숙한 은밀한 곳에서도 자성의 영상(影像) 속에 비추어 보지
않음이 없으며, 가장 미세하고 극히 작은 곳에서도 자성의 영상 속에 비추어 드러내지
않음이 없다.
　그러므로 도가 있는 군자는 심의식(心意識)의 작용인, 마음이 일어나고 생각이 움직
임에 대하여 홀로 있을 때도 근신하는[愼獨] 공부를 스스로 중시하여, 심경(心境) 상
갑자기 일어나는 심념을 청명하게 유지하면서 독두의식(獨頭意識)의 심리상태를 살펴
보아 그것으로 하여금 영묘한[靈妙] 광명이 홀로 빛나고 있는 본래의 위치로 되돌아가
중화(中和)의 경지로 진입하게 한다.
　생리적인 정서와 상관이 있는 기쁨·노여움·슬픔·즐거움 등의 망념(妄念)이 모두
아직 발동하지 않은 것은 바로 자성의 본래 청정(淸淨)의 경지에 정확히 맞아 들어간
것으로서 이를 중(中)이라 하고, 만약 우연히 밖에서 온 경계(境界)가 야기하였기 때문
에 망념이 발동하였다면 그 즉시 자동 자발적으로 조절하여 다시 모두 안정되고 평화
롭고[安和] 고요한 본래 청정의 경지로 되돌아갈 수 있는 것, 이를 화(和)라고 하는데
이것이 바로 중화의 묘용이다.
　그렇게 도를 닦는 사람이 언제 어디서나 영묘한 광명이 홀로 빛나는 심경 중에 맞
아 들어갈 수 있는, 중(中)이라는 것은 천하 사람마다 자성 청정을 수행하는 큰 근본
이다. 만약 우연히 발동이 있다면 곧 언제 어디서나 조절하여 안정되고 평화롭고 고요
한 경지로 되돌아갈 수 있는, 화(和)라는 것은 온 천하 사람마다 통달하고 해낼 수 있
는 도를 닦는 공부이다.
　만약 언제 어디서나 수양하여 중화의 경지에 도달할 수 있다면, 자기가 본래 천지

重 한다는 것입니다. 이는 바로 내심 수양이 "예가 아니면 보지 말고, 예가 아니면 듣지 말며, 예가 아니면 말하지 말고, 예가 아니면 행동하지 말라."는 도리에 부합하는 것입니다. 그러나 여기서는 염옹에게 외적인 활용을 가르치는 것이기 때문에, 첫 마디 말을 "집 문을 나서면 누구에게나 큰 손님을 대하듯 행동하라."고 함으로써, 대인처세의 태도에 중점을 두고 있습니다.

다음으로 공자는 일을 하는 책임감을 말합니다. "백성을 부림은 큰 제사를 받들 듯이 하라."(使民如承大祭). 여기서 '민'民은 대중입니다. 현대적으로 말하면, 일반 국민들에 대하여, 대중사회의 지도자가 모두를 위해 일할 때 책임을 져야 하는데, 이 책임을 지는 태도는 큰 제사를 모시듯이 해야 한다는 것을 가리킵니다. 고대에는 제사를 신중한 일로 생각했습니다. 마치 요즘의 교인이 교회에 가면 마음가짐이 완전히 달라지는 것과 같습니다. 하느님이나 조상에 대한 그 같은 마음가짐은 얼마나 정중하고 얼마나 엄숙합니까! 보살이나 조상에게 분향할 때는 마음이 자연스럽게 정성스럽고 공경스러워집니다. 대중의 일도 이런 마음가짐, 이런 정신으로 처리해야 합니다. 이게 바로 인仁의 도리입니다.

세 번째로 공자는 마음가짐과 일을 행하는 데 있어서의 큰 원칙을 이야기합니다. 즉 "자기가 바라지 않는 일은 남에게 행하지 말아야 한다."(己所不慾, 勿施於人)는 것입니다. 자신이 원하지 않는 일은 다른 사람에 대해서도 생각해 보아야 합니다. 사람들은 일반적으로 자신이 원하지 않는 일을 다른 사람에게 떠넘기는데, 이것은 보통 사람들의 심리이자 인지상정으로서 큰 잘못은 없습니다. 그렇지만 만약 '인'의 도리를 행하는 범위를, 정치를 하며 처신하고 일처리 하는 데까지 확대하고자 하면, 문제가 달라집니다. 자기가 원하지 않는 것은 다른 사람도 원하지

와 더불어 동일한 본래의 위치에 존재하고 있으며, 동시에 자기가 본래 만물과 더불어 동등하게 천지의 생생불이(生生不已)의 양육(養育) 속에 있다는 것도 알게 될 것이다.

天命之謂性, 率性之謂道, 脩道之謂教. 道也者, 不可須臾離也 ; 可離非道也. 是故, 君子戒愼乎其所不睹, 恐懼乎其所不聞. 莫見乎隱, 莫顯乎微, 故君子愼其獨也. 喜怒哀樂之未發謂之中 ; 發而皆中節謂之和. 中也者, 天下之大本也 ; 和也者, 天下之達道也. 致中和, 天地位焉, 萬物育焉.

않는다는 것을 생각해야 합니다. 일이나 인간관계를 원만하게 만들려면 자기가 원치 않는 것은 남에게도 하지 말아야 합니다.

그 다음에, "나라 안에 원망하는 소리가 없으면, 집안에서도 원성이 없을 것이다."(在邦無怨, 在家無怨)고 했는데 이 말은 더욱 어려우며, 이 단락의 결론입니다. 이 '원'怨자는 두 가지 면을 포함하고 있습니다. 하나는 자신에 대한 것이고, 또 하나는 다른 사람에 대한 것입니다.

이것은 인생철학입니다. 우리들은 저마다 자신의 마음속에 많은 불만을 가지고 있습니다. 다른 사람에 대한 불만은 없을지라도, 자신의 팔자가 좋지 않아서 이런 시대를 만났고 이런 환경에 처했다고 원망할지도 모릅니다. 이것은 자신에 대한 불만입니다. 또 하나는 사람으로서 사람과 함께 지내고, 동료와 함께 지내고, 상사와 부하로 함께 지내면서 서로 원망하는 마음과 유감스러운 일이 없기란 대단히 어렵습니다.

원칙적으로 지도자는 먼저 자기가 원치 않는 것은 남에게도 하지 말아야 합니다. 자기가 하기 싫은 일은 부하도 하기 싫어할 것이라고 생각해야 합니다. 임무를 맡길 때, 이 일은 매우 고통스러워서 희생정신이 있어야 한다고 알려 주면서, 그가 이 일을 하기를 원하는지 원하지 않는지 물어봐야 합니다. 이것은 행정에 관해서입니다. 부대를 이끌고 전쟁을 할 때는 물론 상황이 달라집니다. 자신에게도 남에게도 모두 원망이 없게 해야만 진정한 '인의 실천'(仁行)이라 할 수 있습니다.

염옹은 공자의 말을 모두 듣고 나서 자신이 비록 뛰어난 지혜는 없지만 그 방향대로 노력하겠다고 말했습니다.

여기에서 우리는 『논어』의 편집자가 정말로 훌륭했다는 것을 알 수 있습니다. 그러므로 나는 말하기를 『논어』는 처음부터 끝까지 일관되게 편집되어 있다고 합니다. 이 제12편의 첫 단락에서 내적 수양으로서 형이상적인 "극기복례"를 말할 때는, 그 가르침의 대상이 공문 도통의 진수를 전수받은 안연이었습니다. 그러나 지금 외적인 활용을 말할 때는 그 대상이 공자가 제왕 감이라고 여긴 염옹이었습니다.

다음 단락에서는 인仁의 도리에 대한 일반적인 수양을 이야기하고 있습니다.

사마우司馬牛의 문제

사마우가 인仁의 도리에 대하여 묻자,

공자께서 말씀하셨다. "인한 사람은 말을 (멋대로 하지 않고 참으면서 천천히) 신중히 한다."

사마우가 말했다. "말을 (멋대로 하지 않고 참으면서 천천히) 신중히 하기만 하면 바로 그가 인하다는 말씀입니까? (그것은 아주 쉬운데요)."

공자께서 말씀하셨다. "(그것을 쉽게 생각하지 말아라) 실천하기 어려우니 말하는 데 신중하지 않을 수 있겠느냐?"

司馬牛問仁。子曰:仁者, 其言也訒。曰:其言也訒, 斯謂之仁己乎?
사 마 우 문 인   자 왈 인 자 기 언 야 인   왈 기 언 야 인   사 위 지 인 이 호

子曰:爲之難, 言之得無訒乎?
자 왈 위 지 난   언 지 득 무 인 호

사마우司馬牛가 인에 대해 물었을 때, 공자의 대답은 또 달랐습니다. 공자는 "인한 사람은 말을 신중히 한다."(仁者, 其言也訒)고 말했습니다. 여기서 訒(인)은 후세에 이른바 '말을 할 때 참으면서 천천히 하는 것'입니다. 이 장면에서 우리는 아마도 사마우가 말을 거리낌 없이 멋대로 하는 습관이 있기 때문에, 공자가 그에게 말을 함부로 하지 말라고 한 것임을 알 수 있습니다.

공자의 말을 듣고 사마우가, "말을 천천히 하면서 멋대로 하지 않는 것을 인이라 부릅니까? 이것은 아주 쉬운 일인데요!" 하자, 공자는 "그것을 쉽게 생각하지 말아라. 막상 실천하려면 어렵다."고 말했습니다. 이것은 공자가 교육 방면에서 학생의 개성·행위상의 어떤 결점을 짚어서 바로 잡아준 것입니다.

이어서 사마우는 군자君子에 대하여 물었습니다. 군자는 중국 고대문화에서, 특히 유가儒家의 관념에서는 거의 완벽한 인격의 대명사였습니다.

사마우가 (어떠해야) 군자(라고 할 수 있는지)에 대하여 묻자,

공자께서 말씀하셨다. "군자는 걱정하지도 않고 두려워하지도 않는다."

사마우가 말했다. "걱정하지 않고 두려워하지도 않으면, 바로 그를 군자라 하겠습니까?"

공자께서 말씀하셨다. "(걱정하지 않고 두려워하지 않기란 쉽지 않다. 수시로) 안으로 자신을 반성해서 (마음속에) 잘못이 (없고 결함이 없으며 유감스러움이) 없다면 (마음이 대단히 편안한데), 무엇을 걱정하고 무엇을 두려워하겠느냐?"

司馬牛問君子。子曰：君子不憂不懼。曰：不憂不懼，斯謂之君子矣
사 마 우 문 군 자   자 왈   군 자 불 우 불 구   왈   불 우 불 구   사 위 지 군 자 의

乎？子曰：內省不疚，夫何憂何懼？
호   자 왈   내 성 불 구   부 하 우 하 구

사마우가 어떠해야 군자라 할 수 있느냐고 묻자, 공자는 "걱정하지도 않고 두려워하지도 않는다."(不憂不懼)고 말했습니다. 돌이켜보면 우리는 항상 걱정에 잠겨 있습니다. 걱정되지 않는 것이 하나도 없습니다. 생활이 어렵게 되지 않을까 걱정하고, 직장을 잃을까 두려워하며, 크게는 시대가 어떻게 변할지 걱정하고, 작게는 자식 걱정을 합니다. 모든 것이 걱정스럽고 모든 것이 두렵습니다. "불우불구"不憂不懼라는 네 글자를 뒤집어보면 인생이란 시종 근심과 두려움 속에 보낸다는 것을 이해할 수 있습니다. 그러니 수양을 통해서 걱정도 없고 두려움도 없는 상태에 이를 수 있다면, 이는 대단한 수양이며, "극기복례"克己復禮하는 공부 중 하나이기도 합니다.

사마우는 공자의 말을 듣고 나서, 이 도리를 매우 간단하게 생각했습니다. 그는 걱정이 없고 두려움이 없으면 바로 군자라 할 수 있느냐고 다시 물었습니다. 이것은 오늘날 사회에 비추어 말하면, "거리에는 이런 사람이 매우 많습니다. 저급한 찻집에 가 보면 그곳에 있는 사람들은 전혀 걱정이나 두려움이 없고, 쓸 돈이 떨어지면 남의 것을 좀 빼앗기도 하면서 살아가는데 그런 사람들도 모두 군자라고 할 수 있습니까?"

하고 물은 것이나 다름없습니다.

　공자는 사마우가 잘못 이해한 것을 알고 다음과 같이 일러 줍니다. "걱정하지 않고 두려워하지 않기란 쉽지 않다. 수시로 자신을 반성하여 마음속에 결함이 없고 유감스러움이 없다면 마음이 대단히 편안하다." 속담에 "한 평생 마음에 거리끼는 일을 하지 않으면, 밤중에 귀신이 문을 두드려도 놀라지 않는다."(平生不作虧心事, 夜半敲門鬼不驚)는 말이 있는 것처럼, 마음속이 광명정대하면 두려울 일이 없고 대광명의 경지처럼 온통 청정하고 행복합니다. 공자가 말한 "불우불구"不憂不懼는 바로 이런 경지입니다. 보통 말하는, 걱정하지 않고 두려워하지 않는 것과는 다릅니다.

　사마우가 제기한 문제는 세 단락이 있는데, 다음은 그 셋째 단락이 됩니다.

온 세상 사람이 모두 형제

　(사마우에게는 향퇴·향소라는 두 형제가 있었는데, 그들은 송나라에서 난을 일으켰다. 사마우는 그들을 저지하려 했지만 소용이 없었다)

　사마우가 근심하며 말했다. "남은 모두 형제가 있는데 나만 홀로 없구나."

　자하가 말하였다. "(지나치게 슬퍼하지 말게나) 내가 듣건대 '생사는 운명에 달려 있고, 부귀는 하늘에 달려 있다.' 하였네. (보이지 않는 가운데 운명의 작용이 있을 것이니, 마음 넓게 먹고 더 이상 걱정하지 말게나. 형제가 없더라도 친구가 형제이니, 친구나 동료들과 잘 지내면 형제와 다를 바가 없네) 군자가 공경히 행동하여 실수가 없고 남에게 공손하고 예의가 있다면, 온 세상 사람들이 모두가 형제인 것이네. 군자가 어찌 형제 없음을 걱정하겠는가?"

　司馬牛憂曰：人皆有兄弟，我獨亡。子夏曰：商聞之矣：「死生有命，
　사 마 우 우 왈　인 개 유 형 제　아 독 무　자 하 왈　상 문 지 의　　사 생 유 명

富貴在天」。君子敬而無失，與人恭而有禮，四海之內，皆兄弟也。君子
부귀재천　　군자경이무실　여인공이유례　사해지내　개형제야　군자

何患乎無兄弟也？
하환호무형제야

　　이 단락은 사마우의 말에 공자가 대답한 것이 아니고 자하가 대답 한
것입니다. 그런데도 사람들은 흔히, "온 세상 사람들이 모두 형제이다."
(四海之內, 皆兄弟也)라든가, "생사는 운명에 달려 있고, 부귀는 하늘에 달
려 있다."(死生有命, 富貴在天)는 말을 공자가 한 것으로 알고 있는데, 이것
은 잘못 알고 있는 것입니다.

　　근 수십 년 동안 사람들이 공격하기를, 중국 문화가 수천 년 동안 이
두 마디 말에 너무나 큰 영향을 받았다고 하면서, 중국인들이 숙명론을
들먹이기 좋아하는 것은 이런 사상의 방해를 받았기 때문에 진보하지
못했다고 말합니다. 실제로는 이것이 중국 문화요 동양 문화로서, 인생
철학 중 최고의 철학입니다.

　　'명'命은 무엇일까요? '천'天은 또 무엇일까요? 중국 철학 중에서 큰
문제입니다. 후대의 관념은 이른바 '명'命을 사주팔자나 관상을 보는 일,
숙명론 등에서의 '명'으로 알았는데, 이것은 잘못된 것입니다. 이런 것들
은 유가에서 말하는 '명'命이 아닙니다. 유가 관념의 '명'은 우주를 주재
하는 그 무엇입니다. 종교인은 그것을 하느님, 신, 부처님이라고 불렀고,
철학자는 '제1원인'이라고 불렀고, 중국의 유가는 이를 강조하여 '명'命이
라고 불렀습니다. 이렇게 말하면 간단하지 않습니까? '명'命과 '천'天 두
가지는 일생 동안 토론할 수 있는 문제인데, 아마 일생에도 그 결론을
찾지 못할지도 모릅니다. '명'命이란 무엇일까요?

　　우주간의 생명에는 한 가지 기능(功能) — 현대 과학에서는 기능이라는
말을 사용합니다 — 이 있습니다. 인간 생명의 기능은 매우 이상합니다.
이 때문에 '숙명론'으로 발전했습니다.

　　내겐 의사 친구가 많은데, 한의사도 있고 양의사도 있습니다. 나는
그들에게 자주 "세상의 의사들은 병을 제대로 고친 적이 없다. 만약 의
술과 약에 의해 병이 나았다면, 사람은 죽지 않았을 것이다." 라고 말합

니다. 약은 생명의 기능을 회복하는 데 도움을 줄 뿐입니다. 한 의사 친구는 독일에서 서양의학을 배웠을 뿐만 아니라, 한의학에 대해서도 잘 알고 있었습니다. 내가 빈혈이 있는 친구를 봐달라고 했더니, 그 친구는 아무런 약도 필요 없고 그저 고기와 밥을 좀더 먹으라고 했습니다. 그는 보혈하는 약은 세상에 없고 보혈하려면 피를 직접 수혈해야 하는데, 100cc를 주사해서 몇십 cc만 흡수해도 충분하며, 그 나머지는 모두 찌꺼기로 낭비되는 것이라 했습니다. 양의사는 보혈 주사를 맞으면 보혈할 수 있다고 하고, 한의사는 당귀를 먹으면 보혈할 수 있다고 합니다. 그런데 보혈하는 약은 피를 만드는 몸 자체의 기능을 자극해서 회복하게 할 뿐입니다. 보혈 주사를 맞느니 고기를 좀더 먹는 게 나은데, 고기는 흡수되어 피가 되기 때문입니다. 그래서 "약은 죽지 않을 병만 치료하고, 부처는 인연 있는 사람만 제도한다."(藥醫不死病, 佛度有緣人)는 속담이 있습니다. 약으로 병을 고쳤다는 것은 죽지 않을 팔자이기 때문입니다. 치료되지 않는 병이 있다면 이것은 죽을병이라 어떤 약으로도 치료할 수 없습니다.

그래서 나는 의사 친구들에게 작은 병은 의사들이 치료할 수 있지만, 큰 병은 의사들도 고칠 수 없다고 말합니다. 생명은 그 까닭을 알 수 없는 오묘한 기능을 가지고 있습니다. 전쟁터에서 가슴에 총알을 맞고 피를 흘리면서도 자신이 부상당한 것을 모를 때는 계속 돌격하지만, 일단 총 맞은 사실을 알아차리면 그 즉시 쓰러지는 것을 볼 수 있습니다. 일을 할 때도 바쁘고 긴장된 상태에서는 손을 베여도 아픔을 느끼지 못하지만, 일단 베인 것을 알아차리면 그 즉시 통증을 느낍니다. 이처럼 육체는 심리적인 영향을 크게 받습니다. 가슴에 총알을 맞아도 본인이 알아차리기 전까지는 그대로 유지하면서 앞으로 달릴 수 있는데, 이 '생명을 유지하는 것'이 바로 '명'命이며 '명'의 안배는 대단히 묘합니다.

부귀에 대해서도 마찬가지입니다. 공자는 모든 사람들이 부자가 되고 싶어 하지만 부자가 되는 일은 어렵다고 말했습니다. 나도 한평생 부자가 되고 싶어 했습니다. 나는 그 어떤 것도 두려워하지 않았지만, 돈만은 두려워했습니다. 그러나 어떤 방법을 강구해도 결코 부자가 될 수 없었습니다. 그래서 아예 방법을 생각하지 않았습니다. 원숭이가 옥수수를 따지 못하는 것을 알았기 때문입니다.

어릴 때 고향에 이런 사람이 있었습니다. 그는 상갓집에 가서 관을 메어 주거나 밤에는 경비를 서면서 매우 가난한 생활을 했습니다. 한번은 몇 달 동안 그가 보이지 않았습니다. 나중에 그를 만나서 그 동안 어디에 갔었느냐고 물었더니, 그는 뜻밖에 돈이 생겨서 편안한 생활을 하려 했는데 갑자기 병에 걸려 그 돈을 몽땅 써 버리고 다시 가난해졌다고 말했습니다. 그 때는 듣고 나서 귓전으로 흘려버렸는데, 나중에 인생 경험이 점점 많아지게 되면서 그 사람 생각이 종종 났습니다. 사람들은 흔히 "작은 부는 부지런하기 때문에 얻지만, 큰 부는 팔자에 의한 것이다."(小富由勤, 大富由命)라고 말하는데, 부란 억지로 구할 수 없다는 말입니다.

이 단락에서 자하는 사마우에게 지나치게 슬퍼하지 말라고 권고합니다. 사마우에게는 향퇴向魋·향소向巢라는 두 형제가 있었는데, 그들은 송나라에서 난을 일으켰습니다. 사마우는 그들을 저지하려 했지만 소용이 없었기 때문에, 자기에게는 형제가 없다고 탄식한 것입니다. 그래서 자하는 보이지 않는 가운데 운명의 작용이 있을 것이니, 마음 넓게 먹고 더 이상 걱정하지 말라고 권고했습니다. 형제가 없더라도 친구가 형제이니, 친구나 동료들과 잘 지내면 형제와 다를 바가 없습니다.

그러나 친구를 사귈 때는 공경하고 실례하지 말아야 합니다. 상론上論에서 공자도 "오래 사귈수록 상대를 존경해야 한다."(久而敬之)는 말을 했는데, 이는 친구를 사귀는 중요한 원칙입니다. 친구를 오래 사귀고 친할수록 공경해야 합니다. 서로 일정한 거리를 지키면서 될수록 실수를 피해야 합니다. 이렇게 하면 가는 곳마다 좋은 친구나 친한 형제들이 생길 텐데, 어찌 형제가 없다고 걱정하겠습니까? 개인적인 관계만이 아니라, 부하와 동료를 이끌 때도 같은 도리입니다.

자기를 아는 자는 현명하다

　자장이 현명함에 대하여 묻자,

　공자께서 말씀하셨다. "물이 젖어들 듯이 (모르는 사이에 남을 흉보아) 하는 (말인) 은근한 참언이나, 피부를 찌르는 듯한 (심리적 원망과 공격인) 하소연이 그에게 통하지 않는다면, 현명하다고 할 수 있을 것이다. 물이 젖어들 듯이 하는 은근한 참언이나 피부를 찌르는 듯한 하소연이 그에게 통하지 않는다면 잘못을 멀리한다고 할 수 있을 것이다."

　　子張問明。子曰：浸潤之譖，膚受之愬，不行焉，可謂明也已矣。浸
　　자장문명　자왈　침윤지참　부수지소　불행언　가위명야이의　　침

潤之譖，膚受之愬，不行焉，可謂遠也已矣。
윤지참　부수지소　불행언　가위원야이의

　자장이 현명함에 대해 묻자, 공자는 위의 두 마디로 대답하였습니다. 이 구절은 특히 주의를 기울여야 하는데, 젊은 친구들은 앞날이 무궁하기 때문에 "물이 젖어들 듯이 하는 은근한 참언이나 피부를 찌르는 듯한 하소연"(浸潤之譖, 膚受之愬)을 더욱 조심해야 합니다. 장차 사람들을 영도할 때나 친구나 동료 관계에서 피하기 어려운 일이기 때문입니다.

　'침윤'浸潤은 점점 스며들듯이 모르는 사이에 남에게 해를 입히는 방법입니다. '참'譖은 다른 사람들 흉을 보는 것입니다. '부수'膚受는 피부 표면의 작은 상처입니다. '소'愬는 심리적인 원망과 공격입니다. '원'遠은 잘못을 멀리하는 것입니다.

　역사에서나 사회에서의 많은 현상을 보면, 공격 수단이 대단히 뛰어난 사람들이 많습니다. 특히, 책임자가 되어 본 사람은 이를 절실히 체험해 보았을 것입니다. 물이 한 방울 한 방울 떨어지듯이 은근히 공격해 오는데, 때로는 아무 상관없는 말을 한마디 하는 것 같은데도 공격받는 사람에 대한 사람들의 인상을 확 바꾸어 놓습니다. 그런데도 공격받는 사람은 피부가 가볍게 한 번 긁힌 정도로만 느낄 뿐입니다. 그러므로 "침윤지참, 부수지소"浸潤之譖, 膚受之愬 여덟 글자를 각별히 조심해야 합니다. 우리는 절대로 사람을 이렇게 대하지 말고, 동시에 이런 험담을 들어 주지 말아야 합니다. 특히, 이런 험담을 들어 주지 않는 상

사야말로 진짜 현명한 사람입니다. 그러나 현명한 사람이 되는 것은 어렵습니다. 일단 책임자가 되면 속임을 당하기 쉬운데, "물이 스며들 듯이 하는 은근한 참언이나 피부를 찌르는 듯한 하소연"이 통하지 않아야 분별 있는 사람이라고 할 수 있습니다. 이것은 공자가 현명한 사람에 대해 내린 정의이니, 이 정도 수준에 이르러야 잘못을 멀리할 수 있습니다.

노자는 현명한 사람에 대해 더욱 깊이 이야기했습니다. 노자는 "남을 아는 자는 지혜롭고, 자신을 아는 자는 현명하다."(知人者智, 自知者明)고 말했습니다. 남을 잘 아는 사람은 큰 지혜가 있는 사람이며, 자신을 잘 아는 사람은 현명한 사람입니다. 대체로 사람들은 자기 자신에 대해선 그리 잘 모르면서도 남에 대해선 잘 알고 있습니다. 그러므로 노자의 관점에서 보면 현명한 사람은 얼마 되지 않습니다. (『노자』 제33장—역주).

지금까지는 모두 개인적인 '인'의 수양을 그 내적인 것과 외적 활용을 포함해서 말했습니다. 다음 단락에서는 또 문장의 기세가 바뀝니다.

뭇 사람의 뜻이 모이면 성을 이룬다

자공이 정치(를 영도하는 도리)에 대하여 묻자,

공자께서 말씀하셨다. "식량을 풍족케 하고, 군비를 충분히 하고, 백성들이 신뢰하도록 하는 것이다."

자공이 말했다. "(시대적 환경이 이 세 가지를 모두 충족시킬 수 없는 추세가 되어 나라 살림 상) 부득이하여 꼭 한 가지를 빼버려야만 한다면, 이 세 가지 중에서 어느 것을 먼저 빼버려야 합니까?"

공자께서 말씀하셨다. "군비를 빼버려야지."

자공이 말했다. "부득이하여 꼭 한 가지를 빼버려야만 한다면, 나머지 두 가지 중에서 어느 것을 먼저 빼버려야 합니까?"

"식량을 빼버려야지. 예로부터 누구에게나 죽음은 있었던 것이나, (지도자에 대해) 백성들의 신뢰가 없다면 나라는 존립할 수 없는 것이다."

子貢問政。子曰: 足食·足兵·民信之矣。子貢曰: 必不得已而去,
자공문정 자왈 족식 족병 민신지의 자공왈 필부득이이거

於斯三者何先? 曰: 去兵。子貢曰: 必不得已而去, 於斯二者何先? 曰:
어사삼자하선 왈 거병 자공왈 필부득이이거 어사이자하선 왈

去食, 自古皆有死, 民無信不立。
거식 자고개유사 민무신불립

　이것은 공자의 정치 철학인데, 그대로 행해서 통할지의 여부는 시대와 사회 환경의 정세를 고려해야 합니다. 유가의 정치 도덕적 이상은 매우 높고 옳지만, 알고 나서 실제로 운용할 때는 임기응변과 융통성이 있어야지 지나치게 고지식해서는 안 됩니다.

　자공이 정치를 영도하는 도리를 묻자, 공자의 관념에는 다음 세 가지가 있습니다. 첫째는 "식량을 풍족케 하는 것"足食입니다. 여기에는 경제·정치·사회의 안정이 포함되며, 백성들이 모두 먹을 밥이 있고 입을 옷이 있어야 생활이 편안한 것입니다. 둘째는 "군비軍備를 충분히 하는 것"(足兵)으로, 국방 건설입니다. 셋째는 "백성들이 신뢰하도록 하는 것"(民信)으로, 식량을 풍족히 하고 군비를 충분히 마련할 수 있으려면 백성들이 지도자를 신뢰할 수 있어야 한다는 것입니다.

　이 세 가지 일은 실제로 해 보면 어렵고, 오늘날 관념으로 보면 관계되는 범위가 아주 넓고 넓습니다. 자공은 시대적 환경이 이 세 가지를 모두 충족시킬 수 없는 추세가 되어 어느 한 가지를 빼야 할 때는, 무엇을 먼저 제외해야 하느냐고 물었습니다. 공자는 우선 군사 경비를 제외해서 인사예산을 감축하라고 했습니다. 그러자 자공은 말하기를, 이 시대에 나라가 대단히 빈궁하고 힘들어서 군사 경비를 취소했는데도 나라를 유지할 수 없을 때는 '식량'과 '신뢰'의 두 가지 중에서 무엇을 먼저 제외해야 하느냐고 물었습니다. 공자는 그렇다면 차라리 경제 건설을 희생하라고 하면서, 백성들이 가난해서 밥을 먹지 못하게 되더라도 정치의 대원칙인 '신뢰'만은 끝까지 굳게 지켜야 한다고 말했습니다. 정부에 대한 백성들의 신뢰가 굳건해야 비로소 힘이 생길 수 있다는 것입니다.

안팎을 함께 닦음이 아름답다

다음의 한 단락은 문文과 질質에 관한 변론을 말합니다.

　　(위나라 대부) 극자성이 말했다. "군자는 (천성이 뛰어나고 재능이 있어 타고난) 바탕(質)만 훌륭하면 그만이지, (교육을 받고 지식을 구하며 문화 사상을 배우는 등의) 문채(文)는 어디에 쓰겠습니까?"

　　자공이 말했다. "애석하군요! 군자에 대한 당신의 말씀은. (문화적인 선전과 사상의 전파는 그 영향력이 멀리 크게 미치고 또한 빨라서) 네 마리 말이 끄는 수레도 혀를 따르지는 못하는 것이니, (절대로) 말을 함부로 해서는 안 됩니다. (그 영향이 가져올 최후의 결과가 너무나 크기 때문입니다) 문채文彩도 바탕같이 중요하고, 바탕도 문채같이 중요합니다. 호랑이나 표범의 털가죽이 개나 양의 털가죽과 같겠습니까? (짐승 가죽이라는 점에서 다를 바가 없지만, 무늬가 보기 좋으냐 보기 싫으냐의 차이는 있습니다. 문채와 바탕은 동등한 가치를 가지고 있습니다)"

　　　棘子成曰: 君子質而已矣, 何以文爲? 子貢曰: 惜乎! 夫子之說君子
　　　극자성왈　군자질이이의　하이문위　자공왈　석호　부자지설군자
　　也, 駟不及舌。 文猶質也, 質猶文也。 虎豹之鞟, 猶犬羊之鞟?
　　야　사불급설　문유질야　질유문야　호표지곽　유견양지곽

　　극자성棘子成은 위나라 대부大夫이며, 이른바 집권파 인물이기도 합니다. 그의 이론은, 천성이 뛰어나고 재능 있는 사람이라면 굳이 교육 받고 지식을 구하며 문화 사상을 배울 필요가 있겠느냐는 것이었습니다. 자공은 이 의견에 반대하여, "대단히 죄송하지만, 아쉽게도 당신의 견해는 옳지 않습니다. 군자에 대해 당신이 내린 정의는 맞지 않습니다." 하고 말했습니다.

　　이어서 자공은 "네 마리 말이 끄는 수레도 혀를 따르지는 못합니다." (駟不及舌)라고 말했습니다. '사駟'는 말 네 필이 끄는 수레로서 당시 가장 빠른 교통수단이었는데, 이렇게 빠른 수레도 혀보다 빠를 수는 없다는

것입니다. 오늘날 관념으로 말하면, 문화적인 선전과 사상의 전파가 중요하다는 것으로, 그 영향력이 원대하고 또한 빠르다는 것입니다. 그러므로 절대로 말을 함부로 해서는 안 됩니다. 그 영향이 가져올 최후의 결과가 너무나 크기 때문입니다.

자공은 또 문화 사상적인 수양과 인간의 자질은 본래 같은 것이라고 말했습니다(옛 사람은 "질은 곧음이다."〈質者直也〉라고 해석했습니다. 마치 직선처럼 순결 소박한 것이 본질입니다). 문화 사상의 보존과 전달은 用에 의지해야 하는데, 用이 있는 한 문文에 의지해야 합니다. 그러므로 '문'과 '질'은 똑같이 중요합니다. 자공은 "호랑이나 표범의 털가죽이 개나 양의 털가죽과 같겠습니까?"(虎豹之鞟, 猶犬羊之鞟)라고 했습니다. 鞟(곽)은 짐승의 몸에서 금방 벗겨낸, 가공 정제되지 않은 털가죽을 말합니다. 자공의 이 말은, "호랑이나 표범 가죽은 개나 양 가죽과 짐승 가죽이라는 점에서 다를 바가 없습니다. 그러나 무늬가 보기 좋으냐 보기 싫으냐의 차이는 있습니다."라는 뜻입니다. 자공은 문文과 질質이 동등한 가치를 가지고 있다고 강조한 것으로, 상론에서 공자가 "문화적인 면(文)과 본질적인 면(質)이 균형 있게 발전해야 군자이다."(文質彬彬, 然後君子)라고 한 말을 보충적으로 더 자세히 설명한 것입니다.

여기서 이 문文과 질質은 더 나아가 역사 문화와 개인의 두 측면에서 생각해 볼 수 있습니다.

먼저 역사 문화적으로 보면, 세계 각국의 역사 발전에는 모두 한 가지 통례가 있는데, 문화가 발달한 나라에서는 문과 질을 모두 중요시한다는 것입니다. 만약 한 나라의 문화가 문에만 치우치면, 그 나라에는 반드시 문제가 발생합니다. 우리가 알듯이 과거 세계 각 민족은 철학 사상을 연구했는데, 가장 흥미 있고 가장 성취한 나라로는 인도와 그리스라고 할 수 있습니다.

인도인은 상고 시대부터 철학 사상이 발달하여 불교 사상이 형성되었습니다. 인도의 기후는 중국과는 달라서 남인도에서 중인도에 이르는 지방은 날씨가 무덥고 생활이 간단하여 1년 사계절 내내 옷 하나만 입으면 되었습니다. '천의무봉'天衣無縫이란 말이 있는데, 이 '천'天의 원래 의미는 '천축'天竺입니다. 한漢나라 때의 번역음은 지금과 달랐고, 당나라 이후부터 인도라고 번역했습니다. 당시 인도 복장의 대체적인 스타일을 오늘날 태국 변경에 가면 아직 볼 수 있는데, 천 한 벌을 몸에 두른 것을 '천의'天衣라고 했습니다. 우리들이 입은 옷처럼 바느질로 꿰맬 필요가 없으니 당연히 꿰맨 자국이 없었습니다. 더 더운 곳에서는 옷을 입지 않아도 되었으며, 배가 고프면 바나나와 같은 야생과일을 먹었습니다. 배불리 먹은 후에는 드러누워 잠을 자고, 깨어나서는 한 곳에 조용히 앉아 풀기 힘든 신비의 문제를 생각했습니다. 그러므로 인도 철학이 발전한 데는 지리적인 요소의 영향이 컸습니다.

그리스의 철학 사상도 매우 발달했습니다. 우리가 문화사를 이야기하다 보면 그리스에 대해 우러러보는 마음이 가득 차게 됩니다. 그러나 그곳에 가 보면 별로 대단할 것 없는 비교적 가난한 지역일 뿐입니다. 이런 가난한 곳에는 인생 문제도 많습니다. 곤란에 처한 사람은 자신의 팔자가 왜 이렇게 나쁜지 생각하게 되고 그렇게 된 원인을 생각하게 되는데, 이렇게 서서히 생각해 가다 보면 철학적인 문제가 나타납니다.

이 두 지역은 철학 사상이 그처럼 훌륭했는데도 왜 부유하고 강대한 대국을 건립할 수 없었을까요? 그것은 문文과 질質이 조화를 이루지 못한 데서 오는 필연적인 현상입니다.

다시 서양 문화를 보면, 고대 로마는 조각과 건축 등에서 매우 뛰어났습니다. 그러나 로마 문화는 문학과 예술의 경지가 최고 수준에 이르렀을 때 쇠락하기 시작하였습니다. 이것은 세계 문화 발전상 거의 하나의 필연적인 이치입니다. 오직 우리 민족의 국가·문화·정치·역사가 일체적인 것·총체적인 것입니다. 전 세계에서도 오직 중국만이 그와 같습니다. 이러하니 주의해야 합니다, 문화 역사와 국가 민족과의 관계는 이처럼 깊고 두텁습니다. 중국만이 그 영향을 받지 않습니다.

역대 흥망성쇠의 추세

이제 고대 역대 왕조의 문文과 질質에 대한 문제로 돌아가 살펴보겠습니다. 이미 말했듯이 하나라는 질質을 숭상하고, 은나라는 충忠을 숭상하고, 주나라는 문文을 숭상하여 삼대가 서로 달랐습니다. 하우夏禹 시대에는 농업을 기반으로 국가를 건립하기 시작했는데, 모든 것이 질박했습니다. 은나라 때도 사람들은 매우 정직했지만 종교적인 색채가 비교적 짙었습니다. 현재의 전통 문화는 주나라 시대에 건립되었고 완성되었는데, 주나라가 문文을 숭상했기 때문입니다. 그러나 주나라의 문화는 하나라와 은나라 문화에 바탕을 두고 형성된 것으로 문화 전통이 한데 모아진 것입니다.

뒷날 역사적 변천에서 한 시대 한 시대를 뚜렷이 볼 수 있습니다.

진秦나라의 역사는 매우 짧아서 전국시대의 여파餘波나 다름없었기에 이야기하지 않겠습니다. 한나라 건국 후 4백 년 동안 지속된 유劉씨 정권도 초기에는 매우 질박했습니다. 그러나 국가와 사회가 점차 안정되면서 글을 숭상하는 기풍인 문풍文風이 흥성하기 시작했습니다. 동한東漢 시대에는 문풍이 아주 흥성하다가 역사의 추세가 내리막길을 걷게 되었습니다.

한漢나라 이후는 위진魏晉남북조입니다. 우리가 알듯이 조조曹操와 사마의司馬懿가 위진의 선조입니다. 문학적 경지와 질質을 서로 비교하면, 위진의 문풍은 철학 사상도 포함하고 있어서 정말로 훌륭합니다. 이 시대의 인물로는 조조를 첫째로 꼽을 수 있는데, 그들 삼부자三父子는 문학발전에 매우 큰 공헌을 한 확실히 일류 문인들이었습니다. 그러므로 그들은 전체 위진 시대 문풍의 흥성에는 영향을 주었지만, 충忠을 숭상하는 질박함은 부족했습니다. 남북조 시대에 이르는 수백 년간은 내내 혼란했는데, 문文이 없었던 것이 아니라 질박한 숨결이 부족했습니다.

그 뒤 당나라가 천하를 통일했는데, 당나라의 이씨李氏 혈통 속에는 서북 변경 민족의 피가 섞여 있었습니다. 그래서 당대 개국 초기에는 문풍이든 정치 기풍이든 사회 기풍이든 대단히 소박했습니다. 현재 중국 문화에서 시를 이야기할 때는 당시唐詩를 대표로 꼽습니다. 다른 시대의 시도 훌륭한데 왜 당시가 숭상되고 있을까요? 당시는 달이 좋다거나, 꽃이 멋지게 피었다거나, 바람이 시원하다는 등 풍화설월風花雪月을 노래한 것에 지나지 않아 대단치 않은 것 같습니다. 그러나 당대의 시는 풍화설월을 노래하면서도 질박한 아름다움이 있었습니다. 중당中唐과 만당晚唐 시기에 이르러서는 문풍이 갈수록 왕성해졌지만, 민족의 질박하고 거칠고 웅건한 기백은 쇠락하여 사라졌습니다.

오대를 거쳐 송나라 조광윤이 중국을 통일했을 때, 처음에는 문풍이 매우 발달했습니다. 이 시기에는 누가 문학과 학문을 숭상했을까요? 바로 조광윤의 두 형제입니다. 그들은 20년 동안 말 위에서도 책을 놓지 않았고, 싸우면서도 책을 즐겨 읽었습니다. 군사를 이끌고 전쟁터에 나가 싸울 때도 뒤에 따르는 말 몇십 마리에는 책이 실려 있었습니다. 이 시기의 역사를 읽어 보면, 문제를 발견하게 됩니다. 송나라를 세운 천자는 전략가이자 문인이기도 하지만, 송나라는 국토를 절반밖에 통일하지 못하고 북방의 유연幽燕 16주州는 얻지 못했습니다. 조광윤은 군인의 몸으로 전쟁터에서 싸워 보았기 때문에 전쟁이 무섭다는 것을 알고 있는데다 독서를 즐기는 학자여서 전쟁을 원치 않았습니다. 그는 또한 자신감도 없었습니다. 그래서 송나라는 처음부터 중국의 반쪽이나 다름없었습니다. 송나라는 문풍이 매우 왕성했지만, 건국 초기의 기백은 한나라나 당나라처럼 웅장하지 못했습니다.

송나라를 이은 원나라는 역사가 80년으로 짧았기 때문에 이야기할 필요가 없습니다. 명나라는 3백여 년 동안 송나라 문학을 계승했는데, 학술의 기세와 짜임새는 크지 않았습니다. 여기서 우리는 유의해야 합니다. 원나라 이전의 서양인들이 오늘처럼 문화 발전을 이루게 되리란 것을 어찌 알았겠습니까만, 당시 서양인들은 워낙 매우 낙후되어 있었습니다. 그래서 당시 중국으로 건너와 관리를 지냈던 이탈리아 사람 마르코 폴로는 여행기를 써서 중국 문화를 유럽에 소개했는데, 유럽 사람들은 그것을 읽고 세상에 이렇게 아름다운 천당이 어디 있겠느냐며 아예 믿지도 않았습니다. 명나라 중기 이후에야 서양 문화가 머리를 들기 시작했으니, 소위 서양의 르네상스가 바로 이 단계입니다.

청나라는, 민족 문제를 제쳐 두고 보면 처음 150년 동안은 문과 질 양쪽 모두가 참으로 훌륭했습니다. 이상과 같이 역사적으로 보면, 우리는 한 국가 민족의 건립이 문과 질 그 어느 쪽으로도 절대로 치우쳐서는 안 된다는 것을 알 수 있습니다.

이제 현대로 돌아와 보면, 오늘날 전 세계는 위기가 심각합니다. 뿐만 아니라 정치나 군사적인 요소들이 아니라 문화가 없어진 것이 심각합니다. 지금 전 세계는 경제가 균형을 잃었으며 문화가 쇠퇴하고 어지러운 지경에 이르렀습니다. 현재 세계 각국의 경제는 독일을 제외하고는 모두 적자입니다. 20여 년 동안 세계 각국은 케인즈의 "소비가 생산을 자극한다."는 경제 이론에 영향을 받아 손해를 많이 보았다고 합니다. 영국인들은 설탕도 사먹을 수 없다고 합니다. 하나의 사상이나 학설이 세계 인류 사회에 준 영향이 이렇게 심각합니다. 이 몇 년 동안 미국의 통화 팽창은 줄곧 케인즈의 경제사상을 응용한 결과입니다. 지금은 결과가 좋지 않다는 것을 알게 되었지만, 이미 방법이 없어서 단시일 내에는 시정할 수 없습니다. 독일이 실패하지 않은 이유는 경제 공황 이후 케인즈의 경제 이론을 무리하게 고수하지 않고 고전적인 경제 사상을 사용했기 때문입니다. 즉 "근검 절약하고 수입에 맞게 지출한다."(省吃儉用, 量入爲出)는 사상입니다. 간단한 문제입니다. "생산하는 자는 많고, 쓰는 자는 적으면"(生之者衆, 用之者寡) 경제는 자연히 튼튼해집니다. 옛날 사상이 옳다는 것이 증명된 것입니다. 이게 바로 시대적인 검증이며, 이게 모두 학설 문화입니다. 우리는 그것을 나누어서, 이것은 경제학인데 공맹의 학과 무슨 상관이 있느냐고 생각해서는 안 됩니다. 결론적으로 말해 문화는 총체적인 것입니다.

꺼져 가는 불씨를 다시 살리자

앞에서 든 사례로 볼 때, 국가와 민족의 흥망성쇠는 문文과 질質이 균형적으로 발전하는가 그렇지 않은가에 달려 있다는 것을 알 수 있습니다. 오늘날 우리의 문화적 위기가 아주 심각한데, 나중에 우리 세대와 우리 다음의 세대는 문화 전통이 이어지느냐 끊어지느냐에 대한 책임을 어떻게 짊어져야 할까요?

요즘 젊은 학생들은 매우 쉽게 학위를 딸 수 있어서, 학사·석사·박사가 아주 많습니다. 그러나 솔직히 말해 매우 염려스럽습니다! 학위를 딴다 해도 그들이 확실히 문화 계승의 무거운 책임을 질 수 있느냐가 문제입니다. 젊은이들은 문화 계승의 횃불을 끄지 않고 불씨를 이어나가야 하는데, 그들에게 이런 능력이 있을까 걱정스럽습니다. 이것이 현대의 위기입니다. 이상은 문과 질의 역사 문화적인 측면을 이야기한 것입니다.

글씨와 그림, 거문고와 바둑, 그리고 시와 술과 꽃

이제는 개인에 있어서의 문文과 질質의 관계입니다.

어떤 사람들은 천부적인 자질은 훌륭하지만 안타깝게도 학식이 부족해서 편지 한 통도 제대로 쓰지 못합니다. 바로 앞 세대 선배들 중에 대단한 분들이 많았음을 나는 압니다. 중화민국이 건국된 뒤 정치·경제·사회 등 여러 분야에 훌륭한 사람이 많이 있었습니다. 그들은 재능과 기량이 뛰어나서 사회와 국가에 공헌한 바가 매우 컸는데, 문장 실력은 조금 부족했지만 기백과 수양이 있었기 때문에 상관이 없었습니다.

또 어떤 사람은 글도 잘 쓰고 공부도 많이 했습니다. 예를 들면, 문인·학자와 같은 사람입니다. 나의 친구 중에도 학자와 문인이 많은데, 나는 그리 감히 그들과 많은 토론을 하지 않습니다. 그들은 때때로 세상물정을 모르고 엉뚱한 소리를 하기 때문에, 정말 웃을 수도 울 수도 없을 정도입니다. 반대로 어떤 사람들은 학문도 뛰어나지 않고 문학도 잘 모르지만 매우 총명해서, 슬쩍 퉁겨 주기만 해도 즉각 깨닫는데, 이것이 '질'質입니다.

학문이 훌륭한 문인이라고 해서 그 사람의 자질이 꼭 훌륭한 것은 아닙니다. 각박했던 선배의 예를 하나 들어 보겠습니다. 장사전蔣士銓이 진미공陳眉公을 꾸짖은 다음의 시를 보면 알 수 있습니다.

산림에 은둔한 사람처럼 가장하고	裝點山林大架子
제법 풍아도 읊조리면서 명인처럼 굴고	附庸風雅小名家
공명을 얻는 출세 길에도 무심하다고	功名捷徑無心走
처사는 온 힘을 다해 허풍을 치네	處士虛聲盡力誇
수달이 장난치듯 시서를 표절해 자기 저술이라 하고	獺祭詩書稱著作
파리가 냄새 쫓듯 옛 명품들을 게걸스레 탐하네	蠅營鐘鼎潤煙霞
구름 속의 학처럼 날개를 활짝 펼치지만	翩然一隻雲中鶴
기껏해야 재상의 집 위를 날아 오가네	飛去飛來宰相衙

진미공은 명말 청초의 명사名士로서, 이른바 재자才子이자 문인이었습니다. 글을 잘 썼기 때문에 조정의 재상을 비롯한 각 계층의 사람들이 그에 대한 인상이 좋았습니다. 그러나 이처럼 시를 써서 그를 꾸짖었던 사람이 있었습니다.

앞 시의 첫 구절 "장점산림"裝點山林은 관리가 되지 않겠다고 가장한다는 것으로, 정부에서 관직을 주려고 해도 응하지 않는다는 것입니다. 진짜 이유는 관직이 낮아서 하고 싶지 않은 것이면서도 거만하게 거드름을 피우며, 그 자신은 자연을 즐길 뿐 부귀공명에는 관심이 없다고 말합니다.

둘째 구절은 그래도 어느 정도 글을 쓰고 시를 읊는 등 문학 분야에 이런저런 재주가 있어 작은 이름이 제법 알려졌다는 것입니다.

셋째 구절은 조정에서 관리가 되라고 해도 응하지 않는다는 뜻인데, 진짜 싫어했을까요? 사실은 아주 되고 싶어 했습니다.

넷째 구절의 처사處士는 은사隱士라는 뜻인데, 스스로 은사가 되겠다고 애써 허풍을 치는 것입니다.

다섯째 구절에서 수달은 물고기만 잡아먹는 수륙양서동물로서 고양이와 비슷한 동물입니다. 수달은 물고기를 잡으면 금방 먹지 않고 땅에 놓아두고 가지고 놉니다. 한 마리 한 마리 가지런히 놓아두고 물고기 옆을 왔다 갔다 하면서 가지고 노는데, 물고기에게 제사를 지내는 것과 같다고 해서 '달제'獺祭라고 부릅니다. 여기서의 '달제'는 시나 글을 쓸 때 여기서 몇 구절 베끼고 저기서 몇 구절 베낀 뒤 다시 짜깁기하여 자신의 작품이라고 말하는 것을 비유한 것입니다. 말하자면 진미공이 다른 사람의 글을 베껴서 자신의 작품으로 내놓았다고 꾸짖은 것입니다.

여섯째 구절은 그가 골동품을 좋아한 나머지 남으로부터 선물을 받고 싶어 하고 갖은 방법으로 수집한다는 것입니다. '승영'蠅營은 파리가 냄새를 맡고 쫓아다니는 것인데, 다른 사람이 소유한 당백호唐伯虎의 그림이나 조송설趙松雪의 글씨 등을 어떻게 해서든 손에 넣은 것을 말합니다.

일곱째 구절은 그의 생활방식을 묘사한 것입니다. 부귀공명을 버리고 자유롭고 고결한 것이 마치 공중에서 나는 학과 같습니다.

그러나 여덟째 구절에서는 실상이 드러납니다. 당시 재상들은 진미공을 매우 좋아했는데, 그토록 고결한 구름 속의 학이 재상 집 위에서 날아다니는 것은 무엇 때문이었을까요? 이 사실에서 우리는 그가 부귀공명을 추구하지 않겠다고 한 것이 모두 거짓이었음을 알 수 있습니다. 그의 문장과 학문은 단지 부귀공명을 얻기 위한 것에 지나지 않았습니다!

이 시는 문文과 질質의 수양이 중요하다는 것을 나타냅니다. 사람은 학문이나 지식이 없어서도 안 되지만, 그렇다고 학문만을 위한다고 가치도 없는 것을 고집스럽게 연구한다면 무슨 소용이 있겠습니까? 우리는 이런 학문은 별로 찬성하지 않습니다. 글재주가 뛰어나고 지식도 대단하기는 하지만, 그에게 나서서 일을 해보라고 하면 어지럽지 않는 게 없습니다. 이게 바로 문文은 뛰어나지만 질質이 나쁜 폐단입니다. 반드시 문과 질이 조화를 이루어야 군자라고 할 수 있다는 것은 바로 그런 도리입니다.

밥이 곧 하늘이다

(노나라) 애공이 (공자의 제자) 유약에게 물었다. "올해는 기근饑饉

이 들어 (국가의) 재정 (수입)이 (지출에 비해) 부족한데, 어떻게 하면 좋겠소?"

유약이 대답했다. "어째서 (세금을 줄여서) 십분지일의 세법稅法을 쓰지 않습니까?"

애공이 말했다. "(세금을 줄이라고요?) 십분지이를 거두어도 나는 모자라는데, 어떻게 십분지일의 세법을 쓰겠소? (줄이고 나면 국가 재정은 어떻게 하겠어요?)"

유약이 대답했다. "(세금을 줄이면 백성의 생활이 안정되고 사회의 생산 능력이 증가하여, 국가가 부유하게 됩니다. 이렇게) 백성이 (부유하게 되어) 풍족하다면 어떤 임금이 부족하겠습니까? (만약 세금을 늘리면 백성들은 더욱 힘들어지기 때문에 경제는 불황에 처할 수밖에 없습니다. 그때는 백성이 한 마음 한 뜻이 되지 않고 불화반목하게 되는데 어떻게 세금을 징수할 수 있겠습니까? 이렇게) 백성이 (가난하게 되어) 부족하다면 어떤 임금이 풍족하겠습니까?"

哀公問於有若曰：年饑，用不足，如之何？有若對曰：盍徹乎？曰：
애공문어유약왈　연기　용부족　여지하　유약대왈　합철호　왈

二，吾猶不足，如之何其徹也？對曰：百姓足，君孰與不足？百姓不足，
이　오유부족　여지하기철야　대왈　백성족　군숙여부족　백성부족

君孰與足？
군숙여족

　　이 단락은 국가의 재정 사상에 관한 것인데, 고대에 국가와 정부의 지출은 모두 백성들의 납세에 의존했습니다. 고대에는 세금을 '徹'(철)이라고 불렀는데, 보통 10분의 1의 주요 세금田賦을 거두었습니다(자세한 숫자는 따로 고증해야 하므로 여기서는 상관하지 않겠습니다). 이것은 매우 합리적인 징수였었는데, 춘추전국 시대에 이르러 사회가 불안하고 정치가 혼란했기 때문에 정부의 재정이 부족해서 더 많은 세금을 징수했습니다.

　　지금 애공은 공자의 제자 유약有若에게 묻고 있습니다. "올해는 기근이 들어(年饑) ─ 농업 사회에서 수확이 좋지 않거나 사회 경제가 쇠퇴하

여 불경기인 것을 모두 기근이 들었다고 표현할 수 있습니다 — 국가의 재정 수입이 지출에 비해 부족한데 어떻게 해야겠습니까?" 그러자 유약은 세금을 줄여야 한다고 대답했습니다. 그는 세금을 늘리지 말아야 할 뿐만 아니라, 세금을 줄여야 한다고 주장했습니다. 애공은 "세금을 10분의 1로 줄이라고요? 10분의 2를 징수해도 부족한데 어떻게 줄일 수 있겠습니까? 줄이고 나면 국가 재정은 어떻게 하겠어요?" 하고 반문합니다.

이에 대해 유약은 애공에게 하나의 원칙을 말해 줍니다. 재정은 반드시 정책과 조화되어야 한다는 정치상의 중요한 원칙입니다. "세금을 줄이면 국민의 생활이 안정되고 사회의 생산 능력이 증가하는데, 국가가 부유하게 되지 못할까 걱정할 필요가 있겠습니까? 국가는 당연히 부유해집니다. 만약 세금을 늘리면 백성들은 더욱 힘들어지기 때문에 경제는 불황에 처할 수밖에 없습니다. 그때는 백성이 한 마음 한 뜻이 되지 않고 불화반목하게 되는데 어떻게 세금을 징수하겠습니까?"

중국 역사를 보면 변란의 시대마다 거의 이런 문제가 생겼습니다. 외국도 마찬가지입니다. 나라마다 재정은 매우 중요합니다. 그러므로 국가에 공헌하려면 재정 경제에 관한 책을 많이 읽어야 합니다. 큰 일이든 작은 일이든 재정 경제에 관한 지식이 부족해서는 안 됩니다. 회사를 창업하고는 경리가 가져온 회계 장부도 제대로 볼 줄 모른다면, 속으면서도 모를 것이니 큰일입니다.

더더구나 시대가 혼란에 처하면 항상 이런 종류의 문제가 발생합니다. 명나라 말엽에 특히 심각했는데, 그 때는 이런저런 세금으로 인해 "백성들의 원성이 들끓었다."(民怨沸騰)고 역사에 기록되어 있습니다. 우리는 역사를 읽을 때 이런 구절을 대수롭지 않게 생각하고 지나치지만, 자세히 연구하면 백성들이 정부에 대해 애정이 없고 물이 부글부글 끓듯 원성이 들끓었다는 것을 알 수 있습니다. 이런 정도에 이르면 더 이상 수습할 수 없는데, 명나라 말엽이 이런 상황이었습니다. 송나라 문학가인 범석호范石湖는 이런 시를 썼습니다.

벼를 심고자 괴롭게 쟁기질과 호미질을 하고	種禾辛苦費犂鋤
무덤까지 개간하느라 손가락에 피가 흘렀네	血指流丹鬼質枯
밭을 살 힘이 없어서 물에다 재배했더니	無力買田聊種水
요즘에는 그것조차 세금으로 거둬가네	近來湖面亦收租

범석호와 육방옹陸放翁, 소동파와 같은 사람들은 모두 송나라의 저명한 문인이자 정치적으로도 뛰어났습니다. 범석호는 금金나라에 사신으로 가서 큰 교섭을 타개하여 정치적 공헌이 컸습니다. 그의 시사詩詞 문장은 송나라 4대가 중 하나로 찬양되는데 '문질빈빈'文質彬彬하다고 할 만합니다.

이 시는 난세亂世의 세금과 납부금 상황을 이야기한 것으로, 정치의 근본 문제를 생생하게 묘사하고 있습니다. 그는 힘들게 호미로 토지를 개간하는데 심혈을 쏟는 농부를 묘사했습니다. 개간할 땅이 더 이상 없자, 묘지까지 파서 농토로 개간하여 생산에 힘껏 종사합니다. 그러나 수입으로는 과중한 세금을 납부할 수조차 없습니다. 이런 사실은 그 다음 두 구절에서 더욱 분명해집니다. 돈이 없어서 땅을 사지 못한 농민들은 배를 마련해서 물에서 고기를 잡거나 연꽃을 재배해서 살아갈 수밖에 없었는데, 나중에는 물에서 재배하는 것마저 세금으로 납부해야 했습니다. 문인이자 정치인인 범석호는 당시의 상황을 이렇게 개탄한 것입니다. 이것은 그 시대의 백성들 마음을 대표하는 유명한 시구가 되었습니다. 각 왕조 말기에는 거의 백성들의 마음속에서 우러나는 소리를 대표하는 이런 작품이 나타났는데, 이것은 매우 중요한 문제입니다.

되돌아가 유약의 대답을 보겠습니다. "재경세수財經稅收는 정치 철학의 대원칙을 떠날 수 없습니다. 백성이 부유하고 사람마다 생활이 안정되고 사회가 안정되면 정부도 자연히 풍족해집니다. 만약 백성이 가난하게 되면, 그 국가와 사회는 유지하기가 어렵습니다."

남을 알기는 쉽고 자기를 알기는 어렵다

　자장이 (자신의 인격인) 덕성을 높이는 것과 미혹을 가리는 것에 대하여 묻자,

　공자께서 말씀하셨다. "(자기 인격을 승화하는 것은 주로 심리 수양에 달려있다. 그 하나는 충실이고 하나는 신의이다. 충실이란 마음이 솔직해서 사람과 일에 대해 결코 왜곡이 없는 것이다. 또 다른 의미는 마음을 다하는 것으로, 국가대사든 개인의 사적인 일이든 자신과 남에 대해 반드시 마음을 다하고 힘을 다하는 것이다. 심지어는 지기의 생명을 바치는 것조차 조금도 아까워하지 않는 것이다)

　(신의란 스스로를 믿고 남을 믿는 것이다. 사람은 자신에 대한 믿음이 있어야 한다. 인간관계를 너그럽게 하고 사람과 사람 사이의 말에 신용이 있는 관계를 형성해야 한다. 자신의 인격이 더욱 숭고해지도록 하기 위해서는 충실과 신의 외에는 다른 방법이 없다. 그러므로) 충실과 신의를 위주로 하고, (경우에 맞고 합리적인 일이서) 마땅히 해야 할 일을 하는 것이 덕성을 높이는 것이다.

　사랑하면 그가 살기를 바라고, 미워하면 그가 죽기를 바라는데, 그가 살기를 바라다가 또 그가 죽기를 바란다면 이는 미혹이다. (그러므로 어떤 일을 할 때 남에게 속지 않는 것보다 자신에게 속지 않는 것이 가장 어렵다는 사실을 잘 알아야 한다)

　학문과 도덕 수양이 있다면 진실로 유형의 부富는 아니지만 무형의 부는 갖고 있는 것이다. (왜냐하면 숭고한 인격 수양과 자기 마음속의 안온을 가지는 것이 곧 지극한 '부'의 위대한 사업이기 때문이다) 다만 재물의 '부'와는 다를 뿐이다."

　　子張問崇德, 辨惑。子曰: 主忠信, 徒義, 崇德也。愛之欲其生, 惡
　　자장문숭덕　변혹　자왈　주충신　사의　숭덕야　애지욕기생　오

之欲其死; 旣欲其生, 又欲其死, 是惑也。誠不以富, 亦祇以異。
지욕기사　기욕기생　우욕기사　시혹야　성불이부　역지이이

　이것은 중요한 문제로서 개인의 내적 수양(內聖)에도 관계되고, 지도자의 수양의 외적 활용(外王)에도 관계됩니다. '숭덕'崇德은 명사이고 '변혹' 辨惑도 명사입니다. 이 두 가지 명사를 함께 사용한 것은 『논어』에서 시

작된 것으로, 후세 유가 사상의 고유명사가 되었습니다.

자장은, 어떠한 것을 숭덕崇德이라고 하는지 어떠한 것을 변혹辨惑이라고 하는지를 물었습니다. 숭덕崇德은 "덕을 높이는 것"으로서, 개인의 수양을 나타냅니다. 요즘 용어로 새롭게 표현하자면 곧 '심리적 위생'인데, 자신의 생각을 정화淨化 훈도熏陶하고 개선해가서 천천히 자기의 덕성을 숭고하고 위대해지도록 하는 것입니다. 다시 말하면, 자신의 인격을 어떻게 수양하느냐 하는 문제입니다.

변혹辨惑의 '혹'惑은 의심하는 것과 어리석은 것 두 가지 면을 말합니다. 일반 사람들의 인생은 일생 동안 대부분 어리석은 채로 사고思考가 밝지 못하고 변별 능력이 없습니다. 있다 해도 분명하게 하지 않습니다. 경험이 있다고 해도 경험의 범위가 너무 넓기 때문에, 만약 경험을 믿으려면 무엇이 제대로 된 경험인지 먼저 가려야 하고 사고해야 합니다. 그러므로 "미혹을 가리는 것"辨惑이야말로 진정한 지혜이자 진정한 견해입니다.

자장은 공자에게 이 두 문제를 제기했습니다. 공자는 대답하기를 "자기 인격을 승화하는 것은 주로 심리 수양에 달려있다. 그 하나는 충忠이고 하나는 신信이다." 라고 했습니다. '충'忠의 의미란 마음이 솔직해서 사람과 일에 대해 결코 왜곡이 없는 것입니다. 또 다른 의미는 마음을 다하는 것으로, 국가대사든 개인의 사적인 일이든 자신과 남에 대해 반드시 마음을 다하고 힘을 다하는 것입니다. 심지어는 지기의 생명을 바치는 것조차 조금도 아까워하지 않는 것입니다. 예를 들면, 사상적 신앙에 절대적으로 충실한 것도 '충'忠입니다.

'신'信에 대해서는 이미 해석한 적이 있는데, 스스로를 믿고 남을 믿는 것입니다. 사람은 자신에 대한 믿음이 있어야 합니다. 인간관계를 너그럽게 하고 사람과 사람 사이의 말에 신용이 있는 관계를 형성해야 합니다. 자신의 인격이 더욱 숭고해지도록 하기 위해서는 '충'忠과 '신'信 외에는 다른 방법이 없습니다. "사의"徙義는 응당 해야 할 일을 하는 것입니다. '의'義란 마땅하다는 것으로, 경우에 맞고 합리적인 일이어서 마땅히 해야 할 것을 하는 것이 바로 "사의"徙義입니다.

그런데 다음과 같은 문제가 생깁니다. 예컨대 상사가 부하에게 또는 남편이 아내에 대해 이런 잘못을 범하기 쉽습니다. 특히 상사가 어떤 사람을 중용하여 한 단계 한 단계 승진시켜 주며 잘 대해 주다가도 일단 그가 싫어지면 무슨 수를 써서라도 그를 잘라 버립니다. 남녀 사이에도 이러한 경우가 있습니다. 상대방을 사랑하면 매를 맞아도 욕을 먹어도 사랑하기 때문에 그런다고 여기면서 흡족해하지만, 사랑하지 않으면 상대방이 잘해 줄수록 혐오감을 느끼면서 그가 죽지 않는 게 한스럽습니다. 이것이 바로 "사랑하면 그가 살기를 바라고, 미워하면 그가 죽기를 바란다."(愛之慾其生, 惡之慾其死)는 것입니다.

사랑하면 그 사람이 살기를 바라는데, 이런 예는 매우 많습니다. 한漢나라의 문제文帝는 역사상 매우 훌륭한 황제로 평가받지만, 그 역시 편애했습니다. 등통鄧通은 문제의 시중을 들면서 그의 사적인 일을 관리했는데, 황제의 총애를 받았습니다. 그런데 당시 관상을 잘 보는 허부許負라는 여인이 등통의 관상을 보고 나서, 그가 나중에 굶어 죽을 것이라고 말했습니다. 문제는 이 말을 전해 듣고, 사천四川에 있는 구리 광산을 등통에게 하사해서 돈을 주조하도록 허락했습니다. 그렇지만 등통은 결국 굶어 죽었습니다. 문제는 등통을 사랑해서 그가 살기를 바랐던 것입니다. 사랑하면 모든 것이 옳게 보이는데, 사람들은 쉽게 이런 실수를 저지르기 때문에 상사는 더욱 주의해야 합니다.

공자는 여기에서, "그가 살기를 바라다가, 또 그가 죽기를 바란다면 이는 미혹이다."(旣慾其生, 又慾其死, 是惑也)라고 말했습니다. 사람들은 자주 이와 같은 아주 모순된 심리를 가지는데, 이것은 인류가 갖고 있는 가장 큰 심리적 병입니다. 공자의 이 두 마디 말은 우리가 대충 보더라도 글자의 뜻은 쉽게 이해할 수 있지만, 자세히 생각해 보면 크게 문제가 있다는 것을 알 수 있습니다.

그러므로 우리가 어떤 일을 할 때 남에게 속지 않는 것보다 자신에게 속지 않는 것이 가장 어렵다는 사실을 잘 알아야 합니다. 그래서 어떤 사업을 창업할 때 가장 두려운 것은 자신의 결함입니다. 요즘 말로 하면, 두뇌가 명석하고 자신에게 속지 말아야 한다는 것이 바로 "미혹을 가리는 것"(辨惑)입니다. 예컨대 누군가가 "내가 객관적으로 한마디 하겠습니다." 라고 말하면, 나는 이렇게 말합니다! "미안합니다. 우리처럼 철학을 연구하는 사람들은 그런 말을 잘 하지 않습니다. 세상에는 절대적인 객관이란 없습니다. 당신의 그 말 자체가 주관적입니다. 왜냐하면 당신은 '나'라고 말했는데, 어떻게 절대적 객관이 있겠습니까?" 이런 점은 자신이 지혜가 있어야 똑똑히 봅니다. 미혹을 판별하는 일에 대해서는 도덕적 수양에서든 행정적인 지도에서든 특히 주의를 기울여야 합니다. 사랑하면 살기를 바라고, 미워하면 죽기를 바라는 것은 사람들의 가장 큰 결함이자 어리석음입니다.

그 아래 구절은 "성불이부, 역지이이"誠不以富, 亦祗以異인데, 송나라의 대유학자들은 연구 결과 고대에는 책을 쓸 때 죽간을 사용했기 때문에 죽간을 이리저리 배열하다 이 구절을 잘못 배열하여 위치가 바뀐 것이라고 했습니다. 그들은 이 구절이 제16편에 나오는 "제나라의 경공은 말 4천 필이 있었다."(齊景公有馬千駟)라는 단락 앞에 놓여야 맞다고 주장했습니다. 이 두 마디는 『시경』「소아」小雅에 나오는 "아행기야"我行其野 속의 구절입니다. 송나라 유학자들은 이 두 마디를 "부유富有한 것은 아니지만 부유한 것이나 마찬가지이다." 라고 해석했는데, 여기에 놓여 있는 것은 이런 의미도 아닙니다.

지금 우리가 볼 때, 위치가 바뀌었다는 송나라 유학자의 주장도 맞습니다. 그러나 지금의 위치가 정확하다고 해도 틀리지 않습니다. 왜냐하면 '부'富는 재물에만 해당하는 것이 아니라 도덕과 학문의 수양도 무형의 값을 헤아릴 수 없는 '부'이기 때문입니다. 그러므로 "성불이부, 역지이이"誠不以富, 亦祗以異는, "비록 유형의 '부'는 아니지만 사실은 진정한 '부'이다." 라고 말함이나 다름없습니다. 왜냐하면 당신이 숭고한 인격 수양과 자기 마음속의 안온을 가지는 것이 곧 지극한 '부'의 위대한 사업이기 때문입니다. 다만 재물의 '부'와는 다를 뿐입니다.

상대적인 인위정치

다음에 이어지는 것은 제나라 경공의 물음입니다.

제나라 경공이 공자에게 정치(의 도리)에 대하여 묻자,

공자께서 대답하셨다. "임금은 (자신이 진정으로 한 지도자로서의 역할을 해내어) 임금답고, 신하는 (간부의 입장에서 착실하고 좋은 간부, 좋은 재상, 좋은 보좌역이 되어야) 신하다우며, 부모는 (부모로서의 기준에 부합하며 자애로워) 부모답고, 자식은 (본분을 다하며 효도하여) 자식다워야 합니다."

경공이 말하였다. "좋은 말씀이오! (나는 이해했습니다) 진실로 임금이 임금답지 않으면, 신하는 신하답지 않게 되며, 부모가 부모답지 않으면, 자식은 자식답지 않게 됩니다. (만약 한 나라의 정치적 사회적 기풍이 이런 상황에 이른다면) 비록 (국가 재정이 충분하여) 곡식이 있다 해도 (제대로 쓰지 못하고 반드시 실패하고 말텐데) 내가 그것을 먹을 수가 있겠습니까?"

齊景公問政於孔子。孔子對曰：君君·臣臣·父父·子子。公曰：善
제 경 공 문 정 어 공 자　공 자 대 왈　군 군　신 신　부 부　자 자　공 왈　선

哉！信如君不君·臣不臣·父不父·子不子，雖有粟，吾得而食諸？
재　신 여 군 불 군　신 불 신　부 불 부　자 부 자　수 유 속　오 득 이 식 저

이것이 바로 중국 전통 정치 철학입니다. 우리의 정치 철학은 옛날부터 윤리도덕倫常 문화의 토대 위에 세워졌는데, 바로 공자가 말한 "임금은 임금답고, 신하는 신하다우며, 아버지는 아버지답고, 자식은 자식다워야 한다."(君君, 臣臣, 父父, 子子)는 네 가지입니다. 요즘 청년들은 이런 고리타분하기 이를 데 없는 책은 정말 응당 불태워 버려야 한다고 생각하겠지만, 우리가 정말로 이해하고 나면 매우 깊고 대단히 의미가 있다고 느낄 것입니다. 이 여덟 글자 중 앞의 "군신부자"君臣父子 네 글자는 모두 명사이고, 뒤의 "군신부자"君臣父子 네 글자는 동사입니다.

"군군"君君이란 지도자 자신이 진정으로 한 지도자로서의 역할을 해내는 것을 말합니다. 지도자는 지도자로서의 도덕이 있습니다. 이 "군군"君君이라는 두 글자에 대해서는 '지도자의 도덕 수양과 철학'이라는 제목

의 큰 책을 쓰거나, 정치학과나 철학과 학생들이 박사 논문을 쓸 수도 있을 것입니다. 임금이 임금답다는 것은 지도자가 지도자다운 것입니다. 또, "신신"臣臣은 간부의 입장에서 착실하고 좋은 간부, 좋은 재상, 좋은 보좌역이 되어야 한다는 뜻입니다. 이 말을 연결해서 풀이해보면, 만약 "군불군"君不君, 지도자가 지도자로서 마땅히 가져야할 도덕을 위반한 지도자라면, 그때는 신하도 신하답지 않게 됩니다.

"부부, 자자"父父, 子子. 만약 아버지가 아버지로서의 기준에 부합하지 않게 아버지 노릇하면서도 오히려 자식이 효도하기만을 바라고 자식의 본분을 다하라고만 요구한다면 되겠습니까? 그러므로 부모는 부모답고 자식은 자식다운 것이야말로 이른바 "아버지는 자애롭고, 자식은 효도한다."(父慈子孝)는 것으로, 『역경』에서 말하는 회복回復의 도리입니다.

고대의 문장은 간략하지만 많은 뜻을 내포하고 있습니다. 제나라의 경공은 매우 총명해서, 공자가 이런 도리를 알려 주자 말했습니다. "좋습니다. 나는 이해했습니다. 지도자가 지도자로서의 본분 위치에 있지 않고 범위를 이탈하면 신하도 신하 노릇을 하지 않습니다. 가정에서 부모가 부모답지 못하면 자식도 자식답지 않게 됩니다. 만약 한 나라의 정치적·사회적 기풍이 이런 상황에 이른다면, 설령 국가의 재정이 충분하더라도 제대로 쓰지 못하고 반드시 실패하고 맙니다." 이것이 바로 중국 정치 철학의 중심 사상입니다.

어떤 사람은 민주 사회에서는 이런 임금이 없다고 말합니다. 우리는 삼민주의三民主義 — 국부 손문孫文의 사상을 말할 때 이 문제도 이야기했기 때문에, 더 이상 중복해서 이야기하지 않겠는데, 마찬가지의 도리입니다. 옛날에는 한 사람이 만인을 영도했고, 지금은 만인이 모든 사람을 영도합니다. 민주라는 정치 체제에서는 각 사람이 모두 '임금'입니다. 그래서 나는 미국 친구와 미국의 상황을 이야기할 때, 우리 중국의 민주 사상과 미국의 민주 사상은 다르다고 말했습니다.

중국은 과거에 제왕 제도로서 민주와 자유라는 구호가 없었습니다. 하지만 미국이 나쁜 것은 바로 민주 면에 있기에, 오늘날 '미국식' 민주 정치는 문제가 되었습니다. 미국은 국제적으로 곳곳에 도움을 많이 주지만, 도움을 받은 나라 중 미국에 감사의 뜻을 표시하는 나라는 하나도 없습니다. 문제는 미국식 민주에 있는 것입니다. 우리 과거의 정치사상은 군주제도였지만, 내가 개인적으로 연구하면서 내린 결론은, 중국 역사의 정치 정신은 민주를 토대로 하고 군주는 하나의 집행 형태였습니다. 지금의 미국식 민주주의는 솔직히 말해서 군주 독재를 토대로 하면서도 민주를 형태로 삼습니다. 미국은 무슨 민주일까요? 모든 지도자, 심지어 대통령까지도 배후에 보스가 있습니다. 그들은 자본가의 조종을 받습니다. 이면을 들여다보면 미국식 민주주의는 바로 이런 것입니다.

우리의 옛 군주 제도는 진정한 민주 정신에 바탕을 두었습니다. 명나라 말 숭정 황제 때 낙양성駱養性이 대금오大金吾라는 관직을 맡았습니다. 대금오는 한나라의 관직명을 따온 것인데, 오늘날의 수도방위사령관이나 청나라의 구문제독九門提督과 비슷한 관직으로 권력이 매우 강대했습니다. 당시 웅어산熊魚山과 강여농姜如農 두 사람은 지금의 감찰위원과 비슷한 언관言官이었습니다. 정치상 황제가 범한 잘못은 언관들이 모두 지적했는데, 이는 옛 감찰어사의 정신이었습니다. 황제의 잘못을 지적하면서 그들은 잘못된 것은 잘못되었다고 말했습니다. 특히, 이 두 어사는 대단한 사람들로서 당시 황제를 비판했는데, 조정의 태감 권신들은 당파 때문에 그들을 형부刑部의 감옥 ― 청나라 때 소위 천뢰天牢라고 부르던 곳 ― 에 감금했습니다.

그 날 밤에 황제는 대금오에게 친필로 쓴 메모 쪽지를 내려, 이 두 감찰어사를 끌어내어 죽이라고 명령했습니다. 그러나 대금오는 황제의 메모를 집행하지 않고 상소문을 썼습니다. 그 뜻은 대략 다음과 같습니다. "천하의 언관이 죄를 범했기에 만약 그를 죽이려 한다면, 전국의 백성들에게 공개적으로 알리고 그의 죄상을 공포하여 누구나 알게 한 뒤 시간을 정해 죽여야 합니다. 왜냐하면 언관은 전국의 백성들을 대표하여 간하는 직분이기 때문입니다. 이제 이 메모 쪽지로, 그것도 밤중에 슬그머니 낮은 환관 편에 보내 와서 그들을 죽이라고 하니, 저는 감히 집행하지 못하겠습니다." 다시 말하면, 대금오는 행정절차를 거치지 않은 황제의 명령은 잘못된 것이니, 그렇게 해서는 안 된다고 암시한 것입니다. 다음 날 대금오는 황제가 내린 쪽지와 자기가 쓴 상소문을 함께 황제에게 보냈습니다. 황제는 그의 상소문을 보고는 도리어 웃고, 두 언관의 처벌도 그만두어 버렸습니다. 그래서 두 사람은 목숨을 유지할 수 있었습니다 (낙양성의 만년의 지조에 대해서는 또 다른 문제이니, 여기서는 논하지 않겠습니다).

사실 이런 일은 중국 역사상 이 사건 하나에 그치지 않고 유사한 사건이 많았습니다. 그러나 오늘날 우리들이 읽는 역사는 너무 겉핥기식이어서, 그저 학교의 역사 교과서나 역사 개관을 통해서 본 것만을 가지고 우리 역사를 알고 있다고 생각하고 있습니다. 우리 역사에는 귀중한 것들이 많습니다만, 안타깝게도 일반인들은 이에 주의를 잘 기울이지 않습니다. 특히, 정치 철학을 얘기해보면 중국 문화 중의 유가나 도가의 이런 많은 원칙들은 옳은 것입니다. 정치를 하는 것은 어디까지나 사람에게 있는 것이지 반드시 법에 있는 것은 아닙니다. 입법과 제도가 중요하긴 하지만, 법을 집행하는 것도 사람에게 있고 법을 제정하는 것도 사람이기 때문에, 사람에 의한 정치가 중요합니다.

분쟁을 한마디로 해결할 수 있는 자로

다음에서는 정치·입신처세·일처리에 관련되는 개인적인 수양에 대해 말하고 있습니다.

공자께서 말씀하셨다. "한마디로 송사訟事의 판결을 내릴 수 있는 사람은 유일 것이다! 자로는 (의협 정신이 있어서) 응낙한 일을 미루는 일이 없기 때문이다."

子曰 : 片言可以折獄者, 其由也與! 子路無宿諾。
자 왈　편 언 가 이 절 옥 자　기 유 야 여　자 로 무 숙 낙

우리가 편지에서 '편언절옥'(片言折獄 : 한 마디로 판결을 내린다는 뜻─역주)

이란 말을 자주 볼 수 있는데, '편언'片言은 바로 여기에 나오는 공자의 말에서 유래한 것입니다. 현대어로는 '말 한마디'라는 뜻입니다. '옥'獄은 소송을 거는 것입니다.

공자는 자로만이 말 한 마디로 다른 사람의 분쟁을 해결할 수 있다고 했습니다. 그렇다면 자로는 법률에 대해 잘 아는 유명한 변호사였을까요? 변호사라도 몇 마디로 간단하게 판결을 내릴 수는 없습니다. 이것은 연구해 볼 필요가 있습니다. 나는 사서四書와 전기傳記를 모조리 읽어 보았지만, 기록대로라면 자로에겐 그렇게 큰 재주가 없었습니다. 그러나 공자는 분명히 그가 말 한마디로 판결을 내릴 수 있다고 했습니다. 앞에서 언급되었던 자로는 장비처럼 아주 거친 사람이었습니다. 대정치가도 아니고 사법에 종사하는 사람도 아닌데, 공자는 어째서 그가 한마디로 판결을 내린다고 말했을까요? 바로 자로의 의협 정신 때문입니다.

최근에 청나라 말엽의 한 명사名士를 묘사한 소설을 읽었는데, 과거에 우리는 이 사람도 한마디로 판결을 내린 사람으로 알고 있었습니다. 그는 공부도 별로 하지 못한 금융업 점포의 도제徒弟 출신이었습니다. 그는 받을 수 없는 빚 5백 냥을 주인 대신 받아 내어, 찻집에서 우연히 만난 실의에 빠진 관리를 도와주었습니다. 그 자신은 이 돈 때문에 점포에서 쫓겨났습니다. 그러나 나중에 이 두 사람이 연합하자, 동남부 지역의 금융은 모두 그들의 영향 하에 놓였습니다. 후에 태평천국이 무장 봉기를 일으켰을 때, 그는 청나라 정부를 지지하면서 태평천국이 절대로 성공하지 못할 것이라고 생각했습니다. 회군淮軍의 군사비와 수많은 다른 비용은 모두 그에게서 빌린 것이었습니다. 이 사람은 의리를 중히 여기고 두뇌가 명석해서 문제 해결방법을 갖고 있었으니, 정말 "한마디로 판결할 수 있는"(片言折獄) 인재라고 할 수 있습니다.

그러므로 공자는 자로만이 말 한마디로 다른 사람의 문제를 해결할 수 있다고 했습니다. 나의 인생 경험으로도 볼 때, 확실히 자로와 같은 개성을 가진 자만이 그렇게 할 수 있다고 생각합니다. 지식인에게 어떤 문제의 해결을 맡기면, 아마 1년이 지나도 해결하지 못할 것입니다. 그러나 자로처럼 의협 정신을 지닌 사람이라면, 즉시 모든 책임을 대신

짊어지고 사과하는 데는 말 몇 마디로 문제가 해결됩니다.

그 아래 구절에서 자로가 그렇게 할 수 있는 이유를 말하고 있는데, 바로 "자로는 응낙한 일을 미루는 일이 없기 때문이다."(子路無宿諾)라고 했습니다. 의협 정신은 그가 한번 응낙한 일은 반드시 결말을 보고말지, 절대로 미루어 두지 않습니다. 과거에는 이런 사람이 꽤 많았는데, 최근 20년 사이에는 매우 드물어졌습니다. 사람들은 흔히 이런 사람을 존중하고 신뢰하는데, 모든 친구들에게 신임 받는 것은 쉬운 일이 아닙니다. 왜냐하면 그렇게 되는 데는 수단을 써서는 안 되며 절대적으로 진심이어야 하고 절대적으로 신실信實해야 하기 때문입니다. 자로는 이런 정신을 가지고 있었으므로 한마디로 간단하게 판결할 수 있었습니다.

분쟁을 해결하기 어렵다

한마디로 간단하게 처리하는 것을 말한 다음, 이제는 서로 의견을 다투는 것을 말하고 있습니다.

공자께서 말씀하셨다. "송사訟事를 처리하는 일은 나도 남과 같다. (주관主觀을 갖지 말고 원고의 말을 들을 때는 원고의 입장에 서서 들어야 하고, 피고의 말을 들을 때는 피고의 입장에 서서 들어야 한다. 그런 다음 시비를 판단해야 한다) 다만 반드시 송사가 없도록 만들어야 한다!"

子曰 : 聽訟, 吾猶人也。必也, 使無訟乎!
자 왈 청 송 오 유 인 야   필 야   사 무 송 호

원고가 피고에게 소송을 거는 일은 법률에서 흔히 있는 일이며 보통의 송사訟事입니다. 두 친구에게 문제가 생겼을 때 쌍방이 우기는 의견을 듣는 것도 송사입니다. 나는 내가 법관이 되더라도 판결을 내릴 수 없을 경우를 발견하는데, 갑의 말도 일리가 있다 생각되고 을의 말도 일리가 있다 생각되기 때문입니다. 그래서 나는 자주 공자의 "소송을

처리하는 일은 나도 남과 같다."(聽訟, 吾猶人也)라는 말을 인용합니다. 어떤 사람의 말을 들어 보면, 나도 그 사람과 같아지고 그 사람으로 변해서 누가 옳고 누가 그른지 엄격히 말하기 어렵습니다.

선종에 이런 우스갯소리가 있습니다. 한 늙은 스님에게 제자가 세 사람 있었는데, 어느 날 늙은 스님은 그들에게 마음에 깨달은 바를 이야기하라고 했습니다. 늙은 스님은 먼저 큰 제자의 말을 듣고 고개를 끄덕였습니다. 두 번째 제자의 말은 큰 제자의 말과는 반대였는데도, 늙은 스님은 맞다고 했습니다. 이상하게 생각한 막내 제자는 큰 사형의 말도 맞다고 하고 작은 사형의 말도 맞다고 하는데, 도대체 누구의 말이 맞는 것인지 물었습니다. 그러자 스님은 막내 제자에게 너의 말은 더 맞다고 했다는 것입니다.

불교에서는 형이상적 관점에서 옳고 그름을 없애 버립니다. 세상에는 절대적인 옳음도 절대적인 그름도 없으니, 옳고 그름은 시간과 공간에 근거해서 단정한 것일 뿐입니다. 유가는 형이하적 관점에서 출발하기 때문에 옳고 그름이 있다고 하면서, 시비를 분명히 할 것을 요구합니다. 도가는 옳고 그름의 조화를 이루어야 한다고 말합니다. 이는 삼가문화三家文化의 착안점이 다르고 각각 장점이 있기 때문에 그 쓰임새도 다른 것입니다. 그렇다면 절대적인 옳고 그름은 어디에 있을까요?

공자는 "송사訟事를 처리하는 일은 나도 남과 같다."(聽訟, 吾猶人也)고 했는데, 이 말에 주의해야 합니다. 이 말의 진정한 의미는, 주관主觀을 갖지 말고 원고의 말을 들을 때는 원고의 입장에 서서 들어야 하고, 피고의 말을 들을 때는 피고의 입장에 서서 들어야 한다는 것입니다. 오늘날의 철학적 관념으로 보면, 이런 것이야말로 절대적으로 객관적입니다. 그런 다음 시비를 판단해야 합니다. 그런데도 우리가 흔히 가장 쉽게 범하는 실수는 자신이 먼저 선입견을 갖는 것입니다. 그러므로 상대가 누구든 그 사람의 입장에서 생각해 보아야 합니다.

이어서 공자는 "다만 반드시 송사가 없도록 만들어야 한다!"(必也, 使無訟乎)고 했습니다. 왜 그렇게 객관적이 되어야 할까요? 우리가 사람의 옳고 그름을 판단하는 주요 목적은 사람들 사이에 분쟁을 없애 마음이 편하고 태도가 부드러워지게 하며, 도리에 어긋나지 않게 합리적인 해결을 보게 하는 데 있기 때문입니다.

청렴 공정한 관리를 묘사한 옛 소설에서 포공안包公案 · 팽공안彭公案 · 시공안施公案 등을 보면 소송에 대해 모두 평복을 하고 사적으로 방문하여 사실을 조사하였습니다. 물론 이런 사람들이 실재했는지, 그 정치적 업적들은 어떠했는지는 별개의 이야기이니 잠시 제쳐놓겠습니다. 그렇지만 이렇게 사적으로 방문해 보아야 한다는 생각은 우리에게 큰 영향을 주었는데, 심지어 민국 초기에도 이런 일이 있었습니다. 지방의 악한 세력은 동서고금의 어떤 법으로도 완전히 소멸시킬 수 없었다는 것을 우리는 알아야 합니다. 사적인 방문을 해야만 진짜 속사정을 알 수 있다고 생각해서는 안 됩니다. 어떤 사람은 함정을 꾸며서 사적인 방문자를 이런 간교한 함정에 빠지게 합니다. 상론上論에서 "형벌로써 다스리면 백성들은 법을 어기지 않아 형벌은 면하되 부끄러움은 모르게 된다."(齊之以刑, 民免而無恥)고 한 말도 바로 이런 이치입니다.

완전무결하기는 쉽지 않다

자장이 정치 (종사에 갖추어야할 조건)에 대하여 묻자, 공자께서 말씀하셨다. "그 지위에 있을 때는 게으르지 말고, 직무를 행할 때는 충실히 하라."

공자께서 말씀하셨다. "학문(文)을 널리 배우고 (해박해진 다음), 예禮로써 단속을 (하여 전문성을 추구)한다면, 올바른 길에서 (대체로) 빗나가지 않게 될 것이다."

공자께서 말씀하셨다. "군자는 남의 아름다운 일은 이루도록 해 주고, 남의 나쁜 일은 이루지 못하게 한다. 소인은 이와 반대이다."

子張問政。子曰：居之無倦，行之以忠。子曰：博學於文，約之以
자장문정　자왈　거지무권　행지이충　자왈　박학어문　약지이

禮，亦可以弗畔矣夫。子曰：君子成人之美，不成人之惡。小人反是。
례　역가이불반의부　자왈　군자성인지미　불성인지악　소인반시 자장은 어떤 사람이 정치에 종사하게 되어 공적인 직무를 맡게 되면 어떤 조건들을 갖추어야 하느냐고 물었습니다. 공자는 "그 지위에 있을 때는 게으르지 말고, 직무를 행할 때는 충실히 하라."(居之無倦, 行之以忠)고 말했습니다. 이 말은 쉬워 보이지만 진지하게 생각해 보면 참으로 쉽지 않습니다. 자기의 직무에 반드시 성실하고 책임을 다해서 싫증내지 않아야 하는데, 이것이 문제가 되고 있습니다.

많은 곳에서 일에 임하는 태도가 좋지 않은 사람들을 볼 수 있는데, 어떤 사람은 대우가 나쁘기 때문에 일할 기분이 안 난다고 말합니다. 그러나 그런 것만도 아닙니다. 어떤 곳에서 낮은 월급으로 모집 광고를 냈는데, 면접에 참가한 사람만도 6백 명에 달했으며 그 중에는 대학원을 졸업한 사람도 있었습니다. 그러므로 완전히 대우의 문제만은 아니며, 교양의 문제임을 알 수 있습니다. 학문·학위·직업의 세 가지는 떼어놓을 수 없습니다. 정치에 종사하려면, "그 지위에 있을 때는 게으르지 말고"居之無倦 모든 정력을 쏟아야 합니다. 만약 싫증이 나면 다른 직장으로 옮기면 되는데, 이것이 정치에 종사하는 정신입니다.

그러나 우리가 보듯이 많은 사람들의 근무태도가 좋지 않은 것은 대부분 직업에 싫증을 느끼기 때문입니다. 옛말에 "한 직업에 종사하다 보면, 그 직업을 싫어한다."(做一行, 怨一行)는 말이 있는데, 심리 테스트를 해 보면 자기 직업에 싫증을 느끼지 않는 사람이 있을까요? 아마 그런 사람은 없을 것입니다. 돈을 가지고 있어서 밥만 먹고 일을 하지 않는 것이 편할 것 같지만, 그것도 오래 계속되면 싫증을 느끼게 됩니다.

공자는 또 "직무를 행할 때는 충실히 하라."(行之以忠)고 했습니다. 정치에 종사할 때 모든 마음과 힘을 다해서 자신을 잊고 국가·단체·직무를 위해 전심전력하기가 매우 쉽지 않은데, 어떻게 해야 "거지무권, 행지이충"(居之無倦, 行之以忠) 이 여덟 글자의 정신을 실천해낼 수 있을까요? 이를 위해서는 학문과 수양이 필요합니다.

그래서 공자는 이어서 말하기를, "학문을 널리 배우고, 예로써 단속을 한다면, 올바른 길에서 빗나가지 않게 될 것이다."(博學以文, 約之以禮, 亦可以弗畔矣夫)고 했습니다. 학문에 의존한다는 것은 다시 문文과 질質의 문제와 관련됩니다. 학문에 정통한 사람도 올바른 길에 이를 수 있고, 지식이 없는 사람, 평범한 사람, 본성이 착한 사람도 여기에 이를 수 있습니다. 다만, 제일 걱정되는 사람이 반거충이입니다.

그러므로 학문을 널리 배워야 합니다. 일체에 해박해지고 난 후에는 한 가지를 선정해야 합니다. 이는 오늘날 전문가를 교육하는 정신이기도 한데, 먼저 해박함을 추구하고 나서 다시 전문성을 추구하는 것입니다. 사람으로서의 도리도 마찬가지입니다. 모든 것을 알고 나서 인생에서 전문적인 길을 선택하면, 올바른 길에서 대체로 벗어나지 않을 것입니다.

그 다음으로는 다시 개인의 수양을 이야기합니다. "군자는 남의 아름다운 일은 이루도록 해 주고, 남의 나쁜 일은 이루지 못하게 한다. 소인은 이와 반대이다."(君子成人之美, 不成人之惡, 小人反是). 군자는 친구나 동료가 하는 좋은 일은 기꺼이 도와서 이루어지도록 하지만, 나쁜 일은 이루어지지 못하게 어떻게든 제지시킵니다. 정치에 종사하는 것이나 사람 노릇에 있어서도 이런 정도가 되어야 합니다. 그러나 소인은 꼭 그 반대로 남이 나쁜 일을 하는 것을 기꺼이 도와줍니다.

이 구절을 좀더 이야기해 보겠습니다. "남의 아름다운 일은 이루도록 해 준다."(成人之美)는 말은 우리가 자주 쓰는 말이 되었습니다. 예를 들어, 사람의 중매를 설 때도 "군자는 남의 아름다운 일은 이루도록 해 준다."고 자주 말하는데, 이 말은 책임을 지지 않는다는 것입니다. 남녀 양쪽이 연애하다 깊어져 결혼할 때 결혼증서 상에 도장 한 번 찍어 도와주는 것을 듣기 좋게 말해서 "남의 아름다운 일은 이루도록 해 준다."고 하는데, 실제로 그렇게 말할 수 있을지는 단정하기 어렵습니다.

나는 전에 학생들의 결혼에 증인을 몇 번 섰는데, 끝까지 원만한 결혼은 많지 않았습니다. 나중에는 증인을 서 달라고 요청하면, 내게 복이 없으니 나를 찾지 않는 편이 좋다고 하였습니다. 예전의 전통 결혼식에서는 결혼의 증인이 없고, 복 있고 자손 많은 노부인이 신혼부부를 위해 침대를 깔아 주는 것으로 행복을 빌었습니다. 그러나 지금은 침대를 깔지 않고 결혼 증인을 찾습니다. 그래서 나는 복이 많은 사람을 청하는 것이 제일 좋다고 말합니다. 물론 이것은 우스갯소리이며, 진정한 도리는 "남의 아름다운 일은 이루도록 해 준다."에서의 '아름다움'에 있는데, 이 '아름다움'은 도대체 어떤 것을 말할까요?

여기서 우리는 서양 문화가 들어온 후에 사람들이 '진·선·미'라는 말을 즐겨 쓰는 것이 연상됩니다. 이 세 글자는 서양 문화에서 제기하고 특히 유의하는 것이지만, 우리 문화에도 없는 것은 아닙니다. 그런데 철학을 배운 사람의 관념에서는 세상에서 도대체 어떤 일이 진짜이고 가짜인지, 무엇이 착하고 악한 것인지, 무엇이 아름답고 추한 것인지 정론을 내리기가 어렵습니다. 왜냐하면 많은 사람들의 행위·관념·도덕·선악의 기준은 시간과 공간이 다름에 따라서 구별이 있기 때문입니다. 예컨대 티베트에서는 사람을 만나면 혀를 내밀어 "쯧쯧" 소리를 내는 것이 보기에는 좋지 않지만 인사를 하는 것인데, 이것은 선한 것일까요? 또, 인도에서는 사람을 만나면 땅에서 구르는 것이 최고의 예절인데, 이것이 선한 것일까요? 그렇지만 그곳에서는 그 예절을 따라야 합니다. 이런 것은 역시 겉모습입니다.

그러므로 철학의 범주에서는 진정한 선악을 단정하기 어렵습니다. 우리가 길에서 고통당하는 사람을 보면 사람의 도리상으로는 반드시 도와주어야 합니다. 그러나 사람을 도와준 후에 잘못했다고 후회하는 경우가 있는데, 그것은 도움을 받은 사람이 나쁜 사람이기 때문입니다. 그를 도와주지 않는 것이 남이 받는 피해를 줄이는 것이며 그 자신도 나쁜 일을 적게 할 수 있습니다. 나쁜 사람을 도와주면 사회에 대한 그 결과를 상상할 수조차 없습니다. 우리들 개인의 일생의 행위 중에는 이런 경험은 매우 많습니다.

그러므로 철학적인 범주에서는 선이나 악에 대해 엄격한 정의를 내릴 길이 없습니다. 아름다움과 추함도 마찬가지입니다. 남녀가 열렬한 사랑에 빠져 있을 때는, 다른 사람의 눈에는 아주 못생긴 사람도 당사자들에게는 아름답게 보입니다. 어떤 사람이 가장 못생겼다고 생각하는 것을 다른 사람은 가장 아름답다고 생각할 수도 있습니다. 또 어떤 사람은 아름다운 부인을 두고서도 서로 감정이 좋지 않아, 밖에서는 남들이 못생겼다고 하는 여자 친구를 사귑니다. 아름다움과 추함도 주관적인 것이자 심리적인 것으로 기준이 없습니다. 이는 마치 "썩은 돼지머리에도 먹고 싶어 하는 짓무른 코를 가진 보살이 있다."(臭猪頭自有爛鼻子的菩薩要吃)는 시골 사람들의 말과 같은데, 이 말은 정말 의미심장합니다.

이처럼 아름다움의 기준이 없다 보니, 어떤 것이야말로 "남의 아름다운 일을 이루어 주는 것"(成人之美)인지 더욱 말하기 어렵습니다. 바로 이어지는 "남의 나쁜 일은 이루지 못하게 한다."(不成人之惡)는 것은 반대되는 주장입니다. 좋은 일을 하는 것은 본래 어렵습니다.

한 친구는 내게 고아원을 함부로 운영해서는 안 된다고 충고했습니다. 우선 경제적인 문제 때문에 1백 명을 수용했다가도 한 명이라도 더 많아지면 어려움을 겪는다고 했습니다. 그래서 고아원 간판을 내걸지 않고 여러 방법으로 남에게 입양시키거나 학교로 보내거나 야학에 넣는 것이 제일 미덥고 비교적 무난하다고 했습니다. 전에 나는 고아원 출신들을 방문한 적이 있는데, 1백 명 중에서 95명은 고아원을 원망하고 있었습니다. 또, 고아원 사업에 종사하는 사람을 방문해 보니 온통 원망하는 말뿐이었습니다. 쌍방이 모두 서로 원망하는데, 도대체 잘못은 누구에게 있는 것일까요?

그러므로 좋은 일을 해서 남의 아름다운 일을 이루어지게 하고 싶어도 매우 힘듭니다. 고아원에 있는 아이들은 심리가 불건전해지기 쉽습니다. 자신이 고아라는 생각 때문에 다른 사람의 좋은 뜻도 의심합니다. 마치 계모가 잘 대해 주면 수단을 부리는 것이라 생각하고, 나쁘게 대해 주면 친엄마가 아니라서 그렇다고 생각하여, 그 때문에 계모의 입장은 매우 어렵게 되는 것이나 마찬가지입니다.

그러므로 고아원 사업은 흔히 실패하기 쉽습니다. 고아 출신들은 성장하여 사회에 나갔을 때 두 가지 길을 걷기 마련인데, 하나는 가난한 고아들을 동정하면서 일생 동안 좋은 일을 하고, 다른 하나는 반대로 사회를 증오합니다. 그는 자신이 어려울 때 도와 준 사람이 없었는데, 이제 와서 무엇 때문에 다른 사람을 도와주어야 하느냐고 생각합니다. 양로원도 마찬가지로 운영하기가 쉽지 않습니다.

책임자는 앞에서 말한 "그 지위에 있을 때는 게으르지 말고, 직무를 행할 때는 충실히 하라."(居之無倦, 行之以忠)는 말을 실천하기 어려워 결국 형식적인 책임자로 변해 버립니다. 그러므로 "군자는 남의 아름다운 일을 이루어지게 한다."는 말을 함부로 인용해서는 안 됩니다. 여기서 말하는 '아름다움'은 선의 아름다움으로서 다른 사람의 나쁜 것을 돕지 않는 것입니다. 우리는 이 두 마디 말의 부정적인 뜻의 잘못을 늘 범하고 있는지도 모릅니다. 스스로 좋은 일을 했다고 여기지만 결국 나쁜 일을 한 것이 되고, 보이지 않는 가운데 많은 잘못을 범하게 될지도 모릅니다. 처음의 동기는 "남의 아름다운 일을 이루어지게" 하려는 매우 좋은 뜻이었지만, 일의 결과는 좋지 않아서 남의 악을 이루어지게 합니다. 따라서 남의 아름다운 일을 이루어지게 하는 도리는 이해하기 쉽지만, 몸으로 행하여보면 매우 어렵습니다.

위가 바르지 않으면 아래가 굽는다

계강자가 공자에게 정치(의 도리)에 대하여 물으니,
공자께서 말씀하셨다. "정치(政)란 (사회를) 바로잡(아 이끄)는(正) 것입니다. 당신이 솔선해서 바르게 한다면 누가 감히 바르지 않겠습니까?"

季康子問政於孔子, 孔子對曰: 政者, 正也。子帥以正, 孰敢不正?
계 강 자 문 정 어 공 자　공 자 대 왈　정 자　정 야　자 수 이 정　숙 감 부 정

여러분은 모두 이 말을 잘 알고 있을 것입니다. 이것이 우리 문화가 가지는 '政'(정)이란 말에 대한 해석입니다. 政(정)은 곧 正(정)으로, 소위 정치의 도리는 사회를 바른 길로 이끄는 것입니다. 조금 전에 우리가 진·선·미라는 철학적 관점을 말했는데, 이제 철학적 관점을 인용하여 말해 볼 때 '정'正은 무엇이고 '사'邪는 무엇일까요? 설명하기가 매우 어렵습니다. 이는 인생의 도덕 행위 관념과 사회적·역사적 도덕 관념 등과 관계되며, 모두 시간과 공간의 영향을 받아 관념의 기준이 변했습니

다. 과거의 사회 형태는 지금의 사회 형태에는 적합하지 않아서, 과거 역사의 기준을 지금에 꼭 그대로 적용할 수는 없습니다. 따라서 어떠해야 정正이라고 혹은 사邪라고 할 수 있는지 그 기준도 어느 한 시기, 어느 한 지역에 입각한 상대적인 것입니다.

그러나 어떻든 간에 정치의 원칙은 "정기이정인"正己而正人으로, 자기가 먼저 바르게 되고 난 다음에야 남을 바르게 하는 것입니다. 가령 교육자나 종교인이 감화 교육을 통해 사회의 기풍을 변화시키는 것도 "정치란 바로잡는 것이다."(政者, 正也)의 본보기가 됩니다. "솔선해서 바르게 한다."(帥以正)는 공자가 내린 정의로서, 천고이래로 중국 정치사상의 하나의 명언입니다. 계강자는 정권을 잡고 있는 사람이기 때문에 공자는 그에게, "당신이 솔선해서 바르게 한다면 누가 감히 바르지 않겠습니까?"(子帥以正, 孰敢不正)라고 말했습니다. 지도자 자신이 바르게만 하면 아랫사람들의 기풍은 자연히 바르게 된다는 것입니다. 이 말은 위정에 중점을 두고 또 지도자에게 중점을 두고 말한 것입니다.

계강자가 도적이 (많은 것이) 걱정되어 공자에게 (어떻게 하면 좋은지 그) 대책을 물으니,

공자께서 대답하셨다. "당신이 욕심내지 않는 것이라면 비록 상賞을 준다 하더라도 (그들 역시 바라지 않아) 도적질을 하지 않을 것입니다."

(사람들이 항상 검소한 생활을 하고 꾸밈없는 소박한 길을 걸어가면 사회가 안정되고 도적도 적어집니다. 만약 윗자리에 있는 사람이 어떤 것을 편애하면, 그 아랫사람은 그것을 더욱 편애하게 됩니다. 사람은 자기가 몹시 좋아하는 것을 얻을 수 없으면 결국 훔치게 됩니다. 여기서 '훔친다'는 것은 넓은 의미가 있는데, 남에게 손해를 끼치면서 자기의 이익을 도모하는 것을 말합니다)

季康子患盜, 問於孔子。孔子對曰 : 苟子之不欲, 雖賞之不竊。
계 강 자 환 도　　 문 어 공 자　　 공 자 대 왈　　 구 자 지 불 욕　　 수 상 지 부 절

"계강자가 도적을 걱정했다."(季康子患盜)는 것은 그가 사는 지방에 강도 토비土匪가 아주 많았다는 것을 말합니다. 이것은 큰 문제로서 정치

문제와 경제문제 양쪽에 다 관련이 있습니다. 계강자는 공자에게 강도 토비가 이렇게 많으니 어떻게 하면 좋으냐고 물었습니다. 이 말에 대해 공자는 간단하게 대답합니다. "당신이 욕심내지 않는 것이라면, 비록 상을 준다 하더라도 그들 역시 바라지 않아서 도적질을 하지 않을 것입니다." 문장은 이렇게 매우 간단명료합니다.

『역경』「계사전」에 "금은보화를 잘 보관하지 않는 것은 남에게 훔치라고 가르치는 것과 같고, 자신을 아름답고 요염하게 치장하는 것은 남더러 자신에게 음행하라고 가르치는 것과 같다."(謾藏誨盜, 冶容誨淫)는 말이 있습니다. 여기서 '회'誨자는 가르친다는 뜻입니다. 어떤 여학생은 저녁에 집에 돌아와 몹시 화를 내면서, 바깥 사회는 너무 어지럽고 남자들이 아주 나쁘다고 말하는 일이 있습니다. 그러니 여학생들은 몸치장을 좀 덜 하는 것이 좋습니다.

그래서 공자는 계강자에게 "당신이 욕심내지 않는 것은 길에 버려도 남도 욕심내지 않으며, 따라서 그것을 훔치거나 빼앗지 않을 것입니다."고 말했습니다. 공자의 이 말은 간단하지만, 그 의미를 넓혀 보면 정치 · 경제 · 사회의 모든 문제를 포함하고 있습니다.

먼저 철학적인 우스갯소리를 하나 하겠는데, 불교에는 '전도'顚倒라는 용어가 있습니다. 불경에는 자주 '중생전도'衆生顚倒라는 말이 나옵니다. 사람들이 모두 뒤바뀌어 있다는 뜻입니다. 이 '전도'라는 두 글자는 매우 일리가 있습니다. 바로 앞에서 공자가 말한 "당신이 솔선해서 바르게 한다면"(子帥以正)이라는 말도 전도되지 않아야 한다는 것을 말합니다. 그러나 철학적 입장에서 보면, 세상의 어떤 사물이 바른 것인지 정의를 내리기 어렵습니다.

사람들이 전도되어 있는 것을 생각나는 대로 예를 들어 보겠습니다. 사람의 몸에서 가장 귀중한 부분은 머리인데, 얼굴 · 눈 · 귀 · 입 등은 얼마나 중요합니까? 그리고 두 손은 우리를 위해 많은 일을 하지만, 머리와 얼굴과 마찬가지로 밖으로 노출된 채 비바람을 맞고 햇볕에 그을리고 있습니다. 하지만 두 발은 걷는 것 외에 다른 용도가 없는데도 신발 · 양말로 겹겹이 싸서 이렇게 보호하니, 어찌 뒤바뀐 것이 아닙니까?

논밭에 있는 벼와 보리는 인류에게 없어서는 안 되는 양식이니 얼마나 중요합니까? 그렇지만 논밭에 놓아둔 채 별로 상관하지 않습니다. 그런데 돈은 한 장의 종이에 불과해서 밥처럼 먹을 수도 없고 옷처럼 입을 수도 없으며 화장지로도 쓰기가 곤란합니다. 그렇지만 끈으로 묶고 종이로 싸서 금고에 보관한 뒤 열쇠로 잠그고 총을 휴대한 사람이 지키고 있으니, 이것은 전도된 것이 아닐까요?

이런 일은 매우 많은데, 자세히 생각해 보면 인생이란 정말 기묘합니다. 도대체 무엇이 바른 것일까요? 모두 전도되었습니다! 황금과 다이아몬드도 이와 같아서 본래는 별로 쓸모 없는 물건이지만, 사람들이 앞다투어 보물로 취급했기 때문에 이런 물건을 다투어 구입하는 풍조가 형성되었습니다.

도둑의 심리를 이야기하자니, 장자가 이야기한 "혁띠 고리를 훔치는 자는 죽임을 당하지만, 나라를 훔치는 자는 제후가 된다."(竊鉤者誅, 竊國者爲諸侯)는 말이 생각납니다. 장자의 이 말은 일반인들이 황금보화를 숨겨놓는 짓은 좀도둑이나 막을 수 있다는 뜻입니다. 큰 도적들은 오히려 주인이 황금보화 등의 재물을 한데 모아 숨겨 놓는 것을 더 좋아하는데, 주인이 단단히 보관하고 자물쇠를 잘 잠가 둘수록 더 잘 훔쳐갑니다. 심지어는 노골적으로 강탈해서 피해자를 시켜 나르게 하는 일도 있습니다. 이런 큰 도적들은 다른 나라의 국토를 점령하게 되면 영웅이 되고 왕이나 제후가 됩니다. 그래서 장자가 "혁띠 고리를 훔치는 자는 죽임을 당하지만, 나라를 훔치는 자는 제후가 되니, 제후의 문에서나 인의仁義가 존재한다."고 말한 것은, 바로 역사 철학입니다.

그래서 유교 사상은 항상 사람들에게 검소한 생활을 하고 꾸밈없는 소박한 길을 걸어야 한다고 가르칩니다. 사람들이 이렇게 하면 사회가 안정되고 도적도 적어집니다. 만약 윗자리에 있는 사람이 어떤 것을 편애하면, 그 아랫사람은 그것을 더욱 편애하게 됩니다. 사람은 자기가 몹시 좋아하는 것을 얻을 수 없으면 결국 훔치게 됩니다. 여기서 '훔친다'는 것은 넓은 의미가 있는데, 남에게 손해를 끼치면서 자기의 이익을 도모하는 것을 말합니다.

오늘날 전 세계경제가 위기입니다. 바로 케인즈의 "소비는 생산을 자극한다."는 이론의 피해 때문입니다. 앞에서도 말했듯이 모두가 절약하려 하지 않고 될 수 있는 한 소비를 많이 한 탓입니다. 어제 한 미국 학생과 이야기를 했는데, 그 학생은 오늘날 미국의 일반인들은 거의 영구적으로 가난에서 벗어날 길이 없다고 했습니다. 왜냐하면 뭐든지 할부금 지급방식이어서 생활도 끊임없이 할부금을 지급하면서 살아가야 하기 때문이랍니다. 그래서 나는 공자가 여기서 말한, "당신이 욕심내지 않는 것이라면 비록 상을 준다 하더라도 도적질을 하지 않을 것이다." (苟子之不欲, 雖賞之不竊)라는 구절이 생각났습니다.

지금 전 세계 사람들의 '욕망'은 소비 풍조로 쏠리고 있습니다. 모두들 무엇을 차지하고 얻으려고 갖은 방법과 수단을 다 쓰고 있습니다. 바라는 것을 구할 수 없으면 도적질을 해서라도 구하려고 합니다. 여자들의 화장도 옛날에는 궁중 여인들을 모방했는데, 요즈음은 영화배우들을 모방합니다. 사실상 마찬가지로서, 옛날에는 제왕의 궁정을 보았지만, 요즈음은 사회 전체의 풍조를 봅니다. 따라서 도적질을 막는 방법도 이 같은 사회 풍조를 변화시켜야만 가능합니다.

바람이 부는 대로 풀은 눕고

다음도 계강자가 정치 방면의 한 가지 도리를 질문한 것인데, 앞 단락에 이어 같은 날짜에 질문한 것은 아니지만, 책을 편찬하는 사람들이 이곳에 이어놓은 것입니다.

계강자가 공자께 정치(를 하는 도리)에 대해 물으면서 말했다. "만약 (살인자나 나쁜 사람 등) 무도한無道 자를 죽임으로써 백성들을 올바른 도道로 나아가게 한다면 어떻겠습니까?"

공자께서 대답하셨다. "당신이 정치를 하는 데 어찌 살인할 필요가 있겠습니까? (살인을 수단으로 하는 것은 잘못된 일입니다. 자신의 도덕으로써 지도자가 되어야 합니다) 당신이 착(한 마음으로 일을 행)하

고자 하면 백성(의 기풍)도 따라서 착해집니다. 군자의 (심리·행위· 사상 등인) 덕德이 바람과 같다면 소인의 덕은 풀과 같은 것이라, 풀 위에 바람이 불면 풀은 (바람의 방향으로) 쏠리게 마련입니다."

季康子問政於孔子曰:如殺無道, 以就有道。何如? 孔子對曰:子
계강자문정어공자왈   여살무도   이취유도   하여   공자대왈   자

爲政, 焉用殺? 子欲善, 而民善矣! 君子之德風; 小人之德草。草上之
위정   언용살   자욕선   이민선의   군자지덕풍   소인지덕초   초상지

風必偃。
풍필언

계강자는 또 공자에게 물었습니다. "살인자를 사형에 처함으로써 살인을 방지하고, 나쁜 사람을 죽임으로써 백성들을 올바른 도로 나아가게 한다면 어떻겠습니까?"(如殺無道, 以就有道) 이에 대해, 공자는 정치를 하는 도리는 사람을 죽임으로써 성공하는 것은 아니라고 말하고 있습니다.

우리가 알듯이 노자도 "백성이 죽음을 두려워하지 않으니, 어찌 죽음으로써 그들을 위협하겠는가?"(民不畏死, 奈何以死懼之)라고 말했습니다. 사람이 죽음을 절대적으로 두려워하는 것은 아니기 때문에, 정치를 함에 있어 도덕으로 감화시키지 않고 살육으로 위협한다고 해서 반드시 백성을 누를 수 있는 것은 아닙니다. (『노자』 제74장—역주).

그래서 공자는 계강자에게, "살인을 수단으로 하는 것은 잘못된 일입니다. 자신의 도덕으로써 지도자가 되어야 합니다. 당신이 착한 마음으로 일을 행하면, 백성들의 기풍도 따라서 선해질 것입니다." 라고 했습니다. 공자는 이어서 "군자의 덕이 바람과 같다면 소인의 덕은 풀과 같은 것이라, 풀 위에 바람이 불면 풀은 쏠리기 마련입니다."(君子之德風, 小人之德草, 草上之風必偃)라는 명언을 말했습니다. 중국 문자 중의 '기풍'氣風이라는 두 글자는 이 말에서 온 것입니다. 여기에서 '덕'德은 행위·심리·사상 등의 총칭입니다.

공자는 "군자의 덕은 바람과 같고 보통 사람의 덕은 풀과 같다. 만약 바람이 한바탕 불고 지나가면 풀은 바람의 방향으로 쓰러지기 마련이

다." 라고 말한 것입니다. 바람의 힘이 셀수록 풀도 그만큼 더 기울어집니다. 그러므로 큰 정치가의 영도는 이런 기풍을 만들어야 합니다.

이상은 모두 정치적인 리더십을 이야기한 것입니다. 그렇지만 우리는 이 말을 고지식하게 받아들여서는 안 됩니다. 무릇 학문과 책은 모두 활용해야 합니다. 한 직장에서는 윗사람의 품격이 뛰어나면 아랫사람의 기풍도 저절로 좋아집니다. 그러나 정치에서 한 시대의 사회 기풍을 형성하는 일은 결코 그리 쉽지 않습니다. 마치 군사에서 하나의 '기세'를 이루는 것처럼 매우 힘든 일입니다.

통달한 지식인과 명성이 높은 지식인

다음에서는 사회사상을 이야기하고 있습니다.

자장이 물었다. "(지식인인) 선비(士)는 (어떻게 해야 사회에서 바로 설 수 있으며) 어떠해야 통달(達)했다고 할 수 있습니까?"

공자께서 말씀하셨다. "네가 말하는 통달이란 무엇을 말하느냐?"

자장이 대답하였다. "나라 안에서도 (위아래가 다들 그를 알아서) 반드시 (자자한) 명성이 있고, (시골) 집안에서도 반드시 명성이 있(어 모르는 사람이 없)는 것입니다."

공자께서 말씀하셨다. "(통달에 대한 너의 개념은 잘못되었다) 그건 유명한 사람이지 통달한 사람은 아니다.

통달한 사람이란 바탕이 정직하여 (나쁜 심사心思가 없어서 일을 처리할 때 권모술수權謀術數를 쓰지 않고) 의로움을 좋아하고, 남의 말을 살피고 남의 태도를 관찰하여 선견지명先見之明이 있으며, 겸손하게 남을 대할 것을 생각한다. 이렇게 하면 나라에 있어서도 반드시 통달하고 집안에 있어서도 반드시 통달하는 것이다.

유명한 사람은 겉으로는 인仁을 취하면서도 행동은 어긋나는데, 오래도록 그렇게 처신하다 보면 스스로 의심하지도 않아서, 나라에 있어서도 반드시 유명하고 집안에 있어서도 반드시 유명한 것이다."

子張問: 士何如斯可謂之達矣? 子曰: 何哉? 爾所謂達者? 子張對曰:
자장문 사하여사가위지달의 자왈 하재 이소위달자 자장대왈

在邦必聞, 在家必聞。 子曰: 是聞也, 非達也。 夫達也者: 質直而好義,
재방필문 재가필문 자왈 시문야 비달야 부달야자 질직이호의

察言而觀色, 慮以下人, 在邦必達, 在家必達。 夫聞也者: 色取仁而行
찰언이관색 여이하인 재방필달 재가필달 부문야자 색취인이행

達, 居之不疑, 在邦必聞, 在家必聞。
위 거지불의 재방필문 재가필문

여기서 우리가 제일 먼저 해결해야 할 문제는 상고 문화에서의 '사士'의 개념입니다. 앞에서 이미 이야기했듯이, '사士'는 오늘날의 지식인을 말합니다. 자장은 공자에게, "지식인은 어떻게 해야 사회에서 바로 설 수 있으며 통달하고 활달하다는 말을 들을 수 있습니까?" 하고 물었습니다. 그러자 공자는 자장의 질문을 듣고 먼저 자장의 관념 속에서 이른바 '통달'이란 어떠한 것이냐고 되물었습니다. 자장은 말하기를, 전국에서 위아래가 다들 그를 알아서 천하에 명성이 자자해 시골에서도 자기를 모르는 사람이 없는 것이 '통달'이라고 했는데, 오늘날 민주적인 선거를 치르는 사회에서는 특히 이런 사람들이 득을 봅니다. 자장이 생각하는 '통달'은 그런 것이었습니다. 우리는 이러한 자장의 생각에 주의해야 하는데, 많은 사람이 이런 심리를 가지고 있습니다. 내가 수십 년 동안 살펴보니, 일부 친구들이 그러한데, 특히 비교적 활동적인 사람은 다른 사람이 사회의 유명 인사를 이야기하면 자기도 그를 알고 있다고 말하거나 그와 연계를 맺으려고 합니다.

항일전쟁 때 사천의 한 친구가 이렇게 유명해지기를 바라는 사람에게 매우 난처한 우스갯소리를 했습니다. 그 사람이 많은 사람들 앞에서 어느 중요 인물과 관계가 있다고 말하자, 그 친구는 일부러 "아니, 요즘 사복(斯福: 중국어음으로는 '쓰푸'로, 당시의 미국 대통령 '루즈벨트'의 음역―역주) 형이 당신에게 연락을 했습니까?" 라고 말했습니다. 그 사람이 어리둥절해서 "어느 사복斯福 형 말입니까?" 라고 묻자, 그 친구는 "루즈벨트 말입니다." 라고 했습니다. 이 말이 끝나자 사람들은 한바탕 웃었는데, 그 사람만 묵묵히 말이 없었습니다. 사회에는 정말로 이런 유형의 사람

이 적지 않습니다.

이제 다시 돌아와 공자의 관념을 봅시다. 우리는 주의해야 합니다, '통달'에 대한 자장의 관념을 듣고, 공자는 다음과 같이 말하였습니다. "통달에 대한 너의 관념은 잘못되었다. 한 사람의 이름이 도처에 알려진 것을 명성이 높다고 말하는데, 이 명성이 좋은지 나쁜지가 문제가 된다. 명성이 높은 사람은 '유명한 사람'이라 부르지, '통달한 사람'이라고 부르지는 않는다." 그러면서 공자는 "통달한 사람이란 바탕이 정직하여 의로움을 좋아하고, 남의 말을 살피고 남의 태도를 관찰하여 선견지명이 있으며, 남에게 겸손하게 대하려고 생각한다."(質直而好義, 察言而觀色, 慮以下人)라고 정의했습니다. 통달한 사람은 중국 역사상 많았지만 반드시 관리가 된 것은 아니었습니다. 요즘은 '사회현달'社會賢達이란 말이 있는데, 이는 도덕과 학식이 있어 확실히 뭇 사람이 기대를 가지지만, 본인은 일만 할 뿐 관리가 되려고는 하지 않는 것을 말합니다. 물론 그에게도 조건이 있습니다. 즉, 배불리 먹고 생활 걱정도 없으면서 정의감에 넘치는 그런 사람을 통달한 사람이라고 할 수 있습니다.

'통달한 사람'에 대한 공자의 정의에 근거하면 첫째, "바탕이 정직하고 나쁜 심사가 없어서 일을 처리할 때 권모술수를 쓰지 않는 것"(質直)입니다. 둘째, "의를 좋아하는 것"(好義)으로 여기서의 '의'는 묵자의 '의'에 가깝습니다. 이른바 강개하여 의를 좋아하는 것입니다. 셋째, "남의 말을 살피고 태도를 관찰하는 것"(察言而觀色)인데, 이것은 후세에 매우 나쁜 뜻으로 오해되었습니다. 본래의 뜻은 "안목이 뛰어나서 선견지명이 있다."는 뜻입니다. 즉, 어떤 이론들을 듣고는 자료에 근거하고 지혜로 판단해서 상황을 알아내는 것입니다. 예컨대 국제적인 큰 일이나 시대의 추세 등 많은 일을 사전에 미리 예측하는 것입니다. 넷째, "겸손하게 남을 대할 것을 생각하는 것"(慮以下人)으로 여기서의 '려'慮는 사상과 학문을 포함하고 있으며 '하인'下人은 사람을 겸허하게 대하면서 오만하지 않고 자기를 대단하게 여기지 않는 것입니다. 이러한 몇 가지 조건을 갖춘다면 현명하고 통달한 사람이라고 할 수 있습니다.

또 공자는 자장이 말한 그런 사람은 '유명한 사람'에 불과하며, 대체로 피상적으로 일을 한다고 말했습니다. 예전에 어느 도시에 굉장히 유명한 사람이 있었는데, 각종 모금 활동이 있을 때면 반드시 그 사람이 초청되었습니다. 그러면 그는 항상 그 모금 장부에 맨 처음 기입하면서 거액의 숫자를 썼습니다. 그러나 그에게 성금을 받으러 가면, 그는 "내가 이렇게 많은 금액을 쓴 것은 당신들을 선전해 주기 위해서라네. 내가 이렇게 많이 쓴 것을 보면 남들도 따라서 쓸 것이 아닌가?" 하고 말했습니다. 이 사람은 분명 그 도시의 유명 인사 중의 하나였는데, 그는 "겉으로는 착한 일을 하는 척하면서 인仁의 태도를 취하지만, 실제 행동은 그렇지 않았습니다."(色取仁而行違).

그 사람은 "오래도록 그렇게 처신하다 보면 스스로 의심하지도 않습니다."(居之不疑). 마치 거짓말을 습관적으로 하는 많은 사람들이 자신이 거짓말을 하고 있다고 생각하지 못하는 것과 같습니다. 자신이 그렇게 말한 것이 맞는지 틀리는지 조금도 의심하지 않을 뿐만 아니라, 심지어 그렇게 해야 한다고 여기고 있습니다. 이런 사람은 유명해질 수는 있지만, 통달한 사람이라고는 할 수 없습니다. 통달한 사람이 되려면, 통달한 사람다운 조건과 도덕을 갖춰야 합니다.

수양에서의 세 갈래 길목

다음에는 개인의 수양 문제를 말합니다.

번지가 (어느 날 기우제를 지내는 제단인) 무우대 아래에서 공자를 따라 노닐다가 물었다. "내면의 기질인 덕德을 높이는 (즉, 자신의 수양을 충실히 하는) 것과, (마음속의 생각과 정서인) 심리를 다스리는 것과, 미혹을 분별하는 (즉, 어떻게 하면 어리석지 않고, 어떻게 해야 진정으로 안목이 있고 지혜가 있어 분명하게 볼 수 있느냐 하는) 것에 대하여 감히 묻고자 합니다."

공자께서 말씀하셨다. "훌륭한 질문이다! (일을 할 때 자신의 개인적 이익과 가치를 고려하지 말고 그 자체가 좋은 일이라고 생각되면)

일을 먼저 하(여 놓고 보)고 그 이득은 뒤로 미룬다면 (뒷날 반드시 성과를 거두는 것, 이것이 덕업으로서), 덕을 높이는 것이 아니겠느냐?

　(자신의 잘못을 많이 반성하여) 자기의 나쁜 점은 따지되 남의 나쁜 점은 따지지 않는다면 심리를 다스리는 게 아니겠느냐?

　(사소한 일 때문에) 하루아침의 분노로 그 자신(의 생명)마저도 잊고 (법을 어기기까지 할 경우) 그 피해를 부모에게까지 끼치게 한다면, (이것은 어리석은 일로서) 미혹된 것이 아니겠느냐?"

樊遲從遊於舞雩之下, 曰:敢問崇德·修慝·辨惑? 子曰:善哉問!
번지종유어무우지하　왈　감문숭덕　수특　변혹　자왈　선재문

先事後得, 非崇德與? 攻其惡, 無攻人之惡, 非修慝與? 一朝之忿, 忘
선사후득　비숭덕여　공기악　무공인지악　비수특여　일조지분　망

其身以及其親, 非惑與?
기신이급기친　비혹여

　번지樊遲는 공자의 학생입니다. '무우'舞雩는 기우제를 지내는 제단祭壇인데, 한번은 그가 무우대 아래에서 공자에게 세 가지 문제에 대해 가르침을 청했습니다. 하나는 "덕을 높이는 것"(崇德), 즉 어떻게 하면 자신의 수양을 충실히 할 수 있느냐 하는 것이었습니다. 이 '덕'德을 반드시 도덕으로만 풀이할 필요는 없습니다. 현대적 개념으로 말하면, 어떻게 해야 자신의 심리·정신·수양을 깊고 높은 수준에 이르게 할 수 있을까 하는 것입니다. 둘째는 "심리를 다스리는 것"(修慝), 즉 자신의 마음속 생각과 정서를 어떻게 개선할 수 있느냐 하는 것입니다. 셋째는 "미혹을 분별하는 것"(辨惑), 즉 어떻게 하면 어리석지 않고, 어떻게 해야 진정으로안목이 있고 지혜가 있어 분명하게 볼 수 있느냐 하는 것입니다. 이 세 가지는 인생철학의 큰 문제로서, 그 뜻을 엄격히 충분히 나타내어 보려면 무척 힘이 듭니다. 이제 우리는 먼저 그 의의부터 연구해 보겠습니다.

　첫째는 "덕을 높이는 것"(崇德)입니다. 이 '덕'은 과거의 개념으로는 덕업德業이고, 오늘날로 말하면 교양 있는 기질을 어떻게 키울 것이냐 하는 것입니다. 기질氣質·풍도風度 등의 말은 앞에서도 여러 번 말했지만

항상 확실하고 적절하게 설명할 방법이 없습니다. 그렇다면 '기질'이란 것이 있을까요? 분명히 있는데, 이것은 마음으로부터 나오는 것입니다. 가령 어떤 교양을 가지고 있으면, 어떤 기질이 형성됩니다. 선천적으로 특별한 본성을 가지고 있는 사람도 있지만, 대체로 힘써 배워서 배양해야 합니다. '숭'崇은 높인다는 뜻으로, '숭덕'崇德은 어떻게 내면의 기질을 숭고한 경지에 이르도록 배양할 것인가 입니다. 이 일은 매우 중요하며, 간단히 성취할 수 있는 것이 아닙니다.

당나라 사람이 쓴 필기체 소설의 사례를 하나 들겠습니다. 당나라 초기의 이정李靖·홍불여紅拂女·규염객虬髯客이라는 풍진삼협風塵三俠의 희극적인 이야기입니다. 당시는 바로 남북조에서 수·당에 이르는 기간으로 천하가 크게 혼란한 시대였습니다. 당시 혁명을 일으켜서 공을 세우려는 사람이 많았습니다. 홍불여는 수나라 대신 양소楊素의 집 기생이었습니다. 당나라 개국 장군인 이정은 당시 이름 없는 청년으로 아직은 운이 좋지 않는데, 양소에게 가서 직원이 되려고 했습니다. 그런데 소설에서는 무예가 뛰어난 홍불여가 이정의 비범한 풍모를 보자 그와 함께 도망을 칩니다.

어느 날 그들 두 사람이 여관에 있을 때의 일이었습니다. 홍불여가 화장을 하면서 머리를 빗을 때 긴 머리가 땅에 닿았는데, 이것을 창 밖에서 규염객이 보게 되었습니다. 규염객은 재산도 많고 무예도 뛰어난 사람으로 혁명을 일으켜 천하제일의 인물이 되려는 꿈을 가지고 있었습니다. 그는 홍불여의 긴 머리를 보고 더없는 귀상貴相이라 생각하고 눈이 팔려 저도 모르게 창 밖에서 훔쳐보았습니다. 이정은 그를 발견하자 검을 뽑아서 찌르려 했는데, 이 때 홍불여도 거울 속에서 규염객을 발견하고는 눈짓으로 이정의 분노를 제지했습니다. 이정은 규염객에게 연유를 물어 보고 이야기를 나눈 뒤 서로 친구가 되었습니다. 이정은 규염객에게 자기는 태원太原 공자 이세민에게 의탁하러 간다고 말했습니다.

나중에 규염객이 태원에 가서 이세민을 방문하였을 때, 이정은 두 사람을 소개시켜 주었습니다. 소설의 기록으로는 당시 이세민이 장삼도

입지 않고 신발도 신지 않은 채 규염객과 만났는데, 규염객은 이세민의 기개와 도량에 기가 죽어서 천하제일의 인물은 그 사람이지 자신이 아니라고 생각하여 많은 이야기를 하지 않았다고 합니다.

규염객은 이정에게 부탁하기를, 이세민에게 청해서 이튿날 태원 교외의 명승지인 양정凉亭이라는 정자에서 자신의 사형 한 사람과 함께 만나게 해 달라고 했습니다. 이정이 약속대로 이튿날 이세민과 함께 그 정자로 갔더니, 규염객이 한 도사와 열심히 바둑을 두고 있었습니다. 이세민과 이정은 방해하지 않고 옆에서 구경했습니다. 그러자 그 도사는 바둑판을 밀어놓으면서 "사제, 이번엔 내가 졌네." 하고는 규염객과 함께 그 자리를 떠났습니다.

후에 규염객은 자신의 무기와 재산을 모두 이정 부부에게 주었는데, 이정은 이세민을 도와서 천하를 통일하고 개국 공신이 되었습니다. 그리고 규염객은 이정에게 10년 뒤에 해외에서 큰 일이 일어나면 그것은 자신이 성공한 날이라고 했습니다. 과연 당태종이 천하를 통일한 후 어느 날 부여국(扶餘國: 길림이라고 하는 사람도 있습니다)에서 온 정보를 받았는데, 부여국이 규염객 한 사람에 의해 정복되었다는 것입니다. 당태종과 이정은 규염객이 성공한 것으로 알고 웃었습니다.

내가 이 소설을 인용한 것은 '숭덕'崇德의 의의를 설명하기 위해서입니다. 한 사람의 덕업의 성취는 그 자신의 풍격·품행·풍도·기질과 모두 관계가 있습니다.

둘째는 "심리를 다스리는 것"(修慝)입니다. 여기서 '특'慝이란 심리적인 작용을 말합니다. 그래서 이 글자는 '마음 심'(心)부에 속합니다. 심리상태로 말하면 사람의 이지理智와 감정은 억제하기가 대단히 어렵습니다. 사람들은 흔히 정좌를 해서 마음을 가라앉히려고 하지만, 처음에는 마음이 복잡하여 생각을 안정시킬 수 없습니다. 예컨대 화나는 일이 있을 때 사람들은 겉으로만 태연한 척하는데, 마음속에서부터 자신의 분노를 놓아 버릴 수 있다면 더욱 좋고 더욱 아름다운 일입니다. 그러나 이런 분노의 기운은 억누르기가 쉽지 않습니다. 이런 감정을 억누를 수 있다는 것은 내심 수양의 중요한 일부가 됩니다. 만약 내적으로 이런 수양을 해낼 수 없다면, 외적인 '숭덕'崇德을 진정으로 갖출 수 없습니다. 그러므로 사람이 자신의 "심리를 다스리는 것"(修慝)은 진정한 내적 수양으로서, 현대 심리학에서 말하는 모순된 심리 — 이지와 감정 사이의 모순 — 를 조화시켜 평온하게 만드는 것입니다.

셋째는 "미혹을 분별하는 것"(辨惑)입니다. 분명하게 가릴 수 있는 진정한 지혜가 있어 선악·시비·정세情勢 등에 대해 손바닥 보듯이 알고 미혹함이 없는 것입니다.

번지가 이 세 가지에 대해 묻자, 공자는 매우 중요한 문제로서 잘 제기했다고 말했습니다. 이 세 가지를 모두 실행하면 성인의 경지에 들어갈 수 있는데, 공자의 제자 중에서 번지는 일류 학생은 아니었지만 매우 부지런했습니다. 이 때문에 공자는 번지에게 심오한 이론을 알려 주지 않고 실천할 수 있는 평범한 도리를 알려 줍니다.

공자는 먼저, 일을 할 때 자신에게 돌아오는 결과와 이익을 묻지 않고 하면 나중에 좋은 성과를 거둔다고 했는데, 이것이 "일을 먼저 하고 이득은 뒤로 미룬다."(先事後得)는 이치입니다. 이 "선사후득"先事後得의 네 글자는 쉬운 일처럼 보이지만 실천하기는 매우 어렵습니다. 특히, 오늘날 사회 풍조는 어떤 일을 할 때 먼저 가치가 있느냐 없느냐 하는 것부터 고려합니다. 이 가치란 결국 자신의 이해관계를 따지는 것인데, 이것이 일반적인 심리입니다. 그러나 공자는 번지에게, "일을 할 때 자신의 개인적 이익과 가치를 고려하지 말고, 그 자체가 좋은 일이라고 생각되면 우선 해놓고 보라. 그렇게 하면 뒷날 반드시 성과를 거둔다. 이것이 덕업이다." 라고 가르쳤습니다.

다음으로 공자는 자신의 잘못을 많이 반성하고, 다른 사람의 잘못만을 따지지 말라고 했는데, 이것도 해 보면 아주 어렵습니다. 사람들은 남의 잘못은 따지기 좋아하지만 자신의 잘못은 반성하려고 하지 않기 때문입니다. 지금 돌이켜서 자신의 잘못을 찾고 남의 잘못을 따지지 않기란 실천하기 매우 어렵습니다. 유가·불가·도가의 수양은 엄격히 이 점을 중시하는데, 이를 실천하는 것이 바로 "심리를 다스리는 것"(修慝)입니다.

또, 어떤 사람은 사소한 일로 인한 분노 때문에 자신의 생명도 생각하지 않고 목숨까지 내겁니다. 만약 법을 어기기까지 한다면, 부모·아내·자식들도 피해를 입는데, 이것은 매우 미련하고 어리석은 일이 아니겠습니까?

여기에서 공자는 이 세 가지 점을 풀이했습니다. 다음 편에서 다시 이 문제를 언급하게 되므로, 우리는 특히 유의해 두어야겠습니다. 공자는 여기서 번지의 수준에 맞추어 "덕을 높이는 것"(崇德)과 "심리를 다스리는 것"(修慝), "미혹을 분별하는 것"(辨惑)에 관해 설명했는데, 사실 이 세 가지가 내포하고 있는 내용은 많고 많습니다. 여기서는 비록 공자가 번지에게 설명한 도리를 인용하여 말하고 있지만, 보통 사람들이 쉽게 범하는 잘못이기도 합니다.

번지가 지혜와 인仁을 묻다

번지가 (무엇을) 인仁(이라고 하는지)에 대하여 묻자, 공자께서 말씀하셨다. "(모든) 사람을 사랑하는 것이다."

(무엇을) 지혜(知라고 하는지)에 대하여 묻자, 공자께서 말씀하셨다. "사람을 알아보는 것이다."

번지가 잘 알아듣지 못하자, 공자께서 말씀하셨다. "(너는 여전히 잘 이해하지 못한 것 같구나. 다시 말해 주겠다. 가령 네가 지도자가 되면) 바른 사람을 등용하여 비뚤어진 사람 위에 두(어 바른 길을 안내하)면, 비뚤어진 사람도 바르게 (되고 나쁜 사람도 좋은 사람이 되도록) 만들 수가 있을 것이다."

번지가 (그래도 이해할 수 없어) 물러나와 자하를 보고 말하였다. "조금 전에 내가 선생님을 뵙고 지혜에 대하여 묻자, 선생님께서 '바른 사람을 등용하여 비뚤어진 사람 위에 두면, 비뚤어진 사람도 바르게 만들 수가 있다.' 고 하셨는데, 무슨 뜻인가?"

자하가 말하였다. "풍부하도다, 말씀의 뜻이여! 순舜 임금이 천하를 다스릴 적에 여러 사람들 중에서 골라 고요皐陶를 등용하(여 조수로 삼아 행정과 사법을 관리하게 했네. 고요가 순 임금을 보좌하게 되)자 (천하에 억울한 일이 없어지고), 인仁하지 못한 (나쁜) 자들은 모두 멀리 떠났(거나 좋은 사람으로 변했으며, 다들 마음이 후덕하게 되었)다네. 탕湯 임금이 천하를 다스릴 적에는 여러 사람들 중에서 골라 이윤伊尹을 등용하자, 인하지 않은 자들은 멀리 떠났다네. (어떻든 일함에 있어서 사람을 쓸 때는 품격·재능·도덕이 있는 바른 사람을 등용해야 자연히 바르게 된다는 뜻이네)"

樊遲問仁。子曰：愛人。問知。子曰：知人。樊遲未達。子曰：擧直
번지문인　자왈　애인　문지　자왈　지인　번지미달　자왈　거직

錯諸枉，能使枉者直。樊遲退，見子夏曰：鄕也，吾見於夫子而問知。子
조저왕　능사왕자직　번지퇴　견자하왈　향야　오견어부자이문지　자

曰：擧直錯諸枉，能使枉者直。何謂也？子夏曰：富哉言乎！舜有天下，
왈　거직조저왕　능사왕자직　하위야　자하왈　부재언호　순유천하

選於衆，擧皐陶，不仁者遠矣；湯有天下，選於衆，擧伊尹，不仁者遠矣。
선어중　거고요　불인자원의　탕유천하　선어중　거이윤　불인자원의

번지가 무엇을 인仁이라 하느냐고 물었습니다. 공자는 모든 사람을 사랑할 수 있음이 인仁이라고 말했습니다. 번지가 또 무엇을 지혜라 하느냐고 묻자, 공자는 어떤 사람을 이해할 수 있음이 지혜라고 대답했습니다. 그러나 이것은 번지의 수준에 맞추어 말한 것입니다. 결국 번지는 공자의 대답에도 불구하고 여전히 통달하지 못하고 철저하게 이해하지 못했습니다. 그러자 공자는 한 걸음 더 나아가 설명해 주었습니다. "너는 여전히 잘 이해하지 못한 것 같구나. 다시 말해 주겠다. 가령 네가 지도자가 되면, 바른 사람을 등용해서 비뚤어진 사람 위에 두어야 한다. 이렇게 바른 길을 안내하면, 비뚤어진 사람도 바른 길로 가게 되고, 나쁜 사람도 좋은 사람이 된다."

그러나 번지는 그래도 이해할 수 없어, 물러난 뒤에 자하를 만나러 갔습니다. 자하도 공자의 학생들 중 비교적 뛰어난 학생으로, 공자가 죽은 후 하서河西에서 학문을 강했습니다. 전국시대 후기에는 많은 사람이 자하의 학생이었습니다. 그래서 번지는 이 우등생에게 가서 선생님의

말씀에 대해 가르쳐 달라고 했습니다. "향야"鄕也의 '鄕'(향)은 뒷날 '曏' (향)자로 썼는데 '방금, 조금 전'이란 뜻입니다. 번지는 자하에게 물었습니다. "내가 방금 선생님께 무엇이 지혜인지를 묻자, 선생님은 '바른 사람을 등용해서 비뚤어진 사람 위에 두면 비뚤어진 사람을 바르게 할 수 있다.'고 하셨는데 이것이 무슨 뜻인가?"

자하는 번지의 말을 듣자, 선생님의 이 두 마디 말씀은 내용도 풍부하고 함축한 뜻도 아주 크다고 하면서, 학우가 더욱 구체적으로 이해할 수 있도록 역사상의 사례를 들려줍니다. 자하는 말했습니다. "순 임금은 황제가 되자, 많은 사람 중에서 고요皐陶를 선발하여 조수로 삼아 행정과 사법을 관리하게 했네. 고요가 순 임금을 보좌하게 된 뒤로는 천하에 억울한 일이 없어지고, 나쁜 사람은 모두 떠나거나 좋은 사람으로 변했으며, 다들 마음이 후덕하게 되었다네."

여기서 고요皐陶와 관계된 유명한 이야기가 하나 생각납니다. 송나라의 소동파가 과거시험을 볼 때의 이야기인데, 당시 시험의 논제는 「형상충후지지론」刑賞忠厚之至論이었습니다. 시험관은 매성유梅聖兪였는데, 그는 구양수와 더불어 뛰어난 대학자였습니다. 구양수가 지은 다음과 같은 대련 한 폭은 아주 유명합니다.

책이라면 내가 읽지 않은 것이 있겠지만 書有未曾經我讀
일이라면 남과 이야기하면서 옳지 않은 것이 없었다 事無不可對人言

구양수는 일생 동안 처세 행동에서 마음에 거리낌이 없었기 때문에, "일이라면 남과 이야기하면서 옳지 않은 것이 없었다."고 말했습니다. 한평생 부도덕한 일을 하지 않았으므로 어떤 말도 남에게 흉금을 털어놓고 할 수 있었다는 것입니다. 대련의 앞 구절은 보기에는 겸손한 것 같지만 사실은 크게 허풍을 친 것입니다. 세상의 그 많은 책 중에는 자기가 읽지 않은 것이 있겠다고 했는데, 바꾸어 말하면 읽은 책이 매우 많다는 뜻이겠지요.

매성유가 낸 이번 시험 문제인 「형상충후지지론」刑賞忠厚之至論은, 당시

의 제도에 근거해서 정치와 사법을 함께 논했습니다. 소동파는 이 시험
관의 학문이 매우 뛰어난 것을 알았습니다. 소동파는 당시 아직 젊은데
다 장난기가 심해서, 시험관을 시험해보고 이해하지 못하도록 하려는
마음을 품고 일부러 답안 중에 이렇게 인용구를 넣어 글을 썼습니다.

"요 임금 당시 사대부가 된 고요皐陶는 죄수를 사형시키려고 했다. 고
요는 '죽여라!' 하고 세 번 말했는데, 요 임금은 '용서해 주어라!' 하고
세 번 말하였다. 이 때문에 천하는 법을 엄격히 집행하는 고요를 무서
워했고, 형법을 너그럽게 쓰는 요 임금을 좋아했다."

當堯之時, 皐陶爲士, 將殺人. 皐陶曰 : 殺之! 三. 堯曰 : 宥之! 三。故
天下畏皐陶執法之嚴, 而樂堯用刑之寬

소동파는 이 글을 통해서 옛 사람이 죄를 판결할 때는 이렇게 충후忠
厚한 마음가짐을 가졌다고 설명하고 있습니다. 매성유는 소동파의 이 글
을 읽고서 몹시 극찬하고 훌륭하다 인정하여 그를 합격시켰습니다. 단
지 인용된 이 몇 마디 말의 전고典故를 본 적이 없어서 어느 책에 나오
는지를 알지 못했습니다. 합격자를 발표한 뒤, 매성유는 소동파를 불러
문장에 인용한 구절의 전고는 어디에 나오느냐고 물었더니, 소동파는
"응당 그럴 것이라고 생각했습니다." 라고 대답하였습니다. 그 때서야
매성유는 자기가 속았다는 것을 알았습니다. 이것은 소동파가 장난을
친 이야기인데, 그 때 속은 사람은 매성유가 아니라 구양수라고 말하는
사람도 있습니다.

이제 본문으로 돌아가겠습니다. 자하는 두 번째 사례로 은나라 탕 임
금 때 이윤伊尹을 등용한 일을 들고 있습니다. 우리가 알듯이 이윤은 고
대의 유명한 재상으로서, 주나라의 강태공과 쌍벽을 이루었습니다. 이윤
은 탕 임금에게 등용될 때 여전히 요리사 노릇을 하고 있는 중이었습니
다. 이윤이 있었기 때문에 탕 임금은 천하를 얻을 수 있었습니다.

상고 역사에서 일류 대신大臣은 학력과 연공에 따라 천천히 진급해서
60세가 되면 퇴직하는 것이 아니었습니다. 인재이기만 하면 단번에 진

급할 수 있었습니다. 물론, 후세의 법치 사회는 또 달라서 창업 당시 용인用人의 원칙과는 다른 바가 있기 마련입니다. 동서고금의 역사에서 우리가 발견할 수 있듯이 위대한 사업은 인재가 해야 하고, 인재는 꼭 학력이나 이력의 제한을 받지 않아도 됩니다.

자하는 "탕 임금이 이윤을 등용하자, 인하지 못한 자들은 멀리 떠났다."(不仁者遠矣)고 했습니다. 자하는 이와 같은 역사적 사례들을 들어서, "바른 사람을 등용하여 비뚤어진 사람 위에 두는 것"(擧直錯諸枉)이 무엇인지 말해주었습니다. 바꾸어 말하면, 자하는 공자의 이 두 마디 말의 의미를 확대 풀이하여, 어떻든 일함에 있어서 사람을 쓸 때는 품격·재능·도덕이 바른 사람을 등용해야 자연히 바르게 된다고 번지에게 말해 준 것입니다.

친구 사귐의 예술

자공이 벗을 사귀는 법을 묻자,
공자께서 말씀하셨다. "충고하여 잘 인도해 주되, 따르지 않으면 그만두어 스스로 욕을 당하지 말아야 한다."

子貢問友。子曰：忠告而善道之，不可則止，毋自辱焉。
자공문우　자왈　충고이선도지　불가즉지　무자욕언

어느 날 자공이 공자에게 "친구를 사귀는 도리는 마땅히 어떠해야 합니까?" 라고 물었습니다. 우리는 친구를 사귀는 일도 때로는 힘들다는 것을 알고 있습니다. 상론 「이인」편에서는 자유가 "임금을 섬김에 있어 충고를 자주 하면 자신을 욕되게 하고, 친구에게 충고를 자주 하면 사이가 멀어진다."(事君數, 斯辱矣　朋友數, 斯疏矣)고 말한 적이 있습니다. 윗사람에게 잘못이 있으면 간부는 충성심忠心을 다해 권고할 책임이 있습니다. 그러나 여러 번 권고했는데도 듣지 않으면, 더 이상 말하지 말아야 합니다. 무리하게 충고하다가는 오히려 자신이 모욕을 당합니다. 친구를 사귈 때도 마찬가지입니다. 친구에게 지나친 충고나 요구를 여러 번 하면 우정이 멀어집니다.

여기에서 공자는 자공에게 친구를 사귀는 원칙은 "충고해서 잘 인도하는"(忠告而善道之) 데 있다고 말했습니다. 충고를 하여 잘 유도하다가도 "따르지 않으면 그만두어야"(不可則止) 하며, 충고가 지나치지 않도록 하여 "스스로 욕을 당하지 말아야 한다."(毋自辱焉)고 했습니다. 충고가 지나치게 되면 친구 사이의 우정도 없어지고 원수가 됩니다.

공자가 가르친 이 친구 사귀는 도리는 적당한 데에서 멈추고 지나치지 말라는 것으로, 얼른 듣기에는 매우 교활한 것처럼 보입니다. 그러나 실제로 우리 자신의 경험을 비추어 볼 때 공자의 말은 결코 교활하지 않습니다.

우리네 문화에서 벗을 사귀는 도덕규범友道의 정신은 "잘못은 지적하여 고쳐 주고, 좋은 점은 격려한다."(規過勸善)는 데에 있습니다. 여기에 친구의 진정한 가치가 있습니다. 잘못은 서로 바로잡아 주고 피차 좋은 방향으로 격려해 주는 것이 진짜 친구입니다. 하지만 여기에도 일정한 한도가 있습니다. 특히, 친구끼리 사업을 할 때는 더욱 주의해야 합니다. 우리가 역사에서 많이 볼 수 있듯이, 어쩔 수 없다는 것을 알았을 때는 옷소매를 뿌리치고 떠날 수밖에 없습니다. 그래야만 떠난 후에도 친구 사이를 계속 유지할 수 있기 때문입니다.

근대의 이야기를 하나 예로 들어 보겠습니다. 증국번의 휘하에는 왕상기王湘綺(임추任秋)라는 막우幕友 ─ 명청明靑 시대에 지방 관서나 군에서 관직이 없이 업무를 보좌하던 고문 ─ 가 있었는데, 당시 그는 호남의 재자才子이자 근대의 유명한 대유학자였습니다. 그는 『상군지』湘軍誌를 썼는데, 그 속에 증국번을 평가한(襃貶) 곳이 있습니다. 당시 증국번이 이끄는 상군은 홍수전洪秀全과의 전방 전투에서 패색을 보이기 시작했는데, 이때 왕상기는 휴가를 받아서 집으로 돌아가겠다고 했습니다. 증국번은 이 글쟁이가 담력이 작아서 전쟁의 패배를 두려워한다는 것을 알고, 그를 돌려보낼 생각도 했습니다. 그러나 일이 바빠서 휴가 신청 공문을 즉시 결재하지 못하고 있었습니다.

어느 날 저녁 증국번은 일 때문에 왕상기를 찾아갔다가, 열심히 책을 읽고 있는 그의 모습을 보고는 방해하지 않고 뒤에 가만히 서 있었습니다. 반시간이 지났는데도 왕상기가 알아채지 못하자, 증국번은 조용히 밖으로 나왔습니다. 이튿날 아침 증국번은 그에게 많은 돈을 보내 진심으로 위로한 뒤 집으로 돌아가게 했습니다.

어떤 사람이 증국번에게 왜 갑자기 왕상기를 집으로 돌려보냈느냐고 묻자, 증국번은 이렇게 대답했습니다. "왕 선생의 결심이 이미 굳건해서 만류할 수 없고, 친구의 도리로도 무리해선 안 되기 때문이다. 특히, 전쟁의 승패는 자신도 알 수 없는데, 어떻게 다른 사람을 지켜줄 수 있겠는가?" 그 사람은 다시 왕상기의 그런 결심을 어떻게 알 수 있었느냐고 물었습니다. 그러자 증국번은 "그 날 저녁 왕상기는 내가 뒤에 서 있다는 것을 눈치 채지 못했을 뿐만 아니라, 반시간 동안이나 책장을 넘기지 않았다. 그것으로 보아 그가 책을 읽지 않고 생각에 빠져 있다는 것을 알 수 있었다. 그가 돌아가고 싶어 하니 차라리 돌려보내는 것이 좋다."고 말했습니다.

이 이야기는 상사가 부하를 대함이나 혹은 친구와 함께 지냄은 딱 적절한 정도이어야 한다는 것을 설명해 줍니다. 만약 지나치면 친구도 원수가 되고 맙니다. 인생에서 친구를 하나 사귀는 것은 어려운 일입니다. 그러므로 공자가 자공에게 친구를 사귀면서 충고도 적당히 하고 지나치지 말라고 한 것은 결코 교활한 것이 아닙니다.

증자가 말하였다. "군자는 학문(文)을 통하여 벗을 사귀고, 벗을 통하여 서로 인(仁)을 행하는 것을 돕는다."

曾子曰 : 君子以文會友 , 以友輔仁。
증자왈　군자이문회우　이우보인

이 편은 마지막에 증자의 말로 결론을 짓고 있습니다. 역시 친구의 도리를 말한 것인데, 친구의 적극적인 의의는 어디에 있을까요? "군자는 학문을 통하여 친구를 사귄다."(君子以文會友)고 했는데, 여기서의 '문'(文)은 문화 사상이 포함됩니다. 서로 뜻이 같고 신념이 일치하는 친구를 사귀는 목적은 어디에 있을까요? 서로 도우면서 인仁을 행하는 경지에 이르기 위해서입니다.

이 편 첫머리에서 안연이 인仁에 대해 물었고, 여기 마지막 결론에 이르러서는 증자가 말한 친구의 도리를 말하고 동시에 사람됨도 인仁의 용用이라고 다시 한 번 분명히 하고 있습니다. 이른바 인仁이란 사람을 사랑하는 것이며, 사람 사이에 서로 잘 지내고 자기 처신을 하는 고도의 수양이기도 합니다. 이를테면 사람됨의 예술이기도 합니다.

子路

이제 제13편 「자로」를 강의하겠습니다. 『논어』 전편이 서로 연관되어 있다는 관점에서 보면, 이 「자로」편의 문장은 상론上論 「위정」편 이후에 대해서 더 풀이한 것입니다. 즉, 개인의 학문의 내적 수양과 그 외적 활용입니다. 물론 과거에 관료가 되기 위한 학문적 수양도 포함되어 있으며, 사람됨과 일처리의 도리도 포함되어 있습니다.

근심은 천하 사람보다 먼저

자로가 정치(에 종사하는 원칙)에 대하여 묻자,

공자께서 (세 가지를) 말씀하셨다. "(자기가 앞장서서 어렵고 힘든 일을 먼저 하고, 이익 면에서도 남에게 양보하고 자기는 바라지 않음으로써) 백성에게 솔선수범하고, 백성에게 일을 시키라."

자로가 더 일러 달라고 청하자, "(책임감을 더욱 무겁게 가지고 일에 싫증내지 말고) 게을리 하지 말라." 고 하셨다.

> 子路問政。子曰:先之,勞之。請益。曰:無倦。
> 자로문정 자왈 선지 노지 청익 왈 무권

이 단락은 매우 간단합니다. 자로가 정치에 종사하는 도리를 묻자, 공자는 "백성에게 솔선수범하고, 백성에게 일을 시키라."(先之, 勞之)는 두 가지 관념을 말했습니다. '선先'과 '노勞' 이 두 가지 관념은 다양하게 해석할 수 있습니다.

이른바 '선'先은 위정의 원칙으로, 지도자가 모든 일을 솔선수범하는 것입니다. '선'先에 관해서는 송나라의 유학자 범중엄范仲淹의 「악양루기」岳陽樓記에 "천하가 근심하기 전에 먼저 근심하고, 천하가 즐거워하고 난 뒤에 즐긴다."(先天下之憂而憂, 後天下之樂而樂)는 유명한 말이 있습니다. 그가 말한 '선'先의 의미는 바로 이 『논어』에서 유래합니다. 이 '선'先자를 정치 철학에서 해석할 때는 대체로 "자신을 돌보지 않음으로써 오히려 자신을 보존한다."(外其身而身存)는 노자의 말을 이용합니다(『노자』 제7장—역주). 정치 지도자, 특히 군사를 거느리는 장군이라면 모두 이렇게 해야 합니다. 즉, 자기가 앞장서서 어렵고 힘든 일을 먼저 하고, 이익 면에서도 남에게 양보하고 자기는 바라지 않는 것이 "자신을 돌보지 않는 것"(外其身)입니다. 그러나 실제로 최후의 성공은 역시 자기에게 돌아오는데, 이것이 바로 지도자가 "솔선수범하는 것"(先之)입니다.

"백성에게 일을 시키는 것"(勞之)도 역시 일 처리 지도의 원칙입니다. 좌구명이 쓴 『국어』를 보면, 노나라 대부 공보문백公父文伯의 어머니인 경강敬姜이 수고로움과 방일함에 대하여 논의한 한 편의 글이 있습니다. 경강이 아들에게 주는 교훈을 서술한 것인데, 그 정치적 사상이 매우 높습니다. 그녀는 사람이라면 반드시 고되고 힘든 단련을 받아야 한다고 하면서 "수고로우면 생각하고, 생각하면 착한 마음이 생긴다. 방일하면 넘치고, 넘치면 착함을 잊고, 착함을 잊으면 악한 마음이 생긴다."(勞則思, 思則善心生;逸則淫, 淫則忘善, 忘善則惡心生)고 했습니다. 사람은 환경이 좋고 무엇이든 안일하면 타락하기 대단히 쉽습니다. 민족이나 국가도 마찬가지입니다. 이른바 "우환 속에서 나라가 흥기한다."는 것으로, 어려움과 고난 속의 민족은 종종 다시 일어설 수 있습니다.

그래서 옛날에 위정爲政을 아는 많은 사람들은 모두 '수고로움'의 원칙을 잘 이용하여 관리와 백성들이 놀고 즐기는 데에 빠질 기회가 없도록 했습니다. '노'勞에는 근로·노동·운동 등 많은 의미가 포함되어 있습니다. "군자는 마음을 수고롭게 하고, 소인은 육체를 수고롭게 한다."(君子勞心, 小人勞力)고 했듯이, 사람은 수고롭고 가난할 때 인생에 대한 체험도 비교적 많이 하게 되고 선량한 심성도 발휘하여 내기 쉽습니다.

그러나 이것은 좋은 일면으로의 관점입니다. 다른 일면으로는 우리가 알듯이 이 원칙을 역이용하는 경우도 있습니다. 즉, 가능한 한 남을 고생시켜 한시도 편안할 수 없게 하며, 생각할 기회도 주지 않고, 감히 생각조차 하지 못하게 만들어 버리는 것은 '노'勞의 원칙을 역이용하는 것입니다.

그러므로 같은 학문이라도 긍정적인 면과 부정적인 면을 어떻게 이용하느냐 하는 것은 개인의 도덕에 의해 결정됩니다. 이 '노'勞에는 동시에 자신도 포함됩니다. 개인의 수양 면에서 지도자는 어려울 때 차라리 자신이 먼저 나서고 힘든 일이 있으면 자기가 먼저 해야 합니다. 자기는 편안하게 있으면서 어려운 일은 다 남에게 미루어서는 절대로 안 됩니다. 그렇게 하면 결코 사람을 잘 거느릴 수 없는데, 특히 부대를 거느리고 전투를 할 때 이점이 뚜렷이 드러납니다.

공자가 이 두 가지를 말하고 나자, 자로는 "더 일러 달라고 청했습니다."(請益). 그러자 공자는 "게을리 하지 말라."(無倦)고 했는데, 그 문자적인 뜻은 피곤해하지 말고 모든 일에 더욱 노력하라는 것입니다. 다시 말하면 책임감을 더욱 무겁게 가지고, 일에 싫증을 느끼지 말라는 것입니다. 역사로부터 엄격히 이해해 보면, 정치적으로 성공한 지도자가 되기란 확실히 고되고 힘들었습니다. 공자가 말한 원칙을 성실히 지키다 보면 공문公文을 보는 일만 해도 힘들게 느껴집니다. 진정한 책임감을 가지고 일하게 되면 흔히 사생활조차 없어져 때로는 일에 싫증이 나기 마련입니다.

앞에서도 말했지만, 주공周公 같은 사람은 "한 번 머리를 감다가 세 번이나 머리카락을 움켜쥔 채 나왔고, 한 끼 밥을 먹다가 세 번이나 뱉으면서 나왔다."(一沐三握髮, 一飯三吐哺)는 이야기가 있을 정도로 바쁘고 수고로웠습니다. 주나라의 정권이 끊어지느냐 이어지느냐 하는 존망의 고비에서 8백 년이나 유지할 수 있었던 것은 주공이 확립한 의식과 제도 덕분이었습니다. 그 결과 중국 문화가 집중되어 하나의 체계성으로 정리된 것도 주공으로부터 시작했습니다. 당시 주공의 신분과 지위는 "일인지하, 만인지상"一人之下, 萬人之上이라는 말로도 다 형용할 수 없을 만큼 높았습니다. 사실 그는 무왕武王과 친형제이자 성왕成王의 숙부였습니다. 그런데도 그토록 겸손하고 책임감 있고 부지런하고 싫증내지 않았으니, 이런 수양은 실로 드물다 하겠습니다. 사람은 자기가 그런 중책을 짊어지고 그런 지위에 도달하였을 때 체험해야 비로소 더욱 절실합니다.

　이상은 공자가 자로에게 말해 준 정치의 세 가지 원칙입니다. 공자는 왜 자로에게 이런 대답을 했을까요? 이점에 대해 우리는 머리로 깊이 생각해 보아야 합니다. 가령 자공이나 자하가 정치에 종사하는 것을 물었다면, 공자는 아마 이렇게 대답하지 않았을 것입니다. 앞에서 말했듯이 자로는 의협심이 강한 사람이기 때문에, 걸핏하면 "그만 둬!" 하고 잘라 버리거나 "해 버리자!" 하고 밀어붙이는 성격인데, 이런 성격은 일을 망치기 쉽습니다. 반대로 성격이 너무 굼뜬 사람도 역시 일을 그르치기 쉽습니다. 그래서 공자는 자로에게 이 세 가지 원칙을 엄숙하게 말해 준 것입니다. 그러나 우리 역시 자신에게 이런 성향이 없는지 반성해 보아야 합니다. 학문 수양의 도리를 이 세 가지 중점에서 체험해 볼 수 있습니다.

인재난

　중궁이 계씨의 가재家宰가 되어 정치(에 종사하는 원칙)에 대하여 묻자,

　공자께서 말씀하셨다. "먼저 (권한과 책임을 확실하게 구분 확립하고 각 사람의 직권을 중시하여) 담당 관리에게 맡겨 처리하되, (아랫사람의) 작은 허물은 용서해 주며, (재능 있는) 현명한 인재를 발탁 등용하라."

　"어떻게 현명한 인재들을 알아보고 발탁 등용하시라는 것입니까?"

　"네가 (재능 있는 인재로) 아는 사람들 중에서 발탁 등용하라. (만약 어떤 사람이) 네가 알아보지 못한 인재라면, (그에게 자신의 재능을 드러낼 기회가 없었던 것이므로) 다른 사람이 그를 (발탁하지 않고) 내

버려 두겠느냐? (그렇게 발탁되기를 기다릴 수밖에 없다)"

> 仲弓爲季氏宰, 問政。子曰:先有司, 赦小過, 擧賢才。曰:焉知賢
> 중궁위계씨재　문정　자왈　선유사　사소과　거현재　왈　언지현
> 才而擧之? 曰:擧爾所知, 爾所不知, 人其舍諸?
> 재이거지　왈　거이소지　이소부지　인기사저

　중궁仲弓은 노나라의 권신인 계씨 집안의 일을 맡고 있을 때, 공자에게 정치에 종사하는 원칙을 물었습니다. 공자는 그에게 "먼저 담당 관리에게 맡겨 처리하라."(先有司)는 행정상의 정치 원칙을 말해 주었습니다. '유사'有司는 직함으로서, 실무를 주관하는 사람인데, 고서에서 흔히 볼 수 있는 말입니다.

　공자의 말은 각 사람의 직권職權을 중시하여 제도화해야 하며, 윗사람 마음대로 해서는 안 된다는 것입니다. 고대의 전제정치 시대, 특히 춘추전국 시기의 지도자나 제왕은 그 자신이 곧 법이자 제도였습니다. 중국은 과거에도 법치의 정신을 말했지만, 군주 전제체제하에서는 흔히 "말을 하면 법이 뒤따른다."(言出法隨)는 상황이었습니다. 즉, 군주의 말이 곧 법률이었으며, 군주의 명령은 바로 법령이었습니다. 그러므로 공자는 중궁에게 이런 잘못을 범하지 말고, 먼저 권한과 책임을 확실하게 구분하여 제도를 확립해야 한다고 했습니다.

　다음으로 지도자는 아랫사람의 "작은 잘못은 용서해 주어야 합니다."(赦小過). 누구나 잘못을 범할 수 있기 때문에 특히 지도자는 아랫사람을 용서할 수 있어야 합니다. 지도자는 관리책임자일 뿐만 아니라 스승도 겸해야 합니다. 이른바 "지도자는 스승인 동시에 부형"(作之君, 作之師, 作之親)으로서, 부하의 사소한 잘못은 대충 넘어가고 기껏해야 질책을 할 때는 방으로 불러들여 몇 마디로 타이르면 됩니다. 역사상 명신들을 보면 부하가 잘못했을 때 사람들 앞에서는 말하지 않고, 부하를 방으로 불러들여 문을 닫아놓고 엄하게 꾸짖었습니다. 그리고 방에서 나온 뒤에는 책임자인 자기가 잘못했으니 책임은 자기에게 있고, 그 부하와는 상관없다고 공개적으로 말했습니다. 고대의 많은 대신들이 이런 도량이 있었던 것은 술책을 쓴 것이 아니라, 수양을 통해 너그러운 마음을 함

양하고 사람을 사랑했기 때문입니다.

셋째는 "현명한 인재를 등용하라."(擧賢才)는 것입니다. 즉, 재능 있는 사람을 등용할 수 있어야 합니다. 이것도 쉽지 않은 문제로서, 중궁은 수많은 사람들 중에서 어떻게 인재를 알아볼 수 있느냐고 물었습니다. 인재를 선발하는 것은 매우 어려운 일입니다. 역사를 보면 수많은 사람들 가운데 묻혀 있던 인재가 발탁되는 일이 가끔 있었습니다. 아무리 뛰어난 인재라 하더라도 그 재능을 발휘할 기회가 없으면, 영원히 세상에 알려지지 못하고 묻혀 버리게 됩니다. 예컨대 1개 사단의 부대를 거느릴 경우, 그 부대 가운데는 반드시 인재가 있기 마련이지만 쉽게 발견할 수가 없습니다. 만일 발견하게 되면, 그를 등용하여 기회를 주고 수시로 재능을 배양해야 합니다. 역사상 많은 선배들은 모두 이렇게 후배들을 발탁하여 양성하였습니다.

그러나 현명한 인재를 구한다는 것은 역시 어려운 일입니다. 그래서 누가 현명한 인재인지 알 수 없는데 어떻게 인재를 구할 수 있겠느냐고 중궁이 묻자, 공자는 "네가 본 대로 아는 대로 발탁하면 된다. 만약 네가 어떤 인재를 알아보지 못한다면, 그에게 자신의 재능을 드러낼 기회가 없었던 것이므로 다른 사람에 의해 발탁되기를 기다릴 수밖에 없다."고 했습니다. 이른바 "은덕을 널리 베풀어 대중을 구제하는 일은 요 임금이나 순 임금조차도 해 내지 못할까 걱정하셨다."(博施濟衆, 堯舜猶病諸)는 것입니다.

공자는 무슨 명분을 바로 세우고 싶었을까

자로가 물었다. "(위나라 영공의 태도를 보면 선생님을 매우 중시하는 것 같습니다) (만일) 위나라 임금이 (정권을 넘겨주고) 선생님께서 정치를 해 주시기를 바란다면, 선생님께서는 (위정의 도리로서 중요한 점으로) 무엇을 (가장) 먼저 (시작) 하시겠습니까?"

공자께서 대답하셨다. "(만일 그렇다면, 맨 처음 해야 할 일로서) 반드시 (문화 사상의 노선을 올바르게 영도해 나가는) 명분(名)을 바로 세우겠다."

자로가 물었다. "그렇습니까? (그게 그렇게 중요합니까? 선생님, 사람들이 선생님을 세상 물정에 어두운 선비라고 하는데) 선생님은 정말 현실에 어두우십니다! (명분을 바로 세우든 바로 세우지 않든 무슨 상관이 있습니까?) 어째서 그걸 바로 세우시겠다는 것입니까?"

공자께서 말씀하셨다. "(정말) 천박하구나, 유由 너는! (허튼소리 하지 마라) (진정으로 학문이 있는) 군자는 그가 잘 알지 못하는 일에 대하여는 (제멋대로 결론을 내리는) 말을 않고, (알면 안다고 하고, 모르면 모른다고 하고, 이해하면 이해한다고 하고, 이해하지 못하면 이해하지 못한다고 말하는 것이야말로 군자의 품위와 수양이다) (그래서 차라리 이 결함을 보류하고 남에게, 그 일에 대해서 자신이 알지 못하며 연구하지 못했다 라며) 내버려두는 법이다.

(정치의 핵심으로서 문화 사상의 중심인) 명분을 바로 세우지 않으면 (이론과) 말이 (이론적으로나 논리적으로) 이치에 맞지 않게 되고, 말이 이치에 맞지 않으면 일이 이루어지지 않게 되며, 일이 이루어지지 않으면 예악이 흥성興盛하지 못하게 되고, 예악이 흥성하지 않으면 형벌이 적절하지 않게 되며, 형벌이 적절하지 않으면 백성들은 손발을 제대로 둘 곳도 없게 된다. (다시 말해, 이렇게 문화적인 정권이 없으면 문화적인 사회가 있을 수 없고 입법 제도도 제대로 세울 수 없기 때문에, 법치의 튼튼한 기초를 마련할 수 없게 되어 백성들은 누구의 말을 들어야 좋을지 모르게 된다)

그러므로 군자는 명분을 세우면 반드시 말로 설명할 수 있고, 말로 설명하면 반드시 실행될 수가 있는 것이다. 군자는 그의 말에 있어서 구차한 일이 없어야만 하는 것이다!"

子路曰:衛君待子而爲政,子將奚先? 子曰:必也正名乎。子路曰:
자로왈　위군대자이위정　자장해선　자왈　필야정명호　자로왈

有是哉? 子之迂也。奚其正? 子曰:野哉! 由也。君子於其所不知,蓋
유시재　자지우야　해기정　자왈　야재　유야　군자어기소부지　개

闕如也。名不正, 則言不順;言不順, 則事不成;事不成, 則禮樂不興;
궐여야　명부정　즉언불순　언불순　즉사불성　사불성　즉례악불흥

禮樂不興 , 則刑罰不中 ; 刑罰不中 , 則民無所措手足 。 故君子名之必可言
예악불흥　즉형벌부중　형벌부중　즉민무소조수족　고군자명지필가언

也 , 言之必可行也 。 君子於其言 , 無所苟而已矣 !
야　언지필가행야　군자어기언　무소구이이의

　어느 날 자로와 공자가 위정의 문제를 토론하고 있습니다. 공자는 여러 나라를 두루 돌아다녔지만, 대부분의 나라에서 많은 실망을 하였습니다. 비교적 좋았던 시절은 위衛나라에 있었을 때였으며, 위령공衛靈公도 분명히 공자를 매우 중시하였습니다. 그래서 공자의 전기를 보면, 사람들이 여러 면에서 공자를 의심했습니다. 어떤 사람은 공자가 위나라 재상이 되려 한다고 생각했으며, 어떤 사람은 공자가 위나라 정권을 송두리째 빼앗으려 한다고 생각했습니다. 이 단락의 토론 배경은 그 당시의 상황을 반영한다 할 수 있습니다.

　하루는 자로가 이렇게 물었습니다. "위령공의 태도를 보면 선생님을 매우 중시하는 것 같습니다. 만일 그가 선생님께서 정치를 해 주시기 바라면서 선생님께 정권을 넘겨주겠다고 하면, 선생님께선 무엇을 먼저 하시겠습니까?(子將奚先─우리가 주의해야 할 점은 이 '將'자인데, 사실 그렇게 될 리는 없다는 가설의 말투입니다.) 선생님께서는 위정의 도리로서 첫걸음은 무엇이라고 생각하십니까? 가장 먼저 시작해야 할 중요한 점은 무엇입니까?" 그러자 공자는 "만일 그렇다면, 맨 처음 해야 할 일은 명분을 바로 세우는 것(正名)이다." 라고 대답했습니다.

　이에 대해 자로는 "그렇습니까?"(有是哉)라고 했는데, 이는 대단히 의문스럽다는 말투로서, 명분을 바로 세우는 것이 그렇게 중요하냐는 뜻입니다. 명분을 바로 세운다는 것은 매우 추상적인 것이기 때문에, 자로는 믿지 않았습니다. 그래서 "선생님, 사람들이 선생님을 세상 물정에 어두운 선비라고 하는데, 선생님은 정말 현실에 어두우십니다(迂). 명분을 바로 세우든 바로 세우지 않든 무슨 상관이 있습니까?" 라고 말했습니다.

　먼저 이 '명'名자에 대해 알아봅시다. 중국 문화에서 과거에 말하는 '명'名에는 어떤 것이 포함되어 있을까요? 우리가 알듯이 후세에 논리와

사상을 연구하는 '명학'名學이라는 학문이 있었습니다. 엄격히 말해서 '정명'正名이란 바로 사상적 관념을 확립하는 것을 말합니다. 오늘날 어휘語彙로 말한다면, 문화 사상의 중심이 바로 '정명'正名의 요점입니다. 또, 논리학에서 개념을 분명히 구분하는 것을 '정명'이라고 할 수 있습니다.

이제 '정명'正名의 뜻을 이해하였으니, 다시 본문을 이야기 하겠습니다. 공자는 위정을 이야기하려면 먼저 사상을 분명히 영도해야 한다고 말했습니다. 문화 사상의 노선을 올바르게 영도해 나가는 것이 매우 중요하다는 뜻입니다. 그러나 자로는 공자의 말을 듣고, 문화 사상은 빈껍데기 같은 것인데 구태여 상관할 필요가 없지 않느냐고 말했습니다. 그러자 공자는 자로를 꾸짖으면서 말합니다. "이놈아, 너는 정말 천박하구나. 허튼소리 하지 마라. 진정으로 학문이 있는 군자라면 어떤 일에 대해 잘 모른다면 제멋대로 결론 내리지 말아야 한다. 알면 안다고 하고, 모르면 모른다고 하고, 이해하면 이해한다고 하고, 이해하지 못하면 이해하지 못한다고 말하는 것이야말로 군자의 품위와 수양이다." 라고 했습니다. "개궐여야"蓋闕如也, 차라리 이 결함을 보류하고 남에게, 그 일에 대해서 자신이 알지 못하며 연구하지 못했다라고 말한다는 것입니다.

공자는 자로에게 그 점에서의 사람됨의 도리를 가르친 다음 계속해서, "반드시 명분을 바로 세워야 하는"(必也正名) 이치를 말해주면서, 거침없이 수미일관 되게 중심 사상의 중요성을 설명했습니다.

정치의 핵심인 "명분을 바로 세우지 않으면 말이 순조롭지 못하다." (名不正, 則言不順). 여기서 '말'言은 문자 및 이론을 포함하고 있습니다. 이론적으로 성립되지 않는 일은 비합리적인 일이므로 반드시 성공하지 못할 것입니다. 때로 우리가 역사를 읽어 보면, 정치의 변화 발전은 모두 "명분이 정당하면 말도 이치에 맞는다."(名正言順)는 원칙에서 벗어나지 않았음을 알 수 있습니다.

공자는 또 "일이 이루어지지 않으면 예악이 흥성하지 않는다."(事不成, 則禮樂不興)고 했습니다. 이것은 문화적인 정권이 없으면 문화적인 사회가 있을 수 없고 입법 제도도 제대로 세울 수 없기 때문에, 법치의 튼튼한 기초를 마련할 수 없게 되어 백성들은 누구의 말을 들어야 좋을지 모르게 된다는 말입니다. 그러므로 리더십의 핵심은 역시 사상적·문화적 영도입니다. 공자의 이 말은 겉으로 볼 때 별로 중요한 것 같지 않지만, 그 영향은 매우 큽니다.

우리가 사상 문제로 역사를 살펴본다면 인류의 전 역사는 바로 사상 전쟁사라고 할 수 있습니다. 철학의 입장에서 보면 오늘날 전 세계의 문화 사상은 거의 마비 상태에 빠져 있어 공허하고 빈약합니다. 좀 듣기 좋게 말하면 물질문명의 발전이고, 좀 듣기 나쁘게 말하면 물질적 욕망이 날로 커지면서 인류의 지혜를 어둡게 하고 있습니다. 지금은 느끼지 못할 수도 있겠지만, 10년, 20년이 지나면 느낄 수 있을 것입니다. 그러므로 우리는 지금부터 문화 부흥을 위해 문화를 계승 발전시키고 동서양의 문화를 융합하는 작업을 해야 합니다. 이것은 한시도 늦춰서는 안 될 중대한 사명입니다.

문화 사업에 종사하는 사람들은 반드시 자신의 신성하고도 고달픈 책임을 알아야 합니다. 누가 맡긴 책임일까요? 자기 스스로 자신에게 부과한 것입니다. 지난날의 것을 이어받아 앞날을 개척하는 무거운 책임을 짊어져야 비로소 사상적인 일을 할 수 있습니다. 현실의 삶에서 이들은 평생 가난에 시달리며 묵묵히 살아갑니다. 그러나 역사의 발전 변화는 모두 이런 쓸쓸한 생활을 하는 사람들의 사상에 영향을 받습니다. 본인이 죽고 나서야 그의 사상이 인류를 이끌어가게 되는 것입니다. 개인의 현실적 생활로 볼 때는 평생 가난과 외로움이 따를 뿐인데, 사상을 연구하고 문화를 추구하는 일이 무슨 쓸모가 있겠습니까? 그렇지만 그의 정신 생명의 가치는 참으로 위대하고 장구한 것입니다! 이것은 개인 각자의 인식에 달려있으니, 자신이 어떤 길을 갈 것인지 선택해야 합니다.

이제 공자가 말한 '정명'正名의 문제와 사상 문화의 중요성을 확대시켜 봅시다. 만일 "백성들이 손발을 제대로 둘 곳이 없는"(民無所措手足) 상황에 이르게 된다면, 일반인들은 어찌할 바를 모르고 어떤 길을 가야 할지 모르게 되어 문제를 해결할 수 없습니다. 예컨대 20세기의 시대 현상을 살펴볼 때, 앞에서 언급했듯이 세계 각국에서 극단적인 사상에 기울어진 사람들은 지식인들, 그것도 최고 수준에 이르지 못한 지식인들이라고 할 수 있습니다. 또 하나의 이상한 현상은 많은 외국 자본가들의 행위인데, 적어도 그들은 극단적인 사상을 동정하는 노선을 간다는 것입니다. 이 과정에서 가난뱅이들은 대부분 그들에게 맹종하고 진정한 사상을 연구하지 않습니다. 여기에 큰 문제가 있으며, 이 시대의 사상문화를 연구하고 진정한 학문을 해야 할 관건이 여기에 있습니다.

우리는 이 문제를 소홀히 해서는 안 됩니다. 어떤 일들은 겉보기엔 아무 상관없는 것처럼 보이지만, 그 영향의 결과는 대단히 큽니다. 이것을 문화 사상이라고 합니다. 문화 사상은 보기에는 상관없는 것 같지만, 결과적으로 시대 조류를 형성하고 국가 운명에 대단히 큰 영향을 줍니다. 심지어 문화 사상이 역사를 좌우했다고도 할 수 있으므로, 정치 철학적 관점에서 유의해야 합니다. 아무 관계도 없는 듯한 수많은 일들, 예를 들면 길거리에 담배꽁초를 버리는 것이 대단한 일은 아니지만, 이 사람이 하나 버리고 저 사람이 하나 버려 사람마다 하나씩 버리면 그것이 하나하나 쌓여 도시 전체를 오염시킬 수 있듯이, 아무 상관없어 보이는 일이 큰 문제를 초래합니다. 정치 지도자가, 바로 공자가 한 말처럼, 명분이 바르지 않으면 사상도 바르지 않게 되는 것입니다. 그렇게 되면 백성들은 손발조차 둘 곳이 없게 됩니다. 이런 시대에는 백성들이 어떤 사상이 옳은 것인지 모릅니다.

그래서 공자는 결론적으로 "군자가 명분을 정하면 반드시 말로 설명할 수 있게 된다."(君子名之必可言也)고 했습니다. 이 '명'名자에는 사상 문화가 내포되어 있습니다. 아울러 이로써 우리는 정치 철학에서 차지하는 사상 문화의 중요성을 알 수 있습니다. 뿐만 아니라 우리의 진정한 전통 사상은 떳떳하게 말하지 못할 것이 없습니다. 이론적으로나 논리적으로나 이치에 맞아, 허황된 이론이 아니며 실천할 수 있는 것입니다. 오늘날의 사상 풍조는 모두 지엽적인 응용 사상이지 기본적인 철학 사상이 아닙니다. 이 때문에 인심은 갈수록 혼란해지고 세상 풍조는 날마다 나빠지고 있습니다.

공자는 그래서 위정이란 무엇보다도 먼저 사상 문화의 문제라고 말하고 있습니다. 우리 전통 문화에서 사상 문화와 언어 행위의 원칙은 바로 실천을 중히 여기는 것입니다. 일단 말을 하면 반드시 실천해야 하고, 그것도 평이하고 실질적으로 실천하기 쉬워야 합니다. 허황되고 심원한 이론을 말하지 말고, 평이하고 실질적으로 실행 가능해야 한다는 것, 이것이 바로 우리 정치 철학의 최고 원칙입니다. 요컨대 공자가 우리에게 말하는 것은, "사상이 가장 중요하다. 이 사상은 결국 '정명'正名으로 함축된다. 범위를 축소시켜 말한다면 명칭과 개념이 중요하다."는 것입니다. 그러므로 평소에 홍보를 맡은 사람은 한마디 표어나 한마디 소제목을 사용할 때도 반드시 자세한 연구를 거쳐야 합니다. 만약 잘못한다면, 그것은 바로 '정명'正名에서 벗어난 것이라 할 수 있습니다.

나라 일에는 관심 없고 자기 이익에만 눈이 멀다

다음에서는 대체로 사람됨의 도리를 말합니다.

번지가 곡식 농사짓는 법을 가르쳐 달라고 청하자,
공자께서 말씀하셨다. "(그것은 나에게 묻지 말고 농사 경험이 있는 농민에게 물어 보는 것이 더 낫다) 나는 늙은 농부만 못하다."
다시 채소(와 꽃) 가꾸는 법을 가르쳐 달라고 청하자,
공자께서 말씀하셨다. "(나도 모르는 것은 아니지만 그저 조금밖에 모르기 때문에) 나는 (오랜 경험이 있는) 늙은 채소 농사꾼만 못하다."
번지가 나가자, 공자께서 (유머로) 말씀하셨다. "소인이로다, 번수樊須는! (그 녀석이 뜻밖에도 내게 농업 기술을 물어주나. 나는 너희들에게 올바른 사람됨과 일처리의 대원칙을 가르쳐 주었지, 채소 재배 기술은 가르치지 않았다)
(높은 지위에 있는 지도자로서) 윗사람이 (스스로) 예禮를 좋아하(고 문화 사상을 염두에 두)면 백성들이 감히 성실 공경하지 않을 수 없(는 기풍이 일어나)게 되고,

윗사람이 (스스로) 의義를 좋아하(여 남을 사랑하고 자신을 희생해서 남을 도와준다)면 백성들이 (그 영향을 받아서) 감히 복종하지 않을 수 없게 되며,

윗사람이 (스스로) 신의를 좋아하(여 말에 신용이 있고 자신도 믿고 남도 믿으)면 백성들이 (그에 대해) 참된 정情이 우러나지 않을 수 없게 된다.

이렇게만 되면 사방의 백성들(의 마음)이 (그에게 쏠려) 제 자식을 포대기에 싸 업고 (가족들을 데리고 찾아와) 모여들(고 어진 인재들도 모여들어 따를) 것인데, (그래도 농사 지어 줄 사람이 없을까?) 어찌 농사짓는 법을 배울 필요가 있겠는가!"

樊遲請學稼, 子曰 : 吾不如老農。請學爲圃, 曰 : 吾不如老圃。樊遲
번지청학가　자왈　오불여로농　청학위포　왈　오불여로포　번지

出 。子曰 : 小人哉! 樊須也。上好禮 , 則民莫敢不敬 ; 上好義 , 則民莫
출　자왈　소인재　번수야　상호례　즉민막감불경　상호의　즉민막

敢不服 ; 上好信 , 則民莫敢不用情。夫如是 , 則四方之民 , 襁負其子
감불복　상호신　즉민막감불용정　부여시　즉사방지민　강부기자

而至矣。焉用稼!
이지의　언용가

하루는 번지樊遲가 공자에게, "곡식을 어떻게 재배하면 잘 될 수 있습니까?" 하고 농사기술 문제를 물었습니다. 공자는 "그것은 나에게 묻지 말고 농사경험이 있는 농민에게 물어 보는 것이 더 낫다."고 대답했습니다. 번지가 또 채소와 꽃을 가꾸는 법을 가르쳐 달라고 하자, 공자는 "나도 모르는 것은 아니지만 그저 조금밖에 모르기 때문에, 채소와 꽃을 가꿔 본 오랜 경험이 있는 사람에게 묻는 것이 더 낫다."고 말했습니다.

번지가 나가자 공자는 제자들에게 유머로 말하기를, "번지 그 녀석이 뜻밖에도 내게 농업 기술을 묻더구나. 나는 너희들에게 올바른 사람됨과 일처리의 대원칙을 가르쳐 주었지, 채소 재배 기술은 가르치지 않았다."고 했습니다. 높은 지위에 있는 지도자가 스스로 예의를 좋아하고

성실히 책임을 다한다면 자연히 아랫사람들도 일을 열심히 하고 동료들과 잘 어울리게 됩니다. 특별히 주의할 점은, 지도자의 의도가 어느 한 쪽으로 치우치면, 전체 기풍이 그쪽으로 쏠리게 된다는 것입니다. 나쁜 편향도 문제가 되지만, 좋은 편향도 잘 이끌지 않으면 문제가 발생합니다.

그래서 도가나 유가는 모두 '무위의 다스림'(無爲而治)을 중시했는데, 이로써 지도자는 학문과 수양에 주의를 기울여야 한다는 것을 알 수 있습니다. 공자가 여기서 말한 것은 좋은 쪽으로의 편향인데, 그는 "윗사람이 가는 곳마다 예의를 좋아하고 문화 사상을 염두에 둔다면, 아랫사람들도 성실 공경하고 엄숙한 기풍이 이루어진다. 윗사람이 가는 곳마다 남을 사랑하고 자신을 희생해서 남을 도와준다면, 아랫사람들도 그 영향을 받아서 당연히 복종하게 된다."고 했습니다. 특히, 병사들을 거느렸을 때는 "자신이 솔선수범하고 아랫사람을 수고롭게 하여"(先之, 勞之), 몹시 어려운 환경 속에서도 먼저 아랫사람 중심으로 생각해야 합니다. 그래서 먹을 밥이 한 끼밖에 없더라도 아랫사람들이 먼저 먹게 하고, 남는 것이 있거든 자기가 먹고, 없으면 자신은 굶어야 합니다. 물론 술수로서 이렇게 해서는 안 되고, 진정한 마음으로 이렇게 해야 됩니다. 그러면 사람들은 충심으로 복종하지 않을 수가 없을 것입니다.

"윗사람이 신의를 좋아하면"(上好信)에서 '신'(信)은 신용이 있고 내뱉은 말은 지켜서 실행하는 것을 가리킬 뿐만 아니라, 또한 상대만이 아니라 자기 자신도 믿으며, 의심스러운 사람은 쓰지 않되 쓴 이상 의심하지 말아야 한다는 의미도 포함되어 있습니다. 그렇게 하면 누구나 윗사람에 대해 참된 감정을 가지게 될 것입니다. 당신이 이렇게만 할 수 있다면 사람들의 마음이 당신에게 쏠리고, 어진 인재들이 당신에게 모여들 것입니다. 백성들은 감격하여 당신을 우러러 받들고 가족들을 데리고 찾아와 당신을 따를 것인데, 그래도 당신을 위해 농사 지어 줄 사람이 없을까 걱정하겠습니까?

그러나 본론으로 돌아가 말하면, 후세 유가의 지식인들은 자력으로 살아가려 하지 않고 오직 지도자가 되고 벼슬아치만 되고 싶어 한 독소도 이런 사상적 폐단에서 비롯된 것이었습니다. 이것은 그들이 공자가 학생을 가르친 요지를 오해했기 때문입니다.

이 때문에 다음에는 정치를 하는 것과 개인의 수양에 대해 말합니다.

공자께서 말씀하셨다. "(정치를 하려는 사람이 학식의 기본 수양으로 서 일체 지식을 포함하는 다재다능한 인재의 학이라 할 수 있는) 시 삼 백 편을 외웠어도, 그에게 정사를 맡겼을 때 경험이 부족하여 능숙하게 처리하지 못하고 사리에 밝지 못하다면, 사방으로 파견하여 곳곳에서 세상물정을 겪어보고 경험을 쌓게 해야 한다. 그러나 돌아온 뒤에도 여 전히 정사에 전념하고 깊이 들어갈 능력이 안 된다면, 비록 많이 외웠 다 하더라도 무슨 소용이 있겠는가?"

子曰: 誦詩三百, 授之以政, 不達; 使於四方, 不能專對; 雖多, 亦
자왈 송시삼백 수지이정 부달 사어사방 불능전대 수다 역

奚以爲?
해 이 위

공자는 학식의 수양 기본은 먼저 시詩를 배우는 데에 있다고 말했습 니다. 그렇다고 정치가더러 시인이 되라는 것은 아닙니다. 왜냐하면 춘 추전국 이전의 문화 사상은, 공자가 시서詩書를 간추리고 예악禮樂을 수 정한 때까지의 『시경』이 일체 지식을 포함하는 다재다능한 인재의 학이 라 할 수 있었기 때문입니다. 이른바 벌레·고기·새·짐승의 이름부터 인정 풍토人情風土의 지식까지를 모두 시의 내함을 통해 이해할 수 있었 습니다. 한 사람을 정치적 인재로 양성하려면, 먼저 반드시 충분한 학식 을 갖추고 갖가지를 할 줄 아는 다재다능한 인재가 되도록 해야 했습니 다. 고대의 지식 범위는 지금보다 간단했습니다. 그러나 시를 잘 배우고 학식이 넓다고 해서 꼭 일을 잘하는 것은 아니었습니다. 그러므로 시를 배운 후에는 반드시 그것을 정치에 적용함으로써 경험을 쌓아야 했습니 다.

만일 정치를 하려는 사람이 배운 것과 행정실무를 결합시켜 능숙하게

처리하지 못하고 사리에 밝지 못하면, 밖으로 파견되어 사방으로 다니면서 곳곳에서 많이 경험하고 단련을 해야 했습니다. 이는 바로 뒷날 사마천이 말한 "만 권의 책을 읽고, 만 리의 길을 걸었다."(讀萬卷書, 行萬里路)는 이치와 같은데, 경험이 부족하면 사방으로 파견해서 곳곳에서 인생의 경력을 쌓게 한 다음 다시 돌아오면 그를 정밀하게 관찰해보고, 만약 여전히 일처리에 전념하지 못하고 깊이 들어갈 능력이 없으면, 이런 사람은 더 이상 훈련해도 소용이 없었습니다. 이런 인재는 책벌레나 될 수밖에 없었으므로, 당대唐代 로부터는 거의 한림원翰林院으로 밀어 넣었습니다.

명·청 시대에는 진사進士 출신으로 한림원에 들어가는 사람이 많았습니다. 한림원에 들어가는 것은 지금으로 치면 연구원에 들어가 연구하는 것이나 마찬가지로서 명망이 높은데다 후한 대우를 받았지만, 밖으로 내보내져 벼슬하는 일은 드물었습니다. 과거에 평생 한림원에서 지낸 사람들도 많았는데, 간혹 한림원 출신으로 지방 행정에 종사한 사람은 청나라 2백여 년의 역사를 보더라도 대부분 높은 관료가 되었고, 비록 훌륭한 능신能臣은 못 되었지만 적어도 크게 나쁘지는 않았습니다.

청나라의 한림원 제도는 아주 묘한 점이 있었는데, 그저 글공부만 잘하는 사람은 평생 한림원에 묻혀 있을 수밖에 없었습니다. 그래서 공자는 말하기를, "글공부만 잘하는 사람은 정치를 해본 경험이 부족하므로 밖으로 파견해서 세상 물정을 겪어 보도록 해야 한다. 돌아와서도 깊이 들어갈 수 없다면, 더 이상 정치할 큰 재목이 아니므로 아무리 글공부를 많이 했더라도 쓸모가 없다."고 했습니다. 이로써 우리는 사람의 재능과 학식이 꼭 잘 결합되는 것은 아니라는 사실을 알 수 있습니다.

공자께서 (위정의 도리를) 말씀하셨다. "(개인의 수양이 대단히 중요하다. 어떤 제도이든 결국은 사람이 만들고 운용하는 것이다) 지도자 그 자신이 (사상과 행위가) 올바르면 (엄격한 법령을 쓰지 않고) 명령하지 않아도 제대로 행해지고 (사회 기풍이 자연스럽게 바로잡히며), 그 자신이 올바르지 못하면 비록 (아무리) 명령한다 해도 따르지 않(을 것이므로 소용 없)는 (일이)다."

子曰 : 其身正 , 不令而行 。 其身不正 , 雖令不從 。
자 왈　기 신 정　불 령 이 행　　기 신 부 정　수 령 부 종

공자는 위정의 도리를 말하면서 한결같이 여기기를, "개인의 수양이 대단히 중요하다. 어떤 제도이든 결국은 사람이 만들고 운용하는 것이다. 지도자 본인의 올바름(바르다는 뜻의 '正'자에는 사상의 순수함과 올바름, 행위의 치우치지 않음과 올바름 등 여러 가지 의미가 포함되어 있습니다)이 바로 좋은 정치의 시작이다. 지도자 본인이 올바르면 엄격한 법령을 쓰지 않아도 사회 기풍이 자연스럽게 바로잡히겠지만, 지도자 본인이 올바르지 않으면 아무리 명령을 내려도 사람들이 따르지 않을 것이므로 소용없는 일이다," 라고 했습니다.

　공자께서 말씀하셨다. "노나라와 위나라의 정치(와 문화)는 (주나라 봉건 초기 형제 나라의 정신을 계속 보존하고 있으니) 형제와 같(으며 기본적으로 틀리지 않)다."

子曰 : 魯 · 衛之政 , 兄弟也 。
자 왈　노　위 지 정　형 제 야

이것은 당시의 역사 문화에 대한 공자의 비판입니다. 그는 노나라에서 태어나고 자라 노나라의 문화를 계승했는데, 노나라의 문화는 주나라 문화와 주공의 유풍流風과 정치적 유산을 보존하고자 했습니다. 나중에 공자는 대부분의 시간을 위나라에서 보내며 비교적 오래 머물렀습니다. 위나라로부터 돌아온 뒤에야 본격적으로 저술에 몰두하여, 시서詩書를 간추리고 예악禮樂을 수정했습니다. 공자는 위나라의 문화와 정치는 주나라 봉건 초기의 '형제나라'(兄弟之邦) 정신을 계속 보존하고 있으니, 기본적으로는 틀리지 않는다고 생각했습니다. 공자의 이 말은 감탄이며 찬미입니다. 요컨대 이 말의 언외의 뜻은 "매우 감회가 깊구나!"입니다.

집은 배부르고 따뜻한 정도면 되지

공자께서 위나라 세가공자 형荊에 대하여 말씀하셨다. "(이 사람은 생활 태도를 비롯하여 사상적인 관념과 수양이 모두 높이 평가할 만하다. 예를 들어) 거주하는 집을 수선함에 있어, 맨 처음 집을 마련하여 있게 되자 '그런 대로 살 만하다. (너무 높이 바랄 필요가 없어!)' 라고 말했다. 나중에 좀 (수리하여) 넓어지자 '이만하면 충분하다. (이전보다 많이 나아졌어. 더 사치할 필요가 없다)' 고 말했다. 뒤에 더 넓어져서는 '정말 너무 좋다.' 고 말했다.

(이렇게 만족을 알아 항상 즐거워하며 그저 배부르고 따뜻하기만 바랄 정도로 수양이 될 수 있기란 아주 드물다. 이런 수양이 된 사람은 정치에 종사하더라도 외부 환경의 유혹을 받지 않을 것이다)"

子謂衛公子荊, 善居室。始有, 曰:苟合矣。少有, 曰:苟完矣。
자위위공자형 선거실   시유   왈 구합의   소유   왈 구완의

富有, 曰:苟美矣。
부유   왈 구미의

공자는 위나라에서 세가공자(世家公子 : 오늘날 말하는 세상물정 모르는 부잣집 귀공자가 아님) 한 사람을 만났습니다. 고대의 공자公子는 세습되었는데 대부분 맏아들이 이어받았고, 가족이 죄를 범하지 않는 한 대대로 계승되었습니다. 예를 들어, 맹상군孟嘗君·신릉군信陵君·평원군平原君 등은 모두 세가공자입니다.

공자는 위나라에서 형荊이라는 세가공자를 만났는데, 이 사람은 생활 태도를 비롯하여 사상적인 관념과 수양이 모두 높이 평가할 만했습니다. 예를 들어 집을 수리하는 일에서, 맨 처음에 좀 거주해도 될 정도가 되자, 그는 말하기를 "우선 아쉬운 대로 살만 하면 된다. 너무 높이 바랄 필요가 없어!" 라고 했습니다. 마치 배급된 집이 비록 작아서 식구가 많아 살 수 없으니 우선 아쉬운 대로 복도 앞에 작은 방 한 칸을 달아내 그저 그렇더라도 충분하다는 격이었습니다. 나중에 집을 좀더 넓혀 좀 수리하고는 "이만하면 상당히 갖추어졌다. 이전보다 많이 나아

졌어. 더 사치할 필요가 없다."고 말했습니다. 원래 배급된 집에는 다다미가 12개만 있었는데, 지금은 제1기 국민주택으로 바꾸어서 좀 좋아지게 되자, 그는 "이미 누리어 가지게 되었다"고 말한 격입니다. 뒤에 다시 집이 더 넓어지자, 그는 "넉넉하다! 넉넉해! 너무나 좋다."고 말했습니다.

공자가 이 일을 말한 것은 처음 보기에는 별로 대단할 것이 없습니다. 어찌 위나라의 세가공자만 그렇게 할 수 있겠습니까? 우리도 모두 할 수 있는 것입니다. 그래서 때로는 『논어』를 읽으면서, 이런 말조차도 기록하여 넣었다니 성인의 경전이란 것도 별로 대단하지 않은 것처럼 느껴집니다. 이래서 글공부는 생활의 경험, 나아가 자신의 연륜과 잘 결합되어야 하는 것입니다. 우리가 알듯이 고대 세가공자의 생활은 정말 그리 단순하지 않았습니다. 내가 아는 바로는 어떤 친구들은 출신 가정이 다르기 때문에 먹는 것 입는 것에 한사코 신경을 씁니다.

내 친구 한 사람은 나이도 상당히 들고 사회적 명망과 지위도 높았는데, 한번은 그가 어떤 사람에게 유명한 상표의 러닝셔츠 한 벌을 사 오라고 부탁했습니다. 부탁 받은 사람은 홍콩과 영국을 샅샅이 뒤진 끝에야 홍콩의 한 오래된 상점에서 겨우 살 수 있었는데, 가격이 매우 비쌌습니다. 그는 자기 것도 하나 샀는데, 입어 보니 정말 편안했습니다. 이 친구는 일상생활의 사소한 것에도 이렇게 신경을 썼습니다. 그에게는 자기 나름대로의 이론이 있습니다. 즉, 돈이 없으면 차라리 사지 않을지언정 기왕에 사려면 좋은 것을 사야 한다는 것입니다. 가령 구두를 예로 들면, 좋은 구두 한 켤레는 편안하고 보기 좋고 튼튼해서 2, 3년은 신을 수 있습니다. 그러나 보통 구두를 사면 몇 달에 한 번씩 바꾸어야 하니, 계산해 보면 들어가는 돈은 마찬가지지만 편안하지도 않고 보기에도 좋지 않다는 것입니다. 구두만이 아니라 다른 것도 마찬가지란 것입니다.

이런 이야기를 들으면, 세가공자들의 생활 습관도 확실히 달랐을 것임을 알 수 있고, 동시에 인생의 한 단면도 이해할 수 있습니다. 즉, "검소하게 살다가 사치하기는 쉽지만, 사치하다가 검소하게 살기란 어렵다."(從儉入奢易, 從奢入儉難)는 것입니다. 가난한 집안 출신일지라도 환경이 좋아지면 자연히 사치하기 시작하여, 이런 습관이 생기게 됩니다. 일단 쓰는 습관이 들고 난 후에 가난해지면 검소하게 살고 싶어도 어렵습니다.

그러므로 공자가 위나라 세가공자 형荊을 꺼낸 관념은 대단히 일리가 있습니다. 우리가 젊은이들에게 사서오경을 읽으라고 하지만, 그들로서는 정말 이해하기 어려워 괴롭기만 할 것입니다. 이런 것은 반드시 인생의 경험과 결합해서 체험해야 합니다. 학교에서 이런 책들을 가르치면서 문자로만 풀이한다면, 학생들은 듣고 반감을 가질 수밖에 없습니다. 그렇다고 학생들을 탓할 수도 없으니, 우리는 인생을 탓할 수밖에 없습니다.

집 짓는 이야기가 나왔으니, 옛 이야기를 몇 가지 소개하겠습니다.

첫째는 곽자의郭子儀의 이야기입니다. 당현종 때 안록산安祿山의 반란으로 정권이 무너지려 할 즈음, 곽자의가 혼자 싸워 당나라를 지켜낸 것이나 다름없었습니다. 역사적으로 당나라 장군 중에 부귀와 장수를 누린 사람은 곽자의 한 사람뿐이었습니다. 그가 퇴직한 후, 황제는 그에게 분양汾陽에 있는 황족의 저택을 하사했습니다. 저택 개축 공사를 할 때, 그는 한가롭게 지팡이를 짚고 현장에서 직접 감독을 하면서, 벽을 쌓고 있는 미장공에게 벽의 기초를 튼튼하게 하라고 분부했습니다. 그러자 그 미장공이 말했습니다. "염려하지 마십시오. 우리 집은 삼대를 내려오면서 장안에서 미장일을 했습니다. 아주 많은 관사를 지었는데, 주인이 바뀌는 것은 보았지만 그 집이 무너진 것은 본 적이 없습니다." 이 말을 들은 곽자의는 지팡이를 짚고 떠나더니, 다시는 공사를 감독하러 나오지 않았습니다. 삼대에 걸쳐 실제 경험을 쌓았다는 미장공의 말을 듣고, 곽자의는 인생의 이치를 하나 철저하게 생각했습니다.

둘째는 당나라 말기 양분楊玢의 이야기입니다. 그가 상서尙書직으로 내무를 담당하고 있다가 고령으로 퇴직하려던 무렵, 고향에 있는 옛 집의 일부를 이웃들이 침범해 차지해 버렸습니다. 그의 집안사람들이 관아에 고소하겠다며 작성한 고소장을 양분에게 보내 왔습니다. 양분은 고소장을 보고 나서 뒷면에 이렇게 썼습니다.

> 이웃들의 내 집 침범 내버려 두라　　　　四鄰侵我我從伊
> 끝내는 내 것 아닐 때를 생각해야지　　　畢竟須思未有時
> 함원전 터에 한번 올라 바라보라　　　　試上含元殿基望
> 가을바람에 가을 풀 한창 무성하다네　　秋風秋草正離離

양분의 집안사람들은 이 시를 보고 나서 고소를 취소했습니다.

셋째는 양분과 유사한 이야기인데, 전해오는 말에 의하면 청나라 강희제와 옹정제 시대에 동성桐城에서 살았던 장정옥張廷玉이라는 재상의 이야기라고 합니다. 그는 청나라 초기 부자父子가 정치에 참여해서 재상까지 된 한인漢人이었습니다. 장정옥은 당시 관리인을 시켜 고향에 저택을 짓게 했는데, 이웃 사람이 그 집과 석 자 되는 땅을 다투어 현縣 관아까지 소송이 올라가게 되었습니다. 장정옥의 관리인은 이 일을 편지로 북경에 있는 재상 나리에게 보고하면서, 재상 나리가 현령 앞으로 이 일을 잘 선처해 달라는 편지를 써 주기를 청했습니다. 장정옥은 그 편지를 읽고 나서 편지에 다음과 같은 시 한 수를 적어 관리인에게 보냈습니다.

> 천 리 길 온 편지가 길과 담 때문이라니　　　千里求書爲道墻
> 땅 석 자를 이웃에 양보하면 무슨 해가 있으랴　讓他三尺又何妨
> 만리장성은 지금도 있건만　　　　　　　　　長城萬里今猶在
> 그 누가 당시의 진시황을 보았을까?　　　　　誰見當年秦始皇

장정옥네 관리인은 이 시를 읽고, 즉시 이웃집에 땅 석 자를 양보하였습니다. 이웃은 의외로 장정옥이 땅 석 자를 양보하는 것을 보고 자기도 석 자를 양보했습니다. 그 결과 여섯 자 되는 빈 땅이 생겨 누구나 다닐 수 있는 골목이 되었는데, 이것이 '육척 골목'(六尺巷)이라 불리게 되었습니다. 동성桐城에 사는 친구의 말에 의하면, 동성에는 지금도 이 '육척 골목'이 있다고 합니다.

　이 몇 가지 이야기로부터 우리는 공자가 한 세가공자의 생활을 이야기한 이유를 이해할 수 있습니다. 만족을 알아 항상 즐거워하며 그저 배부르고 따뜻하기만 바랄 정도로 수양이 될 수 있기란 아주 드물다는 것입니다. 이런 수양이 된 사람은 정치에 종사하더라도 외부 환경의 유혹을 받지 않을 것입니다.

　조금 전에 분양汾陽에 곽자의의 저택을 짓던 이야기를 했는데, 여기서 당나라 사람 조하趙嘏와 장적張籍이 각각 쓴 시 두 수를 더 봅시다.

　　분양구택을 지나며(經汾陽舊宅)　　　조하(趙嘏)

　　문 앞의 산하는 옛 모습 그대로인데　　　　　　　　門前不改舊山河
　　오랑캐 무찌름은 마원을 깔보았네　　　　　　　　　破虜曾輕馬伏波
　　춤추고 노래하던 곳 오늘 홀로 지나가니　　　　　　今日獨經歌舞地
　　옛날의 홰나무는 석양에 쓸쓸하네　　　　　　　　　古槐疏冷夕陽多

　　법웅사의 동루(法雄寺東樓)　　　　장적(張籍)

　　분양구택 이제는 절이건만　　　　　　　　　　　　汾陽舊宅今爲寺
　　춤추고 노래하던 누각 아직도 남았네　　　　　　　猶有當年歌舞樓
　　수레 말 흩어진 지 40년　　　　　　　　　　　　　四十年來車馬散
　　깊은 골목 옛 홰나무 매미소리 석양에 시름겹네　　古槐深巷暮蟬愁

　위의 두 시는 시구가 간단합니다만, 담고 있는 의미는 깊이 성찰해 볼 만합니다. 우리가 앞에서 보았던 "만리장성은 지금도 있건만, 그 누가 당시의 진시황을 보았을까?"(長城萬里今猶在, 誰見當年秦始皇)라는 시와 비교해 보면 어떤가요?

정치·경제·문화

공자께서 (또) 위나라에 가실 때 염유가 모시고 갔다.

(위나라에 가서보니, 정치가 잘 되어 사회가 진보하였고 번영하고 있었다)

공자께서 말씀하셨다. "(좋구나! 사회가 매우) 번영하고 있구나!"

염유가 말했다. "(이렇게) 번영하였다면 또 (진일보하여) 무엇을 더 해야 되겠습니까?"

"(사회를 번영시키는 것은 위정의 큰 원칙이다. 그러나 번영만 해서는 안 되고, 국민 경제의 기초가 튼튼하고 사람마다 부유하게 되어야 하므로) 그들을 부유하게 해 주어야지."

"부유해(져서 백성의 수입도 높아)졌다면 또 (진일보하여) 무엇을 더해야 되겠습니까?"

"그들에게 문화 교육을 시켜야지. (국가 사회가 번영만 하고 문화 교육이 이루어지지 않으면 그 국가 사회는 타락하게 되는데, 이것은 매우 중요한 문제이다. 번영·부강·문화 교육은 정치 발전의 삼 단계이다)"

子適衛, 冉有僕。子曰:庶矣哉! 冉有曰:旣庶矣, 又何加焉? 曰:
자적위 염유복 자왈 서의재 염유왈 기서의 우하가언 왈

富之。曰:旣富矣, 又何加焉? 曰:敎之。
부지 왈 기부의 우하가언 왈 교지

한번은 공자가 또 위나라에 갔는데, 그의 학생 염유가 모시고 갔습니다. 위나라에 가서 보니, 정치가 잘 되어 사회가 진보하였고 번영하고 있었습니다. 공자가 감탄하며 "좋구나! 사회가 매우 번영하고 있구나!" 하고 말했습니다. 그러자 염유는 "이렇게 번영하였다면, 다시 진일보하여 어떻게 해야 할까요?" 라고 물었습니다. 공자는 "사회를 번영시키는 것은 위정의 큰 원칙이다. 그러나 번영만 해서는 안 되고, 국민 경제의 기초가 튼튼하고 사람마다 부유하게 되어야 한다."고 말했습니다. 염유가 또 묻기를, "사회가 번영하고 국민의 수입이 높아진 다음에는 무엇을 더 해야 합니까?" 하니, 공자는 대답하기를, "문화와 교육이다. 국가 사회가 번영만 하고 문화와 교육이 이루어지지 않으면 그 국가 사회는 타락하게 되는데, 이것은 매우 중요한 문제이다. 번영·부강·문화 교육은 정치 발전의 3단계이다." 라고 했습니다.

공자께서 말씀하셨다. "진실로 나를 써 주는 사람이 있다면, 그 나라의 정치는 일 년이면 그런 대로 괜찮게 될 것이고, 삼 년이면 성과가 있을 것이다."

子曰 : 苟有用我者 , 朞月而已可也 , 三年有成 。
자왈　구유용아자　기월이이가야　삼년유성

이 단락은 공자가 평소에 탄식한 말입니다. 공자는 자기의 정치적 이상理想이 실행될 수 없음을 탄식했습니다. 그는 "진정으로 나를 믿고 써 주는 사람이 있다면, 1년이면 정치가 그런 대로 괜찮게 될 것이다(朞月而已可也). 만일 나의 정치 이상대로 한다면 3년이면 그 국가는 큰 성과가 있어 부강하고 안락한 국가로 변할 것이다."고 했습니다.

공자께서 말씀하셨다. "옛사람의 말에 '선인이 백 년 동안 나라를 다스린다면 잔악殘惡한 자들을 물리치고 사형을 없앨 수 있다.' 고 했는데, 정말 (틀림없이) 옳다, 이 말은!"

(이상적인 정치 기풍이 잉태되어 최후에 하나의 문화적 역량으로 발전한다는 것은 결코 쉬운 일이 아닙니다. 사업 공적을 앞세우기보다는 도덕을 앞세워야만 잔혹한 사람을 감화시켜 다시 악을 행하지 않도록 할 수 있고, 사람들 사이의 투쟁·원한·참살의 심리도 화해시킬 수 있습니다. 그러나 한 사회와 국가가 이 정도에 이르려면 반드시 백 년의 교육, 백 년의 문화가 있어야 하는 것으로, 단시간 내에 이루어질 수는 없습니다)

子曰 :「善人爲邦百年 , 亦可以勝殘去殺矣」。 誠哉是言也 !
자왈　선인위방백년　역가이승잔거살의　성재시언야

이 구절의 글을 볼 때 먼저 알아 두어야 할 점은 공자가 옛 사람의 말을 인용했다는 것입니다. 그 중에 "선인이 백 년 동안 나라를 다스리면, 잔악한 자들을 물리치고 사형을 없앨 수 있다."(善人爲邦百年, 亦可以勝殘去殺矣)는 두 마디 말은 공자 이전의 옛 사람이 한 말이고, 그 다음에 나오는 "정말 옳다, 이 말은!"(誠哉是言也) 이 한 마디만 공자 자신의 말입니다. 즉, 그 옛 사람의 두 마디 말에 대한 공자의 감상이요 평어입니다. 오늘날 말로 해석하면 공자는 말하기를 "이 두 마디 말은 확실히 틀리지 않게 말했다, 참으로 일리가 있다."고 한 것입니다.

이 단락의 글은 앞에서 나온 정치 발전의 3단계인 번영·부강·문화 교육의 진흥과 이어지는 것입니다. 번영과 부강에 관한 이야기가 나오니, 우리는 오늘날의 상황이 떠오릅니다. 예컨대 전 세계가 관광 사업의 발전을 이야기하고 있는데, 관광은 사회 번영의 전주前奏입니다. 지금도 그렇지만 지난 역사도 마찬가지였습니다. 관광 사업이란 사회 기풍에 좋지 않은 일들과 관련되기 마련인데, 우리나라만 그러할 뿐 아니라 세계 각국도 마찬가지입니다.

한 예를 들어 보겠습니다. 증국번이 태평천국을 쳐부수고 나서 남경을 수복한 초기에, 남경은 병란兵亂을 겪은 후라 경제가 몹시 쇠퇴했기 때문에 백성들의 생활이 어려운 것은 당연했습니다. 이 때 증국번이 제일 먼저 한 일은 바로 진회하秦淮河의 향락업을 회복하는 것이었는데, 노래하고 춤추는 무대 등 온갖 특수한 영업이 다 있었습니다. 그리하여 경제가 곧 부흥하였습니다.

경제의 원리는 미국인의 말처럼, "세상에서 가장 대단한 재능은 남의 호주머니의 돈을 내 호주머니의 돈으로 만드는 것"입니다. 몇 년 동안 경제학을 배웠더라도 이 말처럼 확실하고 실용적이며 일리가 있는 말은 없을 것입니다. 놀기 좋아하고 일하기 싫어하는 것은 인지상정이므로, 돈 있는 사람들을 남경으로 불러들여 돈을 쓰게 하기 위해서는 오락업을 발전시키는 것이 가장 효과적이었습니다. 그래서 증국번은 우선적으로 진회하의 향락업을 회복시켰을 뿐만 아니라, 그처럼 엄격한 생활을 하는 사람이 지역을 번영시키기 위해 부하의 건의에 따라 직접 진회하의 거리를 거닐기도 했습니다. 진회하를 홍보하기 위해서였지요. 증국번은 또 몇몇 유명한 기생도 만났는데, 그 중 한 기생이 죽자 "아무래도 정이 있었네."(未免有情)라고 만장挽章을 써 보내기도 했습니다.

또 전하는 바에 의하면, 그 중 예명이 소여少如라는 기생이 있었는데 글재주가 있어, 증국번에게 대련對聯 한 폭을 써 달라고 하였습니다. 증국번은 그녀의 예명인 '소여' 두 글자를 넣어 대련을 쓰기로 하고, 먼저 "잠깐 머물 수 있으면 이곳에서 쉬어 가라."(得少住時且少住)라고 상련上聯을 썼습니다. 그런 다음, 기생의 글재주가 어느 정도인지를 시험하기 위해 하련을 쓰게 하였습니다. 그런데 그녀는 매우 장난기가 있어, 붓을 들더니 "하라는 대로 하겠습니다."(要如何處便如何)라고 큰 농담의 뜻이 담긴 글을 썼다고 합니다. 이것은 다만 전해 오는 이야기에 불과할 뿐 완전히 믿을 수는 없습니다. 그러나 증국번이 남경 지방의 경제 회복을 위해 먼저 진회하의 번영을 꾀하였다는 것은 역사적 사실입니다.

마지막은 관자管子의 정치 원리인 "창고가 가득한 후에 영욕을 알고, 의식衣食이 만족한 후에 예의가 흥한다."는 것으로, 최후는 문화 교육, 즉 진정한 문화 교육이 있어야 합니다. 고대의 정치는 왕도王道의 도덕 정치였습니다. 뒷날 사업 공적을 중시한 것은 패도覇道의 사상이지 왕도가 아닙니다. 왕도정치의 대표적 예로는 요·순·우 3대와 이후 주나라를 들 수 있습니다. 수백 년을 거치면서 대대손손 몇 대의 노력으로 그런 문화 기풍이 이룩된 것입니다.

그래서 주나라 정권은 중국 역사에서 가장 오래 갈 수 있었으며, 나아가 주대 문화가 중국 문화의 원천이 될 수 있었던 것입니다. 이것이 바로 "선인이 나라를 백 년 동안 다스리는 것"(善人爲邦百年)으로, 급진적이어서는 안 됩니다. 이상적인 정치 기풍이 잉태되어 최후에 하나의 문화적 역량으로 발전한다는 것은 결코 쉬운 일이 아닙니다. 사업 공적을 앞세우기보다는 도덕을 앞세워야만 잔혹한 사람을 감화시켜 다시 악을 행하지 않도록 할 수 있고, 사람들 사이의 투쟁·원한·참살의 심리도 화해시킬 수 있습니다.

그러나 한 사회와 국가가 이 정도에 이르려면 반드시 백 년의 교육, 백 년의 문화가 있어야 하는 것으로, 단시간 내에 이루어질 수는 없습니다. 3, 4세대(1세대는 30년)는 거쳐야만 합니다. 공자는 나이가 들어서 풍부한 경험이 있었기 때문에, 아주 적절하게 이 말을 할 수 있었던 것입니다. 다시 말하면, 문화역사의 성과는 단숨에 이루어지지 않고 적어도 백 년쯤의 여러 세대를 거쳐야 가능하다는 것입니다. 그러므로 성급히 공적만 이루려고 하면 대개 좋은 결과를 얻기 어렵습니다. 이 때문에 다음 단락에서는 이렇게 말합니다.

인덕仁德은 쌓아서 이루어야

공자께서 말씀하셨다. "설사 왕도의 어진 정치를 행하는 성왕이 나온다 하더라도, (빠른 시일 내에 그 성과를 거두기란 어려운 일이다) 반드시 (시간을 들여 배양해서 한 세대에 걸친 노력을 기울여야 한다. 안정된 사회적 기초와 뿌리 깊은 문화 교육이 있어야만) 한 세대가 지난 뒤에야 인정仁政이 이룩될 것이다."

子曰 : 如有王者, 必世而後仁。
자 왈   여 유 왕 자   필 세 이 후 인

왕도王道의 어진 정치를 추진하는 일에 관하여, 공자는 여기에서 다시 한 가지 원칙적인 정론定論을 펴고 있습니다. 그는 말하기를, "왕도의 인정仁政을 베풀어 빠른 시일 내에 그 성과를 거두기란 어려운 일이다. 반드시 시간을 들여 배양해서 한 세대에 걸친 노력을 기울여야 한다. 안정된 사회적 기초와 뿌리 깊은 문화 교육이 있어야만, 한 세대가 지나서 인정仁政이 이루어질 수 있다."고 했습니다. 우리가 역사를 보면, 먼저 왕도였나 아니었나를 따지지 않더라도 각 왕조의 진정한 안정은 개국開國 이래 백 년쯤의 토대가 있어야 했다는 것을 알 수 있습니다.

근대 역사에서 청나라 한 왕조만을 보더라도, 고아와 과부가 3백만 명을 거느리고 산해관山海關으로 들어와서 4억 명의 인구를 다스렸는데, 그들은 강희康熙·옹정擁正·건륭乾隆 3대에 걸친 백 년쯤의 노력을 거쳐서야 진정한 안정이 있기 시작했던 것입니다. 그 당시 나라와 사회의 안정을 "봄기운이 천지에 가득하고, 복은 집집마다 가득하다."(春滿乾坤福滿門)고 묘사했는데, 이렇게 되기까지 쉬운 일이 아니었습니다. 그러나 건륭제 말기부터는 다시 변하기 시작해 내리막길을 걸었습니다.

명대·송대·당대, 심지어 한漢대로 거슬러 올라가 보더라도 마찬가지였습니다. 어느 왕조든 처음에는 사회에 변란이 일어난 뒤였기에 그 후 안정된 생활을 하고 궤도에 오르는 데는 대체로 대략 백 년의 시간이 필요했습니다. 물론 회복은 쉽지만, 장기간 나라가 태평하고 사회질서와 생활이 안정되기는 비교적 어렵습니다. 우리가 전쟁을 피할 수 있어서 2, 30년 동안 전쟁을 하지 않는다면, 곧 회복할 수 있을 것입니다.

나는 지난해(1973년) 중일문화회의中日文化會議 참석차 일본에 갔을 때, 국회의원·대학총장·교수들 앞에서 "일본에 와서 동경의 번영을 보았다."고 말했습니다. 일본 친구들이 소감을 묻기에 나는 말했습니다. "뭐 대단한 것은 없습니다. 한 국가, 한 사회의 안정은 20년의 시간이면 누구라도 이룩할 수 있습니다. 그런데 일본인들이 알아 두어야 할 점이 있습니다. 오늘날 일본의 번영은 중국 3천만 군인과 국민들의 피땀의 대가입니다. 세상에서 가장 무서운 것은 두 가지인데, 하나는 칼이고 하나는 돈입니다. 지난날 당신들의 군국주의는 칼을 갈아 전 세계를 통치하려고 했지만, 결과가 어떠했는지는 당신들도 이미 잘 알고 있습니다. 지금 당신들은 돈이 많아지자 다시 세계를 매수하려고 하는데, 이런 생각이 장차 가져올 결과도 역시 두렵습니다...."

여담은 그만두고 다시 본론으로 돌아갑시다. 우리는 "반드시 한 세대가 지난 뒤에야 인정仁政이 이룩될 것이다."(必世而後仁)라는 말에 유의해야 합니다. 한 세대를 거쳐야 어진 정치를 행할 수 있다는 것입니다. 가령 한 가정이 자식 하나를 양육하면서 그 후대가 우수하기를 바란다면, 이것 역시 "반드시 한 세대가 지나야 인정이 이루어진다."는 이치를 알아야 합니다. 자식을 키우면서 자기 자식이 바로 이루는 바가 있기를 바라는 것은 무리한 일입니다. 만약 그 자식들이 당신의 교육대로 다시 후세를 교육시킨다면 손자 세대에 가서는 희망이 있습니다. 그 반대일 경우는 "한 세대가 지나면 실패하게 됩니다."(世而後敗).

사회적으로 부호 집안을 보더라도 3대 이상 영광을 이어가는 집안은 거의 없습니다. 부모들이 고생스럽게 자수성가했다면, 2세인 아들은 비록 너무 지나치지는 않더라도 아버지보다야 돈을 잘 쓸 것입니다. 그러나 손자 세대에 가서는 돈 씀씀이가 커지고 완전히 호강하고 자란 부잣집 자식풍이 되어 버리는데다 심지어 어떤 이들은 곧 파산해 버립니다. 이 때문에 4대인 증손자 차례가 되어서는 다시 가난에 쪼들리는 것입니다. 그리고 가난에 쪼들리면 다시 절약해서 자수성가하는데, 이것이 쳇바퀴처럼 끊임없이 돌고 도는 것입니다.

말이 나온 김에 이야기를 하나 더 하겠습니다. 도주공陶朱公의 둘째 아들이 초나라에서 죽을죄를 범했습니다. 당시 도주공과 친분이 깊은 장생莊生이라는 사람이 초나라 왕의 신임을 받는 대신이었기 때문에, 도주공의 부인은 남편더러 친구인 장생에게 편지를 써서 아들을 구해 달라고 청하자고 했습니다. 도주공은 셋째 아들에게 황금 1천 근과 편지를 가지고 장생을 찾아보라고 명했습니다. 그런데 그의 맏아들이 이에 반대하고 나섰습니다. 종법사회에서 맏아들은 특별한 지위와 책임과 권력을 가지고 있었기 때문에, 맏아들 자신이 가겠다고 한 것입니다.

그러자 도주공은 맏아들에게 그 임무를 맡겼다가는 동생을 구하기는커녕 동생의 시체를 싣고 돌아올 것이라고 하면서 허락하지 않았습니다. 그래도 맏아들이 한사코 고집을 부리자, 도주공의 부인이 옆에서 맏아들을 거들었습니다. 도주공은 부인과 입씨름을 한 나머지 어쩔 수 없어 맏아들을 가게 했습니다. 그런 다음 도주공은 부인에게 둘째 아들 장례를 치를 준비를 하라고 지시했습니다.

맏아들은 초나라에 가서 장생을 만나고 편지와 황금을 건네주었습니다. 장생은 친구인 도주공의 일인지라 부탁을 들어 주지 않을 수 없었습니다. 마침 초나라에 재해가 일어났는데, 고대에는 천체 현상을 믿었기 때문에 재해를 당하면 나라에서 좋은 일을 베풀어 재해가 사라지기를 비는 풍습이 있었습니다. 그래서 장생이 초나라 왕을 만나 죄인들의 대사면을 건의하자, 왕은 이를 받아들였습니다.

그런데 이 소식이 흘러나가 도주공의 맏아들이 듣게 되었습니다. 그는 동생 일을 공연히 장생에게 부탁했다 싶어 후회가 되었습니다. 대사면으로 동생이 자연히 풀려나오게 될 텐데, 황금 천 근을 헛되이 쓴 것이 아까웠기 때문입니다. 그는 이번 대사면이 그의 동생을 구하기 위해 장생이 생각해 낸 방법이란 것을 전혀 몰랐던 것입니다.

그래서 맏아들은 다시 장생을 찾아가 대사면에 관한 이야기를 꺼냈습니다. 장생은 총명했기 때문에 즉시 그의 심리를 알아차리고 황금을 돌려주며, "당신 동생은 마침 대사면을 받아서 내가 돕지 않아도 되니, 걱정하지 않아도 된다."고 말했습니다. 그리고 장생은 그날 밤에 궁전으로 가서 초왕에게 대사면령을 뒤로 미루라고 건의했습니다. 그는 대사면의 범위 안에 있는 사형수 한 명이 자기 친구인 도주공의 아들인데, 만약 그를 법에 따라 처형하지 않으면 사람들이 장생 자신을 청렴하지 못하다고 의심할 것이며, 왕도 공평하지 않다고 오해받을 것이라고 아뢰었습니다. 그래서 초왕은 명령을 내려 도주공의 아들을 먼저 사형에 처한 뒤, 이튿날 대사면령을 공포했습니다. 이리하여 도주공의 맏아들은 동생의 시체를 싣고 돌아올 수밖에 없었습니다.

그런데 집에 돌아와 보니 벌써 동생의 영정影幀을 모셔놓고 있는 것이었습니다. 집안사람들이 도주공에게 어떻게 이런 결과를 미리 알 수 있었느냐고 묻자, 도주공은 이렇게 대답하였습니다. "우리 집은 자수성가한 집이다. 맏아들은 나를 따라다니면서 고생을 했기 때문에, 돈을 너무 귀중히 여겨 쉽게 쓰려고 하지 않는다. 그래서 내가 청빈한 친구에게 개인적인 정으로 보낸 돈도 아까워한 것이다. 하지만 셋째 아이는 태어날 때부터 집에 돈이 많아서, 돈 쓰는 버릇이 들어 있다. 이 아이는 황금 천 근을 쓰더라도 절대 아까워하지 않기 때문에, 제 형처럼 장생을 다시 찾아가서 묻지도 않았을 것이다. 나는 돈 쓰기를 아까워하는 큰아들이 가면 반드시 동생의 시체를 싣고 돌아올 것을 알았다." 이 이야기 속에 담긴 의미는 여러 면에서 이해해 볼 수 있습니다. 개인심리학·사회심리학·정치심리학·가정교육심리학 등과 관련되기 때문입니다.

그래서 우리 세대의 자녀들은 아무리 훌륭하다 해도 문제가 있다고 하겠습니다. 그들이 이 시대 이 땅에 태어나 안정된 생활 속에서 초등학교부터 대학까지 다닌다는 것입니다. 부모 세대는 비록 가난했지만, 자녀들에게는 학비와 용돈을 아낌없이 대어 주니 그들이 정말로 어떻게 이 세상의 어려움을 알 수 있겠습니까? 그러므로 자녀들을 어려운 환경 속에서 공부하게 해 보아야 하고, 국가에서 군인을 훈련시키는 것처럼 사지死地에 빠뜨려 살아 나오게 해 볼 필요가 있다고 하는 겁니다. 그래야 자녀들은 비로소 인생과 사회와 국가와 민족의 중요성을 이해할 수 있고, 장래에도 아마 크게 이루는 바가 있을 것입니다. 이런 이치를 확대해 볼 때, 국가 천하로 하여금 왕도의 어진 정치의 원칙에 부합하게 하여 "반드시 한 세대가 지나야 인정이 이루어진다."(必世而後仁)는 것은 불변의 정론定論입니다.

먼저 나를 바르게 그리고 남을 바르게

공자께서 말씀하셨다. "그 자신이 공정公正하다면 정치에 종사하는 것이 무슨 문제가 있겠는가? 그 자신을 바르게 하(여 본보기가 되)지 못한다면 어떻게 남을 바르게 할 수 있겠는가?"

子曰：苟正其身矣，於從政乎何有？不能正其身，如正人何？
자왈　구정기신의　어종정호하유　불능정기신　여정인하

이 단락은 중국 정치사상의 핵심을 담은 것으로, "정치란 바로잡는 것이다."(政者正也)라는 공자의 명언에서 파생된 것이기도 합니다. 공자의 말은 주로 지도자에 대한 요구입니다. 우리가 알듯이 중국 문화 속에는 "『춘추』는 현자를 질책한 것이다."(春秋責備賢者)라는 말이 있습니다. 이는 공자가 『춘추』를 저술한 주요 목적이 시대가 쇠퇴하고 사회기풍이 문란한 데 대해 자신의 역사적 책임을 다하기 위함이었음을 설명해 줍니다. 공자는 보통 사람들에 대해서는 책임을 묻지 않았습니다. 왜냐하면 보통 사람들은 거의 맹종적이어서 지도자의 명령을 따르기 때문입니다. 공자가 책망한 것은 지도자나 권력자, 혹은 도덕과 학문이 있어 국가 사회에 대해 이런 책임을 지는 현자들이었습니다. 이런 사람들이 방향을 잘못 잡으면 역사에 중대한 과오를 초래할 수 있으므로, 『춘추』를 통해 치우치지 않고 올바르게 현자를 질책했던 것입니다. 『논어』 중 여기의 관념도 이와 같아서 위정의 도리는 먼저 자신을 바르게 함에 있다는 것으로 해석되며, 그 후 증자가 지은 『대학』의 '정심성의'正心誠意 등 일련의 사상도 공자의 이 관념의 파생이며 연역演繹입니다. 송나라 때 이르러서 진덕수眞德秀가 『대학연의』大學衍義, 『심경』(心經: 유가의 심경), 『정경』政經 등을 저술한 것도 바로 이 핵심을 강조하여 제왕과 지도자에게 보여준 것입니다. 그 결과 송나라 이후에 『대학』, 『중용』中庸의 '정심성의' 사상을 지도자의 필연적인 수양으로 삼은 것도 공자의 여기의 사상에 근거한 것이었습니다.

이 단락의 문자적인 뜻은 간단합니다. '政'(정)은 곧 '正'(정)으로, "구정기신의, 어종정호하유"苟正其身矣, 於從政乎何有는 현대의 구어체로 풀이하면 "만약 자신이 공정公正하다면 정치에 종사하는 것이 말할 필요도 없이 당연히 좋다."는 뜻입니다. "불능정기신, 여정인하?"不能正其身, 如正人何는, 정치란 바르게 하는 것이니, 자기를 바르게 해야 남을 바르게 할 수 있는데, 가령 자기 자신을 바르게 하여 본보기가 될 수 없다면, 어떻게 남을 바로잡을 수 있겠느냐는 것입니다.

다음에는 이런 정치 원리에 따라 염유의 이야기를 하나 하고 있습니다.

(염유는 당시 노나라의 권신인 계씨 집안에서 일을 했는데, 중요한 지위에 있었다) 염유가 계씨의 조회에서 퇴근해 오니,
공자께서 말씀하셨다. "(오늘은) 어째서 (이렇게) 늦었느냐?"
염유가 대답했다. "(논의할) 정무政務가 있었습니다."
공자께서 말씀하셨다. "(나는 다 알고 있다) 그의 집안 일이겠지. 만약 (국가 대사와 같은) 정무가 있었다면, 비록 내가 임용되어 있지는 않으나 나도 그것에 대하여 들을 수 있었을 것이다!"

冉子退朝, 子曰:何晏也? 對曰:有政。 子曰:其事也, 如有政, 雖

염자퇴조　자왈　하안야　대왈　유정　자왈　기사야　여유정　수

不吾以, 吾其與聞之!
불오이　오기여문지

이 단락의 기록은 묘하면서도 공자의 유머이기도 합니다. 공자의 학생인 염유는 당시 노나라의 권신인 계씨 집안에서 일을 했는데, 중요한 지위에 있었습니다. 노나라 역사를 보면, 당시 계씨 집안이 매우 참람僭濫해서 정권을 탈취하기 위해 신하답지 못하게 굴었던 흔적이 곳곳에 드러나 있습니다. 상론 「팔일」편에 서술되어 있듯이, 계씨가 태산으로 여행할 때 공자는 염유에게 계씨의 생각을 바로잡아 그의 집안을 구할 수 없느냐고 물었습니다. 그러나 염유는 어쩔 수 없다면서 계속 계씨 집안의 일을 하고 있었습니다.

어느 날 염유가 계씨 집에서 조회를 마치고 나와 공자를 만났습니다 (고대에는 모두 조회에서 공문을 처리했는데, 마치 오늘날 날마다 조회에서 정치를 토론하고 공무를 처리하는 것과 같았습니다). 여기서 우리는 많은 감회를 느낍니다. 오늘날 여러분은 매일 회의가 너무 많아서 머리가 아플 것입니다. 이것은 동서 문화가 절충되는 과도기의 현상입니다. 시대가 변하면서 사회의 구조와 관료 인원의 변화도 과거와는 크게 달라졌습니다.

고대 관료 제도에서는 관료 인원이 지금보다 퍽 적었습니다. 청나라를 보더라도 강희제 때는 전국의 상하 20여 개 성省에 중앙으로부터 지방에 이르기까지 정식 조정 관리가 2만 5천여 명밖에 되지 않았습니다. 이 사람들이 4억 인구의 행정 사무를 처리한 것입니다. 우리가 역사를 읽어 알고 있듯이 청나라 말기의 정치는 매우 부패하였습니다. 그런데도 당시 부패한 관아의 막료들은 대부분 매일 오후 2, 3시가 되어서야 출근했습니다. 점심을 먹고 낮잠을 잔 뒤 아편도 실컷 피우고 나서야 출근을 했던 것입니다. 그러면서도 그들은 오늘 일은 오늘로 끝내고 여러 날 후로 미루어서야 처리하는 일이 거의 없었습니다. 이것은 제도 문제일까요? 정말 판단을 내리기 어렵습니다.

다시 고대를 보면, 황제는 누구나 아침 조회早朝를 주관했는데, 이것은 매우 힘드는 일이었습니다. 청조 황제들을 보더라도 중국 5천 년 문

화의 전통을 이어받아 전제적 권리가 극에 달했습니다. 황제는 크고 작은 일을 모두 관여했기 때문에, 발을 뻗고 편히 잘 여유가 없었습니다. 새벽 4, 5시가 되면 일어나야 했는데, 만약 더 자고 싶어 일어나지 못하면 늙은 환관이 꿇어앉아서 깨웁니다. 그래도 일어나지 못하면, 또 다른 환관이 뜨거운 물을 들고 와서 수건을 따뜻하게 적셔 짠 뒤 아직도 꿈속을 헤매고 있는 황제의 얼굴을 덮어 주고, 억지로 그를 일으켜 용포龍袍를 입혀 주고는 끌고 나가 아침 조회를 주관하게 합니다. 황제는 밥을 먹을 때도 같이 먹는 사람이 없이 혼자서 먹어야 했습니다. 청나라 조상들의 법도에 따르면 황제는 식사할 때 황후를 대동할 수 없으며, 기껏해야 좋아하는 왕비를 찾아서 같이 먹을 수밖에 없었습니다. 사람이 이런 지위까지 올라가면, 아무리 권력이 좋다 해도 허다한 일들이 있어서 정말 재미가 없었습니다.

지금까지 말이 나온 김에 한 이야기이지만, 여기에서 주의할 점은 조회 제도입니다.

여담 한마디

수천 년 이래로 모든 국가 대사는 아침에 결정되었으며, 나아가 개인이 처리하는 정사도 마찬가지였습니다. 예를 들어 증국번은 정치를 할 때 회의를 별로 하지 않고 부하들을 찾아가서 함께 아침 식사를 하면서 정무를 논의하였는데, 한 사람이라도 도착하지 않으면 젓가락을 들지 않았습니다. 지난날의 조회와 지금의 회의를 잘 비교 연구해서 국가의 장래 제도 문제에 대해 생각해 볼 필요가 있습니다.

본론으로 돌아갑시다. 하루는 공자가 조회에서 돌아온 염유에게 오늘은 왜 이렇게 늦었느냐고 물었습니다. 염유가 논의할 정무가 있어서 그랬다고 대답하자, 공자는 "나는 다 알고 있다. 만약 국가 대사와 같은 것이라면, 비록 내가 정사에 참가하고 있지는 않아도 그 소식을 직접 들을 수 있었을 것이다."고 했습니다. 공자의 이 말은 매우 유머가 있는데, 아마도 그가 이 말을 할 때는 틀림없이 아주 유머적인 미소를 한

번 지었을 것입니다. 염유를 한방 먹인 것이지요.

(노나라) 정공이 물었다. "(사람들이 말을 함부로 하지 말라고 하는데, 특히 정치에 종사하는 사람은 더욱 그래야 한다고 합니다) 지도자의 말 한마디로 나라를 흥성케 할 수 있다고 하는데, (정말로) 이런 일이 있습니까?"

공자께서 대답하셨다. "말이란 그런 것이 아닙니다. 그 말은 하나의 원칙을 뜻합니다. (예를 들어) 사람들이 말하기를 '임금 노릇 하기도 어렵고, 신하 노릇 하기도 쉽지 않다.'고 하는데 (이 말도 한마디 아닙니까?), 만약 임금 노릇 하는 것이 어렵다는 것을 안다면 이 한마디로 나라를 흥성케 할 수 있는 것에 가깝지 않습니까?"

"지도자의 말 한마디로 나라를 잃게 할 수 있다고 하는데, 이런 일이 있습니까?"

공자께서 대답하셨다. "말이란 그런 것이 아닙니다. 그 말은 하나의 원칙을 뜻합니다! (예를 들어) 사람들이 말하기를 '나는 임금 노릇 하는 데 다른 즐거움이란 없고, 다만 내가 말하기만 하면 아무도 어기지 않는 것뿐이다.'고 하는데 (이 말도 한마디 아닙니까?), 만약 그 말이 올바르기에 아무도 그것을 어기지 않는다면, 매우 좋은 일이 아니겠습니까? 만약 올바르지 않은데도 아무도 그것을 어기지 않는다면, 한마디로 나라를 잃게 할 수 있는 것에 가깝지 않습니까?"

定公問:「一言而可以興邦, 有諸? 孔子對曰:言不可以若是其幾也! 人
정공문 일언이가이흥방 유저 공자대왈 언불가이약시기기야 인

之言曰:「爲君難, 爲臣不易」。如知爲君之難也, 不幾乎一言而興邦乎?
지언왈 위군난 위신불이 여지위군지난야 불기호일언이흥방호

曰:一言而喪邦, 有諸? 孔子對曰:言不可以若是其幾也! 人之言曰:
왈 일언이상방 유저 공자대왈 언불가이약시기기야 인지언왈

「予無樂乎爲君, 唯其言而莫予違也」。如其善而莫之違也, 不亦善乎?
여무락호위군 유기언이막여위야 여기선이막지위야 불역선호

如不善而莫之違也, 不幾乎一言而喪邦乎?
여불선이막지위야 불기호일언이상방호

하루는 노나라의 정공定公이 공자에게 물었습니다. "사람들이 말을 함부로 하지 말라고 하는데, 특히 정치에 종사하는 사람은 더욱 그래야 한다고 합니다. 지도자의 말 한마디가 '나라를 일으킬 수 있다.'興邦고 하는데 정말 그렇습니까?" 그러자 공자는 이렇게 대답했습니다. "말이란 그런 게 아닙니다. '한마디로 나라를 일으킬 수 있다.'(一言可以興邦)는 것은 하나의 원칙을 뜻합니다. 예를 들어, 사람들이 알고 있는 '임금 노릇 하기도 어렵고, 신하 노릇 하기도 쉽지 않다.'(爲君難, 爲臣不易)는 말도 한마디가 아닙니까?"

이 역시 기회를 보아서 하는 공자의 교육방식입니다. 그는 자기 나라의 임금을 직접 가르치기가 거북했기 때문에, 임금이 질문한 기회를 이용하여 은연중에 그를 교육한 것입니다. 정공이 지도자였기 때문에, 공자는 "사람이 '임금 노릇 하기도 어렵고, 신하 노릇 하기도 쉽지 않다.'는 이 말을 이해한다면 나라를 일으킬 수 있고 사업 전도가 양양합니다."고 말했습니다. 이 단락은 문자적으로는 간단하지만, 역사적 사실로 보면 "한마디 말로 나라를 일으킬 수 있다."는 사례가 매우 많은데, 그 중 두 가지만 예로 들겠습니다.

하나는, "창업도 어렵지만, 성취한 것을 지키기도 쉽지 않다."(創業難, 守成也不易)라는 당태종의 명론名論이 바로 그것인데, 국가 천하의 일만 이러할 뿐만 아니라 개인의 경우도 마찬가지입니다. 사람이 가난에서 벗어나 부유해지는 것은 창업의 어려움이며, 자손들이 그것을 지켜 나가는 것 또한 큰 문제입니다. 도대체 어느 것이 어려울까요? 고대 정치 사상에서는 원래부터 이 두 가지를 모두 어렵다고 보았습니다.

다른 하나는, 옛사람이 말한 "내 나이 쉰 살이 되어서야 비로소 마흔 아홉 살까지의 잘못을 알았다."(吾年五十方知四十九之非)는 것입니다. 사실 춘추전국 시대 위나라의 거백옥蘧伯玉도 이 말을 한 적이 있는데, 나이가 들어 경험이 쌓인 후에 되돌아보니 그제서야 과거의 잘못이 발견된다는 뜻입니다. 이런 것들이 모두 "한마디로 나라를 일으킨다."(一言興邦)의 실제 사례입니다.

반대로 그 아래 나오는 "한마디로 나라를 잃게 할 수 있는"(一言喪邦)

사례도 많습니다. 역사상 초나라와 한나라의 전쟁을 보더라도 유방劉邦의 장점은 다른 사람의 말을 잘 받아들였다는 점입니다. 그가 성공한 까닭은 다른 사람의 좋은 의견을 잘 받아들였다는 것입니다. 우리가 역사에서 성공한 인물과 실패한 인물의 성격을 연구해 보면 아주 재미있는 대비를 발견할 수 있습니다. 어떤 사람은 남의 더 좋은 의견을 받아들이기 좋아합니다. 하지만 즉시 바꾸어서 자기의 의견을 거두어들이고 남의 더 좋은 의견으로 바꾸어 쓸 수 있는 사람은 아주 적습니다. 유방은 이런 소수의 인물 중 한 사람이었습니다.

그러나 항우項羽는 자신의 의견과 판단을 절대로 바꾸지 않았으며, 남의 의견도 절대로 받아들이지 않았습니다. 이 점은 개인의 수양 면에서 주의해야 됩니다. 특히 한 조직 단위의 책임자는 흔히 심리적 잘못을 범하기 쉬운데, 남의 의견이 더 옳고 더 훌륭하다는 것을 뻔히 알면서도 '체면' 때문에 이러지도 저러지도 못해서 잘 받아들이지 않습니다. 이것은 크게 말하면 수양이 모자라는 것이고, 작게 말하면 개성의 문제로 융통성이 없는 것입니다.

이제 역사적으로 중요한 항우의 결정을 보도록 합시다. 항우가 함양咸陽까지 쳐들어갔을 때, 어떤 사람 — 『초한춘추』楚漢春秋의 기록에서는 채생蔡生이고, 『한서』漢書의 기록에서는 한생韓生 — 이 그에게 "관중은 사방이 산과 강으로 막힌 험한 지형이며 땅 또한 비옥하니, 이 지방을 수도로 정하면 패자覇者가 될 수 있습니다."(關中險阻, 山河四塞, 地肥饒, 可都以覇)라고 하면서 함양에 수도를 정하면 천하를 크게 평정할 수 있다고 권했습니다.

수도를 어디에 정해야 하는가 하는 점에 대해서는 역사상 많은 연구가 있었습니다. 이 문제는 역대 왕조에서 항상 논의되었습니다. 송대와 원대 이전에는 대부분 수도를 섬서 지방의 장안長安에다 정했지만, 송대에는 국력이 대단히 약해서 변량卞梁에 수도를 정했습니다. 그 당시에도 어떤 사람들은 낙양洛陽을 사전지지(四戰之地: 지세가 험하지 않아 쉽게 공격을 받을 수 있는 곳—역주)라고 하면서 수도로 알맞은 곳이 아니라고 했습니다. 그 뒤로 원·명·청에 걸친 8백 년 동안은 북경을 수도로 삼았습니다. 중화민국이 성립된 후에도 수도를 어디에 정하는가 하는 논쟁이 있었는데, 당시에도 주장이 다양했습니다. 어떤 사람들은 북경에 정하자고 하고, 다른 사람들은 남경에 정하자고 하고, 또 어떤 사람들은 함양에 정하자고 주장했습니다. 그런가 하면 수도를 북경에 정하든 남경에 정하든 상관없이, 장안·무한 등 4개 지방에다 제2의 수도를 정하자고 주장하는 사람도 있었습니다. 이런 사람들은 이미 장차 다가올 국가의 대세를 보았기 때문에 국제 정세와 맞추려 했던 것입니다.

한 나라가 수도를 결국 어디에 정하느냐 하는 것은 정치·군사·경제·외교 등의 여러 방면과 관련되어 중요하기 때문에 아주 커다란 문제입니다. 우리는 이제 미래의 시대에 맞추기 위해서는 국가의 원대한 계획뿐만 아니라, 이러한 역사나 근대사·국제 현황 등을 모두 연구해야 합니다. 이상은 본 주제 이외의 한담이었습니다.

공명만 앞세우는 영웅

다시 본론으로 돌아가서 항우가 수도를 정하자는 건의를 받아들이지 않은 이야기를 하겠습니다. 그가 한 말이 아주 재미있습니다. 명언이기도 하지요. "부귀하게 되었을 때 고향에 돌아가지 않으면, 마치 비단옷을 입고 밤길을 가는 것 같으니 누가 알아주겠는가?"(富貴不歸故鄕, 如衣錦夜行, 誰知之者). 이 말에만 근거해 보더라도 그와 한고조 유방 두 사람 사이의 도량의 차이를 완전히 표현했습니다. 항우의 포부는 부귀하게 된 후 강동 고향 사람들에게 자신의 위풍을 보여 주는 것이 고작입니다. 그렇지 않으면 멋진 옷을 입고 밤길을 걷는 것과 같으니, 누구에게 보여주겠느냐는 것입니다. 이런 생각으로 어찌 망하지 않겠습니까? 그러므로 항우는 운명적으로 반드시 실패하게 되어 있었습니다. 그러나 같은 일이 유방에게 일어났다면, 그는 어떻게 행동했을까요?

천하를 평정한 후, 유방 자신의 뜻은 수도를 낙양에 정하려고 하였습니다. 그러나 제나라 사람인 누경婁敬이 찾아와서, 수도를 낙양에 정하는 것은 주나라와 견주려는 것이 아니냐고 물었습니다. 유방이 그렇다고 대답하자, 누경은 이렇게 말하였습니다. "낙양은 천하의 중심으로서 덕망이 있는 사람은 여기에 수도를 정하고 왕 노릇 하기가 쉽지만 덕망이 없는 사람은 공격받기가 쉽습니다. 주나라는 후직后稷 때부터 합邰에 봉해져서 문왕·무왕에까지 이르렀는데, 그 동안 10여 세대의 선행공덕이 쌓여서 여기에 수도를 정할 수 있었던 것입니다. 그러나 지금 당신은 무력으로 천하를 평정하였으며, 게다가 전쟁 후의 폐해가 아직도 남아 있어서 만신창이니, 상황이 완전히 다릅니다. 그런데 어떻게 주나라와 견줄 수 있겠습니까? 따라서 수도를 관중에다 정하는 것이 오히려 낫습니다." 당연히 일리가 있는 말로서 장량張良도 동의하였기 때문에, 유방은 즉시 자신의 의견을 거두고 누경의 건의를 받아들였습니다. 그리고 그에게 5백 근의 황금과 벼슬자리를 주면서 '유'劉씨 성까지 하사하였습니다.

뚜렷하게 대조적인 이 사실史實에 대하여, 청나라 가도嘉道 연간에 공정암龔定盦과 더불어 이름을 날린 왕담王曇은 항우를 애도하는 명시 네 수를 썼습니다. 그 중 한 수는 다음과 같습니다.

진나라 사람의 천하는 초나라 사람의 활인데도	秦人天下楚人弓
자신의 머리를 베어 마동에게 선물했네	枉把頭顱贈馬童
하늘의 뜻이 어찌 유방을 택했겠는가?	天意何曾袒劉季
대왕은 실패하고 강동 땅을 그리워했네	大王失計戀江東
일찍이 함곡관을 무찔러 서제라 칭했음에도	早摧函谷稱西帝
하필이면 홍문에서 유방을 죽이려 했는가?	何必鴻門殺沛公
한갓 함양을 석 달 동안 불타도록 했을 뿐	徒縱咸陽三月火
결국 누경이 관중을 설명토록 양보했네	讓他婁敬說關中

시의 첫 구절인 "진나라 사람의 천하는 초나라 사람의 활인데도"(秦人天下楚人弓)는 춘추전국 시대에 초왕이 아끼는 보배 활을 잃어버린 일에서 유래한 것입니다. 부하가 활을 잃어버렸다고 보고하자, 이 황제는 "초나라 사람이 잃어버린 것을 초나라 사람이 얻겠지."(楚人失之, 楚人得之)

라고 말했습니다. 그 뜻인즉 황가에서 보존하든 백성이 가지고 있든 똑같기 때문에 추궁할 필요가 없다는 것입니다. 왕담은 이 고사를 인용하여, 진시황이 죽고 나면 중국인의 천하는 중국인이라면 모두 나서서 통치할 수 있다고 말하고 있습니다. 초나라 사람의 천하가 될 것이므로 초나라 사람이라면 누구나 나라를 통치할 수 있다고 말하고 있습니다.

"자신의 머리를 베어 마동에게 선물했네."(枉把頭顱贈馬童)는 항우가 해하垓下의 마지막 싸움에서 한나라 군대에게 사면으로 포위되었을 때의 이야기입니다. 항우가 뒤돌아서 자기를 쫓아오는 사람을 보니, 유방에게 투항한 옛날 자기의 부하 마동馬童이었습니다. 마동은 그가 뒤돌아보자 얼굴을 돌렸습니다. 그러나 항우는 "무서워하지 말라. 그대는 나의 옛 친구 마동이 아닌가? 유방이 내 머리를 가져오는 자에게는 천금을 상으로 주고 만후호(萬侯戶: 1만 호가 사는 토지를 소유한 제후로, 한대 제후 중 최고 등급—역주)로 봉한다고 들었는데, 그대는 나의 옛 친구이니 이 머리를 너에게 주겠다."고 말하고는 스스로 자기 목을 베었습니다. 이 역시 항우의 기백입니다.

"하늘의 뜻이 어찌 유방을 택했겠는가?"(天意何曾祖劉季)에서 유계劉季는 유방의 이름인데, 이 구절은 항우가 "싸우지 않은 죄로 하늘이 항우를 멸망시켰다."(非戰之罪, 天亡項羽)고 하는 말은 잘못이라는 것입니다. 그러면 항우의 잘못은 무엇일까요? "대왕은 실패하고 강동 땅을 그리워했네. 일찍이 함곡관을 무찔러 서제라 칭했음에도, 하필이면 홍문에서 유방을 죽이려 했는가? 한갓 함양을 석 달 동안 불타도록 했을 뿐, 결국 누경이 관중을 설명토록 양보했네." 이 다섯 구절이 바로 항우가 실패한 중요 이유입니다.

여기에서 또 여담을 하나 하겠습니다. 역사는 매우 묘한 것인데, 여러분이 모두 알다시피 진시황이 책을 태워 버린 일은 전통 문화의 입장에서 큰 죄악 행위입니다. 그러나 그는 그 죄악의 절반만 책임지면 됩니다. 진시황은 민간인들이 책을 읽지 못하도록 전국의 책을 모아 함양궁에다 넣어 놓았는데, 후에 항우가 함양궁을 통째로 불살라 버려 이 불길이 연속 3개월이나 탔습니다. 얼마나 많은 서적과 얼마나 많은 국가의 재부를 태워 버렸는지 모릅니다. 그러므로 엄격히 말해서 중국 문화의 기초가 단절된 것은 이 항우 노형께 큰 책임이 있습니다. 그런데도 후세인들은 그 책임을 앞 시대의 진시황에게 다 뒤집어씌웠습니다. 항우의 책임에 대해서는, 실패한 영웅에 대한 동정심 때문에 언급하는 일이 드물었습니다.

우리는 "한마디로 나라를 일으킬 수 있다."(一言而可以興邦)는 사상 견해에 대해 많은 여담을 끌어올 수 있습니다. 오늘날 우리 나라나 동양의 다른 나라들만이 아니라 전 세계의 나라들이 미국의 한마디 말, 즉 그들의 한 가지 정책에 피해를 입고 있습니다. 무슨 정책이겠습니까? 세계 역사상 전례가 없는 이른바 "승리의 전쟁을 하지 말고 제한적인 전쟁을 하라."는 것입니다.

우리 세대는 이 말의 역사적 의미에 대해 별로 뚜렷이 느끼지 못하고 있습니다. "여산의 진면목을 알지 못하는 것은 다만 내 몸이 이 산 속에 있기 때문이다."(不識廬山眞面目, 只緣身在此山中)라는 말처럼 우리는 이 시대 속에 있어서 그것을 느끼지 못합니다. 만약 우리가 1백 년을 되돌아가거나 1백 년을 앞당겨 우리 시대의 역사를 본다면, 미국의 이 정책이 결과적으로 얼마나 많은 사람을 살해하고, 얼마나 많은 국가를 파괴하게 되었을까요? 세계의 맹주가 되려는 그들의 정책은 얼마나 희극적입니까? 얼마나 비참합니까! "한마디로 나라를 잃고, 한마디로 나라를 일으킨다."(一言喪邦, 一言興邦)는 것은 바로 이런 이치입니다. 이런 이치는 역사적 사례를 통해 이해해 보면 더욱 절실히 느낄 수 있으며, 또한 현대인으로서 현대의 추악한 면을 살펴보아도 잘 이해할 수 있습니다.

이어서 정공은 그 반대로 묻습니다. "어떤 사람은 말 한마디로 나라를 망친다는데, 이런 일이 정말 있습니까?" 공자는 이것도 마찬가지로 아무렇게나 해석하면 안 된다고 했습니다. 이어서 나오는 공자의 말도 아주 묘합니다. 그는 이렇게 말했습니다. "어떤 사람은 자신이 군주 노릇 하는 것을 좋아하는 것이 아니라, 명령을 내리면 그것이 그대로 법이 되어 누구도 어기지 못하고 완전히 자신의 뜻대로 자신의 이상을 달성할 수 있기 때문에 만족해합니다."

공자는 왜 정공에게 이런 말을 했을까요? 사실 이런 상황은 정공 한 사람만이 범하는 잘못은 아닙니다. 일반인들도 모두 그와 똑같은 잘못을 저지릅니다. 한번 생각해 보십시오. 무엇 때문에 사람들은 권력을 좋아할까요? 권력이 있으면 마음 내키는 대로 할 수 있고, 자신의 명령대로 남을 지배할 수 있기 때문입니다. 공자의 말은 한마디로 이런 마음가짐으로 정치에 종사하는 것은 잘못된 일이라는 것입니다. 아랫사람들이 반대하지 않는다고 해서 자신의 의견이 맞는다고는 할 수 없다는 것입니다. 문제는 지도자의 생각 자체에 있으며 지도자의 의견 자체가 옳으냐 그르냐에 달려 있습니다. 만약 의견이 옳다면 절대적으로 믿고 거역하지 말아야 합니다. 그러나 지도자의 생각이 잘못되었는데도 반드시 복종만을 요구한다면, 나라를 망치게 됩니다. "한마디로 나라를 일으키는 것"과 "한마디로 나라를 잃는 것"을 이어놓으면 바로 이런 뜻입니다.

대충 지난날의 역사와 현 시대의 격랑 속에서 직접 겪었던 경험들을 예로 들었는데, 여러분들이 이 구절의 의미를 더욱 깊이 이해하기 바랍니다.

화룡점정畵龍點睛

이어서 공자는 섭공葉公이라는 사람에 대하여 언급합니다. 그도 춘추 시대의 '섭'葉이라는 지방의 수장이었는데, 우리가 입버릇처럼 말하는 '꼬마황제님'(小皇帝)이지요. 역사에서도 유명한 '섭공호룡'葉公好龍은 바로 그에게서 유래한 고사입니다. 앞에서도 말했지만, 이 사람은 궁중의 벽이나 대들보·기둥 할 것 없이 모든 곳에 용을 그리거나 조각해 놓았습니다. 그래서 진짜 용이 감동을 받아 찾아갔더니, 섭공은 그만 놀라서 도망을 쳤다는 것입니다. 후세에 와서는, 입으로는 도덕을 말하면서 실제로 덕행이 필요할 때 실천하지 않는 경우, 또는 친구 사귀기를 좋아하면서도 정작 친구가 어려울 때 도와주지 않는 경우, 이런 경우에 "섭공호룡"의 고사를 인용하여, 이 사람이 도덕을 말하거나 친구 사귀기를 좋아하는 것은 섭공이 용을 좋아하는 격이라고 말하게 되었습니다.

> 섭공이 정치에 대하여 묻자,
> 공자께서 말씀하셨다. "가까이 있는 사람들은 (떠나기 싫어하며) 기뻐하고, 먼 곳의 사람들은 (자진해서) 찾아오는 것입니다. (그 정도로 할 수 있다면 지도자로서 가장 큰 성공입니다)"

> 葉公問政 。 子曰：近者說，遠者來 。
> 섭공문정　　자왈　근자열　원자래

춘추 시대에는 인구는 적고 땅은 아득히 넓어서 백성들이 많이 필요했습니다. 그래서 공자는 "가까이 있는 사람들이 기뻐하고, 먼 곳에 있는 사람들이 찾아올 정도로 할 수 있다면" 가장 큰 성공이라고 하였습니다. 자기를 따르는 사람들은 떠나기 싫어하고 외부 사람들은 자진해서 찾아오고 싶어 한다면, 지도자로서 성공한 것입니다. 반대로 가까이 있는 사람들도 떠나려 하고, 외부 사람들에 대한 구심력마저 없다면 문제가 있습니다. 후세 사람들은 공자의 이 두 마디 말을 외교로까지 더 확대 해석하였습니다. 이웃나라와 화목하게 지내고, 멀리 있는 나라들도 내왕하고 싶어 한다면 바로 성공한 외교라는 것입니다.

> 자하가 거보의 (지방 수장인) 읍재邑宰가 되어 정치에 대해 묻자,
> 공자께서 말씀하셨다. "(지방 수장으로서 행정 · 건설 등 모든 제도를 세울 때는 결과를 두루 고려해서 백년대계를 세워야 한다) 눈앞의 이익이나 공로를 위해 일을 급하게 하려 말고, 작은 이익을 돌아보지 마라. 눈앞의 이익이나 공로를 위해 일을 급하게 하려다 보면 일이 제대로 이루어지지 않고, 작은 이익을 돌아보다 보면 큰 일을 이룩하지 못한다."

> 子夏爲莒父宰，問政 。 子曰：無欲速，無見小利；欲速則不達，見小
> 자하위거보재　문정　자왈　무욕속　무견소리　욕속즉부달　견소
> 利則大事不成 。

리 즉 대 사 불 성

자하는 한때 거보莒父에서 지방수장으로 일했는데, 한번은 그가 공자를 찾아와서 정치에 관해 물었습니다. 공자는 그에게 지방관이 정치를 하는 대원칙을 말해 주었습니다. 이것이 바로 앞에서 말한 바 있는 원대한 안목의 백년대계가 있어야 한다는 것입니다. 지방장관으로서 행정·건설 등 모든 제도를 세울 때는 결과를 두루 고려해서 백년대계를 세워야 합니다. 눈앞의 이익이나 공로에만 급급해서 빠른 시일 내에 성과를 얻으려고 해서는 안 됩니다. 또, 작은 이익 때문에 너무 많은 애를 쓰지 말고, 전체 국면을 고려해야 합니다. "눈앞의 이익이나 공로를 위해 일을 서두르면 일이 제대로 이루어지지 않고, 작은 이익을 돌아보면 큰 일을 이룩하지 못한다."(欲速則不達, 見小利則大事不成)는 말은 모두 잘 알고 있는 명언이므로 더 이상 말할 필요가 없겠습니다.

다음에 든 예는 법치 사상과 법리의 핵심이면서, 동시에 사회의 도덕 관념과도 관련이 있습니다.

섭공이 공자에게 말했다. "(우리 지방 백성들의 생각이나 성격은 모두 정직하고 간사奸詐하지 않습니다. 그래서) 우리 지방 마을에 정직한 사람이 있는데, 그의 아버지가 양羊을 훔치자 자식이면서도 (용감히 나서서) 그것을 증언했습니다. (우리 지방의 사회 기풍이 얼마나 좋습니까!)"

공자께서 말씀하셨다. "우리 지방 마을의 정직한 사람은 그와 다릅니다. 아버지는 (당연히 혈육의 정이 있기 때문에) 자식을 위해 그런 일을 (좀) 숨겨주고, 자식은 (당연히) 아버지를 위해 그런 일을 (한차례) 숨겨줄 것입니다. (이것이 인지상정人之常情입니다. 당신이 보기에는 이렇게 하는 것이 덜 성실하거나 정직하지 않은 일일지도 모르겠지만, 이른바) 정직의 도리도 (자연히) 그 가운데에 있습니다. (법률은 인정人情에 지나지 않습니다. 법 집행 과정에서 인정의 요소를 고려해야 하며, 완전히 법률 조항의 규정에 따라서만 사건을 처리할 수는 없습니다)"

葉公語孔子曰 : 吾黨有直躬者 , 其父攘羊 , 而子證之。孔子曰 : 吾黨
섭공어공자왈   오당유직궁자   기부양양   이자증지   공자왈   오당

之直者異於是 , 父爲子隱 , 子爲父隱 , 直在其中矣!
지 직 자 이 어 시   부 위 자 은   자 위 부 은   직 재 기 중 의

섭공이 공자에게 말했습니다. "우리 지방 백성들의 생각이나 성격은 모두 정직하고 간사하지 않습니다. 아버지가 남의 양을 훔치면 아들이 용감히 나서서 그것을 증언합니다. 우리 지방의 사회 기풍이 얼마나 좋습니까!" 섭공의 이 말을 우리는 잘 생각해 보아야 합니다. 법률을 연구하는 사람이든, 사회 제도나 정치를 연구하는 사람이든 누구나 이 몇 마디 말만을 보고서도 사회 심리·정치 심리·법률의 최고 심리·범죄 심리와 모두 관계가 있다는 것을 이해하고 터득해야 합니다.

공자는 섭공의 말을 듣고 나서 말했습니다. "우리 지방 사회의 상황은 당신의 이곳과는 다릅니다. 만약 아들이 잘못을 저질렀다면 아버지는 당연히 혈육의 정이 있기 때문에 아들을 위해 좀 숨겨 주고, 아버지가 잘못했을 경우에는 아들이 당연히 아버지를 위해 한차례 숨겨줄 것입니다. 이것이 바로 인지상정人之常情입니다. 당신이 보기에는 이렇게 하는 것이 덜 성실하거나 정직하지 않은 일일지도 모르겠지만, 이른바 정직의 도리도 자연히 그 속에 들어 있습니다." 이것이 바로 후세에 이른바 "법률은 인정人情에 지나지 않는다(法律不外乎人情).", 다시 말해 법집행 과정에서 인정의 요소를 고려해야 하며, 완전히 법률 조항의 규정에 따라서만 사건을 처리할 수 없다는 뜻입니다. 만약 법치의 도리로 말한다면, 아버지가 물건을 훔쳤을 때 아들이 밀고하는 것은 잘못이 아니며 법률상의 관점으로는 합리적인 행위입니다. 그러나 인정人情상으로 보아 심리적인 연구를 해보면, 이런 부자 사이에는 이미 문제가 있는 것입니다. 사람과 사람 사이, 부자간은 말할 나위도 없고 설사 친구 사이라도 이런 감정이 있기 마련입니다. 사람이 이런 감정을 무시하고 법적으로 반드시 이렇게 해야 옳다고 생각한다면 문제는 커집니다. 그러므로 이 단락을 깊이 연구하면 많은 도리들과 연계시킬 수 있습니다.

이어서는 기세가 바뀝니다. 지금까지는 위정에 관한 문제를 이야기하

였지만, 다음에서는 학문적 수양에 대해 말하고 있습니다.

　　번지가 (개인 수양 면에서의) 인仁에 대하여 묻자,
　　공자께서 말씀하셨다. "일상생활에서는 평소에 언행을 공손히 하고, 일을 함에는 (성심껏) 책임을 다하고, (상사·친구·부하 등) 남과의 관계에서는 (누구에게나) 충심을 다하는 것이니, 이 (세 가지 요점을 다 구비하고 있)는 (사람은) 비록 (문명이 없는 변방의) 야만의 땅에 간다 하더라도 (훌륭한 사람으로서 살 수 있으니) 버려서는 안 되는 것이다."

　　樊遲問仁。子曰: 居處恭, 執事敬, 與人忠。雖之夷狄, 不可棄也。
　　번지문인　자왈 거처공　집사경　여인충　수지이적　불가기야

　　여기서 우리가 주의해야 할 점이 있습니다. 공자의 전체적인 사상은 모두 인仁을 이야기한 것인데, 그렇다면 인仁에 대해 내린 정의는 도대체 무엇이냐 하는 것입니다. 천여 년 동안 공자의 인仁에 대해 감히 정의를 내리는 사람은 별로 없었습니다. 「이인」편 전체에서도 인을 이야기하였지만, 그것은 인의 용用, 즉 인의 행위를 말한 것이었습니다. 「안연」편에서 공자는 인을, "자기를 극복해서 예의 경지를 회복한 것"(克己復禮)이라고 정의했는데, 이것은 인의 체體였습니다. 안연이 그 방법을 묻자, 공자는 "예가 아니면 보지도 말고, 예가 아니면 듣지도 말고, 예가 아니면 말하지도 말고, 예가 아니면 행동하지도 말라."(非禮勿視, 非禮勿聽, 非禮勿言, 非禮勿動)고 말했는데, 이것은 인의 수양 방법이었습니다.
　　이제 이미 『논어』의 절반 정도를 강의했는데, 여기서 한번 명백히 구별해 보면 공자의 '인'은 도대체 무엇일까요? 내가 느낀 생각으로는 불교의 한마디를 인용할 수 있을 뿐입니다. 즉, "장님들이 코끼리를 더듬으면서 저마다 일면만 집착한다."(衆盲摸象, 各執一端)는 것입니다. 『논어』에서 본 공자 사상은 모두 인의 용用을 이야기한 것입니다. 만약 그 중의 어느 한 면을 붙들어 쥐고 있으면서 인의 전체로 생각한다면, "장님들이 코끼리를 더듬으면서 저마다 일면에만 집착하는 것"과 다름이 없습니다. 인은 공자의 사상에서 많은 것을 나타내고 있는데, 형이상의 본체로부터 형이하의 만물의 용用에 이르기까지 모두 인으로 돌아갑니다.

여기서 번지樊遲가 '인'에 대해 물었을 때, 공자가 말한 것은 개인 수양 면의 '인'입니다. 공자는 "평소에 언행을 공손하고 성실하게 하라. 일을 할 때는 성심껏 책임을 다하고, 상사·친구·부하 누구에게나 마음을 다하지 않는 바가 없도록 하라. 공恭·경敬·충忠 이 세 가지 요점을 다 구비하고 있는 사람은 문명이 없는 야만의 지역에 가서도 훌륭한 사람으로 살 수 있다." 라고 말했습니다. 이것은 곧 인의 용用입니다. 공자는 학생들이 내성외왕內聖外王의 수양 면에서 이 정신을 실천할 수 있기를 바랐습니다.

선비일까 아닐까

자공이 물었다. "어떠해야 (내적인 도덕과 외적인 학식이 다 훌륭한) 선비(士)라고 할 수 있겠습니까?"

공자께서 말씀하셨다. "자신의 행동에 대해서는 부끄러움이 있고, 사방에 사신으로 가서는 (그 직책과 임무를 능력이 충분하여 훌륭히 감당해 낼 수 있어서) 임금의 명령을 욕되이 하지 않으면 선비라 할 수 있을 것이다."

"(그것은 매우 높은 수준입니다. 선비도 각양각색이 있는데) 감히 그 다음 등급을 묻고자 합니다."

"같은 조상의 친척들이 (모두 그를) 효자라고 칭찬하고, (이웃이나 지방) 마을 (사람들 사이)에서는 (그를) 우애롭다고 칭찬한다면 역시 선비라고 할 수 있다."

"감히 그 다음 등급을 묻고자 합니다."

"말에는 반드시 신용이 있(어 어디서나 약속을 지키)고, (일의) 실행에는 반드시 (시작과 끝이 있어서) 결과가 있다면, (개인적인 사람됨에는 쓸모가 있지만, 국가 대사는 처리하지 못할 수도 있는) 완고한 소인이라 하더라도 역시 그 다음 등급은 될 만한 사람이다."

"(그렇다면 선생님이 보시기에) 오늘날 정치에 종사하는 (일반) 사람들은 어떻습니까?"

공자께서 말씀하셨다. "아아! 쌀 몇 말의 녹봉을 받기 위해서만 일하는 많은 사람들이야 (말할 필요도 없다) 어찌 선비라고 할 수 있겠느냐!"

子貢問曰:何如斯可謂之士矣? 子曰: 行己有恥, 使於四方, 不辱君命,
자공문왈 하여사가위지사의 자왈 행기유치 사어사방 불욕군명

可謂士矣。曰:敢問其次? 曰:宗族稱孝焉, 鄕黨稱弟焉。曰:敢問其
가위사의 왈 감문기차 왈 종족칭효언 향당칭제언 왈 감문기

次? 曰:言必信, 行必果, 硜硜然, 小人哉, 抑亦可以爲次矣。曰:今
차 왈 언필신 행필과 갱갱연 소인재 억역가이위차의 왈 금

之從政者何如? 子曰:噫, 斗筲之人, 何足算也!
지종정자하여 자왈 희 두소지인 하족산야

앞에서 선비를 이르는 '사'士의 개념에 대하여 이야기한 적이 있습니다. 습관적으로 우리는 고대에서 말하는 '사'士를 지식인이라고 생각하지만, 사실 이 말은 두루뭉술합니다. 고대에는 반드시 내적인 도덕과 외적인 학식이 다 훌륭해야만 '사'라고 칭할 수 있었습니다. 자공은 여기서 어떠해야 선비라고 부를 수 있느냐고 물었습니다.

공자는 첫째 "자신의 행동에 대해서 부끄러움이 있어야 한다."(行己有恥)고 말했습니다. '부끄러움이 있다'(有恥)는 것에는 많은 뜻이 내포되어 있습니다. 가장 기본적인 것은 자기의 인격과 도덕에 오점이 없어야 하는 것으로, 이는 자신에 대한 요구입니다. 우리는 저마다 수십 년을 살면서 많은 친구를 사귀게 되는데, 그 중에는 부끄러움이 아주 많은 사람도 확실히 있습니다. 일을 잘못할까 두려워하고 난처한 일이 생길까 두려워합니다. 자기 체면이 깎일까, 거북스럽지 않을까 걱정합니다.

진정 체면을 생각하는 이 마음을 길러 가면 훌륭한 도덕이 됩니다.

그 다음은 "사방에 사신으로 가는 것"(使於四方)입니다. 사방에 사신으로 간다는 것은 사회적 관계로 해석할 수도 있습니다. 좀 강조해서 말하면, 여기에서는 외교에 편중된 것으로 생각할 수 있습니다. 공자에게

는 많은 민간 외교 사업이 있었으며 나아가 정부를 대표하는 외교 사업이 있었는데, 모두 자공이 맡아 했습니다. 그러므로 좁은 의미에서의 외교는 "자신의 행동에 대해서 부끄러움이 있는 것"(行己有恥)이 대단히 중요합니다. 외교관 이외의 사람도 마찬가지로 활용할 수 있습니다. 공자는 "자신의 행동에 대해서 부끄러움이 있는" 외교관으로 외국에 가서 그 직책과 임무를 능력이 충분하여 훌륭히 감당해 낼 수 있다면, 이런 사람을 선비라 할 수 있다고 말했습니다. 공자는 왜 외교에 치중한 대답을 하였을까요? 우리는 공자가 처했던 춘추전국 시대가, 우리가 현재 처한 시대와 마찬가지로 통일되지 않고 대단히 혼란하여서, 각국의 제후들이 제 나름대로 위정을 하면서 곳곳에서 외교를 이용할 수 있었다는 사실을 이해해야 합니다. 나는 『춘추좌전』春秋左傳을 읽으면 지금 시대를 이해할 수 있다고 늘 말합니다. 지금이 바로 춘추전국 시대의 확대라는 것이지요.

이 점을 이야기하자면 다시 역사 철학과 관련됩니다. 어떤 사람은 역사는 반복된다고 하고, 또 어떤 사람은 그 반대 의견으로 역사는 절대로 반복되지 않는다고 하는데, 이것이 바로 역사 철학에서의 논쟁입니다. 그렇다면 실제로 역사는 반복될 수 있을까요? 먼저 당나라 때 두공寶鞏의 시 한 수를 읽어 봅시다.

상심해서 묻지 말게나 전 왕조의 일을	傷心莫問前朝事
강물은 흘러가면 돌아오지 않는다네	惟見江流去不回
날 저물자 동녘바람 부니 봄 풀은 푸르고	日暮東風春草綠
자고새는 월왕대 위로 하늘 높이 날으네	鷓鴣飛上越王臺

이 시는 전체가 철학 사상입니다. 동쪽으로 흘러간 강물은 한 번 가면 돌아올 수 없지만, 강물은 영원히 동쪽으로 흐르고 있습니다. 역사의 원칙도 불변하는 것이므로, 역사는 반복된다고도 말할 수 있습니다. 그러므로 오늘날 국제 정세를 이해하려면 역사를 읽어야 하며, 특히 『춘추좌전』春秋左傳을 읽어야 합니다. 그 속에 나오는 대원칙은 틀림이 없지

만, 자신이 직접 깨달아야 합니다.

이 때문에 이 단락을 읽고 나면, 춘추전국 시대에 공자가 생각한 '선비'란 재능이 있고 외교적인 임무도 성공적으로 처리할 수 있는 뛰어난 사람이었음을 알 수 있습니다. 자공이 "그것은 매우 높은 수준입니다. 선비도 각양각색이 있는데, 그 다음은 어떠한 사람을 선비라 할 수 있습니까?" 라고 묻자, 공자는 "같은 조상의 친척들 사이에서 모두 그를 효자라 부르고 이웃 사이에서나 지방 인사들이 그 사람을 우애롭다고 말한다면, 역시 선비라고 할 수 있다."고 말했습니다.

자공은 "또 그 다음으로는 어떠해야 선비입니까?" 하고 물었습니다. 이에 공자는 "어디서나 신용을 중요시하고 약속을 지켜야 한다."고 말했습니다. 우리가 유가 사상을 연구하면서 분명히 알아야 할 점은 어떤 사람들은 전통 문화의 유가 사상을 타도하려고 할 뿐 실제로는 활용할 줄 모른다는 사실입니다. 지난날 우리가 공부할 때는 어떤 아이가 공부하여 이치를 통했는가만 물었지, 학력이 어떤지는 묻지 않았습니다. 학문은 이치를 통해야 하고 활용할 줄 알아야 합니다. 공자가 여기에서 말한 "언필신"言必信은 일단 한 말은 반드시 실행해야 한다는 것입니다. "행필과"行必果는 일단 일을 시작하면 꼭 결과가 있어야 한다, 즉 시작이 있으면 끝이 있어야 한다는 뜻입니다. 이런 사람이라면 괜찮겠지요? 그러나 공자는 그런 사람을 "소인이다!"(小人哉)라고 말했습니다. 개인적인 사람됨에는 쓸모가 있지만, 국가 대사는 처리하지 못할 수도 있다는 뜻입니다. 그렇지만 이런 사람도 선비라 할 수 있다고 공자는 말했습니다. 이상은 인재를 세 가지로 분류한 것입니다.

자공은 또 물었습니다. "그렇다면 선생님이 보시기에 지금 정치에 종사는 일반 사람들은 어떻습니까?" "그들은 모두 쌀 몇 말의 봉급을 얻기 위해 일하는 사람들이니, 말할 필요도 없다."고 공자는 대답하였습니다. "두소지인"斗筲之人에는 두 가지 뜻이 있습니다. 하나는 '밥줄이 끊기지 않기 위해 일자리를 찾는 사람인데, 이런 사람들이 어찌 국가와 천하의 일을 마음에 둘 수 있겠습니까? 이런 사람은 하찮은 사람입니다. 다른 하나는 수레에 싣고 말(斗)로 될 수 있을 정도로 많은 보통사람들인데, 너무 많아 말할 필요가 없다는 뜻으로 해석할 수 있습니다.

공자께서 말씀하셨다. "(자기의 중심 사상이 있을 뿐만 아니라 모순된 생각과 감정을 조화시키고 중화中和시킬 수 있는) 중용中庸의 길을 가는 사람과 함께 할 수 없을 바에야 반드시 호방한 사람이나 고집스런 사람을 택하겠다! 호방한 사람은 진취적이고 고집스런 사람은 하지 않는 바가 있기 때문이다."

子曰: 不得中行而與之, 必也狂狷乎! 狂者進取, 狷者有所不爲也。
자왈 부득중행이여지 필야광견호 광자진취 견자유소불위야

앞 단락에서는 인재의 분류와 인격에 대한 견해를 말했는데, 이 단락에서는 공자의 평어評語를 인용하고 있습니다. "중행中行 ─ 중용의 길을 가는 사람"은 자기의 중심 사상이 있을 뿐만 아니라, 모순된 생각과 감정을 조화시키고 중화中和시킬 수 있는 사람을 말합니다. 그런데 공자는 이런 인재는 너무나 적고 구하기도 어렵다고 생각했습니다.

그 다음으로 공자가 좋다고 여기는 사람은 '호방한'(狂) 선비와 '고집스런'(狷) 선비입니다. 이런 사람은 흔히 역경에 굴하지 않는 굳센 인물입니다. 친구를 사귈 때도 평소에는 이렇다 할 것이 없지만, 정작 어려움이 있을 때는 반드시 도와주는 사람이 '호방한' 선비 또는 '고집스런' 선비입니다. 그러면 어떠한 것이 '호방한' 것이고 '고집스런' 것일까요? 앞에서 언급한 적이 있으니 반복하지 않겠습니다.

꾸준함은 성공의 밑천

공자께서 말씀하셨다. "남방 사람들에게 '사람이 꾸준함이 없으면, (치료와 무속巫俗을 겸한) 무의誣醫조차도 될 수 없다.'는 말이 있는데, 훌륭한 말이다! 『역경』에는 '(일을 하거나) 덕행을 (쌓을 때 좀 하다 그만두고 좀 하다 그만두고) 꾸준히 행하지 않으면 (끝내 결과가 없기 때문에) 수치를 당할지도 모른다.'고도 했다."

이에 대해 공자께서 말씀하셨다. "꾸준함의 도리를 깨닫고 일을 하면 (신령에게 빌거나) 점쳐 볼 필요도 없(이 오직 자기의 노력을 통해서 더 많은 행복을 추구한)다는 말이다."

子曰: 南人有言曰:「人而無恒, 不可以作巫醫」。善夫!「不恒其德,
자왈   남인유언왈   인이무항   불가이작무의   선부   불항기덕

或承之羞」。子曰 : 不占而已矣。
혹승지수   자왈   부점이이의

　지금까지는 사람에 대한 문제만 토론했습니다. 요즘 말로 하면 인재의 분류, 인격의 유형, 인성의 연구 등이 포함되는데, 이것은 모두 위정과 관련이 있습니다. 그런데 이 단락에서 공자는 남쪽 지방 사람들의 말을 인용하고 있습니다. 춘추전국 시대에 남쪽 지방, 특히 초나라와 같은 나라는 장강 이남에 위치하고 있었는데, 도가 사상이 비교적 발달했습니다. 지금도 마찬가지지만, 예컨대 호남·귀주·사천에서부터 티베트까지는 이른바 신비학神祕學이 많이 발달했습니다. 인도도 마찬가지로 남쪽 지방에서 신비학이 발달했는데, 어떤 나라든 신비학은 모두 남쪽에서 많이 발달했습니다. 북방인은 성격이 강인하고 행동도 과단성이 있지만, 남방인은 비교적 부드러우며 총명합니다. 중국뿐만 아니라 외국도 마찬가지입니다. 이것은 무슨 까닭일까요? 문제를 확대해서 연구해보면, 지리적 조건이 사람의 개성에 영향을 주기 때문입니다. 앞에서도 말했듯이, 고조우顧祖禹는 『독사방여기요』讀史方輿紀要라는 책에서 각 지방 사람들의 성격은 다 그 지방적인 특징이 있다고 말했습니다.

　고대에는 치료와 무속巫俗을 겸한 무술巫術이 있었는데, 부적과 주문술符呪도 여기에 포함됩니다. 이런 것들은 모두 신비학으로서, 정신의 힘과 관련됩니다. 이쯤 되면 다시 문제가 커집니다. 정신 방면의 과학을 정말 이해하면, 인류의 지식 영역은 더욱 넓어집니다. 즉, '무의'巫醫라는 말에서 고대에는 무술과 의술을 병칭並稱했다는 것을 알 수 있습니다. 고대의 기록에 의하면 '무巫'는 무축巫祝인데, 옛날 의학에는 '축유과'祝由科라는 과명科名이 있었습니다. 그런데 이 무술이 그렇게도 영험했습니다. 이런 것으로 보아 정신이 물질을 규제하거나 변화시킬 수 있으며,

물질의 근본은 정신에 있다는 것이 증명됩니다. 예를 들면, 호남 진주파 辰洲派의 부적은 괴이한 일들이 많습니다.[30]

고대에도 무속적인 일은 천박한 일로 여겼지만, 이 역시 꾸준한 마음 (恒)이 없으면 배울 수가 없다고 생각했습니다. 공자는 남쪽 사람들의 이런 관념을 "훌륭하다!"(善夫)고 말했습니다. 왜 그럴까요? 누구든 일을 할 때 결심이나 꾸준한 마음이 없으면 성취를 이룰 수 없습니다. 요즘 중국 쿵후(功夫)에 관심이 많은데, 쿵후란 무엇일까요? 나는 쿵후란 방법 에다 시간을 더하고 거기다 실험을 더한 것이라고 말합니다. 방법은 있 어도 시간이 없어서 연습을 못하면 어떻게 쿵후를 할 수 있겠습니까? 어떤 공부든 꾸준함이 있어야 합니다. (쿵후란 무기 없이 유연한 동작으로 손과 발을 이용하여 공격하는 중국식 권법이다―역주)

그 다음에 공자가 인용한, "덕행을 꾸준히 행하지 않으면 수치를 당 할지도 모른다."(不恒其德, 或承之羞)라는 두 마디 말은 『역경』 항괘恒卦의 구삼효사九三爻辭인데, 점칠 때 사용되는 것입니다. 그 의미는 일을 하거 나 덕행을 쌓을 때 항심이 없어서 좀 하다 그만두고 좀 하다 그만두면 끝내 결과가 없기 때문에 부끄럽다는 것입니다. 이것은 비록 점치는 데 사용되는 말이지만, 진정으로 꾸준함의 도리를 깨닫고 일을 한다면 신 령에게 빌거나 점을 볼 필요가 없이 오직 '자기의 노력을 통해서 더 많 은 행복을 추구한다'自求多福는 뜻입니다. 이것은 나중에 순자荀子가 해석 한, "역易을 잘 아는 자는 점치지 않는다."(善於易者不卜)는 것과 같은 의 미입니다.

공자께서 말씀하셨다. "군자는 (자신의 중심 사상이 있기에) 화합하 나 뇌동雷同하지 않고, 소인은 (남의 영향을 잘 받아서 이해관계로) 뇌 동하나 화합하지 않는다."

---

30) 부적과 주문술 등 이 단락에 대한 보다 깊은 이해를 위해서는 남회근 지음 송찬문 번역 『도가밀종과 동방신비학』을 읽어보라. 특히 '물질의 근본은 정신에 있 다'와 관련해서는 『능엄경 대의 풀이』「제2장 우주와 마음과 물질에 대한 인식론」 및 같은 책 제4권 「물리세간 물질의 형성」, 「중생세계 생명의 형성 원인」 단락을 읽어보기 바란다.

子曰 : 君子和而不同 , 小人同而不和 。
자왈　군자화이부동　소인동이불화

이 두 마디로써 앞에서 말한 "중용의 길을 간다."(中行)의 의미를 해석하면 더없이 적합합니다.

"화합하나 뇌동하지 않는다."(和而不同)는 말은, 자신의 중심 사상으로 좌우의 모순된 의견을 조화시키면서도 자신의 중심사상은 초연하여 흔들리지 않는다는 뜻입니다. 그러나 소인은 그렇지 않습니다. 남의 영향을 잘 받을 뿐만 아니라 영향을 받아도 사람마다 품고 있는 뜻이 다릅니다. 그래서 이해관계 대목에 이르면 의견이 충돌하고, 서로 함께 지내도 어울리지 못해 자연히 "뇌동하나 화합하지 않는"(同而不和) 상태로 변해 버립니다.

고을 사람이 다 좋아한다고 꼭 옳은 건 아니다

자공이 물었다. "(만약 어떤 사람에 대해) 고을 사람들이 모두 그를 (훌륭하다고 하면서) 좋아한다면 어떻습니까?"

공자께서 말씀하셨다. "꼭 옳은 것은 아니다."

"고을 사람들이 모두 그를 (나쁘다고 하면서) 싫어한다면 어떻습니까?"

공자께서 말씀하셨다. "꼭 옳은 것은 아니다. 고을 사람들 중의 좋은 사람들이 그를 좋아하고, 나쁜 사람들이 그를 싫어하는 것(으로써 그의 좋고 나쁨을 단정할 수 있는 것)만 못하다. (군중심리는 맹목적이다. 부화뇌동附和雷同해서는 안 된다)"

子貢問曰 : 鄕人皆好之 , 何如 ? 子曰 : 未可也 。 曰 : 鄕人皆惡之 , 何
자공문왈　향인개호지　하여　자왈 미가야　왈 향인개오지　하

如 ? 子曰 : 未可也 。 不如鄕人之善者好之 , 其不善者惡之 。
여　자왈 미가야　불여향인지선자호지　기불선자오지

자공이 공자에게 묻기를, "만약 어떤 사람을 마을 사람들이 모두 홀

륭하다고 하면서 그를 좋아한다면, 이런 사람은 어떻습니까?" 하니, 공자는 "절대적으로 옳다고는 할 수 없다."고 말했습니다. 자공이 또 묻기를, "만약 모든 사람이 그를 나쁘다고 말한다면 이떻습니까?" 하니, 공자는 "마찬가지로 부화뇌동해서는 안 된다. 마을 사람 중에서 좋은 사람이 그를 좋아하고 나쁜 사람이 그를 싫어하는 것으로써 그의 좋고 나쁨을 단정할 수 있는 것만 못하다."고 했습니다.

공자의 이 도리는 오늘날 말로 하면, "군중 심리는 맹목적이다."라는 사실을 설명하고 있습니다. 그러므로 사람의 선악은 판단하기가 매우 어렵습니다. 지방 선거를 치르거나 사법적인 판결을 할 때 특히 주의해야 합니다. 때로는 군중들이 잘못되었다고 여긴다 해서 정말로 잘못된 것은 아니며, 군중들이 좋다고 여긴다 해서 정말로 좋은 것도 아닙니다. 여기서 우리는 위정의 어려움을 알 수 있습니다.

공자께서 말씀하셨다. "군자는 (남을 사랑하고 붙임성이 좋아 누구보다도 사귀기 쉽기 때문에) 같이 일하기는 쉬우나 기쁘게 해 주기는 어렵다! 그를 기쁘게 하려 할 때 올바른 도리 방법으로써 하지 않는다면, 그는 기뻐하지 않는다. 그러나 군자는 사람에게 일을 시킴에 있어 그 사람의 그릇에 맞게 한다.

소인은 같이 일하기는 어려우나 (그의 심리를 알아서 조금만 맞추어 주면) 기쁘게 해 주기는 쉽다! 그를 기쁘게 하려 할 때, 비록 올바른 도리 방법으로써 하지 않는다 해도 그는 기뻐한다. 그러나 소인은 사람에게 일을 시킴에 있어 모든 것을 갖추고 있기를 바란다."

子曰:君子易事而難說也! 說之不以道, 不說也。 及其使人也, 器
자왈 군자이사이난열야 열지불이도 불열야 급기사인야 기

之。 小人難事而易說也! 說之雖不以道, 說也。 及其使人也, 求備焉。
지 소인난사이이열야 열지수불이도 열야 급기사인야 구비언

공자는 군자와 일을 같이 하기가 매우 쉽다고 말합니다. 왜냐하면 대부분의 군자는 남을 사랑하고 붙임성이 좋아 누구보다도 사귀기 쉽기 때문입니다. 그러나 어떤 일을 해서 그의 호감을 사려면 아주 어렵습니

다. 역사적으로 보더라도 훌륭한 대신과 지도자들은 모두 그러했습니다. 훌륭한 책임자에게 어떤 건의를 올리면 웬만하면 받아들여 참작해서 처리하지만, 그가 마음속으로 정말 기쁨을 느낄 수 있게 하기는 어렵습니다. 광명정당光明正當하지 못한 방법으로 그의 환심을 얻으려 하면 그것은 불가능합니다.

그러나 군자는 부하를 신임하고, 그의 입장에서 이해해주고, 재능에 따라 기용합니다. 이 때문에 책임자는 부하의 건의가 실행 가능하면 그것을 받아들이면 되지, 그 사람 본인의 학식이 높은지 낮은지는 물을 필요가 없습니다. 만약 100퍼센트 만족을 얻기 위하여 부하의 품덕·재능·지식 각 방면이 일류이기를 요구한다면, 그런 부하는 얻기 어렵습니다. 책임자는 모든 일을 자기가 계획할 필요는 없으며, 부하의 재능을 헤아려서 결점을 버리고 장점을 이용한다면 부하는 틀림없이 임무를 달성할 수 있습니다. 이것이 바로 "사람에게 일을 시킬 때는 그 사람의 그릇에 맞게 한다."(使人也, 器之)는 것입니다.

소인과는 일을 같이 하기가 힘듭니다. 그러나 그의 심리를 알아서 조금만 맞추어 주면 기뻐합니다. 심지어 속임수를 쓰더라도 기뻐할 것입니다. 그렇지만 소인이 부하를 부릴 때는 부하가 다 갖추기를 바라고 뭐든지 뛰어나길 요구하니, 부하의 입장에서는 난처합니다.

공자의 이런 말들은 모두 정치를 해 본 경험에서 나온 것인데, 이래서 그를 성인이라 하는 것입니다. 그는 세상 물정을 밑바닥까지 꿰뚫고 있었습니다. 따라서 지도자라면 사람을 등용할 때 그에게 너무 높은 요구를 하지 말아야 합니다. 모든 면에서 다 좋은 사람은 없습니다. 포커놀이 좋아하는 사람은 좀 적게 하라고 충고하고, 술 좋아하는 사람에게는 좀 적게 마시라고 충고해야 합니다. 일을 잘 처리하면 그것으로 그만이지 더 요구하지 말아야 합니다. 모든 부하에게 공자처럼 도덕도 훌륭하고 재능도 뛰어나기를 바라는 것은 대단히 불가능합니다. 만약 공자孔子가 당신의 부하가 된다면, 당신은 또 무슨 '자'子가 되어야 감당할 수 있을까요?

공자께서 말씀하셨다. "군자는 (마음이 편안하고 기분이 좋은 상태로 서) 태연하지만 태도는 교만하지 않고, 소인은 마음이 교만하면서 태연 하지 않다."

子曰：君子泰而不驕, 小人驕而不泰。
자왈 군자태이불교 소인교이불태

이 역시 군자와 소인의 대비입니다. 군자는 마음이 편안하고 기분이 좋습니다. '태'泰자에는 많은 의미가 내포되어 있는데, 도량이 넓고 마음 이 열려 있어 밝고 시원스런 것이 '태'입니다. 군자는 마음이 편안하고 기분도 좋지만 태도는 절대로 교만하지 않습니다. 그러나 소인은 마음 이 교만하면서도 비굴합니다. 마음속이 고양이 발톱 같아 도처가 잘못 투성이로 보이니, 심경心境이 태연할 수 없습니다.

공자께서 말씀하셨다. "강직하거나, 결단성이 있거나, 소박하면서 말 주변이 없(는 개성을 가졌)다면 인애仁愛의 도에 가까운 사람이다."

子曰：剛毅木訥, 近仁。
자왈 강의목눌 근인

이 말에는 사람의 세 가지 개성이 포함되어 있습니다. '강'剛은 강직 한 개성인데, 바꾸어 말해 성깔이 있는 것입니다. 그것도 아주 확실한 성깔이 있는 것입니다. 잘못은 잘못일 뿐이라고 생각해서 절대로 가슴 속에 묻어 두지 않으며, 불합리한 일을 시켜도 절대로 하지 않습니다. '의'毅는 과감하고 결단성이 있는 것입니다. '목눌'木訥은 소박해서 말주 변이 없고 어리석어 보이지만, 이런 사람은 너그럽고 소박합니다. 만약 이 세 가지 요소를 다 구비한 인물이라면 너무 좋겠지요. 그렇지 않으 면 그 중 한 가지만 갖춰도 인애의 도에 가까운 인물입니다.

자로가 물었다. "어떻게 해야 선비(士)라고 할 수 있습니까?"
공자께서 말씀하셨다. "서로 격려하고 생각해 주며, 화목하게 지내면 선비라 할 수 있다. 친구 사이에는 격려하고 생각해 주며, 형제 사이에는 화목해야 한다."

> 子路問曰：何如斯可謂之士矣？子曰：切切偲偲，怡怡如也，可謂
> 자로문왈　하여사가위지사의　　자왈　절절시시　이이여야　가위
>
> 士矣。朋友切切偲偲，兄弟怡怡。
> 사의　붕우절절시시　형제이이

자로도 여기에서 어떠해야 '선비'士라 할 수 있느냐고 공자에게 물었습니다. 그러자 공자는 앞에서 자공에게 대답한 것과는 달리, "사람이 서로 격려하고 생각해 주며, 화목하게 지내면(切切偲偲, 怡怡如也) 선비라 할 수 있다."고 말했습니다. 즉, 남에게 빙그레 웃어 줄 때에도 가식적으로 웃는 것이 아니라 마음으로부터 유쾌할 수 있는 사람이면 선비라 할 수 있다는 것입니다. 또, 친구 사이에도 서로 격려하고 생각해 주는 친절한 감정이 있어야 합니다. 물론 이 감정은 매일 소고기면을 사 준다는 식이 아니라, 친구가 어려울 때 도움의 손길을 내밀어 주어야 한다는 것입니다. 형제 사이에도 원수처럼 지내지 않고 정말로 골육과 같이 긴밀해야 선비라 할 수 있습니다. 공자의 이 말은 교조처럼 보이지만, 우리 자신을 반성해 보면, 날마다 친구나 동료·형제와 항상 유쾌하게 지내고 화기애애하게 친히 지낼 수 있기란 매우 어렵습니다. 공자는 여기서 특히 자로의 개성에 대해 일침을 놓고 있습니다.

국방 제일

공자께서 말씀하셨다. "(도덕·학문·재능 등을 갖춘) 선인善人이 (군비와 무공에 대해) 백성들을 칠 년 동안 가르치며 지도하면 국방 건설을 잘 하여 적들을 물리칠 수 있다."

> 子曰：善人敎民七年，亦可以卽戎矣。
> 자왈　선인교민칠년　역가이즉융의

여기서 제13편은 결론에 가까워지고 있습니다. 이 편 앞부분에서는 "한 세대가 지나가야 인정을 이룬다."(世而後仁)고 했고, 또 "선인이 백 년 동안은 나라를 다스려야만"(善人爲邦百年) 한 나라의 문화적 기초를 세울 수 있다고 하였습니다. 우리가 알다시피 주공과 공자는 그들이 죽은 뒤 백 년이 지나서야 그들의 문화 사상이 서서히 널리 알려지면서 후세에 수천 년 동안 영향을 주었습니다.

군비와 무공에 대해서 학문과 덕행이 훌륭한 사람善人이 백성들에게 지도한다면 7년 안에 나라를 지키고 보호할 수 있습니다. '즉융'卽戎은 군사상의 국방 건설을 잘해서 적들을 물리칠 수 있다는 뜻입니다. 그렇지만 위에 나온 핵심인 '선인'善人이 있어야 합니다. '선'善은 겨울 구호품으로 옷가지를 보내 주는 등 좋은 일 좀 하는 것만이 아닙니다. 여기서 말하는 '선'善의 의미는 매우 넓어서 도덕·학문·재능을 포함하고 있습니다. 이런 사람이 백성들을 7년만 영도하면 부국강병을 이룰 수 있습니다.

공자께서 말씀하셨다. "백성들에게 군사적 지식과 기술을 가르쳐서 전쟁 대비를 튼튼히 하지 않는 것은 스스로 나라를 버리는 것이라 하겠다."

子曰 : 以不敎民戰, 是謂棄之。
자 왈   이 불 교 민 전   시 위 기 지

이것은 이 「자로」편의 마지막 단락입니다. 우리가 이 편 첫 단락을 넘겨보면 자로가 정치에 관해 물었는데, 이제 공자의 이 말을 「자로」편의 마지막에 두어 결론으로 삼으니 더욱 묘합니다. 왜냐하면 자로는 성격이 급해서 무력으로 일을 해결하려고 했기 때문입니다. 자로는 개성이 비교적 충동적이어서 무력으로 문제를 해결하기 좋아했습니다. 그래서 공자는 자로를 "미친 호랑이마냥 강을 건너뛰려고 한다."(暴虎馮河)고 꾸짖은 적이 있습니다. 그저 무력을 사용하고 군사를 사용할 줄 만 알아 무공 쪽으로만 치우쳐 있고, 위정의 이치는 모른다는 뜻입니다.

그러나 여기 결론에서는, 공자는 어쨌든 국방을 잊지 말아야 하고 안보를 잊지 말아야 한다고 주장하고 있습니다. 만약 백성들에게 군사적 지식과 기술을 가르쳐서 국방상 전쟁 대비를 튼튼히 하지 않으면, 마치 스스로 나라를 버리는 것이나 다름없으니 그래서는 안 된다고 했습니다. 공자는 많은 곳에서 겉으로 보기에는 무력으로 문제를 해결하는 것을 그리 찬성하지 않았지만, 국방의 전쟁 대비에 대해서는 매우 중요하게 보았습니다. 개인의 수양에서도 마찬가지입니다. 수시로 전투에 대비하는 정신을 가져야 하지만 가볍게 무기를 써서는 안 됩니다. 전통 무술의 이치도 마찬가지인데, 권법이나 검법을 연마해서 최고의 무술 경지에 이르고자 하지만, 이것은 다른 사람을 함부로 해치려는 것이 아니라 평화롭게 자기를 지키려는 데 주안점이 있습니다.

憲問

초야에 숨은 의협 ─ 원헌

이제 제14편 「헌문」憲問편을 강의하겠습니다. 이 편은 상론上論에서 논했던 「이인」里仁편을 더욱 풀이하고 확장한 것입니다.

먼저 이 제목에는 한 가지 재미있는 문제가 있습니다. 즉, 원헌은 소위 공자의 학생들인 72현七十二賢 중에서 아주 유명한 인물이라는 것입니다. 상론에서 말했듯이 그는 공자를 위해 총무 일을 맡아본 적이 있었습니다. 오늘날의 직무로 대략 비교한다면, 공자가 사구司寇로 있을 때 총무부장과 같은 직무를 담당했지만, 어떤 직급에 해당되었는지는 명확한 결론을 내릴 수가 없습니다.

공자가 죽은 후 원헌은 초야의 평민으로 은퇴하여 반半 은협隱俠의 노선을 걸었는데, 이는 과거사회에서 지도자적인 고결한 선비의 삶이었습니다. 그래서 사마천은 『사기』를 저술할 때 「유협열전」遊俠列傳 속에서 원헌과 계차季次를 언급했습니다. 사마천은 유협遊俠을 긍정적으로 보고 유협이 아주 필요하다고 생각했습니다.

그러나 어떤 사람들은 유협을 필요하지 않다고 생각했는데, 법가의 한비자 같은 사람은 "유자는 학문으로써 법을 어지럽히고, 유협은 무력으로써 금령을 범한다."(儒以文亂法, 而俠以武犯禁)고 말해, 당시 책을 읽은 지식인들이 법제法制의 실행에 방해가 된다고 했습니다. 이러한 법가의 사상은 후세에 영향을 끼쳐 진시황 시대의 정책은 모두 법가사상과 관련이 있었습니다. 한비자의 생각은, 유자란 지식이 많아 입으로는 말할 줄 알며 손으로는 글을 쓸 줄 알고 많은 의견을 제출하지만, 생각이 같지 않아서 법령을 추진할 수 없게 하고 법 집행을 어렵게 한다는 것이었습니다. 그리고 의협義俠의 길을 가는 사람은 강개하고 의義를 좋아하며 무력 쓰기를 좋아해서, 정부에 대항하는 나쁜 세력을 형성하기 쉽기 때문에 그 역시 법령을 추진하는 데 장애가 된다는 것입니다. 그러므로 한비자는 이 두 종류의 사람을 반대했습니다.

사마천도 「유협열전」을 쓰면서 첫 부분에 한비자의 이 두 마디 말을 언급했습니다. 그러나 그는 도덕·정치·법률 그 어떤 방법으로도 해결할 수 없는 허다한 일들은 오직 "주먹 센 놈이 제일"이라는 식의 방법으로 단번에 해결할 수밖에 없다고 생각했기 때문에, 유협은 유협대로 좋은 점이 있다고 했습니다. 사마천은 또 고대 유협들이 한 마디 말을 천금과 같이 여기고 친구에 대한 의리를 중시하며 가난하고 약한 자를 도왔기 때문에, 그들을 모두 대단한 사람들이라 생각했습니다. 「유협열전」에서 사마천은 고대 유협 가운데서도 뛰어난 사람으로 계차와 원헌이 있다고 언급하고 있습니다.

원헌은 공자가 죽은 후에는 다시 벼슬길에 나가지 않고 초야에 은퇴하였습니다. 오늘날로 말하면 하층 사회 속에 들어가 평민과 함께 생활한 것입니다. 뒷날 자공子貢이 그가 몹시 그리워, 어느 날 화려한 행차로 그를 만나러 찾아가 보았습니다. 사두마차를 타고 달리는 자공의 기세는 오늘날로 말하면 여러 대의 수행 차량이 따르는 것과 같았습니다.

그러나 원헌은 마치 오늘날 멋으로 너덜너덜 해진 옷을 입은 채 단추도 잠그지 않고 모자를 삐딱하게 쓴 것과 같은 남루한 모습으로 자공을 맞이했습니다. 자공은 원헌의 그런 모습을 보고 병이 난 것이 아니냐고 관심 있게 물었습니다. 자공의 뜻은 이 옛날 학우를 좀 도와주고 싶다는 것이었는데, 이에 대해 원헌은 "재산이 없는 것을 가난이라 하고, 도道를 배우고서도 실천하지 않는 것을 병이라고 하네. 나는 병은 없고, 단지 가난한 것에 불과하다네." 라고 말했습니다. 그의 말은 은연중에 자공을 나무란 것으로, "우리가 선생님께 배울 때 선생님은 우리에게 마땅히 어떻게 사람 노릇 하고 어떻게 일을 해야 하는지를 가르치셨건만, 우리가 오늘날 국가 천하에 공헌하지 못했음에도 자네는 무슨 자격으로 그런 기세를 피우는가?" 라고 말한 것이나 다름없었습니다. 자공은 옛 친구로부터 이렇게 호된 꾸지람을 듣고 마음으로 괴로워했습니다.

우리는 원헌이란 사람을 통해 공자의 학생 중에는 각양각색의 사람들이 있었음을 알 수 있습니다. 원헌 같은 고상한 품행을 지녔던 사람들은 명예를 추구하지 않고 속세를 피했던 은사隱士라고 할 수 있는데, 그는 자신이 처한 사회가 너무나 어지러워 공헌할 길이 없음을 알고는 산속으로 깊이 들어가 재능을 감추고 때를 기다리며 살았습니다.

술보다 진한 명리

이상으로 원헌에 대해 간단히 소개했는데, 다음 단락은 그의 질문에 대한 공자의 대답입니다.

원헌이 수치羞恥에 대하여 묻자,
공자께서 말씀하셨다. "나라가 정상 궤도에 올라 있는데도 (관직에 연연하여 여전히 그 자리에 앉아 아무 공헌도 하지 않고) 녹봉(祿)만 받아먹고 지내고, 나라가 정상 궤도 올라 있지 않는데도 (그 자리에 앉아 아무런 공헌도 하지 않고) 녹봉만 받아먹고 지내는 것이 수치스런 일이다."

(지식인이 공부하는 목적은 먹고 살 수단을 얻기 위해서가 아니라 국가 사회에 공헌하기 위해서인데, 만일 공헌하는 바가 없다면 안정된 사회에서건 어지러운 사회에서건 다 부끄러운 일이라는 것입니다)

憲問恥 。 子曰 : 邦有道穀 , 邦無道穀 , 恥也 。
헌 문 치　　자 왈　방 유 도 곡　방 무 도 곡　　치 야

여기서 '곡'穀은 당시의 녹봉을 말합니다. 원헌이 수치스러운 일은 어떤 것이냐고 묻자, 공자는 다음과 같이 대답했습니다. "사회와 국가가 정상 궤도에 올라 있다면 우리 같은 사람들은 쓰일 필요가 없게 되었으

니, 우리가 관직을 차지하고 있을 필요가 없다. 다른 사람에게 양보하는 것이 좋다. 만일 관직에 연연하여 여전히 그 자리에 앉아 아무 공헌하는 바도 없이 녹봉만 받아먹고 지낸다면 그것이 바로 수치스러운 일이다. 다음으로, 국가와 사회가 정상궤도에 오르지 않았는데도 그 자리에 앉아 아무 공헌도 하지 않고 녹봉만 받아먹는 것도 역시 수치스러운 일이다."

결론적으로 말해 지식인은 무엇을 위해 공부하는 것입니까? 먹고 살 수단을 얻기 위해서가 아니라 국가 사회에 공헌하기 위해서인데, 만일 공헌하는 바가 없다면 안정된 사회에서건 어지러운 사회에서건 다 부끄러운 일이라는 것입니다.

여기에서 몇 가지 이야기가 생각나는데, 『논어』를 연구하는 데 참고로 삼기 위해 원헌의 생활 형태와 사상, 그가 공자와 나누었던 문답을 한번 연구해 봅시다. 여기서 말하는 '부끄러울 치'(恥)를 면하는 공부는 참으로 어렵습니다.

여러분이 잘 알다시피 한나라의 광무제 유수劉秀와 엄광(嚴光; 子陵)은 유년 시절의 학우이자 사이좋은 친구였는데, 뒷날 황제가 된 유수가 옛 친구 엄자릉을 찾고자 전국에 수배령을 내렸습니다. 그러나 엄자릉은 벼슬하는 것을 원하지 않아 숨어 버렸습니다. 뒷날 엄자릉은 절강성浙江省 동로현桐盧縣에 있는 부춘강富春江에서 모피로 안을 댄 옷을 입고 낚시질을 하고 있었는데, 사람들이 모두 그를 이상히 여겼습니다. 그래서 동로현 현령은 이 사실을 조정에 보고했습니다.

광무제는 보고서를 보자마자, 그 사람이 틀림없이 옛 학우 엄자릉이란 것을 알았습니다. 광무제는 서둘러 그를 찾아 조정으로 맞아들였습니다. 그러나 엄자릉이 여전히 벼슬하기를 원하지 않자, 광무제는 "그대는 내가 황제가 된 것이라고 생각하지 말게. 우리는 아직도 여전히 학우이니 오늘밤에도 예전 학우 때처럼 함께 자면서 이야기나 하세." 라고 말했습니다. 그래서 엄자릉은 그날 밤을 황제와 함께 지내게 되었는데, 그는 여전히 잠버릇이 좋지 않아 다리를 황제의 배 위에 올려놓았습니다. 그래서 "객성이 황제의 자리를 범한 것"(客星犯帝座)을 태사공이 발견했다는 말이 있습니다. 당시 엄자릉이 낚시질했던 곳에는 후세에 엄자릉 사당이 세워졌습니다. 역대 이래로 지식인들은 엄자릉을 추앙하고, 그가 진정한 은사라고 생각했습니다. 어떤 지식인은 과거시험을 보러 가는 길에 엄자릉의 사당을 지나면서, 그곳에 다음과 같은 시를 지어 놓아 엄자릉을 추앙했습니다.

그대는 명리 때문에 숨었건만	君爲名利隱
나는 명리를 위해서 왔구료	吾爲名利來
선생의 얼굴 뵙기 부끄러하며	羞見先生面
깊은 밤 낚시터를 지나가오	夜半過釣台

이와 반대로 청나라의 어떤 사람은 시로 엄자릉을 다음과 같이 비난했습니다.

한 벌의 양모피 옷 입음 딴 마음 있었는데	一襲羊裘便有心
헛된 명성이 지금까지 전해 오네	虛名傳誦到如今
당시에 도롱이를 걸쳤더라면	當時若著蓑衣去
안개 낀 강 아득한데 어디서 찾을꼬?	煙水茫茫何處尋

이는 엄자릉이 실제로는 명예를 추구하면서도, 일부러 고상한 은사를 표방하여 역사에 고상한 미명美名을 남기려 했다는 것입니다. 이것은 부정적으로 본 일면입니다.

이상의 이야기들은 "나라가 정상 궤도에 있는데도 녹봉만 받아먹고 지내고, 나라가 정상 궤도에 있지 않는데도 녹봉만 받아먹고 지내는 것이 수치스러운 일이다."(邦有道穀, 邦無道穀, 恥也)라는 공자의 말을 연구하는 데 참고로 삼자는 것입니다. 이런 수치스러운 일은 인류 사회에 흔히 있는 일로서 옛 사람이 다음과 같이 말한 바와 같습니다.

어떤 이는 벼슬을 버리고 고향으로 돌아가는데	有人辭官歸故里
어떤 이는 비오는 밤 과거시험장으로 달려가네	有人漏夜趕科場

이 밖에도 중국 역사상 꽤 재미있는 일이 하나 있습니다. 청나라 군사가 산해관으로 들어와 개국 이후 많은 지식인들이 청나라 정부에 투항하지 않았습니다. 하지만 청나라 황제 강희康熙는 대단히 고명해서, 14세에 몸소 정사를 보았으며, 그 드넓은 땅과 많은 백성들의 천하를 평정平定하고 60년 동안 황제 노릇을 하면서 청나라의 정치적 기초를 확립하였으니, 그는 천재 황제이지 직업 황제가 아니라고 할 수 있습니다. 그는 한인漢人 중에 청나라를 반대하는 사람들이 대단히 많은 것을 보고, 우선 투항하지 않는 지식인들을 모으려고 과거시험 과목에 특별히 '박학홍사과'博學鴻詞科를 새로 두었습니다. 투항하지 않는 명말明末의 유로遺老들을 배려하기 위한 것으로, 그들이 대충대충 이름만 써서 신청하면 형식적으로 시험을 치르게 하고 좋은 벼슬자리를 주었습니다. 결과적으로 많은 사람들이 이러한 유혹에 동요되어 박학홍사과에 응시했습니다. 그러나 한편으로는 한사코 투항을 거부한 사람들도 많았기 때문에, 당시 투항한 사람들을 풍자한 우스갯소리들이 많이 나돌았습니다. 그 중에는 대단히 날카롭게 비꼬는 말들도 있었는데, 당시 유명했던 풍자시 한 수를 들어 보겠습니다.

한 무리의 백이 숙제 수양산에서 내려와	一隊夷齊下首陽
몇 년이나 관망함 얼마나 처량했나	幾年觀望好凄涼
일찍이 고사리로는 배부르기 어려움 알고서	早知薇蕨終難飽
무단히 무왕에게 간함 후회했네	悔煞無端諫武王

뒷날 또 2차 박학홍사과를 열어 1차에서 모으지 못한 사람들을 다시 모았습니다. 많은 사람들은 1차 박학홍사과에서 선발된 사람들이 모두 좋은 벼슬을 얻은 것을 보고 더 이상 버티지 못했습니다(이것을 보더라도, 우리가 중시하는 절조를 지킨다는 것은 참으로 어려운 일이며, 자기의 중심사상을 끝까지 변함없이 지킬 수 있다는 것은 정말 높은 경지의 수양임을 알 수 있습니다). 2차로 응시한 사람들은 더 많아서 시험장이 꽉 차 버렸기 때문에, 늦게 간 사람들은 문밖으로 밀려나 버렸습니다. 어떤 사람은 시를 읊어 이를 빈정대었습니다.

절개 잃은 백이 숙제 수양산에서 내려와	失節夷齊下首陽
과거시험장 밖으로 밀려나니 더욱 처량하도다	院門推出更凄凉
이제부터 결심하여 다시 산에 돌아간들	從今決計還山去
고사리가 지난 영광 어찌 돌려주겠는가?	薇蕨那堪已喫光

지난 날 지식인들이 절조를 대단히 중시했던 것은 곧 중심 사상과 견해가 확고해야 한다는 문제이기도 했습니다.

아픔을 감춘 시인 오매촌

또 명말 청초明末淸初의 유명한 시인인 오매촌吳梅村의 예를 봅시다. 그의 시는 정말로 좋았습니다. 그는 본래 투항하지 않으려고 굳게 버티다가 청나라 정부가 그의 어머니를 미끼로 협박하면서 몰아붙이자, 마침내 청나라의 과거시험에 응할 수밖에 없었습니다. 이 때문에 오매촌은 일생 동안 고통 속에서 살았습니다. 이렇게 투항한 사람들에게 비록 대우는 잘해 주었지만, 뒷날 역사를 쓸 때 청나라 황제는 이런 사람들을 '이신'二臣으로 기록하라고 명령했습니다. 이것이 중국 문화의 정신인데, 아무리 훌륭했다 해도 결국 투항을 한 것은 지조가 그만큼 굳지 못했기 때문입니다. 이것은 아주 엄격한 일로서, 사람들의 멸시를 받았습니다. 오매촌도 뒷날 『이신전』에 열거되었습니다. 그는 청나라 정부에 투항할 때 몹시 괴로워했지만, 청나라의 부름을 받고 나가지 않으면 안 되었습니다. 그래서 그는 시에서 이렇게 말했습니다.

덧없는 인생이 빚짐은 오직 한 번의 죽음인데	浮生所欠唯一死
인간세상은 불사의 신선금단을 알 길이 없네	人世無由識九還

오매촌은 유명한 사람이었기 때문에, 그가 북경으로 떠날 때 몇백 명의 사람들이 천인회千人會란 모임으로 송별연을 베풀어 주었습니다. 그때 한 청년이 이 모임에 참가하지 않고, 편지 한 통을 써서 인편으로

오매촌에게 전했습니다. 그 날 연회의 주빈자리에 앉아 있던 오매촌은 그 편지를 뜯어보자마자 얼굴색이 변해 버렸습니다. 옆에 있던 사람들이 이상하게 여겨 그 편지를 보았는데, 그들 역시 모두 얼굴색이 변해 버렸습니다. 그 편지에는 이런 시 한 수가 쓰여 있었습니다.

천인석상에 천인이 앉았는데	千人石上千人坐
절반은 청나라인이고 절반은 명나라인이네	一半清朝一半明
오매촌 학사에게 말 전하노니	寄語婁東吳學士
두 조정의 천자에 한 조정의 신하라네	兩朝天子一朝臣

결국 그 자리에 있던 모든 사람들이 욕을 먹은 셈입니다.

우리는 이런 자료들을 보고 나서, 원헌이 부끄러움에 대해 묻자 공자가 "나라가 정상 궤도에 있는데도 녹봉만 받아먹고 지내고, 나라가 정상 궤도에 있지 않는데도 녹봉만 받아먹고 지내는 것이 수치스런 일이다." 라고 말한 것에 대해, 그리고 중국 문화에서 신하의 절개와 충정忠貞의 정신이 어떠한 것인가에 대해 특히 유의해야 합니다.

그저께 몇몇 학우와 함께 점심을 먹으면서 이 문제를 담론했습니다. 지금 프랑스에서 철학 박사 과정을 공부하고 있는 학우 한 분이 돌아와 논문을 준비 중인데, 그녀는 이 이야기를 듣고 이상하게 여기며 물었습니다. "그것이 뭐 잘못된 것인가요?" 그리고 증국번을 이신二臣이라 할 수 있는지도 물었습니다.

나는 당연히 증국번을 이신이라 할 수 없다고 말하자, 그녀는 더욱 이상하게 생각했습니다. 내가 그녀에게 "어떤 사람이 당신을 재혼 부인이라고 한다면 화가 나겠습니까, 안 나겠습니까?" 하고 물으니, 그녀는 "당연히 화가 나지요. 난 아직 결혼도 안 했으니까요." 라고 했습니다. 나는 "맞아요. 이른바 이신二臣이란 결혼한 여자가 남편에게 잘못이 없는데도 남편을 떠나 다른 남편에게 간 것이나 마찬가지니 당연히 비난받을 만하지요." 라고 말했습니다. 이것은 서양 문화와 동양 문화의 견해가 다르기 때문입니다. 지금 시대의 도덕이나 절조의 관념도 과거와는 다릅니다. 그러므로 오늘날의 중국 문화는 이 문제에 있어서 역사 문화적 관점의 모순과 변천 과정 속에 놓여 있습니다.

공자가 부끄러움에 관하여 원헌에게 가르친 말에 대해서 우리는 많은 시간을 들여 토론했습니다만, 여기에서는 결론을 내리지 않고 단지 몇 개의 고사와 의견을 제시했을 뿐이니, 여러분 스스로 연구해 보시기 바랍니다. 그러나 공자의 이 말로부터 우리는 진정한 사람 노릇 하기가 참으로 어렵다는 것을 알 수 있습니다. 사회와 국가가 정상 궤도에 올랐는데도 관직에 앉아 하는 일 없이 월급만 받는 것은 잘못입니다. 또, 사회와 국가가 정상 궤도에 오르지 않았는데도 관직에 있으면서 아무 공헌 없이 월급만 받는 것도 부끄러운 일입니다. 그러면 도대체 어떻게 해야 좋을까요? 공자가 말하는 핵심은, "지식인은 지식인으로서의 책임이 있어서 사회와 국가에 대한 공헌이 있어야 하는데, 안정된 시대에도 또 변란의 시대에도 공헌이 없고 지식인으로서 마땅히 해야 할 책임을 다하지 못한다면 부끄러운 일"이라는 것입니다.

초야에 묻혀 살아도 경륜이 있다

원헌은 공자에게 또 두 번째 문제를 물었는데, 이 질문은 원헌의 진정한 모습을 보여 줍니다. 이로써 뒷날 그가 초야에 은거한 것은 결코 간단하게 된 일이 아니며 그의 수양이 상당히 높았음을 알 수 있습니다.

"(사람이 자신의 반성 공부가) 자만을 극복하(여 매우 겸허하)고, (아무런 원한이 없어 하늘을 원망하거나) 남을 원망하는 일과, (큰 욕망이 없어) 과분한 욕심을 부리는 일을 하지 않으면, 인仁의 경지라고 할 수 있겠습니까?"
공자께서 말씀하셨다. "그렇게 할 수 있기도 어렵기는 하겠지만, 그것이 인의 경지인지 (아닌지)는 나는 알지 못하겠다."

克伐, 怨·欲不行焉, 可以爲仁矣? 子曰：可以爲難矣。仁則吾不
극벌　원　욕불행언　가이위인의　자왈　가이위난의　인즉오부

知也。
지야

'伐'(벌)자는 고서古書 속에서 보통 '자부自負·자고自高·자대自大·교만驕傲·자만自滿'의 뜻을 나타냈습니다. 원헌은 "사람이 자신의 반성 공부가 자만을 극복하여 매우 겸허하고, 아무런 원한이 없어 하늘을 원망하거나 남을 탓하는 일이 없으며, 또한 큰 욕망이 없어 과분한 것을 바라지 않을 수 있다면, 이는 인仁의 경지입니까, 아닙니까?" 라고 물었습니다. 원헌의 이 질문은 결코 우연히 제기된 것이 아니라, 자기 자신의 체험을 통해 얻은 바였습니다. 그는 뒷날 초야에 은거하면서 이 몇 가지 점들을 모두 실천했다고 할 수 있습니다.

원헌의 질문에 대해, 공자는 그것을 인의 경지라고 인정하지는 않았습니다. 공자는 "그 정도가 되기도 어렵지만, 인의 경지인지 아닌지는 알지 못하겠다."고 말했습니다. 이를 통해서 알 수 있듯이, 공자가 말하는 '인仁'이나 중국 문화가 표방하는 '인仁'의 도체道體는 곧 도가나 불가에서 말하는 득도得道와 같은 것이어서, 알 수 없고 헤아릴 수 없으며 대단히 높고 불가사의한 하나의 경지입니다.

공자께서 말씀하셨다. "(지식인인) 선비이면서도 (국가와 사회를 위해 공헌할 큰 뜻이 없고 그저) 편안히 살기만을 생각한다면, 선비라고 하기에 부족하다."

子曰：士而懷居, 不足以爲士矣！
자왈　사이회거　부족이위사의

"편안히 살기만을 생각한다."(懷居)는 것은 이른바 "집이나 물어 보고 논밭이나 구할 뿐 원래 큰 뜻이 없다."(問舍求田, 原無大志)라는 말에서 "집이나 물어 본다."(問舍)에 해당합니다. 어떤 사람들은 날마다 집값을 물어 보고, 30평짜리를 갖고 나서는 다시 100평짜리로 늘리고 싶어 합니다. 1층짜리를 사고 나면 다시 8층짜리를 사고 싶어 하는데, 이런 사람은 무슨 큰 뜻이 없습니다. "흔천게지, 방시기재"掀天揭地, 方是奇才, 즉 천지를 발칵 뒤집어놓을 정도라야 비로소 재주가 뛰어난 사람이라 할 수 있습니다. 이 말은 『유학경림』幼學瓊林이란 책에서 인용한 말입니다. 우리처럼 늙은 세대는 어려서부터 이 책을 읽고 이러한 생각을 받아들여 지금에 이르도록 암송할 수 있고, 이런 관념은 지금도 옛날과 다름없는데, 이 말은 우리 전통 문화에 깊게 뿌리박혀 있는 것입니다.

공자가 여기서 한 말은 사람이 단지 자기 생활만을 위해 셈을 따진다면 아직 선비가 되기에 부족하다는 것입니다. 이 말을 「원헌」편에 넣어 놓음으로써, 원헌이 뒷날 부귀공명을 생각하지 않고 하층 사회로 은퇴한 것이 결코 간단한 일이 아니며, 그가 하층 사회를 위해 많은 문제를 해결하고 대중복리를 위해 많은 일을 했다는 것을 시사해 줍니다. 원헌이 부귀공명을 기꺼이 버릴 수 있었던 것은 공자의 교육 사상에 큰 영향을 받았기 때문이라 할 수 있습니다.

그러므로 원헌이 도를 배우고서도 실천하지 않는 것을 병이라고 자공을 꾸짖었던 것은, 자공에 대한 불만이자 동시에 자공이 선생님이 가르쳐 준 학문의 도리를 실천하지 않고 기세만 뽐내는 것을 나무란 것이나 다름없었습니다.

또 한고조 유방의 예를 들어 보겠습니다. 그가 전방에서 전쟁을 하고 있는 동안 후방은 겨우 소하蕭何 한 사람이 맡고 있었습니다. 유방은 항우와 70여 차례 싸웠으나 모두 졌습니다. 그러나 병력 지원과 후방 부대로부터의 보급이 부족하지 않았던 것은 소하가 후방에서 정치 · 경제를 모두 잘 관리하여 사회가 대단히 안정되어 있었기 때문입니다. 그런데 전방에 있던 유방은 후방에서 온 사람을 볼 때마다 소하가 무엇을 하고 있는지 물었습니다. 소하는 이상하게 생각하고, 빈객賓客 — 참모 · 막료 — 들에게 이 일을 이야기하자, 그 중 한 사람이 유방이 소하를 좀 의심하고 있는 것이라고 말해 주었습니다. 유방은 전방에서 작전을 하고 있고 국가의 정치 권력은 모두 소하 수중에 있으므로, 만약 소하가 멋대로 한번 권력을 휘둘러 버린다면 유방으로서는 큰일이기 때문이었습니다. 그 막료는 소하에게 "자기 이익이나 챙기는"(問舍求田) 일을 좀 하라고 건의하였습니다. 그 뒤 어떤 사람이 한고조에게 소하가 재물을 거둬들이고 백성의 농토와 가옥을 불법으로 차지하고 있다고 밀고하자, 한고조는 그때야 비로소 소하에 대해 마음을 놓고 오히려 웃어넘기고 말았습니다. 이와 같이 이면의 도리를 통해 정면의 인생을 이해할 수 있습니다.

이리나 범 무리 속에 몸을 눕히다

공자께서 말씀하셨다. "나라가 정상 궤도에 있을 때는 말을 바르게 하고 행위도 바르게 해야 하지만, 나라가 정상 궤도에 있지 않을 때는 행위는 바르게 하되 말은 겸손해야 한다."

(불평하지 말고, 남을 기분 나쁘게 해서는 안 됩니다. 왜냐하면 난세에는 순리가 통하지 않으므로, 그렇게 하지 않으면 흔히 문제가 발생하기 때문입니다)

子曰：邦有道，危言危行；邦無道，危行言孫。
자왈　방유도　위언위행　방무도　위행언손

여기에서 '위'危자는 '바르다'(正)는 의미입니다. '孫'손자는 고대에 '遜'(손)자와 통용되었는데, '遜'(손)은 물러난다는 것으로, 곧 겸손하게 사양한다는 뜻입니다. 공자는 "사회와 국가가 궤도에 올랐을 때는 말을 바르게 하고 행위를 바르게 해야 한다. 그러나 사회와 국가가 어지러울 때는 행위는 바르게 하되 말은 겸손하게 해야 한다."고 말했습니다. 문자적인 뜻을 해석했으니, 다시 공자를 연구해 봅시다.

이 말은 보기에 공자가 교활하게도 학생들에게 몇 가지 태도를 가르치고 있는 것 같습니다. 그러나 사실은 교활한 것이 아니라, 신하로서 처세하는 도리, 즉 간부의 기본 원칙인 동시에 사람됨의 기본 원칙이라 할 수 있는 것을 가르치고 있습니다. 천하가 태평하여 국가와 사회가 다 정상 궤도에 들어섰을 때는 군자君子로서 행위가 바르고 말을 바르게 하더라도 고려할 바가 없고 또 다툼도 없을 것입니다. 동란의 사회에서도 제1원칙으로 행위는 바르게 해야 합니다. 공무원인 경우 탐오하지 않고 법을 위반하지 않으며 정직·진실하고 행동이 방정方正해야 합니다. 그러나 말에 있어서는 불평하지 말고, 남을 기분 나쁘게 해서는 안 됩니다. 왜냐하면 난세에는 순리가 통하지 않으므로, 그렇게 하지 않으면 흔히 문제가 발생하기 때문입니다. 이것은 우리가 역사 기록이나 생활 경험으로부터 알 수 있는 일입니다.

앞에서 말한 바 있듯이 사람의 평가는 사후에야 결정된다고 하지만, 우리가 경험한 바에 의하면 많은 사람, 많은 일들이 사후에도 제대로 평가되기 어려워 많은 사람들이 억울한 일을 관 속으로 가지고 들어갔습니다. 이런 이치를 간파하고 나면, 하늘을 원망하고 남을 탓할 필요가 어디 있겠습니까?

그 예로 악비岳飛를 들 수 있습니다. 악비가 살았던 때는 바로 동란의 시대로서, 그가 북벌北伐을 하려고 했던 것은 전적으로 옳았습니다. 그러므로 악비는 "위언위행"危言危行, 곧 말을 바르게 하고 행동을 바르게 했지만 결과적으로 억울한 죽음을 당했습니다. 그는 이 단락에 나오는 "행위는 바르게 하되 말은 겸손해야 한다."危行言孫는 말을 실천하지 못한 것으로, 왜 그의 말이 불손했다는 것일까요?

"곧바로 거란을 공격하여 이성二聖을 영접하여 돌아오자."(直搗黃龍, 迎回二聖)는 것이 그의 북벌 구호였습니다. '이성'二聖은 송나라 고종高宗의 부친과 형인데, 과거 제왕 시대에 황제를 '성인'이라 부른 사실이 대단히 재미있습니다. 당시 악비의 구호는 전쟁을 하지 않으면 안 되며, 반드시 동북東北까지 공격할 준비를 하여 태상황과 황제의 형을 모시고 돌아오자는 것이었습니다.

그의 이 말은 옳은 것이었지만, '이성'二聖이 돌아오면 황제인 고종은 어떻게 되었겠습니까? 그래서 진회秦檜는 악비를 죽여야 한다고 고종에게 간언했습니다. 고종은 악비를 무척 아꼈지만, 거란과 싸워 이겨 자신의 부친과 형 두 사람이 돌아오게 되면 지금 황제인 자신은 어떻게 될 것인가를 생각했습니다. 고종은 이런 말을 악비에게는 할 수가 없었고, 결국 악비를 죽이지 않을 수 없었습니다. 그래서 악비의 죽음은 바로

"위행언손"危行言孫을 실천하지 못했던 데 그 원인이 있었습니다!

또 다른 예로 풍도馮道를 들 수 있는데, 이 사람은 앞에서도 말한 적이 있습니다. 당송唐宋 사이에 오호五胡가 중국을 어지럽혔던 수십 년 동안 황제가 여러 명 바뀌었는데, 그들은 모두 변방 이민족들(胡人)이었습니다. 이 다섯 왕조가 모두 풍도에게 요직을 맡아 달라고 청했는데, 풍도는 이를 받아들여 73세까지 살았으며 만년에는 장락노인長樂老人이라 불렸습니다.

상상할 수 있듯이, 이 사람은 첫째 "말을 바르게 하고 행동도 바르게 했습니다." 그는 생활이 대단히 근엄하여 재물도 탐내지 않고 여색도 좋아하지 않아, 한 점의 헛점이나 결점도 보이지 않았습니다. 그의 집에는 방생 연못이 하나 있어 고기를 길렀는데, 그의 아들이 고기 한 마리를 잡아먹었다고 하여 아들을 심하게 꾸짖고 매를 때렸을 정도였다고 합니다. 그러나 역사에서는 그를 절개가 없는 사람이며, 미추를 가리지 않고 여색을 탐했다고 비난하고 있습니다. 특히, 구양수歐陽修는 풍도가 수치를 모르는 사람이었다고 직설적으로 욕하고 있습니다.

그러나 풍도의 시 속에서 그의 생각을 발견할 수 있는데, 그는 처세 입신이 단정하면 호랑이 무리 속에서도 꿋꿋이 서 있을 수 있다고 생각했습니다. 풍도는 그 혼란의 시대에 이리나 승냥이같이 잔인무도한 자들이 정권을 잡고 있으므로 그 누구에게도 충성하려고 하지 않았습니다. 다만, 중국 문화 정신과 중화 민족의 명맥을 보존하면서 국가에 진정한 인재가 나와 영도할 날을 기다리고, 변방 이민족들을 위해 충성을 다할 필요가 없었을 뿐입니다. 그가 수십 년을 기다리다가 죽은 후에야 조광윤趙匡胤이 출현했습니다.

이 이야기는 풍도가 그렇게 어지러운 시대에 "행동은 바르게 하되 말은 겸손해야 한다."(危行言孫)는 공자의 말을 실천했음을 설명해 줍니다. 그는 행위가 단정하고 마음씨가 착해서 태도나 언어에 절대로 분수가 있었고, 불평을 하지 않았습니다. 구양수의 견해와는 반대로, 왕안석·소동파 등은 풍도를 보살의 위치에 있는 사람이라고 생각했습니다. 이로써 우리는 사람에 대해 시비是非를 논하기 어려움을 알 수 있습니다.

공자께서 말씀하셨다. "진정으로 도덕과 수양이 있는 사람은 반드시 명언이나 저작이 있지만, 명언이나 저작이 있다고 반드시 도덕과 수양이 있는 것은 아니다. 인仁한 사람은 반드시 용기가 있지만, 용기 있는 사람이 반드시 인한 것은 아니다."

子曰：有德者必有言, 有言者不必有德。仁者必有勇, 勇者不必有仁。
자왈 유덕자필유언 유언자불필유덕   인자필유용 용자불필유인

이것 또한 사람의 재덕才德에 대한 공자의 분류입니다. 공자는 진정으로 도덕이 있고 수양이 있는 사람은 반드시 문자로 된 저작著作이나 명언名言을 후세에 남긴다고 생각했습니다. 요堯 · 순舜 · 우禹 · 탕湯 · 문文 · 무武 · 주공周公 같은 사람들은 모두 덕이 있었고, 또 훌륭한 말이 있었습니다.

그러나 어떤 저작자들은 문장도 잘 쓰고 이론상으로는 수양과 도덕을 말하는 것이 아주 그럴싸했지만, 그들 자신이 반드시 훌륭한 수양과 덕행이 있었던 것은 아니었습니다. '인자仁者는 반드시 큰 용기가 있지만, 이 용기란 싸우는 데 용감하고 사나운 그런 것이 아닙니다. 그리고 '용자'勇者라고 꼭 '인仁'이 있는 것은 아닙니다. 여기서 주의해야 할 것은, '불필'不必이란 두 글자는 '반드시 ~하지는 않는다'는 것을 뜻한다는 것입니다. 물론 '말'言도 있고 '덕'德도 있으며, '용'勇도 있고 '인'仁도 있다면 더욱 좋습니다.

힘이 세다고 덕이 멀리 미칠까

다음에서는 도덕德이 있고 명언言이 훌륭하며 인仁하고 용기도 있는 구체적인 사실을 말하고 있습니다.

남궁괄이 공자에게 물었다. "예羿는 활을 잘 쏘았고, 오奡는 땅위로 배를 끌고 다닐 만한 힘을 가지고 있었(습니다. 그들은 자신의 무력武力

을 믿고 남을 침탈하여 좋은 결과를 얻으려고 했)지만, (둘 다 좋은 죽음을 맞지 못해) 모두 제 명에 죽지 못했습니다.

우왕禹王과 후직后稷은 (예羿나 오奡와 같은 웅대한 뜻과 재능도 없이 아주 평범하고 성실한 사람들이었습니다. 그저 착실히) 몸소 농사를 짓고 살았으나 (마침내 우왕은 그 자신이 천하를 얻었으며, 후직은 그의 자손이 주周 왕조라는) 천하를 얻었습니다. (이 두 종류의 사람 중에 도대체 어느 쪽이 옳은 것일까요?)"

공자께서는 대답을 않으셨다. (그의 견해가 대단히 고명高明하여 이 문제에 답해야 할 필요가 없었기 때문이다)

남궁괄이 나가자, 공자께서 (제자들에게) 말씀하셨다. "(저 사람의 생각이 이처럼 바르고 순수하니, 진정 대단한) 군자로다, 저 사람은! 인품덕성이 아주 높구나, 저 사람은!"

南宮适問於孔子曰：羿善射，奡盪舟，俱不得其死然。禹·稷躬稼
남 궁 괄 문 어 공 자 왈　예 선 사　오 탕 주　구 불 득 기 사 연　우　직 궁 가

而有天下。夫子不答。南宮适出。子曰：君子哉若人！尚德哉若人！
이 유 천 하　부 자 부 답　남 궁 괄 출　자 왈 군 자 재 약 인　상 덕 재 약 인

남궁괄南宮适은 남용南容을 말하는데, 『논어』의 상론上論과 하론下論에 모두 그의 이야기가 나옵니다. 앞에서 말했듯이, 공자는 그리 간단한 사람이 아니기 때문에 단지 남용이 백규白圭의 노래를 불렀다고 해서 조카딸을 그에게 시집보낸 것은 아니었을 텐데, 이제 여기에서 그 남용이 어떤 사람이었는지 알 수 있게 해 줍니다.

남용은 공자에게 가르침을 청한 질문에서 후예后羿를 언급하고 있습니다. 고대 전설에 의하면 당시 세상에는 10개의 태양이 있었으나 후예가 화살로 9개를 쏘아 떨어뜨려, 오늘날 한 개의 태양만 남았다고 합니다. 후예는 법술法術도 부릴 줄 알아서 그가 만든 어떤 단약丹藥들은 먹으면 장생불사할 수 있었다고 합니다. 달 속의 항아姮娥는 바로 그의 부인이었는데, 후예의 단약을 몰래 먹어 월궁月宮으로 날아갔다고 합니다. 이것은 중국 고대 신화에 나오는 이야기인데, 중국 고대사를 연구하려

면 신화를 알아야만 합니다. 신화 속에는 많은 문제와 많은 도리가 있습니다만, 지금은 접어 두겠습니다. 후예는 자신의 활솜씨와 무용武勇 덕분에 유궁국有窮國의 임금이 되어 왕으로 불리고 싶었지만, 최후에는 좋은 죽음을 맞지 못하고 그의 신하인 한착寒浞에게 살해당했습니다.

오柔는 한착의 아들인데 대단히 힘이 세었습니다. '탕주盪舟'란 강이나 바다에서 항행航行하는 배를 한 손으로 잡아 육지 위에서 끌고 갈 정도였습니다. 그도 좋은 죽음을 맞지 못하고 소강少康에게 살해당했습니다. 남용은 "이 두 사람 중 한 사람은 활솜씨가 대단히 훌륭하고, 한 사람은 힘이 그리 세었음에도 불구하고 뒤에 좋은 죽음을 맞이하지 못했다."고 말합니다. 즉, 그들은 자신의 무력武力을 믿고 남을 침탈하여 좋은 결과를 얻으려고 했지만 둘 다 좋은 죽음을 맞지 못했다는 것을 설명하고 있습니다.

한편으로 남용은 우왕禹王과 후직后稷의 예를 들었습니다. 후직은 요임금의 농사農師로서, 우리 나라 농업사회를 건립하는 데 가장 공로가 컸으며, 바로 주왕조의 선조이기도 합니다. 남용은 말하기를, "우왕과 후직은 예羿나 오柔와 같은 웅대한 뜻과 재능도 없이 그저 착실히 농사나 짓고 사는 아주 평범하고 성실한 사람이었는데도 마침내 천하를 얻었다."고 했습니다. 우왕은 그 자신이 천하를 얻었으며, 후직은 그의 자손이 주왕조라는 천하를 얻었던 것입니다.

남용은 여기서 두 종류의 사람들을 예로 들었습니다. 한 종류의 사람들은 수단을 가리지 않고 성공하여 그 기세가 대단하였습니다(나는 요즘 젊은이들을 만나면 언제나 느끼는 바가 많습니다. 즉, 누구누구는 수단을 가리지 않고 돈을 벌어 사회에서 득의양양하게 군림하는데, 나는 도덕을 중시해야만 하는가 하는 생각이 오늘날의 사람들을 미혹시키고 있습니다). 그러나 남용은 이런 수단을 쓰는 사람은 결코 소용이 없어서 최후에는 쓰러지기 마련이라고 보았습니다.

또 한 종류는 정성스럽게 자기 분수에 맞는 일을 한 사람들입니다. 이 두 종류의 사람 중에 도대체 어느 쪽이 옳은 것일까요? 남용은 이 문제를 제기했을 뿐입니다. 공자는 듣고 나서 아무 대답을 하지 않았습니다. 왜냐하면 남용의 견해가 대단히 고명高明하여 이 문제에 답해야 할 필요가 없었기 때문입니다. 그래서 남용이 물러간 뒤에야 공자는 다른 제자들에게 말했습니다. "이 사람의 생각이 이처럼 바르고 순수하니, 진정 대단한 군자다. 이야말로 가장 높은 인품과 덕성이다."

공자께서 말씀하셨다. "군자로서 (때로는) 인자仁慈하지 않는 일이 있을 수 있다! 그러나 소인으로서 인자할 수 있다는 것은 결코 없었다 !"

子曰：君子而不仁者有矣夫！未有小人而仁者也！
자 왈 군 자 이 불 인 자 유 의 부 미 유 소 인 이 인 자 야

이 단락도 앞의 내용과 일관되게 연결되는 것입니다. 공자는 "군자가 인仁하지 않은 일은 있을 수 있다. 그러나 소인이 인仁할 수 있다는 것은 결코 있을 수 없는 일이다." 라고 말했습니다. 다시 말하면, "좋은 사람이 인자仁慈하지 않을 수는 있다. 그러나 나쁜 사람이 인자할 수 있다고 하는 것은 불가능하다."는 것입니다.

우리가 알다시피 공맹의 사상은 모두 "『춘추』春秋는 현자賢者를 꾸짖는다."는 기풍으로, 공자가 요구한 대상은 주로 지식인이었습니다. 고대에는 교육이 보급되지 않아 지식인의 숫자가 적었으므로, 군자는 당연히 인자해야 했습니다. 그러나 사람이 성현이 아닌 바에야 그 누가 허물이 없을 수 있겠습니까? 때로는 '불인'不仁한 일도 전혀 없을 수가 없었습니다.

그런데 나쁜 사람에게는 당연히 인자한 마음이 없습니다. 나쁜 사람이 인자한 마음이 있다면 나쁜 사람이 아닐 것입니다. 속담에 "강도가 착한 마음을 발한다."(强盜發善心)는 말이 있는데, 이는 그리 가능한 일이 아닙니다. 정말로 강도가 선심을 발한다면, 그는 강도가 되지 않고 좋은 사람이 되었을 것입니다.

오히려 해로운 지나친 사랑

공자께서 말씀하셨다. "자신이 어떤 사람을 사랑한다고 해서 그 사람을 수고롭게 하지 않을 수 있겠느냐? 어떤 사람이 자신에게 충성스럽다고 해서 그 사람을 깨우쳐 주지 않을 수 있겠느냐?"

子曰: 愛之, 能勿勞乎? 忠焉, 能勿誨乎?
자왈 애지 능물노호   충언   능물회호

이 말은 교육과 관계되고, 또 개인의 수양과도 관계가 됩니다. 참으로 사람을 사랑한다면, 자신의 아이를 사랑하는 것처럼 너무 총애한 나머지 나쁜 영향을 끼쳐서는 안 됩니다. 그 사람을 수고롭게(勞) 해야 하는데, 이 수고롭게 한다는 것은 꼭 노동을 시킨다는 것이 아니라, 그로 하여금 인생의 어려움과 힘듦을 알도록 하는 것입니다.

엊그제 착하고 말 잘 듣는 자식을 둔 한 부유한 친구가 자식을 남부에 있는 공장에 보내 일을 시켜 보려고 한다기에 나는 아주 좋다고 했습니다. 내가 보기에 그 친구의 가정은 생활환경이 너무 편해서, 아무리 교육을 잘 시키더라도 자칫하면 그 아이의 일생을 해롭게 할 수 있습니다.

교육은 손자병법孫子兵法과 같아서 사지死地에 밀어 넣어 살아나게 하는 경험을 시켜야 합니다. 어떤 방법으로라도 아이에게 고통스러운 경험을 시켜서 어렵고 힘든 것을 알도록 해야 합니다. 이런 도리를 통해서 "자신이 어떤 사람을 사랑한다고 해서 그 사람을 수고롭게 하지 않을 수 있겠느냐?"라는 말을 이해할 수 있고, 또 인생을 이해할 수 있습니다. 그 다음으로는, 부하이든 친구이든 자기에게 충성을 하는 사람이라 해도 그 사람의 충성을 좋아만 하지 말고 그를 교육시키고 배양해야 합니다.

다음 단락에서는 문장의 기세를 바꾸어, 공자가 당시 몇몇 사람들의 정치 방식을 비평함으로써 절차탁마切磋琢磨를 학문의 외적 활용으로 삼고 있습니다.

공자께서 말씀하셨다. "(정나라는) 외교 문서를 작성하여 발표할 때

(대단히 신중해서, 먼저) 비심이 초안을 작성하고 나서, 세숙이 자세히 검토하였고, 외교관인 자우가 자구와 내용을 (다듬어) 수정하였고, (마지막으로) 재상인 자산이 문장을 (더욱 아름답게) 윤색하였다."

(정치에 종사하는 사람은 공문서나 메모지 한 장에도 한 자 한 구절에 마음을 써야 합니다. 특히, 정치상의 큰 문제에 대한 결정은 일단 써 놓고 나면 역사에 하나의 선례를 남기게 되므로 대충 해서는 안 된다는 뜻입니다)

　　子曰 : 爲命, 裨諶草創之, 世叔討論之, 行人子羽修飾之, 東里子産
　　자왈　위명　비심초창지　　세숙토론지　　행인자우수식지　　동리자산

潤色之。
윤색지

　　이 단락은 이곳에 외롭게 놓여 있습니다. 언급된 네 사람은 모두 당시 정鄭나라의 대부들입니다. 왜 그랬을까요? 우리가 알다시피 상고의 왕도王道는 도덕을 중시했고, 후세의 패도覇道는 사업 공적을 중시했습니다. 춘추전국 시대의 오패五覇 중 첫째 패주覇主는 바로 정나라에서 시작되었기 때문에, 정나라는 춘추전국 시대 초기에 상당히 힘이 있었습니다. 그러나 공자 시대에 이르렀을 때는 오늘날 영국처럼 몰락한 상태였습니다. 비록 몰락했지만 국제 정치에 대한 영향력은 여전히 매우 컸습니다. 왜냐하면 정나라에서 적지 않은 정치적 인재들이 나왔기 때문입니다. 여기서 언급된 네 사람은 모두 정나라의 정치 요인들이었습니다.

　　공자가 여기서 말한 '명'命은 고대에 대단히 중시했던 '고명'誥命입니다. '고'誥와 '명'命 두 가지 문서는 정부의 공고문이었습니다. 오늘날로 말하면 한 나라의 원수가 다른 나라를 방문하고 나서 발표하는 공동 성명과 같은 것입니다. 이런 공고문은 원고 작성자가 몹시 심혈을 기울여 한 자 한 자를 심사숙고해야 합니다. 이런 문건은 당시 모든 국제 관계에 영향을 미쳤을 뿐 아니라, 장래 역사에 기록으로 남겨 역사가 그 시비선악을 비판하는 근거로 삼게 했습니다. 고전 오경五經 중 『상서』尙書의 기록은 바로 상고 시대 정부의 문헌 자료입니다. 이러한 자료들을 통해 그들의 과거 역사를 이해할 수 있습니다. '고명'誥命은 바로 그런 문건이었습니다. 오늘날 우리는 그것을 대문장大文章이라 부르는데, 그

당대에 그치지 않고 영원히 역사상에 남게 되는 대문장입니다.

공자는 여기에서 이렇게 말하고 있습니다. "정나라는 외교 문서(誥命)를 발표하는 데 대단히 신중해서 먼저 비심裨諶이 초안을 작성하고 나서 세숙世叔이 토론·검사·연구했다."고 했습니다. 행인行人은 외교 관직 이름이고, 자우子羽는 사람 이름입니다. 다시 외교관 자우子羽가 다듬어 고치고, 마지막으로 재상인 자산子産이 문장에 윤색을 가했습니다. 오늘날로 말하면 비서가 초안을 잡아 관계 부서에 원고를 보내 모은 후 외교부의 수정을 거쳤는데, 이것으로도 아직 부족해 최종적으로 총리가 문장에 사용된 단어나 구절을 다듬어 표현을 더욱 아름답게 했습니다.

이 단락의 뜻은, 정나라는 그렇게 혼란한 시대에도 시종 인재들이 많았으며 공문서에 대단히 신중하여 이런 문장 대가들의 심사숙고를 거친 후에야 공고했다는 것입니다. 이는 공자가 정치에 종사하는 학생들에게 훈계한 것으로, 정치에 종사하는 사람은 공문서나 메모지 한 장에도 한 자 한 구절에 마음을 써야 한다는 것입니다. 특히, 정치상의 큰 문제에 대한 결정은 일단 써 놓고 나면 역사에 하나의 선례를 남기게 되므로 대충 해서는 안 된다는 것입니다. 그러므로 공자는 '외교 문서 작성'(爲命)의 어려움을 말해, 학생들에게 소홀히 하지 말라고 이르고 있습니다.

정치하기 어렵고 사람 되기 더 어렵다

어떤 사람이 (정나라) 자산에 대하여 묻자, 공자께서 (비평하여) 말씀하셨다. "(자산은 대정치가요, 대단한 인물이다. 자산은 정치를 맡고 있는 동안 사회에 대한 공헌이 컸고) 백성에게 은혜를 끼친 사람이다."

(공자가 초나라에 갔을 때 공자가 자신의 자리를 밀고 들어올까 두려워했던 일이 있던 초나라 재상) 자서에 대하여 묻자, "그 사람…! 그 사람…!" 하고 더 이상 말씀을 하지 않으셨다.

관중에 대하여 묻자, 말씀하셨다. "인물이다. (제나라 대부) 백씨伯氏의 이어진 좋은 농토(騈邑) 삼백을 몰수하(여 공유화하)였지만, 백씨 일가는 그 때문에 거친 음식을 먹고 지내면서도 (관중이 공평하게 처리했다며 감복하고) 평생토록 원망하는 말이 없었다.”

或問子産。子曰:惠人也。問子西,曰:彼哉!彼哉!問管仲。曰:
혹문자산　자왈혜인야　문자서　왈피재　피재　문관중　왈

人也,奪伯氏騈邑三百,飯疏食,沒齒無怨言。
인야　탈백씨병읍삼백　반소사　몰치무원언

어떤 사람이 공자에게 묻기를, “정나라의 자산子産이란 사람은 어떻습니까?” 하니, 공자가 대답했습니다. “자산은 대정치가요, 대단한 인물이다.” 자산은 정치를 맡고 있는 동안 사회에 대한 공헌이 컸고, 국가의 백성들에 대해 은혜를 베푼 사람이었습니다.

다시 “초나라의 자서子西는 어떻습니까?” 하고 물었습니다. 자서는 초나라의 재상宰相이었는데, 공자가 초나라에 갔을 때 그는 공자가 자신의 자리를 밀고 들어올까 두려워했던 일이 있었습니다. 그래서 공자는 이 질문에 대해, “그 사람…! 그 사람…!”이라고만 하고 더 이상 말을 하지 않았습니다. 이것은 공자의 마음이 각박하지 않았다는 것을 말해 주는데, 비록 다른 사람들이 자서子西를 비난하지 않으면 안 될 상황이었다 하더라도 공자는 그렇게 하지 않았습니다. 역사 기록에 의하면 자서는 결코 좋은 사람이 아니었고, 물론 공자도 그를 좋게 생각하지는 않았지만, 단지 “그 사람…! 그 사람…!”이라고만 하고, 그 이상 비평을 하지 않았습니다.

이번에는 또 관중管仲이란 사람은 어떠냐고 공자에게 물었습니다. 관중은 공자보다 앞 시대 사람으로, 제齊나라 환공桓公이 패자覇者로 불리게 되기까지는 관중의 공로가 컸습니다. 공자는 관중을 이야기할 때마다 항상 감복했는데, 이 질문을 받고는 엄지손가락을 치켜세우면서 “그 사람이야말로 사람이다 하기에 충분하다, 정말 대단한 사람이다!”라고 칭찬했습니다.

관중은 정치를 맡고 있을 때, 제나라 대부大夫 백씨伯氏의 농토 3백을 몰수하여 공유화했기 때문에, 백씨 일가는 곤궁해져 먹고 사는 것도 변변치 못하게 되었습니다. 그러나 그는 죽을 때까지 관중을 원망하지 않고, 마음으로 또 말로 관중에게 감복했습니다. 공자는 관중이 '사람'이라고 불릴 만한 대단한 사람이라고 했지, 큰 정치가라고는 말하지 않았습니다. 정치란 별로 대단할 것이 없고 벼슬하여 공훈을 남긴 사람에 불과할 뿐이며, 하나의 '사람'으로 불릴 수 있는 것이야말로 대단한 일이라는 뜻입니다. 백씨는 관중에게 재산을 몰수당하고 죽을 때까지 곤궁하게 살았지만, 관중을 조금도 원망하지 않고 오히려 관중이 공평하게 처리했다고 생각했습니다. 정치를 맡은 사람이 이렇게만 될 수 있다면 확실히 대단한 일이며, 역사상 이렇게 할 수 있었던 사람은 몇 명되지 않습니다. 관중이 사회와 국가에 공헌하거나 타인에게 보답하는 데에는 그가 처리하는 정책과 방법이 반드시 있었음을 알 수 있습니다. 그래서 공자는 관중에 대해 연거푸 찬탄하고 있습니다.

배우지 않음을 가난이라 한다

지금부터 논하는 것은 중국의 옛 문화에서 말하는 '지인논세'(知人論世: 역사상의 인물을 이해하려면 그가 처했던 시대배경을 반드시 연구해야 한다는 뜻 —역주)에 대한 것이라고 할 수 있습니다. '지인논세'로부터 역사상의 인물을 알아볼 수 있으며, 또 자기를 이해하고 인식할 수 있습니다. 철학적 관점에서 말하면, 사람이 타인을 인식하는 것은 어려운 일이며 자기를 인식하는 것은 더욱 어려운 일입니다. 특히, 나이가 들어 경험도 쌓이고 접촉하는 사람도 많아지면, 자기를 인식한다는 것이 매우 어려운 일이라는 것을 느끼게 됩니다. 다음은 공자가 지인논세知人論世에 대해 말한 것입니다.

공자께서 말씀하셨다. "(가난은 꼭 경제적 환경의 궁함만은 아니다. 뜻을 이루지 못한 것도 지식이 부족한 것도 가난이다. 각종의 부족이 모두 그 안에 들어가는데, 사람이) 가난하면서도 (하늘도 남도) 원망하지 않기는 어렵지만, (지위가 높고) 부유하(고 공로를 이루었으)면서도 교만하지 않기는 쉽다."

子曰：貧而無怨，難；富而無驕，易。
자왈　빈이무원　난　부이무교　이

"부이무교"富而無驕는 사람이 비록 지위가 높고 재부財富가 있고 공을 이루었다 하더라도 교만하지 않은 것입니다. 원래 이러한 수양은 아주 어려운 것으로 결코 쉽지 않지만, 다른 것과 비교해 보면 그래도 쉽습니다. 동서고금을 막론하고 사람들은 지위가 높아지면 풍모도 좋아집니다. 풍모가 좋아 외형이 그럴싸해 보이는데도 사람됨이 교만하지 않다면 그는 이미 대단한 사람입니다. 그러나 이런 사람이라도 대부분의 경우 내심으로는 자신이 대단하다는 느낌을 어느 정도 가지고 있기 마련입니다.

조금 전에, 외국에서 돌아온 몇 명의 학생들과 한담을 했습니다. 그들은 말하기를, 과거 일부 사람들은 부모와 자녀 사이에 세대차가 너무 커서, 부모가 아주 존엄했고 그런 모습을 지어보이지 않으면 안 되었다고 했습니다. 또 어떤 학생은 자기 부모는 그렇지 않고 자녀와 서로 친구처럼 지낸다고 했습니다. 또 어떤 학생은 지역적으로 보아 대만의 일부 가정에서는 부모가 자녀에게 여전히 존엄한 모습을 지어 보인다고 지적했습니다. 나는 그들에게, 화교華僑 사회에서 다수의 부모가 자녀를 대하는 태도도 존엄을 유지하고 있는데, 외국에서 주의를 기울여 본 적이 있는지 물었습니다. 이것은 광동이나 복건 지역의 기풍인데, 그들은 아직도 구세대 부모의 위엄을 유지하고 있습니다. 그런데 부모 자녀 사이가 비교적 좀 개명開明된 사람들은 대부분 상해에서 나고 자란 사람들입니다. 부모가 자신들의 존엄을 지니고 있다는 것은, 정도가 지나치느냐 안느냐의 차이일 뿐 결코 잘못은 없습니다. 어떤 학생은 말하기를 부모가 그런 위엄을 지니는 것은, '나는 자녀가 있으며 자녀는 내 말을 들어야 한다'는 오만한 심리라고 했습니다. 나는 이것은 오만의 범위에 넣어서는 안 되며 교만하다는 말을 잘못 사용해서는 안 된다고 말했습니다.

내가 개인적으로 관찰하고 체험하면서 내린 결론은, 사람이 교만하지 않기란 몹시 어려운 일이라는 것입니다. 부귀해지고 지위가 높아지면 교만해질 수 있습니다. 돈이 있으면 교만해질 수 있습니다. 나이가 많아져도 교만해질 수 있는데, 자기가 몇십 년 밥을 더 먹었다고 하여 젊은 이들은 안 된다고 생각합니다. 사실은 몇십 년 밥을 더 먹었더라도 반드시 밥을 바르게 먹은 것은 아닐 것입니다. 학문이 높아져도 교만해질 수 있습니다. 그러므로 교만이 없는 정도까지 수양하기가 정말로 쉽지 않습니다. 그런데 부유하면서 교만하지 않은 것과 가난하면서 원망하지 않는 것, 이 두 가지를 비교해 보면 교만하지 않기가 조금 더 쉽습니다.

공자는 "가난하면서 원망하지 않기는 어렵다."(貧而無怨)고 했는데, 가난(貧)은 꼭 경제적 환경의 궁함만은 아닙니다. 뜻을 이루지 못한 것도 가난입니다. 지식이 없는 사람은 지식이 있는 사람을 부유하다고 느낍니다. 재능도 재산인데, 재능이 부족한 사람들도 많습니다. 장자莊子는 "눈이 보이지 않는 맹인이나 귀가 들리지 않는 귀머거리는 밖으로 드러난 신체적인 장애일 뿐이다. 지식상의 맹인이나 지식상의 귀머거리는 치료할 방법이 없다."고 말했습니다. 그러므로 가난은 꼭 돈이 없는 것만을 가리키는 것이 아니라, 각종의 부족이 모두 그 안에 들어갑니다.

사람은 가난하면 원망을 하게 됩니다. 이른바 하늘을 원망하고 남을 탓합니다. 사람이 궁하면 불평이 많고, 화도 많이 냅니다. 그러므로 "안빈낙도"安貧樂道를 가르쳐야 하는 것입니다. 이것은 전통 문화에서 지식인이 배워야 할 기본적인 대원칙입니다. 그러나 정말로 가난하면서도 편안할 수 있기란 너무나 쉽지 않습니다. 어떤 사람은 "가난을 편히 여기고 도를 즐기며, 만족을 알면 항상 즐겁다."(安貧樂道, 知足常樂)라는 말을 가지고 우리 문화를 비평하기를, "우리가 발전하지 못한 것은 바로 이런 사상의 영향을 받았기 때문이다." 라고 합니다. 이런 비평은 반드시 옳은 것이 아닙니다. "안빈낙도"와 "지족상락"은 개인의 수양으로서, 진정으로 그 정도의 수양에 이른 사람도 많지 않습니다.

더욱이 우리는 우리 민족이 이 두 가지 수양 때문에 진취進取를 도모하지 않는다고 말할 수는 없습니다. 사실 이런 의미는 아닙니다. 더군다

나 우리에겐 "우주 천체의 운행은 영원히 굳세니, 군자는 이를 본받아 자기를 굳세게 하여 노력 진보하기를 멈추지 않는다."(天行健, 君子以自强不息)같은 고무적인 명언들이 있으므로, 우리는 한 가지 점만 잡아 부분을 전체로 여기는 잘못을 범해서는 안 됩니다. "안빈낙도, 지족상락"安貧樂道, 知足常樂이란 말은 자신의 사람됨과 일처리에서의 하나의 잣대이자 시험이 됩니다.

공자께서 말씀하셨다. "(노나라 대부) 맹공작은 (큰 나라인) 조나라나 위나라의 원로가 되기에는 훌륭한 인물이나, (작은 나라인) 등나라나 설나라의 대부가 될 수는 없다. (어떤 사람들은 큰 지위나 큰 요직을 맡기기에는 아주 좋지만, 직무를 바꾸어서 그들에게 실제 일을 해보라고 임무를 하나 집행하게 하면 끝장나버린다. 그래서 사람을 쓰기 어렵고 인재의 선발·배치가 어려울 뿐만 아니라, 자기 자신을 인식하는 것도 어려운 것이다)"

子曰 : 孟公綽爲趙魏老則優。不可以爲滕薛大夫。
자 왈   맹 공 작 위 조 위 로 즉 우   불 가 이 위 등 설 대 부

먼저 원문의 문자를 해석하겠습니다. 맹공작孟公綽은 노나라 대부大夫였는데, 후세에 주희는 그의 주해註解에서, 맹공작은 청렴하여 가난을 편히 여기고 도道를 즐기며 만족을 알고 항상 즐겁게 살았던 사람이라 했습니다. 조趙·위魏 두 나라는 대국으로서, 등滕·설薛 두 나라보다 큰 나라였습니다.

남을 알기보다 자기를 알기가 더 어렵다

'노'老자에 대해 말해 보겠습니다. 옛 관직에 삼로三老가 있었으며 삼공三公도 있었습니다. 삼공의 지위는 높았지만, 진한秦漢 이후에는 이 관직명에 대한 명문 규정이 아주 드물었습니다. 그들은 학문과 도덕이 높

앉지만 실제 행정에는 참가하지 않았습니다. 그들은 이른바 "앉아서 도를 논했으며"坐而論道 건의와 지도指導에 비중을 두었는데, 근대 서양 정치 제도의 무임소장관과 비슷하여 전담으로 관장하는 소임은 없었고 모든 일에 자문 역할을 했습니다. 나라의 큰 일일수록 중요한 결정일수록 그들에게 의견을 제시하라고 청해야 했습니다. 흔히 그들의 한 마디에 따라, 전체 정책을 바꾸거나 새로운 정책을 수립했습니다.

그런데 '노'老도 그래서, 고대에는 지위는 높았지만 행정 사무는 한가한, 직무는 그 자체가 훌륭한 학문과 훌륭한 인품을 요구했습니다. 그런 청요淸要의 관리가 한 마디만 해도 그 영향은 대단하여, 황제조차도 그들을 매우 중시했습니다. 오늘날에도 학술계나 정치계에서는 존경하는 사람에 대해 '누구누구공'(某公)이라고 부르거나 '노'老라고 존칭하는데, 바로 '나라의 원로元老'란 뜻입니다.

공자는 여기서 말했습니다. "맹공작이란 사람은 조나라나 위나라 같은 큰 나라의 원로元老, 즉 고문顧問이 되기에는 아주 훌륭한 인재다. 그의 재능·학문·도덕은 그 직무를 맡기에 충분하여 잘못이 없다. 그러나 등나라나 설나라 같은 작은 나라에서 그를 대부大夫로 임명하여 오늘날 장관이나 총리가 하는 것과 같은 실제적인 정무를 맡겨서는 안 된다. 이런 일을 그에게 맡기는 것은 적합하지 않다."

공자는 이 문제를 가지고 학생들과 토론하면서, "어떤 사람들은 큰 지위나 큰 요직을 맡기기에는 아주 좋지만, 직무를 바꾸어서 그들에게 실제 일을 해보라고 임무를 하나 집행하게 하면 끝장나버린다." 라고 했습니다. 어떤 사람은 평소에 학문도 훌륭하고, 높은 식견도 있으며, 쓴 글이나 건의 내용이 모두 옳습니다. 그러나 실제로 행정 일을 시켜 보면 제대로 하지 못합니다. 반대로 어떤 사람들은 실제적인 일을 아주 잘 처리하기 때문에, 그를 대단하게 생각하여 높고 중요한 자리에 발탁해 놓으면 전혀 다른 결과가 나타나 버립니다. 그러므로 지도자는 인재를 알아보기가 몹시 어렵고, 자기 자신에 대해서도 인식하기 어려워 자기가 무엇을 할 수 있는지 깨닫는 것이 정말 쉽지 않습니다.

내가 지난날 사숙에서 공부할 때 선생님들에게서 배운 산문과 시들에는 모두 인생의 철리哲理가 담겨 있었습니다. 나의 선생님 한 분은 역사를 평론한 시를 한 수 지었는데, 내용이 대단히 좋았습니다.

수나라 양제는 불행히도 천자가 되었고 隋煬不幸爲天子
송나라 왕안석은 불쌍하게도 재상이 되었네 安石可憐作相公
만약 그 두 사람 죽을 때까지 불우했다면 若使二人窮到老
한 사람은 명사 되고 한 사람은 대문호 되었을걸 一爲名士一文雄

이 시의 뜻은 이렇습니다. 수양제는 운이 좋지 않아 황제가 되었고, 왕안석은 불쌍하게도 재상이 되었는데, 이 두 사람이 만약 뜻을 이루지 못했다면, 왕안석은 대문호大文豪가 되어 그 뛰어난 문장으로 아마 당시에나 후세에나 더 높은 존경과 우러름을 받았을 것이요, 수양제는 대단히 훌륭한 명사名士로서 재자才子가 되었을 것이란 뜻입니다.

여기서 다시 이후주李後主에 대해 이야기해 봅시다. 그는 정말 훌륭한 문학가였습니다. 그렇게 훌륭한 문학은 정말로 좋아서, 과거에도 그처럼 뛰어난 문학가를 찾기 어려웠으며, 아마 앞으로도 찾기 어려울 것입니다. 그러나 안타깝게도 그는 황제가 되었습니다. 송대의 휘종徽宗 같은 사람도 그러했습니다.

다시 본론으로 돌아와, 문학이 말처럼 그리 쉽겠습니까? 『홍루몽』紅樓夢 이후로 제2의 『홍루몽』이 나올 수 없는데, 그 이유는 조설근曹雪芹과 같은 그런 가정이 없고, 조설근처럼 하루 종일 계집애들과 함께 뒹굴어 본 경험이 없는 사람으로서는 아무리 해도 써 낼 수가 없기 때문입니다. 시내암施耐庵의 『수호전』水滸傳도, 강호를 떠다녀 본 적이 없고, 툭하면 칼을 뽑는 강호의 친구들과 함께 섞여 지내보지 않고서는 써 낼 수 없습니다. 문학이란 이렇게 배양되어 나오는 것입니다.

이후주의 사詞는 훌륭하지만, 앞에서도 말했듯이 그가 들인 밑천이 컸고 또 황제 노릇도 했으며, 강산이 그의 손 안에서 사라지고 난 후에야 비로소 그러한 문학적 경지가 나왔습니다. 이런 사람들은 그의 인생으로 볼 때에는 모두 불행했습니다. 여기서 또 다른 한 사람의 철학을 생각해 보게 되는데, 그것은 인생에서 뜻을 이룬 것이 어떤 때는 결코 행복이 아니요, 어떤 때는 뜻을 이루지 못한 것이 결코 불운한 일이 아니라는 것입니다. 명말 청초明末淸初에 어떤 사람이 쓴 시 한 수가 있습니다.

눈앞의 키 큰 나무 모두 아들 손자뻘이니	眼前喬木盡兒孫
오나라 궁전 봄을 몇 번 지냈는지 보았을까	曾見吳宮幾度春
내가 만약 당시 궁궐 동량 되었더라면	若使當時成大廈
나 역시 마찬가지 불탄 재로 되었으리라	亦應隨例作灰塵

이 시는 뜻을 이루지 못한 것이 결코 나쁘다고는 할 수 없음을 말하고 있습니다. 첫 구절에서 그는 당시 국가의 동량이 모두 다 그의 후배들임을 탄식하고 있습니다. 둘째 구절에서는 자신을 말하고 있는데, 산 위의 큰 나무나 신목神木처럼 자기는 나이가 많아 왕조의 교체, 흥망성쇠, 성패를 여러 차례 보았다는 것입니다. 그러나 만일 자기도 당시에 궁궐 동량이 되었더라면, 벌써 불살라져 버렸을 것이라고 말하고 있습니다. 그러므로 인생에서 득의한 일이 꼭 나쁜 것은 아니라 하더라도, 꼭 좋은 것만도 아니며, 어떤 때는 실의한 것도 꼭 나쁜 것이 아닙니다.

이런 이치를 통해 우리는 공자가 "맹공작은 큰 나라인 조나라나 위나라의 원로가 되기에는 훌륭한 인물이나, 작은 나라인 등나라나 설나라의 대부가 될 수는 없다."고 한 말이 확실히 의미심장하다는 것을 이해할 수 있습니다. 그래서 조금 전에 "사람을 쓰기 어렵고 인재의 선발·배치가 어려울 뿐만 아니라, 자기 자신을 인식하는 것도 어렵다."고 말했습니다. 이제 우리는 지난 역사의 일을 이해했으니, 장래에 자기 사업을 할 때 인재에 대해서, 용인用人에 대해서 자기를 알고 상대를 확실히 알 수 있도록 해야겠습니다.

지혜·청렴·용기·재능·예악을 다 갖춘 인재

다음에는 어떤 것이 인재人才와 완비된 인재라고 할 수 있는지를 말합니다.

자로가 완비된 인재에 대하여 묻자,

공자께서 말씀하셨다. "(완비된 인재를 바란다는 것은 대단히 어렵다. 첫째는 노나라의 대부) 장무중과 같은 (높은) 지혜와 (깊고 넓은 지식이 있어야 한다),

(그 다음으로는) 맹공작처럼 청심과욕淸心寡欲(해서 많은 것을 바라지 않고 마음이 고결해야 한다),

(그렇지만 청렴한 도덕적 지조와 지혜의 수양만 있어서는 부족하고, 거기다) 변장자와 같은 (결단·의협·큰) 용기(가 있어야 한다),

또 염구冉求와 같은 (문예적인 다양한) 재능이 있는데다 예악禮樂 (교육의 수양)을 더 보탠다면, 역시 완비된 인재가 될 수 있을 것이다!"

그리고 이어서 말씀하셨다. "(시대가 달라졌으니) 오늘날의 완비된 인재란 꼭 그렇게까지 (너무 높은 기준으로) 할 필요가 있겠느냐? (이 시대에는 다음 몇 가지 점을 갖춘다면 이미 대단한 인재인 것이다)

(자기에게 유리한 일에서) 이익을 보면 (그것이 인정과 도리에 맞는지, 법에 맞는지 그 마땅한) 의로움을 (한번) 생각해서 취하고,

(자신이 책임진 이상 모든 사람을 위해서 일하고, 위험에 처해서) 위태로운 것을 보면 (맡은 사명을 받아들이고 임무를 달성하기 위해서 자신을 희생하여) 목숨까지 바칠 수 있으며,

평소에 한 말은 아무리 오래 되어도 (또 어떤 어려움에 처하더라도) 잊지 않고 (꼭) 실천한다면, 이 역시 완비된 인재가 될 수 있을 것이다! (어찌 더 이상을 바랄 필요가 있겠느냐?)"

子路問成人。子曰:若臧武仲之知, 公綽之不欲, 卞莊子之勇, 冉求
자로문성인 자왈 약장무중지지 공작지불욕 변장자지용 염구
之藝, 文之以禮樂, 亦可以爲成人矣! 曰:今之成人者, 何必然? 見利
지예 문지이례악 역가이위성인의 왈 금지성인자 하필연 견리
思義, 見危授命, 久要不忘平生之言, 亦可以爲成人矣!
사의 견위수명 구요불망평생지언 역가이위성인의

사의   견위수명   구요불망평생지언   역가이위성인의

여기서 말하는 '성인'成人은 '완전한 사람'(全人)이라고 해석할 수도 있고, '완비된 인재'(全才)라고도 할 수 있습니다. 자로가 어떠해야 완비된 인재이냐고 물으니, 공자는 이렇게 대답했습니다. "완비된 인재를 바란다는 것은 대단히 어렵다. 첫째는 노나라의 대부 장무중臧武仲처럼 지혜가 높고 지식이 깊고 넓어야 한다. 그 다음으로는 맹공작孟公綽처럼 청심과욕淸心寡欲해서 많은 것을 바라지 않고 마음이 고결해야 한다. 그렇지만 청렴한 도덕적 지조와 지혜의 수양만 있어서는 부족하고, 거기다 변장자卞莊子와 같은 용기가 있어야 한다."

변장卞莊이 호랑이를 찌른 것은 역사상 유명한 고사故事입니다. 물론 호랑이를 잡는 용기에 그치는 것이 아니라, 결심·결단이 필요하고 희생해야 할 때에는 감히 희생하는 큰 용기에 그 중요함이 있습니다. 공자는 또 "지혜·청렴·용기를 갖춘 것만으로도 부족하고, 염구冉求와 같은 재능이 있어서 문학이든 예술이든 뭐든 할 수 있어야 완비된 인재라 할 수 있다."고 했습니다.

이 네 사람의 장점을 갖춘 사람은 고도의 지혜가 있고, 도덕의 함양으로 사욕이 없고 화를 내지 않으며 마음이 평온하고 몸가짐이 온화합니다. 그런데 인품 덕성이 좋은 사람은 흔히 약간 폐인廢人과 같아 보이므로, 용기·결단·의협義俠의 정신을 갖추어야 합니다. 그러나 또 이것만으로도 부족하고, 문예文藝의 경지와 고도의 예악禮樂 교육의 수양이 더해져서 이런 몇 가지 조건들이 합해지면 완전한 사람, 또는 완비된 인재, 곧 '성인'成人이 될 수 있습니다. 이것이 얼마나 어렵겠습니까! 하지만 원문에 '亦'(역) 자가 쓰인 중요한 의미에 유의해야 합니다. 공자는 이와 같은 등등이라 하고서는, '亦' 자를 써서 역시 완비된 인재가 될 수 있을 것이라고 말하고 있습니다. 이를 통해 보면, 그렇더라도 이상理想 중의 완비된 인재의 수준에는 아직 완전히 도달하지는 못했다고 공자는 생각하고 있음을 알 수 있습니다.

이 단락을 읽고 우리가 유의해야 할 것은, 공자가 제시한 이 조건은 국가에 필요한 큰 인재의 기준을 말한 것이라고 할 수 있으며, 또 문화

와 인격 수양의 기준을 말한 것이라는 점입니다.

그러나 공자는 자기가 바라는 것은 너무나 높았기 때문에 스스로 에 둘러 자로에게 말했습니다. "시대가 달라졌으니 꼭 나의 이런 관념을 기준으로 삼기를 바라지 않는다. 지금은 '견리사의'見利思義하기만 바랄 뿐이다." 즉, 자기에게 유리한 일을 보면 그것이 '의'義에 맞는 일인가를 한번 생각해 보기 바란다는 것입니다. '의'義는 곧 '마땅할 의'宜로서 그 이익이 인정情과 도리理에 맞는지, 법法에 맞는지를 살펴본다는 것입니다.

공자는 이어서 "견위수명"見危授命을 말했습니다. 즉, "자신이 책임진 이상 모든 사람을 위해서 일하고, 위험에 처해서는 맡은 사명을 받아들이고 임무를 달성하기 위해서는 자신을 희생시킬 수 있어야 한다. 심지어 친구를 사귀는 것도 이와 같을 수 있다. 평소에 한 말은 아무리 세월이 지나더라도, 또 어떤 어려움에 처하더라도 꼭 실천하여야 한다. 이 몇 가지 점을 갖춘다면 이 시대에는 이미 대단한 인재인 것이다. 어찌 더 이상을 바랄 필요가 있겠느냐?"는 것입니다.

"평소에 한 말은 아무리 오래 되어도 잊지 않고 실천한다."(久要不忘平生之言)라는 말을 가지고 오늘날의 사회를 보면 아주 우스운 일들이 있습니다. 정견을 발표할 때에는 이렇게 저렇게 하겠다고 해 놓고 일단 그 자리에 오르고 나면 자기가 공약으로 한 말을 실천하지 않는 것입니다. 이것을 어찌 "평소에 한 말은 아무리 오래 되어도 잊지 않고 실천한다."는 말을 실행에 옮기는 것이라 할 수 있겠습니까? 오늘날을 보고 역사를 증명할 수 있고, 역사를 보고 오늘날을 이해할 수 있습니다. 공자가 말한 "온고이지신"溫故而知新 그대로입니다.

우리는 오늘날 사회 기풍이 좋지 않다고 말하는데, 공자 당시의 사회 기풍도 역시 좋지 않았습니다. 외국 유학을 갔다가 돌아온 몇몇 학우들은 입만 열면 외국은 어떠어떠한 것이 좋다고 하는데, 나는 그들에게 "옛날이나 지금이나 중국이나 외국이나 다를 바 없어서, 외국은 무엇이 좋고 우리는 무엇이 나쁘다 할 것이 없다."고 말합니다. 탐오貪汚로 말하자면, 미국의 많은 곳에서 탐오가 더 심합니다. 외국인도 역시 사람이고 사람의 마음은 같으며, 마음은 그 이치가 같은 것입니다.

십 몇 년 전에 젊은 학생들이 미국 유학을 가는데, 내가 솜이불을 만들어 학생들에게 주면서 가지고 가라고 했습니다. 그랬더니 한 외교관은 솜이불은 너무 구시대적인 것이라면서 미국에서는 사용할 수 없다고 했습니다. 그렇지만 학생들은 선생님이 만들어 준 것이라서 그대로 가지고 갔습니다. 나는 또 그들에게 초롱같은 작은 선물을 가지고 가서, 우리의 예의대로 명절 때 선생님께 드려 경의를 표하라고 했습니다. 그들은 이런 것도 외국인이 좋아하지 않는다고 했습니다.

그렇지만 뒷날 두 가지가 다 아주 유용하게 쓰였다고 합니다. 학생들이 크리스마스 때 외국 선생님을 찾아뵙고 작은 초롱 하나로 약간의 경의를 표하면서 우리네 예의를 설명했더랍니다. 그랬더니 선생님께서 대단히 기뻐하면서, 자기가 가르친 각국 학생들 중에서 우리 학생이 제일이라며 가장 예의가 있다고 말했다는 것입니다. 솜이불은 겨울에 정전이 되었을 때 다들 추워 어쩔 줄 모르는데, 그들만 솜옷을 입고 솜이불을 덮고 있어 추운 줄을 몰랐다고 합니다. 이것이 우리 문화입니다. 그러므로 "사람마다 이 마음은 같고, 마음마다 이 이치는 같습니다."(人同此心, 心同此理). 즉, 사람이면 누구나 감정이나 생각이 마찬가지라서 절대 다르지 않으며, 표현 방식만 다를 뿐이란 것도 이해하게 됩니다.

그러므로 우리가 어떤 일을 처리함에 있어 동서고금은 물론 미래의 시대에도 세상 물정은 마찬가지라는 것을 유의해야 합니다. 비록 관념은 다르더라도 그 원칙은 같아서, 각도를 바꾸어 말하면 통하게 됩니다. 예를 들어, 어떤 일은 도덕상으로 서로 통하지 않아 외국인들이 이해하지 못할지도 모릅니다. 그래서 가치가 없다는 말로 하면, 그는 곧바로 그 말에 찬동할 것입니다. 그렇지만 '도덕'과 '가치'라는 두 가지 명사를 한 번 바꿔 썼을 뿐입니다. 그러므로 우리가 자녀들을 가르칠 때 어떤 시대이든, 우리 문화의 인격 기준은 절대로 높은 것이며 절대로 옳은 것입니다. 오늘날 인격 교육에 있어, "이익을 보면 의로움을 생각해서 취하고, 위태로운 것을 보면 목숨까지 바칠 줄 알며, 평소에 한 말은 아무리 오래 되어도 잊지 않고 실천한다."는 공자의 이 말을 실천하도록 가르칠 수만 있다면 훌륭합니다. 한 걸음 더 나아가, 이 단락 앞부분의 말처럼 지혜·인품·담력과 식견·재예를 한 몸에 갖춘 사람이 될 수 있기는 너무나 어려운 일입니다.

거짓일까 정말일까

공자께서 공명가에게 (위나라 대부) 공숙문자에 대해 질문하셨다. "(공숙 선생은 위나라의 이름난 사람으로 사회적으로 대단히 명망이 있고, 정치적으로는 영향력이 매우 크며, 다들 그 사람은 훌륭하다고 말합니다. 그렇지만 한 가지 점은) 믿어도 될까요? 그분은 평소에 말을 잘 하지 않고 (한 마디를 하게 되면 상당히 무게가 있으며, 또 다른 사람의 시비를 말하지 않고, 가볍게) 잘 웃지도 않고, 물건을 (탐내어) 취하지도 않는다면서요?"

공명가가 대답하였다. "다른 사람이 당신에게 말한 것은 (그분을 너무) 과분(하게 묘사)하였습니다! (사실 그분은 말을 할 때) 시기와 요령을 파악하여 딱 적절하게 말하(고 쓸데없는 말을 하지 않)기 때문에, 사람들이 그분의 말을 듣고 싫어하지 않습니다.

(그분은) 즐겁거나 통쾌하면 (웃는데), 딱 적절하게 웃기 때문에, 사람들이 그분의 웃음을 싫어하지 않습니다.

(그분은 무엇을 취할 때에도) 도리를 알아 (남이 선물을 보내올 경우) 마땅한 것이라면 취하(되 억지로 고상함과 청렴함을 내세우지 않)기 때문에, 사람들이 그분이 취하는 것을 싫어하지 않습니다."

(공손가가 이렇게 해명한 것은 대단히 좋았지만, 공숙문자란 사람은 역사적으로 보면 문제가 있었다)

공자께서는 (그의 해명을 듣고 나서) 말씀하셨다. "그렇군요! 어찌 그럴 수가 있을까요?" ('설마 진짜는 아니겠지요?' 라고 의심하는 뜻을 표시했다)

子問公叔文子於公明賈曰：信乎夫子不言不笑不取乎？ 公明賈對曰：

자문공숙문자어공명가왈　신호부자불언불소불취호　공명가대왈

以告者過也！夫子時然後言，人不厭其言；樂然後笑，人不厭其笑；義然
이고자과야　부자시연후언　인불염기언　낙연후소　인불염기소　의연

後取，人不厭其取。子曰：其然！豈其然乎？
후취　인불염기취　자왈　기연　기기연호

　　공숙문자公叔文子의 '문'文자는 그의 시호諡號입니다. 주희朱熹의 고증에 따르면 그의 이름은 공손지公孫枝이고, 다른 고증에는 공손발公孫拔입니다. 어느 것이 옳은지 상관없으되, 이 사람이 위衛나라 대부인 것만은 사실입니다.

　　공자는 자기 나라인 노나라 이외에는 위나라에 대해서 정감이 가장 깊고 두터웠습니다. 공숙문자는 당시에 이름이 크게 나 있었으며 영향력도 컸습니다. 공자가 공명가 — 공명가도 위나라 사람입니다 — 에게 물었습니다. "부자夫子 — 우리는 후세에 부자를 공자에 대한 존칭으로 삼습니다. 공자 당시의 '부자'라는 두 글자는 오늘날 우리가 남을 '선생'이라 부르는 것과 같았는데, 여기서는 공숙문자를 가리킵니다 — 는 위나라의 이름난 사람으로 사회적으로 대단히 명망이 있고, 정치적으로는 영향력이 매우 크며, 다들 그 사람은 훌륭하다고 말합니다. 그렇지만 한 가지 점은 믿어도 좋을지요? 공숙 선생은 평소에 말을 잘 하지 않고 한 마디를 하게 되면 상당히 무게가 있으며, 또 다른 사람의 시비를 말하지 않고 가볍게 웃지도 않으며, 물건을 탐내지도 않는다면서요?"

　　이에 공명가는 다음과 같이 대답했습니다. "다른 사람이 당신에게 말한 것은 그를 너무 과분하게 묘사한 것입니다. 사실 그는 말을 할 때 시기와 요령을 파악하여 쓸데없는 말을 하지 않고 딱 적절하게 말하기 때문에, 사람들이 그의 말을 듣고 싫어하지 않습니다. 그는 즐겁거나 통쾌하면 웃는데, 딱 적절하게 웃기 때문에 사람들이 그의 웃음을 싫어하지 않습니다. 예를 들면, 비오는 날 거리에서 사람이 넘어지는 것을 보고 하하 크게 웃는다면, 이 웃음은 때에 맞는 것이 아닙니다. 남은 넘어져서 아프고 낭패를 당했는데도 옆에서 함부로 웃는다면 남이 싫어하지 않겠습니까?

그는 무엇을 취取할 때에도 도리를 알아, 남이 선물을 보내오면 마땅한 것은 취하여, 억지로 고상함과 청렴함을 내세우지 않습니다."

공손가가 이렇게 해명한 것은 대단히 좋았습니다만, 공숙문자란 사람은 역사적으로 보면 문제가 있었습니다. 그래서 공자는 그의 해명을 듣고 나서, "그렇습니까! 정말입니까?" 라고 하여 의심하는 뜻을 표시했습니다. 그 사람이 명실상부하지 못한 헛된 명성만 있었는지 단정하기는 대단히 어렵지만, 백거이가 그의 시에서 말한 것과 같았습니다.

주공은 유언비어가 퍼지는 날을 두려워했고	周公恐懼流言日
왕망은 낮은 지위에 있을 땐 겸손했네	王莽謙恭下士時
만약 당시에 그들이 죽었더라면	若是當時身便死
일생의 참과 거짓 그 누가 알았을까?	一生眞僞有誰知

주공周公이 성왕成王을 도울 때에 어떤 이가 주공이 조카를 죽이고 스스로 황제가 되려 한다는 유언비어를 퍼뜨려 주공을 두려워하게 만들었습니다. 또, 왕망은 국가를 배반하기 전까지는 아주 좋아서 조정의 모든 문무백관이나 전국의 백성들이 왕망을 나쁘다고 말하는 사람이 아무도 없었습니다. 만약 이 두 사람이 그 당시 죽었더라면, 그들 일생의 참과 거짓을 누가 알 수 있었겠느냐 하는 것입니다. 이것은 백거이白居易의 시로서 모두 잘 아는 것입니다. 이 시가 우리에게 시사해 주는 바는, 어떤 사람은 운이 좋지 않아 억울함을 관 속으로 가지고 들어가므로, 우리가 그의 인생의 시비를 평론하여 결정하기는 매우 어렵다는 것입니다. 그래서 공명가가 공숙문자를 대신해 그를 해명하자, 공자는 "그런가요? 설마 진짜는 아니겠지요?" 라고 말한 것입니다. 그것은 의심을 품을 만도 한 일이었습니다.

군사를 등에 업고 자신의 신분을 높이다

공자께서 말씀하셨다. "(노나라 대부) 장무중은 (죄를 범해 도망가서

자기의 영지인) 방읍防邑을 근거로 하여 (군사를 정비하고 무력을 떨치면서) 그의 후손이 대대로 그 지방 수장이 될 수 있도록 해 달라고 노나라에 요구했는데, 비록 임금을 협박한 것은 아니라고 하나 나는 믿지 못하겠다. (그는 협박을 하여 부귀공명과 정권을 취하고자 했음이 분명하다)"

子曰 : 臧武仲以防 , 求爲後於魯 , 雖曰不要君 , 吾不信也 。
자왈 장무중이방 구위후어로 수왈불요군 오불신야

장무중臧武仲은 노나라 대부로서 죄를 범해 스스로 도망갔습니다. 그러나 권력을 내놓지 않으려고 했습니다. 그는 자기 영지領地인 방읍防邑에서 군사를 정비하여 무력을 떨치면서, 노나라 임금에게 자기 후손이 대대로 그 지방 수장首長을 계승할 수 있도록 해 달라고 요구했습니다. 그는 이 방법으로 그 지위를 얻었습니다. 공자는 말하기를, "그가 이렇게 한 것은 표면상으로는 넘겨주고 물러나겠다고 하여 임금을 협박하는 말을 하지 않았지만, 이렇게 사람을 속일 필요가 없는 일이다. 나는 믿지 않는다. 그는 협박을 하여 부귀공명과 정권을 취하고자 했음이 분명하다."고 했습니다. 중국 역사에서 번진藩鎭이 나라에 화禍를 끼친 것은 다 이 같은 방법이었습니다.

공자께서 말씀하셨다. "진晋나라 문공文公은 권모술수를 쓰고 올바르지 않았으나, 제齊나라 환공은 올바르고 권모술수를 쓰지 않았다."

子曰 : 晋文公譎而不正 , 齊桓公正而不譎 。
자왈 진문공휼이부정 제환공정이불휼

여기서부터는 역사에 대한 공자의 비평을 인용하고 있습니다. 주周나라의 왕도王道가 쇠미해지자, 곧 천자를 끼고 제후에게 명령하는 패업霸業이 시작되었습니다. 겉으로는 비록 중앙 정부를 옹호하였지만 중앙 정부의 황제는 그들이 하자는 대로 따랐는데, 이것이 춘추전국 시대의 패업이었습니다.

중국 역사 문화의 입장에서 왕도와 패업을 구분한다면, 춘추전국 시대 이후의 한漢·당唐·송宋·원元·명明·청淸은 유가 사상의 입장에서 결코 왕도였다고 할 수 없고 온통 패도였다고 할 수 있습니다. 삼대三代 이상으로 거슬러 올라가는, 도덕으로 유지했던 정치야말로 진정한 왕도였습니다. 권모와 술수로써 취하고 공로를 중시했던 것은 패도였습니다. 그러므로 춘추전국의 오패五霸의 단계에서는 인의 도덕仁義道德도 패주霸主의 수단에 불과해 구호口號로 변했습니다.

그러나 오패 가운데서도 서로 비교해 보면 좋고 나쁨이 있었기에, 공자는 진문공晉文公이 속임수를 쓰고 올바르지 않았다고 말하고 진문공의 사람됨을 좋아하지 않았습니다. '속일 휼譎'은 곧 속임수·수단을 사용하는 것입니다.

왜 공자는 진문공이 속임수를 쓰고 올바르지 않았다고 말했을까요? 진문공은 가정적으로 변고를 당해 19년 동안 다른 나라로 도망을 다녔는데, 그의 고급 간부, 즉 참모단의 한 사람인 구범舅犯이 진문공은 나라를 회복할 수 있다고 단정했으며, 초성왕楚成王은 이전에 "중이(重耳: 진문공의 이름)는 나라 밖에서 19년이나 지내며 갖은 어려움을 다 맛보았고 백성들의 진실과 허위를 다 알고 있다."고 말했기 때문입니다. 진문공은 망명의 고통을 다 겪고 인심의 험악함을 깊이 이해하고 있었기 때문에 어떻게 권모술수를 운용할 것인가를 알고 있었습니다. 그러나 제환공齊桓公은 그와 같지 않았기 때문에, 공자는 제환공을 좋게 생각했습니다. 그리고 제환공과 진문공 두 사람의 처지도 크게 달랐습니다.

공자의 이 말에 의거해 연구해 보면, 역사상 제왕이나 지도자의 심리는 어린 시절의 처지나 환경의 배양과 모두 큰 관계가 있습니다.

관포지교는 어렵다

공자가 진문공과 제환공에 대해 비교 논평하자, 자로가 끼어들어 말했습니다.

자로가 물었다. "(선생님은 제나라 환공이 좋다고 하시지만, 저는 생각나는 일이 하나 있습니다. 제환공과 공자 규糾는 형제이자 정적政敵이었습니다. 관중이 뜻을 이루기 전에는 원래 공자 규를 도왔습니다. 그 당시 공자 규에게는 소홀召忽이라는 큰 신하가 또 있었는데) 환공이 공자 규를 죽였을 때, 소홀은 공자 규를 위해 (목숨을 걸고 싸우다) 죽었으나 관중은 순직하지 않았습니다. 그가 (취한 행위가) 인仁하지 못하다고 해야 되겠지요?"

공자께서 말씀하셨다. "(춘추 시대가 시작되었을 때), 제환공은 (비록 패주霸主였지만 주 왕조의 중앙 정권의 권위를 새롭게 정돈하고) 아홉 차례나 제후를 소집해 연합회의를 개최하여 국가 사회를 안정시켰으며, 그 때까지 무력을 써서 남을 위협하지도 않았다. (패업霸業은 물론 권모술수였지만, 그의 권모술수의 최고 원칙은 역시 도덕이었으며, 주 왕조의 역사가 이어질 수 있도록 했다) 이 모두가 관중의 힘이었다. 그 정도만으로도 (아주 훌륭하였으며) 바로 인의仁義의 도였다! 그 정도만으로도 바로 인의의 도였다! (구태여 너무 지나치게 바랄 필요가 있겠느냐!)"

子路曰：桓公殺公子糾，召忽死之，管仲不死，曰未仁乎？子曰：桓
자로왈 환공살공자규 소홀사지 관중불사 왈미인호 자왈 환

公九合諸侯，不以兵車，管仲之力也。如其仁！如其仁！
공구합제후 불이병거 관중지력야 여기인 여기인

자로가 말했습니다. "선생님은 제환공이 좋다고 하시지만, 저는 생각나는 일이 하나 있습니다. 제환공과 공자 규糾는 형제이자 정적政敵이었습니다. 관중이 뜻을 이루기 전에는 원래 공자 규를 도왔습니다. 그 당시 공자 규에게는 소홀召忽이라는 큰 신하가 또 있었는데, 그는 규가 죽자 목숨을 걸고 싸우다 규를 위해 죽었지만, 관중은 순직殉職하지 않았습니다."

이렇게 보면 관중의 인격은 문제가 됩니다. 역사상 제환공이 성공하도록 도와 준 것은 유명한 명신名臣이었던 포숙아鮑叔牙였습니다. 제환공

이 포숙아에게 "패업을 이루어 제나라를 잘 다스리려고 하는데 좋은 인재가 있겠는가?"라고 묻자, 포숙아는 관중을 추천했습니다.

관중은 전에 싸움을 할 때 제환공에게 활을 쏘았는데, 다행히 화살은 제환공에게 맞지 않고, 제환공의 옷띠 고리에 맞았습니다. 그래서 제환공은 포숙아의 추천을 듣고 나서 말했습니다. "관중이란 사람은 공자 규를 도운 적이 있고, 또 화살을 나에게 쏘았지만 다행히 옷띠 고리에 맞았다. 그래도 나는 그를 죽이지 않았으니, 이미 그에게 충분히 관대함을 베풀었다. 그런데도 그대는 그를 추천하고 싶은가?"이에 포숙아는 말했습니다. "당신은 국가를 번영시키려고 하십니까, 아니면 개인적인 복수를 하려고 하십니까? 당신이 패업을 이루고 싶거든 개인적인 원한을 기억하지 마십시오. 관중은 인재로서, 그가 공자 규를 도울 때는 당연히 당신에게 활을 쏘아야만 했습니다. 그 주인을 위해 입장이 달랐기 때문입니다!"제환공도 한고조漢高祖와 같은 도량을 갖고 있었기에, 포숙아의 말을 듣고 관중을 기용했습니다.

여러분은 친구와의 사귐을 비유하여, 역사상의 '관포지교'管鮑之交를 인용하면서 관중과 포숙아의 우정이라고 하지만, 진정으로 그 정도에 도달하려면 대단히 어렵습니다. 오륜의 도(五倫之道) 중에서 붕우의 도(朋友之道)는 대단히 중요하고 어렵습니다. 관중과 포숙아와 같은 이런 지기知己의 친구는 역사상 이 하나의 본보기가 있었을 뿐입니다. 어떤 사람이라도 일생 동안에 이런 지기를 얻기란 어렵습니다.

관중은 가장 빈궁했을 때 생활의 일체를 모두 포숙아에게 의지했습니다. 함께 장사해 돈을 벌면 관중이 배당 이익을 더 많이 가졌지만, 포숙아는 개의치 않았습니다. 이 정도는 그래도 크게 어려운 편이 아닙니다. 제환공이 성공하자 포숙아는 관중을 재상으로 추천했는데, 이 정도도 역시 어려운 편이 아닙니다. 관중은 만년에 "나를 낳아 준 자는 부모이고, 나를 알아주는 자는 포숙아다." 하고 말했는데, 인생에서 이와 같은 한 사람의 지기를 얻는다는 것은 참으로 어렵습니다. 두 사람의 우정이 어느 정도였을까요?

관중이 임종하기 전에 제환공은 관중의 재상직을 포숙아에게 넘겨주어도 좋겠느냐고 물었습니다. 그러자 관중은 그것은 안 된다고 말했습니다. 포숙아는 일생 동안 관중을 돌봐 준 친구이니, 보통의 정리情理로 말하면 관중이 죽으면서 그의 자리를 포숙아에게 넘겨주어 보답하는 것이 마땅합니다. 그런데 제환공이 그런 제안을 해 오자, 관중은 포숙아가 자기에게 미치지 못하는 친구라도 되는 듯이 그것은 안 된다고 말한 것입니다. 왜 그랬을까요?

사실은 관중은 관중대로 생각하는 바가 있었기 때문에, 제환공에게 이렇게 말했습니다. "당신은 포숙아에게 피해를 주지 마십시오. 그 사람은 인품이 참으로 훌륭하고 도량도 크지만, 악惡을 원수처럼 미워합니다. 수상이나 주관 책임자가 된 자는 나쁜 사람이나 나쁜 일도 용납하여 숨겨 줄 수 있고 더러운 것도 좀 양해해 주어야지, 온통 청렴하기만을 요구해서는 안 됩니다. 포숙아의 가장 큰 결점은 그의 성품이 너무 바르고 너무 맑아서 나쁜 일면을 포용할 수 없다는 것입니다. 만약 정권을 그에게 넘겨주면 당신에게도 해로운 일이고, 포숙아에게도 해로운 일이 됩니다." 이 말을 전해 듣고 포숙아도 아주 기뻐하면서, 오직 관중만이 자신을 이해한다고 말했다고 합니다.

그러므로 우리는 학우나 친구를 사귀면서 역사상의 이 일을 이야기할 수 있어야 합니다. 우리 문화는 깊고 두터워서 역사상의 고사가 매우 많고 선배들의 경험이 너무도 많습니다. 우리가 책을 읽는 것도 이러한 사람됨과 일처리의 경험을 흡수하자는 것입니다. 나는 이와 비슷한 일을 본 적이 있습니다.

두 친구는 사이좋은 학우였는데, 그 중 하나가 사단장이 되었습니다. 그가 사단장 직위를 넘겨줄 때가 되었을 때, 상부에서도 그의 학우가 그 자리를 물려받도록 결정했습니다. 그러나 그는 이에 극력 반대했습니다. 어떤 사람이 "왜 그렇게 사이좋은 친구이자 학우인 그를 도와주지 않느냐?"고 물었습니다. 그러자 그는 이렇게 말했습니다. "나는 사이좋은 친구이자 학우인 그에게 해를 끼치는 일을 하고 싶지 않다. 만약 그가 내 자리를 이어받는다면, 그의 개성으로 보아 끝내는 틀림없이 감옥에 갈 것이다." 뒤에 그의 말이 사실로 입증되었습니다.

친구가 이 정도까지 사귈 수 있다는 게 말처럼 어디 그렇게 쉽겠습니까! 보통 사람들은 현실만 보기 때문에 관중 등의 이야기를 여러분에게 해 드린 것이니, 친구 사귐의 어려움과 친구를 대하기 어려움, 그리고 한 사람의 지기를 얻기가 얼마나 어려운가를 알아야 합니다.

여기서 자로는 관중이란 사람이 취한 행위가 혹시 불인(不仁)하지 않았느냐고 공자에게 묻고 있습니다. 이에 공자는 말했습니다. "춘추 시대가 시작되었을 때, 제환공은 비록 패주였지만 주 왕조의 중앙 정권의 권위를 새롭게 정돈하고 아홉 차례나 제후를 소집해 연합회의를 개최하여 국가 사회를 안정시켰다. 그 때까지 무력을 써서 남을 위협하지도 않았다. 패업은 물론 권모술수였지만, 그의 권모술수의 최고 원칙은 역시 도덕이었으며, 주 왕조의 역사가 이어질 수 있도록 했다. 이 모두가 관중의 힘이었다. 이 정도만으로도 관중은 아주 훌륭했으며, 또 그것은 바로 인의의 도였다. 구태여 너무 지나치게 바랄 필요가 있겠느냐!"

죽고 사는 일이 크도다

여기까지 토론하고 나자, 자공이 일어나 변론했습니다.

자공이 물었다. "관중은 (인격적 관점에서) 인(仁)한 사람이 못 되겠지요? 환공이 공자 규를 죽였는데도 그는 (충성을 다하여) 따라 죽지 않고, 도리어 (부귀를 탐하여) 환공의 재상 노릇을 하였으니 말입니다."

공자께서 말씀하셨다. "(정치 도덕과 인생 도덕은 공평하고 정확하게 평가하기가 매우 어렵다)

관중이 환공(에게 투항한 후 그)의 재상이 되어 제후들 중의 패주(霸主)가 되게 하였고 (당시 그렇게 혼란한 사회) 천하를 크게 바로잡는 일을 도와(주었다. 이것은 역사나 국가 민족 사회에 대한 공헌으로서 너무나도 큰 것이다), (지금은 관중이 이미 죽고 없지만 우리 같은) 백성들은 지금까지도 (그의 덕을 보았고, 오늘날 사회가 안정될 수 있고 각 제후 국가가 안정될 수 있는 것은 다) 그의 (공덕의) 혜택을 입고 있

(기 때문이)다.

(당시에) 관중이 없었다면 우리는 이미 머리를 풀어헤치고 옷깃을 왼쪽 어깨에 여미는 야만 민족으로 변해버렸을 것이다! 그러한데 어찌 보통사람이 작은 신의信義를 지키기 위해서(나 실패하였기 때문에) 자살하여 더러운 하수구에 거꾸러져 있어도 그를 아는 사람이 아무도 없는 것과 같겠느냐!

(관중은 공자 규를 위해 가볍게 죽지 않음으로써 뒷날 그렇게 큰 공헌을 한 것이다. 그렇다면 삶과 죽음 사이에서의 이 가치 선택은 또 달리 평가해야 할 것이다)"

子貢曰: 管仲非仁者與? 桓公殺公子糾, 不能死, 又相之。 子曰: 管
자공왈 관중비인자여　　환공살공자규　불능사　우상지　　자왈　관

仲相桓公, 霸諸侯, 一匡天下, 民到于今受其賜; 微管仲, 吾其披髮左衽
중상환공　패제후　일광천하　민도우금수기사　미관중　오기피발좌임

矣! 豈若匹夫匹婦之爲諒也, 自經於溝瀆, 而莫之知也!
의　기약필부필부지위량야　자경어구독　이막지지야

　　자공은 한 개인의 인격적 관점에서 관중을 보고 그를 불인불의不仁不義한 사람이라고 말했습니다. 관중은 본래 공자 규를 추종했으니, 도리로 보면 제환공이 공자 규를 죽였을 때 마땅히 규를 따라 죽었어야 하는데, 그는 죽지 않아 충성을 다하지 못했다는 것입니다. 뒷날 오히려 한 걸음 더 나아가 제환공에게 투항하고 부귀를 탐하여 재상이 된 것은 더욱 옳지 않았다는 것입니다.

　　이에 공자는 말했습니다. "정치 도덕과 인생 도덕은 공평하고 정확하게 평가하기가 매우 어렵다. 관중은 제환공에게 투항한 후 제환공이 제후 중에서 패자로 불리도록 돕고, 당시 그렇게 혼란한 사회를 바로잡는 일을 도왔다. 이것은 역사나 국가 민족 사회에 대한 공헌으로서 너무나도 큰 것이다. 지금은 관중이 이미 죽고 없지만, 우리 같은 사람들은 모두 그의 덕을 보았고, 오늘날 사회가 안정될 수 있고 각 제후 국가가 안정될 수 있었던 것은 다 그의 공덕의 덕택이다. 만약 당시에 관중이

없었다면, 우리는 이미 야만 민족으로 변해 버렸을 것이다."

　원문의 '피발좌임'披髮左袵은 야만 민족을 말합니다. 고대에는 남녀 모두 두발頭髮을 길게 길러 묶어 빗질을 했습니다. 우리가 오늘날 머리를 짧게 하고 묶지 않는 것은 외국 문화입니다. '좌임'左袵이란, 과거 티베트나 몽고 같은 변방 민족이 왼쪽 어깨에 옷을 걸치고 오른쪽 어깨는 드러내 보인 것인데, 문화가 야만적이고 낙후되었다는 것을 상징했습니다. 그렇지만 오늘날 우리들의 복장도 머리를 풀어헤치고 오른쪽 어깨를 드러낸 식으로 원시 문화에 투항한 격인데, 다행히 우리만 그런 게 아니라 전 세계가 모두 그러합니다. 얘기가 나왔으니 말입니다만, 나는 우리의 민족 문화가 미래의 어느 때 가서는 일어서리라고 생각합니다.

　공자는 자공에게 말했습니다. "관중은 역사에 대해 이렇게 큰 공헌을 했다. 만약 관중이 없었더라면 우리의 문화가 끊어졌을지도 모른다. 이런 사정을, 일반인들이 '관중은 왜 공자 규를 위해 죽지 않았을까'라고 생각하는 것과 어떻게 비교할 수 있겠느냐? 공자 규는 관중에게 결코 잘 해 주지 않았고, 관중의 의견을 듣지도 않았다. 만약 공자 규가 관중의 의견을 들었더라면 제환공이 죽고 공자 규가 정권을 잡았을지도 모른다. 공자 규는 관중을 국사國士로 여기지 않았으니, 관중도 그를 위해서 따라 죽을 필요가 없었다. 이것을 일반인의 기준으로 비난할 수 없는 것이다. 일반인은 흔히 실패하면 자살하는데, 이것은 조금도 가치가 없는 일이다. 마치 하수구에 거꾸러지듯 그렇게 한 번 죽고 나면 무슨 의미가 있겠느냐? 관중은 공자 규를 위해 가볍게 죽지 않음으로써 뒷날 그렇게 큰 공헌을 한 것이다. 그렇다면 삶과 죽음 사이에서의 이 가치 선택은 또 달리 평가해야 할 것이다."

　(춘추전국 시대 봉건제도에 의하면 평민이 관리가 된다는 것이 대단히 어려웠지만)

　공숙문자의 가신인 (평민 출신의) 대부 선僎이 공숙문자의 발탁과 책임 추천으로 그와 동등하게 위나라 조정의 신하 지위까지 올랐다.

　공자께서 그 말을 들으시고 말씀하셨다. "공숙문자는 시호를 문文이

라 할 만하다."

公叔文子之臣大夫僎, 與文子同升諸公。子聞之曰 : 可以爲文矣!
공숙문자지신대부선   여문자동승저공   자문지왈   가이위문의

공숙문자公叔文子는 바로 조금 전에 언급했던 공손발公孫拔 혹은 공손지公孫枝로서 '문'文자는 그의 시호입니다. 우리는 먼저, 춘추전국 시대 중국의 봉건제도에 의하면 평민이 관리가 된다는 것이 대단히 어려웠지만 절대 불가능한 것은 아니었다는 것을 이해해야 합니다. 그러한 제도 하에서 공숙문자의 부하 선僎은 공숙문자의 발탁과 책임 추천으로 평민에서 공숙문자와 동등한 지위까지 올랐습니다.

공자는 "공숙문자는 정말 '문'文이라 불리기에 충분하다."고 했습니다. 중국 고대의 시호법에서 문文이라 불리기는 아주 어려웠는데, 시호법 기록에 의하면 '문'文이라고 불린 경우는 다음의 몇 가지가 있었습니다.

첫째, 천하의 어지러움을 바로잡아 잘 다스리는 경우(經天緯地).

둘째, 도덕이 널리 알려진 경우(道德博聞).

셋째, 부지런히 배우고 묻기를 좋아한 경우(勤學好問).

넷째, 백성에게 자애를 베풀고 사랑한 경우(慈惠愛民).

다섯째, 백성을 가련히 여기고 예를 베푼 경우(愍民惠禮).

여섯째, 백성에게 작위를 하사한 경우(賜民爵位).

명대의 왕문성(王文成: 왕양명을 말함―역주)과 청대의 증문정(曾文正: 증국번을 말함―역주)이 이 '문'文의 시호를 받은 사람들입니다.

사람이 그 재능을 다하다

공자께서 위나라 영공의 무도함無道을 말씀하시자, 계강자가 물었다. "(위나라의 지도자가) 이와 같은데도 어째서 (위나라는) 망하지 않을까요?"

공자께서 말씀하셨다. "(위령공은 비록 좋지 않더라도 사람을 쓸 줄

알아서 부하 중에 대단한 인재들이 많기 때문입니다) 중숙어가 외교를 맡아 빈객들을 잘 응대하고, 축타가 내정과 문교를 맡아 종묘를 관리하고, 왕손가가 국방을 맡아 군대를 통솔하고 있습니다. 이와 같은데 어찌 위나라가 망할 리가 있겠습니까?"

子言衛靈公之無道也。康子曰：夫如是，奚而不喪？孔子曰：仲叔
자언위령공지무도야　　강자왈　부여시　해이불상　공자왈　중숙

圉治賓客，祝鮀治宗廟，王孫賈治軍旅。夫如是，奚其喪？
어치빈객　축타치종묘　왕손가치군여　부여시　해기상

　공자는 위나라에 오래 있었는데, 당시 위령공은 공자를 공경하고 소중하게 대했지만 공자를 기용하지는 않았습니다. 위령공은 웃음거리 인물이었는데, 그가 남달리 총애한 왕비가 바로 유명한 남자南子였습니다. 정치는 잘한 편도 아니었지만, 그렇다고 못한 편이라고 할 수도 없었습니다.

　위나라의 위아래 인사들은 모두 공자를 공경하고 소중하게 대했습니다. 일반 여론은 위령공에 대해 불만이 상당히 많았습니다. 계강자季康子가 "위나라의 지도자가 이렇게 나쁜데도 왜 위나라는 망하지 않을까요?" 라고 하자, 공자는 "위령공은 비록 좋지 않더라도 그가 사람을 쓸 줄 알아서 부하 중에 대단한 인재들이 많기 때문입니다."고 했습니다.

　이 점에 대해서는 우리는 또 역사를 살펴보아야 합니다. 동서고금의 역사를 펴보면, 윗사람이 사람을 잘 쓰느냐 못쓰느냐가 대단히 중요했습니다. 상업을 하는 데는 사장된 사람이 직원을 잘 쓰는 것이 성공의 중요한 요소가 됩니다. 만약 직원을 잘 쓴다면 회사가 위급한 상황에 처하더라도 도산하지 않을 것입니다. 한 조직 기구도 이와 같고, 한 국가의 정치도 역시 같습니다. 인재를 잘 써야 하며, 또 인재는 곳곳마다 있으니 어떻게 안배하느냐에 달려있습니다. 어떤 사람은 이런 점에서는 부족하지만, 다른 면에서는 장점이 있습니다.

　그래서 공자가 위나라를 이야기 할 때, 계강자는 지도자가 나쁜 사람인데도 왜 나라가 망하지 않는지를 물었습니다. 공자는 지적하기를, 위

령공이 훌륭한 외교가인 중숙어仲叔圉를 기용하여 빈객賓客을 잘 응대했다고 했습니다. 즉, 외교를 잘했기 때문이라는 것이지요. 국제 관계가 요동치고 때에는 외교가 가장 중요한데, 그는 좋은 외교가를 기용했던 것입니다.

또, 축타祝鮀는 종묘宗廟의 일을 맡아보았는데, 종법사회宗法社會에서는 종묘도 정치의 중심이었습니다. 오늘날의 제도로 말하면 교육·문화·내정內政이 다 종묘의 일에 포함되었습니다. 상론上論에서 말했듯이 소위 '축타지녕'祝鮀之佞은 축타가 말을 아주 잘했다는 것인데, 그는 이론가나 정론가政論家로서 한 차례 성공적인 외교를 처리한 적이 있었습니다. 그 밖에 왕손가王孫賈는 국방·군사를 주관했습니다. 외교·내정·문교·국방을 이렇게 세 사람의 인재가 주관하고 있었는데, 위나라가 어떻게 망할 리가 있었겠습니까? 위령공 자신은 좀 웃음거리 인물이었지만, 사람을 쓸 줄 알았던 것입니다.

역사상 한漢·당唐·송宋·원元·명明·청清 각 시대의 중기에 아주 웃음거리 인물 같은 직업 황제들이 있었지만, 그들이 대신大臣을 쓸 줄 알고 간부를 잘 써서 절대 신임할 수 있으면 별 문제가 없었습니다. 범위를 축소하여, 한 직장의 책임자나 한 가정에서 가족과 자녀를 대하는 것도 같은 이치입니다. 후세에 위서僞書에 속한다고 인정된 『장자』莊子의 잡편雜篇 속에서도 위령공을 높이 평가하여 왜 '신령할 령'(靈)자로 부르게 되었는지 그 이유가 있다고 했는데, 결코 그렇게 간단하지만은 않습니다.

공자께서 말씀하셨다. "어떤 일을 장담해 놓고도 부끄러워하지 않는다면, 그 일을 해내기는 어렵다!"

子曰 : 其言之不怍, 則爲之也難!
자왈　기언지부작　즉위지야난

공자가 이 말을 한 뜻은, 어떤 사람들이 허풍을 쳐놓고도 얼굴조차 붉히지 않는 정도는 약과이고, 더 나쁜 것은 허풍을 치고 나서 실천에 옮기지 않는다는 것입니다. 정말 해내면 허풍을 친 셈이 아닙니다. 그러므로 우리는 일을 함에 있어서나 말을 할 때는 신중해야 합니다. 큰소리치고 부끄러워하지 않기는 쉬운 것이니, 자신이 실천할 수 있는지 없는지를 잘 생각해야 합니다.

『논어』 강의가 지금 이미 14편에 이르렀는데, 매 편마다 고조기복高潮起伏이 있어서 조금도 틀에 박히지 않았습니다. 다음에 이르러서는 또 방향을 바꿉니다.

정의를 위해서 말하다

(제나라) 진성자가 (반란을 일으켜) 간공을 시해弒害하자, 공자께서는 (이 소식을 듣고 대단히 중대한 사태로 보고 국가의 큰 행사에 참여할 것처럼) 목욕한 후 예복을 입고 조정에 나아가 (노나라) 애공에게 아뢰었다. "(제나라 내정에 반란이 일어나) 진항이 그의 임금을 시해하였으니 (우리 노나라는 정의를 위해 군대를 출동시켜) 그 (반역자)를 토벌하시기 바랍니다."

(당시 모든 권력이 계손·맹손·숙손 이 계씨삼가의 손 안에 있었다. 노애공은 공자의 주장이 옳지 않다고 말할 수 없었으며, 이웃나라가 변란을 평정하는 것을 도와주어야 마땅하지만 방법이 없었다)

애공이 대답하였다. "계씨 삼가에게 말하시오."

공자가 말씀하셨다. "나는 대부의 말석에 있기 때문에 (국가에 지위가 있는 사람이니 직책상 도의상) 감히 아뢰지 않을 수가 없었는데, 임금님은 계씨 삼가에게 말하라고 하시는군요."

계씨 삼가에게 가서 말하자, (공자의 말에 동의하지 않고, 쓸데없는 일에 상관하지 말라며) 안 된다고 했다.

공자께서 말씀하셨다. "나는 (노나라 사람으로) 대부의 말석에 있기 때문에 감히 아뢰지 않을 수가 없습니다. (내가 이런 말을 하지 않았다고 장래에 말하지 마십시오. 나는 이미 여러분들에게 알렸으며, 임금에게도 보고했으니, 나의 개인적인 책임과 국가적인 책임, 역사적인 책임

을 다했습니다. 하고 안 하고는 여러분들의 일입니다)"

陳成子弒簡公, 孔子沐浴而朝, 告於哀公曰：陳恒弒其君, 請討之。
진성자시간공   공자목욕이조   고어애공왈   진항시기군   청토지

公曰：告夫三子。孔子曰：以吾從大夫之後, 不敢不告也！君曰, 告夫三
공왈   고부삼자   공자왈   이오종대부지후   불감불고야   군왈   고부삼

子者。之三子, 告。不可。孔子曰：以吾從大夫之後, 不敢不告也！
자자   지삼자   고   불가   공자왈   이오종대부지후   불감불고야

　　공자가 노나라에 있을 때 국제간에 큰 사건이 발생했습니다. 제나라의 부하가 반란을 일으켜 그 임금을 죽였습니다. 반역자는 진성자陳成子였습니다. 아랫사람이 윗사람을 죽이는 것을 '시'弒라고 하는데, 춘추필법에서 나온 것입니다. 공자는 이 소식을 듣고 대단히 중대한 사태로 보고, 국가의 큰 행사에 참여할 것처럼 목욕한 후 예복을 입고 조정에 나아가 노애공魯哀公에게 말했습니다. "제나라의 내정에 반란이 일어나 진항이 그의 임금을 죽였으니, 우리 노나라는 군대를 출동시켜 반역자를 토벌해야 합니다."

　　이것이 바로 중국 문화 정신인데, 옛날부터 내려오는 세계 대동世界大同의 정치사상으로서, 소위 "멸망한 나라를 일으켜 주고 끊어진 후대를 다시 이어 준다."(興滅國, 繼絶世)는 주요 정신입니다. 즉, 국제간에 어떤 국가에서 사건이 발생했을 때에는 병력을 동원하여 그 나라를 대신해 변란을 진압시킨 후 정권을 그 나라에 다시 돌려주는 것입니다. 중국은 그 나라가 공물을 바치고 해마다 사신이 찾아오기(來朝)를 바랐습니다. 그런데 사실상 해마다 공물을 가져오고 내조하는 것은 밑지는 일이었습니다. 예를 들어 과거 역사의 기록에 의하면 해외의 속국이 기린 한 마리를 공물로 바치거나 호랑이 한 마리를 바치면, 그 나라 사신을 몇 달 동안 초청하여 대접하고 황제는 또 그에게 하사품을 주었습니다. 절대로 영토 침략이나 경제 침략의 야심을 갖지 않았으며, 남을 사랑할 뿐 남을 침략하지 않았습니다. 옛날부터 중국 전통 문화의 군사사상은 때로는 군대를 동원하여 전쟁을 하더라도 그것은 다만 정의를 위한 것이

었지 이익을 위한 것이 아니었습니다.

공자가 애공에게 병력을 동원하여 진항陳恒을 토벌하자고 한 것은 바로 정의를 위해서였습니다. 이때의 공자는 대사구大司寇의 자리에서 이미 물러났기에 나라 일에 관여하지 않아도 되었고, 아마 고문顧問의 명의조차도 없이 단지 임금 면전에서 말 정도나 할 수 있었을 것입니다. 그는 고대의 문화 정신을 실천하기 위하여 가서 보고하고 군대를 동원할 것을 요청했습니다.

그러나 당시 노나라 애공은 몹시 가련하게도 모든 권력이 계손季孫·맹손孟孫·숙손叔孫 이 계씨삼가季氏三家의 손 안에 있었습니다. 노애공은 공자의 주장이 옳지 않다고 말할 수 없었으며, 이웃나라가 변란을 평정하는 것을 도와주어야 마땅하지만 방법이 없으니 계씨삼가에 가서 말하라고 했습니다. 공자는 "나는 대부의 말석에 있기에 국가에 지위가 있는 사람이니, 직책상 도의상 당신에게 보고 드리지 않을 수 없습니다."고 말했습니다. 노애공은 듣고 나서 역시 계씨삼가에 가서 이야기하라고 했습니다.

공자는 돌아와 계씨 삼형제에게 말했습니다. 그러나 계씨 삼형제는 공자의 말에 동의하지 않고, 쓸데없는 일에 상관하지 말라고 했습니다. 그래서 공자는 말했습니다. "내가 노나라 사람이기에 말하지 않을 수 없습니다. 내가 이런 말을 하지 않았다고 장래에 말하지 마십시오. 나는 이미 여러분들에게 알렸으며, 임금에게도 보고했으니, 나의 개인적인 책임과 국가적인 책임, 역사적인 책임을 다했습니다. 하고 안 하고는 여러분들의 일입니다."

이 단락에서 중국 문화의 정신과 중국의 정치 철학도 여기에 있음을 뚜렷이 볼 수 있습니다. 나는 중국에 유학 온 외국 학생들과 늘 이렇게 담소합니다. "유학으로 말하면 중국의 유학생들은 외국에서 아르바이트나 접시를 나르고 그릇 씻는 일을 합니다. 그러나 역사상 당나라 시대부터 시작되었음을 볼 수 있는데, 당시에 중국에 유학 온 외국 학생들 숫자가 수만 여 명에 달했으며, 중국 정부는 장안長安에 집을 몇 천 칸이나 지어서 먹고 살도록 초대하고 그들로 하여금 글공부 하고 중국 문화를 배우게 했으니 얼마나 멋집니까! 어디 지금처럼 여러분들의 주중 국영사관에서 비자를 처리할 때 여러분들의 일자리 기회를 차지해버릴까 재삼 고려하고 깊이 걱정했겠습니까!"

　　본론으로 돌아와, 역사와 시대적 환경이 같지 않으니 당연히 일률적으로 볼 수는 없습니다만, 이 단락에서 우리는 전통적인 정치사상·군사 사상·문화 사상·민족정신의 중심重心을 대략 인식할 수 있습니다.

바람과 구름이 때마침 잘 만나다

　　자로가 임금을 섬기는 일에 대하여 묻자,
　　공자께서 말씀하셨다. "(남의 간부가 된 이상 절대적으로 충성심이 있어야 하고) 속이지 말고 면전에서 직언을 하라."

　　　子路問事君。子曰：勿欺也，而犯之。
　　　자로문사군　　자왈　물기야　　이범지

　　여기서의 '事'(사)자는 동사로서 '섬기다', '시중들다'와 같은 말입니다. 자로가 임금의 고급 간부가 된 사람은 마땅히 어떻게 해야 옳으냐고 물었습니다. 공자는 "남의 간부가 된 이상 절대적으로 충성심이 있어야 하고 상사를 속이지 말고 직언直言을 해야 한다."고 말했습니다. 그러나 직언을 하는 것도 어려우니, 충고하는 말은 귀에 거슬리는 법이기 때문입니다. 그렇더라도 지도자에게 충성을 다해 직언하여 지도자를 화나게 하는 것도 무방합니다.

　　중국 역사책에서 대신大臣과 황제가 정견이 서로 충돌했던 일을 자주 볼 수 있는데, 그 기록 옆에 "용의 비늘을 건드렸다."고 주註를 달아놓았습니다. 이전에 황제는 용으로 상징되었습니다. 전설에 따르면, 용의 개성은 부드러워질 수도 있고 강해질 수도 있는데. 용은 그 비늘을 아무리 건드려도 화를 내지 않지만, 오직 턱 밑 세 치(三寸) 되는 곳에 있는 역린逆鱗은 비늘이 거꾸로 되어 있어 치명적인 부분이기 때문에 절대 건드리면 안 된다고 합니다. 건드렸다 하면 용이 화를 내어 사람에게 해를 끼친다고 합니다.

이것은 곧 지도자가 된 사람은 도량이 커야 하고, 정당한 도리로 다투는 데 대해서는 포용하고 용서할 줄 알아야 한다는 것입니다. 그러나 가장 중요한 관건에 있어서는 아랫사람이 절대 윗사람과 부딪쳐서는 안 됩니다. 우리가 친구에 대해서도 얼마든지 곧은 말을 할 수 있지만, 친구의 어떤 치명적인 결점에 대해서는 함부로 말해서 안 됩니다. 적당한 한도에서 남의 자존심을 지켜 주는 것이 필요합니다. 그런데 역사상 어떤 대신들은 '윗사람의 체면을 생각하지 않고 간諫을 하면서 다투었습니다'犯顏諫諍. 즉, 지도자가 아무리 화를 내더라도, 충성심을 가진 부하는 지도자의 유익을 위해 그가 화를 내는 것을 상관치 않고 마땅히 해야 할 말을 하고자 했습니다.

우리가 송대宋代의 역사를 읽어 보면, 대신 조보趙普는 송태조에 대해 "속이지 않고 직언을 했습니다."(勿欺也, 而犯之). 한번은 조보가 어떤 사람을 벼슬자리에 추천했으나, 송태조는 허락하지 않았습니다. 다음날 조보는 또 상주문을 올려 그 사람을 추천했으나, 황제는 여전히 허락하지 않았습니다. 셋째 날 조보는 또 상주문을 올렸습니다. 그러자 이번에는 황제가 더 이상 참지 못하고 벽력같이 화를 내며 상주문을 찢어서 바닥에 버렸습니다. 조보는 얼굴색도 고치지 않고 꿇어앉아, 그 찢어진 조각들을 주워 모아 가지고 돌아갔습니다. 며칠이 지나 조보는 그 조각난 상주문을 이어 붙여 또 조정에 가지고 들어가 황제에게 올렸습니다. 송태조는 이번에는 드디어 깨닫고 마침내 그 사람을 임용했습니다.

또 한 번은 어떤 대신이 마땅히 승진을 해야 되었지만, 송태조는 그 사람을 싫어해 승진을 허락하지 않았습니다. 조보는 극력 상주문을 올려 송태조가 비준해 주기를 청하자, 송태조는 화가 나서 씩씩거리며, "내가 그의 승진을 허락하지 않으면 그대는 어떻게 할 셈인가?" 하니, 조보는 "형벌과 상賞에는 천하의 형벌과 상의 준칙이 있는데, 폐하께서 어떻게 개인적인 기쁨과 노여움으로써 형벌과 상을 좌우할 수 있겠습니까?" 라고 했습니다. 송태조는 화가 나서 자리를 박차고 일어나 내궁內

宮으로 돌아가 버렸습니다. 조보는 뒤따라가 궁문에 서 있으면서 오래도록 떠나려고 하지 않았습니다. 송태조도 그 뒤에 허락했습니다.

이 두 개의 이야기를 통해 조보의 일처리가 굳세고 과단성 있었음을 알 수 있지만, 그 역시 결점이 있었는데, 마음이 너그럽지 못하여 원한을 잘 기억해 두었다는 것입니다. 그는 늘 자기가 빈천했을 때 자기에게 섭섭하게 대했던 사람들을 트집 잡았습니다. 그럴 때마다 송태조는 "만약 일반 속세에서 천자나 재상을 알아볼 수 있다면, 사람들이 다 물색해 낼 것이다."(若塵埃中可識天子宰相, 則人皆物色之矣)라고 말하면서, 조보에게 "도량을 크게 가지고 그런 하찮은 것들을 따지지 말라. 하물며 천자나 재상의 인재를 일반인들이 어떻게 알아볼 수 있겠는가?" 하고 충고하였습니다. 그 후 조보는 감히 다시 그런 일을 하지 않았습니다.

이런 비슷한 이야기가 『정관정요』貞觀政要 속에 아주 많이 기록되어 있습니다. 당태종唐太宗과 위징魏徵도 좋은 콤비였습니다. 그렇지만 위징이라는 점원도 물론 좋았지만 당태종 같은 사장이 있었기에 가능했습니다. 이 책의 기록에 의하면, 장손황후長孫皇后도 훌륭한 사람이었습니다. 그러므로 사장님 마누라도 좋아야 합니다. 그렇지 않았더라면 상론上論에서 말했던 "임금을 섬김에 있어 충고를 자주 하면 자신을 욕되게 한다."(事君數, 斯辱矣)는 격이 되었을 것입니다.

  공자께서 말씀하셨다. "군자는 위로 향하여 (형이상적이며 승화적인 것에) 통달하고, 소인은 아래로 향하여 (형이하적이며 현실적인 것에) 통달한다."

  子曰：君子上達, 小人下達。
  자왈　군자상달　소인하달

이 두 마디는 모두들 알고 있는 것으로, 늘 자주 인용되어 이미 성어成語가 되었습니다. 옛날부터 '상달'上達과 '하달'下達에 대한 해석에는 저마다의 관점이 있었습니다. 일반의 관점을 종합하여 해석하면, '상달'上達은 요즈음 말로 비교적 '형이상적인 것', '승화昇華적인 것'이며, '하달'

下達은 비교적 '현실적인 것', '저열低劣한 것'입니다. 좀더 깊게 말하면, '군자'와 '소인'은 춘추전국 시대에, 특히 공자의 논의論議 속에서 서로 대비되는 한 쌍의 명칭으로 제기되고 있습니다. 왜냐하면 진정으로 학문을 연구하고, 진정으로 사상을 연구하는 것은 소수인의 일이기 때문입니다.

많은 사람들이 비록 책을 읽는다 하더라도 반드시 학문을 연구하는 것이 아니라 단지 지식을 추구하는 것일 수도 있습니다. 비록 사람들이 사상思想을 연구한다 하더라도 꼭 생각思想 그 자체를 연구하거나 철학 문제를 연구하는 것은 아닙니다. 생각이 어떻게 온 것인가를 연구하는 것은 형이상적 철학 문제와 관계됩니다. 형이상적인 것을 상달上達이라 할 수 있으며, 형이하적인 것이나 현실적인 것, 깊지 않은 것은 하달下達입니다. '달達'이란 통달通達로서, 앞에서 언급했듯이 과거의 습관으로는 남의 책 읽는 정도를 물을 때 그가 무슨 책을 읽었는가, 졸업 증명서는 있는가 없는가를 묻지 않고 단지 읽어서 통달했는가 하지 못 했는가 만을 물었습니다. 다시 말해, '상달上達은 고명高明한 선견지명이 있는 것이라고 풀이할 수 있고, '하달下達은 비교적 얕고 가까운 것으로 현실에 비중을 둔 낮은 공부라 할 수 있습니다.

누구를 위한 공부인가

공자께서 말씀하셨다. "옛날의 학문하는 사람들은 자기를 (올바른 사람이 되도록 하기) 위해 하였으나, 지금의 학문하는 사람들은 남(에게 인정)을 (받기) 위해 한다."

子曰 : 古之學者爲己, 今之學者爲人。
자왈　고지학자위기　금지학자위인

이 말에는 우리가 유의해야 할 몇 가지 점이 있습니다.
첫째, 이것이 중국 문화 발전사에 대한 공자의 견해라는 점에 유의해야 합니다. 둘째, 어떤 것이 남을 위하는 것이고 어떤 것이 자기를 위하는 것인가 하는 점입니다. 일반적으로 자기를 위한다는 것은 곧 사사로움이고, 남을 위한다는 것은 곧 모두를 위한 것이라 하여 공公을 위한 것임을 강조합니다.

공자는 여기에서 "고지학자위기"古之學者爲己라고 했습니다. 곧, 옛날 사람들은 자기 자신을 위해 학문을 연구했다는 것입니다. 또, "금지학자위인"今之學者爲人이라고 했습니다. 곧, 지금 사람은 남을 위해서 학문을 연구한다는 것입니다. 만일 이렇다면 문제가 되는데, 문자상으로 보면 오늘날 사람들이 학문을 추구하는 목적이 옛 사람보다 더 나은 것 같습니다. 왜냐하면 자기를 위해서가 아니라 남을 위해서 학문을 하는 것이기 때문입니다. 이것이 하나의 관점입니다.

때마침 어제 한 학생이 이 문제를 토론했습니다. 그는 박사학위 논문 한 편을 쓰면서 중간의 한 단락에 이 두 마디 말을 인용하여 동서 문화의 비교로 삼았는데, 바로 그런 관점을 가졌습니다. 내가 그에게 말하기를, 그런 관점은 성립할 수 있지만 한 가지 사실은, 중국인들이 과거에 책을 읽고 공부할 때는 확실히 대부분이 전통적인 기풍을 지니고 있었다고 했습니다. 이 전통적인 기풍은 오늘날 대학교의 최신 교육이나 서양의 최신 초등교육과 비슷한 소위 성향 중시 교육性向敎育입니다. 즉, 개성에 따른 취향을 살려, 개인이 좋아하는 것을 바탕으로 배양 교육시키고 억지로 강요하지 않는 것입니다. 이과理科 계통을 좋아하는 사람에게 굳이 문학을 공부하라고 하면 해낼 수 없는 것입니다. 많은 어린이들이 어려서부터 시계를 망가뜨리고 장난감을 분해하기 좋아하는데, 부모는 물건을 부수지 말라고 나무랍니다. 교육적인 관점에서는, 그 아이는 기계를 다루는 데에 천부적인 재능이 있으므로 그 방면으로 키워 주어야 합니다. 옛 사람이 책을 읽어 공부할 때는 솔직히 말해서 남을 위해 학문을 추구하지 않았습니다.

그런데 오늘날 대부분의 사람들은 확실히 남을 위해 학문을 추구합니다. 일반적인 현상으로 대학교나 전문학교 학생들은 사회를 위해 공부하는데, 만약 입학시험에 떨어지면 부모들은 모두 자신의 체면을 잃은 듯이 생각하고 친구들에게도 할 말을 잃어버립니다. 이처럼 오늘날의 공부는 흔히 부모의 체면을 위한 것이거나 사회적 압력에 의한 것이지, 공부하는 사람 자신을 위한 것이 아닙니다.

　지금 대학교의 일부 중요한 학과들은 남학생 수가 3분의 1도 되지 않고, 교실 안은 거의 여학생으로 가득합니다. 철학과를 예로 들면, 학생이 7, 80명 되는데 그들은 정말로 철학을 좋아할까요? 하늘이나 알겠지요! 철학이 무엇인지조차 모르면서, 왜 이 학과에 시험 쳐 들어왔을까요? 장래에 졸업하고 나가서 교사가 되려고 하는 사람조차도 없습니다. 사회에서는 철학과 학생들을 점쟁이나 관상가 아니면 약간 정신이 이상한 사람들로 생각할 것입니다. 그런데 무엇을 위해서 철학과에 들어갈까요? 양심적으로 말해서 단지 졸업장을 위해서입니다. 여학생은 철학을 공부하고 나서 무엇을 할까요? 물론 철학자가 될 수도 있습니다. 그러나 그렇게 되면 가정에서 편히 지내는 날이 없게 될 것입니다. 현처賢妻도 될 수 없고 양모良母도 될 수 없으니, 비참하게 되겠지요!

　어쨌든 오늘날 교육 현실을 보면 어떤 학과의 학생이든 모두 자기 의지대로 연구하는 사람이 많지 않습니다. 언젠가 어떤 학생이 나를 찾아왔는데, 그는 대학교 2학년 때 부모가 하도 공부를 하라고 다그치므로 정말 화가 나서 부모에게 이렇게 말했다고 합니다. "당신들이 이렇게 나를 몰아붙이면 나는 이제 당신들을 위해서 공부하지 않겠어요." 그 학생은 당시 마음속으로 자기가 공부에 힘쓰고 있는 것은 부모가 친구들에게 자식을 자랑할 수 있게 하기 위한 것일 뿐, 정작 자신은 공부하는 것이 정말 재미없었다고 합니다.

　오늘날 사람들이 공부하는 것은 문자상으로 보면 분명히 "금지학자위인"今之學者爲人, 즉 남을 위해 공부하며 적어도 사회를 위해 공부하는 것입니다. 공부를 해 두는 것이 장래 사회에 나갔을 때 필요할 것이라고 느낄 뿐입니다. 자기가 어떤 학문에 대해 진정으로 흥미를 느껴 깊이 연구하고 싶어 하는 사람은 그리 많지 않다고 할 수 있습니다.

　이런 상황을 볼 때, 미래에 대한 안목이 계속 부족할 경우, 감히 말하건대 2, 30년 후 우리 국가 민족은 대단히 심각한 문제에 부딪치게 될 것입니다. 왜냐하면 문화 사상을 이해하는 사람이 갈수록 적어지고, 문화 수준이 갈수록 낮아지고 있기 때문입니다. 모두들 현실만 생각한 나머지, 다음 세대에 대해서는 장래에 사회적으로 전도前途가 유망하고 돈을 많이 벌 수 있는 분야를 공부하기 바라기 때문에, 학생들이 상업·공업·의약 분야로만 몰리고 있습니다. 물리나 화학 등 이론과학은 모두 내리막길로 치닫고, 수학을 공부한 사람은 이미 아주 비참한 지경이 되어 버렸습니다. 미국에서는 수학 박사가 밥 먹을 자리를 찾을 수 없어, 술집 심부름꾼 노릇을 하거나 술 칵테일 하는 일을 해서 월 7, 8백 달러를 벌고 있다고 합니다.

좀더 확대하여 말하면, 이런 현상은 우리 나라의 문제만이 아니라 전 세계적인 일로서, 세계 인류 문화가 이처럼 몰락해 가고 있습니다. 2, 30년 후 문화가 쇠락해졌을 때에는 문제가 심각하다는 것을 느끼게 될 것입니다. 이 자리에 있는 청년 여러분은 아직은 따라갈 수 있으니, 지금부터라도 노력하여 앞으로 10년, 20년 공부해가면, 여러분이 백발이 성성할 때쯤에는 나서서 다시 전통 문화를 진흥시킬 수 있고 그 시대의 유행을 따라갈 수 있을 것입니다.

지나간 역사를 보면, 시대가 몰락하여 인류 문명이 벽에 부딪쳤을 때는 오던 길로 되돌아가야 했습니다. 그래서 오늘 말하기를 우리가 과거를 계승하여 미래를 열기 위해서는 반드시 그 준비를 해야 한다고 하는 것입니다. 그러나 전 세계의 문화를 돌이킬 방법이 아직 없습니다. 소리 쳐도 깨어나지 않고 때려도 깨어나지 않으므로, 인류가 큰 손해를 입을 때까지 기다리는 수밖에 없습니다. 인문 사상이 없다면 인류는 기계가 되어 장차 크게 고통스러울 것입니다. 공자의 이 두 마디 말은, "이전 사람들의 공부는 자기를 위한 것이었고, 오늘날 사람들의 공부는 사회를 위한 것이다."라고 해석될 수도 있습니다만, 이런 해석은 잘못된 것입니다.

또 다른 관점에서 볼 때, 중국 문화에서, 송나라의 대유학자인 장재張載, 즉 횡거橫渠 선생이 말한, "천지를 위하여 마음을 세우고, 백성을 위하여 사명을 세우고, 지나간 성인을 위하여 끊어진 학문을 계승하고, 만세를 위하여 태평세계를 열어 주라."(爲天地立心, 爲生民立命, 爲往聖繼絶學, 爲萬世開太平)는 명언은 이미 송대 이후 우리 지식인의 공동 목표가 되어 있습니다. 학자라면 이 목적을 위해 배우고, 마땅히 이와 같이 해야 합니다.

장횡거 선생은 공맹孔孟 이후의 유가로서 송명宋明 이학가 중에서 영향력이 가장 컸던 한 분입니다. 그는 젊었을 때는 불량 청년이나 다름없었는데, 의기意氣가 넘치고 신체도 좋았으며 생각도 진취적이어서 일 저지르기를 좋아했습니다. 뒷날 범중엄范仲淹이 군대를 이끌고 섬서陝西에서 변경지역을 다스릴 때, 장횡거는 겨우 스무 살 남짓의 젊은 나이였는데도 전선으로 달려가 작전에 참가하고자 했습니다.

범중엄은 그가 인재임을 알아보고는 그를 불러 대화하고 돌아가 공부하라고 충고했습니다. 그리고 그가 장래에 국가에 보답할 기회는 많으니 공부를 많이 한 후에 와도 늦지 않다면서, 『중용』中庸 한 권을 건네주었습니다. 범중엄은 장횡거가 이미 그 책을 읽었을 테지만 다시 읽어보라고 하면서, 그 책 속에 천추의 사업이 있고 그의 천하가 들어 있다고 일러 주었습니다.

장횡거는 범중엄의 말을 듣고 돌아가 『중용』을 다시 공부했는데, 이때부터 모든 것을 놓아 버리고 오로지 일심으로 학문을 추구하여 훗날 일대 명유名儒가 되었습니다. 송대의 대유학자 몇 분은 사실상 범중엄의 영향을 크게 받았습니다. 범중엄은 "전방에 나가면 장군이요 조정에 들어오면 재상"出將入相인 문인으로서 지휘관이 되었는데, 그인들 장횡거와 같은 인물을 훌륭한 군사 인재軍事人才로 양성하고 싶지 않았겠습니까? 그러나 그는 장횡거가 장군감보다는 후세 사상에 공헌할 인물이 될 것임을 한눈에 알아보고, 곧바로 그런 교육 방법으로 그를 양성했던 것입니다.

과연 장횡거는 훗날 중국 문화 사상에 그토록 큰 영향을 끼친 인물이 되었습니다. 특히, 그가 표방한 위의 네 마디 말은 대단히 심원합니다. 오늘날 우리가 중국 문화의 중심 사상을 말하고자 한다면, 그가 한 이 말을 으뜸으로 삼아도 좋을 것입니다. 우리가 이 네 마디 말을 연구해 보면, 학자는 또한 사람이 되어야 하고, 자기를 위해서 학문을 할 뿐만 아니라 동시에 다른 사람을 위해서도 학문을 해야 합니다. '다른 사람' (人)을 확충하면 국가와 사회, 나아가 전체 인류에까지 이르게 됩니다.

사자使者로서는 안성마춤

다음에서는 학문의 외적 활용을 말합니다.

(공자가 위나라에 가셨을 때 거백옥의 집에서 묵었는데, 거백옥은 공자와 제자들의 생활을 돌봐 주었다. 공자가 노나라로 돌아온 뒤에)

(위나라 대부) 거백옥이 공자에게 (자신을 대표해서 개인적인) 사자使者를 보냈다.

공자는 그와 함께 앉아서 (이야기를 나누며) 물으셨다. "거蘧 선생님은 집에서 무얼 하고 계시는가요?"

사자가 대답하였다. "선생님께서는 (날마다 집에서 학문 수양을 하시면서) 자기 잘못을 적게 하고자 하시지만, 아직 해낼 수 없(으며, 아직 기준에 도달하지 못했)다고 느끼십니다."

사자가 나가자, 공자께서 (극력 칭찬하여) 말씀하셨다. "훌륭한 사자구나! 훌륭한 사자구나! (그 사람은 대표가 될 만하고 대사大使가 될 만하다. 자신을 보낸 상사를 위한 대답이 겸허하고 체면을 잃지 않았으며 대단히 합당하였다)"

蘧伯玉使人於孔子, 孔子與之坐而問焉。曰：夫子何爲？對曰：夫子
거 백 옥 사 인 어 공 자　　공 자 여 지 좌 이 문 언　　왈　부 자 하 위　　대 왈　부 자

欲寡其過而未能也。使者出。子曰：使乎！使乎！
욕 과 기 과 이 미 능 야　　사 자 출　　자 왈　사 호　　사 호

거백옥蘧伯玉은 위나라의 현명한 대부였고, 위나라는 공자가 비교적 좋은 감정을 가졌던 국가였습니다. 공자가 위나라에 갔을 때 거백옥의

집에서 묵었는데, 거백옥은 공자와 제자들의 생활을 돌봐 주었습니다.

공자가 노나라에 돌아온 이후, 거백옥은 개인적인 사자使者 한 사람을 보내어 공자를 만나게 했습니다. 공자는 먼 길을 온 이 손님을 모시고 함께 앉아 이야기를 했습니다. 공자가 그에게 "거 선생님은 집에서 뭘 하시는가요?" 하고 물으니, 사자使者는 다음과 같이 대답했습니다. "우리 거 선생님은 날마다 집에서 학문 수양을 하시면서, 자신의 잘못이 날마다 적어지기를 바라십니다(이것이 곧 유가가 중시하는 매일의 자기반성으로서, 『논어』 제1편에서 말한 '나는 매일 세 가지로 나 자신을 반성한다.'〈吾日三省吾身〉는 것입니다. 날마다 자기의 생각과 행위에 대해 점검하고, 잘못을 적게 할 수 있다면 대단한 것입니다). 그러나 그는 아직 해낼 수 없으며, 아직 기준에 도달하지 못했다고 느끼십니다."

이 대화를 보면, 사자로 온 사람이 자기 상사의 일에 대해 질문을 받고 응대를 하는 것이 대단히 겸허하고 그 말이 매우 합당하다는 것을 알 수 있습니다. 그가 떠나고 나자 공자는 학생들에게 이렇게 말했습니다. "그 사람은 대표가 될 만하고 대사大使가 될 만하다. 자신을 보낸 상사를 위한 대답이 겸허하고 체면을 잃지 않았으며 대단히 합당하였다." 바꾸어 말하면, 사자 자신의 학문 수양도 볼 수 있다는 것입니다.

이 점을 우리가 주의해 보아야 합니다. 우리가 친구를 위해 대표가 되어 가거나 회사에서 파견되어 어떤 일을 처리할 경우, 친구나 상사의 입장에서 합당한 처리를 하는 것이 대단히 어렵습니다. 어떤 사람은 상대에게 자기 상사를 너무 지나치게 추켜세우고, 어떤 사람은 상사에 대해 불평을 하거나 욕을 합니다. 외국에 대사로 갈 경우에는 더욱 엄중하므로, 특히 수양의 풍도風度를 보아야 합니다. 외교 인재는 이처럼 얻기 어렵습니다. 특히, 상대국보다 열세에 놓인 국가는 외교상 말하는 입장을 당당하게 견지하는 것이 쉽지 않습니다.

이 단락의 문자 기록을 통해 우리가 먼저 이해할 수 있는 것은, 첫째 거백옥이 만년에 관직에서 물러난 후 수양을 함에 있어서, 대신大臣으로서 초야에 은퇴한 풍모가 확실히 있었으며 뭔가 달랐다는 것입니다. 둘째, 거백옥이 쓴 간부로서 그를 대표한 사신은 응대의 재능이 뛰어났음을 보여 줍니다. 셋째, 상사와 간부의 수양이 서로 어울리고 있었음을

알 수 있습니다. 넷째, 공자는 이 기회를 이용하여 어떤 사람이 사자使
者로서 적합한 자격이 있는지를 학생들에게 가르쳐 주고 있습니다. 사자
가 말하는 것이 합당하고 겸손하면서 내포하고 있는 뜻이 아주 많습니
다. 공자가 거백옥을 비난하거나 위나라의 무슨 결점을 비난하려고 생
각했더라도 사자가 그와 같은 태도로 말을 했을 때에는 이미 공자의 입
이 막혀 버려 비난의 말을 하기가 곤란했을 것입니다. 그래서 공자는
극력 그를 칭찬하였던 것입니다.

은퇴한 백전노장은 병법을 논하지 않는다

그래서 다음에는 공자의 평소 이론을 인용해 그 이치를 설명합니다.

**공자께서 말씀하셨다. "그 직위에 있지 않으면, 그 직위의 정사를 함
부로 논하지 않는다."**

子曰 : 不在其位 , 不謀其政 。
자 왈　부 재 기 위　　불 모 기 정

이것은 중요한 말로서, 제8편 「태백」에서 논의했는데 여기에 다시 나
오고 있습니다. 간부는 부하로서나 학자로서의 수양 면에서 모두 이 원
칙을 지켜야 합니다. 이것은 정치사상과도 관계가 있습니다. 예를 들면
어떤 사람은 정치학의 입장에서, 국가의 일은 국민 모두가 공유하는 것
이므로 국민은 누구나 정치적인 동물로서 정치의 한 구성원이라고 말합
니다. 사람들은 "천하의 흥망에 필부도 책임이 있다."(天下興亡, 匹夫有責)
고 하여, 모든 국민이 저마다 국가 정치에 마땅히 관심을 가져야 한다
고 말합니다. 그러나 하나의 원칙이 있는데, 바로 공자가 여기서 말한
"부재기위, 불모기정"不在其位, 不謀其政으로서, 자신이 그 위치에 있지 않
으면 함부로 그 위치상의 일을 말하지 말라는 것입니다.
　나의 견해로는 지식인은 정치를 적게 말하는 것이 좋다고 생각합니
다. 왜냐하면 우리가 말하는 것은 모두 탁상공론인데, 모두 잘 알다시피

근래 60년 동안 모든 지식인들이 정치적 동란動亂의 서곡序曲을 떠들어대는 것이 아주 심각했습니다. 특히, 사람은 나이가 많으면 접촉한 분야도 많은 법이라 과학을 배운 사람들이 정치를 말하는 것을 더 좋아하는 것을 볼 수 있습니다. 만일 미래에 과학자들이 전문적으로 정치를 하게 된다면, 인류는 아마 더욱 큰일이 날 것입니다. 정치란 만능 인재를 요구하는데, 과학자의 두뇌란 한 분야에만 전문적이기 때문에 부분을 전체로 보는 잘못을 범하기 쉽기 때문입니다.

그러므로 공자의 이 말은 위정의 기본 수양으로, 표면상으로 보면 마치 제왕이 전제 정치를 해도 좋으니 일반 사람들은 쓸데없이 상관하지 말라고 하는 것 같습니다. 사실 그렇게 생각할 만도 합니다. 왜냐하면 자신이 그 위치에 처해 보지 않으면 그 위치의 일에 대해 체험이 없고 아는 자료도 부족해서, 그 사정을 속속들이 아는 것이 불가능하기 때문입니다.

우리는 역사상 많은 대신大臣들이 물러난 후에는 정치를 묻지 않았던 것을 볼 수 있습니다. 예를 들어, 남송南宋의 유명한 대장 한세충韓世忠은 진회秦檜가 권력을 잡으면서 자신의 병권兵權이 취소된 후에는 날마다 노새 한 마리를 타고 항주杭州 서호西湖에서 술이나 마시고 노닐며 풍경이나 감상하고, 국가 대사에 대해서는 입을 딱 다물어 버렸습니다. 정말 후세 사람의 다음과 같은 명시와 같았습니다.

> 영웅은 늙으면 모두 불교에 귀의하고 　　　　英雄到老皆歸佛
> 노련한 장수는 은퇴한 후 병법을 논하지 않는다 　　宿將還山不論兵

이 역시 "그 직위에 있지 않으면, 그 정사를 논하지 않는다."는 도리를 묘사한 것인데, 공자는 정치를 정권 담당자가 하도록 넘겨주고 모두들 아예 관여하지 말라고는 결코 말하지 않았습니다.

그밖에 이 단락에는 또 하나의 의미가 있습니다. 공자와 거백옥은 각각 노나라와 위나라에서 정권을 잡은 적이 있었으나 지금은 모두 퇴직해서 자신들의 나라에 있으면서도, 다시 국가 대사를 물을 필요가 없게 되었던 것입니다. 그래서 이 단락의 말은, 가볍고 담담한 묘사로 노나라와 위나라의 당시 정치가 분명 그다지 훌륭하지 않았음을 말해 주고 있습니다.   그래서 공자는 어쩔 수 없이 "그 직위에 있지 않으면 그 정사를 논하지 않는다." 라고 말할 수밖에 없었습니다.

생각에 삿됨이 없어라

이어서 증자의 말을 보충하고 있습니다.

증자가 말하였다. "(정치에 종사하는 사람의 기본 수양으로서) 군자는 생각하는 것이 (본분을 지켜서) 자기의 직위 (관장 범위)를 벗어나지 않도록 한다."

曾子曰 : 君子思不出其位。
증 자 왈   군 자 사 불 출 기 위

이 말도 상론上論 제2편 「위정」에 나오는 "시 삼백 편을 정리한 주요 목적은 한 마디로 말해, 사람들의 생각에 사악함이 없도록 하기 위한 것이라 하겠다."(詩三百, 一言以蔽之, 曰 : 思無邪)는 말을 해석한 것으로 볼 수 있습니다. 바로 앞 단락인 "그 직위에 있지 않으면, 그 직위의 정사를 논하지 않는다."(不在其位, 不謀其政)의 주해이기도 합니다.

사람은 특히 현실에 관하여 생각할 때 자기 본분을 너무 안 지켜서는 안 됩니다. 본분을 지키지 않음은 곧 공상空想이나 망상妄想으로서, 이것은 무익한 노고勞苦에 지나지 않습니다. 물론 이 말에 대해서는 사회 문화적 입장에서 반대할 수 있습니다. 과학 연구에 있어서는 사람이 공상을 갖는 것을 두려워하지 않습니다. 좀 강조해서 말하면, 역사도 공상이 창조해 낸 것입니다. 진정한 과학자 중에는 개성이 괴팍하지 않은 사람이 매우 드문데, 이것은 환경의 영향 때문입니다. 과학자들은 날마다 실험실에서 살기 때문에 생활에 정취가 없습니다. 그들이 연구에 깊이 몰두하고 있을 때에는 자기 손에 들고 먹는 빵을 썩은 고깃덩이로 바꾸어 주어도 모르고 그대로 먹을 정도입니다. 이렇게 미친 사람처럼 연구하지 않으면 절대로 진정한 과학자가 되지 못할 것입니다.

학문하는 것도 이러해서 학문을 성취하기 바란다면 반드시 미친 듯이 깊이 파고들었다 나온 다음이라야 성공할 수 있습니다. 미치는 정도에 이르지 않고는 성공할 희망이 없습니다. 만능 재인萬能才人은 모든 것을 다 잘하지만 또 어느 것 하나 잘하는 것이 없을 수도 있는데, 이들은 너무 총명한 폐단을 범한 것입니다. 과학 분야에 성공한 사람은 세상에서 가장 우둔한 사람이라고도 할 수 있고 가장 총명한 사람이라고도 할 수 있지만, 이들에 대해 "생각하는 것이 자기의 직위를 벗어나지 않는다."(思不出其位)고 말할 수는 없습니다.

그래서 오늘날 젊은이들은 『논어』 같은 책들을 읽는 것에 반감을 품고, 이 책들에 '사상 통제'니 '사상 억제'니 하는 많은 죄명을 씌우고 있습니다. 그러나 이 단락의 말은 결코 그런 뜻이 아닙니다. 증자는 이런 문제들을 말한 것이 아니고, 단지 사람의 기본 수양을 말했을 뿐입니다. 다시 말하면, 정치에 종사하는 사람의 기본 수양은 자기 직책의 관장 범위가 아니면 남의 일을 지나치게 간섭할 필요가 없다는 것입니다. 오늘날 정치적인 사고思考로 이 말의 뜻을 풀이해 보면, '사고의 법칙'을 위반하지 말라는 것입니다. 일처리 면에 이 말을 적용해 보면, 함부로 남을 위해 의견을 제출하지 말아야 한다는 것입니다. 이렇게 이해하면, 이 말의 뜻이 통합니다.

지智 · 인仁 · 용勇

공자께서 말씀하셨다. "군자는 자신의 말이 실천보다 넘치는 것을 부끄러워한다."

子曰 : 君子恥其言而過其行。
자 왈   군 자 치 기 언 이 과 기 행

앞뒤 단락의 여러 말들이 뜻이 서로 같습니다. 그런데 여기에서 공자는 다른 어구語句로 말하고 있습니다. 즉, 말에는 신용이 있어야 한다는 것으로, 말을 했으면 실천을 하라는 것입니다. 큰소리만 쳐놓고 실제로 해 내지 못하는 것을 군자는 부끄러움으로 여긴다는 것입니다. 자신의 능력을 벗어나는 말을 하지 말고, 실천할 수 없는 일에 대해 큰소리쳐서는 절대로 안 됩니다.

공자께서 말씀하셨다. "(학문 수양이) 군자의 (경지에 이르기 위한 조건으로서의) 도道에는 세 가지가 있는데, 나는 그 중에 한 가지도 해 내지 못했다.

인덕仁德이 있는 사람은 (물질 환경의 구속을 초월하여 낙천지명樂天知命하며 어떤 일에나 마음이 평온하여) 근심하지 않고,

(진정으로) 지혜가 있는 사람은 (해결할 수 없는 난제가 없으며 의심할 일이 없어서) 미혹하지 않고,

용기가 있는 사람은 (어떤 일에나 공명정대하고 의롭기에 마음이 밝아 거리낌이 없어서) 두려워하지 않는 것이다."

자공이 (학우들에게) 말하였다. "선생님께서 자신을 두고 하신 말씀이다! (잘못 이해하지 말라. 이 세 가지 점을 선생님께서는 모두 성취하셨다. 우리도 이렇게 될 수 있도록 힘써 공부해야 한다. 선생님께서는 스스로 겸손하셔서 스스로 이것을 표방하지 않으실 뿐이다)"

子曰:君子道者三, 我無能焉:仁者不憂, 知者不惑, 勇者不懼。 子
자왈 군자도자삼 아무능언 인자불우 지자불혹 용자불구   자

貢曰:夫子自道也!
공왈 부자자도야

이것은 이 편의 작은 결론에 해당합니다. 어느 날 공자가 탄식하며 말하기를, "학문 수양이 군자의 경지에 이르려면, 세 가지 필요한 조건이 있다."고 했습니다. 공자는 그 세 가지 중 자신은 한 가지도 해 내지 못했다고 아주 겸손하게 말했습니다.

첫째, "인자불우"(仁者不憂)입니다. 인덕仁德이 있는 사람은 어떤 일에나 근심이 없고 기쁨만 있다는 것입니다. 크게 볼 때, 국가 천하의 모든 일에 근심이 없고 모두 다 해결할 방법이 있으며, 해결할 방법이 없더라도 평온한 마음으로 대처할 수 있다는 것입니다. 개인의 일을 보면 근심할 일이 더욱 많아서, 사람은 우환 속에서 살아가며 날마다 근심 걱정 가운데 있습니다. 그렇지만 인자仁者의 수양은 물질 환경의 구속을 초월하여 근심하지 않는 낙천지명樂天知命의 경지에 도달할 수 있습니다.

둘째, "지혜가 있는 사람은 미혹하지 않는다."(知者不惑)는 것입니다. 진정으로 높은 지혜가 있다면 해결할 수 없는 난제難題가 없으며, 미혹하여 의심할 일이 없습니다. 위로는 우주 문제로부터 아래로는 개인 문제에 이르기까지 모두 마음속으로 알고 있습니다. 우리는 진정한 지혜가 없어 내일 일을 오늘 절대로 알지 못합니다. 그리고 우리는 지금 이 시각의 일에 대해서도 스스로 총명한 척하며 자기가 옳다고 생각합니다.

셋째, "용기가 있는 사람은 두려워하지 않는다."(勇者不懼)는 것입니다. 어떤 일에나 공명정대하고 의로우면, 마음이 밝아 거리낌이 없으며 인생에서 두려워할 것이 없습니다.

공자가 여기서 말한 구절은 글자 행간에서 자기의 학문 수양이 군자의 경지에 이르지 못했다고 아주 겸손하게 표시하고 있습니다. 그러나 자공은 동료 학생들에게 "잘못 이해하지 말라. 이 세 가지 점을 선생님께서는 모두 성취하셨다. 우리도 이렇게 될 수 있도록 힘써 공부해야 한다. 선생님께서는 스스로 겸손하셔서 스스로 이것을 표방하지 않으실 뿐이다." 라고 말했습니다.

자공이 (비교적 직설적인 성격이어서 눈에 거슬리는 사람을 보면) 남을 면전에서 비평하는 등 모난 행동을 하자,

공자께서 말씀하셨다. "사賜야, 모든 사람이 현인이기를 바라느냐? (다른 사람에게 지나치게 높은 요구를 하지 않도록 하여라. 때로는 좀 대충 넘어가야지, 늘 남을 기분 나쁘게 하는 것도 그리 좋지 않다) 나는 남을 비평할 겨를이 없다!"

　　子貢方人。子曰：賜也，賢乎哉？ 夫我則不暇！
　　자공방인　　자왈　사야　현호재　　부아즉불가

　　자공은 성격이 비교적 직설적이어서 눈에 거슬리는 사람을 보면 면전
에서 비평을 하는 등 남을 기분 나쁘게 하는 모난 행동을 때때로 했습
니다. 여기서 '방'方자는 사천四川이나 악서鄂西 지방의 방언에서 흔히 볼
수 있습니다. 예를 들어, "방일방타"方一方他라는 말은 어떤 사람을 한번
기분 나쁘게 해도 무방하다는 말입니다. 때로는 사람의 개성이 너무 곧
은 것을 가리켜 모난 사람(方人)이라고도 하는데, 이런 사람은 흔히 말을
직설적으로 해서 다른 사람을 기분 나쁘게 합니다. 자공이 바로 그랬습
니다.
　　그래서 공자는 자공에게 이렇게 말하고 있습니다. "자공아! 너는 다
른 사람에게 지나치게 높은 요구를 하지 않도록 하여라. 다른 사람이
모두 현인賢人이기를 바라서는 안 된다(이 '賢乎哉'라는 구절에 대해서 나는
옛 사람의 해석과 약간 다르게 생각합니다). 때로는 좀 대충 넘어가야지, 늘
남을 기분 나쁘게 하는 것도 그리 좋지 않다. 나 같은 사람은 남을 비
평할 겨를이 없다."
　　다음 단락에서는 다시 공자의 말을 인용하고 있습니다.

　　**공자께서 말씀하셨다. "남이 자기를 알아주지 않는 것을 걱정하지 말
고, 자기에게 진정한 학문과 재능이 없는 것을 걱정하라. (그러면 마침
내 성취하는 바가 있을 것이다)"**

　　子曰：不患人之不己知，患其不能也。
　　자왈　불환인지불기지　환기불능야

　　이 말은 상론上論 제1편 「학이」의 마지막 결론에서도 말한 바 있습니
다. 비록 뒤의 구절은 글자가 다르지만 뜻은 같습니다.
　　여기서는 "남이 자신을 이해해 주지 않음을 걱정하지 말고, 자기에게
진정한 학문과 재능이 없는 것을 걱정하라. 그러면 마침내 성취하는 바
가 있을 것이다."고 말하고 있습니다. 이 말을 "자공이 남을 면전에서

비평하는 등 모난 행동을 했다."(子貢方人)는 말 다음에 놓은 것도 대단히 의미가 있습니다.

사람과 사물을 대하는 태도

다음은 공자가 말한 올바른 사람으로 처세하는 데 있어서의 친구를 사귀는 한 가지 신조입니다.

공자께서 말씀하셨다. "남이 자기를 속이는 것을 알면서도 (면전에서 난감하게) 내색하지 않고, (어떤 사람이나 일에 대해) 멋대로 (짐작하거나) 추측하지 않고, 주관적인 신뢰를 하지 않으면, 지혜 있는 선각자라 할 수 있으며, 현명한 사람이라 할 수 있을 것이다!"

子曰 : 不逆詐 · 不億 · 不信, 抑亦先覺者, 是賢乎!
자왈   불역사   불억   불신   억역선각자   시현호

남이 자기를 속이려는 것을 뻔히 알면서도 그 사람을 면전에서 난감하게 하지 않는 것, 이것이 "불역사"不逆詐입니다. 평생에 정말 이런 일을 많이 겪은 경험이 있는데, 상대방의 말이 거짓임을 분명히 알면서도 잠시 속아 줍니다. 그가 말을 하고 난 뒤에 그가 바라던 목적도 달성하도록 내버려 둡니다. 그렇지만 우리는 속으로는 다 생각이 있기 때문에 그가 나를 속이고 있다는 것을 압니다.

그리고 어떤 사람은 남을 온통 속이고 있으면서도, 그 자신이 남을 속이고 있다는 것을 느끼지 못하는 경우도 있습니다. 그는 속이는 일에 습관이 되어 자기가 거짓말로 남을 속이고 있다는 것을 느끼지 못하는데, 이것이 그의 일상적인 생활 방식으로 변해 버려 심지어는 자기 자신에게 한 거짓말도 진짜로 느끼게 됩니다. "불역사"不逆詐는 바로 이런 사람의 거짓을 면전에서 폭로하지 않는 것을 말합니다. 물론 이런 일은 아주 주의해야 합니다. 만약 잘못하면 우리는 그가 나쁜 짓을 하도록

내버려 두는 아주 큰 죄과를 범하게 되는데, 그래서도 안 됩니다.

어떤 사람은 정말로 어려워 약간의 돈을 얻기 위해 남을 좀 속이는 경우도 있는데, 이럴 때는 그가 도둑질하지 않는 것만도 다행이라 치고 그에게 속는 줄 알면서 한 번 속아 주는 것도 무방합니다. 그러면서 방법을 생각해 내어 그를 감화시키는 것, 이것이 "불역사"不逆詐의 의미입니다. 이 이치를 크게 확충할 수도 있습니다. 그러나 딱 적당한 정도에서 폭로해야 할 필요가 있을 때에는 폭로해서 교육을 시켜야 합니다.

"불억"不億은 멋대로 어떤 일을 짐작하거나 추측하지 않는 것입니다. 상상에 의지해서 멋대로 짐작하거나 추측하여 "아마 이럴 것이다." 라고 생각하면 주관적인 잘못을 범하게 되는데, 이것은 좋지 않습니다.

"불신"不信은 의심하는 것입니다. "불억不億·불신不信"은 주관적으로 믿지도 말고 너무 객관적으로 불신하지도 말라는 것입니다.

사람이 만일 이런 도량과 수양이 있다면 지혜 있는 선각자라 할 수 있으며, 현명한 사람이라고 할 수 있습니다.

공자는 무얼 하는 사람인가

이제 문장의 기세는 또 다른 절정에 오르기 시작합니다.

(도가의 인물로서 은사隱士인) 미생무가 공자를 비평하였다. "당신은 무엇 때문에 불안하게 서성대고 있는 거요? 말재주나 팔아먹으려는 게 아니오?"

공자께서 말씀하셨다. "감히 말재주를 팔아먹으려는 게 아니라, 나 자신의 나쁜 버릇이 굳어져서 그런가 봅니다."

(이것은 은사에 대한 일종의 겸손과 유머라 할 수 있습니다. 공자가 마음속에 품은 진정한 뜻은, '아무튼 당신들은 일을 하러 나서지 않고 나는 일을 하러 나선 것이니, 각자 자신의 길을 갑시다. 나는 사회와 국가를 위해 마음을 다할 뿐이니 나의 잘못인 셈으로 여기십시오.' 라는 것이었습니다)

微生畝謂孔子曰:丘, 何爲是栖栖者與? 無乃爲佞乎? 孔子曰:非

미생무위공자왈　구　　하위시서서자여　　무내위녕호　　공자왈　비

敢爲佞也, 疾固也。
감위녕야　질고야

　　미생무微生畝는 도가 인물로서 은사隱士였습니다. 이 이야기를 하면서 우리가 먼저 알아야 할 것은, 도가와 유가의 사상에는 두 가지 서로 다른 기본적인 태도가 있다는 것입니다. 유가의 기본 사상은 "어떤 역경에서도 흔들림이 없고자 한다."(中流砥柱)는 것입니다. 그런데 도가의 사상은, 어떤 역경에도 흔들림이 없어서 무엇 하겠느냐는 것입니다.

　　예를 들어, 오늘 석문石門 저수지에서 물을 방류放流했는데, 중간에 돌덩이를 하나 놓아서 흐르는 물을 막을 수 있을까요? 돌덩이 자체는 멈춰 있으므로 물에 휩쓸려 가지는 않겠지만, 물이 흘러 쏟아지는 것을 막을 수는 없습니다. 도가는 결코 이런 길을 걷지 않습니다. 도가 사상의 기본 태도는 임기응변의 길, 즉 자연에 순응하는 길을 걷는 것입니다. 한 시대가 하나의 추세를 형성하면 이미 돌이킬 수 없습니다. 이른바 "장강의 물이 동쪽 바다로 흘러가 돌아오지 않는다."(江水東流去不回)는 것으로 역사를 되돌리는 것은 불가능합니다.

　　도가 사상은 '선지'先知를 중시하는데, 어떤 일의 원인을 알아 그 필연의 결과를 아는 것을 말합니다. 예를 들어, 석문 저수지 물을 방류할 때 물살을 돌이킬 방법은 없지만, 물의 흐름이 어느 지점에 이르렀을 때 물고랑을 하나 살짝 내면 물의 흐름을 분산시킬 수는 있습니다. 이것이 바로 오늘날 유행하는 도가의 태극권太極拳 원리인 "넉 냥의 힘으로 천 근의 무게를 움직인다."(四兩撥千斤)는 이치이며, 군사 모략인 "적은 수로 많은 수를 공격한다."는 요점이기도 합니다. 그렇기에 역사적으로 시국의 형세에 대응하여 어지러운 세상을 바로잡은 것은 모두 도가의 인물이었습니다.

　　여기서 한 가지 사상 문제를 이야기하겠습니다. 역사에서 무슨 '자'子로 불리는 몇 명의 인물은 사실 대단히 훌륭한 분들입니다. 우리가 지금 강의하고 있는 공자를 빼고도, 『노자』라는 책은 지금까지만 해도 외국에 이미 수십 종의 번역본이 있습니다. 멀리 30년 전에 성도成都에서

여성 의사 한 분이 나에게 말하기를, 자신이 독일에 유학 중일 때 춤을 추러가 남자 무용수를 불렀는데, 그가 뜻밖에 중국의 『노자』를 알 뿐만 아니라 중국어로 암송할 수 있더랍니다. 그녀는 자신이 다행히 국내에서 이런 옛 책들을 읽은 출신이었기 망정이지 그렇지 않았더라면 외국인 앞에서 창피할 뻔 했더랍니다. 『손자병법』孫子兵法이란 책은 소련 육군대학교를 비롯한 많은 국가의 학교에서 필수 과목이 되어 있습니다. 오늘날에는 『공자』도 외국으로 나가고 있는데, 이로써도 미래 세계의 문화 추세를 상상해 볼 수 있습니다.

『손자병법』을 말하자니 그 속의 유명한 「세편」勢篇이 생각나는데, 형세形勢에 관하여 말한 것입니다. 이 '세'勢라는 명사는 해석하기 어려운데, 오늘날 세계 군사 사상은 세勢를 중시하지 않고 힘의 대비對比를 중시합니다. 국가마다 얼마나 많은 병력 자원이 있고, 물자와 무기는 얼마나 있는가 하는 힘의 통계에만 주의합니다. 이런 것들만 중시한다면 힘의 대비일 뿐 진기할 것이 없습니다.

중국의 권술拳術에도 군사 사상이 반영되어 있는데, 힘을 중시하지 않고 경도勁道를 중시합니다. 한 주먹 한 경도로 상대방을 때려 쓰러뜨리는 것입니다. '경'勁은 힘이 아닙니다. 주로 세勢를 중시하는데, 도가는 "그 힘을 알아, 그 세를 쓴다."(知其力, 用其勢)고 말합니다. 그러므로 넉냥의 힘으로 천근의 무게를 움직일 수 있고, 약한 것으로써 강한 것을 대적할 수 있으며, 적은 것으로 많은 것을 공격할 수 있습니다. 폐병 3기 환자가 세계적인 장사를 때려눕힐 수도 있는데, 이야말로 재간입니다. 열 사람이 수천 수만의 적을 무찌를 수 있는 것은 바로 '세'勢를 운용한 것입니다.

무엇이 '세'勢일까요? 『손자병법』 「세편」勢篇의 마지막 결론은, "둥근 돌덩이를 천 길 높은 산에서 굴려 떨어뜨린다."(轉鬪石於千仞之山)는 한마디 말인데, 이것이 '세'勢입니다. 둥근 돌덩이가 1, 2만 척의 고공高空에서 굴러 떨어지는 것과 같은 것이 바로 세勢입니다. 만약 4근짜리 돌덩이 하나가 대북시 상공 5천 척의 고공에서 굴러 떨어지고 있다고 합시다. 그러면 온 시민들이 돌을 피해 숨으려고 할 것입니다. 사람마다 돌에 맞아 죽을 가능성이 있기 때문입니다. 이 같은 상황이 바로 세勢입니다. 돌덩이가 땅에 떨어지고 난 뒤에는 어른들뿐만 아니라 어린아이들도 하찮게 여기는데, 아이들이 돌 위에 올라가 오줌을 싸더라도 돌은 어쩔 방법이 없습니다. 4근짜리 돌덩이는 누구나 다 들어 움직일 수도 있고, 던져 버리려면 던져 버릴 수도 있습니다.

이런 이치를 이해하고 나면, 처세에도 운용할 수 있습니다. 특히, 전략·전술에서는 모두 이 이치를 운용하고 있습니다. 세勢가 형성되지 않았을 때는 적에 대한 정치적 전략이나 군사적 전투에 있어 승패를 확실하게 가늠할 수 없습니다. 손자孫子는 아주 교묘하게도 여기까지 써 놓고는 더 이상 쓰지 않았습니다. 자신의 책을 읽는 사람이 스스로 체험하여 운용하기를 바란 것입니다.

'세'勢의 이치를 이해할 수 있는 이야기를 하나 해 보겠습니다. 전하는 바로는, 큰 이무기는 먹이를 잡아먹을 때 다른 뱀들처럼 먹이를 덥썩 물지 않고, 단지 입만 벌려서 일정한 거리 내에 있는 먹이를 입 안으로 빨아들인다고 합니다. 큰 이무기가 공세를 시작하여 꼬리를 한 번 휘두르기만 하면, 직경 한 자 되는 굵은 나무줄기도 간단히 끊어진다고 하니 정말 대단합니다.

그런데 한 작은 거미류는 이렇게 큰 이무기와 대대로 내려오는 원수 지간이어서 이무기에게 보복한답니다. 거미는 이무기의 집 입구에 있는 나무 위에 한 가닥의 거미줄을 쳐놓고 기다리다가, 이무기가 먹이를 찾으러 굴에서 나오면 급히 내려가 이무기의 급소인 머리의 7촌 부위七寸部位를 공격합니다. 머리를 내밀 때마다 거미가 재빨리 내려와 공격하므로, 이무기는 거미만 보면 즉시 머리를 움츠려 들이고 집에서 감히 나오지 못한답니다. 그렇게 사나운 큰 이무기도 약하고 작은 거미 한 마리에게 제압을 당할 수 있는 것입니다. 반대로 이무기가 거미의 공격을 피해 일단 집을 빠져나온 다음이면, 입만 한 번 벌려도 그 작은 거미를 가볍게 뱃속으로 빨아들여 소화해버릴 수 있습니다. 이 큰 이무기가 먹이를 빨아들이는 독기를 펼칠 방법이 없을 때는 작고 약한 거미 한 마리에게도 목숨을 잃을 수 있는 것이 바로 병법의 원리이자 전략의 이치입니다. 역사상 제자서諸子書에는 이런 종류의 이야기가 아주 많은데, 우리는 이를 정치적 전략상 실제로 운용할 수 있습니다.

이 단락에서 공자와 문제를 토론하고 있는 미생무는 은사隱士로서 도가 인물에 속하기 때문에, 글을 풀이하기 전에 먼저 유가와 도가 사상의 차이점을 개략적으로 살펴보았습니다. 공자는 당시 몇 사람의 은사와 마주쳤는데, 그 때마다 은사들에게 코가 납작해지도록 당했습니다.

중국 고대 역사에서 은사들의 영향력은 컸습니다. 특히, 춘추전국 이후 일반인들은 모두 현실적인 것을 추구하였는데, 난세를 만날 때마다 경제적 현실이 대단히 중요한 것이 되었습니다. 물질 숭배가 갈수록 높아지는 것도 정치 철학·역사 철학 상의 큰 문제였습니다.

그러나 도가의 은사와 같은 소수의 사람들에게는 현실적인 욕망이나 부귀공명은 조금도 유혹이 되지 못했습니다. 그들은 채소와 죽 정도를 먹을 수만 있으면 결코 현실 흐름에 섞이지 않고 우뚝 홀로 있을 수 있었습니다. 그리고 그들 자신은 인격이 고상하고 학문이 깊고 넓었으며 재능도 뛰어났습니다. 앞에서 말했던 한고조가 경외한 상산사호商山四皓 이야기에서 알 수 있듯이 은사 사상은 그 영향력이 컸습니다. 과거 수천 년 동안의 정치는 끊임없이 은사 사상의 영향을 크게 받아 왔습니다. 다른 각도에서 보면, 이 일파의 사람들은 현실에 대해 냉담한 것 같았지만 사실은 아주 깊은 열정을 가지고 있었습니다. 그들이 길 옆에 서 있음으로 해서 길 가운데를 걸어가는 사람들이 안전할 수 있었습니다. 그들은 수수방관하는 듯하면서도 역사의 항행航行을 보호하였습니다.

미생무는 바로 그런 도가의 은사였는데, 어느 날 공자에게 이렇게 말했습니다. "당신은 하루 종일 안절부절못하고 (당현종이 공자를 읊은 명시의 첫 구절인 '부자夫子는 무엇을 위해서였을까? 한 세대 동안 안절부절못했네'〈夫子何爲者? 栖栖一代中〉는 바로 『논어』의 이 일절에서 따온 것입니다), 분주하게 열국을 주유하며 가는 곳마다 학문을 선전하고 강講하는데 도대체 무엇을 위해서입니까? 곳곳에 가서 학문을 강하고 선전하는 게 또 무슨 소용이 있습니까? 당신은 너무 지나치다고 생각하지 않습니까? 당신의 말재주나 팔아먹으려는 것이 아닌가요?"

미생무의 말에 대하여 공자는 "다른 사람의 환심을 사기 위해 말재주를 팔고 다니는 것이 아니라, 나 자신의 나쁜 버릇이 너무 뿌리 깊은 탓인 것 같습니다." 라고 답하였습니다. 다시 말하면, 자신의 잘못이 크다는 것입니다. 이것은 나의 해석인데, 옛 사람의 해석과는 다릅니다. 옛 사람은 이 '질고'疾固에 대하여 '자기의 견해를 고집해 세상에 나와 일하고 싶어 하지 않는 병폐를 싫어하는 것'이라고 해석하였는데, 나는 이런 해석이 너무 견강부회한 것이라고 생각합니다. 이것은 후대의 유가들이 도가와 은사를 반대한 나머지, 공자의 이 말을 빌려 그들을 욕하고, 이런 사람들이 나와서 국가 사회를 위해 일하지 않음을 꾸짖은 것입니다. 그러나 이런 해석은 사실은 유가들이 벼슬하고 싶어서 한 겉치레 말이었다고 할 수 있습니다.

그러나 공자는 절대 그런 입장이 아니었으며, 은사를 존중했습니다. 여기에서 공자는 자신을 한번 표명했을 뿐으로 구어체로 바꾸면, "노형, 당신이 나더러 시대를 위해 걱정하지 말라고 충고하는 것은 옳은 말입니다. 내가 종일토록 분주하게 외치는 것은 나의 잘못입니다." 라고 말한 것입니다. 이것은 은사에 대한 일종의 겸손과 유머라 할 수 있습니다. 공자가 마음속에 품은 진정한 뜻은, "아무튼 당신들은 일을 하러 나서지 않고 나는 일을 하러 나선 것이니, 각자 자신의 길을 갑시다. 나는 사회와 국가를 위해 마음을 다할 뿐이니 나의 잘못인 셈으로 여기십시오."라는 것입니다.

공자께서 말씀하셨다. "(진정한) 천리마는 그 힘(이 대단하기) 때문에 칭송되는 것이 아니라, 그 덕성(이 훌륭하기) 때문에 칭송되는 것이다. (국가 사회의 일원이 된 사람은 눈앞의 성과를 묻지 말고, 다만 자기가 마땅히 해야 되는지 하지 말아야 되는지만 물어야 한다)"

子曰 : 驥不稱其力, 稱其德也。
자 왈　기 불 칭 기 력　칭 기 덕 야

'기'驥는 고대의 이름난 말(名馬)이나 훌륭한 말(良馬), 또는 천리마千里馬를 가리킵니다. 공자는 이렇게 말했습니다. "진정한 천리마는 결코 그 힘이 대단하여 칭송되는 것이 아니라, 그 덕성이 훌륭하여 칭송되는 것이다."

고대의 천리마는 아주 훌륭했습니다. 서양의 경주마는 달릴 때 껑충껑충 뛰는 식이어서 사람이 타고 있으면 흔들려서 정말 견디기가 쉽지 않습니다. 그러나 중국의 양마良馬는 달릴 때 좌우 다리를 번갈아 가면서 내달려 바람처럼 빠르며, 사람이 타고 있으면 배가 평온한 수면 위를 달리는 것처럼 뒤흔들리는 느낌이 조금도 없습니다. 양마良馬는 주인이 안장에서 떨어지면 즉시 주인이 일어나기를 기다리며 절대 주인을 짓밟거나 주인을 끌고 달리지 않습니다. 만일 뱃대끈을 조여 매지 않으면 안전하지 않으므로, 사람이 올라타더라도 말이 달리지 않으며, 채찍으로 때려도 여전히 달리지 않습니다.

또 "늙은 말이 길을 안다."(老馬識途)고 하는 말도 양마의 덕성을 말하는 것입니다. 이런 양마는 천재라야 훈련시킬 수 있습니다. 좋지 못한 말은 뒹굴거나 담벽에 스쳐서 탄 사람을 다치게 하거나 심지어 목숨까지 앗아 갑니다.

이 단락을 여기에 넣은 것은 앞 단락에서 미생무가 공자에게 물은 문제에 대한 대답과 마찬가지이기 때문입니다. 그 뜻은 국가 사회의 일원이 된 사람은 눈앞의 성과를 묻지 말고, 다만 자기가 마땅히 해야 되는지 하지 말아야 되는지만 물어야 한다는 것입니다.

오늘 뿌린 씨앗이 언제 싹이 날까요? 언제 그 열매를 맺을까요? 아무도 알지 못합니다. 씨앗을 뿌렸으면 언젠가는 결국 열매가 맺힐 것입니다. 여기서 우리는, 공자의 사상이 수천 년 동안 줄곧 국가 민족 문화의 중심이 될 수 있었던 것은 확실히 천고불멸千古不滅의 가치가 있기 때문임을 생각하게 됩니다.

원한을 갚음과 덕에 보답함

어떤 사람이 (도가 사상으로) 물었다. "덕德으로 원한(怨)을 갚으면 어떻겠습니까?"

공자께서 (이에 대해 반대하지도 않고 논리적인 변론만으로 자신의 사상을) 말씀하셨다. "(남이 나를 좋지 않게 원한으로 대하는데 나는 그를 좋게 덕으로 대함으로써 갚는다면) 그러면 (그가 나를 좋게 대할 경우 그) 덕에는 (그에게) 무엇으로 갚겠느냐? 곧음으로써 원한을 갚고, 덕으로써는 덕을 갚는 것이다.

(시비를 분명하게 가려서, 옳은 것은 옳게 여기고 그른 것은 그르게 여기며, 착한 것은 착하게 여기고 악한 것은 악하게 여겨서, 나에게 잘하는 사람은 당연히 좋게 대하고, 나를 좋지 않게 대하는 사람은 당연히 상대하지 않는다)"

或曰：以德報怨，何如？子曰：何以報德？以直報怨，以德報德。
혹왈 이덕보원 하여   자왈 하이보덕   이직보원   이덕보덕

최근 일본 산케이 신문(産經新聞)이 간행한 『장총통비록』蔣總統祕錄이란 책에서 일본 기자는 "이덕보원"以德報怨이라는 말을 인용하면서, 공자의 사상이라고 말했는데, 틀린 것입니다. "이덕보원"以德報怨은 도가 사상으로서, 이 말은 『노자』老子에 (제63장 보원이덕報怨以德—역주) 나옵니다. 공자의 사상은 "이직보원"以直報怨입니다.

유가 사상에는 약간의 의협 정신이 있어서, 남이 나를 한 대 때리면 나는 그를 발로 한 번 차고, 남이 나를 좋게 대하지 않으면 나는 그를 상대하지 않는다는 식인데, 이렇게 하는 것은 아주 곧은 것입니다! 남이 나를 좋게 대하지 않는데도 나는 그를 좋게 대하려고 하는 것은, 기독교 성경에서 "누가 네 오른뺨을 때리거든 왼뺨도 돌려 대어라."는 것과 같습니다. 또한, 당나라의 루사덕婁師德이 자기 동생에게 "남이 너의 얼굴에 침을 뱉거든 마르도록 내버려 두라."고 한 말과도 같습니다.

그러나 루사덕의 말은 중당中唐 이후의 사상이란 것을 알아야 합니다. 당시 천하가 태평하고 사회가 안정되어 있는데다가 루사덕은 세가공자世家公子로서 집안이 역대로 큰 벼슬을 하여 명망이 높았고 그 자신도 장안에서 큰 벼슬을 하고 있었습니다. 그의 동생이 대주代州에 태수太守로 부임하러 가면서 형에게 작별 인사를 하러 왔을 때, 루사덕은 이렇

게 당부했습니다. "우리 루씨 집안은 조정의 큰 은혜를 입었고 우리 두 형제는 지금 벼슬을 하고 있어서, 일반인들은 우리 세가공자가 교만하다고 비난할 수 있을 것이다. 네가 태수를 지내면서도 이 점을 명심하여, 어떤 일이 있더라도 많이 참고 우리 루씨 집안을 망신시키지 않도록 해라."

루사덕의 동생이 "그 점은 저도 잘 압니다. 설혹 어떤 사람이 제 얼굴에 침을 뱉더라도 닦아 버리면 됩니다." 하고 말하자, 형이 다시 말했습니다. "그렇게 하는 것은 좋지 않다! 네가 그 침을 닦아 버리면 역시 그 원망을 받아들이지 않는 것이어서 그를 난감하게 할 것이다!" 루사덕의 말을 듣고, 그제서야 동생은 "알겠습니다. 침이 얼굴에서 그대로 마르도록 내버려 두겠습니다." 하고 대답했습니다. 루사덕은 그제서야 그렇게 하면 옳다고 했습니다. 만일 모든 중국인이 이런 수양이라면 큰 일입니다!

다시 본론으로 돌아와, 학문을 할 때는 단장취의斷章取義해서는 안 됩니다. 위아래의 글을 무시하고 중간 한두 구절만 붙들면 문제가 발생합니다. 어떤 사상이든 전체적으로 연구해야 합니다. 방금 말했듯이 루사덕은 중당中唐 이후 사람으로, 국가 사회가 이미 2백여 년 동안 안정되어 있는데다 그의 집안은 대대로 벼슬했고 그 자신도 중앙 정부에서 재상직을 맡고 있었습니다. 이러한 시대적·가정적 배경에서 그의 동생이 처한 입장과 위치는 일반인들과 달랐습니다.

가난한 젊은이가 과거시험을 통해 벼슬을 했다면 좀 뻐겨도 괜찮았을 것입니다. 그러나 루사덕의 동생 같은 경우에는 한 가닥 오만이라도 있으면 사람들이 세가의 세력으로 남을 업신여긴다고 비난할 것이므로, 루사덕이 동생에게 준 이 가르침에는 잘못이 없습니다. 그러나 난세에 칼을 뽑아들고 나섰을 때에도 그렇게 해야 한다는 것은 결코 아니었습니다. 그럴 때 우리 얼굴에 침을 뱉는 것은 말할 것도 없고, 예의 없이 눈을 부릅뜨고 우리를 쳐다보기만 해도 나는 그를 두어 대 때려 줄 것입니다. 시대가 다르고, 환경이 다르면 일에 대한 처리 태도도 달라야 합니다. 그러므로 학문을 할 때 단장취의斷章取義해서는 안 됩니다.

여기서 어떤 사람이 공자에게 "덕으로써 원한을 갚으면 어떻겠습니까?"(以德報怨, 何如) 하고 물었는데, 이것은 도가 사상을 물은 것이나 다름없습니다. 이에 대해 공자는 직접 반대하지도 않고 논리적인 변론만으로 이렇게 대답했습니다. "남이 나를 좋지 않게 대하는데 내가 그를 좋게 대한다면, 남이 나를 좋게 대할 경우에는 그에게 어떻게 보답해야 할까?" 그래서 공자는 이어서 주장하기를 "이직보원"以直報怨, 즉 곧음으로써 원한을 갚아야 한다고 했습니다. 옳은 것은 옳게 여기고 그른 것은 그르게 여기며, 착한 것은 착하게 여기고 악한 것은 악하게 여겨서, 나에게 잘하는 사람은 당연히 좋게 대하고, 나를 좋지 않게 대하는 사람은 당연히 상대하지 않는다는 것이 공자의 사상입니다. 공자는 시비를 분명하게 가릴 것을 주장했습니다.

내가 품은 마음 하늘이 아시겠지

공자께서 (탄식하여) 말씀하셨다. "나를 알아주는 이가 없구나!"
자공이 물었다. "(선생님, 그렇게 비관적일 필요는 없습니다) 왜 선생님을 알아주는 이가 없다고 하십니까?"
공자께서 말씀하셨다. "(나의 일생은) 하늘도 원망하지 않고, 남들도 탓하지 않는다. 밑바닥 낮은 것부터 배워 알며 (어렵고 힘들었던 인생 경험으로부터 시작하였지만, 현실에 갇히지 않고 승화시켜 형이상의) 높은 경지에까지 통달했으니, 나를 알아주는 이는 하늘일 것이다."

子曰:莫我知也夫! 子貢曰:何爲其莫知子也? 子曰:不怨天·不
자왈 막아지야부 자공왈 하위기막지자야   자왈 불원천 불

尤人·下學而上達。知我者, 其天乎!
우인 하학이상달 지아자 기천호

어느 날 공자는 자신을 이해해 주는 사람이 없음을 탄식했습니다. 자공이 듣고서, "선생님, 그렇게 비관적일 필요는 없습니다. 이해해 주는 사람이 왜 없겠습니까?" 하니 공자는 이렇게 말했습니다. "나의 이 일생

은 하늘도 원망하지 않고 남들도 탓하지 않는다. 밑바닥의 낮은 것부터 배워 알며 어렵고 힘들었던 인생 경험으로부터 시작하였지만, 현실에 갇히지 않고 승화시켜 형이상形而上의 경지로 걸어 들어갈 수 있었다."

이것은 공자의 자기 묘사입니다. 왜냐하면 공자는 가난하고 어려운 환경에서 태어나 고생스럽게 자라면서 인생의 철리哲理를 체득하고 지혜의 덕업德業을 성취하며, 승화시켜 높은 것까지 통달해서 세속을 초월했기 때문입니다. 그래서 인간 세상에 있어서도 남의 이해를 바라지 않았으며, 자신이 품은 마음을 하늘은 스스로 알아줄 것이라고 했습니다.

이상으로 미생무 이후의 단락은 끝나고, 다음에는 문장의 기세를 바꾸어 다른 파란波瀾으로 진입합니다.

(노나라) 공백료가 몰래 시비를 일으켜 계손씨에게 자로를 헐뜯었다. (이것은 자로의 허물을 들추어내어 간접적으로 자로의 스승인 공자까지도 공격한 셈이었다)

노나라 대부 자복경백이 (어느 날 와서) 공자에게 그것을 아뢰었다. "(공백료가 말썽을 피워, 가는 곳마다 소문을 만들어 선생님과 맞서고 있습니다. 또, 계손에게 자로를 헐뜯어 선생님을 더욱 괴롭히고 있습니다) 계손씨는 틀림없이 공백료에게 마음이 현혹되어 있습니다. (지금 제가 정부에 몸담고 있어 모든 것을 좌우할 수 있는 권력이 있으므로, 집단에 해를 끼치는 이 나쁜 놈을 좀 혼내 줄 수 있습니다) 제 힘으로도 아직 공백료를 죽여 시체를 저자나 조정에 내걸 수 있습니다."

공자께서 말씀하셨다. "(그렇게 충동적이지 마라. 그렇게 해서는 안 된다. 내가 가는 길은 국가와 민족을 위하고 인류를 위하며 천지를 위하여 행하는 올바른 도인데, 문화 명맥인) 이 올바른 도가 행하여지게 되는 것도 (어디까지나) 운명이요, 이 올바른 도가 (참으로) 중도中途에 끊어지게 되는 것도 (민족과 국가와 시대의) 운명이다. 공백료가 운명을 어찌하겠느냐? (공백료가 말썽피우는 것이 무슨 영향을 미칠 것이며, 또 무슨 관계가 있겠느냐?)"

公伯寮愬子路於季孫, 子服景伯以告, 曰：夫子固有惑志於公伯寮,
공 백 료 소 자 로 어 계 손　　자 복 경 백 이 고　　왈　부 자 고 유 혹 지 어 공 백 료

吾力猶能肆諸市朝。子曰：道之將行也與, 命也。道之將廢也與, 命也。
오 력 유 능 사 저 시 조　　자 왈　도 지 장 행 야 여　　명 야　　도 지 장 폐 야 여　　명 야

公伯寮其如命何？
공 백 료 기 여 명 하

　　공백료公伯寮는 노나라 정치계와 사회에서 지위가 있던 사람이었습니다. 당시 노나라 정권은 계씨가季氏家 삼형제 손 안에 있었는데, 공백료가 몰래 시비를 일으켜 계손季孫에게 공자의 학생인 자로를 헐뜯었습니다. 이것은 자로의 허물을 들추어내어 간접적으로 자로의 스승인 공자까지도 공격한 셈이었습니다.

　　당시 공자 학생 중에 자복子服이란 사람이 있었습니다. 그는 이름이 하何이고 자는 백伯으로, 뒤에 시호諡號를 경景이라고 했으며, 당시 노나라 대부였습니다. 자복이 어느 날 공자에게 와서 말했습니다. "공백료가 말썽을 피워, 가는 곳마다 소문을 만들어 선생님과 맞서고 있습니다. 또, 계손에게 자로를 헐뜯어 선생님을 더욱 괴롭히고 있습니다. 지금 제가 정부에 몸담고 있어 모든 것을 좌우할 수 있는 권력이 있으므로, 집단에 해를 끼치는 이 나쁜 놈을 좀 혼내 줄 수 있습니다. 그놈을 없앨 힘이 제게 있습니다." 말하자면, 자복은 선생님에게 "이렇게 나쁜 놈을 어떻게 해 버릴 것인지 지시해 주십시오." 하고 말한 것입니다.

　　공자는 대답했습니다. "그렇게 충동적이지 마라. 그렇게 해서는 안 된다. 내가 가는 길은 국가와 민족을 위하고 인류를 위하며 천지를 위하여 행하는 정도正道인데, 걸어가질 수 있는 것도 어디까지나 운명(命)이다. 만약 이 문화 명맥이 참으로 중도에 끊어지려 한다면, 이것 역시 민족과 국가와 시대의 운명이다. 공백료가 말썽피우는 것이 무슨 영향을 미칠 것이며, 또 무슨 관계가 있겠느냐?"

　　이 단락의 첫째 요점은, 공자의 사상과 의지의 굳건함을 보여 주는 것입니다. 둘째 요점은, 공자의 인품과 도덕을 말해 주고 있습니다. 그의 학생 중에는 이렇게 권력을 가진 사람이 있었고, 게다가 그런 사람

이 하나만이 아니었는데도 공자는 처음부터 끝까지 결코 그들을 이용하지 않았습니다. 공자는 이러한 현실적인 힘이 문운세풍文運世風의 흥망성쇠에 별 영향이 없다고 생각했기 때문에, 자복경백이 권력을 씨시 공백료에 대항하자는 건의를 받아들이지 않았습니다. 이로부터 다시 다음 일장一章을 인용하고 있습니다.

산에 들어가 산다고 마음이 편할까

어떤 사람들은 공자의 사상이 은사隱士 사상과 상반된다고 합니다만, 사실 조금도 상반되지 않으며, 심지어 공자도 피세 은둔避世隱遁의 관념을 가지고 있었습니다.

공자께서 말씀하셨다. "(시대가 혼란할 때 처세하는 방법은) 현명한 사람은 어지러운 세상을 피하고, 그 다음의 사람은 어지러운 지역을 피하고, 그 다음의 사람은 자신의 나쁜 태도를 피하(여서, 사람이나 일에 대해 말과 생각을 올곧고 신중 엄밀하게 하며, 누구에게나 온화하고 선량한 태도로 대하고 남을 포용하며, 오만하거나 남을 얕보는 태도를 갖지 말아야 하)고, 그 다음의 사람은 자신의 불평을 피한다."

子曰:賢者辟世,其次辟地,其次辟色,其次辟言。
자왈 현자피세 기차피지 기차피색 기차피언

공자는 살아가는 데에 필요한 여러 모책謀策을 우리에게 일러 주는 것 같습니다. "배운 것도 없고 재주도 없다."(不學無術)는 말이 있습니다. 뒤집어 말하면, 훌륭한 학문은 원칙을 견지하면서도 처세 방법을 아는 것입니다. 공자의 이런 말들은 모두 '술'術, 즉 방법입니다. 여기의 '辟'(피)는 '避'(피)의 고자古字입니다.

공자는 "현명한 사람은 어지러운 세상을 피한다."(賢者辟世)고 했습니다. 시대가 혼란할 때는 현실을 상관하지 않고 현실 사회를 떠나 은사

隱士처럼 수도하러 간다는 것입니다. 그 다음으로 "어지러운 지역을 피한다."(辟地)고 했습니다. 어떤 지역이 너무 혼탁하면 그 환경에 동의하지 않고 그 지역을 떠난다는 것입니다. 그 다음으로 "자신의 나쁜 태도를 피한다."(辟色)고 했습니다. 처세의 태도에 주의하는 것입니다. 요동치는 난세에는 사람이나 일에 대해 말과 생각을 올곧고 신중 엄밀하게 하며, 누구에게나 온화하고 선량한 태도로 대하고 남을 포용하며, 오만하거나 남을 얕보는 태도를 갖지 말아야 한다는 것입니다. 상대적으로 말해서, 돌아가는 정세를 보니 옳지 않고 대체로 그 사람과는 자신이 잘 맞지 않는다면, 자신이 좀 일찍 떠나버리자는 것입니다. 마지막으로 "자신의 불평을 피한다."(辟言)고 했습니다. 함부로 불평하지 말아야 한다는 것입니다.

이것이 공자가 우리에게 말해 주는 '네 가지 피함'(四辟)입니다. 이것으로 보아도, 공자가 어찌 은사 사상을 찬성하지 않았다고 할 수 있겠습니까? 그가 제자들에게 '네 가지 피함'을 가르쳐준 것이 이미 은사의 길을 걸어간 것입니다.

이 '네 가지 피함'을 통해 옛날 지식인들의 처세 방침을 알 수 있습니다. 이를 토론해 보면, 개인의 사상 문제에까지 연관되어 서양에서 말하는 개인주의나 자유주의와 유사한 점이 있습니다. "피세, 피지, 피색, 피언"辟世, 辟地, 辟色, 辟言은 과거 지식인들이 난세에 처했을 때, 즉 "나라에 도가 없는"(邦無道) 상황에서 선택한 개인주의적 자유주의로서, 차라리 물러나 자신의 고결함을 지킬지언정 어지러운 사회에 휩쓸려 더럽혀지기를 원치 않았습니다. 은사의 노선이 바로 이와 같았습니다. 그러나 어지러운 세상을 바로잡고 국가 사회에 공헌할 수 있을 때에, 은사가 채택한 원칙은 정의로운 사업을 위하여 자신을 희생시킬 수 있다는 "성인취의"成仁取義의 노선이었습니다.

이 두 개의 노선은 중국 지식인의 사상 문제일 뿐만 아니라, 전 세계인에게 모두 해당하는 문제입니다. 서양의 정치사상과 서양 문화를 연구해 보면 유럽 각국을 포함하여 미국에 이르기까지 모두 이와 같았습니다. 이른바 개인주의와 자유사상이 최고도에 이르면 곧 절대적 개인

주의에 입각한 방임적 자유주의가 되는데, 이것은 필연적인 발전입니다. 그러므로 옛날의 자유주의 사상은 법으로 그 한계를 다스렸고, 사람마다 법을 지킬 수 있어야 비로소 자유를 말할 수 있었습니다. 그러나 오늘날 중국에 이르러서는 젊은이들이 동서문화의 이 사상 조류의 정신이 어디에 있는지도 알지 못하고, 서구화를 배웠다 하여 툭하면 자유를 말하면서 서양 자유주의의 참 정신을 이해하지 못하고 완전히 개인적인 이기주의로 변질해 버렸습니다.

이 단락을 표면적으로 보면 공자가 은사隱士를 반대한 것으로 보이지만, 실제로는 은사 사상이 농후하게 담겨 있습니다. "피세"辟世는 시대가 잘못된 길로 나아가고 있지만 바로잡을 능력이 없고 만회할 수 없다고 느낄 때에는 세상을 피한다는 것입니다. 그런데 세상을 피해서 무엇을 한다는 것일까요? 쓸모 있는 자신을 보존하여 더 큰 공헌을 할 수 있는 기회를 기다리는 것입니다. 좀 듣기 나쁘게 말하면, 소극적으로 자기 몸을 보전하는 것입니다.

이 단락에서뿐만 아니라 『논어』의 여러 곳에서 공자는 이런 주장을 하고 있습니다. 즉 "나라가 정상 궤도에 있을 때에는 말을 바르게 하고 행동도 바르게 해야 하지만, 나라가 정상 궤도에 있지 않은 때에는 행동은 바르게 하되 말은 겸손해야 한다."(邦有道危言危行, 邦無道危行言孫)라든가, 남용南容을 칭찬하면서 "나라가 정상 궤도에 있다면 버림받지 아니하고, 나라가 정상 궤도에 있지 않는다 해도 처형은 면하겠다."(邦有道不廢, 邦無道免於刑戮)고 한 말을 보면, 공자의 관념 속에서 언제 은사 사상을 모조리 인정하지 않은 적이 있었던가요?

그러므로 엄격히 연구해 보면, 문제가 크다고 나 자신은 생각합니다. 적어도 5, 60년 전까지 수천 년 동안 줄곧, 공부를 잘한 옛 지식인들은 강력한 추진력이 부족했습니다. 우리 모두도 마찬가지인데, 이론은 말할 줄 알지만 강력한 추진력이 부족합니다. 강력한 추진력이 있을 때는 흔히 또 학식이 너무 부족해서 일을 성취할 수 없습니다. 그래서 나는 나이 많은 친구들과 늘 이런 이야기를 합니다. "지금 이렇게 적지 않은 지식을 가지고 있는 우리에게 20대나 마찬가지의 체력으로 되돌아가도록 허락된다면, 다들 정말 뭔가 제대로 해낼 수 있지 않을까."

　사람들은 지식이 비교적 풍부해지고 머릿속에 사상이 갖춰질 때쯤에 이르면, 이미 나이가 많게 되어 용기가 약해져 버립니다. 동서고금의 역사상의 인물들은 종종 노년인의 비교적 성숙한 지혜가 젊은이의 영예감에서 나오는 강력한 추진력의 용기와 결합하여 새로운 역사의 경지를 창출할 수 있었습니다.

　공자께서 다시 말씀하셨다. "이렇게 세상을 피한 자가 일곱 사람이다."

　　子曰：作者七人矣。
　　자 왈　작 자 칠 인 의

　이 말은 앞 글과 맞물려 한 단락을 이룹니다. 세상을 피해 사는 사람이 모두 일곱 명이라는 것입니다. 이 일곱 사람은 도대체 누구일까요? 이름을 들어 설명하지 않았으니, 우리도 억지로 끌어다 늘어놓을 필요는 없습니다. 이 부분을 얘기하려니, 옛 사람의 절구시絶句詩가 생각납니다.

　십 년 동안 문무 닦아 출세하려 했건만　　十年橐筆走神京
　종리를 한 번 만나자 그를 흠모하였네　　一遇鍾離蓋便傾
　당나라 사직에 반드시 무심한 건 아니었건만　未必無心唐社稷
　금단 한 알이 선생을 그르쳤네　　金丹一粒誤先生

　이 시는 여순양呂純陽을 두고 지은 것입니다. 시로써 시를 논하면, "당나라 사직에 반드시 무심한 건 아니었건만"(未必無心唐社稷)이라는 구절은 공자가 "이렇게 세상을 피한 자가 일곱 사람이다."(作者七人矣)라고 말한 고충苦衷을 설명하기에 딱 알맞습니다. 사람이 금단金丹에 빠져 일생을 그르칠 필요는 없습니다. 본디 금단에 빠져 잘못되고자 했던 것은 아니었고, "영웅이 물러나서 신선이 된다."(英雄退路做神仙)는 격일뿐이었습니다. 천추만대를 바라보는 사업을 추구하다가 다른 길로 빠져든 것일 뿐이었지요. 어떤 이는 천당으로, 어떤 이는 극락으로 갈 바라듯, 바라는 바가 다 다른데, 대성인이 아닌 한 그 누가 참으로 적막寂寞을 달게 여기려 하겠습니까!

위에서 공자는 세상을 피한 성인이 일곱이라고 말했습니다. 이 일곱 사람은 『논어』 속에서 언급된 몇 사람일 가능성도 있습니다. 공자는 늘 이 사람들에게 난감할 정도로 꾸지람을 들었습니다. 그러나 사실은 꾸지람이 아니라, 그들 사이에 주고받는 유머였습니다.

그 중 한 사람인 초광楚狂은 초나라의 한 광인狂人이었습니다. 여기서 말하는 광인狂人이란 오늘날 같은 미치광이를 가리키는 것이 아니라 조금도 구속받지 않고 아무것도 개의치 않는 사람을 말합니다. 이런 부류의 은사에 대해서는 공자가 많이 언급했습니다. 일반 주해註解에는 그 일곱 사람을 누구라고 감히 확언하지 않았습니다. 『논어』에 기록된 초광楚狂·장저長沮·걸익桀溺·하조장인荷篠丈人 그리고 하궤자荷蕢子·신문晨門 등이 모두 은사입니다. 신문晨門은 성문을 지키는 직책을 맡은 사람을 가리키는데, 고대의 낮은 관료로서 오늘날의 공무원에 해당하며, 여기서는 직책으로 그의 이름을 대신하고 있습니다. 이제 이분에 대해 이야기합니다.

참으로 숨을 줄 아는 자는 시장이나 조정에 숨는다

(어느 날) 자로가 석문石門(이라는 곳)에서 묵게 되었는데 (아침에 일어나니), 성문지기가 물었다. "어디에서 오셨소?"

자로가 대답하였다. "공씨 문중에서 왔소이다."

"(성이 공씨인 공구孔丘 말인가요?) 해 보았자 안 되는 줄 알면서도 한사코 하는 바로 그분 말인가요?"

(성문지기는 바로 은사로서, 학문도 훌륭하고 도덕도 훌륭한데 하급 공무원 무리 속에 숨어 살고 있었던 것입니다)

子路宿於石門。晨門曰：奚自？ 子路曰：自孔氏。曰：是知其不可
자로숙어석문　신문왈　해자　자로왈　자공씨　왈　시지기불가

而爲之者與？
이 위 지 자 여

　어느 날 자로가 '석문'石門이란 곳에서 밤을 지내고 아침에 일어나니, 어떤 신문晨門이 자로에게 어디서 왔느냐고 물었습니다. 자로는 공자가 있는 곳으로부터 왔다고 했습니다. 그러자 신문은 "성이 공씨인 공구孔丘 말인가요? 해 봐야 안 된다는 것을 뻔히 알면서도 한사코 하고 싶어 하는 그 사람 말인가요?" 라고 물었습니다.

　이 신문은 바로 은사隱士로서, 학문도 훌륭하고 도덕도 훌륭한데 하급 공무원 무리 속에 숨어 살고 있었던 것입니다. 옛 말에 "작은 은둔은 산림에 있고, 큰 은둔은 시장이나 조정에 있다."(小隱在山林, 大隱於市朝)고 했는데, 은사가 되어 산 속으로 들어가는 것을 소극적인 은둔 곧 소은 小隱이라 불렀습니다. 공자가 말한 "세상을 피하고 지역을 피한다."(辟世, 辟地)는 뜻입니다. 그런데 어떤 이는 일생 동안 벼슬하다가 죽음을 눈앞에 두고서야 비로소 그가 은사 노릇을 하고 있었음을 남들이 알게 됩니다. 이것이 바로 "큰 은둔은 시장이나 조정에 있다."(大隱於市朝) 것입니다.

　나는 퇴직하고 싶어 하는 친구들에게, 아직 힘이 좀 있으니 퇴직하지 말고 다 공헌하고 나서 그만 두라고 권합니다. 어떤 친구들은 퇴직해서 장사를 하여 돈을 벌겠다고 합니다. 그런데 장사를 하는 친구는 "수십 년 동안 공무원 하고 나서도 장사하여 돈을 벌겠다면, 우리같이 일생 동안 장사한 사람은 헛수고한 것이 아닌가?" 라고 말합니다. 그래서 나는 친구들에게 자신이 가진 능력으로 끝까지 공헌하면 얼마나 좋겠느냐 하면서, 퇴직하지 말라고 충고합니다. 이것이 바로 크게 숨는 것으로서, 소동파가 그의 시에서 "바다 같은 만인 속에 한 몸을 숨긴다."(萬人如海一身藏)고 한 것처럼 대단히 묘합니다.

　현대는 공업 사회이므로 은사가 되는 것이 농업 사회 때와는 다르므로, 생활비만 좀 있으면 아파트 식으로 된 방 하나를 임차하여 그 안에서 책을 읽거나 정좌靜坐하면서 은사 노릇을 할 수 있습니다. 사람들과 왕래하지 않으니, 그 안에서 죽어 썩어도 다른 사람들이 모를 것입니다. 이처럼 오늘날에는 은사 노릇을 하려면 얼마든지 시장이나 조정에 숨어서 할 수 있습니다(웃음).

위에서 은사의 노선을 얘기했습니다. 그런데 그들은 왜 은사가 되고 싶어 했을까요? 시대를 돌이킬 방법이 없었기 때문입니다. 신문晨門이라는 은사는, 공자가 시대를 어찌 해 볼 수 없다는 것을 분명히 알면서도 한사코 해 보려 한다고 말했습니다. 이 노형의 비평은 아주 적절합니다. 그는 공자가 옳지 않다고 꾸짖지도 않고, 또 옳다고도 하지 않으면서, 다만 자로에게 "해 보았자 안 되는 줄 알면서도 한사코 하는 바로 그 공 씨라는 사람 말인가?" 라고 말했을 뿐입니다.

공자를 성인이라 할 수 있는 핵심이 바로 여기에 있습니다. 그런데 공자를 배우기 어려운 점도 바로 여기에 있습니다. 노자나 장자 같은 사람은 학문이 대단히 뛰어나고 수양이 심원한 사람들로서 눈앞의 시대를 돌이켜볼 방법이 없다는 것을 알고는 물러나 숨어 버렸습니다. 뒷날 당대唐代의 유명한 문중자文中子 ― 본명은 왕통王通으로서 등왕각서滕王閣序를 쓴 왕발王勃의 조부임 ― 라는 분은 유불도儒佛道 삼가의 학문에 통달했습니다. 수양제隋煬帝 때에 그는 아직 젊은이로 뜻을 천하에 두었지만 가는 곳마다 벽에 부딪쳐 통할 수 없게 되자, 현실이 재능과 학문을 펴기에 마땅하지 않음을 보았습니다. 그래서 물러나 학문을 강講하여 다음 세대를 양성하고 젊은이를 교화시킴으로써 씨앗을 널리 퍼뜨렸습니다.

뒷날 당태종의 개국 명신이 된 방현령房玄齡이나 두여회杜如晦 같은 사람들 모두 문중자의 학생들로서, 그의 목적은 달성되었던 것입니다. 그래서 문인들은 그가 죽은 뒤, 그를 받들어 시호를 文中子(문중자)라 했습니다.

끝이 어려워라

공자가 위나라에 계실 때 어느 날 경쇠를 치고 있었는데,

삼태기를 지고 공자가 계신 집 문 앞을 지나던 어떤 사람이 말하였다. "(이 안에서 경쇠를 치는 사람은 결코 평범한 사람이 아니다. 무엇인가) 깊은 마음이 깃들어 있구나, 경쇠 치는 것이!"

조금 있다가 다시 말하였다. "고집스럽구나, 땡땡거리는 그 소리! 아무도 자기를 알아주지 않으면 그것으로 그만두어야지! (시경에 말하기를) '물이 깊으면 아예 옷을 입은 채 건너가고, 물이 얕으면 옷을 걷어 올리고 건너간다.' (고 하였다)

(공자가 세상 사람들을 구제하려는 마음은 너무나 간절하다. 그러나 일반인들은 공자를 받아들이지 못하고, 시대는 이미 돌이킬 수 없다. 이를 수수방관한다는 것은 인생의 책임을 저버리는 것이지만, 그러나 뛰어들어 본들 깊이 들어갈 수도 없고 얕게 들어갈 수도 없지 않은가? 무엇이 안타까워 힘만 들고 아무 보람도 없는 그런 일을 하는가?)"

(제자가 듣고 전해드리자) 공자께서 말씀하셨다. "과연 그럴까? 인생은 마지막이 어려운 법이지! (인생에 대해 최후의 확정된 논단은 정말 내리기 어렵다. 우리가 일생을 살다가 특히 숨이 끊어질 때, 인생이라는 자신의 이 한 편의 글에서 마지막 장을 가장 쓰기 어려운 것이다. 큰 일이든 작은 일이든 모두 끝이 어렵다)"

子擊磬於衛。有荷蕢而過孔氏之門者, 曰:有心哉, 擊磬乎! 旣而曰:
자 격 경 어 위　유 하 궤 이 과 공 씨 지 문 자　왈　유 심 재　격 경 호　기 이 왈

鄙哉, 硜硜乎! 莫己知也, 斯已而已矣! 「深則厲, 淺則揭」。子曰:果哉!
비 재　갱 갱 호　막 기　지 야　사 이 이 이 의　심 즉 려　천 즉 게　자 왈　과 재

末之難矣!
말 지 난 의

이 단락에 대해서 나 개인은 옛 사람의 의견과는 좀 다르며, 송나라 유학자인 주자의 주해註解에도 감히 쉽게 동의하지 못합니다. 이 단락에서도 한 은사를 만나게 된 이야기를 하고 있습니다.

경쇠磬는 고대에 옥석玉石 같은 것으로 만든 타악기입니다. 후세에 사

원에서 치는 동제 원형의 경쇠磬는 글자의 밑 자가 '돌 석'(石)이 아니라 '장군 부'(缶)자입니다. 한번은 공자가 타악기인 경쇠를 치고 있었는데, 때마침 삼태기를 짊어진 사람이 공자의 집 앞을 지나가게 되었습니다. 그는 공자가 치는 경쇠 소리를 듣고, "이 안에서 경쇠를 치는 사람은 결코 평범한 사람이 아니라 무엇인가 마음이 있는 사람이다." 라고 말했습니다. 후세의 우리들이 친구들과 얘기할 때 세상을 걱정하고 시대를 걱정하는 말을 들으면 늘 말하기를, "자네는 뜻이 있는 사람이로군." 하는데, 바로 『논어』 속에 나오는 말입니다(유심인有心人이란 뜻 있는 사람. 군은 의지나 큰 결심이 있는 사람. 포부가 큰 사람이란 뜻이다—역주). 천하국사天下國事에 마음이 있고, 세상과 사람 구제에 뜻을 두는 사람이 바로 '마음이 있는 사람'입니다. 삼태기를 짊어진 사람은 공자의 음악을 듣고는 "깊은 마음이 깃들어 있구나, 경쇠 치는 것이!"(有心哉, 擊磬乎) 하고 말했습니다. 이 말은 "공자는 음악을 위해 음악을 하는 보통 사람이 아니라, 세상과 사람들을 구제하려는 진지하고도 깊은 마음을 음악으로 드러내고 있다."는 뜻이었습니다.

그러더니 그 자리에서 음악을 더 들어 보고는, "이 사람은 너무 고집스럽다." 하고 말했습니다. "고집스럽구나!"(鄙哉)라는 말은 꾸짖는 뜻이 아니라, 위에서 말한 "해 보았자 안 되는 줄 알면서도 한사코 한다."(知其不可而爲之)는 뜻입니다. 그 경쇠 소리에는 쉽게 단념하려고 하지 않는 꿋꿋한 풍격이 가득하다는 것입니다. 그는 공자가 어떻게 해 볼 방법이 없다는 것을 뻔히 알면서도 한사코 해 보려고 하는 지나치게 긍정적인 생각을 가지고 있고, 또 자신을 너무 믿고 있다고 지적했습니다.

"그것으로 그만두어야지!"(斯已而已矣)라는 말은 "시대가 이미 이 모양이 되어 버렸으니 그대는 만회할 수 없다. 그러니 이제 그만두라."는 뜻입니다. "물이 깊으면 아예 옷을 입은 채 건너가고, 물이 얕으면 옷을 걷어올리고 건너간다."(深則厲, 淺則揭)는 말은 『시경』詩經의 「위풍」편衛風篇 「웅치」장雄雉章에 나오는 시구詩句입니다. 삼태기를 짊어진 사람이 여기에서 이 시구를 인용한 뜻은 이렇습니다. "만약 시대가 구해 낼 수 있는 정도라면 그대는 힘을 다해 구해야 한다. 그러나 시대를 돌려세울 방법이 없는 지경에 이르렀다면, 물러나 재능을 감추어 남들이 싫어하지 않도록 하는 것이 좋다. 마치 강을 건널 때 얕은 곳은 옷을 걷어 올리고 건너갈 수 있지만, 물이 깊은 곳은 아무리 옷을 걷어 올려도 젖기 마련이니 아예 입은 채 그대로 건너가는 것과 같다."

삼태기를 짊어진 사람이 문 앞에서 이런 비평을 하자, 공자의 학생이 듣고 선생님께 말씀드렸습니다. 그러자 공자는 "정말일까?" 하면서 "인생은 마지막이 어려운 법이지!"(末之難矣)라고 말했습니다. 내가 옛 사람과 다르게 해석하는 점이 바로 이 말에 있습니다. 옛 사람은 '말'末자를 없다는 뜻으로 풀이해서 "어려울 것이 없다."라는 뜻으로 풀이했습니다. 그러나 나는 이 말末자를 최후라는 뜻으로 봅니다. 즉, 공자는 "인생 최후의 확정된 논단은 정말 내리기 어렵다. 우리가 일생을 살다가 특히 숨이 끊어질 때, 인생이라는 자신의 이 한 편의 글에서 마지막 장을 가장 쓰기 어려운 것이다. 큰 일이든 작은 일이든 모두 끝이 어렵다."고 했습니다.

아울러 공자는 여기서도 음악의 원리를 말하고 있는데, 최후의 여음을 처리하는 것이 아주 어렵다는 것입니다. 음악 연주가 끝나고 난 후에도 그 여운이 3일 동안 감돌며 남아 사람들로 하여금 그 맛을 깊게 느낄 수 있도록 하기란 아주 어려운 것입니다. 이 마지막 부분에 대해서, 만일 옛 사람의 생각대로 공자가 세상일에 무슨 어려울 것이 없다고 말한 것으로 해석한다면 공자란 사람은 너무 덜렁대는 것이 됩니다.

다시 처음으로 돌아가, 이 말에 대한 내 해석이 왜 옛 사람과 다른지 토론해 봅시다. 주희朱熹 등의 『논어 주해』를 보면, 옛 사람의 해석이 주관적主觀的임을 발견하게 됩니다. 그들은 공자를 무슨 종교 교주같이 우상시하고 있는데, 후세 유가가 가지는 일반적인 편견이었습니다. 송대 유학자들에 이르러서는 그 정도가 더 심해졌습니다. 우리가 알다시피 공자는 성인聖人이며 대단히 위대합니다. 그러나 진정한 대성인이라면 절대 자신을 교주로 여기지 않으며, 자신의 언행과 태도를 절대 교주인 양하지 않을 것입니다. 그렇게 한다면 그는 성인이 되기에 부족합니다. 공자까지 갈 필요 없이 보통 사람도 소위 "학문심시의기평"學問

深時意氣平이어서 진정으로 깊은 학문 수양에 이르게 되면 아주 평담해져서 무슨 대단한 것이 없다고 느낄 것입니다. 만일 마음속으로 자기가 대단해서 다른 사람들보다 훌륭하다는 관념을 가지게 된다면 그 사람은 끝난 것입니다.

그러므로 이런 관념은 없애 버려야 하며, 이런 관념을 없애 버리고 나서 다시, 이 삼태기를 진 은사가 인용한 "물이 깊으면 아예 옷을 입은 채 건너가고, 물이 얕으면 옷을 걷어 올리고 건너간다."라는 말을 보면, 그 진정한 뜻은 바로 처세의 어려움을 가리켜서 한 말입니다. 사람은 사회에서 많은 일들을 상황에 따라 임기응변으로 처리해야 합니다. 동란動亂 시대에도 그렇게 해야 하며, 친구나 배우자나 자녀들에게도 너무 깊지도 않고 너무 얕지도 않은 알맞은 정도를 지켜야 합니다. 깊고 얕은 그 사이에서 꼭 알맞은 곳에 이를 수 있는 것이 바로 가장 큰 재간입니다.

시대에 맞지 않다

상고上古의 『시경』까지 인용하지 않더라도, 당대唐代 주경여朱慶餘의 명시를 인용해 보겠습니다.

지난 밤 신방에 붉은 촛불 밤새 켜졌고	洞房昨夜停紅燭
이른 아침 당 앞에서 시부모께 절 올릴 일 남았네	待曉堂前拜舅姑
화장 끝난 신부 남편에게 나직이 묻기를	妝罷低聲問夫婿
눈썹화장이 요즘 유행에 맞나요?	畫眉深淺入時無

이 시 역시 그런 뜻입니다. 당나라의 아주 많은 시들은 남녀 간의 즐거움(男女相悅)을 비유로 활용하였는데, 특히 처녀 감정을 비유로 하여 자신의 생각과 감회를 표현했습니다. 부귀공명을 얻은 기쁨이나 실패와 고생의 시름을 처녀의 정감으로 그려내었던 것입니다.

이 시는 과거시험에 합격하였기에 뜻을 이루어 기쁜 표정이 얼굴 가득한 모양을 나타낸 것으로, 윗사람을 찾아뵙기 전에 정성들여 한 자기의 화장이 윗사람에게 좋은 첫인상의 소감을 줄 수 있기를 바라는 것입니다. 모든 준비를 다 해 놓았지만 그 환경을 잘 알지 못해 아직 마음이 놓이지 않아, 윗사람의 뜻에 맞을지 안 맞을지를 스승과 동료들에게만 가만가만히 알아본다는 것입니다. 우리는 평생 일을 하지만, 새로운 환경에 처할 때마다 도대체 '화장'을 짙게 해야 할지 담담하게 해야 할지, 꼭 알맞은 정도로 한다는 것이 정말 어렵습니다. "눈썹 화장이 유행에 맞나요?"(畵眉深淺入時無)라는 것은 곧 시대에 맞는지를 묻는 것입니다. 아무리 정성을 들인 화장이라도 시대에 맞지 않으면 소용이 없는 것입니다.

다시 옛 사람이 남긴 다음 두 구절의 명시를 봅시다.

당시 사람들 눈에 들지 못함을 일찍 알았더라면	早知不入時人眼
연지를 많이 사서 모란꽃을 그릴 것을	多買胭脂畵牡丹

이 시는 표면상 그림의 화제畵題같아 보이지만, 사실은 세태를 불평하는 시입니다. "사람은 권세와 이익을 좋아해서, 부귀한 자와 관계를 맺기 좋아하고 고상한 격조에 대해서는 눈에 거슬려한다는 것을 일찍 알았더라면, 좀 속되게 연지를 더 발라 부귀화(富貴花: 모란꽃은 부귀를 상징함)를 그렸을 텐데."라는 뜻입니다.

우리가 시의 참뜻을 이해하지 못하면, 그저 평범한 문학 작품으로만 여기게 됩니다. 그래서 어떤 사람은 시를 쓰는 것은 병이 없으면서도 신음하는 것과 같은 것이라고 했습니다. 그러나 사실은 많은 시들 속에는 정치 철학과 인생철학 모두가 배치되어 있습니다. 우리가 일생을 살아도 '눈썹 화장을 어떻게 해야 유행에 맞을지'를 알지 못하는데, 이것은 곧 인생철학이기 때문입니다. 그러므로 중국 철학을 연구하려면 반드시 문학도 잘 알아야 하기 때문에 어렵습니다. 여기서 시 한 수를 더 보겠습니다. 진도옥秦韜玉의 「가난한 여인을 읊은 시」(詠貧女詩)입니다.

가난한 집안이라 비단옷 향기 아직 모르는데	蓬門未識綺羅香
좋은 중매 부탁하려니 더욱 마음 아프네요	擬託良媒益自傷
그 누가 높은 격조 풍류를 사랑하고	誰愛風流高格調
오늘 세태 함께 연민하여 엷은 화장 할까요?	共憐時世儉梳妝
감히 열 손가락 바느질 솜씨 자랑하여	敢將十指誇針巧
누가 두 눈썹 잘 그리나 겨뤄 보지 않을래요?	不把雙眉鬪畫長
괴롭고 한스러워요, 해마다 금실 수놓음	苦恨年年壓金線
남을 위해서만 신부 옷을 지으니까요	爲他人作嫁衣裳

왜 오늘 이런 시들이 철학과 관계가 있다고 이야기하는 것일까요? 지난날 중국의 지식인들은 만년에 가정으로 돌아와, 붓글씨를 쓰거나 시詩와 사詞를 지으면서, 시간이 모자란 듯이 하루 종일 바쁘게 지냈습니다. 그런데 오늘날 사람들은 은퇴한 뒤 부부 중 한 쪽이 먼저 세상을 떠나거나 자녀들이 자라서 떠나고 나면 몹시 공허함과 적막함을 느낍니다.

어느 대학 교수도 60세 이후에 이런 느낌이 들었다고 하는데, 그는 신앙하는 종교도 없었습니다. 내가 그에게 시를 지어 보라고 권했더니, 자기는 시를 지을 줄 모른다고 했습니다. 그래서 나는 "금방 시를 배울 수 있습니다. 일주일 후면 시를 지을 수 있다는 것을 제가 보장하겠습니다. 그런데 배우기는 쉽지만 뛰어난 시를 짓기는 어렵습니다." 하고 말해 주었습니다. 그 뒤에 과연 그는 곧 시 짓는 데 흥미를 가지게 되었습니다. 현재 그는 이미 70세가 되었고 뜻밖에 시집도 한 권 냈습니다. 이제 자신의 여생을 무료하지 않게 보낼 수 있을 만한 수준이 되었습니다.

이처럼 시를 짓는 수양은 아주 쓸모가 있습니다. 사람을 만나지 못하면 마음에 불평이 쌓이기 마련인데, 이런 불평도 흰 종이에 검은 글자로 표현하여 놓고 자기가 한번 읽어 보면 다 풀 수 있고, 마음에 얻는 바가 있을 수 있습니다.

이 「가난한 여인을 읊은 시」는 겉보기에는 가난한 집 여인을 묘사한 것 같지만 실제로는, 학문은 훌륭하나 불운하여 뜻을 이루지 못한, 이른바 재능을 품고 있지만 불우한 사람을 넌지시 암시하고 있습니다. 마치 오늘날 학문은 훌륭하지만 특별 시험이나 고시에 합격하지 못해, 여기서 벽에 부딪치고 저기서 통하지 않아 그저 하급 공무원 노릇만 하고 있는 사람과 같습니다.

이 시는, 남루한 초가집에 살면서 고귀한 분들의 화려한 의복 냄새조차도 맡아 본 적이 없는 한 가난한 여인이 중매쟁이에게 좋은 혼처를 하나 찾아 달라고 부탁하고 싶지만 자신의 비천함을 생각하고 마음 아파하면서, 굳이 스스로를 굽혀 자기를 내세우지 않으려는 마음을 묘사하고 있습니다. 학문과 재능을 갖춘 사람이 구차스럽게 친구에게 일자리를 구해 달라고 부탁하고 싶지 않은 것에 비유할 수 있습니다. 그러나 시대 풍조는 매우 현실적이고 저속해서 청송명월靑松明月과 같은 격조를 절대로 좋아하지 않습니다. 비록 시대가 이와 같지만, 가난한 여인은 오히려 그런 풍조를 따르는 사람들을 가련하게 여기며, 자신만은 소박함과 순진함을 보존하여 결코 세속을 따라 살지 않겠다는 것입니다.

이 시에서 가난한 여인은 바로 작자 자신을 나타내고 있습니다. 사람들이 모두 다 현실적이어서 남에게 자기를 소개하고 아첨하거나, 텔레비전에 나가고 신문에 이름을 내어 출세할 방법을 찾고 있지만, 자기는 이런 사회 풍조를 옳지 않게 생각하므로 굳이 그런 길을 가지 않고 소박함을 지켜 나가겠다는 것입니다. 이것으로 작자의 수양과 대단한 자부심도 알 수 있는데, 가난한 집 여인처럼 여자로서의 자기 일솜씨가 그 누구보다도 뛰어나다고 대담하게 자랑하고 있는 것은, 이 어찌 자기의 학문과 재간이 그 누구보다도 훨씬 높다고 자부하는 것이 아닌가요? 그러나 시의時宜에 맞지 않아, 자기가 이런 시대에는 뜻을 이룰 수 없고 국가 사회에 직접 공헌할 기회가 없음을 괴롭게 한탄하고 있습니다. 이것 역시 시로써 자신의 불평을 토로한 것입니다.

중국의 시문詩文은 미언대의微言大義가 흔히 한 글자 속에 있는데, "누가 두 눈썹 잘 그리나 겨뤄 보지 않을래요?"(不把雙眉鬪畵長)의 '鬪'(투)자가 바로 이 시의 화룡점정畵龍點睛입니다. '싸운다'(鬪)는 것은 곧 남과 경쟁하는 것으로, 남이 예쁘게 단장하면 자기는 남보다 더 예쁘게 단장하여 자기를 내세워 기회를 찾는 것입니다.

눈썹을 그리는 이야기가 나오니 말입니다만, 옛 사람은 시에서 이런 부류의 일을 많이 묘사하고 있습니다. 어떤 문인들은 배불리 먹고 나서 여인들이 화장하는 모습을 실제로 보면서 시를 짓기도 했는데, 이런 시들은 소위 향염체시香艶體詩라 불립니다. 여기에 소개한 「가난한 여인을 읊은 시」는 향염체시에 속하는 것은 아니고, 거기에 의탁하여 작자의 함의涵意를 나타낸 것입니다.

다시 『논어』 본문으로 돌아와, 삼태기를 진 사람이 『시경』에 나오는 "물이 깊으면 아예 옷을 입은 채 건너가고, 물이 얕으면 옷을 걷어 올리고 건너간다."(深則厲, 淺則揭)라는 구절을 인용하여 공자를 평한 것과, 위의 시에 나오는 "눈썹 화장이 요즘 유행에 맞나요?"(畵眉深淺入時無)라는 구절은 곡은 달라도 그 교묘한 솜씨는 똑같습니다. 공자가 연주한 음악을 듣고 그는 이렇게 이해하였습니다. "공자가 제세구인濟世救人하려는 마음은 너무나 간절하다. 그러나 일반인들은 공자를 받아들이지 못하고, 시대는 이미 돌이킬 수 없다. 이를 수수방관한다는 것은 인생의 책임을 저버리는 것이지만, 그러나 뛰어들어 본들 깊이 들어갈 수도 없고 얕게 들어갈 수도 없지 않은가? 무엇이 안타까워 힘만 들고 아무 보람도 없는 그런 일을 하는가?" 이것은 내가 옛 사람과 약간 다르게 해석하는 점입니다. 그 다음으로, "과재! 말지난의!"果哉! 末之難矣! 에 대해서도 나는 옛사람의 해석과는 다릅니다. 즉, 공자는 "결론이 어렵다. 인생의 마지막 장은 글을 쓰기가 어렵다." 라고 말한 것입니다. 그렇지만 나의 해석이 맞는지 안 맞는지는 나도 모릅니다. 각자 자기 설을 말할 뿐이겠지요!

자장이 말하였다. "『서경』에 말하기를 (은상殷商 시대의 대단히 현명한 황제) '고종高宗은 묘막墓幕에서 복상服喪하면서 삼 년 동안 말씀을 하시지 않았다.' 하였는데, 무슨 뜻입니까?"

공자께서 말씀하셨다. "어찌 반드시 고종뿐이겠느냐? 옛날 사람들은 모두 그러하였다. 임금이 돌아가시면 삼 년 동안 모든 관리들은 자기 책임 하에 직책을 수행하고 재상에게 보고할 뿐이었다. (새 황제에게는 보고할 필요가 없었다. 새 황제는 선왕先王의 죽음을 슬퍼해서 나랏일을 돌볼 수 있는 심정이 못 되었기 때문이다)"

子張曰：書云：「高宗諒陰，三年不言」。何謂也？子曰：何必高宗？
자장왈　서운　고종양음　삼년불언　하위야　자왈　하필고종

古之人皆然。君薨，百官總己，以聽於冢宰，三年。
고지인개연　군훙　백관총기　이청어총재　삼년

　이것은 한 가지 의문스러운 사안입니다. 고종高宗은 은상殷商 시대의 대단히 현명한 황제로서 이름은 무정武丁입니다. '양음'諒陰에 대해서는, 황제의 부모가 죽었을 때 수제거상(守制居喪: 부모상을 당해 만 27개월 동안 근신하며 말도 하지 않고 교제도 끊고, 심지어 이 기간에는 과거응시도 포기하고 부모상을 입었던 옛 제도—역주)한 것을 일컫는다고 지난 수천 년 동안 해석되어 왔습니다. 그렇지만 이 점은 상당히 의심스럽고, '양음'諒陰이 도대체 수제守制 가운데 있는 것인지 없는 것인지조차 철저하게 고증할 길이 없습니다.

　오늘날 우리들은 이전의 해석에 따라 고종이 수제守制 중 3년 동안 말을 하지 않았다고 생각합니다. 이것은 무슨 뜻일까요? 정말 그렇다면 정도가 좀 지나쳐서 인정人情과는 가깝지 않습니다. 송宋나라 효종孝宗의 우정(愚情: 송나라는 태조 조광윤〈趙匡胤〉이 태종 조광의〈趙匡義〉에게 왕위를 물려준 후 조광의의 자손들이 대대로 왕위를 이어갔는데, 고종 때에는 왕위를 이을 자식이 없었으므로 태조의 7세손이자 고종의 조카뻘인 효종에게 왕위를 물려주었음. 이에 효종은 고종을 친부모처럼 여기고 고종이 죽자 3년상을 지키며 조정의 정사〈政事〉를 돌보지 않았는데, 이를 愚情이라 일컬음—역주)보다도 더 지나칩니다. 공자는 말하기를, "너는 고종高宗까지 물을 필요가 어디 있느냐? 사실 고대 문화는 효도로써 국가를 세웠기에 모두 다 그러했다. 황제가 죽으면 신하들은 저마다 책임을 지고 자신의 위치를 지켰다."고 했습니다.

　"백관총기"百官總己는 모든 관리가 자신의 위치를 지키고 모든 문제마다 자신이 책임지고 처리할 줄 알았다는 것입니다. 어떤 해석에는, 이 구절의 뜻이 사무를 모두 재상에 넘겨 처리하도록 한 것이라고 합니다.

그러나 사실은 '총기'總己란 사람들이 각자 책임 하에 자기 일을 하는 것을 말합니다. 많은 작은 문제들은 회의를 열 필요 없이 각자가 자기 책임 하에 해결할 수 있는데, 자기가 책임지는 것을 두려워한다면 곧 '총기'總己가 없는 것이 됩니다.

"백관총기, 이청어총재"百官總己, 以聽於冢宰는 모두가 책임을 지고 일을 처리하고 문제를 해결한 후에 재상에게 보고할 뿐, 새 황제에게는 보고할 필요가 없었다는 것입니다. 왜냐하면 새 황제는 선왕先王의 죽음을 슬퍼해서 나랏일을 돌볼 수 있는 심정이 못 되었기 때문입니다. '불언'不言도 3년 동안 선왕先王의 죽음에 대해 감히 말하지 않았던 것일 가능성이 높습니다. 혹은 어떤 일에 대해 차마 다시 말하지 못한 것을 가리킬 수도 있는데, 그런 무거운 심정은 대략 3년 동안 계속되었습니다.

이 단락은 이렇게 해석할 수밖에 없습니다. 솔직히 이 단락의 글에 대해서는 아직 풀지 못한 게 있습니다. 그렇지만 고찰해 볼 자료가 없으므로, '양음'諒陰이 상사喪事와 관련이 있다고 알 뿐입니다. 이 단락에 대해서는 지금은 옛 사람의 해석에 따르고 잠시 보류했다가 나중에 다시 볼 수밖에 없습니다. 왜냐하면 내가 읽은 책은 한계가 있고, 앞으로 다른 곳에서 새로운 자료들을 발견하게 될지도 모르기 때문입니다.

공자께서 말씀하셨다. "(지도자나 주관 책임자인) 윗사람이 (인애로써 사람을 대하고) 예의를 좋아하면 백성들은 (감화되기 쉬워서) 이끌기 쉬워진다. (책임이 오로지 윗사람에게 있다)"

子曰:上好禮,則民易使也。
자왈 상호례 즉민이사야

우리는 이 단락의 중점을 파악해야 합니다. 『춘추』春秋에서는 현자를 꾸짖고 있는데, 지도자나 주관 책임자는 인애仁愛로써 사람을 대하라고 가르칩니다. 윗사람이 예의를 좋아하면 아랫사람은 감화되기 쉬워서 이끌기 쉬워진다는 것입니다. 공자의 이 말은, 책임이 오로지 윗사람에게 있다는 것으로, 사회에서 명망이 있거나 정치적 지위가 있는 사람에 대해서는 공자의 요구가 특히 엄격합니다. 보통 사람에 대해서는 그렇게 엄격한 요구를 하지 않아도 됩니다. 보통사람에게는 적당히 해도 됩니다. 왜냐하면 그는 보통사람으로서 책임이 없으므로 지나치게 요구할 필요가 없기 때문입니다.

성인조차도 어려워한 일

다음은 자로가 군자君子에 대해 물었습니다.

자로가 (어느 정도까지 해야) 군자(의 기준에 부합한지)에 대하여 묻자,

공자께서 말씀하셨다. "(대단히 정중하고 엄숙하며) 공경스러운 태도로써 자기 심리의 생각과 겉의 행위를 바로잡아야 한다."

"그렇게만 하면 됩니까?"

"(또 그렇게) 자기의 수양을 잘 하여 (언제나 장엄하고 공경할 수 있고, 그런 후에 한 걸음 더 나아가) 남을 편안히 해 주어 (남을 이롭게 하고 사회를 이롭게 해)야 한다."

"그렇게만 하면 됩니까?"

"그렇게 자기 수양을 하여 더 나아가 (천하) 백성을 편안케 해 주어 (이롭게 해)야 한다. (모든 사람을 이롭게 해야 비로소 군자라 할 수 있다) 자기 수양을 하여 (행동으로 실천해서 사회를 이롭게 하고 나아가 국가와 천하를 이롭게 함으로써) 백성을 편안케 해주는 일은 요 임금 순 임금조차도 (실천하면서 완전무결하게 해내기) 어려워했던 것이다. (하물며 우리는 더 말할 나위가 있겠느냐!)"

子路問君子。子曰：修己以敬。曰：如斯而已乎？曰：修己以安人。
자로문군자　자왈　수기이경　왈　여사이이호　왈　수기이안인

曰：如斯而已乎？曰：修己以安百姓。修己以安百姓，堯舜其猶病諸。
왈　여사이이호　왈　수기이안백성　수기이안백성　요순기유병저

자로는 사람이 어느 정도까지 해야 '군자'君子의 기준에 부합하는지를 물었습니다. 유가에서는 학문 도덕이 상당한 수준에 도달한 사람을 '군자'君子라는 칭호로 불렀습니다. 자로의 질문에 대해 공자는 대답합니다. "대단히 정중하고 엄숙하며 공경스러운 태도로써 자기 심리의 생각과 겉의 행위를 바로잡을 수 있는 것이 바로 군자이다." 자로가 이렇게만 하면 되느냐고 묻자 공자는 답합니다, "또 자기의 수양을 잘 해서 언제나 장엄하고 공경할 수 있고, 그런 후에 한 걸음 더 나아가 남을 이롭게 하고 사회를 이롭게 해야 한다." 이렇게만 하면 되느냐고 자로가 또 묻자, 공자는 "이것은 두 번째에 불과할 뿐이다. 다시 더 나아가 천하를 이롭게 하고 백성(오늘날로 말하면 바로 국민이며, 더 확대하면 곧 인류입니다)을 이롭게 해야 한다. 모든 사람을 이롭게 해야 비로소 군자라 할 수 있다."고 대답했습니다.

하지만 공자는 또 덧붙여 이렇게 말했습니다. "만약 자기 자신의 수양을 이루었다면, 다시 이런 수양을 행동으로 실천하여 사회를 이롭게 하고 나아가 국가와 천하를 이롭게 함으로써 백성을 편하게 할 수 있는 일은, 요순堯舜 임금이 실천하면서도 전혀 부족한 점이 없었다고 말할 수 없다. 그들조차도 결점을 찾아낼 수 있어서 결국 완전무결하게 해내기 어려웠는데, 하물며 우리들이야 더 말할 나위가 있겠느냐?"

(공자의 오랜 친구) 원양이 그리 보기 좋지 않은 자세로 기다리고 있자,

공자께서 말씀하셨다. "(너 이 녀석,) 어려서는 (형제자매에게 잘 하지 못해) 우애하지 않았고, 어른이 되어서는 일컬을 만한 일이 없었(으니 인생을 산 보람이 어디에 있느냐? 인생에 대해 한 평생 흐리멍덩해서 자신에 대해 아무런 결론이 없고, 이렇게 나이 많도록 살면서 해놓은 것이 조금도 없다. 그리)고, 늙어서는 죽지 않고 있으니, 이건 해로운 존재이다." 그러고는 지팡이로 그의 종아리를 가볍게 때렸다.

原壤夷俟。子曰:幼而不孫弟, 長而無述焉, 老而不死, 是爲賊。以
원양이사   자 왈 유이불손제   장이무술언   노이불사   시위적   이

杖叩其脛。
장 고 기 경

　　이것은 공자의 유명한 이야기입니다. 원양原壤은 사람 이름인데, 『공자가어』孔子家語에는 공자의 오랜 친구로 기록되어 있습니다.

　　오랜 친구 이야기가 나오니까 하는 말인데, 어떤 사람들은 장 모 씨가 벼슬 하더니 거드름 피운다는 식으로 비난하는 일이 있습니다. 나는 이런 이야기를 들으면, "장 모 씨가 거드름을 피우는 것이 아니라, 그런 말을 하는 이 모라는 사람이 철없고 멍청한 것이다." 라고 말합니다. 장 모 씨나 이 모 씨 모두 나의 친구이기 때문에 그렇게 말할 수 있는데, 나는 다시 이렇게 덧붙여 말합니다. "나도 옛날에는 그런 식으로 생각했지만, 역사를 많이 읽고 나서야 그렇지 않다는 것을 알게 되었다."

　　사람들은 모두 주원장朱元璋이 친구로서는 부족한 사람이었다고 말하면서, 황제가 된 후 빈천했던 시절의 옛 친구들을 하나씩하나씩 죽였다고 욕합니다. 어찌 된 일인지 역사의 페이지를 넘겨 진상을 살펴볼까요?

　　주원장은 황제가 된 후, 옛날에 맨발로 함께 농사를 짓고 얼굴에 진흙을 묻힌 채 싸우곤 했던 친구들이 실제로 몹시 그리웠습니다. 그래서 그는 명령을 내려 옛 친구들을 찾아오게 하여 벼슬도 주었습니다.

　　이 시골뜨기 친구들이 조정에 도착했기에 어전 모임을 열었는데 내려와서는, 일부 대관大官들과 함께 옛날이야기를 나누기를 "황제란 게 뭐 별건가? 옛날 내가 그의 똥오줌을 받아주던 일이 아직도 생각나는구먼!" 하는 식으로 함부로 지껄여 대는 것이었습니다. 주원장은 당연히 그런 무례한 말을 듣고 참을 수가 없었습니다. 이로부터 알 수 있듯이 주원장은 옛 정이 그리워 친구들을 불러 잘 대해 주었건만, 이 시골뜨기들은 자신들이 무슨 처지인지를 알지 못한 것이었습니다. 솔직히 말해서, 그 사람들을 한 방에 가두어 놓고 주원장과 함께 옛날처럼 한바탕 장난치고 놀게 하여, 그 모습을 남에게 보여 주지 않았어야 할 일이었습니다. 그런데 많은 대신들 면전에서 황제에게 그렇게 지껄여 댔으니, 주원장이 어떻게 참을 수 있었겠습니까! 부득이 그들을 죽일 수밖에 없었던 거지요.

인생은 본래 연극을 하는 것이어서, 그가 무대에 올라 황제로 분장하여 연기하고 있는데 당신이 뒤에서 어깃장을 놓는다면, 그가 연기를 잘할 수 있을까요? 당신은 신하로 분장한 것이니, 어전에 무릎을 꿇고 "우리 황제 만세! 만만세!" 하고 소리치는 수밖에 없습니다. 무대 아래에서 많은 관중들이 연극을 관람하고 있기 때문에, 관중들 생각도 해야합니다. 이것이 친구지간의 도리입니다. 동료이건, 동창이건, 동향인이건지위가 다르면 대하는 법도 달라야 합니다. 공公과 사私를 엄격히 구별하고 공적인 일을 말할 때는 계급을 분명히 해서, 과장은 과장으로서, 대리는 대리로서 자기 직분을 지켜야 합니다. 마음이 내키지 않더라도 인사해야 하는 처지라면 인사해야 합니다. 비록 마음속에는 불만과 억울함이 가득하더라도, 공적인 일을 잘 마치고 퇴근 후 따로 둘이만 만나 오랜 친구의 입장으로 돌아가 한바탕 싸워도 좋습니다.

여기서 원양이 공자 곁에서 어떤 자세를 하고 있었는지는 모르지만, 요컨대 그리 보기 좋은 모양은 아니었음을 알 수 있습니다. 그래서 공자는 그를 꾸짖어 말한 것입니다. "너 이 녀석, 젊었을 때는 형제자매에게 잘하지 못해 우애가 없었고, 일생 동안 이렇다 일컬을 만한 일도 없으니, 인생을 산 보람이 어디에 있느냐? 인생에 대해 한 평생 흐리멍덩해서 자신에 대해 아무런 결론이 없고, 이렇게 나이 많도록 살면서 해놓은 것이 조금도 없다." 이렇게 말한 다음 공자는 지팡이로 그의 종아리를 가볍게 때렸습니다. 물론 매섭게 후려친 것이 아니었는데, 묘한 점은 바로 그의 종아리를 때린 데 있습니다. 오랜 친구이기에 때릴 일이 아니었지만, 그 인생이 착실하지 못했고 발뒤꿈치는 땅에 닿지 않았으니, 한 평생을 살아도 마치 뿌리 없는 풀 같아서 흙과 함께 썩었을 뿐이라는 의미였을 것입니다.

이 단락은 아주 유명해서 뒷날 사람들이 자주 인용했습니다. 그런데 어떤 젊은이들은 그 속에 함축된 의미는 잘 알지 못하고, 중간의 "늙어서 죽지 않고 있으니, 이건 해로운 존재이다."(老而不死, 是爲賊)라는 말만 가지고 노인들을 욕하는 말로 삼고 있습니다.

눈앞의 이익에만 급급한 무리들

다음은 제14편의 결론이 됩니다.

(어떤 지방 단체인) 궐당의 한 젊은이가 명령을 전달하러 왔다.
어떤 사람이 그에 대하여 물었다. "(이 젊은이가 훌륭하지요? 어린 나이에 그렇게 큰 임무를 띠고 명령을 전달하러 왔으니, 틀림없이) 자신이 향상하려고 노력하는 사람이겠지요?"
공자께서 말씀하셨다. "나는 그가 그의 위치에서 그 직무를 맡고 있는 것만 보았습니다. 그리고 그가 대선배들 옆을 왔다 갔다 하면서 시중을 들거나 도와주는 것만 보았습니다. (이 두 가지 점 외에는, 그가 학문이 있는지 없는지 인재인지 아닌지는 나는 모릅니다. 그러나 진지하게 말하자면) 그는 향상을 추구하는 것이 아니라, 어떻게든 빨리 출세하기 위해 얼굴을 내밀 기회를 찾고 있는 것입니다. (결코 인생 가운데서 학문을 추구하거나 직무상 경험을 쌓고 있는 사람은 아닙니다)"

(어느 시대에나 급진적인 성공을 추구하는 사람이 많았습니다. 역사를 연구해 보면, 소년 시절에 뜻을 이룬 사람들은 중년이나 만년에 이르면 모두 끝이 좋지 않았습니다. 마지막 결말이 좋은 사람은 아주 드물었습니다. 그러므로 오히려 젊었을 때 좌절과 시련을 많이 겪고 노력한 사람이 중년 이후에 좋아지고 만년에 성취하는 경우가 비교적 많았습니다)

闕黨童子將命。或問之曰：益者與？子曰：吾見其居於位也，見其
궐 당 동 자 장 명　　혹 문 지 왈　　익 자 여　　자 왈　　오 견 기 거 어 위 야　　견 기

與先生竝行也，非求益者也，欲速成者也。
여 선 생 병 행 야　　비 구 익 자 야　　욕 속 성 자 야

궐당闕黨은 한 지방 단체의 이름이고, 동자童子는 젊은이로서 꼭 어린이를 말하는 것은 아닙니다. '장명'將命에서의 '장'將자는 '가지고 오다'의 뜻이며, '명'命은 명령으로서, '장명'將命은 곧 명령을 들고 왔다는 뜻입니다. 옛 사람의 주해註解에는 공자가 젊은이를 보내 다른 사람에게 명령을 전하도록 했다고 풀이하고 있습니다. 그러나 나는 옛 사람의 해석과

는 달리, 젊은이가 명령을 전하러 왔다고 하는 것이 옳다고 생각합니다 (뒤에서도 역시 이 두 글자이니 대조해볼 수 있습니다). 명령을 받들고 왔다거나 명령을 진달하러 갔다거나 하는 것은 이 단락의 주제가 아니며 별로 관계가 없으니, 이 점은 많이 논할 필요가 없습니다.

이 단락의 주제主題는 한 사람이 공자에게 다음처럼 물었다는 데 있습니다. "이 젊은이가 훌륭하지요? 어린 나이에 그렇게 큰 임무를 띠고 명령을 전달하러 왔으니, 틀림없이 향상하려고 노력하는 사람이겠지요!" 이에 대해 공자는 아주 묘하게 대답했는데, 그의 의견이 틀렸다고는 하지 않고 단지 이렇게 말했습니다. "나는 그가 그 위치에서 그 직무를 맡고 있는 것만 보았다. 그리고 그가 대선배들 옆을 왔다 갔다 하면서 시중을 들거나 도와주는 것을 보았다. 이 두 가지 점 외에는 그가 학문이 있는지 없는지 인재인지 아닌지는 나는 모른다. 그러나 진지하게 말하자면, 그는 향상을 추구하는 것이 아니라 어떻게든 빨리 출세하기 위해 얼굴을 내밀 기회를 찾고 있는 것이다. 결코 인생 가운데서 학문을 추구하거나 직무상 경험을 쌓고 있는 사람은 아니다."

공자의 이 말은 이 「원헌」편 첫머리의, "나라가 정상 궤도에 있는데도 녹봉만 받아먹고 지내고, 나라가 정상 궤도에 있지 않는데도 녹봉만 받아먹고 지낸다."(邦有道穀, 邦無道穀)는 말과 서로 호응합니다. 이 한 편 속에 들어 있는 많은 관념들을 서로 연결해 보면, 어느 시대 속에서나 급진을 추구하는 사람이 많았다는 것입니다. 급진적으로 성공하여 그 지위를 얻었다는 것입니다.

하지만 역사를 연구해 보면, 『25사』(二十五史) 전체를 봐도 소년 시절에 뜻을 이룬 사람들은 중년이나 만년에 이르면 모두 끝이 좋지 않았습니다. 마지막 결말이 좋은 사람은 아주 드물었습니다. 그러므로 오히려 젊었을 때 좌절과 시련을 많이 겪고 노력한 사람이 중년 이후에 좋아지고 만년에 성취하는 경우가 비교적 많았습니다. 결코 높은 벼슬을 하거나 큰 재산을 모으지는 못했을망정, 역사에서 인생에서 후대를 위해 나름대로 성취했다는 말이지요. 역사상 훌륭한 스승들이나 큰 인물들은 모두 이러했는데, 인생 초반에 힘들었기 때문에 분투한 결과 그렇게 된 경우가 많습니다.

　젊은이들은 대체로 성공을 급하게 추구하는 병폐가 있는데, 우리도 젊었을 때 대선배들 사이에 끼어 얼굴 내밀기 좋아했던 경험이 있습니다. 그런데 대선배들은 요즘 젊은이들이 어떻다고 하면서 온통 불만입니다. 시간이 흘러 중년을 넘게 되면 사람들은 흔히 우리를 나이든 사람이라 하는데, 기분 좋을 리 없는 말입니다. 마음이야 젊은 시절로 돌아가고 싶지만, 할 수 없는 일입니다.

衛靈公

위나라 영공이 공자에게 (군사 작전의) 진법陣法에 대하여 (가르쳐달라고) 물으니, (군사에 대해 결코 모르지 않았지만, 질문한 사람이 위령공이었기에 답변하지 않았다. 공자는 그가 전쟁을 일으키는 것을 바라지 않았던 것이다)

공자께서 대답하셨다. "예악禮樂 문화에 관한 일은 일찍이 들어 알고 있으나, 군사에 관한 일은 배우지 못했습니다." 그리고 이튿날 위나라를 떠나셨다.

진陳나라에 (도착해)서 (데리고 간 제자들이 많은데다) 양식이 떨어져 따르던 제자들은 (굶주리다) 병들어 일어나지 못한 자가 많았다.

(이때) 자로가 (몹시) 화가 나서 (못마땅해 하며 불평이 많아 험악한 표정으로 공자에게 달려가) 찾아뵙고 말씀드렸다. "(선생님은 날마다 도덕이니 학문이니 하면서 많은 말씀을 하셨지만 결과는 어떻습니까? 지금 학우들이 다 죽게 되었습니다. 평소에 군자! 군자! 하시더니) 군자도 (결국) 궁(해져서 이렇게 재수 없는 일을 당)할 때가 있습니까?"

공자께서 말씀하셨다. "군자라야 궁함을 견딜 수 있다. (군자는 비록 빈곤에 처하더라도 신념이 굳건해서 흔들리지 않을 수 있다) 소인은 (그 반대여서) 궁해지면 곧 함부로 행동하(여 무슨 짓이든 할 수 있)지. (궁함을 참을 수 없으면 군자라 할 수 없다)"

衛靈公問陳於孔子。孔子對曰：俎豆之事，則嘗聞之矣；軍旅之事，未
위령공문진어공자　공자대왈　조두지사　즉상문지의　군려지사　미

之學也。明日遂行。在陳絶糧，從者病，莫能興。子路慍見曰：君子
지학야　명일수행　재진절량　종자병　막능흥　자로온현왈　군자

亦有窮乎？　子曰：君子固窮，小人窮斯濫矣！
역유궁호　　자왈　군자고궁　소인궁사람의

　　공자가 열국을 주유하다가 위衛나라에 이르자, 위나라 영공은 공자에
게 군사 작전에 대해 가르쳐 달라고 했습니다. 공자는 군사에 대해 결
코 모르지 않았지만, 질문한 사람이 위령공이었기에 답변하지 않았습니
다. 공자는 그가 전쟁을 일으키는 것을 바라지 않았던 것입니다. 공자는
침략 전쟁을 반대했습니다. 그래서 공자는, "조두지사俎豆之事 ― 조두俎豆
는 큰 예식을 행할 때 쓰는 제기祭器로서, 예악 문화禮樂文化의 참 정신
을 나타냅니다 ― 에 대해서는 내가 압니다만, 군사학은 배운 적이 없습
니다. 미안하지만, 나는 모릅니다." 하고 말했습니다.

　　그 다음날 공자는 위나라를 떠나 진陳나라에 도착했는데, 데리고 간
학생들은 많은데다 식량이 떨어져 마침내 밥을 굶게 되었습니다. 식량
이 떨어져버린 원인이 바로 여기에 있었습니다.

　　학생들 중에 먹을 게 없어 굶주리다가 병들어 눕게 된 사람들이 많았
습니다. 이때 자로가 몹시 못마땅해 하며 불평이 많아 험악한 표정으로
공자에게 달려가 말했습니다. "선생님은 날마다 도덕이니 학문이니 하
면서 많은 말씀을 하셨지만 결과는 어떻습니까? 지금 학우들이 다 죽게
되었습니다. 군자, 군자 하시더니, 군자도 결국 궁해져서 이렇게 재수
없는 일을 당하는 것입니까?" 이에 공자는 말했습니다. "군자라야 궁함
을 견딜 수 있다. 다시 말해 어떤 사람이라야 궁할 자격이 있는지 보려
면, 오직 군자라야 궁함에 시달릴 자격이 있다. 군자는 비록 빈곤에 처
하더라도 신념이 굳건해서 흔들리지 않을 수 있다. 소인은 그 반대여서
궁해지면 무슨 짓이든 할 수 있다. 궁함을 참을 수 없으면 군자라 할
수 없다."

　　궁하고 궁하지 않음을 말하자면 아주 묘한데, 어떤 경지들은 수양을

해야 도달할 수 있는 것으로, 이것도 중국 문화가 서양 문화와 다른 점 가운데 하나입니다. 고대 역사상 궁한 처지를 잘 견딘 사람들이 아주 많았습니다. 예를 들어 명나라 명사 한 사람은, 미안합니다, 당장은 그의 이름이 떠오르지 않는군요, 대화가大畵家로서 시문詩文도 대단히 훌륭했습니다. 그러나 궁하기 짝이 없어서 다음날 밥 지을 쌀도 없는 때가 많았습니다. 그런데도 저녁에는 나무 아래에서 달을 감상하고 시를 읊었습니다. 마누라가 그에게 "내일 먹을 쌀이 없는데도 시나 짓고 있어요?" 하고 투덜댔습니다. 그러자 그는 하늘의 달을 보면서, 이렇게 말했습니다. "내일 아침까지는 아직 몇 시간이나 남아 있지 않은가! 내일 일은 내일 걱정하고, 지금은 달이나 보세. 풍경이 너무나 아름답네." 문인의 수양이 어떠한지 보여주는 얘기입니다만, 문인으로서 이러한 포부나 도량을 가지는 것이 말처럼 쉬운 것은 아닙니다!

결론적으로 말해서, 사람은 심리상에서 하나의 중심 사상을 구성하여 스스로 어떤 경지가 하나 있어야 합니다. 내면에 그런 어떤 것이 하나 없다면 인생은 상당히 공허합니다. 할 일이 있어서 바쁠 때는 느끼지 못하지만, 사람이 일을 놓아 버린 뒤 허전하고 무료함 속에서 지내면 견딜 수 없게 됩니다! 이런 궁함은 경제적인 궁함만을 가리키는 것이 아닙니다. 사람이 나이가 들어 말로에 이르면 만사가 허망해지는데, 아들딸들은 곁을 떠나 버렸고 배우자도 저 세상으로 가 버려 혼자 쓸쓸히 지내는 것은 정말 견디기 쉽지 않습니다. 이때에는 꼭 자신만의 세계에서 즐기는 풍월이 있고, 자기 수양이 있어야 됩니다. 이런 경지가 있어야 비로소 "군자라야 궁함을 견딜 수 있다."(君子固窮)는 말을 실천할 수 있습니다.

하나로 꿰뚫었음을 또 말하다

다음은 위 단락에 대한 주해註解나 다름이 없습니다.

공자께서 말씀하셨다. "사賜야! 너는 내가 (다방면으로) 많이 (듣고

배워서 그것들을 모두 기억하고 있는 사람이라 생각하느냐?"

자공이 대답하였다. "그렇습니다. (우리들은 선생님이 그러 하시다고 생각하는데) 안 그렇습니까?"

"그렇지 않다. 나는 하나로써 모든 것을 꿰뚫고 있는 것이다. (나의 학문이 조금씩 쌓여서 이룩된 지식이라고 생각하지 마라. 그런 것이 아니라, 어떤 '하나'를 찾아 그것으로 훤히 꿰뚫어서 무엇이든지 다 알게 된 것이다. '하나'라는 그 무엇이 참으로 확실히 있다)"

子曰：賜也，女以予爲多學而識之者與？對曰：然非與？曰：非也！
자왈　사야　여이여위다학이지지자여　　대왈　연비여　왈　비야

予一以貫之。
여일이관지

상론上論에서 공자가 증삼에게 "일이관지"一以貫之를 말한 단락을 가지고 우리는 서너 시간 동안이나 토론했습니다. 지금 이 네 글자에 대해서는 더 이상 자세히 설명하지 않겠습니다. 이 단락은 공자가 자공에게 말한 것입니다. 우선 문자상으로 '識'(지)의 뜻을 해결해야겠습니다. 이것은 '誌'(지)와 같은데, '기록하다', '기억하다'의 뜻입니다. 우리가 연구했던 것을 다시 말해 보면, 공문孔門에서 말하는 학문은 지식이 아닙니다. 재삼 강조하거니와 학문이란 사람됨과 일처리입니다. 문학·과학·철학 등등이야말로 지식에 불과합니다. 공자가 여기서 한 말을 통해서도 우리들의 이러한 관념이 옳다는 것이 증명되었습니다.

공자는 자공에게 "너는 나의 학문이 다방면의 학습을 통해 듣고 기억한 것이라고 생각하느냐(이른바 '들은 것이 많고 기억력이 좋다.'는 뜻의 '博聞強記'는 지식일 뿐입니다)?" 하고 물었습니다. 자공이 "그렇습니다. 우리들은 선생님이 그러 하시다고 생각하는데, 우리들의 생각이 틀렸을까요?" 하니, 공자는 "나의 학문은 어떤 하나를 알고 난 뒤 그 하나를 통하여 백 가지를 알게 된 것이다." 하고 말했습니다.

공자의 이 말은 사실로서, 그 어떤 하나란 설명하기가 아주 어렵습니다. 앞에서 이미 우리가 많이 토론했듯이, 송나라 유학자들은 그것을 '정'靜이라고 해석하여 '정'靜 속에서 그 단서를 길러야 한다고 했습니다.

그래서 뒷날 유가·도가·불가가 모두 정좌靜坐를 통해 서서히 함양하여 명심견성明心見性, 다시 말해 인성人性의 본원本源을 깨닫는 것을 주요 목적으로 삼았습니다. 무엇이 '명심견성'일까요?

오늘 오전에 어떤 사람이 내게 무엇이 부처냐고 묻기에, 부처는 단지 하나의 대명사에 불과하고 실제로는 인성人性의 본원本源이라고 대답했습니다. 유가에서 말하는 선善과 악惡은 인성 작용의 양면 현상입니다. 작용은 선 아니면 악이어서, 좋은 것이 아니면 나쁜 것입니다. 사람을 선하게도 할 수 있고 악하게도 할 수 있는, 선과 악의 범위에 속하지 않는 그 무엇을 우리가 찾아낸다면, 그것이 바로 불교에서는 '부처'佛라 부르고, 도가에서는 '도'道라 부르며, 유가에서는 '인'仁이라 부르는 것입니다. 그것을 무슨 방법으로 찾을 수 있을까요? 유·불·도 삼가 모두가 정좌靜坐로부터 시작하여 정靜 가운데에서 서서히 자기의 본성인 그 무엇을 체험하고 이해하면서 마음을 되돌려서 자기 본성의 그 무엇을 찾습니다. 이렇게 하여 찾은 그 무엇을 '하나'(一)라 부릅니다. 노자도 그것을 '하나'(一)라 불렀습니다. 더 토론해 가면 꽤 복잡한, 순수한 철학 범주에 속하게 됩니다.

여기서 공자는 자기의 학문이 지식에 의존해서 이루어진 것이 아니라고 말하고 있는데, 이는 하나의 중대한 문제입니다. 무엇이 공자의 학문인지를 연구하려면 바로 이 부분이 바로 중심입니다. 우리가 이러니저러니 아무리 말을 해도, 말로써 다 표현해 낼 길이 없습니다.

한 가지 예를 들면, 노자는 "지식을 배우면 날마다 할 일이 더 많아지고, 도를 배우면 날마다 할 일이 줄어든다. 줄고 또 줄어서 하는 일이 없어지기에 이른다."(爲學日益, 爲道日損, 損之又損, 以至於無)고 말했는데(제48장—역주), 무엇이 '지식을 배우는 것'(爲學)일까요? 보통의 지식은 날마다 배워 나가면 날마다 쌓여 증가하는데, 이것이 '지식을 배우는 것'입니다. 그러면 '도를 배우는 것'(爲道)은 어떨까요? 이것은 버리는 것입니다. 버리고 버려서 최후에는 버렸다는 생각조차도 버려서, 텅 비고 신령스럽고 자재한 경지에 도달해야 합니다. 그렇더라도 아직 충분한 것이 아닙니다. 그 텅 비고 신령스럽고 자재로운 경지조차도 버려서, 최후에는 무無에 도달해야 비로소 진정한 인성의 본원이 자연히 나타납니다.

공자가 여기에서, "나의 학문이 '더하는 것'(益), 즉 조금씩 쌓여서 이룩된 지식이라고 생각하지 마라. 그런 것이 아니라, 어떤 '하나'(一)를 찾아 그것으로 훤히 꿰뚫어서 무엇이든지 다 알게 된 것이다. '하나'라는 그 무엇이 참으로 확실히 있다." 라고 말하고 있습니다. 우리가 경험을 통해 알 수 있듯이 "만 권 책을 읽고 만 리 길을 여행한다."(讀萬卷書, 行萬里路)는 것은 바로 인생의 경험을 증가시키는 것입니다만, 사실 이것만으로는 충분하지 못하고 반드시 거기에다 "만 명의 벗을 사귄다."(交萬個友)는 한 마디를 더해야 합니다. 각양각색의 사람들을 다 접촉해 보고 나야 학문이 거의 성취됩니다. 그리고 학문으로부터 다시 초탈하고 승화되어야 비로소 본원자성本源自性의 경지에 도달할 수 있습니다.

공자께서 말씀하셨다. "유由야, (시대가 변했다. 지금의 사람들은 도의 본체로부터) 덕업 (작용을 일으키는 것)을 아는 자가 드물어졌다!"

子曰：由，知德者鮮矣！
자왈　유　지 덕 자 선 의

공자가 자로에게 말했습니다, "유야, 시대가 변했다. 덕德은 용用이고 도道는 체體인데, 지금의 사람은 도道의 본체로부터 덕업德業 작용을 일으키는 것을 아는 사람이 아주 적어졌다."

공자께서 말씀하셨다. "(어떤 일을 할 때 장래 어느 시기에 발생할 가능성이 있는 문제를 미리 발견하고 해결하여 그 문제가 일어나지 않게 하는 것으로, 겉으로 보기에는 흔적에 집착하지 않고 수고스럽게 심혈을 기울이지 않는 것처럼 보이는 것이 무위이치無爲而治인데, 그렇게) 하는 일이 없는 것 같으면서도 천하를 다스린 분은 오직 상고 시대의 (요) 순 임금이라 할 것이다! 그분들은 어떻게 하셨을까? 자신을 공경 엄숙히 하고 정남쪽을 향해 앉아 계셨을 따름이었다."

(그 의미는 국가 지도자가 자기의 도덕을 잘 바로잡아서, 그 기풍으로써 부하들에게

하향식 직위별로 책임을 지도록 영향을 미친다는 것입니다)

子曰：無爲而治者，其舜也與！夫何爲哉？恭己正南面而已矣。
자왈 무위이치자 기순야여 부하위재 공기정남면이이의

일반 사람들은 흔히 유가 사람들이 도가를 반대하며, 도가가 제창하는 "무위이치"無爲而治란 국가 영수領袖가 아무런 통치도 하지 않고 모든 일을 부하들이 하도록 내맡기는 것으로 알고 있습니다. 도가의 '무위'無爲를 이렇게 해석하는 것은 잘못입니다. 사실 도가의 '무위'는 곧 '무불위'無不爲여서, 도가의 정신으로 일을 하고 사람 노릇을 하면, 겉으로 보기에는 흔적에 집착하지 않고 수고스럽게 심혈을 기울이지 않는 것처럼 보입니다.

예를 들어 집 한 채 지을 때, 처음부터 장래에 발생할 수 있는 문제점들을 찾아 하나하나 모두 보완해 놓으면, 집을 다 짓고 나서 보면 마치 땅 짚고 헤엄치듯 별로 문제에 부딪치거나 신경 쓸 일이 없었던 것처럼 보이는데, 사실은 문제가 될 만한 점을 사전에 모두 보완했기 때문에 문제가 생기지 않았던 것으로, 이런 것을 바로 '무위'라 합니다. 다시 말하면, 어떤 일을 할 때 장래 어느 시기에 발생할 가능성이 있는 문제를 미리 발견하고 해결하여 그 문제가 일어나지 않게 하는 것, 이것이 바로 도가의 "무위이치"無爲而治인데, 대단히 해 내기 어려운 것입니다. 일을 하지 않거나 일에 상관하지 않는 것을 '무위'라고 하는 것은 아닙니다.

공자도 여기서 말하기를 "무위이치로써 천하를 다스리는 것은 쉬운 일이 아니다. 오직 상고 시대의 요·순 임금이나 그렇게 했을 뿐이다. 그들은 어떻게 무위했을까? 자신에 대해 공경 엄숙하고 정남쪽을 향해 앉아 있었을 따름이다."(正南面而已矣)라고 했습니다. 중국 고례古禮에는 황제로서의 국가 지도자의 위치는 반드시 북쪽에서 남쪽을 향하도록 되어 있었습니다. 여기의 의미는 황제가 자기의 도덕을 잘 바로잡아서, 그 기풍으로써 부하들에게 하향식 직위별로 책임을 지도록 영향을 미친다는 것입니다.

외국에 나갈 사절이 지녀야 할 신조

자장이 외교 업무(行)(를 어떻게 처리해야 할지)에 대하여 묻자,

공자께서 말씀하셨다. "말이 정직하고 신의가 있고, 행위 태도가 성실하고 공경스러우면, 비록 야만의 나라에 가더라도 통할 것이다. 말에 정직함과 신의가 없고, 행위 태도가 성실하고 공경스럽지 않다면, 비록 자기 고장에서라 할지라도 통하겠느냐? 서 있을 때에는 언제나 어른을 대하고 있는 듯이 단정하고 예의바르며, 수레에 타고 있을 때에는 단정하고 예의바르게 앉아야 한다. 그런 (심신의 수양이 언행일치에 이를 수 있은) 다음이라야 외교 사절의 임무를 수행할 수 있다."

자장은 이 말씀을 (수시로 보면서 자신을 일깨우며 주의를 기울일 수 있도록 준비하기 위해) 자신의 의복의 띠에 적었다.

子張問行。子曰：言忠信，行篤敬，雖蠻貊之邦行矣。言不忠信，行
자장문행　자왈　언충신　행독경　수만맥지방행의　언불충신　행

不篤敬，雖州里行乎哉？立，則見其參於前也。在輿，則見其倚於衡
불독경　수주리행호재　립　즉견기참어전야　재여　즉견기의어형

也。夫然後行。子張書諸紳。
야　부연후행　자장서저신

여기서의 '행'行은 두 가지 의미를 갖고 있습니다. 하나는 '행위'를 말하며, 다른 하나는 고대의 '행인지관'行人之官의 '행'으로서 외교 업무를 말합니다. 여러분이 알다시피, 소무蘇武의 이야기에서 그가 당시 출사出使한 것이 곧 '행'行입니다. 뒷날 그가 외교 업무를 마치고 한漢 왕조에 돌아와서 봉해진 벼슬은 전속국典屬國이었는데, 오늘날 교무위원회僑務委員會의 위원장이나 외교부사장外交部司長에 해당되는 것으로, 부속 국가를 관리했습니다. 그래서 많은 사람들은 한 왕조의 사람 대우가 결코 후하지 못했다며, 소무가 그렇게 고생했으며 충성하고 의연毅然했음에도 그에게 봉해진 벼슬은 너무 작았다고 불평했습니다. 고대의 행인行人은 바로 외교를 처리하도록 파견된 특사나 대사였습니다.

상론上論에서 '벼슬하는 법'學干祿을 배웠던 자장子張은 행인行人이 되어

외교 일을 보고 있었기 때문에, 공자에게 외교를 맡은 사람으로서 어떻게 외교를 처리해하는지를 가르침을 청했습니다. 이 때 공자는 그에게 친고千古의 명언名言을 일러주었습니다. 중국 문화의 이 성인께서는 정말 대단하시게도 그에게 정부 외교와 민간 외교의 원칙을 이 때 이미 말해 주었습니다.

우리는 오늘날 민간 외교가 더 보편적이지만, 사람을 응대하는 원칙은 고금이 마찬가지입니다. 첫째는 타인에 대해 정성스럽고 수단을 쓰지 않으며 정직하고 솔직한 것인데, 이것이 최고의 예의입니다. 둘째, 서로 문화가 다르고 풍속이 다른 사람들을 대할 때에는 상대에게 지나친 관심을 보이지 말아야 합니다. 과분한 관심은 그들의 사생활을 간섭하는 것이 될지도 모릅니다. 그들이 남에게 관심을 가지는 습관이 없다면, 남의 관심을 도리어 귀찮게 느낄 것입니다. 이것은 외국인이 옳지 않고 우리야말로 옳다는 것이 아니라, 문화의 기초가 서로 다를 뿐이라는 것입니다. 이 점을 이해하면 어느 국가 사람과 사귀든 거의 문제가 없습니다.

여기서 공자는 자장에게, "말이 정직하고 신의가 있어야 한다."(言忠信)고 했습니다. '충'忠은 곧 '곧은 마음'(直心)이며, '신'信은 한 번 한 말은 반드시 실행한다는 것입니다. 행위 태도 면에서는 "행독경"行篤敬, 성실하고 공경스러워야 합니다. 이렇게 하면 야만국의 사람과도 왕래할 수 있습니다. '만맥'蠻貊은 중국 고대에 변경 낙후지역을 가리키던 말이었습니다.

변경이란 단어가 나왔으니 말인데, 지금껏 나라의 안정은 변경의 안정에 달려 있었습니다. 수백 년 동안 발생한 문제를 살펴보면 모두 다 변경 문제로서, 국방에 중대 문제를 야기했습니다. 나는 전에 변경에서 일한 적이 있었는데, 역시 우리 한인漢人들이 나쁘다는 것을 발견했습니다. 한인들은 지식이 있고 총명하여 변경 사람들을 업신여겼습니다. 변경 사람들이 한인을 원망한 것은 변경 사람들이 야만스럽기 때문만이 아니라, 한인들이 "말이 정직하고 신의가 있고, 행위 태도가 성실하고 공경스러워야 한다."(言忠信, 行篤敬)는 도리를 지키지 않았기 때문입니다.

예를 들어, 서남특별지구西南特別地區에서는 한인들이 옷 꿰매는 바늘 몇 개를 그 지역 사람들 소가죽 열 장과 바꾸는 것이었습니다. 또 어떤 한인은 그들의 재물이나 여자를 속여 빼앗았습니다. 이런 사람들은 정말 사람도 아닙니다. 마음이 너무 모질었습니다. 그러므로 우리는 자손들이 변경 문제에 많이 많이 유의하도록 교육시켜야 합니다.

"언불충신, 행불독경, 수주리행호재?"言不忠信, 行不篤敬, 雖州里行乎哉라는 구절에서, '雖(비록 수)자가 아주 중요합니다. 만일 "말에 정직함과 신의가 없고 행위 태도가 성실하고 공경스럽지 않다면"(言不忠信, 行不篤敬), 자기의 이웃이나 고향 마을이라 할지라도 통하지 않는다는 것입니다.

또한 태도에 있어서, 서 있을 때에는 언제나 어른을 대하고 있는 것처럼 공경스럽고 예의 바르며, 수레에 타고 있을 때에도 단정하고 예의 바르게 앉아서, 심신의 수양이 언행일치에 이를 수 있어야 행인行人의 임무를 잘 할 수 있다는 것입니다. 자장은 공자의 이런 말들을 의복 띠에 적어 놓음으로써 수시로 보면서 자신을 일깨우며 주의를 기울일 수 있도록 준비하였습니다.

이제 다음 단락부터는 본문 배열 방식에 약간 변화가 있는데, 살펴보면 한 구절 한 구절이 모두 올바른 사람으로 처세하는 도리로서 상론上論의 제5편 「공야장」과 매우 적절하게 호응합니다.

다음 단락에서는 두 사람을 거론합니다.

공자께서 말씀하셨다. "곧도다, 사어史魚여! 나라가 (안정되어) 정상 궤도에 있을 때도 (그의 행위와 말은 마치 쏘아진) 화살처럼 곧(아서 방향을 바꾸지 않았)고, 나라가 (혼란하여) 정상 궤도에 있지 않을 때도 화살처럼 곧구나.

군자답다, 거백옥이여! 나라가 정상 궤도에 있으면 (나서서) 벼슬을 하(여 큰 임무를 맡)고, 나라가 정상 궤도에 있지 않으면 (불평하거나 원망하지 않으며) 재능을 거두어 감춰 둘 수 있구나."

子曰: 直哉! 史魚。邦有道如矢, 邦無道如矢。君子哉! 蘧伯玉。邦
자 왈 직 재　 사 어　 방 유 도 여 시　 방 무 도 여 시　 군 자 재　 거 백 옥　 방

有道則仕, 邦無道則可卷而懷之。
유 도 즉 사　　방 무 도 즉 가 권 이 회 지

　'시'矢는 곧 활을 당겨 쏘는 화살입니다. 여기에서 거론되는 사어史魚는 위衞나라 대부입니다. 공자는 사어에 대하여, "그는 대단히 곧았다. 국가 사회가 혼란하든 안정되었든 어떤 환경 하에서도 그의 행위와 말은 마치 쏘아진 화살처럼 곧아서 방향을 바꾸지 않았다."고 평했습니다. 오늘날의 사회에도 이런 사람들이 많이 있지만, 그들의 처지는 외롭고 늘 타격을 받거나 갖가지 고통을 겪습니다. 그렇지만 이런 사람들은 타고난 성품이 곧은길을 걷는데, 세상이 평온할 때나 어지러울 때나, 나라가 정상 궤도에 있을 때나 없을 때나 어떤 환경에도 상관하지 않고 그의 언행은 영원히 한 개의 쏘아진 화살처럼 곧습니다.

　한편 여기의 '시'矢자는 날카롭다는 뜻을 나타내기도 합니다. 어떤 사람은 마음씨가 아주 선량하여 친구로 지내기가 더없이 좋습니다. 그는 늘 곧은 말을 하지만, 어떤 때는 하는 말이 사람의 살을 베는 듯 날카로워서 다른 사람을 견딜 수 없게 합니다. 그러나 우리는 그의 마음 바탕이 선량하며 출발점은 언제나 선의善意였다는 것을 이해해야 합니다. 당연히 이것은 수양 문제와 관계되는데, 특히 지도자에게 이런 부하가 있으면 견디기 어렵습니다.

　그러므로 지도자 된 사람은 이런 부하를 너그럽게 포용하는 도량이 있어야 합니다. 어떤 때는 곧은 말을 하는 사람을 한 번, 두 번, 세 번까지는 받아들일 수 있지만, 네 번, 다섯 번, 여섯 번째에 이르면 정말 참을 수 없습니다. 그러나 이런 사람이 자신의 친구이거나 간부일 경우, 그의 날카로운 직언을 내버려두어야 합니다. 그렇게 하려면 먼저 "하하하!" 하고 크게 웃을 수 있는 포용력을 기르지 않으면 안 됩니다.

　공자는 이어서 말하기를, "거백옥(蘧伯玉: 앞에서도 여러 번 거백옥을 말하면서 그의 도리에 맞는 행위를 칭찬했습니다)이란 사람은 대단히 훌륭하다. 국가 사회에 도가 있을 때는 나와서 큰 임무를 맡았지만, 나라에 도가 없어 국가 사회가 문란할 때에는 재능을 드러내지 않고 불평하지 않으며 무슨 원망의 말이 없었다."고 했습니다. 거백옥은 시대가 변하여 돌이킬 수 없다고 생각될 때에는, 한 폭의 그림을 말아서 품속에 넣어 버리듯 자기를 감춰 버려 말을 하지 않고 나타내지 않았다는 것입니다.

사어와 거백옥, 이 두 사람은 전형적인 대조이기도 합니다. 사어는 어느 때 어느 곳에서나 곧은길을 따라 행하고 방향을 바꾸지 않았으니, 이는 간부로서 아주 훌륭합니다. 다른 한 사람 거백옥은 비교적 재능을 많이 갖추고 있었지만, 명리名利를 탐하지 않는 담박함이 마치 맹자의 "영달하면 천하를 선하게 하고, 궁하면 홀로 그 자신을 선하게 한다."(達則兼善天下, 窮則獨善其身)라는 말과 같았습니다 (「진심」상―역주). "나라가 정상 궤도에 있지 않으면 재능을 거두어 감춰 둔다."는 말은 우리 모두 할 줄 알지만, 실제로 궁해져서 정말로 곤란한 때에 이르러서는 물러나 자기의 재능을 거두어 감추는 것(卷而懷之)이 흔히 마음에 달갑지 않은데, 이것은 어려운 기본 수양입니다. 다음에는 이 도리를 펴고 있습니다.

공자께서 말씀하셨다. "(어떤 사람에게 곧은) 말을 해주어도 되는 (상황인)데도 (기분을 상하게 할까봐) 말을 해주지 않는다면, 사람을 잃게 된다. (어떤 사람에게 곧은) 말을 해주어서는 안 되는 (상황인)데도 말을 해준다면, 실언을 하게 된다. 진정으로 지혜 있는 사람은 사람을 잃지도 않고, 또 실언도 하지 않는다."

子曰: 可與言, 而不與之言, 失人。 不可與言, 而與之言, 失言。 知
자왈 가여언 이불여지언 실인 불가여언 이여지언 실언 지

者不失人 , 亦不失言。
자불실인 역불실언

여기서는 사람으로서 처세하는 도리가 어려움을 말하고 있습니다. 공자의 말은 "어떤 사람에게 곧은 말을 해 주고 싶지만, 그 사람의 기분을 상하게 할까 봐 사어史魚가 곧은 말을 하듯이 그렇게 곧은 말을 해 주지 않는다면, 이것은 그에게 미안한 일이다."라는 뜻입니다. 자기 친구가 잘못한 것을 발견하면 깨우쳐 주어야 하는데, 지금 당장은 그 친구가 나를 이해해 주지 못하더라도 좋습니다. 나는 그래도 그를 친구로

생각하므로, 그가 나를 원망해도 좋습니다. 그가 실패하게 되었을 때에는 나의 말이 옳았다는 것을 알게 될 테니, 그렇게 되면 나는 그에게 미안하지 않게 되는 것입니다.

그러므로 말을 해야 할 상황인데도 말을 하지 않는 것은 미안한 일이니, 이럴 때에는 말을 해야 합니다. 어떤 때는 곧은 말을 할 수 없는 상황인데 곧은 말을 하면 시간 낭비일 뿐 아니라, 그 사람의 기분을 나쁘게 만듭니다. 그러므로 진정으로 지혜가 있는 사람은 마땅히 말을 해야 할 상황일 때 곧은 말을 하여 사람도 잃지 않고 말도 잃지 않습니다. 역사상 범수范雎가 진秦나라 소왕昭王을 만난 고사가 생각나는 대목입니다.

진나라 소왕은 범수에게 한 번, 두 번 가르침을 청했는데, 그 때마다 범수는 소왕에게 아무 말도 하지 않아 그를 추천한 사람을 난감하게 했습니다. 범수는 자기를 추천한 사람에게 그 이유를 이렇게 말했습니다. "나는 전에 진나라를 부강하게 만들고 제후들 사이에서 패주霸主가 될 수 있는 계획을 소왕에게 제시한 바 있다. 그런데도 소왕은 이에 마음이 없어 나의 계획을 열심히 듣지 않았다. 그래서 나는 그에게 말을 할 수 없었다."

추천했던 사람이 뒤에 소왕에게 이것을 보고했습니다. 소왕은 세 번째로 범수를 만날 때에는 일체의 공적인 일을 미루고 좌우 사람을 물리친 후, 범수와 단독으로 만나 정중하게 가르침을 청했습니다. 그제야 범수는 의견을 말했고, 그의 말에 마음이 움직인 소왕은 즉시 그를 재상으로 삼는다고 발표했습니다. 전국 시대에는 이런 일들이 많았는데, 이는 남을 설득하는 어려움을 말해 줍니다.

우리가 인생 경험을 통해 알 수 있듯이 친구지간에도 이렇고, 가정에서는 부모지간·부부지간에도 이러합니다. 상대방의 일이 뜻대로 되지 않았을 때 가서 문제를 제기하고 충고하면 재수 없다고 하기 마련인데, 이것은 말하는 시기가 잘못 되었기 때문입니다. 우리는 남의 간부 직원이 된 많은 젊은 사람들이 윗사람에게 크게 퇴짜를 맞고 돌아와 온통 불평으로 가득 차있는 것을 보게 됩니다. 사실은 그 높은 양반께서 오늘은 다른 일이 있어 마음이 한참 복잡한 참이었는데, 불쑥 들어가 상관없는 일을 보고했거나 그의 마음속의 일과 관련이 있어 마침 불편한 심기를 건드렸기 때문인지도 모릅니다. 이른바 "가서 하찮은 얘기를 털어놓으려다 상대의 분노와 마주친다."(薄言往訴, 逢彼之怒)는 격으로 사람이나 일에 대해서 말을 적절하게 잘하기란 참으로 어렵습니다. 이것은 많은 인생 경험을 쌓아야 비로소 이해할 수 있습니다. 학교에서 학우 간에 함께 지내거나, 사회에서 동료 간에 함께 지낼 때 늘 이런 문제에 부딪치게 되는데, 말하는 시기가 적절하지 않으면 결과적으로 의견이 맞지 않게 됩니다.

　공자께서 말씀하셨다. "숭고한 뜻을 품은 사람과 인仁한 사람은 자신이 살기 위하여 (자신의 중심 사상인) 인을 해치는 일이 없고, 차라리 자신을 죽여서라도 인을 이룩한다."

　　子曰：志士仁人, 無求生以害仁, 有殺身以成仁。
　　자왈　지사인인　무구생이해인　유살신이성인

　우리가 자주 쓰는 '살신성인'殺身成仁이란 말은 바로 여기에서 나온 것으로, 공자의 말입니다. '인'仁이란 말은 여기서 해석하지 않겠습니다. '인'이 바로 공문 학문孔門學問의 중심이라고 상론上論에서부터 줄곧 말해 왔습니다. 오늘날 말로 하면 바로 중심 사상입니다. "숭고한 뜻을 품은 사람과 인한 사람은 자신이 살기 위하여 인을 해치는 일이 없다."(志士仁人, 無求生以害仁)는 것은, 예를 들어 많은 종교인이 신앙에 저촉되는 일에 부딪쳤을 때 차라리 목숨을 버리는 것을 말합니다. 이른바 '몸을 도에 바치는 것'(以身殉道)입니다. 도道를 지키기 위해 죽은 사람은 종교인 가운데 특히 많았고, 역사상의 충신 효자도 그러한 관념이었습니다. 차라리 목숨을 희생할지언정 절대로 목숨을 위해 자신의 중심 사상이나 신앙을 저해하지 않았습니다. 차라리 '살신성인'하였습니다. 이는 개인의 수양과 생명의 가치에 대한 견해에 관계됩니다.

장안에 살기가 정말 쉽지 않다

여기까지 말하고 공자는 인의 용用의 측면에서 한 가지 문제를 제기합니다.

자공이 인仁(을 행하는 법)을 묻자,
공자께서 말씀하셨다. "(수공이나 공예 일을 하는) 장인匠人은 그의 일을 잘 하려면 반드시 그의 (공구) 연장들을 먼저 날카롭게 손질(하여 준비)한다. 어떤 나라에 살면서 (그 나라에 공헌을 하고 싶으면) 그 나라의 대부 가운데 현명한 사람을 섬기고, 그 나라의 선비 가운데 인仁한 사람을 벗해야 한다."

(바꾸어 말하면, 상류 사회 인사나 정치계의 큰 인물, 정부의 중견 인사와 사귀어서, 국가의 속사정을 먼저 이해하고 그들과 좋은 관계를 가져야만 비로소 공헌할 기회를 얻어 '인'의 목적을 완성할 수 있습니다)

子貢問爲仁。子曰:工欲善其事, 必先利其器。居是邦也 , 事其大
자공문위인　자왈　공욕선기사　필선리기기　　거시방야　　사기대

夫之賢者 , 友其士之仁者。
부지현자　우기사지인자

"장인은 그의 일을 잘 하려면 반드시 그의 연장을 먼저 날카롭게 손질한다."(工欲善其事, 必先利其器)란 말도 우리가 늘 인용하는 명언인데, 역시 여기에서 공자가 한 말입니다. 공자는 자공에게 "수공이나 공예 일을 하는 사람이 일을 완벽하게 잘하려면 먼저 공구工具 준비를 잘해야 한다."고 말했습니다.

그럼 '인仁'을 잘 행하려면 무슨 공구를 준비해야 할까요? 한 나라에 살면서 그 나라에 공헌을 하고 싶으면 반드시 상류 사회 인사나 정치계의 큰 인물, 정부의 중견 인사와 사귀어야 하고, 그 국가 사회 여러 분야의 현인·달인達人들과 친구로 사귀어야 한다고 공자는 말합니다. 바꾸어 말하면, 그 국가의 속사정을 먼저 이해하고 현인·달인들과 좋은 관계를 가져야만 비로소 공헌할 기회를 얻어 '인'仁의 목적을 완성할 수

있다는 것입니다.

이 단락의 이야기를 읽고 이와 상반되는 각도에서 보면, 역사적으로 대부분 공자를 조각상처럼 틀에 박힌 모습으로 묘사하여 두려움을 느끼게 할 정도로서, 결코 온유溫·선량良·공경恭·검소儉·겸양讓의 모습이 아니었습니다. 만약에 공자가 그렇게 판에 박힌 듯한 모습이었다면, 오늘날 공자가 우리의 선생님이라 하더라도 나는 틀림없이 공자를 멀리하고 그와 얼굴을 마주하고 이야기하기를 두려워했을 것입니다. 공자의 그러한 모습은 역사가 우리들의 심리 속에 빚어 놓은 하나의 잠재의식적 형태입니다.

지금 이 단락으로부터 보면, 공자가 매우 약삭빠르게도 인간관계를 이용할 줄 안 것처럼 보입니다. 공자는 말하기를 우리가 어떤 나라에 가서 어떤 목적을 하나 달성 하려면, 먼저 그 나라의 상류 사회와 정부 수장首長과 좋은 관계를 맺고 사회적인 관계를 잘한 다음에야 일을 할 수 있게 되어 '인'仁의 경지에 도달할 수 있다고 합니다.

공자의 이런 말들은 사람들로 하여금 수단을 사용하라고 가르친 것으로 보이니, 얼마나 심한 것 인가요! 그러나 사실상 어떤 사람, 어떤 시대나 모두 이와 같습니다. 그렇지만 여기서 가장 중요한 점은 '인'仁을 이루기 위한다는 것으로, 그 목적이 인을 행하여 사람들을 구제하는 데 있다는 것입니다.

최근에 대학생들 사이에 모략학謀略學을 이야기하기 좋아하고, 귀곡자鬼谷子 등의 학설을 연구하는 그릇된 풍조가 일어났습니다. 나는 그들에게 "되지 못한 짓 그만 해라. 젊은이들이 귀곡자에 빠져서 뭘 하자는 거냐?" 라고 늘 말합니다. 모략학은 배워도 괜찮지만 모략을 사용해서는 안 됩니다. 모략을 사용하는 것은 칼을 가지고 노는 것과 같아서, 잘못 가지고 놀면 반드시 자기를 다치게 할뿐입니다. 오직 고도의 도덕과 고도의 지혜를 갖춘 사람만이 이를 잘 이용할 줄 압니다.

우리가 앞에서도 인용했듯이, 서양 종교 개혁가인 마르틴 루터는 "수단을 가리지 않고 최고의 도덕을 완성한다."는 말을 했는데, 일반인들은 흔히 이 말의 앞 절반인 "수단을 가리지 않는다."는 말만 인용하며 중시하고, 뒤의 부분인 "최고의 도덕을 완성한다."는 말은 잊어버리고 있습니다. 마르틴 루터는 최고 도덕의 완성을 목표로 하였기 때문에, 종교 개혁을 일으켜 낡은 종교를 뒤엎고 지금의 프로테스탄트인 새로운 기독교를 일으켰습니다. 그런데 지금 사람들은 수단을 가리지 않는다는 것만 말하고, 최고 도덕을 완성해야 한다는 것은 잊어버리고 있는 것입니다.

공자는 여기서, 자공이 '인을 행하는 법'(爲仁)을 물었기 때문에 그에게 이렇게 말한 것이지, 다른 사람이 '인을 행하는 법'을 물었더라면 이렇게 말하지 않았을 것입니다. 역사적으로 보면 자공은 확실히 아주 많은 일을 했으며, 대정치가·대외교가·대경제가나 실업계의 우두머리가 되기에 부족함이 없었기 때문에, 공자가 이렇게 말할 수 있었던 것입니다. 바꾸어 말해서, 공자 자신이 열국을 주유하며 72명의 임금들을 만난 것도 인을 행할 목적으로 그렇게 한 것입니다.

공자는 위나라의 거백옥 같은 사람을 친구로 사귀었지만 운이 좋지 않아 정치 무대에 서지 못했으나, 사람들로 하여금 두려움을 느끼게 했습니다. 공자가 만일 수단을 가리지 않았다면 가볍게 어떤 정권을 쥘 수도 있었겠지만, 그는 '인仁'을 말함으로써 한결같이 최고의 도덕 원칙을 지켰습니다. 공자가 자공에게 말한 것도 역시 이와 같습니다.

또 역사상 명성을 이룬 사람들, 특히 당나라 사대부의 기풍을 보면, 당시 비록 과거시험을 통해 선비를 뽑았지만 과거시험을 통해 공명功名을 얻게 되어 있었던 청나라의 규정과는 달랐습니다. 한유韓愈의 상서上書의 경우처럼, 공명을 얻으려면 먼저 훌륭한 선배에 의하여 배양되어야 했습니다. 어떤 사람들은 늘 글을 지어 윗사람에게 건네주러 가서, 윗사람이 자기의 글을 보고 마음에 들어 할 때까지 문 앞에서 기다렸다가 돌아오기도 했습니다.

백거이白居易 같은 사람은 수도 장안長安에서 살 때, 처음에는 아무 세력이 없었습니다. 그래서 시문詩文은 좋았지만 책임지고 추천해 주는 사람이 없어 과거시험에조차 참가할 길이 없었습니다. 어느 때 백거이가 자기 작품을 보여 주려고 나이든 선배인 고황顧况을 찾아갔더니, 그 선배는 백거이를 접견하고 그 작품은 보지도 않고, "그대는 장안에서 사는가? 장안은 살기가 정말 쉽지 않네."(長安居大不易)라고 말했습니다. 이 말은 유명한 말인데, 한 국가를 대표하는 수도는 생활수준이 높고 소비도 많은 곳이어서 백거이에게 이 말을 한 것으로, 교훈의 뜻을 담고 있었습니다. 그러나 그 선배는 백거이의 다음 시를 보더니 대단히 좋아하며, 이 젊은이는 장안에서 살 자격이 있다고 했습니다.

길길이 자란 언덕 위의 풀들은	離離原上草
한 해에 한 번 시들고 우거진다	一歲一枯榮
들불에도 모두 타서 죽는 것은 아니니	野火燒不盡
불어오는 봄바람에 또 살아나네	春風吹又生

그래서 그가 책임지고 백거이를 중앙에 추천하여, 백거이는 과거시험에 참가할 수 있었고 그 뒤로는 순풍에 돛을 단 듯 순조로웠습니다. 또, 이백李白이 한조종韓朝宗에게 올린 편지를 보면, 이것도 젊은이들이 선배들에 힘입어 등용된 사례가 됩니다. 그러므로 당대 이후부터는 주로 선배들이 후배를 추천하여 국가를 위해 선비를 등용시켰습니다.

이러한 문화의 정신을 이어받아, 우리 노년 세대들은 마땅히 후배 청년들에게 유의하여 그들을 배양하고 등용시켜야 합니다. 그리하여 그들이 업적과 학문을 이루고 자기 능력을 발휘할 수 있게 되었을 때, 우리가 한쪽에 나앉아 있으면 마치 자기가 물 주고 기른 꽃을 감상하는 듯하여 마음이 얼마나 만족스럽고 기쁘겠습니까? 이러한 상황은 역사상 많았고, 또 옛날부터 우리의 선배 문인들은 이러한 풍모와 도량을 충분히 보여 주었습니다. 이러한 역사적 사실들은, 공자가 자공에게 일러 준 말이 어느 시대에나 모두 다 그러했다는 것을 설명해 줍니다.

그래서 요즘 유학생들이 미국에서 돌아와 미국의 정치 사정을 떠벌리기라도 하면, 나는 그들에게 촌뜨기 같이 굴지 말라면서 이렇게 쏘아붙입니다. "캘리포니아에서 살았건 다른 지역에서 살았건, 대학 문화권에서만 생활했다면 6년은 말할 것도 없고 60년을 살았다 해도 소용없다.

미국을 이해하기 위해 워싱턴의 정치 요인들과 친구로 사귀어 보았느냐? 이 시대의 장의張儀격인 키신저의 머릿속에서 닭이 태어날지 아니면 달걀이 태어날지 헤아려 알 수 있느냐? 키신저 그림자도 보지 못하고, 나와 마찬가지로 신문지상에서 사진만 보았으면서 미국을 이해한다고? 외국인이 우리 중국에 와서 빈둥거리면서 3년쯤 지내다가 미국에 돌아가 우리 나라를 안다고 떠드는 것이나 뭐가 다르냐? 그가 오늘 우리가 여기서 무슨 일을 하는지 알 수 있겠느냐? 그림자조차도 알지 못하겠지."

그러므로 천하의 일을 참으로 이해하려면, "그 나라의 대부 가운데 현명한 사람을 사귀어야 합니다."(事其大夫之賢者). 몇 년 전 나는 미국 교수 한 분에게 이렇게 말한 적이 있습니다. "당신네 나라 미국은 세계 곳곳에 도움을 주고 있지만, 곳곳에서 욕을 먹고 있습니다. 그것은 미국 의원議員들이 수재秀才가 아닌데다 천하의 일을 이해하기 위해 문 밖으로 나서지도 않기 때문입니다. 동양에 와 보지 않았으니, 천하의 일을 모르는 것은 당연합니다. 어떤 사람은 대만에 와서 본 적이 있기에 돌아가서는 달라졌습니다." 이런 수재들이 문 밖을 나서보아야 비로소 천하의 일을 안다는 것이 바로 이런 이치입니다. 이 몇 마디의 글은 우리가 그 의미를 넓혀 본다면 일생 동안 활용할 수 있는 일이 무궁합니다. 어떤 일도 고루과문孤陋寡聞해서는 안 되며, 곳곳마다가 학문이어서 배워야 할 것들이 널려 있으므로 많이 교유交遊하고 많이 이해해야 합니다.

안연이 어떻게 나라를 잘 세울지(爲邦)에 대하여 묻자,

공자께서 말씀하셨다. "(국가 정치를 잘 하려면, 천문은 반드시) 하나라의 역법曆法을 사용하고, (교통은) 은나라의 수레를 타(고 발전시키)며, (의관문물衣冠文物의 완성에는) 주나라의 (인문 문화의) 예관禮冠을 쓰고, 음악은 (수준을 더욱 높여 순 임금 때의 악풍인) 소무韶武를 사용하도록 하라. (그리고) 정나라 음악은 물리치고, 간사한 소인들을 멀리하라. 정나라 음악은 음탕하고, (책략을 쓰거나 수단을 부리는) 간사한 소인들은 (많아지면 국가와 사회가) 위험하다."

顔淵問爲邦。子曰：行夏之時，乘殷之輅，服周之冕，樂則韶舞。放
안연문위방　자왈　　행하지시　승은지로　복주지면　악즉소무　　방

鄭聲，遠佞人。鄭聲淫，佞人殆。
정성　　원녕인　　정성음　　영인태

이 단락을 읽을 때는, 자기가 문자에 속아 융통성을 발휘하지 못하면 안 됩니다. 한漢나라 유학자들은 훈고학 — 소학小學, 특히 사서오경四書五經을 연구하면서 한 글자마다 쓰는 법의 기원과 함의涵義 등을 10여 만 자씩 쓰고 연구 토론하고, 이렇게 하는 것을 학문으로 여겼습니다. 국가가 태평해지면서 이런 사람들이 학위를 받고 공명을 얻게 되었는데, 이렇게 공부하는 것도 정말 쉽지 않았습니다. 국가 원로인 오치휘吳稚暉 선생은 송대 이학자들에 대해 꾸짖기를 "개조차도 먹기 좋아하지 않을 정도로 시큼하게 쉬었다."고 했습니다. 예를 들어, 무엇이 '위방'爲邦일까요? 바로 어떻게 나라를 잘 세우느냐 하는 것입니다. 고서古書는 결코 읽기 어렵지 않으니, 절대 속지 마시기 바랍니다.

하나라 역법과 설쇠기

공자는 안회에게 "국가 정치를 잘 하려면 반드시 하나라 역법을 사용해야 한다."(行夏之時)고 말했습니다.

여기서 '시'時란 바로 역법曆法을 가리킵니다. 역법을 이야기 하면 감개가 많습니다. 오늘날 우리가 사용하는 음력은 하 왕조夏王朝 때 처음으로 만든 역법입니다. 상고사에서 중국의 천문은 대단히 발달했습니다. 이것은 중국 문화 중에서 가장 대단한 부분이며, 세계 과학사에서도 매우 유명합니다. 과학을 말하면 첫 번째가 바로 천문天文 분야인데, 세계 과학의 발전은 가장 이른 시기에 천문이 먼저 발달했습니다. 천문을 이해하려면 먼저 수학을 연구해야 합니다.

바로 이 두 분야의 과학에서, 중국의 천문이 가장 일찍 발전했습니다. 수학도 가장 일찍 발전했는데, 특히 『역경』易經의 수리 철학數理哲學까지

로의 발전은 정말로 정밀하고 심오합니다. 그러나 우리 세대에 이르러 이 두 과학이야말로 가장 비참한 지경이 되어버렸습니다. 중국의 보이스카우트가 세계 보이스카우트 캠프에 참가했는데, 저녁이 되어 별을 보고 방향을 가릴 줄조차도 모르자 외국인들이 다들 놀라워했다고 합니다.

과거 왕조마다 역법을 매우 중시했던 것은 역사상의 사실史實을 많이 읽기만 하면 알게 됩니다. 예를 들어, 청나라 군대가 산해관으로 들어오고 명나라가 망하자 많은 한인漢人들이 투항하지 않았는데, 역사에서는 이런 일에 대해 '불봉정삭'不奉正朔이라 불렀습니다. 무엇을 '정삭'正朔이라 할까요? 바로 역법을 중심으로 하는 왕조 시대의 명호입니다.

역대 황제는 역법曆法을 여러 차례 수정하였으며, 청나라 강희제康熙帝의 손에 이르러 또 큰 정리를 거쳤습니다. 이 곰보 황제는 정말 대단해서, 티베트어에도 통하고 산스크리트어에도 통한데다 스페인어까지 통했습니다. 요컨대, 엿보지 않은 학문이 없을 정도였고 서양 문화를 가장 먼저 받아들이기도 했습니다. 마테오 리치 이후 이탈리아 사람 남회인(南懷仁: 페르비스트의 중국 이름—역주)이 중국에 오자, 강희제는 그에게서 천문학을 배우고 수학을 배우는 등 배우지 않은 분야가 거의 없었습니다.

그는 10여 세에 황제에 즉위하여 60년 동안 천하를 통치하면서 청나라 3백 년의 기초를 놓았으며, 총명한 두뇌에 해박한 학문을 갖추어 더할 것이 없었습니다. 여기에서 우리는 어떤 사업을 창조하려면 정말 학문을 제대로 해야 한다는 것을 알 수 있습니다. 강희제의 학문은 참으로 대단해서, 그의 손에 이르러 중국의 역법은 서양의 관념과 방법이 보태지고 중국의 것과 종합되어서 좋아졌습니다.

중국의 역법은 다들 음력 사용하기를 좋아해서 음력 정월을 지내면서 세배하는데, 이렇게 하는 것은 바로 하나라 역법의 유풍입니다. 은상殷商의 정월은 건축(建丑: 북두칠성의 자루가 丑의 방향을 가리키는 것—역주), 즉 12월을 정월로 삼았습니다. 주 왕조의 정월은 건자建子로서 11월이었습니다. 하 왕조의 정월은 건인建寅으로서, 바로 우리가 관용貫用하는 음력 정월입니다. 중국은 수천 년 동안 모두 음력설을 쇠었는데, 이것이 바로 '하지시'夏之時입니다. 일본이 2차 세계대전 이전에 지낸 설도 음력이었으며, 월남이나 한국·버어마·동남아 각국은 우리의 문화권으로서 모두 수천 년 동안 음력설을 지냈습니다.

이런 이야기를 하자니 감개가 많은데, 한 가지 이상한 일로서, 앞으로 역사가 어떻게 변해 갈지 모르겠습니다. 우리가 청나라를 뒤엎고 중화민국을 세워 양력설을 시행한 이후, 어떤 사람이 대련을 한 폭 지었습니다. 전해지기로는 명사인 섭덕휘葉德輝가 지은 것이라는데, 대련 내용은 이렇습니다.

남녀의 권리가 평등하니	男女平權
남편 말은 남편 말대로 일리가 있고	公說公有理
마누라 말은 마누라 말대로 일리가 있네	婆說婆有理
음력과 양력이 합해지니	陰陽合曆
너는 너의 설을 쇠고	你過你的年
나는 나의 설을 쇤다네	我過我的年

문화를 말할 때 이 부분들에 관계되면 주의해야 합니다. 겉으로 보면 이무런 상관이 없는 것 같아도 종종 국가의 운명에까지 관계되고, 나아가 국가대사의 가장 중요한 부분이기도 하니까요. 이 대련은 이 시대를 나타내는 것으로, '당신은 당신 설을 지내고 나는 내 설을 지낸다' 는 것입니다. 설을 쇠는 이 일만 보아도, 우리들의 이 시대는 수십 년 동안 보조를 맞추어 협력하지 않으며, 일반 국민들은 내심으로 이 정책에 시종 적응하지 못하고 호응할 수 없습니다.

민심, 즉 일반 국민들의 심리는 말할 필요 없이, 오늘 여기에 앉아 있는 우리 구세대라도 양심적으로 한번 생각해 봅시다. 양력설 쇠는 게 좋습니까? 음력설 쇠는 게 좋습니까? 솔직히 말해서, 모두들 음력설 쇠기를 좋아합니다. 그렇지만 우리는 굳이 두 설을 다 지내고 그 위에다 크리스마스까지 지내고 있으니, 설을 세 번 지내는 것이나 마찬가지입니다. 내심으로는 음력설을 쇠면서 겉으로는 군이 양력설을 쇠는 것은, "너는 네 설을 지내고 나는 내 설을 지낸다."는 이 시대의 풍조를 나타내는 것으로서, 역사 문화 연구에서 특히 주의해야 할 부분들입니다.

그리고 여름이 되면 왜 시간을 한 시간 빠르게 조정해야 합니까? 여름에는 한 시간 빨리 업무를 시작하고 한 시간 빨리 퇴근하여, 한 시간 빨리 등을 끄면 아주 간단하지 않습니까? 그런데도 어린애처럼 시계바늘을 한 시간 빠르게 돌려놓아야 한다니, 아주 이상한 일입니다. 이러한 풍조는 미국에서 온 것입니다.

그러면 미국에서는 어떻게 이런 일이 시작되었을까요? 원래 어떤 공장의 어린이가 시계를 돌려놓은 채 놀기 시작했는데, 뒷날 노동자들이 보고는 따라서 법석을 피우게 된 것이라고 합니다. 미국 문화는 깊고 두터운 기초가 없어서, 소란을 떨며 재미있어하기를 좋아합니다. 미국에서 재미있어하니까 그저 그것을 옳은 것으로 알고 따라하게 된 것입니다. 일광 절약日光節約을 위한 것이라면, 근무 시간을 당겨 원래 8시에 출근하여 12시에 퇴근하던 것을 7시에 출근하여 11시에 퇴근하도록 변경하여 시행하면 되지 않겠습니까? 사실 이런 문제는 작은 일들이지만, 큰 문제를 야기하게 됩니다. 큰 일이, 작은 부분에 주의를 기울이지 않았기 때문에 일이 말할 수 없이 나쁘게 변해버리게 되는 경우가 흔히 많습니다. 집에 작은 구멍이 난 것을 보고 최초에 대수롭지 않게 여기다가, 바로 이 작은 구멍 때문에 집 전체가 서서히 무너져 버리게 되는 것이나 마찬가지입니다.

여기서는 "하나라 역법을 사용하는 것"(行夏之時)을 말하고 있는데, 우리가 결국 어느 역법을 채용하더라도 문제가 됩니다. 예를 들어, 공자 탄신일을 양력 9월 28일로 정하는 등등은 도대체 맞을까요, 안 맞을까요? 통할까요? 모두 문제입니다. 중국 문화는, 나라가 강성해지지 않는 한 영원히 이와 같아서 우리는 할 말이 없습니다. 만약 나라가 강성해지면 역법을 바꾸지 않으면 안 됩니다. 이것은 결코 순수한 민족자존 관념이 아닙니다. 이것은 하나의 문화 문제입니다.

중국의 땅과 중국의 역사를 가지고 비교해 보면, 중국의 문화에는 확실히 세계적인 수준이 있습니다. 그렇지만 오늘날 외국인들은 중국 문화를 내던져버리고 돌아보지 않습니다. 그 사람들이야 그렇다 치더라도, 우리 자신은 절대 우리의 전통 문화를 포기해서는 안 됩니다. 우리 스스로 비극을 초래하지 않도록 절대로 주의해야 합니다. 그래서 우리가 오늘 우리 국가 문화에 대한 인식을 말하고 있으며, 어떻게 문화를 부흥시켜야 할지 정말 한숨이 나옵니다. 여기에는 문제도 많고, 또 어려운 일입니다. 우리는 우리 국가와 민족을 위해서, 또 다음 세대를 위해서 이런 문제들에 주의를 기울이고 이해하여야 하며, 또 책을 많이 읽어야 합니다. 책은 우리 조상들이 수천 년 동안 누적해 온 지혜의 결정입니다.

공자는 "하나라 역법을 사용해야 한다."고 주장하고 있는데, 공자가 연구한 결과, 하나라 역법이 중국 민족과 땅이라는 공간에 가장 합리적인 역법이라 본 것입니다. 합리적인 것이 어디에 있을까요? 이 문제는 아주 심오해서 천문학과 『역경』의 음양학을 연구해야 합니다. 예를 들면, 『역경』 속의 팔괘八卦는 곧 이 세계의 시간·공간을 설명하는 학문으로서, 천문天文·지리地理·인사人事를 포괄하고 있습니다.

한 학생이 오스트레일리아로 일하러 가면서, 나침반을 가져갔습니다. 그는 오스트레일리아에 도착한 뒤 내게 편지를 보내 와, 우리 문화의 물건인 나침반을 남반구에서는 어떻게 사용해야 하는지를 물었습니다. 나는 생각해 본 다음, 그에게 여기와는 반대로 사용하라고 일러주었습니다. 얼마 후 답장을 받았는데, 내가 일러 준 대로 나침반을 반대로 사용해 보니 아주 잘 맞는다고 했습니다. 그런데 나 자신도 직접 남반구에 가서 경험해 본 적이 없기에 뒤에 다시 생각해 보니, 지구가 수박처럼 둥글기 때문에 남반구라 하더라도 남북 방향은 역시 이곳과 같을 것이라는 생각이 들었습니다. 그래서 다시 그에게 편지를 써서, 여기에서 사용하던 대로 해 보라고 했습니다. 뒤에 그가 답장을 보내 왔는데, 현지에서 경험해보니 이곳과는 반대로 사용하는 것이 맞는다고 했습니다. 우리는 이 문제를 잠시 미루어 놓고 결론을 내리지 않았지만, 내 생각으로는 두 방향으로 다 사용할 수 있되 어떻게 사용하느냐에 달려

있다고 봅니다. 이것은 뒤에 『역경』을 연구할 기회가 있으면 다시 말하
겠습니다.

이상으로 우리 역법이 하 왕조로부터 온 것임을 주로 설명했는데, 왜
하우夏禹 이후 지금까지 줄곧 하력夏曆을 음력이라 부르고 있을까요? 그
것은 하력이 매월 15일, 달이 동쪽에서 둥글게 떠오르는 날을 기준으로
하고 있고 달을 태음太陰이라고 불렀기 때문에, 이 역법을 음력이라 부
르게 된 것입니다.

그러면 우리 역법은 태양력太陽曆을 따르고 있었을까요, 따르지 않고
있었을까요? 사실은 우리도 따르고 있었습니다. 5일을 1후候로 하고, 3
후候를 1기氣로, 6후를 1절節로 삼았습니다. 1년 12개월은 72후이며
24절기節氣입니다. 어떤 절기에 어떤 농작물을 심는다는 것이 틀에 박
힌 듯 정해져 있는데, 이것이 태양력의 규율입니다. 민간에서 일반적으
로 행하여지는 점이나 풍수·택일擇日 등도 모두 태양력의 법칙을 사용
한 것입니다. 다시 말해 우리는 수천 년 역사 동안 음력·양력을 합해
서 써 왔습니다. 그래서 우리 문화의 천문 수준이 이미 수천 년 전부터
크게 진보해 있었다고 말하는 것입니다.

그런데 최근 6, 70년 동안 대만의 대학에 천문학과가 있었습니까, 없
었습니까? 과거에 중대中大에 천문학과가 있었지만, 신설한 뒤 얼마 못
갔습니다. 오늘 이렇게 많은 대학에 천문학과가 하나도 없다는 것은 문
화 교육의 입장에서 볼 때 대단히 유감스러운 일입니다. 지난날 고평자
高平子란 선생님이 한 분 계셔서, 서양 천문학과 중국 천문학을 결합시
켜 강의할 수 있었습니다. 그래서 나는 당시 학생들에게 얼른 그 선생
님께 가서 배우라고 권하면서, 이제 그에게서 배우지 않으면 중국 천문
학의 전승이 끊어질 것이라고 말했습니다. 그러나 그 학생들은 천문학
방면에 머리가 없었는지 몇 번 배우고 난 후 중단하여 인재가 되지 못
했으며, 고 선생님마저도 몇 년 전에 세상을 떠나고 말았습니다.

나는 중국 문화가 끊어져버릴까 봐 참으로 걱정이 많습니다. 오늘날
천문학과가 없는 것은 말할 것도 없고, 설령 있더라도 그 누가 중국 고
유의 천문학을 제대로 이해할 수 있을까요? 우리의 중국 천문학은 고유

의 한 체계를 가지고 있습니다. 이 모두는 문화를 이야기하게 되면 슬프고, 가련한 일입니다. 나는 늘 이렇게 말합니다. "국가 민족의 문화가 만약 끊어진다면 다시 회복할 날이 없을 것이다."

시간과 공간의 문제

지금까지의 이야기는 "하나라 역법을 사용해야 한다."는 공자의 말한 마디에서 나온 것으로, 우리 문화에 대한 소감과 개탄이었습니다. 공자는 안회에게 "첫째 하나라 역법을 사용해야 하고, 둘째 은나라 수레인 '노'轑를 타야 한다."고 말했습니다. 과거에는 교통이 발달하지 못했는데, 은상殷商의 시대에 이르러 서서히 발달하게 되었습니다. 은상의 수레를 타야 한다는 것은 바로 교통을 발전시켜야 한다는 뜻입니다.

이런 이야기는 곧 우리 문화의 교통 발전사를 말하는 것이고, 『역경』에까지 거슬러 올라갑니다. 중국뿐만 아니라 지구상 어디서나 인류 문화의 초기에는 강 한 줄기나 산 하나도 교통에 장애가 되었습니다. 점차 나무를 이용하여 강을 건너게 되어 강의 장애가 사라지고, 훗날 몇천 년 동안 더욱 발전하여 해양의 장애가 사라졌습니다. 항공 산업이 발달한 뒤에는 공간의 장애가 사라졌습니다. 이제 수십 년 후에는 우주 공간 문제가 나타나게 되고, 외계 우주 공간의 문제까지 나타날 것입니다.

지금 우리 나라는 과학을 말하고 있으면서도, 외계 우주 공간 문제들에 대해서는 기초 연구조차 없습니다. 앞으로 외계 우주 공간을 둘러싼 정치적인 문제도 곧 대두될 것입니다. 이것은 인류의 비애로서, 작은 문제가 큰 문제로, 산천의 장애가 해양의 장애로 바뀌었고, 해양의 장애가 극복되자 공간의 장애가 나타나게 되었고, 공간의 문제로부터 외계 우주 공간 별들 사이의 문제가 나타나게 되었습니다. 그런데 우리에게는 아직 이 방면의 지식이 없습니다.

최근에 한 학생이 우주 문제에 관한 책 몇 권을 보내 왔습니다. 그 책들을 읽어보면 확실히 외계 우주 공간에도 인류가 살고 있고 생명체가 있다고 생각하는 사람들이 있는데, 일리가 있는 말입니다. 하지만, 세계 과학계에는 지구 속 중심부에도 인류가 산다고 주장하는 파가 있습니다. 사실 위의 하늘과 땅 속에 대한 잡학雜學은 우리 옛 사람들이 벌써 토론한 적이 있는데, 모두들 연구가 적었을 뿐입니다.

공자는 여기서 이렇게 말하고 있습니다. "시간의 문제인 천문은 하나라의 역법을 사용하고, 공간의 문제인 교통은 은나라의 수레를 사용하라. 의관문물衣冠文物의 완성에는 주나라의 인문 문화를 사용하고, 음악은 수준을 더욱 높여 순 임금 때의 악풍樂風을 사용하는 것이 제일 좋다. 그리고 정鄭나라의 방탕한 음악은 물리치고, 간사한 소인을 멀리해야 한다. 책략을 쓰거나 수단을 부리는 사람들이 많아지면 국가 사회가 위험해진다."

이 단락에서 볼 수 있는 공자의 사상은 매우 시대에 맞으면서 모든 것을 포괄하고, 어느 한 가지 점에 국한되어 있지 않습니다. 한 시대는 한 시대의 정치 정신이 있으므로, 훗날 꼭 옛 사람을 본받을 필요는 없습니다. 지난 역사 가운데서 어느 시대, 어느 지역 문화의 정수精髓를 가져와 종합하면 바로 하나의 큰 문화 중에서의 새로운 시대 문화의 체계가 됩니다.

만일 공자가 오늘날 태어났다면, 아마 유럽인의 민주 정신을 채용하고 중국인의 인치 제도人治制度를 활용하여 어떠어떠한 하나의 체계를 만들었을 것입니다. 이 점을 통해서 문화란 인류의 문화 사상을 집대성하여, 장점은 취하고 단점은 버리는 것이라고 말할 수 있습니다. "나라를 다스리는"(爲邦) 도리도 바로 이와 같아서 틀에 박힌 것이 아닙니다. 이 단락에는 하나의 정신이 있는데, 그것은 바로 위정爲政에 대한 공자의 사상이 결코 낡은 것을 고집하는 보수적이고 낙오된 것이 아니라, 시대마다의 문화 정수를 취하여 새로운 문화 발전을 이룩해야 한다는 것입니다. 왜 이렇게 해야 하는 것일까요?

우리는 돌아서서 자기 민족의 역사를 좀 읽어야 합니다(대학이나 전문학교의 역사 교과서를 말하는 것이 아닙니다. 이런 교과서는 역사에 대한 인식이 아주 미약하기 때문에, 적어도 『강감이지록』綱鑑易知錄은 읽어야 합니다. 이 책은 지금 대학교에서 배우고 있는데, 내게는 우습게 느껴집니다. 왜냐하면 내가 공부할 때에는 열두세 살 때 이 책을 읽었기 때문입니다. 솔직히 말해, 이런 것들은 중국사의 대강에 지나지 않을 뿐이기 때문에 여러분이 한 권 사서 소설 삼아 읽되, 하루에 세 쪽씩 3년 남짓만 읽으면 쓸모가 있을 것입니다).

역사를 알고 나면 국가나 사회의 중요한 큰일을 맡았을 때 무궁하게 활용할 수 있습니다. 이런 책들을 읽으면, 각 시대는 그 앞 왕조의 변천 발전에서 온 것이란 것을 알게 됩니다. 사실 국부인 손문孫文의 삼민주의三民主義도 역사 변천에서 태어난 사상으로, 모두들 잘 알고 있는 바입니다. 그래서 다음 단락의 말이 바로 이어집니다.

공자께서 말씀하셨다. "사람이 (언제 어디서나) 멀리 내다보는 (깊은) 생각이 없다면, 반드시 머지않아 근심이 있게 될 것이다."

子曰 : 人無遠慮, 必有近憂。
자 왈　인 무 원 려　　필 유 근 우

『논어』를 편집하면서 이 단락을 여기에 놓은 것은 앞 단락의 소결론으로 삼기에 딱 좋습니다. 정치에 종사하거나 개인의 사람됨에서나 모두 이 두 마디 말을 근거로 삼아, 언제 어디서나 멀리 내다보고 깊이 생각해야 하며, 짧은 안목으로 보아서는 안 됩니다. 그렇지 않으면 머지않아 곧 우환이 닥치게 됩니다. 작게는 개인의 일에서도 그러하고, 크게는 국가의 앞날도 그러합니다.

영웅도 쏠리는 정 어쩔 수 없네

공자께서 (약간의 불평을 토로하여) 말씀하셨다. "그만두자! 나는 도덕(德)을 (마음의 바른 위치에 두고) 좋아하기를, 여색女色이나 물욕物欲이나 기호嗜好를 좋아하듯 (온 마음을 기울여 끝까지 추구)하는 사람을 아직 보지 못하였다."

(사람이 진리와 학문을 추구하려는 결심은 물욕에 쏠려 좋아하는 것과는 영원히 비교가 되지 않는다는 것입니다)

子曰 : 已矣乎！吾未見好德如好色者也。
자왈 이의호   오미견호덕여호색자야

　이 말은 상론上論에서 이미 나왔는데, 여기서 다시 나오고 있습니다. 이 말은 무엇을 설명하는 것일까요? 옛 사람들은 모두 이렇게 설명했습니다. "공자의 이 말은 위나라 임금에 대한 탄식이다. 위령공은 훌륭한 인물로서 공자를 존중했지만, 아름다운 왕비인 남자南子에게 빠져 공자의 의견을 받아들일 수 없었다. 그래서 공자는 위령공에 대해 '그만두자! 나는 세상에서 덕을 좋아하기를 색을 좋아하듯 하는 사람을 본 적이 없다.'고 탄식한 것이다." 이 말을 그 뒤로 이어서 뜻을 충분히 풀이해 보면, 역사상의 많은 이야기들이 있을 수 있고 현대사의 중요 사건들도 포함한다고 할 수 있습니다.

　동서고금의 모든 정치에는 여성이 관련되어 있습니다. 그런데 여성이 언제 정치를 방해한 적이 있었던가요? 대체로 정치를 하는 사람들 자신이 잘못하여 여성들까지 연루되는 것이데, 여성들이 화근禍根이라는 오명을 뒤집어쓰게 된 것입니다. 예를 들어, 청대 시인 오매촌吳梅村의 명작인 『원원곡』圓圓曲에는 오삼계吳三桂와 진원원陳圓圓의 관계를 묘사한 명구들이 나옵니다.

아녀자가 어찌 큰 계획에 상관했겠으며	妻子豈應關大計
영웅도 다정함을 어찌할 수 없는 것 아닙니까?	英雄無奈是多情
온 집안사람 백골이 재가 되었건만	全家白骨成灰土
일대의 미인은 청사를 비추누나	一代紅妝照汗靑

　이런 명구에는 정말 말 속에 뼈가 있어서, 반드시 여성이 화근이었던 게 아니라 남자들 스스로 험한 산을 만들지는 않았는가 하는 생각이 들게 합니다.

　이 단락에서 공자가 한 말을 자세히 보면, 그는 결코 여색이 나쁘다고 한 게 아니고, 단지 사람들이 덕을 좋아하는 마음을 바른 위치에 놓고, 마치 색을 좋아하듯 온 마음을 기울여 끝까지 추구하지 않는다고만 했습니다. 즉, 공자는 말의 빌미를 잡아 자기 의사를 표현하고 약간의 불평을 토로한 데 불과할 뿐입니다. 그 어른이 세상이란 이런 것임을 어찌 일찍이 이해하지 못했겠습니까? 다만 "치우친 길을 가지 말라. 세상사를 이해한 뒤에는 이 때문에 분개할 필요도 없고, 그 나쁜 것을 배울 필요도 없다."고 말한 것입니다.

위에서 나온 '색'色의 뜻은 상론上論에서 이미 분석하여 설명했으므로, 여기서 다시 중복하지 않겠습니다. 간단히 말해서, 사람이 진리와 학문을 추구하려는 결심은 물욕에 쏠려 좋아하는 것과는 영원히 비교가 되지 않는다는 것입니다.

공자께서 말씀하셨다. "장문중은 벼슬자리를 도둑질하고 있는 자이겠지? 유하혜의 현명함을 알면서도 그에게 관직을 주지 않았으니."

子曰 : 臧文仲 , 其竊位者與 ? 知柳下惠之賢 , 而不與立也 。
자 왈   장 문 중   기 절 위 자 여   지 유 하 혜 지 현   이 불 여 립 야

다들 익히 아는 유하혜柳下惠는 노나라 남자로서, 남녀 관계가 깨끗하기로 유명했던 사람입니다. 성은 전展이고, 이름은 획獲, 자는 금禽입니다. 유하柳下를 식읍食邑으로 받았으며, 시호는 혜惠로서 노나라 대부입니다. 사실 유하혜처럼 남녀 관계에서 도덕적으로 깨끗했던(坐懷不亂) 사람은 세상에 얼마든지 있었지만, 옛 사람이 그를 현자賢者로 표방한 데 불과합니다.

일부 젊은이들처럼 삐딱하게 나가는 사람들이, "무슨 놈의 유하혜? 그는 성불능자 아닌가!" 하거나 "그는 남녀추니(陰陽人)로 수술 하지 않은 게지." 하고 말합니다. 이런 괴상한 논의는 정말 많습니다! 유하혜가 여성을 보고도 마음이 움직이지 않은 것은 그의 개인적인 덕의 일면에 지나지 않으며, 현자로서의 그의 진면목은 의협 정신으로 가난한 사람을 구제하고 위급한 사람을 도와 준 데 있습니다.

공자는 여기에서 장문중臧文仲을 꾸짖고 있는데, 그는 상론 제5편에서

언급된, 집에 큰 거북을 기르던 노나라 대부였습니다. 공자는 그가 벼슬 자리를 도둑질하고 있는 사람이라고 말하고 있습니다. '절위'竊位란 바로 속담에서 말하는 "똥도 누지 않으면서 화장실을 차지하고 있는 사람"으로, 고관대작 자리에 있으면서 청년을 등용할 줄도 모르고 현인을 발탁할 줄도 몰라서, 유하혜가 현인이란 것을 분명히 알면서도 그를 기용하지 않았다는 것입니다.

고인들이 후진後進을 어떻게 양성했는지는 우리가 앞에서 이야기한 적이 있는데, 여기서 다시 송나라의 이왕二王, 즉 왕단王旦과 왕증王曾의 사적을 보겠습니다.

송나라 진종眞宗 때 왕단이 구준寇準과 같이 일한 적이 있었는데, 구준은 늘 진종의 면전에서 왕단을 공격하였지만 왕단은 이를 모두 너그럽게 받아들였습니다. 뒷날 구준은 재상 직에서 해임되자, 왕단에게 자기를 사상(使相: 장군과 대신을 겸한 직위—역주)으로 임명해 달라고 다른 사람을 통해 부탁했습니다. 왕단은 크게 놀라면서 "국가 장상將相의 자리를 어떻게 마음대로 요구할 수 있단 말인가? 나는 개인 청탁은 받지 않는다."고 했습니다. 이 때문에 구준은 왕단에게 불만을 품었습니다.

얼마 뒤 구준은 다시 중추 요직인 내각 대신으로 임명되었는데, 그는 진종을 만나 뵙는 자리에서 황공해하며 이렇게 말했습니다. "폐하께서 신臣을 잘 아시는 것이 아니라면, 어찌 이런 자리를 주실 수 있겠습니까?" 그러자 진종은 그에게 "그대의 직위는 모두 왕단이 극력 보증하면서 추천하여 된 것이다." 라고 말했습니다. 구준은 그제서야 그간의 사정을 알고 대단히 부끄러워했다고 합니다. 진종은 늘 "왕단은 큰 일을 잘 처리하니, 참으로 재상이다." 라고 말했습니다.

왕증은 왕단보다 후배였는데, 인종仁宗 시대에 재상 직을 맡았습니다. 한번은 왕단이 휴가 가고 없는 동안 왕증은 황제와 정치적 견해가 맞지 않아 면직되었습니다. 뒤에 왕단은 이를 알고 왕증에게 말했습니다. "왕군은 의지가 꿋꿋하며, 훗날 큰 덕망과 업적을 쌓아 오히려 내가 자네를 볼 수 없게 될 것이다." 왕증은 나중에 중앙 정부에서 집정하게 되었는데, 평소 말을 아주 적게 하고 또 가볍게 웃지도 않았기에 누구도 감히 그에게 개인적인 청탁을 하지 못했습니다.

왕증은 자기가 인재를 발탁했다는 것도 남이 알지 못하도록 했습니다. 그 당시 범중엄范仲淹은 뒤에서 신진 인물을 천거하고 있었는데, 한 번은 왕증에게 이렇게 말했습니다. "훌륭한 인재를 발탁하여 드러내는 것은 재상의 임무인데, 그대의 훌륭한 덕에는 오직 이것이 부족하다."(明揚大類, 宰相任也, 公之盛德, 獨少此爾). 다시 말해, "후배 인재를 공개적으로 등용하는 것은 수상의 당연한 책임이다, 그대는 다 좋은데 다만 어떤 사람을 등용했는지 설명하려 하지 않는 것이 좀 흠이다."라는 것이었습니다. 그러자 왕증은 "은혜를 자신에게 돌리면, 원한은 장차 누구에게 돌릴까요?"(恩欲歸己, 怨將誰歸耶)라고 말했습니다. 즉, "등용된 사람으로 하여금 나에게 은혜를 입은 것을 알게 하고 보은하기를 바란다면, 좋은 자리를 얻지 못한 사람들의 원한은 누가 떠맡아야 하겠습니까!"라는 뜻입니다. 국가의 대신은 사람들로부터 공덕만 칭송 받을 수는 없으며, 나쁜 사람과 나쁜 일들을 감싸주는 도량과 덕도 있어야 합니다. 역사를 많이 읽어보기만 하면 그 속의 도리를 이해하게 됩니다. 우리가 어떤 일을 처리함에 있어 반드시 고려해야 할 필요가 없을 때도 있는데, 역사상 선인들의 경험에는 이미 이러한 사례들이 있었기 때문입니다. 독서의 좋은 점이 바로 여기에 있습니다.

공자께서 말씀하셨다. "자기 자신(의 잘못)에 대하여는 (스스로) 엄중하게 책망하고, 남(의 잘못)에 대하여는 가벼이 책망한다면, 곧 원망을 멀리하게 된다!"

子曰：躬自厚，而薄責於人，則遠怨矣！
자왈 궁자후 이박책어인 즉원원의

이점은 매우 중요하면서도 어려운 문제입니다. '궁'躬은 자기를 돌이켜 보아 스스로 묻는 것이며, '자후'自厚는 자신에 대해 너그러운 것이 아니라 자신에 대해 엄격하게 요구하는 것입니다. 우리는 자신의 잘못에 대하여는 스스로 엄중하게 책망하고, 남의 잘못을 꾸짖을 때에는 그렇게 엄중히 하지 말아야 합니다. 이렇게 처세하면 윗사람에게든, 동료에게든, 부하에게든 원한을 사지 않습니다. 그러나 사회의 풍기風氣가 어지러운 시대에는 남에 대한 요구는 무겁게 하고 자신에 대한 요구는 가볍게 하기 쉽습니다. 남의 잘못에 대해서는 엄격하고 자기 자신은 쉽게 용서합니다. 그러므로 공맹孔孟의 도道는 우리로 하여금 자신을 반성하여 진실하도록 하고, 남을 꾸짖을 때에는 너그러운 마음을 가지며 자기에 대해서는 엄격히 점검하도록 가르칩니다.

　　공자께서 말씀하셨다. "(무슨 일에 대해서나 머리를 써서) 어떻게 할까? 어떻게 할까? (생각하고 연구하면서 질문을) 하지 않는 사람은, 나도 그를 어떻게 할 수가 없다."

　　子曰 : 不曰「如之何, 如之何」者, 吾末如之何也已矣!
　　자왈　불왈　여지하　여지하　자　오말여지하야이의

　　이 단락의 글은 얼른 읽어보면 무슨 말인지 알 수 없고, 몇 개의 같은 구절을 한데 늘어놓았기 때문에, 젊은이들은 이런 고문古文을 타도하고자 합니다. 그러나 조금도 타도할 필요가 없습니다. 구어로 바꿔 놓으면 쉽게 이해할 수 있습니다.

　　공자는 "어떻게 할까? 어떻게 할까? 하고 말하지 않는 사람은, 나도 그를 어떻게 해야 할지 정말 모르겠다." 하고 말했습니다. 이 말의 뜻은, 무슨 일에 대해서나 머리를 쓰지 않으면 질문을 할 줄 모른다는 것입니다. 어떤 일이 생기면 어떻게 해야 할지 생각하고 연구해야 합니다. 그저 흐리멍덩하게 지나간다면, 이런 사람에 대해서는 공자도 어떻게 해야 할지 정말 모르겠다는 뜻입니다. 물론 완전히 그 글자대로 구어로 번역해놓으면, 이 구어도 뜻을 읽어내기 어려울 것입니다.

　　그 뜻을 이해하고 나면, 공자의 이 말은 사람이 무슨 일을 처리하더라도 머리를 써야 하고 연구를 많이 해야 한다는 뜻임을 알게 됩니다. 과학자도 문제를 제기해야 하고, 철학자도 문제를 제기해야 합니다. 공문公文을 처리하는 데 있어서도 진정으로 마음을 써서, "어떻게 하지?

어떻게 하지?" 하고 생각해야 하며, "도대체 이 내용은 맞는 것일까, 맞지 않는 것일까? 허위보고는 없을까? 정말 이럴까?" 하고 문제의식을 가져야 합니다. 특히, 법을 집행하는 사람은 달걀 속에서 뼈를 고르듯이, "억울한 사람은 없는가? 방종한 사람은 없는가?" 하고 세심히 살펴보아야 합니다. 공자의 말은 바로 이런 뜻으로, 문자는 간단하지만 심각한 질문입니다.

제정신을 잃어버린 병폐

공자께서 말씀하셨다. "여럿이 하루 종일 함께 지내면서, 하는 말은 (아무 내용이 없고 담론할 만한 올바른 일이 없어서) 의리(義)에 미치지 않고 잔꾀나 부리기 좋아하니, 참으로 어찌해 보기 어렵구나!"

子曰:群居終日, 言不及義, 好行小慧。難矣哉!
자왈 군거종일 언불급의 호행소혜 난의재

사회가 혼란해지면, 이런 병폐가 생기기 쉽습니다. 여러 사람들이 종일 한곳에 모여 이야기를 하지만, 아무 내용이 없고 담론할 만한 올바른 일(正事)도 없습니다. 남의 뒷소리나 하고 자신들과 상관없는 말을 하며 진정한 인생관도 없습니다. 오늘날 사회에는 이런 사람들이 적지 않고, 오락 장소는 더욱 많아지고 있습니다. 모두들 이같이 되어 사회정신이 이미 마비되었고, 문화 정신이 없어졌습니다. 더욱 심각한 것은 "잔꾀나 부리기 좋아한다."(好行小慧)는 것입니다. 지금 이 사회가 바로 이와 같습니다. 세계 도처에서 잔꾀 부리기 좋아하고 잔재주 피우는 것이 유행처럼 번지고 있습니다.

공자는 고개를 흔들면서 "참으로 어찌해 보기 어렵구나!"(難矣哉) 하고 탄식했습니다. 사회가 이런 지경에 이르렀으니, 무슨 방법으로 구할 것인가 하는 탄식입니다. 명나라 말년에 만주족이 산해관으로 들어올(入關) 때에 고염무는 공자의 이 말을 인용하여 명말의 사회 풍조를 비평했는데, 즉 남방 지식인들은 "여럿이 하루 종일 함께 지내면서, 하는 말은 의리에 미치지 않고"(羣居終日, 言不及義), 북방 지식인들은 "하루 종일 배불리 먹으면서, 마음 쓰는 바가 없다."(飽食終日, 無所用心)고 했습니다. 오늘날 청년들은 사회에 발을 들여놓자마자 서서히 이런 습성에 물들어 갑니다. 마음 쓸 데가 없어서가 아니라, 마음 쓰는 바는 공자의 말처럼 "잔꾀를 부리기 좋아하는" 것으로 흘러, 큰 학문과 큰 총명으로부터 착안하지 않기 때문입니다. 이것은 시대의 비애이자 사회의 병폐입니다.

공자께서 말씀하셨다. "(진정한 지식인으로서의) 군자는 (자기 인생의 책임을 중시하고 무슨 일에 있어서나) 의리(義)를 근본 바탕으로 삼고, (그 의리가 외면으로 표현되어 높은 문화적 수양이 있는 행위인) 예의(禮)로써 행하며, 겸손하게 말하고, 신뢰로써 이룩한다. 그래야 군자이다!"

子曰 : 君子義以爲質 , 禮以行之 , 孫以出之 , 信以成之 , 君子哉 !
자왈 군자의이위질 예이행지 손이출지 신이성지 군자재

이것은 위 몇 단락 말의 연장입니다. 공자는 "진정한 지식인은 자기 인생의 책임을 중시하고, 의義·예禮·손孫·신信이라는 넉 자에 주의해야 한다."고 말하고 있습니다. 근본 바탕으로 '의義'가 있어야 한다는 것입니다. 여기서의 '의'義란 첫째로 맹자가 정의한 것처럼 '의란 곧 마땅함'(義者宜也)으로서, 곧 '적당하다, 알맞다'는 것입니다. 둘째는 전통적인 인의仁義, 즉 인격의 표준입니다. 셋째는 사장지학(詞章之學: 시·사·부·변문·잡문의 총칭―역주)·기문지학(記問之學: 고서를 외워 남의 질문에나 응답하고 참된 학문은 아닌 것―역주) 이외의 의리지학(義理之學: 송나라의 성리학―역주)입니다. 오늘날의 철학적인 것, 과학적인 것도 의리지학인데, 모두 다 인생의 최고 이치, 즉 진리를 탐구하는 것입니다.

"군자의이위질."君子義以爲質의 '의'義는 의리義理의 의義이면서 그 본질이 됩니다. 이 본질로서의 '의리'가 외면의 행위로 표현된 것이 '예의'禮로서, 높은 문화적 수양이 있는 행위입니다. 그리고 '손'孫은 '겸손하다'

는 뜻의 '손'遜으로서, 태도상으로 아주 겸손하고 자만하거나 교만하지 않은 것입니다. '신'信은 사람을 대하거나 일을 하는 데 있어서 믿음이 있고 말에 신용이 있으며, 또 자신을 믿고 남을 믿는 것입니다.

이 네 가지 조건을 갖춘 것이 바로 군자의 행行입니다. 즉, 지식인으로서 모범적인 인격 기준에 부합한 것이어서, "여럿이 하루 종일 함께 지내면서, 하는 말은 의리義에 미치지 않고 잔꾀나 부리기 좋아하는 함"(群居終日, 言不及義, 好行小慧)이 비교될 수 있는 것이 결코 아닙니다. 만약 이렇게 하지 못하고 잔꾀나 부린다면, 그 사람의 인격은 더 이상 볼 것이 없습니다.

먼저 자신을 돌이켜 살펴보라

공자께서 말씀하셨다. "군자는 (진정한 재능과 실제적인 학문이 없는) 자기의 무능함은 걱정하지만, 남이 자기를 알아주지 않는 것은 걱정하지 않는다. (먼저 자신을 돌이켜 살펴보고 자신을 충실히 하라)"

子曰:君子病無能焉 , 不病人之不己知也 。
자 왈   군 자 병 무 능 언   불 병 인 지 불 기 지 야

이 주제는 『논어』 속에서 이미 여러 번 언급되었습니다. 공자의 교육 핵심은 모두 이 사상에 있습니다. 공자는 "자기에게 진정한 재능과 실제적인 학문이 없는 것을 걱정하고, 남이 자기를 알아주지 않는 것은 걱정하지 말라."고 했습니다. 바꾸어 말하면, 먼저 자신을 돌이켜 살펴보고 자신을 충실히 하라는 것입니다.

공자께서 말씀하셨다. "군자는 자기가 죽은 후에 (역사상) 이름이 (남지 않아) 일컬어지지 (않고 속절없이 사라져 초목과 함께 썩어가게 되는 것을 가장 큰 결점으로 여기고, 자기가 그렇게 되지) 않을까 두려워한다."

子曰 : 君子疾沒世而名不稱焉 。
자 왈　군 자 질 몰 세 이 명 불 칭 언

이것은 하나의 큰 문제입니다. 사마천은 『사기』를 쓰면서 「백이열전」
伯夷列傳 속에 특히 공자의 이 말을 인용했습니다. 공자는 말하기를 "군
자는 자기가 죽은 후에 역사상 이름이 남지 않고 속절없이 사라져 초목
과 함께 썩어 가게 되는 것을 가장 큰 결점으로 여기고, 자기가 그러하
지 않을까 두려워한다."고 했습니다.

그러나 역사에 이름을 남기는 것이 말처럼 쉽지 않습니다. 나는 역사
철학을 연구할 때 종종 학우들에게, "여러분은 황제 이름을 몇 명이나
기억할 수 있느냐?"고 물어 봅니다. 황제가 된 것만으로도 현실적으로
보면 충분하겠지요! 죽은 후 얼마나 오래 동안 기억되느냐 하는 것은
고사하고 아예 이름조차 잊혀져버린다면 인생의 가치는 과연 어디에 있
는 것일까요? 역대에 그렇게 많은 재상들이 있었지만, 민간인들이 과연
몇 명이나 기억할까요? 역대에 장원급제한 사람들이 허다하지만, 우리
는 몇 사람이나 알고 있을까요? 그들은 역사에 대해, 국가 사회에 대해
무슨 공헌을 했을까요?

일반 사람들이 아는 소수의 역사적 인물들도 소설을 통해 떠받들어져
알려진 사람들이며, 그 나머지 대다수의 인물들은 누가 알까요? 그러므
로 후세에 이름을 남긴다는 것이 어찌 말처럼 쉬운 일이겠습니까! 공자
·석가·예수는 이름을 남겼습니다. 역사적으로 공훈과 업적을 남긴 문
천상文天祥이나 악비岳飛 같은 사람도 소수인데, 그 밖에 우리는 역사적
인물들을 몇 사람이나 알고 있을까요? 이런 관점에서 보면, 인생이란 얼
마나 보잘 것 없습니까! 현재의 한 토막의 짧은 시간 속에서 무대 위에
올라 명예를 다투어 한 장면 찍히는 것이 무슨 소용이 있겠습니까?

"명예를 구하려거든 마땅히 만세의 명예를 구하라."는 어떤 사람의
말이 틀리지 않습니다. 사람으로서 그 누가 명예를 좋아하지 않을까요?
명예의 좋은 점은 어디에 있을까요? 사람이 진정으로 명예를 추구하고
자 한다면, 그렇게 할 수 있는 오직 한 길은 사회에 대해 진정으로 공
헌하는 것입니다. 역사에 이름을 남긴다는 것은 정말 어려운 일입니다.

그렇지만 하·은·주 삼대 이후 명예를 탐하지 않는 사람이 없었기에, 공자는 "군자는 자기가 죽은 후에 이름이 일컬어지지 않을까 두려워한다."고 말한 것입니다.

그러나 이름도 무슨 이름인가를 보아야 합니다. 더러운 이름을 만년토록 남기는 것이라면 무슨 소용이 있겠습니까? 참다운 명예는 역사에 공헌하는 것인데, 이것은 너무나 어렵습니다. 이익을 추구하는 길도 마찬가지여서 요 몇십 년 동안 그토록 많은 친구들이 많은 재산을 모은 것을 보았지만, 최후에는 어떤 모습이었습니까? 잠시 기다렸다가 아래 글에서 해설하겠습니다. 그러므로 명리名利의 길을 꿰뚫어보고 참으로 인생을 이해하여 자기가 가야 할 길을 확정하는 것이야말로 가장 중요합니다. 그렇지 않으면 일생 동안 소박하게 자기 분수를 지키며, 마땅히 해야 할 일을 하고 과분한 것을 바라지 않아야 합니다.

진정한 군자는 학문에 있어서나 일체 사업에 있어서나 다만 자기 자신에 대해서만, "얼마나 갖추었는가? 얼마나 충실했는가? 노력은 얼마나 했는가?" 하고 묻습니다. 일체의 성취는 자신의 노력에 달려 있으니, 남에게 부탁하지 말고, 남의 힘을 빌리려고 해서는 안 됩니다. 안으로 살피는 수양 면에서 자기가 남을 응대하는 것이 어떠한가만 묻고, 남이 나에 대해 어떠하기를 바라서는 안 됩니다.

　　공자께서 말씀하셨다. "군자는 자기에게 요구하고, 소인은 남에게 요구한다."

　　공자께서 말씀하셨다. "군자는 꿋꿋한 긍지를 지니나 다투지 아니하고, 여럿이 어울려도 파벌을 이루지 않는다."

　　공자께서 말씀하셨다. "군자는 말만을 근거로 사람을 천거하지 않고, 사람을 근거로 말을 버리지 않는다."

　　子曰：君子求諸己，小人求諸人。子曰：君子矜而不爭，群而不黨。
　　자 왈　군자구저기　　소인구저인　　자 왈　군자긍이불쟁　군이부당

子曰：君子不以言擧人，不以人廢言。
자 왈　군자불이언거인　불이인폐언

이 단락은 군자와 지식인의 학문 기준을 말하고 있습니다. 군자가 되려면 긍지를 가지되 다투지 않아야 합니다. '긍'矜은 내심으로 굽히지 않는 '오'傲로서 — 교驕와 오傲는 서로 다릅니다. 앞에서 말했듯이 실제 재능이 없으면서 남을 깔보는 것이 교驕이며, 실제 재능이 있어서 자신을 높게 보는 것이 오傲입니다 — 굽히지 않음은 뼈 속에 있어야지, 밖으로 드러내어 남에게 굽히지 않을 필요는 없습니다. 내면에 절개가 있어, 궁하여 죽거나 굶어 죽더라도 절대로 머리를 수그리지 않는 것이 '긍'矜입니다. '군'群은 학문에 전심전력하고 벗과의 사귐을 즐기는 것으로, 서로 융화하여 잘 지내지만 사리私利의 길을 걷지 않고 대공大公의 길을 걷는 것입니다. 사람을 관찰함에 있어서는, 다른 사람의 말 한마디를 듣고 어떤 사람을 전적으로 옳다거나 그르다고 여겨서는 안 됩니다. 또 어떤 사람에게 좋지 않은 점이 있다고 해서 그의 좋은 의견까지도 무시해서는 안 됩니다.

위의 이런 말들은 모두 "군자는 자신이 죽은 후에 이름이 일컬어지지 않을까 두려워한다."(君子疾沒世而名不稱焉)라는 말을 중심으로 삼고 확장되어 나온 말들입니다.

남을 위해 한 번 더 생각해 보라

자공이 물었다. "(사람으로서의 처세의 도리를 그렇게 많이 말씀하지 말고, 중점적인) 한 마디 말로서 (개괄하여) 평생 동안 (목표로 삼고) 실천할 만한 것이 있습니까?"

공자께서 말씀하였다. "(죽을 때까지 실천해도 좋은 유익한 한 마디가 있다. 그러나 아주 어려운 일인데) 그것은 바로 서恕이다! 자기가 바라지 않는 것은 남에게 베풀지 않는 것이지."

子貢問曰：有一言而可以終身行之者乎？子曰：其恕乎！己所不欲，
자공문왈　유일언이가이종신행지자호　자왈　기서호　기소불욕

勿施於人。

물 시 어 인

　자공이 공자에게 "인생수양의 도리를 한 마디로 개괄할 수 있습니까?" 하고 물었습니다. 사람으로서의 처세의 도리를 그렇게 많이 말씀하지 말고, 한 가지 중점으로서 일생 동안 목표로 삼고 실천할 만한 한마디 말이 있으면 말해 달라고 한 것입니다. 그러자 공자는 그것은 바로 '서'恕라고 말했습니다.

　후세의 유가들은 공자 가르침의 정신을 '충서'忠恕의 도리로 설명했습니다. 후세 사람들이 연구해 보니 '서'恕의 도리는 바로 "나를 미루어 남을 생각하는 것"(推己及人)으로, 자기 생각을 통하여 남을 생각하는 것이었습니다. 오늘날의 말로 하면, 어떤 일에 대해서나 객관적 입장이 되는 것으로, 내가 바라는 것이라면 남도 역시 바란다는 것을 아는 것입니다.

　사람은 누구나 일을 처리함에 있어 시원스럽지 못하고 만족스럽지 못한 점이 있기 마련입니다. 솔직히 말해서, 가령 내가 하더라도 상대방보다 반드시 더 나을 것이라고는 생각되지 않습니다. 문제는 사람들의 심리인데, 사람들은 누구나 남들이 모두 원만히 잘할 수 있기를 당연히 바란다는 것입니다. 우리는 친구나 부하 혹은 상사들이 결점 없이 모든 면에서 잘하기를 바랍니다. 하지만 상대도 사람이요, 사람인 이상 결점이 있다는 것을 잊어서는 안 됩니다. 심리학적 입장에서 보면, 이처럼 남이 잘하기만을 바라는 것은 절대적인 이기주의입니다. 왜냐하면 상대방이 모두 잘하고 결점이 없기를 바라는 것은 자기의 견해와 필요를 바탕으로 하고 있기 때문입니다. 내가 생각하는 상대방의 옳지 않은 점이란, 실제로는 내가 기대하는 바와 다르게 상대방이 행동하는 것으로서, 나의 필요나 행위에 근거한 관념일 뿐인지도 모릅니다.

　사회에서는 모든 사람이 남에게 이와 같이 요구합니다. 특히, 종교계는 더 심하고 정치권도 예외가 아닙니다. 기독교인이나 천주교인, 또는 불교인은 지도자인 목사나 신부나 법사法師들에 대해 지나치게 완전하기를 요구합니다. 교인들은 목사나 신부나 법사들도 한 인간이란 것을 잊고, 그들을 마치 신神인 것처럼 생각하기 때문입니다. 이런 심리는 좋은 것일까요, 좋지 않은 것일까요? 좋다고도 할 수 있습니다. 그렇지만 남에게 바라는 것이 너무나 높습니다. 이 예만 보더라도 '서'恕의 도리가 매우 어렵다는 것을 알 수 있습니다.

후세 사람들은 '서'恕의 도리를 풀이하면서, '恕'자를 '같을 여'(如)자와 '마음 심'(心)자로 나누어 풀이했습니다. 즉, 다른 사람의 마음도 내 마음과 같다는 뜻으로, 내가 바라는 것은 남도 바란다는 것입니다. 내가 이익을 얻고 싶으면, 남도 이익을 얻고 싶은 것입니다. 그러므로 우리의 이익을 조금 나누어 남에게 주는 것, 이것이 곧 '서'입니다. 남이 좀 좋지 않게 여겨지더라도 그를 용인해 주는 것, 이것 역시 '서'입니다.

'서'恕의 도리는 자공에게 특히 중요했습니다. 자공은 공문 제자 중 재능이 뛰어나 공적을 보여주었는데, 장사를 잘해 실업계의 거물이 되었을 뿐만 아니라, 외교와 정치 방면에서도 걸출한 인재였습니다. 재능이 뛰어난 사람은 남을 용서하고 용인할 줄 모르는 잘못을 범하기 쉽습니다. 그러므로 공자가 자공에게 이 말을 한 것은 더욱 절실하고 깊은 뜻이 있었습니다.

공자는 자공의 물음에 대해, "죽을 때까지 실천해도 좋은 유익한 한마디가 있다. 그러나 아주 어려운 일인데, 바로 '서'恕이다."라고 말했습니다. "자기가 바라지 않는 것은 남에게 베풀지 않는 것이다."(己所不欲, 勿施於人)라는 말은 바로 '서'의 도리에 대한 주해註解입니다.

여기서 또 문제가 발생합니다. 상론上論의 「공야장」편에서 자공이 "저는 남이 저에게 하기를 바라지 않는 일은, 저도 남에게 하지 않으렵니다."(我不欲人之加諸我也, 吾亦欲無加諸人)라고 말하자, 공자는 "사야, 네가 해낼 수 있는 일이 아니다."(賜也, 非爾所及也)라고 답한 것을 우리가 보았는데, 자공도 이미 "나를 미루어 남을 생각하는 것"(推己及人)으로써 '서'恕의 도리를 제기했던 것입니다.

남이 나에게 그러지 않기를 바라는 것은 나도 역시 남에게 그러지 않겠다고 한 자공의 말에서, 그가 이미 '서'의 도리를 실천하고 있는 중이었음을 알 수 있습니다. 그렇지만 그 때에는 공자가 "자공아! 그것은 네가 해 낼 수 있는 것이 아니다."고 해 놓고, 지금은 오히려 자공에게, "자기가 바라지 않는 것은 남에게 베풀지 않는 것이다."(己所不欲, 勿施於

人)라고 말한 것입니다.

이 말은 앞에서 나온 자공의 말과 어떤 차이가 있을까요? 혹시 공자가 늘 권위를 뽐내기 좋아하여, 자신의 것만 옳고 학생의 말은 옳은 것도 틀렸다고 한 것은 아닐까요? 결코 그렇지 않습니다. 자공이 제기한 말은 공자가 지금 답한 것과 표면상으로 다른 것 같지만, 그 뜻은 같습니다. 그렇지만 입장은 서로 크게 다릅니다.

자공의 말은, 남이 자기에게 하기를 바라지 않는 그런 불합리한 일은 자기도 마찬가지로 남에게 하고 싶지 않다는 것입니다. 이것은 자기중심의 입장에 선 것으로, 내가 방해를 받고 난 후에야 그와 같은 식으로 다른 사람에게 폐를 끼치지 않겠다고 생각하는 것입니다. 그러나 지금 공자가 말하는 것은, 그래서는 안 된다는 것을 자신이 깨달아 알고 남에게 그렇게 하지 않아야 한다는 것입니다. 근본적으로 먼저 자신의 정화淨化를 엄격히 요구해야지, 자신에 비추어 본 다음에야 남을 생각해서는 안 된다는 것입니다. 이 점을 특히 주의해야 합니다.

그 다음으로 이 두 단락을 연결시켜 보면, 각 단락이 서로의 깊은 뜻을 밝혀 주기에 꼭 알맞습니다. 즉, 다음과 같이 됩니다.

자공이 말했다. "저는 남이 저에게 하기를 바라지 않는 일은 저도 남에게 하지 않으렵니다." 공자께서 말씀하셨다. "사야, 네가 해 낼 수 있는 일이 아니다."

자공이 말했다. "한 마디 말로서, 평생 동안 실천할 만한 것이 있습니까?" 공자께서 말씀하셨다. "그것은 바로 서恕이다! 자기가 바라지 않는 것은 남에게 베풀지 않는 것이지!"

이는 곧 공자가 베푸는 교수법의 기봉機鋒이 날카롭다는 것을 말해 주는 것으로, 후세 선문禪門에 나오는 다음 같은 이야기와 다를 바 없습니다. 당나라 말기의 승려 시인 관휴貫休는 두 구절로 된 득의得意의 시를 다음과 같이 지었습니다.

일구를 얻어 부처님께 먼저 바치니   得句先呈佛
이 마음을 아는 이 아무도 없네   無人知此心

그가 이 시를 선종의 한 노스님에게 보여 주자, 노스님은 "무엇이 이 마음인가?" 하고 그에게 반문했습니다. 관휴가 도리어 대답하지 못하자, 노스님은 웃으면서 "이 마음을 아는 사람이 없다."(無人知此心)고 말했습니다. 이 단락에서 공자와 자공이 나눈 대화는 선문禪門의 이 대화처럼 뜻이 깊고 묘미가 있어, 깊이 생각해 보고 반성할 만한 가치가 있습니다.

책벌레의 입장에서 자기 인생을 전문적으로 연구해서, "자기가 바라지 않는 것은 남에게 베풀지 말라."(己所不欲, 勿施於人)는 말을 실천해 낼 수는 없습니다. 언제 어디서나 우리는 이 말을 위배하는 잘못을 범할 수 있습니다. 특히, 젊은이들의 단체 생활 속에서 많은 사례를 볼 수 있는데, 그저께 군복무 중인 학생이 휴가 나와 내게 하는 말이, 자기 칫솔 세 개와 반지 여섯 개를 남이 슬쩍 가져가 버렸다고 했습니다. 사실 남의 것을 슬쩍해 가는 친구는 자기 것을 가지고 있으면서도 남의 것을 가져가기를 좋아하는데, 슬쩍하고 나서는 마음속으로 통쾌하게 느끼는 것입니다. 이 정도의 일을 가지고, 그를 도둑이라고 할 수 있을까요? 그 정도로 심각해 보이지는 않습니다.

그저께 우리 건물 계단 입구에 쳐놓은 문발이 보이지 않았습니다. 일하는 사람이 도둑맞았다고 하기에, 나는 틀림없이 젊은 친구가 슬쩍해 갔을 것이라고 말했습니다. 고의적으로 훔쳐갔을까요? 아니면 훔쳐가지 않은 것일까요? 젊은이들에게는 흔히 이런 심리가 있어서, 슬쩍해 가는 것을 스릴 있게 느끼면서 스스로 영웅 심리에 빠지는 일이 많습니다.

누구든지 자기 물건이 슬쩍 사라져 버리면 틀림없이 불쾌함을 느낍니다. 그런데 기회가 생기면 자기도 남의 것을 슬쩍해 버리는 사람이 있습니다. 단체 생활을 할 때 어떤 사람은 손을 씻고 나서 자기 수건으로 손을 닦으려고 하다가도 옆에 남의 수건이 걸려 있는 것을 보면 남의 수건으로 닦아 버리는 일이 있습니다. 왜 이런 생각과 행위가 나올까요? "이건 별 게 아닌 작은 일이니 '자기가 바라지 않는 것은 남에게 베풀지 말라.'(己所不欲, 勿施於人)는 말을 들먹일 필요가 없겠지. 큰 일에 있어서 내가 바라지 않는 것을 다른 사람에게도 베풀지 않는 것은 아주 위대한 일인데, 이렇게 하는 사람은 사람이 아니라 성인이야. 너무나 어려운 일이지!" 바로 이런 심리에서 비롯됩니다. 그러나 우리는 사람으로서 큰 일이건 작은 일이건 반드시 사람됨의 마음가짐을 그 방향으로 수양을 해야 합니다. 실천할 수 있느냐 없느냐 하는 것은 다른 문제입니다.

"자기가 바라지 않는 것은 남에게 베풀지 않는다."는 수양은 실천하기 대단히 어렵습니다. 이것은 "자기가 바라지 않는 것을 남에게 베풀지 않는" 동시에 "자기가 바라는 것을 남에게 베푸는"(己所欲, 施於人) 것입니다. 이 말은 훗날 불가佛家 사상이 중국에 전해질 때 보시布施로 번역되었습니다. '베풀 시'(施)자 앞에 덧붙인 '보'布자는 곧 '널리'(普遍)란 뜻입니다. 불가의 '보시'와 유가의 '서'恕의 도리 사상은 같은 것으로, 소위 "자비慈悲를 근본으로 삼고 방편方便을 문門으로 삼는다."는 것이 바로 보시의 정신입니다. 인생에는 두 가지가 가장 버리기 어려운데, 하나는 재물이고 하나는 목숨입니다. 인간 세상을 이롭게 할 수만 있다면, 자기 생명과 재산을 모두 바치는 것이 바로 '시'施입니다. 이것을 행하기는 너무나 어려운데, 비록 할 수는 없더라도 마음으로는 마땅히 지향하고 있어야 합니다.

비난과 칭찬

공자께서 말씀하셨다. "내가 사람들에 대하여 누구를 비난하고 누구를 칭찬하겠는가? 만약 칭찬하는 사람이 있다면, 그것은 칭찬을 통해 그 사람을 시험해 보려는 바가 있기 때문이다. 지금 사람들이란…! 하·은·주 삼대의 옛 사람들은 칭찬과 비난에 흔들리지 않고 곧은길을 걸어 바른 소리를 했다.

(누가 어떤 사람을 헐뜯거나 칭찬하는 것을 듣더라도, 그 사람에 대해 즉시 단정해서는 안 된다. 또, 어떤 사람이 자기를 헐뜯거나 아첨하더라도 모두 상관하지 말라. 어떤 사람이 남을 칭찬하더라도 거기에는 반드시 그럴 만한 원인이 있다. 곧은 길直道을 걷는 것은 몹시 어렵다.

비난과 칭찬에 따라 마음이 바뀌면 사람 노릇을 할 수 없고 책임자가 된 사람도 사람을 거느릴 수 없다)"

子曰：吾之於人也，誰毀誰譽？如有所譽者，其有所試矣。斯民也！
자왈　오지어인야　수훼수예　여유소예자　기유소시의　사민야

三代之所以直道而行也。
삼 대 지 소 이 직 도 이 행 야

공자는 여기서, "나는 다른 사람에 대한 비난이나 칭찬 어느 쪽도 염두에 두지 않는다. 한 사람을 두고 누구는 좋다 하고, 또 누구는 나쁘다 말하더라도, 이를 근거로 그를 단정하기란 몹시 어려운 것이다."고 말하고 있습니다.

나의 인생 체험으로는 경솔하게 남을 비방해서도 안 되며 경솔하게 남을 추켜세워서도 안 됩니다. 사람이란 아첨에 속아 넘어가기가 매우 쉽습니다. 그렇지만 내 생각에는 과분하게 추켜세우지만 않는다면 그래도 남을 추켜세워 주는 것이 비교적 좋습니다. 자신에 대해서는 똑똑히 보아야 합니다. 세상에는 비난받지 않을 수 있는 사람이 없습니다. 어떤 종교인이라 할지라도 비난을 피할 수는 없습니다. 예수가 십자가에 못 박혀 죽은 것도 바로 사람들의 비난을 받았기 때문이었습니다. 또한 위대한 인물일수록 비난이 많으며, 이름이 높을수록 비방이 많이 따르는 법입니다.

조조曹操가 아직 세력이 크지 않았을 때, 처음에 원소袁紹와 전쟁을 벌였습니다. 정세가 매우 위급한지라 부하들은 싸움에 질 것으로 생각하여 마음이 동요되었습니다. 그래서 많은 사람들이 만일 정세가 잘못될 경우 원소 쪽으로 합세하기 위해 원소와 연락을 취하면서 양다리를 걸쳤습니다. 조조는 사람을 파견해 그들이 주고받은 서신 자료를 손에 넣고 있었습니다. 조조는 나중에 싸움에 승리하자 즉시 그 자료들을 모두 소각해 버리고, 그에 대해 사람들에게 묻지도 않았습니다.

어떤 사람이 조조에게, 이 사람들은 다 믿을 수 없으니 추궁해야 한다고 말하자, 조조는 이렇게 말했습니다. "나와 함께 전투에 참가한 사람으로, 그 누가 자신의 아들딸들을 위해 살 길을 찾고 싶지 않았겠는 가? 그때 싸움에서 이길지 질지 나조차도 자신이 없었는데, 지금에 와 서 그들을 추궁할 필요가 있는가? 나 자신조차도 신념이 동요되는 판국 에, 어떻게 그들에게 신념을 요구할 수 있었겠는가? 만일 그들을 추궁 하게 되면, 연루된 사람이 너무 많아서 나중에는 충성과 절개를 지킨 사람을 하나도 찾을 수 없을 것일세. 그러니 추궁할 필요가 없네." 이것 역시 조조가 '서'恕의 도리를 역이용하여, 남을 너그럽게 용서해야 함을 의도적으로 보여 주고 있는 사례입니다.

다음으로, 옛 사람의 말에 "누가 등 뒤에서 내 말을 하지 않겠으며, 나는 또 누구 앞에서 남의 말을 하지 않을까?"하는 말이 있습니다. 사 람과 사람이 만나면 두서너 마디 주고받고 나서는 남 이야기를 하게 되 는 것이 다반사로서, 이 말이 뭐 대단할 것은 없습니다. 그러나 조직의 책임자나 지도자가 된 사람은 자기의 지혜와 수양에 의지해 함부로 남 이야기를 해서도 안 되며, 남에 대한 다른 사람의 비평도 함부로 믿어 서는 안 됩니다. "와서 시비를 말하는 자가 바로 시비를 일으키는 사 람"이라는 말이 있듯이, 남의 허물을 들추어 공격하는 사람은 의견이 맞지 않아 두 사람 사이에 못마땅한 점이 반드시 있는 것입니다. 이런 상황에서는 주관 책임자가 키를 단단히 잡아야지, 그렇지 않으면 부하 를 거느릴 방법이 없습니다. 또, 남을 좋게 말하는 사람들도 늘 문제가 있습니다.

이종오李宗吾가 세상을 풍자하여 지었던 『후흑학』厚黑學 속에는 사회의 일반 심리를 종합한 「벼슬을 구하는 여섯 자 진언」이나 「벼슬을 하는 여섯 자 진언」, 「일을 처리하는 두 가지 묘법」 등이 들어 있습니다. 이 른바 보과법補鍋法·거전법鋸箭法 등은 모두 사람들의 가장 나쁜 방법들 을 가리키는 것입니다. 어떤 사람들은 아첨하는 데 능한데, 그의 아첨도 나름대로의 작용이 있습니다.

근대 이래로 모두들 증국번曾國藩을 매우 숭배합니다. 사실 그는 당시 에는 비난과 칭찬을 함께 받고 있던 처지였습니다. 그가 원포구제沅浦九 弟의 41회 생일 때 보낸 다음과 같은 시가 있습니다.

왼쪽엔 표창장들이요, 오른쪽엔 비방공격서이니	左列鍾銘右謗書
인간 세상은 어디에나 이해타산 있다네	人間隨處有乘除
머리 숙여 도양열에게 절할지니	低頭一拜屠羊說
만사는 허공을 지나가는 뜬구름이어라	萬事浮雲過太虛

이 시는 당시 그의 처지를 표현하고 있는데, "왼쪽에는 조정에서 내린 표창장들이 쌓여 있고, 오른쪽에는 귀로 차마 듣기 어려운 비난의 글들이 쌓여 있다. 세상의 시비를 그 누가 완전히 가릴 수 있으랴? 한쪽이 많아지면 반드시 한쪽이 적어지는 것이니, 가감승제加減乘除를 정확히 계산할 수 없는 것이다. 『장자』莊子 속에 나오는 도양열屠羊說(사람 이름임)의 고사를 읽어 보라. 인생 처세에는 도양열과 같은 도량이 있어야 한다. 만사는 허공을 지나가는 뜬구름 같은 것이니까."하는 내용입니다.31)

---

31) 도양열의 고사는 『장자』 제28편 「양왕」讓王에 나오는데, 그 번역문을 안동림 역주 현암사 출판 『장자』에서 전재하니 참고하기 바란다.

초楚의 소왕昭王이 싸움에 지고 나라를 잃었을 때 양羊 도수장이인 열說이라는 자가 소왕을 따라 도망했다. 이윽고 소왕이 나라에 돌아와 그를 따라갔던 사람들에게 상을 주게 되었는데, 열도 받게 되었다. 그러나 이 말을 듣고 열은 말했다. "대왕께서 나라를 잃으셨을 때 저는 양을 죽이는 일을 잃었습니다. 대왕께서 돌아오시자 저 역시 양 죽이는 일로 되돌아왔습니다. 즉 제 작록은 이미 돌아온 셈입니다. 그러니 또 무슨 상을 말씀하신단 말입니까!" 왕은 "억지로라도 주도록 하라." 고 명령했다. 열은 다시 말했다. "대왕께서 나라를 잃은 것은 제 죄가 아닙니다. 그러므로 그 벌은 받지 않겠습니다. 대왕께서 나라에 돌아오신 것도 제 공이 아닙니다. 그러니까 그 상도 해당되지 않습니다." 왕이 "한번 그를 만나보자." 고 말했다. 그러나 이 말을 들은 열은 또 말했다. "우리 초나라 법에 의하면 반드시 무거운 상이나 큰 공이 많은 자라야 임금을 뵙게 되어 있습니다. 그런데 제 지력知力은 국난을 건지지 못했고 목숨을 던져 적과 싸울 용기도 없었습니다. 오吳나라 군대가 서울인 영郢에 쳐들어왔을 때 저는 몸의 재난이 두려워 적에게서 도망쳤을 뿐 대왕 때문에 따라간 게 아닙니다. 지금 대왕께서는 국법을 어기고 규약을 깨뜨려서 저를 만나시려 하지만 그러면 세상 사람의 비난을 받게 됩니다." 왕은 사마자기司馬子綦에게 말했다. "양 도수장이인 열은 비천한 처지에 있으면서 옳은 말을 하는 데에는 매우 높은 식견을 지니고 있소. 그대가 나를 위해 이끌어다 삼공三公의 지위를 주시오." 이 말을 전해들은 열은 다시 "대저 삼공의 자리란 도수장이의 직업보다 귀하고 만종萬鍾의 봉록은 도수장이의 이익보다 풍성하다는 건 저도 잘 알고 있습니다. 하지만 어찌 작록을 탐하여 우리 임금님은 함

공자는 이 단락에서, "누가 어떤 사람을 헐뜯거나 칭찬하는 것을 듣더라도, 그 사람에 대해 즉시 단정해서는 안 된다. 또, 어떤 사람이 자기를 헐뜯거나 아첨하더라도 모두 상관하지 말라. 어떤 사람이 남을 칭찬하더라도 거기에는 반드시 그럴 만한 원인이 있다."고 말했습니다. 과분한 말은 그것이 비난이든 칭찬이든 그 가운데 반드시 원인이 있고 문제가 있습니다. 그러므로 비난과 칭찬은 사람을 가늠하는 절대 기준이 아니니, 듣는 사람은 이점을 분명히 알아야 합니다.

공자는 여기까지 말하고 나서, "지금 사람들이란…!" 하고 탄식했는데, 탄식하고 말을 잇지 않는데서 아주 많은 뜻을 담고 있습니다. 그런 다음 공자는 다른 말을 한 마디 합니다. "하·은·주 삼대의 옛 사람들은 칭찬과 비난에 흔들리지 않고, 곧은길을 걸어 바른 소리를 했다."(三代之所以直道而行也). '곧은 길'(直道)을 걷는 것은 몹시 어렵습니다. 비난과 칭찬에 따라 마음이 바뀌면 사람 노릇을 할 수 없고 책임자가 된 사람도 사람을 거느릴 수 없습니다. 그러므로 이 점은 사람됨과 일처리, 자기 수양, 남과의 사귐에 있어 매우 중요합니다.

장자莊子도 "온 세상 사람이 칭찬해도 고무되지 않으며, 온 세상 사람이 비방해도 기가 꺾이지 않는다."(擧世譽之而不加勸, 擧世毀之而不加沮)고 말하고 있는데, 진정한 대성인大聖人은 이와 같아서 비난과 칭찬에 동요되지 않습니다. 그에게는 칭찬이 결코 고무·격려하는 작용을 하지 못합

부로 상을 내려주는 분이라는 소문이 나게 하겠습니까! 저는 도저히 마땅치 않습니다. 바라건대 저를 양 도수장이 직업으로 돌아가 있게 해주십시오." 하고는 끝내 상을 받지 않았다.

楚昭王失國, 屠羊說走而從於昭王. 昭王反國, 將賞從者, 及屠羊說. 屠羊說曰:大王失國, 說失屠羊;大王反國, 說亦反屠羊. 臣之爵祿已復矣, 又何賞之言? 王曰:強之! 屠羊說曰:大王失國, 非臣之罪, 故不敢伏其誅;大王反國, 非臣之功, 故不敢當其賞. 王曰:見之! 屠羊說曰:楚國之法, 必有重賞大功而後得見. 今臣之知不足以存國, 而勇不足以死寇. 吳軍入郢, 說畏難而避寇, 非故隨大王也. 今大王欲廢法毀約而見說. 此非臣之所以聞於天下也. 王謂司馬子綦曰:屠羊說居處卑賤而陳義甚高, 子綦爲我延之以三旌之位. 屠羊說曰:夫三旌之位, 吾知其貴於屠羊之肆也;萬鍾之祿, 吾知其富於屠羊之利也. 然豈可以食爵祿而使吾君有妄施之名乎! 說不敢當, 願復反吾屠羊之肆. 遂不受也.

니다. 그는 본래 좋은 사람이 되려고 했기 때문에, 남의 칭찬에 상관없이 좋은 사람이 됩니다. 또한, 그는 사람들이 비방한다고 해도 결코 기가 꺾이지 않고 예전대로 합니다. 이것이 바로 비난과 칭찬 어느 것에도 동요되지 않는 것으로, 심지어는 온 세상의 비난과 칭찬에도 상관하지 않는 정도에 이른 것이 성인의 경지요, 대장부의 기개입니다.

역사 기록에 의하면, 이렇게 뚝심을 가진 사람이 하나 있었으니, 왕안석이 바로 이런 기백을 가지고 있었습니다. 왕안석에 대해서는 과거 역사에서 좋지 않은 사람이라 평하기도 했고, 또 대정치가라 평하기도 했는데, 어느 쪽으로도 결론을 내리기 어렵습니다. 그러나 왕안석에게 분명히 훌륭한 점이 몇 가지 있었으니, 그 의지의 굳건함은 일반인들이 할 수 있는 바가 아니었습니다. 그에게는 다음과 같은 외고집이 있었습니다.

하늘의 이변도 두려울 것이 못 되고	天變不足畏
남의 말도 두려울 것이 못 된다	人言不足懼
조상도 본받을 것이 못 되고	祖宗不足法
성현도 스승 삼을 것이 못 된다	聖賢不足師

옛 성현도 안중에 두지 않고 자신이 곧 당대의 성현이라니, 이 사람의 기상이 얼마나 굳건했는지 알 수 있습니다. 혹시 그는 삿된 길을 간 것은 아닐까요? 그렇게 단언하기도 어렵습니다. 그가 일생 동안 입은 옷이라고는 다 해진 옷뿐이어서, 재상이 되었을 때도 황제는 그의 목깃에 이가 있는 것을 보았습니다. 눈은 또 근시여서 음식 먹을 때는 오직 눈앞에 있는 접시만 보았으며, 생활은 아주 소박했습니다.

그러나 고집스러운 의지만은 정말 대단했습니다. 비난과 칭찬에 대해 꿈쩍도 하지 않았는데 겉으로는 확실히 움직이지 않았지만, 내심으로는 그래도 움직였을 것입니다. 그러므로 이 단락의 내용을 우리의 좌우명으로 삼아도 좋은데, 비난과 칭찬에도 부동심을 가질 수 있는 그런 수양은 매우 어려운 것입니다.

이웃의 수레나 말을 빌려 탔다는 기록이 있었는데

공자께서 말씀하셨다. "(상고 시대의 문화를 연구할 때) 나는 그래도 (운이 좋아) 일부가 손상된 역사 자료로서, 말 가진 사람이 남에게 빌려주어 타게 했던 기록을 볼 수 있었는데, 지금은 그런 자료마저 없어졌다. (이제는 상고사를 연구할 길이 없다)"

子曰 : 吾猶及史之闕文也, 有馬者, 借人乘之。今亡已夫!
자왈 오유급사지궐문야 유마자 차인승지 금무이부

이는 시대 문화가 변천하고 있는 것에 대한 공자의 탄식입니다. 공자는 당시에 중국 상고 시대의 문화를 연구하면서 말하기를, "사료가 다 상실되었으니 금후부터 연구가 아마 더욱 곤란해질 것이다. 나는 그래도 운이 좋아 고대 역사의 일부가 손상된 자료나마 볼 수 있었다. 예를 들면, 고대에는 말을 가진 사람이 남에게 타라고 빌려주었는데, 지금은 이에 대한 자료를 찾아보기가 아주 어렵다. 이제는 상고사를 연구할 길이 없다."고 했습니다.

공자는 당시 중국의 역사를 잠시 끊어서, 『서경』을 정리할 때는 당요唐堯로부터 시작했습니다만, 사실 요堯 이전에도 역사적 사실史實은 있었습니다. 옛 방식으로 연구하자면, 요 이전에 벌써 2백만 년의 역사가 있었으며, 적고 적게 잡아도 1백만 년의 역사가 있었습니다. 복희伏羲·신농神農 이래, 황제黃帝부터 오늘날까지 5천여 년이며, 요堯·순舜으로부터 시작하여 지금까지는 3천여 년입니다만, 중화 민족이 도대체 그 위로 얼마나 긴 세월의 역사를 가지고 있었는지는 단정해서 말하기가 매우 어렵습니다.

그러나 최근 외국어 서적으로부터 번역한, 외계 우주 과학에 관한 새로운 책을 보면, 외계 우주인이 확실히 있을 것이라고 추측하고 있으며, 인류는 원숭이로부터 진화해 온 것이 아님을 증명하고 있습니다. 또, 인류 문화 역사가 적어도 1백만여 년이 되었다는 것도 증명되고 있습니다. 이러한 자료들은 중국 고대의 전설이 다 들어맞는다는 것을 증명해 주지만, 안타깝게도 서양인들의 연구로는 중국의 이 방면 자료들을 이해하지 못하고 있습니다.

그런데 우리 학자들은 자기 국가 민족의 역사를 될 수 있으면 줄이지 못하는 것을 안타까워하고 있습니다. 옛날 역사를 읽어보면, 우리 역사가 1백만 년은 지났다는 것을 알게 됩니다. 복희가 팔괘八卦를 그린 것부터 황제까지의 기간이 도대체 얼마나 되는지 아직 모르지만, 적어도 몇만 년은 될 것입니다. 공자가 역사를 정리하면서 당요唐堯부터 왕조시대를 구분하기 시작한 것은 조사해 볼 만한 자료가 있었기 때문입니다. 그러나 후인들은 이 부분의 자료에 대해서 여전히 의심하며 불신하고 있습니다.

근래 몇십 년 동안 우리들은 학술 면에서 옛것을 의심하는 잘못을 범하여 자기 문화를 모두 파괴해 버렸습니다. 최근 전 세계의 학설은 우리가 이전에 그랬듯이 옛것을 숭상하게 되었는데, 이 점에서 공자가 "옛 전통 문화를 배워 전하기는 하되 창작하지는 않으며, 옛 전통 문화를 믿고 좋아한"(述而不作, 信而好古) 점이 훌륭한 것이었음을 알 수 있습니다. 오늘날 외계 우주 과학 분야에서의 새로운 발견에는 주목할 만한 부분들이 많습니다.

이 단락에서 공자는, 일부가 손상된 사료史料 속에 나오는 "말 가진 사람이 남에게 빌려주어 타게 했다."(有馬者, 借人乘之)는 사실을 통해, 고대 사회에서는 서로 돕는 정신이 대단히 좋았음을 알 수 있다고 말했습니다. 오늘날로 말하면, 자신에게 승용차가 있을 때 이웃이 타고 싶어 하면 빌려주어 마음 놓고 타게 했다는 것으로, 이전 사회의 너그러움을 말해 주는 것입니다.

이것은 공자가 좋을 대로 고대의 예를 하나 든 것이지, 이후 사람들은 이러한 너그러움이 없었다고 말한 것은 아닙니다. 의미의 요점은, 일부가 손상된 약간의 문자나마 공자는 볼 수 있었지만, 당시의 일반 사람들이 상고 시대를 연구하기에는 자료가 부족하게 되었다는 것입니다. 이와 같은 뜻일 뿐이지, 공자가 탈 말이 없었는데 친구에게 빌릴 수 없었기에 화가 났다는 뜻이 결코 아닙니다.

작은 일을 참아야 큰 일을 이룬다

공자께서 말씀하셨다. "(허풍 치기, 큰소리치기, 함부로 칭찬하기, 빈말하기 등) 그럴 듯하게 꾸민 달콤한 말은 (정식 규범의) 도덕(德)을 어지럽히고, 작은 일을 참지 못하면 큰 일을 그르친다."

(하나의 생각이나 말을 하찮은 것으로 여겨 함부로 자비롭거나 함부로 인애를 베풀면 큰 일을 그르치게 됩니다)

子曰：巧言亂德, 小不忍則亂大謀。
자 왈 　 교 언 란 덕 　 　 소 불 인 즉 란 대 모

이 두 마디 말은 분명하게 이해할 수 있습니다. 즉, 개인의 수양을 말하고 있습니다. '교언'巧言에는 허풍치기, 큰소리치기, 함부로 칭찬하기, 빈말하기 등이 포함됩니다. '교언'은 듣기에 아주 좋습니다. 사람들의 귀를 솔깃하게 하여 듣는 이가 중독되면 올가미에 걸려들었다는 사실조차도 모르게 만드는데, 이런 교언은 정식 규범正規의 도덕을 크게 교란시킬 수 있습니다.

"작은 일을 참지 못하면 큰 일을 그르친다."(小不忍則亂大謀)라는 말에는 두 가지 뜻이 있습니다. 하나는, 사람이란 참을 줄 알아야 한다는 것입니다. 어떤 일도 참을 줄 알고 어떤 것은 포용해야 합니다. 조그만 일을 용인할 수 없어 화를 낸다면, 큰 일을 망쳐버립니다. 허다한 큰 일의 실패는 늘 작은 것을 잘못한 데서 비롯됩니다.

또 다른 뜻은, 일을 함에 있어서 참는 힘을 가져야 한다는 것입니다. 단단하게 마음먹고 결단력이 있어야 일에 부딪쳤을 때 즉시 결단하고 굳게 참고 나아가 비로소 일을 성취할 수 있습니다. 제때에 결단을 내리지 못하면 뒤에 골칫거리가 될 수 있습니다. 악인에게 관용을 베풀어 나쁜 일을 하도록 조장하는 것 역시 "작은 일을 참지 못하는 것"(小不忍)입니다. 이 '인'忍자는 이렇듯 두 가지 면으로 해석할 수 있습니다.

이 두 마디 말을 하나로 연결시킨 것은, 하나의 생각이나 말을 하찮은 것으로 여겨 함부로 자비롭거나 함부로 인애仁愛를 베풀면 큰 일을 그르치게 된다는 뜻입니다. 공자가 한 일을 보면 알 수 있습니다. 노나

라에서 사구司寇가 되어 비록 3개월밖에 일하지 않았지만, 취임하자 첫 번째로 한 일이 소정묘少正卯를 죽인 것이었습니다. 그 이유는 소정묘가 거짓을 말하면서도 달변이어서 바른 것을 어지럽힐 수 있었기 때문입니다.

오늘날 공자를 반대하는 사람들은, "공자가 소정묘를 죽인 것은 사사 로움 때문이었다. 소정묘의 사상과 학문이 공자보다 나았고, 그의 학생 도 공자의 학생보다 많았기 때문에 공자가 질투를 해서 그를 죽였다." 고 말합니다. 이런 논조는 처음 들으면 아주 재미있습니다. 사실 소정묘 는 말을 대단히 잘하는 사람이어서, 공자의 학생들도 자주 그의 강의를 들었으며, 당시 그에게 유혹되어 그의 제자가 된 사람들도 많았습니다. 그래서 공자가 보복하기 위해 소정묘를 죽였다고 말하는 사람들이 있습 니다.

공가점을 타도했던 오사 운동 당시나 오늘날 공자를 비판하는 이런 왜곡된 글이나 이론들은 모두 멋진 문장으로 쓰여 있습니다. 우리는 바 로 이 점을 주의해야 합니다. 천하에 왜곡된 문장을 쓰는 사람들은 필 봉이 모두 훌륭하고 인기가 좋으며 선동적이지만, 올바른 문장을 쓰는 사람은 인기를 얻기가 쉽지 않습니다. 비뚤어진 인재들은 올바른 글을 쓸 수가 없는데, 이것 역시 이상한 일입니다.

선동적인 글을 쓰는 사람들은 모두 소정묘와 같은 사람들인데, 이런 부류의 사람들이 꼭 성공할 수 있는 것은 아니지만 그들의 문장은 사회 기풍을 부추기고 더 나아가 사회 전체에 영향을 미칠 수 있습니다. 그 러므로 어떤 사람의 글이나 말이 만약 그 자신이 도덕적 기본 수양이 없다면 "그럴 듯하게 꾸민 달콤한 말은 도덕을 어지럽힌다."(巧言亂德)가 되어 버립니다.

공자는 이런 일에 대해서 반드시 단호히 처리하지 않으면 악인에게 관용을 베풀어 나쁜 일을 조장하는 것이 된다고 생각했습니다. 즉, "작 은 일을 참지 못하면 큰 일을 그르친다."(小不忍則亂大謀)는 것입니다.

우리는 이 말에 대해 두 가지로 해석을 했는데, 이렇게 나누어 운용 해도 좋습니다. 즉, 일을 처리할 때는 '인忍'자를 '결단'의 뜻으로 운용하고, 사람을 대할 때는 '인'忍자를 '인내·포용'의 뜻으로 운용하는 것입니다.

공자께서 말씀하셨다. "(어떤 사람을) 많은 사람들이 미워하더라도 반드시 (자기가) 살펴보아 (판단해)야 하며, 많은 사람들이 (인정하고) 좋아하더라도 (그에 속지 말고) 반드시 (자기가 다시) 살펴보아 (판단해)야 한다."

子曰 : 衆惡之 , 必察焉 ; 衆好之 , 必察焉 。
자 왈   중 오 지   필 찰 언   중 호 지   필 찰 언

비난과 칭찬의 문제를 말하기 시작하여 여기까지 이르렀습니다. 공자는 여기서 이렇게 말하고 있습니다. "어떤 사람을 모두가 싫어하더라도 함부로 믿지 말고 반드시 자기가 살펴보고 판단해야 한다. 또, 어떤 사람을 모두가 인정하고 좋아하더라도 그에 속지 말고 반드시 자기가 다시 관찰해 보아야 한다."

만약 우리가 이 두 마디 말을 가지고 개인의 경험을 실증해보면 작은 일에 대해서는 사람마다 경험이 많을 테니, 큰 경험만 말해 보겠습니다. 수십 년 전 당시 우리가 접촉했던 지식인들 중의 다수는 사상에 문제가 있었고, 최저한도로 사상에 편차가 있던 사람들이었습니다. 왜 그랬을까요? 그런 학자나 문인들은 학문은 높았지만 사사로운 정에 아주 쉽게 넘어가고 정감에 쉽게 충동되어, 사태를 관찰하거나 판단하는 면에서 흔히 잘못을 범할 수 있었기 때문입니다. 당시에 보았던, 사상에 문제가 있던 그런 지식인들이 이런 잘못을 범했는데, 깊이 들어가 관찰하려 하지 않았던 것입니다. 어떤 사람들은 다른 사람들의 말만 듣고 남에게 죄를 씌웠습니다. 바로, "많은 사람들이 미워한다."(衆惡之)는 것이었습니다. 우리는 그런 말을 들을 때마다 그 말이 옳지 않다는 것을 알았습니다. 그러나 사리를 따져 말할 수가 없었습니다. 이 단락의 의미를 확대시켜 보면, 많은 역사적 사실들의 원인을 깊이 관찰할 수 있게 됩니다.

이제 다시 개인의 수양 면을 말해 봅시다. 지도자가 된 사람은 자기

부하에 대하여 다른 사람의 영향을 전적으로 받아서는 안 되고, 자기 자신이 분명하게 관찰해야 합니다. 왕망王莽의 경우가 그 좋은 예입니다. 그가 황제 자리를 찬탈하기 전에는 위아래 사람이나 동료들이 모두 그를 좋은 사람이라고 말했는데, 뒷날 돌변해서 그렇게 나쁘게 될 줄을 어찌 알았겠습니까? 이에 관한 역사를 읽어보면 바로 좋은 증명이 됩니다.

공자께서 말씀하셨다. "사람이 (진리인) 도道를 (배양하고 확대 발전시켜) 넓힐 수 있는 것이지, 도가 사람을 (배양하고 확대 발전시켜) 넓히는 것은 아니다."

子曰 : 人能弘道 , 非道弘人。
자왈　인능홍도　비도홍인

이 단락은 위 몇 단락의 근간 사상인 사람의 문제라는 것입니다. 일체의 인사人事, 일체의 역사는 모두 사람의 문제입니다. 사람이야말로 '도道'를 확대 발전시킬 수 있습니다. '도'란 곧 진리로서, 이 말은 하나의 추상명사이자 범주화된 용어입니다. 도가 사람을 확대 발전시킬 수는 없습니다. 사람이 '도'를 배양해야 합니다. 이것이 바로 핵심입니다. 그러므로 공자가 말하는 것은 항상 인문 문화입니다.

공자께서 말씀하셨다. "(사람에게 잘못이 있다는 것은 중요하지 않다. 잘못을 고치기만 하면 된다) 잘못하고도 고치지 않는 것, 이것을 (바로 큰 잘못이자 진정한) 잘못이라 한다."

子曰 : 過而不改 , 是謂過矣 !
자왈　과이불개　시위과의

이것은 사람의 잘못에 대한 공자의 견해입니다. 즉, "사람에게 잘못이 있다는 것은 중요하지 않다. 잘못을 고치기만 하면 된다. 만약 잘못이 있는데도 고치려 하지 않는다면, 이것이 바로 큰 잘못이며, 진정한 잘못이다.”라는 것입니다.

공자께서 말씀하셨다. “나는 일찍이 (어떤 문제를 연구하기 위해) 종일토록 먹지도 않고 밤새도록 자지도 않으며 (스스로) 사고思考(하고 연구)해보았으나, 유익한 것이 없었고 (책에서 지식을) 배우(고 생각하)느니만 못하였다.”

子曰 : 吾嘗終日不食, 終夜不寢, 以思, 無益, 不如學也。
자왈   오상종일불식   종야불침   이사   무익   불여학야

공자가 자기 경험을 말하고 있습니다. “내가 일찍이 어떤 문제를 연구하기 위해 하루 종일 먹지도 않고 밤에 자지도 않으면서 스스로 사고思考하고 연구해 보았지만, 결과적으로 소용이 없었으며 지식을 탐구하는 것만 못했다. 왜냐하면 지식은 생각과 결합되어야 하므로 책을 많이 읽고 많이 생각해야 하기 때문이다.”

상론上論에서도, 생각만 하고 배우지 않는 것도 옳지 않으며, 배우기만 하고 생각하지 않는 것도 옳지 않다고 했습니다. 천부적인 재능이 있거나 사상을 가진 사람은 먼저 책을 많이 읽고 배움을 추구해야 한다는 점에 유의해야 합니다. 자기가 천재이며 대단히 총명하다고 스스로 생각하는 사람이라도, 책을 많이 읽고 나면 자신이 대단히 겸허한 사람으로 변할 것입니다.

종종 우리 자신이 무언가 큰 것을 발견했다고 생각하는 것도, 책을 많이 읽고 나서야, 옛 사람이 이미 말해 놓았고 알고 있었으며,. 우리는 결코 옛 사람을 뛰어넘지 못하며, 원래 옛 사람들이 우리보다 아는 것이 더욱 많았다는 것을 알게 됩니다. 예를 들어, 유물唯物 사상도 중국 고대 문화 속에 이미 있었습니다. 그러나 그렇게 많지는 않았고 그저 약간의 원칙만 있었는데, 연구한 결과 그 이론이 성립할 수 없음을 알았습니다.

또, 서양의 많은 것들도 이전에 우리에게 이미 다 있었지만 그것을 더욱 발전시키지 못했을 뿐입니다. 요즈음 젊은이들이 생각을 많이 하

며 다들 새로운 것을 만들어보고 싶어 하지만 창조할 수가 없습니다. 그러므로 지식은 생각과 결합되어야 합니다. 학문과 생각을 잘 결합하고 난 다음, 공자는 다시 다음과 같이 말합니다.

도를 근심하고 가난을 근심하지 않는 사람이 몇이나 될까

공자께서 말씀하셨다. "(진정으로 학문이 있고 천하 국가를 자기 책임으로 생각하는) 군자는 도道(가 행해지기)를 추구하지 먹을 것을 추구하지 않는다. 농사를 지어도 때로는 굶주림이 그 가운데 있지만, (진정한) 학문을 (힘써 탐구하여 성취)한다면 (앞날의 전망이 없거나 일자리가 없을까 걱정하지 않으며 재능이 묻힐까 걱정하지 않아도) 녹祿이 그 가운데 있게 된다. 군자는 도(가 행해지지 않을까)를 걱정하지 가난을 걱정하지 않는다."

子曰：君子謀道不謀食。耕也，餒在其中矣！學也，祿在其中矣。
자 왈　군자모도불모식　경야　뇌재기중의　학야　녹재기중의

君子憂道不憂貧。
군 자 우 도 불 우 빈

우리는 다들 습관적으로 말하기를, "군자는 도를 추구하지 먹을 것을 추구하지 않는다."(君子謀道不謀食)거나, "군자는 도를 걱정하지 가난을 걱정하지 않는다."(君子憂道不憂貧)라고 하는데, 원문은 바로 공자가 말한 것입니다. 공자는 진정으로 학문이 있고 천하 국가를 자기 책임으로 생각하는 군자는 도가 행해지지 않는 것만을 근심하지, 생활 문제는 고려하지 않는다고 말합니다. 농토를 경작하는 일에 비유하면, 땅을 갈고 김을 매는 것만 중시할 뿐 수확이 얼마나 될지는 걱정하지 않는 것과 같습니다. 꾸준히 노력하면 돈을 모으지는 못할지라도 대체로 생활해 나갈 수 있습니다. 학문 탐구에 힘써 진정한 학문만 성취한다면, 앞날의 전망이 없거나 일자리가 없을까 걱정하지 않으며 재능이 묻힐까 걱정하지 않습니다. "도를 추구하지 먹을 것을 추구하지 않으며, 도를 걱정하지 가난을 걱정하지 않는다."(謀道不謀食, 憂道不憂貧)는 말은 아주 좋은 격언이며, 인생의 준칙準則입니다.

공자께서 말씀하셨다. "(일을 해 나가는 데 있어서) 지혜가 충분히 미쳐도 인仁으로써 지키지 못하면, 비록 얻었다 해도 반드시 잃고 말 것이다.

지혜가 충분히 미치고 인으로써 지킬 수 있다 하더라도 정중 공손한 태도로 임하지 않으면, 백성들이 존경하지 않을 것이다.

지혜가 충분히 미치고 인으로써 지킬 수 있고 정중 공손한 태도로 임한다 하더라도, 예의 법도로써 행동하지 않는다면 잘 되지 못할 것이다."

子曰: 知及之, 仁不能守之, 雖得之, 必失之。知及之, 仁能守之,
자왈 지급지 인불능수지 수득지 필실지 지급지 인능수지

不莊以涖之, 則民不敬。知及之, 仁能守之, 莊以涖之, 動之不以禮,
불장이리지 즉민불경 지급지 인능수지 장이리지 동지불이례

未善也。
미선야

이 단락에서는 일을 해 나가는 데 있어서의 학문 수양의 준칙들을 말하고 있습니다. 지혜가 있고 안목이 있으면 정확히 봅니다. 주식株式 투자를 예로 들어봅시다. 안목이 있어서 앞을 내다보고 주식을 사들여 돈을 벌었는데, 더 많이 벌고 싶어집니다. 이럴 때 자기를 억제하지 못하고 브레이크를 걸 줄 몰라 결국 실패로 끝나고 마는 일이 많습니다. 인생의 크고 작은 일체의 일들이나, 사업 경영, 처세의 이치가 모두 이와 같습니다.

사람이 안목이 있어서 정확히 보면 창업하여 성공하기는 쉽습니다. 그러나 봄바람을 타듯 잘 나가고 있더라도, 브레이크를 걸어야 할 경우에는 브레이크를 걸 줄 아는 것이 최고의 수양입니다. 그런데 브레이크를 걸어야 할 때 전혀 브레이크를 걸려고 하지 않고, 앞만 보고 돌진해

나간 나머지 결국 얻은 것을 잃어버리고 마는 것입니다. 노자老子가 우리에게 일러 준 "공을 이루고 이름이 성취되고 나면 자신이 물러난다."(功成, 名遂, 身退)는 말을 꼭 알맞게 실천하려면, 적어도 먼저 이 단계를 안정시켜야 합니다. 이렇게 하는 게 마치 수단 같은데, 그러나 수단과 도덕의 차이는 우리 내심內心에 있습니다. '서'恕의 도리를 지켜, 남을 생각하고 남을 위하며 사심을 적게 가지는 것이 바로 도덕입니다.

만약 지혜가 많아 정확히 보고 또 "인으로써 지킨다"(仁能守之) 하더라도, "정중 공손한 태도로 임하지"(莊以涖之) 않고 입으로만 사회를 위하느니 남을 위하느니 한다면, 사람들이 여전히 진심으로 따르지 않습니다. "지혜가 충분히 미치고, 인으로써 지킬 수 있고, 정중 공손한 태도로 임할 수 있는 것"(知及之, 仁能守之, 莊以涖之), 이 세 가지를 갖춘 다음에는 외면적인 행위 동작도 어디서나 예禮를 지켜서 예의범절이 있고, 법도가 있으며 단정해야 합니다.

이 네 가지를 모두 해낸다면, 사람됨이나 일처리나 정치에 종사하거나 수양이나 사업이 비로소 더 할 수 없이 훌륭할 수 있지만, 그렇지 못하면 결국은 문제가 있게 됩니다. 이 네 가지 점으로 상공업계를 관찰해 보더라도 마찬가지여서 위배해서는 안 됩니다. 어떤 사람들은 재간이 대단하여 적수공권赤手空拳으로 많은 돈을 벌지만, "인으로써 지키지 못하여"(仁不能守之) 추락해 버리는 일이 많습니다. 요 이십 년 동안만 해도 이런 실제 사례가 얼마나 많은지 모릅니다.

작은 그릇은 쉽게 가득 찬다

다음에는 다시 방향을 바꾸어 사람에 의거하여 일을 논합니다.

공자께서 말씀하셨다. "군자란 작은 일에서는 그의 장점을 알아볼 수 없지만 큰 일을 감당할 수 있고, 소인이란 큰 일은 감당할 수 없지만 작은 일에서는 그의 장점을 알아볼 수 있다."

子曰 : 君子不可小知 , 而可大受也 。 小人不可大受 , 而可小知也 。
자왈　군자불가소지　이가대수야　　소인불가대수　이가소지야

이 단락의 말은 두 가지 관점의 뜻을 가지고 있습니다. 우리가 연구해보면 이 명언의 깊이를 느끼게 됩니다. 이 말을 우리의 인생 경험에 결합한다면, 일생 동안 활용하더라도 모자람이 없으며 얻는 이득은 무궁합니다.

"군자란 작은 일에서는 그의 장점을 알아볼 수 없다."(君子不可小知)는 첫 구절을 객관적인 관점으로 말해 보면, "성공한 위대한 인물은 작은 일에서는 그를 알아볼 수 없고, 성취를 이루고 난 후에야 그의 위대함을 알아볼 수 있다."는 뜻입니다. 뒤의 구절은 이와는 반대로 "소인에게서는 큰 성취는 볼 수 없고, 작은 일에서 그의 장점을 볼 수 있다."는 뜻입니다. 주관적인 관점으로 말해 보면, 군자는 큰 그릇으로서 위대한 학문이 있고 깊은 수양과 숭고한 도덕이 있기 때문에, 일을 바라볼 때 작은 것은 보지 않고 큰 것에 유의합니다. 소인에게는 큰 뜻을 이루라고 너무 요구해서는 안 됩니다. 소인은 큰 것은 감당해 내지 못하고 작은 것에서 만족을 얻기 때문입니다.

이상은 이 단락에 대한 두 가지 관점의 해석입니다. 우리가 인생을 체험하면서 보았듯이, 만약 재능이 있는 많은 사람들이 젊은 시절에 뜻을 이루면 곧 끝나버립니다. 이것이 바로 "소인이란 큰 일은 감당할 수 없지만, 작은 일에서는 그 장점을 알아볼 수 있다."(小人不可大受, 而可小知也)는 것입니다. 참된 지혜를 가진 사람들은 일의 큰 마디를 보려 하고 그 큰 마디를 잘 처리해 낼 수 있는데, 이게 바로 능력과 소질이 큰 대근기大根器입니다. 여기서 옛 사람의 시가 한 수 기억납니다. 소나무를 읊은 이 시는 인생을 또렷하게 묘사하고 있습니다.

어릴 때는 잡초들 속에 묻혀 있다가	自少齊埋於小草
지금은 점점 자라 쑥보다 높이 솟았구나	而今漸却出蓬蒿
당시 사람들은 구름 위로 솟구칠 줄 몰라보다가	時人不識凌雲幹
구름 위로 솟구치니 그제야 높다 하네	直待凌雲始道高

한 그루의 소나무가 아주 어린 묘목일 때에는 잡초들과 함께 묻혀 있었습니다. 온통 잡초 무더기 속에 있던 어린 묘목이 몇십 년 몇백 년이 지나서 그렇게 큰 나무가 될 것이라고 아무도 생각하지 못했습니다. 그러나 어린 묘목이 당시에는 천천히 머리를 드러내어 잡초들보다 조금 높이 자란 정도이어서, 당시 사람들은 그 어린 나무가 수십 년 수백 년 후에 신목神木으로 변하리란 것을 결코 알아채지 못했습니다. 그 나무가 자라서 마침내 키가 하늘에 닿을 만큼 되자, 비로소 사람들이 쳐다보고는 "키가 크기도 하구나! 좋은 나무다! 정말 훌륭하다!" 하고 찬탄했습니다.

인생도 바로 이와 같아서, 처음에 노력할 때에는 아주 처량하고 알아주는 사람도 없지만, 나중에 성공하게 되면 모두들 그에게 갈채를 보냅니다. 인생을 간파하고, 오직 스스로 노력하여 성공해야만, 그 때에는 위대하다고 소리치며 찬미하는 사람들이 자연히 있게 됩니다. 학문이든, 사업이든 모두 그러합니다. 이와 비슷한 내용의 시가 있어서 소개합니다.

비온 뒤 산 속의 덩굴풀들 무성해지더니　　　　雨後山中蔓草榮
계곡 따라 뻗으면서 가련하게 자라네　　　　　沿溪漫谷可憐生
평소에 그 누가 길러 주었을까　　　　　　　　尋常豈藉栽培力
스스로 천기 얻어 스스로 성장하네　　　　　　自得天機自長成

이 시도 내가 학생들을 격려할 때 늘 써 주는 시입니다. 한시는 읽기 어려운 게 많습니다. 문자상으로는 자연 경치를 묘사하고 있어서 자기와 상관없는 한 폭의 그림 같지만, 그 속에는 높은 철학적 진리가 담겨 있기 때문입니다. 이 시에서 볼 수 있듯이, 비가 온 후 산 속 풀들이 무성하게 자라 계곡을 온통 푸른색으로 덮고 있습니다. 이렇게 많은 풀들을 평소에 누가 심어 길렀을까요? 누가 비료를 주었을까요? 모두 다 스스로 천기天機를 얻어 스스로 자랍니다.

우리 사람도 이와 같습니다. 예전에 홍엽(紅葉) 어린이 야구팀이 일본에 가서 경기하여 승리하고 귀국했을 때, 모두들 그들을 칭찬했습니다. 그러나 그들이 대동(臺東, 대만의 지명—역주)의 깊은 산속에서 돌멩이를 야구공으로 삼고 나뭇가지로 야구방망이로 삼아 연습할 당시에는, "계곡을 따라 뻗으면서 가련하게 자라네."가 아니겠습니까? 뒤에 승리하고 개선 행진을 하자 다들 우리들의 영광이라고 생각했는데, 그들의 성공이 "평소에 그 누가 길러주었을까, 스스로 천기 얻어 스스로 성장하네."가 아니겠습니까?

인생도 이와 같고 자녀들에 대한 교육도 이와 같아서, 그들에게 고난을 겪게 하여 "스스로 천기를 얻어 스스로 성장하는" 환경을 만들어 주어야 합니다. 부모의 사랑과 보호가 지나치면 어린아이를 망치기 십상입니다. 우리는 이 두 수의 시를 보고 "작은 점에서는 그 장점을 알아볼 수 있다."(小知)와 "큰 일을 감당할 수 있다."(大受)는 말의 뜻을 이해할 수 있습니다. 위대한 성취를 한 사람은 다 힘들고 어려운 가운데에서 일어선 사람들이니, 잔재주로서 자신을 그르치지 말아야 하며, 앞일을 짧게 보아서는 더욱 안 됩니다.

『논어』에 기록된 성인의 훌륭한 말들은 아주 좋은 골동품 하나를 눈앞에 놓아 둔 것과 같습니다. 시간과 공간에 관계없이 보면 볼수록 아름답고, 어느 각도로 보든 새로움을 발견하게 됩니다. 오늘날의 공산품은 그렇지 않아서, 처음 보면 말끔하게 빠진 게 아주 멋지지만, 이틀 정도 놓아두면 싫증이 나서 치워버리고 맙니다. 옛 글에는 참으로 깊은 뜻이 담겨 있어서, 우리는 여러 면에서 그 함축된 뜻을 발견하고 체험할 수 있게 됩니다. 공자의 이 몇 단락 글은 내용을 곧이곧대로만 볼 필요는 없으며, 살아가는 가운데 때에 따라 많이 체험해가면서 그 뜻을 새겨야 합니다.

뜨거운 감자

공자는 올바른 사람으로 처세하는 도리에 이어, 다음에는 다시 정치의 도리를 말합니다.

공자께서 말씀하셨다. "백성들이 인의仁義를 두려워하는 심리는 물이나 불을 두려워하는 것보다도 심하다. 나는 물이나 불에 뛰어들어 죽는 자는 보았으나, 인의에 뛰어들어 죽는 자는 보지 못하였다.

(인의는 그렇게 무서운 것이 아니니, 인의를 잘 행하면 굶어 죽지 않을 것이다. 참된 인의는 사람에게 아주 좋은 것이다. 그런데도 사람들은 인의를 행하기를 두려워한다. 사람들에게 나쁜 일을 시키기는 쉽지만, 좋은 일을 시키면 오히려 두려워한다. 나는 좋은 일을 했기 때문에 죽은 사람은 보지 못했으며, 좋은 일을 하지 않은 사람이 오히려 더 비참하게 죽었다)"

子曰：民之於仁也，甚於水火。水火，吾見蹈而死者矣，未見蹈
자왈　민지어인야　심어수화　　수화　오견도이사자의　　미견도

仁而死者也。
인이사자야

공자는 "인의仁義만 말하면 두려워하는 일반인들의 심리는 물이나 불을 두려워하는 것보다 더 심하다."고 했습니다. 물은 빠져 죽을 수 있고 불은 타죽을 수 있기 때문에, 사람들은 물과 불을 두려워합니다. 공자는 이렇게 말하고 있습니다. "나는 사람이 물에 빠져 죽거나 불에 타 죽은 것은 본 적이 있다. 그러나 인의는 그렇게 무서운 것이 아니니, 인의를 잘 행하면 굶어 죽지 않을 것이다. 참된 인의는 사람에게 아주 좋은 것이다. 그런데도 사람들은 인의를 행하기를 두려워한다. 사람들에게 나쁜 일을 시키기는 쉽지만, 좋은 일을 시키면 오히려 두려워한다. 나는 좋은 일을 했기 때문에 죽은 사람은 보지 못했으며, 좋은 일을 하지 않은 사람이 오히려 더 비참하게 죽었다."

지난주에 수준 높은 지식인이자 공명부귀도 상당히 높은 노년 선생들과 담론하면서 나는 이렇게 말했습니다. 문 닫고 우리끼리 얘기해봅시다. 공맹의 도道이든 인仁이든, 우리 이 민족은 두렵습니다. 한번 물어봅시다. 공자는 무엇 때문에 그토록 '인仁'을 강조했을까요? '인'은 공자만 얘기한 것이 아니라 노자나 장자도 얘기했습니다. 그분들이 그토록 '인'

을 말하고 '효'를 말한 것을 보면, 우리 민족은 불인不仁하고 불효한 사람들이 너무나 많았던 것임을 알 수 있습니다. 이것은 마치 서양 문화에서 독재가 심했기 때문에 민주와 자유를 주장한 사람이 많았던 것이나 마찬가지입니다. 사회가 완전히 민주적이고 완전히 자유롭다면 그래도 사람들이 자유와 민주를 말할까요? 그 때에는 말할 필요가 없게 됩니다.

우리 민족은 다루기 어려운 민족으로, 인자仁慈하지 못하고 불효한 사람들이 너무 많았기 때문에, 공자는 사람들에게 인자해야 하고 효를 행해야 한다고 가르쳤음을 알 수 있습니다. 교육은 곧 일반 대중의 생각을 반영한 것입니다. 이것은 사실입니다. 춘추전국 시대를 연구해 보면, 권력투쟁에서는 부자지간도 형제지간도 인정하지 않았는데, 무슨 친족의 정이 있었겠습니까? 무슨 사랑이 있었겠습니까? 그래서 공자는 항상 "인仁하라. 효도하라."고 가르쳤던 것입니다. 이처럼 우리 민족은 좋은 점도 있지만, 문 닫고 반성해 보면 정말 까다롭습니다. 우리는 이 민족의 일원으로서 어찌 해보기가 쉽지 않다는 것을 더욱 이해하게 됩니다.

여기에서 공자는, 사람들의 심리가 인의仁義를 말하면 자신에게 무슨 피해가 있을까 몹시 두려워한다는 것을 유머러스하게 표현하고 있습니다. 또한 인仁 속으로 뛰어들어 타 죽거나 빠져 죽는 것을 본 적이 없다고 풍자하면서, 일반인들이 인仁을 행하려 하지 않는 풍조를 강력하게 비판하고 있습니다. 다들 알다시피, 인의 도리는 알아도 실제 실천하려 하면 대단히 어렵습니다. 그렇다면 어떤 정신으로 해야 할까요?

공자께서 말씀하셨다. "인의仁義를 놓고는 스승에게도 양보하지 않아야 한다. (스승이라고 꼭 옳다고 할 수는 없는 것이니, 틀렸으면 틀린 것이다. 스승도 불인不仁하다면 옳지 않다. 오직 진리와 정의만을 인정하라.)"

子曰：當仁不讓於師。
자왈　당인불양어사

이 말에도 몇 가지 관념이 있습니다. 먼저 문자를 해석하겠습니다. "인의仁義가 있는 지점을 놓고는 선생님의 뜻을 반대해도 좋다. 선생님이라고 꼭 옳다고 할 수는 없는 것이니, 틀렸으면 틀린 것이다. 선생님도 불인不仁하다면 옳지 않다."

또 다른 관점으로는, 공자의 교육은 결코 전제적專制的이지 않았음도 알 수 있습니다. 공자는 이처럼 학생들에게 "오직 진리와 정의만을 인정하라."고 가르치고 있습니다. 진리와 정의에 부합하는 것이면, 선생님이 뭐라 하든 고려하지 말라는 것입니다. 이는 마치 서양 철학자 아리스토텔레스가 "나는 스승을 사랑하지만, 진리를 더 사랑한다."고 말한 것과 같습니다. 이것은 그가 당시 선생님인 플라톤과 의견이 맞지 않았기 때문에 한 말인데, 이렇게 의견이 다른 것은 결코 선생님을 존경하지 않기 때문이 아닙니다. 진리에 대해서라면, 선생님의 의견에도 동의할 수 없기 때문입니다. 이것이 바로 학문을 하는 정신으로, 가령 황제의 의견일지라도 옳지 않을 때에는 맞서야 하는 것입니다. 상대가 선생님이든 황제든 정의를 위해서라면 반드시 다투어야 한다는 것이 지식인으로서 반드시 지켜야 할 신조信條였습니다.

그러나 이제 다시 정의 문제가 나옵니다.

공자께서 말씀하셨다. "군자는 (진정으로) 올곧아서 정의正義를 지키고, 함부로 위반하지 않는다."

子曰 : 君子貞而不諒。
자 왈   군 자 정 이 불 량

여기에서 말하는 '불양'(不諒)은 용서하지 않는다는 뜻이 아닙니다. 군자는 진정으로 올곧아서 정의正義를 소홀히 하거나 함부로 위반하지 않는다는 의미입니다. 다시 이어집니다.

공자께서 말씀하셨다. "임금을 섬김에 있어서는, 자신의 직무를 책임을 다해 수행하고 봉록을 받는 일은 뒤에 두어야 한다."

子曰 : 事君, 敬其事而後其食 。
자 왈　사군　경기사 이 후기 식

　회사 같은 조직의 책임자나 신하가 되었을 때는 "경기사"敬其事, 곧 요즘 말로는 자기 일에 책임을 다해야 한다는 것입니다. 먼저 정말로 그 책임을 다한 뒤에 자기가 받는 대우待遇, 곧 생활 문제를 고려해야 한다고 말하고 있습니다. 대우나 생활을 위해 직무를 맡는 것은 또 다른 관념입니다. 한 지식인이 어떤 일을 한다는 것은 꼭 밥 먹기 위해서만은 아닙니다. 사람이 밥 먹고 사는 길은 많습니다. 그러므로 일을 한다는 것은 책임을 다하기 위함이라는 것을 분명히 인식해야 합니다.

　공자께서 말씀하셨다. "나는 사람들을 가르침에 있어서 신분상의 차별을 두지 않는다."

子曰 : 有敎無類 。
자 왈　유교무류

　이 말의 뜻은 명료하므로, 따로 해석할 필요가 없겠습니다. 이것이 공자의 교육 정신입니다. 공자는 사람을 가르치는 데 있어서 계급이나 지역을 가리지 않았고, 영리한 사람이든 우둔한 사람이든 가리지 않고 가르침을 받으려는 사람이면 누구에게나 인문 문화를 기초로 하여 일률적으로 간곡하게 가르쳤습니다.

　공자께서 말씀하셨다. "(사상적으로 지향하는) 길이 같지 않으면 함께 일을 도모하지 않는다."

子曰 : 道不同, 不相爲謀 。
자 왈　도불동　불상위모

　그렇지만 한 가지 점이 있는데, 사상적 목적이 같지 않으면 공동으로 일을 도모할 방법이 없다는 것입니다. 그렇지만 반드시 배척해야 한다

고는 하지 않았습니다. 어떤 일을 서로 토론하고 계획할 수 있는 상대
가 아니라면, 각자의 길을 갈 수밖에 없습니다.

꽃과 열매와 가지와 잎

공자께서 말씀하셨다. "말이나 글이란 뜻이 전달되면 그뿐이다!"

子曰 : 辭 , 達而已矣 !
자 왈　사　　달 이 이 의

'사'辭란 말하기나 글쓰기를 모두 가리킵니다. 물론 글을 쓰더라도 문
학가가 되기는 어려우며, 말에 있어서도 언어 구사를 잘하고 연설을 잘
할 수 있도록 훈련하는 것도 어렵습니다. 말은 화려하기를 바라지는 않
더라도 중요한 목적이 하나 있으니, 그것은 바로 자기 의사를 올바로
표현하는 것입니다.

인생 경험을 통해서 보면 허다한 사람들이 말하기를 좋아해서 입만
열었다 하면 장광설을 늘어놓지만, 그의 말을 한참 듣고 나면 그가 무
슨 말을 했는지 알 수 없는 경우가 대단히 많습니다. 글쓰기도 마찬가
지입니다. 많은 사람들이 종이를 앞에 놓고 글을 쓰려고 하지만, 잘못
쓰지는 않을까 하는 걱정이 머릿속을 대부분 차지한 나머지, 한참 시간
을 보내고도 두 줄도 써내려가지 못합니다. 사실은 그런 걱정 하지 말
고 생각나는 대로 쓰고, 쓰고 난 다음 보태거나 줄여서 정리하면 되는
것입니다.

그래서 공자는 "말이나 글이란 뜻이 전달되면 그뿐이다!"(辭達而已矣)했
습니다. 진정으로 좋은 문장이란, 뜻을 잘 표현한 것입니다. 좋은 문장
은 '만들어진 것'(作)을 필요로 하지 않습니다. 새기고 다듬어 버리면 이
미 좋은 문장이 아닙니다. 공자의 이 말은 상론上論에서 나오는 "이렇게
행하고도 힘이 남거든 글을 배우라."(行有餘力, 則以學文)고 한 말에 호응하
는 것으로, 문장文章이란 학문의 지엽적인 것에 지나지 않음을 설명하고

있습니다.

다음 단락은 이 「위령공」편의 결미結尾입니다. 「위령공」편의 시작은, 위령공이 공자에게 군사 방면의 일을 묻자 공자가 그 질문에 답변하기를 피한 내용이었습니다. 그리고 결론은 바로 인문人文의 도리가 중요함을 깨우쳐 주는 것입니다.

장님 악사樂師 면冕이 공자를 뵈러 왔는데, 그가 섬돌에 이르자 공자께서는 "섬돌입니다." 하고 말씀하시고, 자리에 이르자 공자께서는 "자리입니다." 하고 말씀하시고, 모두 자리에 앉자 공자께서는 그에게 "아무개가 여기 있고, 아무개는 저기 있습니다." 하고 일러 주셨다.

악사인 면이 물러가자, 자장이 물었다. "장님 악사와 이야기할 때의 도리가 그렇습니까?"

공자께서 말씀하셨다. "그렇다. 본시 장님 악사를 돕는 도리인 것이다."

師冕見。及階, 子曰: 階也。及席, 子曰: 席也。皆坐, 子告之曰:
사면현　급계　자왈　계야　급석　자왈　석야　개좌　자고지왈

某在斯, 某在斯。師冕出, 子張問曰: 與師言之道與? 子曰: 然! 固相
모재사　모재사　사면출　자장문왈　여사언지도여　자왈　연　고상

師之道也。
사지도야

'사師'는 고대에서 중요시했던 문화관文化官으로, 음악 예술을 관장하는 대악사大樂師였습니다. 춘추전국 시대 악사는 훗날의 태사령太史令처럼 아주 중요했습니다. 왜냐하면 고대에는 예악 문화禮樂文化를 대단히 중시했기 때문입니다.

이름이 '면'冕이었던 대악사가 공자를 만나러 왔습니다. 고대의 악사는 대부분 눈먼 장님이었기 때문에, 공자는 그를 맞으러 나와 부축하면서 그가 계단을 오르려 할 때에는 그곳이 계단이라고 알려 주었습니다. 고대에는 탁자나 걸상이 없고 바닥을 자리 삼아 앉았는데, 일본의 다다미

와 같은 것이었습니다. 장님 악사가 자리에 이르자, 공자는 또 그곳이 자리라 말하고 앉으시라고 청했습니다. 모두가 앉고 나자, 공자는 어떤 분은 왼쪽에 있고 어떤 분은 맞은편에 있다고 하면서, 그에게 일일이 자상하게 일러 주었습니다.

악사가 떠나자 자장이 공자에게 물었습니다. "선생님, 그 사람을 그렇게 예의바르게 대하셔서 가는 곳마다 한 마디씩 일러 주셨는데, 악사 접대의 도리는 그렇게 해야 하는 것입니까?" 자장의 물음에 공자는 대답했습니다. "당연히 그래야 한다. 우리는 그의 직위상 그렇게 대해야 할 뿐 아니라, 그렇게 눈이 보이지 않는 사람에 대해서도 사람의 도리상 마땅히 그렇게 접대해야 한다."

이 이야기를 통해서, 우리는 위대한 종교인들이 늘 이런 일을 했었다는 것을 떠올리게 됩니다. 불경에 이런 이야기가 있습니다. 석가모니에게 앞을 못 보는 제자가 하나 있었는데, 그는 스스로 자기 옷을 바늘로 꿰매었습니다. 하루는 그가 바늘귀에 실을 꿸 수 없어, 동료 학생들에게 크게 소리쳐 좀 도와 달라고 했습니다. 그런데 공교롭게도 동료나 나한 羅漢들 모두 정좌 입정靜坐入定한 상태여서 아무도 그를 상대하지 않았습니다.

그 때 석가모니 선생님이 단상에서 친히 내려와, 바늘에 실 꿰는 것을 도와주고는 그의 손을 잡아 옷 꿰매는 법을 가르쳐 주었습니다. 앞을 못 보는 그 학생은 목소리를 듣고서야 자기를 도와준 사람이 석가모니임을 알게 되었습니다. "선생님이 어찌 몸소 오셨습니까?" 하고 그가 묻자, 석가모니는 "이것은 내가 마땅히 해야 할 일이다." 하고 말했습니다. 그리고 석가모니는 곧바로 모든 제자들에게 수업을 열어, "사람이 마땅히 해야 할 것은 바로 이런 일인데, 왜 장애인들이나 가난하고 고생하는 사람들을 도우려 하지 않느냐?" 하고 훈계했습니다.

그러므로 나는 『논어』의 전편全篇이 서로 연관되어 있는 것이라고 말했는데, 이 「위령공」도 공자가 군사 문제를 답변하려 하지 않은 제1단락에서 시작하여 계속 사람으로서의 바른 처세를 말한 다음, 장애인이나 외롭고 고생하는 사람들을 도와야 한다는 이야기로 결론짓고 있습니다. 그리고 공자가 대악사를 접대한 일을 들어, 국가의 근본은 예악에 있다는 것을 부각시키고 있습니다. 이를 보아도 매 편의 편집 배치가 아주 적절하게 되어 있음을 알 수 있습니다.『논어』전편全篇을 다 읽고 나서 다시 생각해 보면 그 여운이 무궁할 것입니다. 그리고 공문孔門의 사상과 공자의 정신, 즉 그가 가르치는 학문의 도리가 결국 어디에 있는지 알 수 있게 될 것입니다.

그 밖에 또 이 마지막 단락에 대해 한 가지 덧붙여 설명하자면, 고대의 대음악가는 예로부터 거의 맹인이었다는 사실입니다. 사광師曠 같은 사람은 눈이란 밖을 보아 정신을 소모시키고 산란케 하는 것이라고 생각하여, 음악적 소양을 더욱 높이기 위해 스스로 양 눈을 찔러 멀게 하였으며, 마침내 중국의 한 시대의 음악종사音樂宗師가 되었습니다. 이것은 중국 도가의 수지修持 이론인 "이利라는 한 근원을 끊는 것이 스승에게 배운 것보다 열 배 낫다."(絶利一源, 用師十倍)는 말과 같습니다. 또, 노자가 말한 "욕망의 대상을 보지 않으면 그 마음이 어지럽지 않다."(不見可慾, 其心不亂)는 말과 같습니다 (제3장—역주). 사람의 정신과 생리는 모두 음식물로 보충되는 것이지만, 생각과 눈·귀·코 등 아홉 구멍에 의해 소모되어 버립니다. 그런데 보충하는 것으로는 결코 소모를 따라가지 못하기 때문에, 사람에게는 노쇠와 사망이 있게 됩니다. 이런 것들은 모두 대악사의 눈 이야기를 하다 보니 하게 된 것인데, 잠시 미루어두었다가 나중에 기회가 있으면 이 이론의 정확 여부를 다시 말하도록 하겠습니다.

季氏

망한 나라는 일으켜 주고, 끊어진 자손은 이어 주고

우리들의 「논어」 연구의 방침에 의하면, 이 제16편 「계씨」는 상론上論의 제6편 「옹야」雍也와 서로 호응 관계가 있습니다. 제6편에서는 염옹冉雍, 즉 중궁中리에 대해 이야기했는데, 공자는 그가 왕의 기상과 제왕의 자질을 가지고 있다고 말하였습니다. 이 「계씨」편의 글은 중국 문화 · 정치 철학의 요점을 말하고 있습니다. 들리는 바로는, 이 편의 첫 단락 글이 대만의 고등학교 국어 교과서 내용에 삽입되어 중요한 한 편의 글이 되었다고 합니다. 이 단락에는 여러 가지 중요한 점들이 들어 있는데, 중국 문화 정치 철학의 정신과 중국 문화의 정치 관념이 포함되어 있습니다.

우리의 전체 민족의 문화 도덕은 남을 침략하기를 좋아하지 않으며 더욱이 다른 사람이 남을 침략할 것을 주장하지 않습니다. 또 하나의 중요한 점은 신도臣道로서, 한 국가의 중요한 대신大臣은 큰 정책 결정과 대단히 중대한 관계가 있으므로, 중간에서 조금도 소홀히 해서는 안 된다는 것입니다. 맹자가 말한 의리지변義利之辨처럼 시시각각 주의해야 합니다.

역사상의 많은 도리와 진실한 사실들을 보아도, 우리가 오늘날의 세계정세 변천을 이해하는 데 도움을 줄 수 있습니다. 예를 들어, 미국 대통령 닉슨이 물러나고, 일본 수상 다나카(田中)가 물러난 뒤 미키(三木)가 집권한 사실들은 역사 문화를 연구하는 사람의 입장에서는 보면 바로 살아있는 책으로서, 우리가 자기의 고전 책들을 더욱 깊게 이해하고 또 세계의 사정도 더 이해하게 해줄 수 있으며, 과거와 미래에 대한 좋은 대조가 됩니다. 이것이 진정한 학문이 있는 곳입니다. 책에서 글자만 보는, 이런 학문은 소용이 없어서 정말 책벌레에 지나지 않습니다. 그러므로 때로는 나는 젊은이들이 책 읽기에 전념하는 것을 동의하지 않습니다. 이렇게 하는 것은 그를 책벌레로 변하게 해서 인재를 매몰해버릴 것입니다. 그렇지만 책을 읽지 않는 것에도 나는 동의하지 않습니다. 천재적인 재능이 있더라도 책을 읽지 않으면, 처리해야 할 일을 만났을 때 어떻게 처리해야 할지 모릅니다. 왜냐하면 그는 원칙을 모르고 있기 때문입니다. 학문은 재능과 결합되어야 합니다. 오늘날 이 시대는 우리에게 많은 계시를 줍니다.

중국 문화 정치 철학 사상으로서, 내가 이해한 바로는 — 왜 '내'가 이해한 바로는 이라고 할까요? 여기서 나는 공개적으로 한 가지를 말씀드립니다. 천하의 학문과 일에 대해 내가 이해하고 있는 것은 한계가 있고 내가 모르는 허다한 일들이 있기 때문입니다. 그래서 나는 '내가 이해한 바로는' 이라고 분명하게 말해야 합니다 — 전 세계의 문화 정치사상 중에서 아마 중국인에게만 이 정신이 있을 것인데, 중국 민족 문화의 이 정신을, "멸망한 나라는 일으켜 주고, 끊어진 자손은 이어 준다."는 '흥멸국, 계절세'興滅國, 繼絶世이라고 합니다. 공자가 『춘추』春秋를 쓴 역사 정신의 대의大義도 바로 여기 있었으며, 수천 년 동안의 민족 문화의 정신이었습니다.

이른바 '흥멸국'興滅國에서 '국'國은 춘추전국 이전의 지방 정치 단위로서 제후諸侯가 분봉된 나라입니다. 춘추전국 시대에 이르러서도 1백여 개의 나라(國)가 있었는데, 일부 작은 나라들은 헤아리지 않고 큰 나라만 해도 수십 개가 있었습니다. 과거 중국의 이 제도가 이른바 봉건封建입니다. 우리의 고대 봉건제도는 상론上論에서 토론했듯이 서양과 판연히 달랐습니다. 중국의 봉건은 종법사회宗法社會의 씨족 중심, 즉 혈통을 기초로 삼은 것이지, 결코 서양의 봉건처럼 노예와 권세를 기초로 한 것이 아니었습니다.

'봉건'이라는 단어를 많은 사람들이 멋대로 사용하고 있는데, 요 몇십 년 동안의 학자들은 그들의 저작 속에서 봉건이라는 명사를 언급할 때도 기본적으로 중국과 서양의 봉건제도가 확연히 다르다는 점에 대해서 정확한 인식이 없는 것 같습니다. 이것은 우스갯소리 정도에 그치지 않고, 심지어 중국이 최근 60년 동안 겪었던 거대한 변화와 고통에 영향을 끼쳤습니다.

과거 역사상의 이런 제후 국가들은 그 중에 어떤 국가가 곧 망하게 되거나 이미 멸망하여 후대가 끊어지게 되면, 다른 국가들이 나서서 그 나라의 후예를 찾아 국가를 회복하도록 도와주었는데, 이것이 바로 이른바 '흥멸국'興滅國입니다. '계절세'繼絶世는 후대가 끊어졌어도 그 후예가 이어 존속하도록 방법을 찾아 도와주는 것으로, 이것이 바로 국제 정치에 대한 중국 문화의 정신이자 삼민주의 중 민족주의 정신의 내용입니다.

예를 들면, 한고조漢高祖 유방劉邦은 천하를 통일한 뒤 또 후대가 끊어진 진시황이나 초楚·위魏·제齊 등의 나라를 위하여 그 끊어진 대를 이어 나가게 할 방법을 생각했습니다. 『사기』의 「한고조」 본기本紀에는 다음과 같이 기록되어 있습니다.

12월, 고조는 "진시황제·초은왕·진섭·위안리왕·제민왕·조도양왕은 모두 후손이 끊어져 없으니, 각각 묘지기로 10호戶를 주고, 진황제에게는 20호, 위 공자 무기에게는 5호를 주라."고 말했다.

十二月, 高祖曰 : 秦始皇帝·楚隱王·陳涉·魏安釐王·齊湣王·趙悼襄王 · 皆絶, 無後, 予守家各十家 ; 秦皇帝二十家, 魏公子無忌五家.

한고조의 사람됨은 본디 활달하고 도량이 대단히 커서, 전통 문화 정신의 대원칙에 자연스럽게 부합하였습니다. 그래서 유방의 후예들은 역사상 정권을 선후로 4백 년 동안이나 오래 지속할 수 있었습니다. 무릇 황제黃帝 자손이라면 원래 이런 인식이 있어야 합니다.

여러분이 삼민주의를 연구해서 알고 있듯이, 이런 정신은 어떠한 국가나 문화 속에도 없는 것입니다. 그래서 나는 늘 외국 친구들에게 말하기를, 중국 역사를 보면 변방 민족이 황제를 칭하고 제멋대로 했던 남북조南北朝 시대와 오대五代 시대를 제외하면, 정식 왕조였던 한·당·송·명·청에서 중화 민족이 과거에 인접 국가의 자손을 멸망시키고 영토를 탐내어 중국 판도로 병탄하기 위한 침략 전쟁을 주동적으로 발동한 적이 한 번도 없었다고 합니다. 설사 다른 국가에 문제가 발생했더라도, 예를 들면 과거의 예속 국가였던 안남安南(베트남의 옛 이름) 섬라暹羅(태국의 옛 이름―역주) 조선朝鮮 등에 변고가 발생하면 중국은 군대를 파견하여 그들 국가의 내란을 평정하도록 도와주었지만 중국은 반드시 군대를 철수하여 돌아왔습니다. 그밖에 그들을 위해서 좋은 황제를 선택하여 정권을 그들 스스로가 잘 관리하도록 넘겨주었으되 어떤 조건도 없었으며, 단지 그들이 머리를 수그리고 신하로 칭하면서 해마다 공물貢物을 바치러 중국의 조정에 올 것만 요구했습니다. 중국이 당시에 이런 부속 국가, 즉 예속지 국가들에게 공물을 바치도록 요구한 것은 스스로 밑져야 했던 것이며, 그것도 상당히 심하게 밑지는 것이었습니다. 또 어떤 지방들에서는 여러 번의 통역을 거쳐 조정에 왔는데, 바로 과거의 인도와 페르시아 같은 변방 민족들은 조정에 오려면 두서너 가지 종류의 번역을 거쳐야 비로소 중국어로 번역할 수 있었습니다. 중간에 많은 국가도 거치면서 중국에 오려고 했던 것입니다. 마치 당나라 시대의 시인 왕유王維의 명구에서 말한 "만국의 사신들이 면류관에 절하네."(萬國衣冠拜冕旒)와 같았습니다. 한漢나라와 당나라의 문화에는 이렇게 위대한 국면이 출현했던 것입니다. 그래서 지금까지 줄곧 세계 각지의 화교 사회가 모두 당인가唐人街(차이나타운)로 불리는 것입니다. 바로 당나라 시대 문화 정신의 영향이 남아있기 때문이며, China 라는 영문은 대진大秦제국의 번역어입니다. 당시 예속지 국가들이 조정에 왔을 때 중국이 보내는 답례 선물이 그들이 보내온 것보다 훨씬 많았던 것은, 바로 중국 민족의 정신을 보여준 것입니다. 그러므로 "흥멸국, 계절세" 라는 사상은, 적어도 내가 본 바로는 세계의 모든 국가들 중에 중국을 제외한 어느 외국에도 없었습니다. 그러므로 중국은 남의 영토에 침범하고 싶어 하지 않았을 뿐만 아니라 남의 영토도 차지하려고 하지 않았습니다. 오늘날 많은 강대국들이 다른 나라의 경제 시장을 장악하고 싶어 하는 점이 있지만, 중국은 지금까지 그런 생각이 없었습니다.

문중 족보

이러한 사상은 큰 방향으로 변천하여 국제 정치 철학이 되었고, 작게는 개인의 가족 면에도 이런 정신이 깃들었습니다. 우리 조상들은 각 성씨마다 사당祠堂 안에 한 권의 족보族譜를 보관했는데, 이것을 '가승'家乘이라고도 했습니다. 지금의 젊은이들 중에는 이것을 본 사람이 별로 없으리라 생각됩니다만, 나는 운 좋게도 두 번 본 적이 있습니다. 한 번은 어렸을 때였는데, 때마침 문중 회의門中會議가 열려 최고령자인 족장族長이 사당을 열고 족보를 추가 편찬했습니다. 족보에는 조상의 기원이 기재되어 있고, 많은 계보가 주대周代까지 거슬러 올라갑니다. 왜냐하면 주대의 자손들이 각국에 분봉되어 해당 지방을 성姓으로 삼았기 때문입니다. 어떤 계보는 헌원軒轅 때까지 거슬러 올라가 자기네가 확실히 황제의 자손임을 증명합니다.

대만에서 그 숫자가 제일 많은 임씨林氏 성을 보면, 그들의 족보에는 임씨 성의 시조, 즉 제1대 선조가 임견林堅이라 기재되어 있는데, 그는 비간比干의 아들로서, 주왕紂王과는 숙백 형제叔伯兄弟였으며, 비간은 걸왕의 백부였습니다.

이제 다음 쪽에서 임씨 족보의 가장 앞면에 있는 세계표世系表를 한 토막 보여 드리겠습니다.

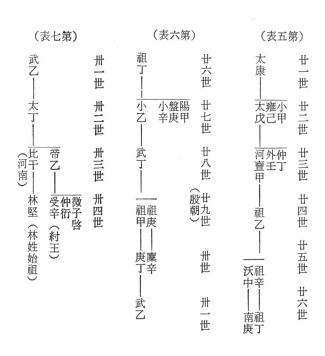

（第五表）　（第六表）　（第七表）

林姓家譜早期世系表

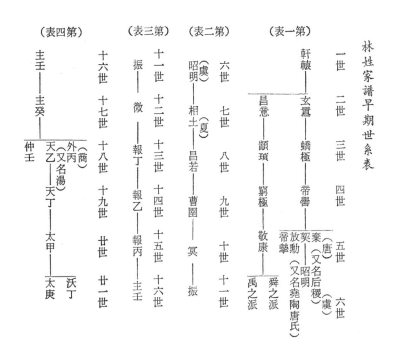

（第四表）　（第三表）　（第二表）　（第一表）

（第一表）
一世　二世　三世　四世　五世　六世

軒轅 — 玄囂 — 蟜極 — 帝嚳 — 棄（又名后稷）（唐）
　　　　　　　　　　　　契（又名昭明）（虞）
　　　　　　　　　　　　放勳（又名堯陶唐氏）
　　　　　　　　　　　　帝摯　舜之派
昌意 — 顓頊 — 窮極 — 敬康　禹之派

（第二表）
六世　七世　八世　九世　十世　十一世
（虞）
昭明 — 相土 — 昌若 — 曹圉 — 冥 — 振

（第三表）
十一世　十二世　十三世　十四世　十五世　十六世
（夏）
振 — 微 — 報丁 — 報乙 — 報丙 — 主壬

（第四表）
十六世　十七世　十八世　十九世　廿世　廿一世
主壬 — 主癸 — 外丙（一商） — 天乙（又名湯） — 天丁 — 太甲 — 太庚
　　　　　　　仲壬　　　　　　　　　　　　　　　　　　　　沃丁

앞 쪽에 있는 일곱 개의 표는 모두 다 임씨 성으로 되기 이전의 족
계표族系表로서, 임씨 성의 제1대 시조에서 끝나고 있습니다. 그 후는
임견林堅 위주로 이런 형식에 따라 표를 나열하고 있습니다. 오늘날 이
런 형식의 표를 계통표系統表라고 부르는 것은 바로 족계族系라는 명칭
에서 유래된 것입니다.

족보 편찬의 옛 방식은 한 표에 다섯 세대를 차례로 나열하는 것입니
다. 가족 혈통은 바로 이렇게 기재되고 이런 식으로 뻗어나갑니다. 너무
많이 뻗어나가면 지파支派가 많아져, 훗날 같은 임씨 성이라도 복건福建
임씨 집안과 산동山東 임씨 집안이 족보가 서로 같지 않게 되어, 그 상
황이 앞의 표처럼 될 것이기 때문입니다. 임씨 집안 족보에는 수신受辛
·중연仲衍·미자계微子啓의 후대에 대해서는 더 이상 기재하지 않고, 수
신·중연·미자계의 후대부터 기재합니다. 그러나 쭉 거슬러 올라가면
여전히 비간·제을帝乙까지 거슬러 태정太丁까지 미칩니다.

공·맹·증·안 씨의 통천보

그러나 후세에 각 문중門中이 편찬한 족보 중에는 네 개 성씨의 소위
통천보通天譜라는 것이 있는데, 그 뜻은 온 세상에 오직 한 가지 족보만
있다는 것입니다. 이 네 개 성씨는 바로 공孔·맹孟·증曾·안顏씨입니
다. 이 네 개 성씨의 조상은 각각 공구孔丘·맹가孟軻·증삼曾參·안회顏
回라는 4대 성현까지 거슬러 올라가고, 이 네 집안의 족보에 배열된 자
배字輩 ― 자손의 무리를 나누어 이름 짓는 데 쓰이는 돌림자 ― 도 완전
히 같습니다. 이것은 민족과 무관한 듯 보이지만, 실제로는 문화를 숭상
하고 혈통을 중시하는 민족정신을 충분히 나타내고 있는 것입니다.

자배字輩는 족보 편찬에 있어서 중요한 작업입니다. 이전에는 30년마
다 한 번씩 족보를 편찬했는데, 쇠락한 가족이 있더라도 60년을 초과할
수 없었으며 반드시 한 번은 족보를 편찬해야 했습니다. 족보를 편찬할
때는 새로운 자배字輩를 결정해야 합니다. 채蔡씨 집안의 자배를 예로
들면, '세태가성계, 운륭교택장'世泰家聲啓, 運隆教澤長 해서 10자입니다. 중

화민국 33년(서기 1944년—역주)에 족보를 편찬할 때 따로 새로 10자를 결정하여 이후 10대를 이름 짓는 데 사용하게 되었는데, 예를 들어, 본인 이름이 '세신'世信이면, 아들 이름은 '태래'泰來, 손자 이름은 '가진'家珍, 증손 이름은 '성전'聲傳, 현손 이름은 '계위'啓偉 하는 식으로 짓는 것입니다.

이름에 들어 있는 돌림자를 보면 무리 구분이 분명하고 존비尊卑 차례가 있습니다. 돌림자 이름에도 돌림자 외의 한 글자는 부수部首가 같은 글자를 사용합니다. 예컨대, 계자啓字 돌림의 동포同胞 형제자매가 있다면, 형제들 이름은 계위啓偉 · 계사啓仕 · 계우啓優 · 계협啓俠 등으로 짓고, 자매들 이름은 계농啓儂 · 계의啓儀 · 계선啓仙 등으로 짓는 것입니다(각 이름 두 글자 중 '啓'자를 돌림자로 넣고, 나머지 글자는 모두 사람인변 부수의 글자를 공통적으로 사용했음—역주).

뒤에는 이런 혈통 표시 방식을 더욱 확대하여 문화 계통과 사회 관계를 표시하는 방식으로 삼았습니다. 예를 들어, 과거 북경의 어린이 배우 양성반이나 오늘날 몇 곳의 연극학교 학생들이 사용하는 예명藝名인 왕부용王復蓉 · 이부초李復初란 이름은 보자마자 부흥復興 연극학교의 '부'復자돌림 학생들임을 알게 됩니다. 유육화劉陸和 · 조육금趙陸錦은 틀림없이 육광陸光의 '육'陸자돌림 학생들입니다. 또, 근대 특수 사회의 이른바 대자배大字輩나 통자배通字輩들은 다 이런 정신에서 나온 것으로, 이런 방식은 아주 쓸모가 많습니다.

붉은 선 푸른 선에 귀신이 울다

족보에서는 앞 임씨 세계표世系表 제7표에서처럼 임씨 조상의 기원이 되는 비간比干 옆에 '하남'河南이라는 두 글자가 주註로 표시되어 있는 것을 볼 수 있습니다. 예를 들어, 나는 절강浙江 사람인데, 어떻게 해서 하남河南 일대에서 절강으로 오게 되었을까요? 아마도 남송南宋 시대에 남쪽 절강으로 건너왔을 것입니다. 역대 조상들은 누가 어느 곳으로 가면 그 간 곳을 모두 기록해 두었던 것입니다.

나는 어릴 때 섭씨葉氏 집안이 족보를 편찬하는 것을 보았는데, 괴이한 일이 많이 일어났습니다. 밤이면 그들 사당에서 귀신 우는 소리가 나곤 했는데, 우리 같은 어린아이들은 모두 그 소리를 듣고 무서워했습니다. 전하는 바로는, 후손이 없어 족보에서 가계家系 직선이 끊어져 가고 있는 집안의 귀신들이 슬퍼서 우는 것이라고 합니다.

옛 법식에 따르면, 시집간 경우 장 씨에게 갔으면 '적장'適張, 이 씨에게 갔으면 '적이'適李라고 주註를 달아 명확히 알 수 있게 했으며, 이것은 수천 년 동안 내려온 종법사회의 관례였습니다. 우리 종법사회의 조직이 대단히 엄밀했음을 깊이 느끼게 됩니다. 개인의 이름·자字·호號·시호諡號·사업·행장行狀 등이 한 편의 작은 전기傳記와도 같이 족보 속에 모두 분명히 기록되어 있습니다. 족보의 족계표 선은 모두 붉은색인데, 만약 중간에 파란색 선이 보인다면 이것은 아주 중대한 일입니다. 붉은 선은 혈통을 나타내고, 푸른 선은 자식을 낳지 못해 자기 형제의 자식, 즉 조카를 양자로 들여 혈통을 이은 것을 나타내기 때문입니다.

만일 형제의 아들이 없어서 자매의 아들을 양자로 들여 대를 잇게 하는 경우에는 쌍성(雙姓: 두 자 성, 즉 복성復姓—역주)을 붙였는데, 이것이 본 성씨와 혈통이 가장 가까운 양자였습니다 (이것을 승조承祧라고도 하는데, 승조는 윗대를 계승하다는 뜻임—역주). 또, 일자쌍조一子雙祧란 것도 있는데, 예를 들어 형제 두 사람이 형은 자식이 없고 동생에게 아들 하나만 있을 경우 이 독자獨子는 동시에 큰아버지의 아들도 됩니다. 그리고 생부生父가 아들을 장가보내 아내를 얻어 주는 것 외에, 큰아버지도 그 아들을 장가보내 아내를 얻어 주는데, 큰아버지가 얻은 며느리를 '큰집며느리'라고 부릅니다 (당연히 형제가 몇째냐에 따라 몇째 며느리가 됩니다). 그렇게 해서 큰집며느리가 낳은 아이는 곧 큰아버지의 손자가 되고, 본집 며느리가 낳은 아이는 생부의 손자가 됩니다.

자식이 없는 사람이 형제도 없다면 그의 큰할아버지나 작은할아버지의 후대 중 동배同輩로 대를 잇게 하였는데, 이는 5대五代까지 거슬러 올라갔습니다. 만일 자매의 자식을 양자로 들여와 대를 잇게 하려면 족장族長의 동의를 얻어야 했는데, 양자로 들어온 제1대는 쌍성雙姓을 붙여야 했습니다. 예를 들어, 장가張家가 이가李家의 생질外甥을 양자로 들여올 경우, 족보 속의 푸른 선 아래에 장이張李 누구누구라고 썼습니다.

그래서 후대가 없는 사람은 족보를 편찬하지 못하도록 했으며, 밤이면 자기 집안 귀신이 우는 소리를 들었습니다. 족보 편찬 책임자는 이런 사람의 혈통이 이어질 수 있는 방법을 생각해야 했습니다.

뒤에 내가 외지에 나가 있다 고향에 돌아오자, 부친께서 내게 책임지고 족보를 편찬하라고 명령하시기에 감히 거역하지 못하고 받들었습니다. 족보 편찬은 대단히 중대한 일이라 조금도 소홀히 해서는 안 되므로, 만일 조금이라도 확실하지 않거나 의심스러운 것이 있으면 족보 편찬에 참가한 사람은 그 집을 반드시 방문해야 했습니다. 가령 어떤 집이 강서江西로 이사 갔다면 직접 강서까지 가서 찾아야 하고, 강서에 가서 겨우겨우 찾아내고 보니 그 집 자손이 호남湖南으로 이사 가 버렸다면, 또 호남까지 찾아가 방문해야 했습니다. 이렇게 찾아가서 방문했을 때 싫어하는 이도 있지만 대부분의 사람들은 예우를 다해 환영하면서 노잣돈도 주고 귀빈장자로 대접하는데, 돈 봉투도 주는 이도 있습니다.

돈 봉투를 주는 사람 가운데에는 딴 속셈이 있는 사람도 있었습니다. 예를 들어, 그 집안의 이름자 아래에 본래는 푸른 선을 그어야 옳은데, 큰 돈 봉투를 주어 빨간 선을 그어 달라고 하는 것입니다. 그러나 이것은 문중門中의 대법大法이기에 족보 편찬인은 이런 짓을 감히 함부로 하지 못했고, 만일 이런 짓을 했다가 귀신이 찾아와 징벌하기라도 하면 당해 낼 길이 없습니다.

인류학의 입장에서 보면, 붉은 선이나 푸른 선이나 큰 관계가 없을 것 같습니다. '민포물여'民胞物與의 정신, 즉 "천하의 백성은 모두 나의 동포요, 세상 만물은 모두 나와 동류"(民吾同胞, 物吾與也)여서 누구의 자식이나 마찬가지입니다. 그렇지만 문중 혈통의 입장에서 보면, 아무리 개방적이라 하더라도 절대 그렇게 해서는 안 됩니다. 또 어떤 사람은 자매가 낳은 조카가 아니라, 틀림없이 '노변처'路邊妻가 낳은 자식이라고 밝힙니다. 노변처란 아내를 빌리는 풍속이 있는 지방에 있는 말로서, 빌려 온 부인이 아이를 낳은 후 아이는 남자에게 넘겨주고 각자 길을 가서 부부 관계가 없는 것입니다. 그런데 이것은 어떻게 증명할 수 있을까요?

노변처는 티베트의 일처다부제와 같습니다. 티베트에는 일부일처제도 있고 일부다처제도 있으며 일처다부제도 있습니다. 일처다부제에서는 한 형제가 같은 아내를 갖는 경우도 있고, 한 부인이 동시에 장張씨·왕王씨·유劉씨·이李씨 등 몇 집의 아내가 되는 경우도 있는데, 여성의 권리가 아주 높습니다. 이런 노변처가 낳은 아이는 몇 집이 족보를 편찬할 때가 되면 문제가 일어납니다. 왜냐하면 이 아이가 도대체 어느 남자의 자식인지 증명할 길이 없기 때문입니다.

그러나 붉은 선이든 푸른 선이든 중요한 것은 바로 '흥멸국, 계절세' 興滅國, 繼絶世의 정신으로, 후대가 없는 사람에게 혈통을 이어가고 제사를 지낼 후손을 이어 줄 방법을 반드시 마련하는 것입니다. 이것 중국 민족 사상의 정신이니, 여러분들은 반드시 유의해야 합니다.

나는 많은 노년 친구들과 이야기를 나누면서, 족보를 편찬해 보고 족보를 본 경험이 있는가를 물어 본 적이 있습니다. 그들 중 7, 80세 되는 분들도 경험이 없다고 했는데, 나는 아주 운 좋게도 일생 가운데 두 번이나 그런 경험이 있었습니다. 그러나 매우 유감스런 일은 각 문중의 족보가 옛 법식에 따라 겨우 두 부밖에 없다는 점입니다. 정본正本은 사당에 있고, 부본副本은 족장族長 집에 모셔 둡니다. 법률 문제나 문중 안에 문제가 생겨 족보를 조사해야 할 경우가 발생하게 되면 대단히 어렵게 됩니다. 사당의 이사理事와 책임자들이 다 모여야 비로소 족보 상자를 열 수 있습니다.

내가 집에서 족보를 편찬할 때, 한 친구가 새로운 방법으로 족보를 만들었다고 말해 주었습니다. 즉, 이전처럼 족보를 책상 절반 크기로 정본正本·부본副本 두 부를 만드는 것이 아니라, 지금처럼 24절 크기로 한꺼번에 1백여 질을 인쇄하여, 돈을 내면 한 집에 한 질씩 보내거나 혹은 너댓 집에 한 질씩 보내어 후대에 전해지도록 했다는 것입니다.

이 방법은 매우 새로운 것이었지만, 그렇게 할 수가 없었습니다. 왜냐하면 우리 남씨南氏 집안의 어르신들은 대단히 보수적이어서, 조상 때부터 전해 내려온 법식을 감히 고치려 하지 않으셨기에, 새로운 기풍을 열 방법이 없었기 때문입니다. 나는 그 친구가 정말 훌륭하다고 감탄했습니다. 그이처럼 하지 않으면 족보는 후세의 무지한 자들에 의해 훼손되어 없어져 버릴 것입니다. 일을 마치고 나서야 후회가 되었습니다. 족보를 만들 때 그 친구 방법으로 했더라면, 기껏해야 어르신들이 좀 싫어했을 뿐 어쩌지 못했을 것이고, 족보도 책이나 마찬가지이니 많은 사람들이 보도록 하기 위하여 이렇게 많이 인쇄했다고 어르신들께 말씀드리는 정도로 끝났을 것입니다. 지금 생각해 보니, 친구의 방법이 옳았습니다. 아마도 지금 많은 족보가 없어졌을 것입니다.

나중에 들으니, 중일전쟁 뒤에 여러 문중에서 족보를 편찬했는데 모두들 내 친구 방식대로 했다는 것입니다. 사당의 공금 이외에도 예약을 받아 가격을 정하고, 문중 가정 중에서 일정 금액 이상을 낸 집은 족보를 한 부씩 받도록 했다는데, 이것을 '족보를 모셔온다'(領家譜)고 했습니다. 내는 돈은 예약된 금액을 반드시 초과했고, 심지어는 열 배 이상 초과한 집도 있었는데, 그것은 조상과 문중을 위해 힘을 다한다는 표시였습니다.

족보를 모셔올 때는 성대하고 엄숙한 예를 갖추었으며, 이를 일종의 영광으로 여겼습니다. 북 치고 고전 음악을 연주하여 신神을 맞이하듯 족보를 공손히 받들어 사당祠堂에 모셨으며, 특별히 연회를 베풀어 친척과 친구들을 초청했습니다. 이 기쁜 일을 맞아서, 일가친척·친구·이웃들이 모두 축하해 주러 왔습니다. 받아 온 족보는 족보상자 안에 넣어 조상의 위패 옆에 모셔 두고, 함부로 열 수 없게 하였습니다. 만약 몇 집이 공동으로 받아 온 족보일 경우에는 그 몇 집들이 돌아가며 한 집이 1년씩 모시고 보관하면서, 이 일을 대단히 엄숙하게 여겼습니다.

전통 역사의 자료

족보는 개인을 위해서뿐만 아니라 일가일족一家一族이라는 종법사회 관념을 위해서도 존재해 왔습니다. 족보의 더욱 높은 가치는 그 속에 귀중한 자료가 아주 많이 포함되어 있다는 데 있습니다. 특히, 역사적으로 중요한 이들의 개인 사료史料가 다수 남아 있습니다. 예를 들어, 악비岳飛나 문천상文天祥 같은 이들의 전기傳記는 바로 그들의 고향에 있는 족보 속에서 매우 많은 진실한 자료와 기록을 찾아낸 것으로, 이러한 자료들은 역사상 아주 중요합니다. 바꾸어 말하면, 족보 가승家譜家乘은 바로 그 종법사회의 하나의 작은 역사였습니다.

우리가 모두 황제黃帝의 자손이라고 늘 말하는 것은, 각 집안이 족보를 따라 연구하여 최후까지 거슬러 올라가면 바로 황제가 모든 일가족의 근원이 되기 때문입니다. 이것이 발전되어 바로 '흥멸국, 계절세'興滅國, 繼絶世라는 민족적 관념이 나타난 것입니다.

또 한 가지 점으로, '흥멸국, 계절세'의 관념은 중국의 인문적인 의협道義俠道의 정신이라고도 할 수 있습니다. 의협의 '의'義는 의기義氣라는 뜻입니다. 앞에서 말한 바와 같이, 인의仁義의 '인'仁이란 글자는 다른 문화에도 같은 뜻을 가진 단어가 있습니다. 그러나 의협義俠의 '의'義라는 글자는 세계 어느 문화에서도 같은 뜻을 가진 단어가 없고, 오직 중국 문화에만 의협·의기義氣를 말합니다. 이는 친구에 대한 일종의 정신으로, 친구를 위해서 자기 생명을 희생할 수 있는 것을 말합니다. 친구가 죽으면 자기가 마땅히 그의 아이들을 맡아, 그들이 커서 어른이 되어 가정을 이루고 직업을 가질 때까지 양육·교육시키는 것입니다. 지난날 나는 여러 사람들이 죽은 친구의 아이나 부인을 아이가 커서 가정을 이룰 때까지 돌봐주는 것을 보았습니다. 길 가다가 공평하지 못하거나 외롭고 고통 받는 사람을 보면 도와주는 이런 의협 정신은 바로 '흥멸국, 계절세'의 정신에서 발전되어 온 것입니다.

우리가 이 도리를 이해하고 '흥멸국, 계절세'의 관념을 다시 발휘한다면, 우리 국가 민족 문화는 남다른 많은 장점을 구성할 것입니다. 비록 우리가 오늘날의 이 사회를 보고, 옛날만 못하고 권세와 이익을 쫓아 현실만 추구한다고 탄식하지만, 내가 이해한 바로는 무릇 중국인이라면 선천적으로 혈통과 잠재의식 속에 여전히 '흥멸국, 계절세'의 정신이 보존되어 있습니다. 단지 시대가 다르고, 교육 방법이 다르고, 지식 범위

가 다르기 때문에 쇠미衰微의 조짐이 있을 뿐입니다. 일단 이 사회가 상
서롭고 화목함과 안정을 회복하여 예의 교육에 유의할 때, 우리의 이러
한 민족정신은 변하지 않을 것입니다.

　나는 외국 친구들과 접촉할 때면 늘 중화민족의 위대함을 드러내곤
합니다. 예를 들어, 한 번은 한 미국인 친구와 우리집에서 중국의 설을
지냈습니다. 담소 중에 그가 말하기를, 어떤 이들은 미국인이 우월감을
갖고 있다고 하지만 사실은 아주 억울하다며, 그는 세계 여러 나라를
가 본적이 있고 자기가 연구한 결과에 의하면 우월감이 가장 강한 사람
들은 중국인이라는 겁니다. 나는 인정한다고 하면서 말했습니다, "당신
은 더 이상 말할 필요가 없습니다. 당신은 내가 중국인들 중에서도 민
족 우월감이 가장 강한 사람 중의 하나라고 생각하지요? 라고 했습니
다. 그는 듣고 나서 하하 웃고 난 뒤 또 말했습니다, "만일 어느 날 우
리 나라와 당신의 나라가 적국이 되어 우리 둘이 전쟁터에 서로 만났다
면 당신은 어찌 하겠습니까?" "나는 총을 쏘아 당신을 죽일 것입니다.
만일 당신이 죽으면 나도 당신의 시신을 껴안고 한바탕 크게 울 것입니
다. 왜냐하면 당신을 죽인 것은 당신이 우리 나라의 적이기 때문이요,
한바탕 크게 우는 것은 당신이 나의 친구이기 때문입니다." 라고 나는
말했습니다. 이것은 비록 우스개 이야기이지만, 우리 자신이 우리의 민
족 특색을 연구해보면 세계 각국 문화와는 다른 많은 특징들을 가지고
있습니다. 이런 것들은 특히 유의해야 할 것이자 제16편 「계씨」를 강의
하기 전에 특히 먼저 말씀드려야 할 것이었습니다.

침략자의 핑계

이제 본문 강의를 시작합니다.

**(노나라의 정권·군사권·경제권을 모두 장악하고 있던) 계씨가 전유
顓臾(라는 작은 나라)를 토벌하려 하자, 염유와 계로가 공자를 찾아뵙고
말했다. "계씨가 전유에 대하여 머지않아 (침략 병탄하는) 일을 벌이려**

고 합니다."

공자께서 말씀하셨다. "구求야! 이 일은 네가 너무 지나친 것이 아니냐? (그래서는 안 된다. 이것은 일종의 큰 죄악이다) 전유는 (오백 년 전) 옛날에 선왕(인 주 무왕周武王)께서 동몽산의 제주祭主로 그곳에 분봉했던 것이며, 또한 (당시 동쪽 변방에는 아직 개화된 민족이 없었는데 그곳을 그가 관리했고) 우리 나라 영역 안에 있다! 그는 (사, 오백 년의 역사를 가진) 사직의 신하인데, 어째서 (군대를 동원해) 토벌 (병탄)하겠다는 것이냐?"

季氏將伐顓臾。冉有·季路見於孔子曰：季氏將有事於顓臾。孔子
계씨장벌전유　염유　계로현어공자왈　계씨장유사어전유　공자

曰：求，無乃爾是過與？夫顓臾，昔者先王以爲東蒙主，且在邦域之中
왈　구　무내이시과여　부전유　석자선왕이위동몽주　차재방역지중

矣！是社稷之臣也，何以伐爲？
의　시사직지신야　하이벌위

노나라의 계씨 집안에 대해서는 이미 여러 차례 이야기했으므로, 다시 소개하지 않겠습니다. 공자 당시에 계씨 삼형제는 정권·군사권·경제권을 모두 장악하고 있었습니다. 계씨 집안이 아직 노나라 왕조를 감히 전복시키지는 않았지만, 노나라 임금은 꼭두각시나 마찬가지였습니다. 이 단락은 그 계씨 집안이 전유顓臾라는 작은 나라를 침략할 준비를 하고 있을 때 이야기입니다.

공자의 학생인 염유는 계씨 집안에서 문인으로 무관직을 겸해 군대를 거느리고 있던 가신家臣이었습니다. 염유가 하루는 계로와 함께 공자를 찾아와서, '계씨 집안이 장차 전유를 침략하려 한다'고 보고했습니다. 이 이야기는 옛 사람의 문장만으로 보면 간단하지만, 그 속사정은 결코 간단하지 않았습니다.

염유와 계로가 무엇 때문에 왔을까요? 두 사람은 계씨 집안이 전유라는 작은 나라를 침략하여 병탄하려는 야심을 갖고 있다는 것을 알고 있었습니다. 그러나 그들은 공자의 영향을 받은 우수한 학생들이라 내심

으로 이 일을 옳지 않게 보고 있었기 때문에, 가만히 두고 있다가는 틀림없이 선생님으로부터 호되게 꾸중을 듣게 될 것이라 생각했습니다. 그렇지만 이 두 사람은 어디까지나 공자가 아니었기에, 계씨가 그렇게 하는 것을 안 된다고 말할 수도 없을 같아서 완강히 반대하지 못했습니다. 그러면서도 한편으로는 공자가 그것을 알고난 뒤에 꾸짖을까 두려웠습니다. 그래서 두 사람은 공자의 의향을 알아보고자 왔던 것입니다. 말하자면 두 사람은 교묘하게 빠져나갈 길을 찾으려고 함께 공자를 보러 온 것입니다.

물론, 처음부터 감히 이 일을 보고 드리지는 못하고 다른 일들을 말하다가 마지막에 가서야 말이 나온 김에 꺼냈을 것입니다. 두 사람은 계씨가 머지않아 전유에 대해 일을 벌이려 한다고만 말했습니다. 도대체 무슨 일이었을까요? 이것이 왜 문제가 되었을까요? 두 사람은 그런 말은 하지 않았습니다. 완전히 외교적인 언사였습니다.

그러나 공자는 사리를 아는 총명한 사람이라 듣자마자 이해했습니다. 공자는 즉시 염유에게 그의 이름을 한 번 부르고는 말했습니다. "염구야! 이 일은 네가 너무 지나친 것 같구나. 그래서는 안 된다. 이것은 일종의 큰 죄악이다. 전유라는 나라는 5백 년 전에 주무왕周武王이 제후를 분봉하여 세운 국가이다. 당시 동쪽 변방에는 아직 개화된 민족이 없었는데 그곳을 그가 관리했고, 또 중국 판도 안에 포함된 4, 5백 년 역사를 가진 사직社稷의 신하이다 (당시의 '사직'은 오늘날의 국가에 해당되며, 당시의 '국'國은 오늘날의 지방 단위에 해당됩니다)."

공자는 전유라는 나라도 주나라 천자가 영도하는 천하의 일부분이라고 말하면서, "왜 군대를 동원해 영토 병탄을 꾀한단 말이냐?"(何以伐爲) 하고 꾸짖고 있습니다. 여기서 '벌'伐이라 한 것은 고대의 전쟁 명칭이 성격에 따라 다르기 때문입니다. '정'征과 '벌'伐은 차이가 있는데, 소위 '벌'伐이란 상대가 옳지 않은 짓을 하거나 아랫사람이 반역을 저지를 경우 군대를 출동시켜 치는 것으로, 토벌討伐이라 불렀습니다. '벌죄'伐罪란 죄를 지은 상대를 토벌하는 것입니다. 즉, 공자는 "전유는 본디 선왕先王이 봉한 곳으로, 그 역사 배경과 지위가 있고 동몽東蒙의 임금인데다 잘못도 없는데, 지금 쇠락해졌다고 해서 어떻게 군대를 출동시켜 그를 토벌한단 말이냐? 이런 도리는 없다."고 말한 것입니다.

염유가 말했다. "(저희들은 어쩔 수 없습니다) 계씨가 그렇게 하려는 것이지, (정말) 우리 두 가신은 모두 그렇게 하고 싶지 않습니다. (저희가 남의 밥을 먹고 있는 처지에서 그의 말을 따르지 않으면 어떻게 되겠습니까?)"

冉有曰：夫子欲之，吾二臣者，皆不欲也。
염유왈 부자욕지   오이신자   개불욕야

이것은 염유가 책임을 남에게 미루고 있는 것입니다. 그는 본래 공자의 꾸중을 받을까 두려워, 사전에 와서 신고하는 것뿐입니다. "저희들은 어쩔 수 없습니다. 저희 사장님이 그렇게 하려는 것이지, 저와 계로 두 사람은 정말 그런 뜻이 없다니까요. 저희가 남의 밥을 먹고 있는 처지에서 그의 말을 따르지 않으면 어떻게 되겠습니까?" 하고 말하고 있는 것이지요. 책임을 미루고 회피하려는 심리가 엿보이는 말인데, 여기서 우리는 두 가지 점을 알 수 있습니다.

첫째, 공자의 교육 정신을 볼 수 있습니다. 당시에는 정당 조직 같은 것이 없었지만, 공자의 제자들은 공자에 대해 종교에 가까운 숭배와 존경심을 가지고 있었습니다. 또, 오늘날의 정당 조직에서와 같은 존경심도 가지고 있었습니다. 그래서 큰 일이나 작은 일이나 모두 공자에게 감히 보고 드리지 않을 수 없었습니다. 그런데 공자는 일개 평민으로서 조직도 없고 권력이나 지위도 없었습니다. 학생들은 오직 도덕적인 감화에서 우러나오는 존경심에서 감히 그를 속이지 못했습니다. 그러나 이번 일은 공자가 동의하지 않을까 두려웠기 때문에 그를 속이지 않으면 안 되었습니다.

둘째, 공자는 계씨 집안과 아무런 관계가 없는 사람이었지만 염유와 계로는 공자의 학생이면서 동시에 계씨 집안 가신이었다는 점입니다. 계씨의 이번 움직임은 오늘날의 국제적 침략이나 마찬가지였기 때문에,

두 사람은 장래의 결과에 대해 자신들이 질책을 당할까 두려웠던 것입니다. 또, 앞으로 역사에서 어떤 비평을 받게 되는지도 알 수 없었고, 일이 아주 엄중한 것이었기 때문에, 공자에게 보고하러 왔던 것입니다.

그런데 공자는 즉각 역사 문화의 도리와 종법사회의 정신을 근거로 대면서 그들에게 그렇게 하면 안 된다고 말했습니다. 그러자 두 사람은 책임을 미루어 말하기를, 계씨가 그렇게 하려는 것이지(夫子欲之), 자기들은 결코 그렇게 하고 싶지 않다고 했습니다.

호랑이가 우리에서 나와 보배 구슬을 박살내다

공자께서 말씀하셨다. "구야! 옛날에 주임周任이 말하기를 '힘을 다하여 벼슬자리에 나아가되, 감당할 수 없으면 그만두어야 한다.'고 하였다. (본래 너희들이 계씨 집 가신이 된 것은 우리 국가를 도울 뿐만 아니라 동시에 다른 나라도 도와주려는 뜻을 품고 있었기 때문 아니냐? 전유 같은 소국은 지금 역사적 생명이 몹시) 위태로운데도 도와주지 못하고, 넘어지는데도 부축해주지 못한다면, 장차 그런 신하를 어디에 쓰겠느냐?

(그러면서도 너는 방금 계씨가 그렇게 하려는 것이지 너희들이 하려는 것이 결코 아니라고 했는데, 이런 말로 너희들의 책임을 면할 수는 없을 것이고) 또한 네 말도 잘못되었다. (내가 너희에게 묻겠다) 범이나 외뿔소가 우리에서 튀어나오고, 거북껍데기와 아름다운 옥이 궤짝 안에서 깨졌다면, (다시 말해, 군비를 확충하여 남을 침략하려고 하면 나라 안의 국민 경제는 붕괴되어 버리는데) 그것은 누구의 잘못이겠느냐?"

孔子曰 : 求, 周任有言曰 : 「陳力就列, 不能者止」。危而不持, 顚而
공자왈 구 주임유언왈   진력취열 불능자지   위이부지 전이

不扶, 則將焉用彼相矣? 且爾言過矣! 虎兕出於柙, 龜玉毁於櫝中, 是
불부 즉장언용피상의   차이언과의 호시출어합 귀옥훼어독중   시

誰之過與?
수 지 과 여

이것이 이 장章의 요점으로, 바로 중국 문화 정신의 핵심입니다. 공자는 염구의 말을 듣고 나서, 그 전에 문화 정치를 관장했던 주임周任이 "힘을 다하여 벼슬자리에 나아가되, 감당할 수 없으면 그만두어야 한다."(陳力就列, 不能者止)고 한 말을 염구에게 일러줍니다. 이 말에는 몇 가지 뜻이 있습니다.

첫째, 사람이 남의 간부가 되었으면 고급 간부든 하급 간부든 있는 힘을 다해 공헌해야 하고, 만약 그렇지 않으면 자기가 일하기를 원치 않아 일찍이 그만 두어야 한다는 것입니다. 이것은 바로 오늘날 말하는 책임 문제입니다. 기왕에 직무職務를 맡았으면 임기 동안 그 직위에 합당한 역량을 다해야 합니다. 의견을 제출했는데도 결과적으로 윗사람의 업무 처리가 자신이 제출한 바른 원칙을 위반한다면, "차라리 그만 두자. 안해도 된다. 할 수 없는 바에야 그만 두자." 하고 사표를 내는 것이 좋습니다.

중국 고대의 많은 대신大臣들은 정책이 잘못되었다고 생각하면 목숨 걸고 간언諍諫했습니다. 당송 시대에는 이런 일이 흔히 있었는데, 황제가 자기 의견을 듣지 않을 때에는 벼슬 직위를 나타내는 모자를 벗어서 황제에게 돌려보내면서 차라리 벼슬자리를 그만두겠다고 했습니다. 왜냐하면 그로서는 역사와 백성에 대해 나름대로 해야 할 책임이 있는데, 간언을 해도 황제가 듣지 않는다면 떠나 버릴 수밖에 없었기 때문입니다.

둘째, 전쟁의 철리哲理로도 해석할 수 있습니다. 즉, 전쟁을 준비함에 있어서는 우리의 역량을 배열하여 전쟁의 대열을 잘 준비해 놓는다는 것입니다. 고대 군사 철학에서는 지금과 달리, 저항 능력을 잃어버린 국가와 저항 능력을 잃어버린 사람에 대해서는 공격하지 않았습니다. 이전의 무협 소설에서 이런 정신을 볼 수 있습니다. 무예를 익힌 사람은 칼을 날리거나 표창 같은 암기를 사용하는 것을 꺼려했습니다.

부득이 꼭 사용해야 할 때에는 손을 내밂과 동시에 "표창 봐라!" 하고 소리쳤습니다. 몰래 기습할 때에도 "내가 너를 기습하려고 하니, 조심해라!" 하고 알려주어 떳떳하고자 했던 것입니다. 떳떳한 사람으로서 떳떳치 못한 일은 하지 않는다는 뜻입니다. 원수라 할지라도 뒤에서 공격하는 짓은 절대 하지 않았습니다. 일종의 예의禮義를 중시하는 풍격이라 할까요. 옛날에는 무공을 익힌 사람이라면 다섯 부류의 사람을 공격하면 안된다는 불문율이 있었습니다. 이 사람들에겐 차라리 분을 참을지언정 절대 공격하지 않았습니다. 이 다섯 부류에는 노인·거지·승려·부녀자·병자와 장애인이 포함되었는데, 누구나 이들에 대해서는 공격하지 않았습니다. 전통 문화를 살펴보면, 전투 행위 속에서도 예의의 정신에 부합하는 것이 많았습니다. 개인의 격투나 국가 사이의 전투도 다 그러했습니다.

외국 문화 속에도 이런 것들이 있는데, 형태들이 조금씩 다를 뿐입니다. 20세기 말엽인 오늘날 동서 문화는 모두 크게 변천하는 중에 있습니다. 그러나 내가 아는 바로는, 우리 문화가 오늘날 비록 변하고는 있지만 다른 나라를 따라잡지 못하고 있는 듯합니다.

예를 들어 히피 문화가 번성하자, 미국은 문제가 되도록 내버려 둘 수 없다고 생각했습니다. 히피들이 생겨났기 때문에 미국 교육은 곧바로 변했습니다. 우리 집 애들이 미국에서 돌아와 내게 말해 주기로는, 캘리포니아의 한 대학에는 2만 5천 명의 학생에게 1만 5천 명의 선생이 있다고 합니다. 선생 한 사람이 관리하는 학생이 두 사람도 안 되고, 학과는 더 이상 빡빡할 수 없을 정도로 많은 공부를 해야 합니다. 10년 전에는 책 열 권만 공부하면 족했던 학과가 지금은 50권을 읽어야 한다는 것입니다. 시대가 달라지고 지식도 팽창하면서 사람들은 힘들여 따라잡지 않을 수 없게 되었습니다. 그에 따라 지금은 히피들이 없어졌다 합니다. 우리들이 본받아야 할 좋은 점이 아닐 수 없습니다.

그러므로 『역경』에서는, 우리가 변화해야 하며 적절히 변화를 주도해 나가고 변화에 대응해야 한다고 가르치고 있습니다. 그러나 우리는 지금 개인의 수양도 학문도 한 번 이루고 나면 변하지 않고 있습니다. 시대가 변하고 있는데도 낡은 것만 고집해서는 안 됩니다. 다른 나라에서는 초등학교 교육도 변하고 있어서, 학생들이 서로를 살펴보는 방법을 만들어 어느 누가 잘못하면 즉시 엄격히 바로잡아 주고 있습니다. 예를 들면, 초등학생 하나가 계단을 오르는데 걸음을 규정대로 조용히 걷지 않고 마구 뛰면, 교사는 반드시 불러다가 훈계한 다음 단정하고 예의바르게 다시 올라가 보라고 시킵니다. 또, 교실 문 밖 잔디밭 같은 곳은 청결하게 정돈되어 있어서, 휴지 한 장이라도 버리는 학생이 있으면 반 학생 전체가 집으로 가지 못하고 환경 정리를 하도록 처벌합니다. 이것이 바로 우리가 말하는 도덕 교육이며 훈도 작업입니다.

지금 외국에서는 대단히 엄격한 교육을 실시하고 있습니다. 나는 어제 미국에서 교육 관계 일을 하고 있는 친구에게 그런 엄격한 교육 방법을 어디서 배웠느냐고 물어보았습니다. 그는 "히피들이 생긴 후 이 문제를 해결하기 위해 전 세계 교육을 시찰했는데, 소련의 교육이 기초가 아주 튼튼한 것을 발견했다. 이에 자극을 받아, 우리 미국도 소련을 따라잡아 이기기 위해 교육 방법을 바꾸었다."고 말했습니다. 미국의 이런 점은 정말 훌륭한 것입니다.

"힘을 다하여 벼슬자리에 나아가되, 감당할 수 없으면 그만두어야 한다."(陳力就列, 不能者止)는 말을 가지고 이렇게 길게 얘기하고 있는데, 그 도리가 이런 원칙들 속에 담겨 있습니다. 그러므로 전통 문화에 있는 많은 도리가 서양에는 없을 것으로 생각해서는 안 됩니다. 다른 나라에도 역시 있습니다.

공자는 주임周任의 말을 인용하고 나서, 염유와 계로에게 "재상이 되어 제후를 보좌하는 사람은 밖에 있는 나라가 위급할 때에는 마땅히 도와주어야 한다."고 말했습니다. 이것은 옛 소설에서 그리는 의협 정신인, "가난한 사람을 구제하고 위급한 사람을 도와주어야 한다"(濟困扶危)는 것과 같습니다.

사람이 진정으로 곤란할 때에는 남의 도움을 바라게 됩니다. 여기서 공자는 이렇게 말하고 있습니다. "전유 같은 소국은 지금 역사적 생명이 몹시 위태로워 마치 물체가 넘어지려는 것과 같으니, 마땅히 동정의 손길을 내밀어 받쳐주어야 한다. 그런데 결과적으로 너희들은 그렇게 할 수 없고, 저들을 도와 줄 길이 없다. 본래 너희들이 계씨 집 가신이 된 것은 우리 국가를 도울 뿐만 아니라 동시에 다른 나라도 도와주려는 뜻을 품고 있었기 때문 아니냐? 그런 너희가 뜻한 대로 하지 못하고 오히려 원칙을 위반하고 있으니 재상 노릇을 할 필요가 있느냐?" 이것은 염유를 꾸짖고 있는 것입니다.

공자는 이어서 말합니다. "그러면서도 너는 방금 계씨가 그렇게 하려는 것이지 너희들이 하려는 것이 결코 아니라고 했는데, 이런 말로 너희들의 책임을 면할 수는 없을 것이고, 잘못도 크다. 내가 너희에게 묻겠다. 범이나 외뿔소가 우리에서 튀어나오고, 거북껍데기와 아름다운 옥이 궤짝 안에서 깨졌다면(虎兕出於柙, 龜玉毁於櫝中), 이것은 누구의 허물이겠느냐?"

"범이나 외뿔소가 우리에서 튀어나오고, 거북껍데기와 아름다운 옥이 궤짝 안에서 깨졌다."(虎兕出於柙, 龜玉毁於櫝中)는 말은 당시의 시대적 병폐를 비유하여 말한 것입니다. 호랑이는 우리 모두 알고 있듯이 맹수입니다. '시'兕는 외뿔짐승으로 코뿔소처럼 사나운 동물입니다. 이런 맹수들은 우리 안에 가두어 놓아야 하며, 만일 내놓으면 사람을 잡아먹습니다. 한 국가가 병력을 확충하는 것은 바로 사람을 잡아먹고자 하는 것입니다. 이른바 군국주의 사상으로, 2차 세계대전 전의 일본이 바로 이런 사상이었습니다. 마치 야수가 우리에서 튀어나오듯, 인근 나라를 침략하여 상대방의 생존을 방해하는 것입니다.

또 '귀옥'龜玉은 고대에 경제적 재부財富를 상징하는 거북껍데기와 옥석玉石을 말합니다. 거북껍데기는 보배였으며, 옥석玉石은 오늘날의 비취·다이아몬드처럼 값진 보석이었는데, 이것들이 상자 속에서 모두 깨져버렸다는 것입니다. 이 말은 바꾸어 말하면, "한 시대가 도처에 전쟁 무기로 가득하게 되면 경제가 붕괴되어 백성은 도탄에 빠지게 되어 백성들의 생활이 문제가 된다. 군비를 확충하여 남을 침략하려고 하면, 나라 안의 국민 경제는 붕괴되어 버리는데, 이것은 또 누구의 잘못이겠느냐?"는 겁니다.

이것은 공자가 그의 학생을 꾸짖은 것입니다. "너는 계씨의 재상이고,

계씨는 당연히 그런 짓을 하려하고 있다. 그런데 염유, 네가 받은 교육이 무엇이더냐? 결과적으로 이렇게 되었으니, 이것이 누구의 책임이냐?" 하는 것입니다. "범이나 외뿔소가 우리에서 튀어나오고, 거북껍데기와 아름다운 옥이 궤짝 안에서 깨졌다면" 이 두 마디 말은 그 시대의 현상을 상징하고 있습니다. 어떤 시대이든 변란의 시대에는 모두 이런 현상입니다.

이것은 염유에 대한 공자의 한바탕 훈계였는데, 나는 비교적 좀 간단하게 해석했습니다. 그러나 자세히 연구해보면 한 마디 한 마디가 우리 문화의 많은 요점을 나타냈습니다. 과거의 역사 문화와 결합시켜 보면 아주 많은 것들에까지 그 의미를 확대해 나갈 수 있습니다. 예를 들어 삼민주의와 결합시켜 말해 보면, 이 문장 중에는 많은 것이 들어있고 내용이 대단히 풍부합니다. 여러분들이 많이 연구하고 발휘해 보는 것도 좋을 것입니다.

공자가 염구와 정략을 논변하다

염유는 공자로부터 이렇게 한바탕 훈계를 듣고 나서 어떻게 대답했을까요?

염유가 말했다. "(선생님! 본론을 말씀드리자면) 지금 전유는 성이 견고하고 우리 노나라의 변경인 비費 땅 바로 가까이에 있습니다. 지금 빼앗지 않으면 후세에는 반드시 노나라 후대 자손들의 걱정거리가 될 것입니다. (지금 그들이 쇠약한 때를 틈타 우리가 차지하는 것이 좋습니다)"

冉有曰：今夫顓臾，固而近於費，今不取，後世必爲子孫憂。
염유왈　금부전유　고이근어비　금불취　후세필위자손우

염유는 공자의 훈계를 듣고 어쩔 수 없게 되자, 진실을 털어놓을 수밖에 없었습니다. 그의 말에는 모략가 같은 냄새를 풍기는데, 훗날 전국 시대에 모략가를 종횡가縱橫家라 불렀습니다. 당시의 모략가인 소진蘇秦 ·장의張儀라는 두 젊은 지식인들과 비교해 보면, 오늘날 미국의 키신저 는 아직 한참 멀었다 할 수 있습니다.

종횡縱橫에는 '장단술'長短術 또는 '구거술'鉤距術이라는 명사가 있습니 다. 여러분이 장래에 고서古書상에서 이런 명사들을 읽게 될 것 인데, 무슨 뜻인지 알아야 합니다. 바로 "넉 냥 무게의 힘으로 천 근의 무게 를 돌려놓는다."(四兩撥千斤)는 태극권太極拳의 원리를 표현한 말입니다.

보통 사람은 이런 원리를 이해하지 못하므로, 상대방이 1천 근 무게 의 주먹으로 쳐오면 자기는 적어도 1천 1백 근의 힘이 있어야 막아 낼 수 있습니다. 만일 9백 90근의 힘밖에 없다면, 틀림없이 상대에게 보기 좋게 당하고 말 것입니다. 그러나 태극권의 원리는 1천 근의 주먹이 쳐 들어올 때 뒤로 살짝 피해 상대의 주먹이 이르는 곳으로부터 옷감 두께 정도의 사이를 두어 버리면, 그 주먹에 맞지 않을 수 있습니다. 그렇게 하여 상대의 힘이 빠지게 한 뒤 몸을 살짝 기울여 길을 여는 것과 동 시에 두 손가락으로 상대를 도와 그의 주먹을 끌어당깁니다. 그러면서 상대의 1천 근 주먹의 힘을 상대의 동작 방향으로 밀어 보냄으로써 1 천 5백 근의 힘으로 바꿔 공간 속으로 밀어 버리면 상대는 넘어집니다. 그렇지만 이렇게 뒤로 살짝 피한 후 몸을 한 번 기울이는 일은 아주 어려운 기술입니다.

내가 보기에 태극권을 연습하는 사람들은 그냥 더듬더듬하는데, 만약 몸을 돌릴 수 있을 정도로 연습이 되었다면 비틀기만 하면 됩니다. 상 대방 주먹이 쳐들어와도 몸을 돌릴 수 없고 비틀 수 없다면 물론 끝장 입니다. 이런 원리를 '장단술' 또는 '구거학'이라고 합니다. 긴 것을 사용 해 짧은 것을 제압할 수 있고, 짧은 것을 이용해 긴 것을 제압할 수 있 습니다.

운용의 묘는 한 마음에 있습니다. 이것 역시 모략입니다. 전국 시대 의 모략가들은 이른바 유세遊說 선비들이었습니다. 키신저가 여기저기 뛰어다니는 것은 형태상으로 보면 곧 유세를 하는 것으로, 이해관계로써 상대를 움직이는 것입니다. 이와 관련된 책략들은 『국어』國語·『전국책』戰國策을 숙독해 보면 그 안에 다 들어 있습니다. 그러나 주의해야 할 것은 이런 것을 배우는 데는 도덕을 바탕으로 삼아야 하고, 함부로 사용해서도 아니 되며, 알면서도 굳이 사용하지 않아야 한다는 것입니다. 사람들을 구제하거나 국가를 구하거나 사회를 구하기 위해서 부득이 사용하는 것은 좋습니다. 그러나 아무 때나 사용하여 사람을 괴롭히면 결과가 좋지 않을 것입니다.

지금 우리는 염구가 선생님한테 꾸지람을 듣고는 완전히 모략가의 모습으로 나타나, 진실을 말하게 되는 것을 보았습니다. 염구는 공자에게 이렇게 말했습니다. "선생님! 본론을 말씀드리자면, 전유라는 국가는 우리 노나라 변경 비성費城 바로 옆에 있으므로, 지금 차지하지 않으면 앞으로 노나라의 후손들에게 큰 문제가 될 것입니다. 지금 그들이 쇠약한 때를 틈타 우리가 차지하는 것이 좋습니다." 이것이야말로 염구의 본뜻으로, 염구가 계씨의 군사 회의에 참석했으며 결국 계씨의 참모장이었음을 알 수 있습니다.

공자께서 말씀하셨다. "구야! 군자는 자기가 그렇게 하고 싶으면서도 그렇지 않은 양 말해 놓고는, 꼭 그렇게 하기 위해 핑계를 대는 것을 싫어한다."

孔子曰 : 求! 君子疾夫 , 舍曰欲之 , 而必爲之辭 。
공자왈　구　군자질부　사왈욕지　이필위지사

공자는 또 염구를 꾸짖습니다. "염구야! 군자가 제일 싫어하는 일이 하나 있다. 그것은 자기가 어떤 물건을 갖고 싶으면서도 '저는 갖고 싶지 않습니다!' 하고 밀쳐놓고는, 다른 이유를 꾸며대고 듣기 좋은 말을 하여 마침내 그것을 가지려고 하는 것이다. 이런 태도는 군자가 가장 싫어하는 것이다. 개인의 도덕상으로 그래서 안 될 뿐 아니라, 정치 도덕상으로는 더더욱 그래서는 안 된다."

내가 듣건대 국가나 집안을 다스리는 사람은 적음을 걱정하지 않고 균등하지 못함을 걱정하(는데, 정치적 관점에서는 평등하지 못함을, 경제적 관점에서는 수입과 지출이 균형을 이루지 못함을 걱정하는 것이)며, 가난함을 걱정하지 않고 안정되지 않음을 걱정한다 하였다.

균등하면 가난이 문제되지 않고, 화합하면 적음이 문제되지 않으며, 안정되면 나라가 기울어지는 일이 없는 것이다.

丘也聞有國有家者, 不患寡而患不均, 不患貧而患不安。 蓋均無貧,
구야문유국유가자　불환과이환불균　불환빈이환불안　개균무빈

和無寡, 安無傾。
화무과　안무경

이것은 삼민주의의 민생주의民生主義 사상과 관계가 있습니다. 즉, 중국의 정치사상과 경제사상의 기본입니다.

공자는 여기서 말합니다. "내가 아는 바로는, 한 나라든 또는 한 집안이든 적음을 걱정하지 않고 균형을 이루지 못함을 걱정한다. 정치적 관점에서는 평등하지 못함을, 경제적 관점에서는 수입과 지출이 균형을 이루지 못함을 걱정하는 것이다. 또, 가난을 걱정하지 않고 안정되지 못함을 걱정하는 것이니, 내부적으로 화합하고 안정되어 있으면 가난이 문제되는 것은 아니다."

이것은 한 개인으로 말하면 안빈낙도安貧樂道해야 한다는 뜻입니다. 그러나 안빈낙도는 아주 어려운 일입니다.

공자의 이 몇 마디 말을 충분히 풀이하려면 아주 길어지는데, 개인적인 측면에서 사람됨에서든 일처리에서든 이 몇 가지 점은 모두 중요합니다. 균형이 이루어지면 가난은 별로 대수롭지 않습니다. 모두가 다 고루 가난하거나 고루 부유하면, 가난함이나 부유함 자체는 중요하지 않게 됩니다. 화합하면 별 문제가 없게 되고, 진정으로 안정되면 위험이 없습니다. 이것이 세 가지 대원칙입니다.

이러하기 때문에 (왕도王道 정치는) 먼 곳의 사람들이 복종하지 않으면, (국가의 정치적 덕망과 개인의 덕업 수양이 아직 부족한 것은 아닌가?" 하고 자기를 반성하여, 문화의 기본에서부터 착수해서 나라의 문화를 발전시키고 나라의 품위와 인격의 기초를 다지고, 개인의 덕업 수양을 온전히 이루어 넘치게 한다. 그렇게) 문덕文德을 닦아서 그들이 (감화를 받고 자연히) 따라오게 하고, 그들이 따라온 뒤에는 그들을 편안케 해 주는 것이다. (그렇지 않고 먼 지방 사람들이 불복한다고 군사를 보내 그들을 침략하여 억지로 복종시킨다면, 그것은 패도霸道 정치가 되는 것이다)

> 夫如是, 故遠人不服, 則修文德以來之。旣來之, 則安之。
> 부여시　고원인불복　즉수문덕이래지　기래지　즉안지

　지금까지 한참 이야기 한 것은 모두 국가 내부의 정치적 공명정대와 경제적 안정에 대해서였습니다.

　한 국가가 이렇게만 될 수 있다면, 국제정치에도 영향을 미쳐 다른 국가들이 반드시 믿고 따라오게 됩니다. 먼 지방 사람들이 불복한다고 군사를 보내 그들을 침략하여 억지로 복종시킨다면, 그것은 패도霸道가 됩니다. 왕도王道는 그렇지 않아서, 남이 불복하면 "국가의 정치적 덕망과 개인의 덕업 수양이 아직 부족한 것은 아닌가?" 하고 자기를 반성하여 문화의 기본에서부터 착수해서 나라의 문화를 발전시키고 나라의 품위와 인격의 기초를 다지고, 개인의 덕업 수양을 온전히 이루어 넘치게 하면, 남들이 감화를 받고 자연히 따라올 것입니다. 그리하여 "그들이 따라온 뒤에는 그들을 편안케 해 주어야 합니다."(旣來之, 則安之). 이렇게 하면 전 세계가 평화롭게 지내며 서로 편안해서 무사하며, 천하가 태평하게 됩니다. 이것이 기본 원칙입니다. 이것이 공자 사상의 기본일 뿐만 아니라, 또한 공자 사상이 나타내는 중국 문화 사상의 기본 원칙이란 것을 알아야 합니다.

　지금 유와 구 너희 둘은 계씨를 보좌하고 있지만, 먼 곳 사람들이 복종치 않는데도 (너희의 정치 도덕이 그들을 신복信服시키지 못하기 때문에) 따라오게 하지 못하고, 나라가 (의견들이 갈라져 있고, 겉으로 보기에는 한 덩어리인 것 같지만 내부적으로는) 사분오열되어 있는데도 (모두들 한 마음 한 뜻이 아니기 때문에) 나라를 지키지 못하고 있(어 조만간 나라가 붕괴되고 말 것이)다.

그런데도 (많은 내정內政 문제를 해결할 수 없으니 군대를 밖으로 보내 전쟁을 일으켜 내부의 주의를 돌리는 수밖에 없는 것이다. 그래서) 무력을 동원할 계획이나 하고 있으니, 나는 계씨의 (가장 큰 고민과 고통 그리고) 근심이 전유(라는 변경 소국)에 있지 않고 그 집안 내부의 계씨 형제들 사이에 있을까 두렵다.

今由與求也, 相夫子, 遠人不服而不能來也 ; 邦分崩離析而不能守也 ;
금유여구야 상부자 원인불복이불능래야   방분붕이석이불능수야

而謀動干戈於邦內, 吾恐季孫之憂, 不在顓臾, 而在蕭牆之內也。
이모동간과어방내   오공계손지우 부재전유   이재소장지내야

이제 공자는 자신의 두 학생을 똑바로 꾸짖는 것으로 결론을 맺고 있습니다. 공자는 두 학생에게 이렇게 말하고 있습니다. "자로와 염구, 너희 두 사람은 계씨 집에서 보상(輔相: 오늘날의 미국의 키신저와 같은 외교관 역할)의 일을 하고 있는데도 먼 곳 사람들이 너희에게 복종하지 않고 있다 (마치 오늘날 중동 국가들이 줄곧 타협하지 않고 불복해서 가는 곳마다 코가 떼인 것과 같습니다). 다른 나라가 불복하는데도 너희의 정치 도덕이 다른 나라를 신복信服시키지 못하기 때문에, 다른 나라가 너희와 친교를 맺지 않는 것이다. 나라 안은 사분오열되어 의견들이 갈라져 있고, 겉으로 보기에는 한 덩어리인 것 같지만 내부적으로는 아주 많은 요소가 분열되어 있다. 모두들 한 마음 한 뜻이 아니기 때문에 조만간 나라가 붕괴되고 말 것이다."

이런 상황에서는 국가가 지탱되어 나갈 수 없습니다. 마치 일부 국가들이 내부적으로 사분오열되어 스스로 존속하기 어렵기 때문에, 밖으로 뻗어 나가 사람들의 시선을 그쪽으로 돌리게 하는 것과 같은 이치입니다. 그래서 공자는 말했습니다. "너희들은 많은 내정內政 문제를 해결할

수 없기 때문에, 군대를 밖으로 보내 전쟁을 일으켜 내부의 주의를 돌리는 수밖에 없는 것이다. 내가 보기에 너희들은 아주 위험하다. 계씨의 가장 큰 고민과 고통 그리고 근심은 전유라는 변경 소국에 있지 않고 그 내부에 있으며, 계씨 형제들 사이에 있다."

공자가 이 말을 한 지 얼마 안 되어, 계씨 형제들에게 과연 문제가 발생했습니다. 그래서 나중에는 내부에서 변란이 발생하는 경우를 '화기소장'禍起蕭牆이라 부르게 되었습니다. 문학에서 흔히 인용되는 이 네 글자는 바로 공자의 이 말에서 유래한 것입니다.

이 단락 문자의 대체적인 뜻은 해석을 마쳤습니다. 앞에서 본문에 들어가기 전에 우리가 논의했던 점은, 첫째로 중국 문화의 정신은 "흥멸국, 계절세"(興滅國, 繼絶世)에 있다는 것과, 둘째로 고급 막료로서 신하의 도리를 어떻게 완성할 것이냐 하는 것이었습니다. 종합적으로 말해서, 중국 문화와 정치 도덕의 필수 구비 조건은 "가난한 사람을 구제하고 위급한 것을 도와주며"(濟困扶危), "강자를 누르고 약한 자를 도와주어야 한다."(抑强助弱)는 것입니다.

그러므로 약소민족들이 연합하자고 제창한 국부 손문孫文의 사상은 확실히 중국 문화의 일관된 사상입니다. 개인으로 말하면, 생활난으로 정처 없이 떠도는 어렵고 가난한 사람들을 도와주는 것입니다. 만약 대신大臣으로서 자기 사장으로 하여금 이렇게 하도록 도울 수 없다면, 근본적으로 잘못하는 것이라고 공자는 여겼습니다. 동시에 공자는 "오직 군비를 확충하여 침략을 발동해서, 내부적으로는 백성을 도탄에 빠뜨려 국민 경제를 안정시키지 못한다면, 그것은 역사에 대한 크나큰 과오이며 사회에 대한 크나큰 잘못이자 정치상의 크나큰 문제"라고 말하고 있습니다. 이 단락에서는 아울러 중국 전통 문화의 경제사상인 균형의 도리도 말했는데, 이것이 곧 국부 손문의 민생주의 사상의 근원입니다.

선지자의 예언

이어지는 문장은 역사 철학에 대한 공자의 관점이자, 정치 철학사상을 일관하는 명언이기도 합니다.

공자께서 말씀하셨다. "(시대가 안정되어) 천하가 정상 궤도에 있으면 (문화·교육·정치·경제·군사 등의) 예악과 정벌이 (중앙 정부의 단일 직권인) 천자로부터 나오게 되(어 통제가 가능하)고,

(시대가 변해 정권에 문제가 있게 되어) 천하가 정상 궤도에 있지 않으면 (지방 세력이 일어나 권력을 휘두르므로) 예악과 정벌이 제후로부터 나오게 (되어 중앙 정부는 명령을 관철할 길이 없게) 된다. 그것이 제후로부터 나오게 되면 대략 십대로서 정권을 잃지 않는 일이 드물고, 대부로부터 나오게 되면 오대五代로서 정권을 잃지 않는 일이 드물고, 가신(陪臣)이 국가의 운명을 장악하(여 좌우하고 일을 주관하는 인재들이 갈수록 질이 떨어지게 되)면 삼대三代로서 정권을 잃지 않는 일이 드물다.

천하가 정상 궤도에 있으면 정권이 대부에게 있지 않(고 중앙 정부가 자신의 권력을 확고하게 관철시킬 수 있)게 된다. 천하가 정상 궤도에 있으면 백성들이 정치를 논의하지 않(고 평안한 세월을 보낼 수 있어 하늘을 원망하거나 남을 탓하지 않)는다."

공자께서 말씀하셨다. "작록爵祿의 권한이 (노나라) 공실公室을 떠난 지 오대가 되었고, 정권이 대부에게 돌아간 지 사대四代가 되었다. 그러므로 삼환三桓 씨의 자손들도 쇠미衰微해지는 것이다."

孔子曰:天下有道, 則禮樂征伐, 自天子出。天下無道, 則禮樂征伐,
공자왈　천하유도　즉예악정벌　자천자출　천하무도　즉예악정벌

自諸侯出。自諸侯出, 蓋十世希不失矣。自大夫出, 五世希不失矣。陪
자제후출　자제후출　개십세희불실의　자대부출　오세희불실의　배

臣執國命, 三世希不失矣。天下有道, 則政不在大夫。天下有道, 則庶
신집국명　삼세희불실의　천하유도　즉정부재대부　천하유도　즉서

人不議。
인불의

孔子曰:祿之去公室, 五世矣, 政逮於大夫, 四世矣。故夫三桓之

공자왈 녹지거공실   오세의 정체어대부   사세의   고부삼환지

子孫, 微矣。
자손 미의

　이 단락은 앞 전체와 이어지는 것입니다. 춘추전국 역사의 변천은 사회 변천사이자 정치 변천사의 자료와 원칙임을 볼 수 있으므로, 가볍게 지나치면 안 됩니다. 자세히 깊게 연구해 보면, 많은 이치가 있습니다. 이러한 이치에 근거하여 자료를 찾아내어 구어체로 몇 십만 자를 쓸 수 있고, 또 박사 학위도 받을 수 있습니다.

　공자는 "천하가 정상 궤도에 있으면 예악과 정벌이 천자天子로부터 나온다."(天下有道, 則禮樂征伐, 自天子出)고 하였습니다. 여기의 '천하'天下라는 두 글자와, 조금 전에 말했던 '사직'社稷이라는 두 글자의 뜻은 전全 중국에 있는 모든 나라를 나타냅니다. 시대가 안정되고 국가가 궤도에 오르면, 문화·교육·정치·경제·군사 등 어느 것이든지 중앙 정부의 단일 직권으로 통제가 가능합니다. 그러나 시대가 변해 정권에 문제가 있게 되면 지방 세력이 일어나 문화·정치·경제·군사 등 어느 것에나 지방 세력이 권력을 휘두르므로, 중앙 정부는 명령을 관철할 길이 없습니다.

　당대唐代의 역사를 보면, 번진藩鎮이 제멋대로 하여 외번外藩의 권력이 팽창했습니다. 현대사로 말하면 군벌軍閥의 할거전권割據專權이 국가 민족의 건설과 진보를 여러 해 동안 방해한 것과 같습니다.

　여기에서 생각하는데, 우리 나라는 과거 역사상 다들 알듯이 몇 가지 재난과 변란(禍亂)들이 있었고 상당히 심각한 것들이었습니다. 번진의 화禍 외에도, 환관의 정권 장악이나 외척의 권력 독점, 그리고 여화女禍로 인한 피해도 있었습니다. 예를 들면, 한대漢代와 명대明代에는 환관의 영향력이 커서 많은 대신들이 황제를 만나기 힘들었으며, 일체의 대권이 환관들의 손 안에 있었습니다. 외척의 환患은 황후의 친정 사람들이 권력을 멋대로 한 것입니다. 여화女禍는 예를 들면 측천무후則天武后이 그 하나이고, 한고조의 여후呂后도 그 하나이며 청나라 말년의 자희태후慈禧太后도 그 하나로 들 수 있습니다. 역사상 장래성이 없었던 다른 것들도

있었지만, 더 이상 이야기하지 않겠습니다.

역사를 보면 이 몇 가지 요인들이 대체로 번갈아 나타나, 변란의 시대마다 병폐는 모두 이 몇 가지 요인들에서 나왔습니다. 그러나 국가에만 이런 현상이 일어나는 것으로 생각하지 마십시오. 사실은 크든 작든 어느 집단에서나 다 생기는 일로서, 누구든지 무거운 책임을 지게 되면 모두 이렇게 될 가능성이 있습니다.

회사로 보면, 여러분이 이사회 의장이나 대표이사라 할 때 사업 부문 임원이나 지사支社 지배인이 바로 여러분의 번진藩鎭에 해당합니다. 또, 좌우에 있는 친근한 사람들이 바로 환관일 수 있습니다. 그리고 외척은 누구에게나 있습니다. 여화女禍를 보면, 오늘날 세계의 많은 국가에서 섹스 스캔들, 소위 성추문 사건이 여기저기서 발생하고 있습니다. 이 몇 개의 단어들이 역사 기록에만 나오는 것이라고 생각해서는 안 됩니다. 인류의 어느 문화 사상이든 제한된 단어들로 도식적으로 이해해서는 안된다는 것을 이해해야 합니다. 시대가 다르고 문자가 다를 뿐, 사람은 동서고금을 불문하고 똑같은 사람일 뿐입니다. 사람의 병폐는 옛날에도 있었고, 오늘날에도 있으며, 미래에도 반드시 있습니다. 이 역사, 이 세상은 사람이 형성한 것이며, 사람의 모든 병폐는 시간과 공간의 차이가 없습니다. 그러므로 어떤 부서의 주관자이든 사장이든, 모두 필연적으로 이러한 문제점들에 둘러싸여 있다는 것에 주의해야 합니다.

그래서 공자는 "변란의 시대가 되어 제후가 권력을 마음대로 휘두르게 되면 길어야 10대(十世) — 30년을 1대로 보면 3백 년 — 이내에 역사가 전변하지 않은 적이 없었다." 라고 말했습니다. 그 아래로 내려오면 더 오래 가지 못했습니다. 춘추전국 시대에 제환공齊桓公·진문공晉文公 같은 패주霸主들은 모두 지방 번진 세력들로서, 겨우 10대를 유지하였습니다. 다시 그 아래로 내려와 계씨 같은 사람이 권력을 마음대로 휘두른 것도 기껏 5대 1백 년 남짓이었습니다. 다시 더 내려와 "배신집국명"(陪臣執國命), 즉 대신들이 국가의 운명을 좌우하고 일을 주관하는 인재들이 갈수록 질이 떨어지게 되면, 시대는 점차 쇠미해져 겨우 수십 년을 이을 수 있을 뿐으로, 기껏해야 3대를 넘긴 적이 없었습니다.

　그렇지만 이 '세世'자를 판에 박은 듯이 해석할 필요는 없습니다. 『맹자』에 "군자의 은덕은 5대로써 끝난다."(君子之澤, 五世而斬)는 말이 있는데(「이루」 하―역주), 이것은 실제로 그러합니다. 일반인들이 집안을 일으키는 것을 보면, 제1대는 갖은 고생을 다하여 창업을 하고, 제2대는 그것을 지켜 가고, 제3대는 그것을 누리고 살며, 제4대에 이르면 재산을 거의 다 써 버리고, 제5대는 윗대의 고생을 잊은 채 재산을 완전히 바닥내고 말며, 제6대는 다시 시작합니다. 조상이 도덕이 있고 수양이 높다 하더라도, 그 은덕은 5대를 넘길 수 없습니다. 대가 이어질 때마다 자손들이 스스로 공부하고 노력해야지, 노력하지 않으면 끝나 버립니다.

　다시 본문으로 돌아갑시다. 천하에 도道가 있을 때는 정치 권력이 대부大夫의 손 안에 들어가지 않고 중앙 정부가 자신의 권력을 확고하게 관철시킬 수 있으며, 백성들은 정치에 대하여 논하지 않고 평안한 세월을 보낼 수 있어, 하늘을 원망하거나 남을 탓하지 않을 것입니다. 공자는 계속 당시의 실례實例를 들면서 다음 같이 말하였습니다. "고대에 분봉分封한 녹위祿位가 공실公室을 떠난 지 이미 5대가 되었으며, 정권이 대부大夫의 손 안에 떨어진 지 이미 4대가 되었다." 공자가 염유와 계로에게 역사의 변천에 근거한 이치를 말한 까닭은 삼환三桓의 자손, 즉 계씨 삼형제의 문제가 곧 현실로 드러날 것이니, 군대를 동원하여 남을 공격할 때까지 기다릴 필요도 없이 그들 자신이 곧 무너질 것이라고 보았기 때문입니다.

　이 단락은 문자상으로 보면 그리 중요하지 않은 것처럼 보이지만, 역사 사상 면에서 연구해 보면 대단히 중요하며, 이 단락을 중국 철학사의 요강要綱으로 삼아볼 수 있습니다. 우리가 알다시피 오늘날 전 세계의 문화 사상은 공백 상태라고 말할 수 있습니다. 이 단락의 글은 중국 과거 역사 철학의 중요한 자료 가운데 하나로서, 우리 문화 사상의 위대한 부분입니다. 중국의 역사 철학은 유심 사관唯心史觀이며, 『역경』은 중요한 연구 자료 가운데 하나로서 아주 오래 전부터 있었습니다. 다시 말해서 중국 문화가 말하는 역사 철학은 변화 사관입니다. 유물이라 하든, 유심이라 하든, 사회·인간·시간·공간은 수시로 변하고 있습니다.

천하에 변하지 않는 사물은 없습니다. 변화의 역사 철학으로 말하면 중국 문화 속에 가장 많습니다. 공자가 여기서 말하고 있는 것도 '변화의 역사 철학'입니다. 이 변화의 철학을 이해해야 비로소 시대의 변화를 파악할 수 있습니다. 이 변화의 철학은 역사 철학의 하나의 큰 주제일 뿐만 아니라, 정치 철학 운용상으로도 하나의 큰 주제입니다.

진정한 변화의 철학을 이해하고 나면, 어떻게 적절히 변화에 대응해 나갈 것인가를 알게 됩니다. 변화가 오고 난 뒤에야 비로소 변화하는 것이 아니라, 먼저 변화를 이끌어 가야 하는 것입니다. 나는 늘 이렇게 말합니다. "1등 인간은 스스로 기회를 만들어 변화를 이끌어 간다. 2등 인간은 기회가 왔을 때 기회를 포착하여 어떻게든 변화에 대응한다. 3등 인간은 기회를 잃고 수동적으로 변화를 받아들여, 상황이 변하는 대로 따라간다."

그 밖에도 이 글은 또 하나의 중요한 점을 내포하고 있는데, 바로 공자의 학문과 지혜입니다. 그는 확실히 선견지명이 있었습니다. 춘추전국 시대의 역사를 많이 읽고 냉정하게 반성해 보면, 역사와 사회의 변천사를 예언하고 단언한 그의 말이 조금도 틀림이 없었으며, 춘추 이후의 역사는 그가 말한 그대로 변천의 길을 걸었습니다. 또한 공자가 말한 이 원칙에 입각하여 지난 역사를 보고 나아가 미래를 보면 마찬가지로 틀림이 없습니다.

붕우의 도

다음에서는 문장이 다른 기세로 진입합니다. 일반적인 붕우의 도(朋友之道)를 말하는 것처럼 보이지만, 사실은 이 16편의 정치 철학 그리고 용인행정用人行政과 모두 관계가 있습니다.

공자께서 말씀하셨다. "유익한 세 종류의 벗이 있고, 해가 되는 세 종류의 벗이 있다.
곧은 말을 하는 사람, (사람을 이해하고 용서할 수 있는, 성품이 너

그러운) 아량이 있는 사람, (지식이 해박한) 견문이 많은 사람은 유익한 벗이다.

(기호嗜好가 특이하며, 회유도 강압도 안 통해 어찌 해 볼 방법이 없고, 남이 말을 걸었다가는 혼나기 십상이라는 느낌을 주는 성격이) 괴벽한 사람, (개성이 몹시 연약하여 남에게 지나치게 기대고 무엇이든지 남이 하자는 대로 따라 하는) 의타적인 사람, (오로지 상대의 비위만 맞추는 아첨의 능수이자, 잘하는 일은 적고 잘못하는 일이 더 많은) 말을 잘 둘러대는 사람은 해가 되는 벗이다."

孔子曰 : 益者三友, 損者三友。 友直・友諒・友多聞, 益矣 ; 友便
공자왈   익자삼우   손자삼우   우직   우량   우다문   익의   우편

辟・友善柔・友便佞, 損矣。
벽   우선유   우편녕   손의

이 단락은 우리가 잘 알고 있는 말인데, 공자는 "우직, 우량, 우다문"(友直, 友諒, 友多聞)을 세 종류의 유익한 친구라고 하였습니다. 첫 번째의 '우직'友直은 곧은 말을 하는 친구입니다. 두 번째의 '우량'友諒은 사람을 이해하고 용서할 수 있는, 성품이 너그러운 친구입니다. 세 번째의 '우다문'友多聞은 지식이 해박한 친구입니다. 공자는 이 세 종류의 사람을 유익한 친구라고 말하고 있습니다.

공자는 또 해로운 친구가 세 종류 있다고 했습니다. 첫 번째는 '우편벽'友便辟으로, 성격이 괴벽怪癖한 사람입니다. 이런 사람은 기호嗜好가 특이하며, 회유도 강압도 안 통해 어찌 해 볼 방법이 없고, 남이 말을 걸었다가는 혼나기 십상이라는 느낌을 줍니다. 두 번째는 '우선유'友善柔로서, 개성이 몹시 연약하여 남에게 지나치게 기대는 사람입니다. 무엇이든지 남이 하자는 대로 따라 하는 성격으로서, 남이 카드놀이를 하고 싶어 하면 자기도 좋다 하고, 남이 바둑을 두자고 하면 또 좋다고 합니다. 이런 사람은 남이 범죄를 하자고 하면 옳지 않다는 것을 알면서도 반대하지 못하고 따라 합니다. 요즘 말로 하면, 응석받이 형 친구로서 잘하는 일도 적고 못하는 일도 적은 사람입니다. 세 번째는 '우편녕'友便

佞입니다. 이런 사람은 더 나빠서, 오로지 상대의 비위만 맞추는 아첨의 능수이자, 잘하는 일은 적고 잘못하는 일이 더 많은 사람이므로 특히 조심해야 합니다.

문장 상으로 보면 이 단락은 전적으로 친구 사귀는 도리를 말하고 있지만, 이를 확충해서 넓은 뜻으로 보면 군신君臣 사이나 지도자와 중간 관리자 사이에도 적용할 수 있습니다. 역사에서 보면 창업한 집단은 주종主從 관계 사람들이 대부분 서로 친구처럼 지냈습니다. 군신 주종 관계로 엄격히 구분되면 그 때부터 바로 내리막길이 시작되었습니다. 천하의 일이 본디 이와 같은데, 개인 사업 역시 어찌 그러하지 않겠습니까!

황제와 신하가 친구로 지냈던 예는 아주 많습니다. 당태종唐太宗과 우세남虞世南·위징魏徵의 경우가 그랬습니다. 송태조宋太祖는 늘 옷을 바꿔 입고 밤길을 걸어 조보趙普의 집에 가서 술을 마시면서 한담했습니다. 황제가 아량 있는 사람을 벗한 예로는 당태종과 방현령房玄齡의 경우를 들 수 있는데, 황제가 방현령을 이해했을 뿐 아니라 방현령도 황제를 이해했습니다. 문학 면에서 당대唐代의 시詩가 가장 좋았던 것은 바로 당태종의 시가 훌륭해서 그 자신이 시를 제창한 것이나 다름없었기 때문입니다. 하지만 우세남이 죽고 나자, 당태종은 시詩의 지기知己를 잃었다고 생각하고 더 이상 시를 짓지 않았습니다. 우세남은 유명한 서예가이면서 당태종과 함께 나라를 일으킨 간부로서, 왕년의 비서실장이자 훗날에는 대신이기도 했습니다. 이를 통해서 알 수 있듯이 역사상 어떤 국가를 창업할 때마다 지도자와 간부 사이는 거의 모두 친구를 사귀는 도의와 규범으로 서로 지냈습니다.

또, 청나라 건륭 황제는 우리가 민족 관념을 밀쳐두고 말하지 않고, 정치적 업적만 보면 역사상 아주 대단한 인물이었습니다. 일반 사학가들은 청나라 초기의 성취가 한나라와 당나라를 뛰어넘었다고 말합니다. 우스갯소리 잘하기로 유명한 기효람紀曉嵐은 건륭 시대의 명신名臣이었는데, 그들 군신 사이도 역시 친구의 도리로써 서로 지냈습니다. 두 사람 사이에는 널리 알려진 '노두자'(老頭子: '영감님'이라는 뜻—역주) 이야기가 있습니다.

어느 몹시 더운 날, 한림원翰林院 사람들이 더위를 견딜 수가 없어 모두 다 웃옷을 벗고 한가하게 이야기를 하고 있었습니다. 뚱뚱보인 기효람도 웃통을 벗은 채 그들 속에 있었습니다. 그 때 마침 건륭 황제가 평복 차림으로 한림원 사람들과 한담을 나누려고 찾아오는 모습이 멀리서 보였습니다. 한림원 사람들은 모두 당황하여 재빨리 옷을 찾아 입고 흩어져 가 버렸습니다. 그러나 기효람은 심한 근시여서 재빨리 옷을 찾지 못한데다 마땅히 숨을 곳도 없어 탁자 밑으로 기어들어 숨었습니다.

한림원에 들어선 황제는 사람이 보이지 않자 이곳저곳 빙빙 돌아다니고 있었는데, 기효람의 근시 눈에 어떤 사람이 빙빙 돌아다니고 있는 모습이 어렴풋이 보였습니다. 그는 탁자 밑의 답답함을 견디지 못해 머리를 밖으로 내밀고 그 사람에게 물었습니다. "영감님(老頭子)은 갔어요?" 이렇게 되어 기효람은 건륭 황제에게 붙들렸는데, 황제가 그에게 물었습니다. "나를 영감님(老頭子)이라고 부르다니, 너희들 이렇게 예의가 없느냐?" 그러자 기효람이 둘러대어 말했습니다. "만세! 만세! 만만세! 폐하는 국가의 대로大老이시니 '노'老이고, 국가의 원수元首이시니 '두'頭이며, '자'子는 천자天子이므로, 온 나라 백성이 폐하를 노두자老頭子라 하는 것은 존칭입니다." 이 말을 듣고 황제도 껄껄 웃었습니다. 이런 이야기를 통해, 그들 군신이 때로는 완전히 친구처럼 지냈음을 알 수 있습니다. 황제 노릇을 하는 데도 고민이 많았으므로, 마음을 트고 이야기할 수 있는 대신이 있어서 즐거웠던 것입니다.

화곤和坤 같은 사람은 욕심이 끝이 없었는데, 벼슬은 그리 높지 않았지만 뒷날 큰 권력을 손에 넣었습니다. 건륭 만년에 모든 신하들이 황제에게 이렇게 보고했습니다. "화곤은 관리로서의 공적은 훌륭하지만, 개인적으로는 마땅히 제거되어야 할 사람입니다." 그러나 건륭 황제는 끝내 그들의 말을 듣지 않았는데, 뒤에 한 사람이 건륭에게 왜 화곤을 두둔하느냐고 물었습니다. 건륭은 "나도 화곤이 나쁘다는 것을 안다. 그러나 여러분들도 내가 같이 놀 수 있는 사람 하나쯤은 남겨 둬야 하지 않겠는가!" 라고 대답했습니다.

이는 황제 된 사람의 진심에서 나온 말로서, 사람이 최고 지위에 오르면 농담하거나 장난칠 사람이 하나도 없게 되어 매우 고통스럽습니다. 예를 들어, 시장에서 찐빵을 사먹고 싶다거나 녹두탕은 어느 집 것이 맛있는지 알고 싶은데, 이런 일에 대신이나 장군을 불러 함께 가자고 할 수는 없는 일이어서, 화곤 같은 사람이 있어야 황제도 즐겁게 그런 일을 해 볼 수 있었습니다. 그래서 건륭은 함께 즐길 수 있도록 그를 남겨 두고 싶다고 말한 것입니다.

건륭의 아들인 가경嘉慶 황제는 즉위하자 곧 화곤을 제거하고 그의 집 재산을 전부 몰수해 버렸습니다. 이런 사실은, 친구 사귀는 도리를 왜 정치적 조치와 관련되는 이 「계씨」편에 넣어 놓았는지를 설명해 줍니다. 그러므로 책임자가 되어 어느 지위에 이르면 자기가 거느리고 있는 사람과 친구의 도리로써 서로 지내야 하되, 건륭이 화곤을 찾아 놀았던 것과 같은 잘못은 당연히 범하지 말아야 합니다.

이어서 다음 단락은 생활의 행복을 말하고 있는데, 이것은 민생주의民生主義 「육락편」 育樂篇에서 말한 '낙'樂의 참뜻이기도 합니다.

공자께서 말씀하셨다. "(인생에서) 유익한 즐거움 세 가지가 있고, 해가 되는 즐거움 세 가지가 있다.

예악禮樂의 학문 연구와 예의바름을 즐기는 것, 남의 장점 말하기를 즐기는 것, 현명한 벗을 많이 갖기를 즐기는 것은 유익한 것이다.

(주색가무酒色歌舞를 즐기는 방탕한 쾌락 등 사치하고 자신을 과장하는) 교만의 쾌락을 즐기는 것, (도박이나 대마초 흡연 등 정당하지 못한 오락을 절제 없이 좋아하여) 멋대로 놀기를 즐기는 것, 연회를 벌여서 먹고 마시는 것을 즐기는 것은 해로운 것이다."

孔子曰 : 益者三樂, 損者三樂 : 樂節禮樂, 樂道人之善, 樂多賢友, 益
공자왈   익자삼요 손자삼요 요절예악   요도인지선   요다현우   익

矣 ; 樂驕樂, 樂佚遊, 樂宴樂, 損矣 。
의   요교락   요일유   요연락   손의

공자는 인생에서 유익한 즐거움으로 세 가지를 들고 있는데, 즐거움이란 곧 바른 품행을 바탕으로 해야 한다는 것입니다. 첫째로 즐거운 일은 학문(예악)을 연구하고 사람됨이 예의바른 것이라고 했는데, 이는 제1편 「학이」와 관계가 있습니다.

둘째는 "요도인지선"樂道人之善, 즉 남이 가진 좋은 점과 우수한 점을 말하기를 즐기는 것입니다. 이는 우리 문화의 한 가지 특유한 점으로, 실천하기도 어렵거니와 긍정적이고도 부정적인 양면이 있습니다. 이에 대해서는 토론하지 않겠습니다. 일반인들이 남의 나쁜 점을 비평하기 좋아하는 것은 보편적인 현상입니다만, 특히 중국 민족성은 남에 대해 꼬치꼬치 캐묻기를 좋아합니다. 마치 호구 조사라도 하듯 남에게 지나친 관심을 가집니다. 외국에서 온 유학생들은 이런 일을 자신의 자유를 방해하는 것으로 생각한다고 합니다.

여기에 이야기가 하나 있습니다. 내가 한 프랑스 학생에게 프랑스에서는 많은 여자아이들이 납치되어 중동으로 노예로 팔려가는 일이 있느냐고 물어본 적이 있습니다. 그는 말했습니다. "확실히 그런 일이 있습니다. 프랑스에서는 여자아이들이 납치되어 중동에 하녀로 팔려가는 일이 많습니다. 해마다 10여 세 되는 여자아이들이 중동에 팔려가는데, 아이들이 저녁에 거리를 걷고 있으면 뒤에서 갑자기 사람이 뛰어나와 아이를 납치해 가 버립니다." 내가 "사람들이 그것을 보고도 가만히 있느냐?" 하고 묻자, 그는 이렇게 말했습니다. "선생님, 그 질문 잘 하셨습니다. 제가 이곳에 처음 왔을 때는 아주 이상하다가 지금은 습관이 되어 버린 일인데, 이곳 사람들은 누가 거리에서 말을 하고 있으면 무슨 일인가 싶어 모여듭니다. 죽은 쥐 한 마리를 놓고 한 무리 사람들이 둘러서서 보고 있는 일도 있습니다. 서양에는 이런 일이 없습니다. 각자 자기 길을 갈 뿐, 당신들 두 사람이 싸우는 것은 당신들의 자유지 나와는 상관이 없다는 식입니다. 그래서 여자아이들이 납치되어 가는 것도 두 사람의 일이기에 다른 사람들은 이 두 사람이 뭘 하는지 모를 뿐더러, 아예 상관도 않고 가 버립니다." 내가 그에게 당신네 치안 담당자들은 그런 일이 있을 때 어떻게 하느냐고 묻자, 그는 "옛날 중국 속담에 천하의 까마귀는 뭐한다고 하던데……(天下烏鴉……)" 하고 말하는 것이었습니다. 나는 웃고 그 다음의 말은 잇지 않았습니다.

　이것은 사실 그대인데, 우리 나라 사람들의 많은 습관을 얘기해보면, 두 사람이 만나기만 하면 남의 이야기를 하는 것입니다. 남이 가진 나쁜 점을 말하기 좋아하는 것이지요. 지난날 우리가 반드시 읽어야 했던 책 두 권이 있었는데, 한 권은 『태상감응편』太上感應篇이고,32) 다른 한 권은 『문창제군음즐문』文昌帝君陰騭文입니다. 지식인이라면 공명功名을 얻기 위해 첫째로 '은악양선'隱惡揚善, 남의 나쁜 점은 감싸 주고 좋은 점만을 치켜세워 주어야 한다는 것입니다. 친구가 잘못한 것이 있으면 문걸어 닫고 충고하고, 밖에서는 언제나 그를 위해 추악한 일은 덮어주는 것, 이것이 도덕이었습니다.

　그러나 이것은 옛날에 공명을 얻기 위한 수양 덕목이었을 뿐이었습니다. 사람들은 남의 나쁜 점을 말하기 좋아하는 게 습관이 되어 있습니다. 그러므로 우리는 마땅히 남의 좋은 점을 말하는 즐거움에 맛 들여야 합니다. 특히, 친구 사이에 그러해야 합니다. 사람들 가운데 그 누가 단점이 없겠습니까? 그렇기 때문에 우리는 친구의 장점을 많이 말해야 합니다. 송대의 명재상 왕증王曾이 바로 그런 사람이었습니다. "공개석상에서는 잘한 일을 칭찬해 주고, 사석에서는 허물을 바로잡아 준다."(揚善公庭, 規過私室)는 그의 수양을 본받을 필요가 있습니다. 성공한 인물은 수양 면에서 당연히 그만의 장점을 가지고 있습니다. 오늘날 각계에서 성공한 사람들을 봐도 모두 자신의 장점을 가지고 있습니다. 그래서 공자는 남의 좋은 점을 말하는 것이 진정으로 유익한 즐거움이라고 말하고 있습니다.

　"요다현우"樂多賢友는 현명한 벗을 많이 갖기를 즐기는 것입니다. 좋은 친구가 많으면 유익하다는 말은 정말 일리 있습니다. 나 개인의 경험을 미루어 보면, 만 권의 책을 읽고 만 리 길을 걷는 것 말고도 만 명의 친구와 사귀어야 한다고 생각합니다. 친구들과 담소할 때, 가끔 내게 그런 지식을 어디서 얻었느냐고 묻는데, 나는 그들에게 "단지 친구가 좀

---

32) 『생과 사 그 비밀을 말한다』 부록에 실려 있으니 읽어보기 바란다.

많아서 자유롭게 한담하면서 묻고 배우게 된다."고 말합니다. '현명한 친구를 많이 갖기를 즐긴다" 는 이 말은 대단히 일리가 있습니다. 현명한 친구를 사귀려면 친구가 많아야 한다는 것이 나의 주장입니다. 친구를 사귀지 않으면 세상 물정을 알 수 없습니다. 오늘날 사회에서 친구를 사귀는 데는 첫째로 돈이 필요하고, 마땅히 의리를 귀중히 여기고 재물을 천시해야 하는데, 우리 가난뱅이는 상당히 쉽지 않습니다. 공자가 말한 유익한 세 가지 즐거움은, 나의 관찰로는, 타고난 개성과 관계가 있습니다. 어떤 사람은 이 말에 반감을 느낄 수 있습니다. 친구 사귀기를 좋아하지 않기 때문입니다. 사실은 이런 것들은 결코 교조(教條)적인 말이 아니라, 경험담일 뿐입니다.

다음에는 해가 되는 즐거움 세 가지를 말하고 있습니다. 그것은 쾌락을 즐기는 것으로, 첫째는 사치하고 자신을 과장하는, "교만의 쾌락을 즐기는 것"(樂驕樂)입니다. 주색가무를 즐기는 방탕한 쾌락도 이 안에 들어갑니다. 둘째는 "멋대로 놀기를 즐기는 것"(樂佚遊)입니다. 정당하지 못한 오락을 절제 없이 좋아하는 것으로, 도박·대마초 흡연 같은 게 이 안에 들어갑니다. 셋째는 "연회를 벌여서 먹고 마시는 것을 즐기는 것"(樂宴樂)으로, 먹기 좋아하고 놀기 좋아하는 것도 여기에 포함됩니다. 이런 것들은 모두 생활 속에서 자기에 대해 무익한 즐기기 방법입니다. 이 세 가지 점은 손해를 끼치는 오락 활동이지 결코 건강하고 즐거운 활동이 아닙니다.

때맞추어 말하기 어렵다

공자께서 말씀하셨다. "군자를 모시면서 잘 범하는 세 가지 잘못이 있다. (나서기 좋아하여 아직) 말할 차례가 되지 않았는데도 말을 하는 것을 조급하다고 한다. (마땅히) 말을 해야 할 때인데도 (책임 질 것이 두려워) 말하지 않는 것을 속을 숨긴다고 한다. (말할 때 단체에 대해서는 환경을 관찰하고, 개인에 대해서는 상대방의 기색을 살펴야 하는데) 안색을 살펴보지 않고 말하는 것을 (상황을 뚜렷이 보는) 눈치가 없다고 한다."

孔子曰 : 侍於君子有三愆 : 言未及之而言, 謂之躁 ; 言及之而不言, 謂
공자왈   시어군자유삼건   언미급지위언   위지조   언급지이불언   위

之隱 ; 未見顔色而言, 謂之瞽。
지은   미견안색이언   위지고

이는 공자가 처세의 도리를 말한 대목으로, 공자는 "군자를 모시면서 잘 범하는 세 가지 잘못이 있다."(侍於君子有三愆)고 했습니다. 부하가 상사를 대하고, 후배가 선배를 대하고, 신하가 황제를 대하는 것이 모두 "군자를 모시는 것"이라 할 수 있는데, 사실상 친구 사이도 이같이 해야 합니다.

공자는 이렇게 말하고 있습니다. "이러한 관계에서 나타나기 쉬운 세 가지 큰 잘못이 있다. 첫째는 나서기 좋아하는 것으로, 아직 말할 차례가 되지 않았는데도 말하는 것이다. 이는 '조급함'(躁)으로, 수양이 부족한 것이다. 둘째는 마땅히 말을 해야 할 때인데도 책임 질것이 두려워 말하지 않는 것이다. 이런 사람은 너무 사적인 의식이 강해서陰私 '속을 숨기는 것'(隱)인데 이 역시 좋지 않다. 셋째는 말할 때 단체에 대해서는 환경을 관찰하고, 개인에 대해서는 상대방의 기색을 살펴야 하는데, 상대방이 한참 괴로워하고 힘들어하고 있을 때 가서 자기의 잘된 일을 말한다거나 중대한 문제를 토론한다면 틀림없이 좋은 결과를 얻을 수 없을 것이다. 이것을 '눈치가 없다'(瞽)고 하는데, 눈이 없어 상황을 뚜렷이 보지 못한 것이나 마찬가지이다."

옛날에는 외교가 모두 연회석상宴會席上에서 이루어져서, 청나라 말기에 정치가 부패했을 때에는 상공업계나 정치계 거래 모두가 기생집에서 이루어졌습니다. 실제로 있었던 이야기를 하나 해 보겠습니다.

북양정부北洋政府 시절 원세개袁世凱가 당선되기 위해 조곤曹錕에게 뇌물을 주었을 무렵, 한 사람이 북경 기생집에서 창해도인滄海道人이라 서명된 시詩들을 보았는데, 그 가운데는 경구警句가 아주 많았다고 합니다. 그 사람이 내게 그 시들을 들려 주었는데, 오래 전의 일이라 애석하게

도 잊어버렸습니다. 그러나 그 중의 한 수는 지금도 기억하고 있는데, 다음과 같습니다.

북경에서 그 누가 준수한 인재를 모았을까	燕市誰收駿骨才
소왕昭王이 선비를 사랑함이 심히 서글퍼라	昭王愛士亦堪哀
한 번 던지는 기생집 화대가 중산층 재산에 맞먹고	纏頭一擲中人産
헛되이 쓴 황금은 쌓여 빚더미가 된다네	浪築黃金作債台

이 얼마나 나라의 일을 근심하는 말입니까! 북양 정부는 외채外債를 빌려 정치적인 거래를 했는데, 그 결과 큰 돈을 쥐게 된 나리들께서 기생집으로 그 돈을 쓰러 갔습니다. 한 번 던지면 중산층 가정 재산에 맞먹는 기생집 화대는 결과적으로는 국민의 짐이 되어, 외채는 영원히 갚을 수 없습니다.

오늘날에는 기생집이 없어지면서 이런 거래가 술집이나 무도장에서 이루어지고 있는데, 여기만 그런 게 아니라 외국에서도 마찬가지입니다. 과거 일본의 외교 활동은 대부분 예기원藝妓院에서 이루어졌는데, 지금은 골프장에서 많이 진행됩니다. 요즘 외교관 노릇 하려면 골프도 할 줄 알아야 합니다. 옛날에 마작麻雀하는 탁자 위에서 외교 문제를 해결하던 것과 다르지 않습니다.

이런 사실들로 보아, 공자가 이 단락에서 "안색을 살펴보지 않고 말하는 것을 눈치가 없다고 한다."(未見顏色而言, 謂之瞽)고 말한 것은 공자가 인정세태에 깊이 통달했음을 말해 줍니다. 그러므로 남을 타이르든, 건의를 하든, 청구를 하든, 무슨 말을 할 때에는 먼저 상대방의 기색을 살펴 때에 맞게 말해야 합니다. 물론, 기색을 살피면서 말하는 법을 나쁜 방면으로 써먹으면 대단히 나쁜 일이 됩니다.

누가 죽음을 생각하고 수행할까

공자께서 (인생 삼계三戒를) 말씀하셨다. "군자에게는 세 가지 경계해야 할 일이 있다. 젊은 시절에는 혈기가 안정되지 않았으니, 경계할 것은 무절제한 성행위에 있다. 장년이 되면 혈기가 한창 강성하므로, 경계할 것은 지나친 경쟁심에 있다. 노년이 되면 혈기가 쇠잔해지므로, 경계할 것은 노욕老欲을 부림에 있다."

孔子曰:君子有三戒。少之時, 血氣未定, 戒之在色; 及其壯也, 血
공자왈　군자유삼계　소지시　혈기미정　계지재색　급기장야　혈

氣方剛, 戒之在鬪; 及其老也, 血氣旣衰, 戒之在得。
기방강　계지재투　급기노야　혈기기쇠　계지재득

이것은 인생을 3단계로 나누어 사람들이 경계해야 할 점을 가르친 명언으로, 우리 모두 잘 아는 내용입니다. 우리는 나이·경험·심리·생리 체험이 많아질수록 이 말의 의미를 깊이 알게 됩니다.

젊은 시절에는 "계지재색"戒之在色이라 했는데, 바로 성性 문제입니다. 젊은 시절에 지나치게 성에 탐닉하여 불과 3,40세에 몸이 훼손되어버리는 되는 사람들이 많습니다. 중년·노년에 발생하는 많은 병들은 젊은 시절에 성행위를 절제하지 않아서 병의 원인이 되었던 경우가 많습니다.

옛 사람들은 성性에 대해 학문적으로 세밀히 연구했습니다. 그러나 의학 분야에서의 얘기이고, 딱하게도 도덕적으로 성을 너무나 억압해서 이 분야 학문이 발전하지 못해, 결과적으로 국민 건강에 장애가 되었습니다. 내가 이해하기로는 과거 우리 청소년들 중에 자위행위를 하지 않는 청소년이 거의 하나도 없었는데, 부모 된 사람은 주의를 기울여야 합니다! 나치 시대 독일에서는 청소년들에게 모두 반바지를 입히고 밤에 잠잘 때는 양손을 묶어 이불 위에 올려놓도록 했는데, 이것은 위생을 중시하고 게르만 민족의 우월성을 내세우기 위한 것이었습니다. 이 방법은 너무 지나치기는 했지만, 교육 면에서 크게 유익한 점이 있었습니다.

오늘날 젊은 세대들의 생각을 보면, 젊은 처녀들은 돈 많은 노인에게 시집가서, 나이 많은 남편이 죽은 뒤 막대한 유산을 상속받아 다시 결

혼하겠다고 합니다. 청년들 중에는 외국 영화의 영향을 받아 중년 유부녀를 사랑하는 일이 흔히 있습니다. 이것이 오늘날의 일반 풍조로서 심각한 문제입니다. 요즘 청소년들의 생각을 살펴보면, 우리의 교육에 문제가 많다는 것을 심각하게 느끼지 않을 수 없게 됩니다. 외국에서는, 예를 들어 미국 같은 곳에서는 청년 남녀들이 결혼하는 것을 별로 원하지 않습니다. 결혼하여 가족에 대해 책임지는 것을 꺼리고 그저 즐기면서 살기만을 원하니 사회가 온통 혼란스럽게 되었습니다. 이것은 인류 문화의 하나의 큰 문제입니다. 그래서 공자는 젊은 시절에는 "혈기가 안정되지 않았으니, 경계할 것은 무절제한 성행위에 있다."(血氣未定, 戒之在色)고 했습니다. 이 말의 의미를 정말로 확대해 나가면 많은 문제를 논의할 수 있는데, 특히 청소년들 성 심리의 교육에 주의해야 합니다.

공자는 또 장년에 대해서는, "혈기가 한창 강성하므로, 경계할 것은 지나친 경쟁심에 있다(戒之在鬪)"라고 했습니다. 이 '투'鬪의 문제도 큽니다. 여기서 '투'鬪자는 단지 싸움만을 가리키는 것이 아니라, 고의로 상대방을 괴롭히고 오기를 부리는 모든 경쟁을 말합니다. 여기에서 "계지재투"戒之在鬪란 바로 사업상의 경쟁으로, 일을 할 때 남을 공격해서라도 성공하려는 심리야말로 중년기 사람들의 병폐이므로 이를 경계해야 한다는 것입니다.

노년기 사람들에게 있어서 "경계할 것은 노욕老欲을 부림에 있다."(戒之在得)는 이 문제는 대단히 엄중한데, 노년에 이르지 않으면 이 문제를 이해할 수 없습니다. 예컨대 어떤 사람의 개성은 상당히 강개하여서 자기는 그러지 않겠다고 늘 경계하지만, 막상 늙으면 실천할 수 없습니다. 내가 겪어보니, 많은 사람들이 젊었을 때는 의리를 중히 여기고 재물을 소홀히 하다가도, 노년에 이르러서는 10원 짜리 하나도 쓰기를 아까워하고 사업에서 손을 떼는 것은 더더욱 아까워합니다. 젊은 시절에는 강개하고 의義를 좋아하다가도 만년에 이르러서는 일변하여 돈을 하늘만큼 크게 봅니다. 노년기에 "경계할 것은 노욕을 부림에 있다(戒之在得)"이라는 말은 돈에만 한정되는 것이 아닙니다. 다른 많은 면에도 적용이 됩니다.

『관장현형기』官場現形記라는 소설 속에 이런 묘사가 있습니다. 벼슬 맛에 인이 박인 한 늙은 벼슬아치가 죽음이 임박하여 침상에 누워 있으면서 이미 위독한 지경인데도, 그의 마음속에는 오직 벼슬 생각만 있습니다. 즉, 여전히 벼슬자리에 있으면서 벼슬 맛을 바라는 것입니다. 그것을 아는 두 사람의 부관이 방문 앞에 서서, 한 사람은 옛날 명함을 꺼내 들고 "모모某某 나리 오십니다!" 하고 소리 내어 읽고, 다른 한 부관은 "나리께서 편찮으시니, 미안하지만 면회를 하실 수 없습니다!" 하고 소리 내어 읽는데, 늙은 벼슬아치는 그 소리를 들으며 아주 만족해한다는 것입니다.

나는 전에는 이 소설이 사람을 지나치게 풍자하고 있다고 생각했는데, 이제 나이가 많이 들고 보니 결코 지나친 풍자가 아니라 실제로 이런 사람이 허다하다는 것을 알게 되었습니다. 많은 사람들이 일을 할 때는 팔팔하더니, 퇴직한 뒤에 집에서 할 일이 없게 되자 늘 수심에 싸여 권태롭게 지냅니다.

한 노인이 어떤 사람에게 자기는 어느 유명한 건물을 지었으며, 돈도 아주 많이 가지고 있다고 말했습니다. 그 말을 들은 장군將軍이 그 노인에게 물었습니다. "그렇게 부유하고 나이도 많으신데 무엇 때문에 악착같이 돈을 더 벌려 하십니까?" 그러자 그 노인은 "나이가 많아졌기 때문에 더욱 부지런히 돈을 벌어야지요. 지금 돈을 더 벌지 않으면 앞으로는 그럴 시간이 얼마 없기 때문이지요." 하고 대답했답니다. 이게 도대체 무슨 인생철학일까요?

한 친구가 이런 이야기를 했습니다. "내가 아는 어떤 노인은 돈이 아주 많은데, 미국 달러로만 저축해 놓고는 매일 잠들기 전에 꼭 금고를 열어 달러를 한 번 세어보고 나서야 잠이 든다고 합디다." 이런 이야기를 들으면, "노욕을 경계하는"(戒得) 수양이 참으로 중요하다는 것을 더욱 깨닫게 되는데, 어찌 명예를 위하고 이익을 위해서뿐이겠습니까! 인생의 이런 이치들을 간파하고, 스스로 체험할 수 있다면 삶이 대단히 편안할 것입니다. 그렇지 않으면 늘그막에 이르러 자기 정신을 어디에 안주하도록 하지 못해 매우 고통스럽게 지내게 됩니다. 그러므로 공자의 인생 삼계人生三戒에 대해 우리 모두 경각심을 가질 필요가 있습니다.

두려움의 철학

공자께서 (군자 삼외三畏를) 말씀하셨다. "군자에게는 세 가지 두려워해야 할 일이 있다. (천지자연의 섭리인) 천명天命을 두려워해야 하고, (부모·연장자, 도덕과 학문이 있는 사람 등) 대인大人을 두려워해야 하고, (사서오경이나 성경이나 불경 등) 성인聖人의 말씀을 (위배할까) 두려워해야 한다. 소인은 천명을 알지 못하기 때문에 두려워하지 않고, 대인을 함부로 대하며, 성인의 말씀을 업신여긴다. (사람이 살아가는 데 있어 두렵거나 무서운 것이 있어야지, 그런 것이 없으면 안 된다)"

孔子曰 : 君子有三畏 : 畏天命, 畏大人, 畏聖人之言。小人不知天命
공자왈   군자유삼외   외천명   외대인   외성인지언   소인부지천명

而不畏也, 狎大人, 侮聖人之言。
이불외야   압대인   모성인지언

여기에서 말하는 '외'畏는 바로 '경'敬으로, 사람이 살아가는 데 있어서 두려워하는 바가 없으면 정말 위험합니다. 오직 두 종류의 사람만이 두려움이 없을 수 있습니다. 한 종류는 제일류의 지혜로운 사람이며, 다른 한 종류는 가장 어리석은 사람이 두려워하지 않을 수 있습니다. 이것은 철학적인 문제로서, 종교 신앙과 마찬가지입니다. 나는 친구들에게 자주 이렇게 권합니다. "신앙을 하나 가지는 것도 좋다. 어떤 종교를 믿든, 만년에 이르러 정신적인 의지처를 하나 찾는 게 좋다." 종교 신앙은 제일류의 지혜로운 사람이 가지며 가장 어리석은 사람도 갖지만, 그 중간에 있는 사람은 종교 신앙을 가지기가 어렵습니다.

인생에서 두려워하는 바도 없고 아무 것도 무서워하지 않는다면 모든 것은 끝장나게 됩니다. 예를 들어, 지금 이 자리에 계신 여러분은 두려

위하는 것이 없습니까? 반드시 있습니다. 늙으면 어떻게 하지? 앞날은 어떻게 될까? 돈이 없으면 어떻게 하지? 타고 다닐 자동차가 없으면 어떻게 하지? 이런 것들 모두가 두렵습니다. 사람은 누구나 두려워하는 것이 있으며, 아침부터 저녁까지 내내 두려워합니다. 인생에서 두려워하는 것을 하나 찾아야 합니다. 공자는 우리에게 두렵거나 무서운 것이 있어야지, 그런 것이 없으면 안 된다고 가르치고 있습니다.

첫째, 공자는 "천명을 두려워하라."(畏天命)고 했습니다. 이는 종교적 신앙과 다름없는 것으로, 중국 고대에는 종교의 형태는 없었지만 종교 철학은 있었습니다. 대학총장 한 분이, "대단히 간단한 이야기지만, 이 야기를 하면 할수록 이해가 가지 않는 게 바로 철학이다." 하고 말한 적이 있습니다. 우스갯소리지만 나름대로 일리 있는 말입니다. 철학은 그만큼 이해하기 어려운 것이라는 것을 알 수 있습니다.

그러나 시골 사람들은 다들 대철학자여서 철학을 잘 이해했습니다. 그들은 '명'命을 믿었기 때문입니다. 그러면 명命은 무엇일까요? 그들은 그게 뭔지 몰랐지만, 어쨌든 일이 잘 되거나 못 되는 것은 다 명命 때문이라 여겼습니다. 이것이 바로 철학으로, 그들 생각에는 하나의 중심이 있었습니다. 천명天命도 그러한데, "외천명"畏天命이라는 이 세 글자에는 하느님上帝·주재자主宰者·부처(佛)에 대한 신앙 등 일체의 종교적 신앙이 포함됩니다. 이런 것들이 모두 "천명을 두려워하는" 것입니다. 사람은 두려워하는 바가 있어야 이루는 바가 있습니다. 두려워하는 바가 없으면 성공할 수 없습니다.

둘째는 "대인을 두려워하라."(畏大人)는 것입니다. 여기서 '대인'大人이란 꼭 큰 벼슬을 한 사람을 가리키는 것은 아닙니다. 부모·연장자, 도덕과 학문이 있는 사람을 모두 말하는데, 이들에 대해 두려워하는 바가 있어야 비로소 성취할 수가 있습니다.

셋째는 "성인의 말씀을 두려워하라."(畏聖人之言)는 것입니다. 『논어』와 같은 사서오경을 읽거나, 기독교인이 성경을 읽거나, 불교인이 불경을 읽는 것은 모두 성인의 말씀을 따르기 위한 것으로서, 성인의 말씀을 위배할까 두려워하는 것입니다.

역사상 성공한 인물을 연구해 보면 그들 심리에는 반드시 두려워하는 한 가지가 있었습니다. 보통의 철학의 입장에서 보면, 그것은 바로 신앙적인 것을 하나 찾아 어떤 주의主義나 목적을 중심으로 삼는 것입니다. 이런 중심이 없다면 끝장나게 됩니다.

공자는 또 "이와 반대로 소인小人은 천명을 알지 못하기 때문에 두려워하지 않는다."고 했습니다. "대인을 함부로 대하며"(狎大人), 남을 가지고 놀고 일체를 신뢰하지 않고 성인의 말도 두려워하지 않으면, 끝내 한 가지도 이루지 못할 것입니다. 이 속의 도리도 많아서 역사 · 정치 · 철학 이 모두와 관계가 있으며, 동서고금의 역사상 무언가를 창조한 사람은 모두 나름대로 모자帽子 하나를 찾아서 쓰고 있었던 것입니다.

여기서 이야기가 하나 생각납니다. 크고 작은 두 마리 뱀이 거리를 건너게 되었습니다. 큰 뱀이 우쭐거리며 건너가려 하자, 작은 뱀이 감히 건너가지 못하고 큰 뱀에게 소리쳐 말했습니다. "이런 식으로 건너갔다가는 너나 나나 둘 다 맞아죽을 게 뻔해." "그럼 어떻게 해야 되지?" 하고 큰 뱀이 묻자, 작은 뱀은 "건너가더라도 사람들에게 맞아죽지 않고, 오히려 사람들이 우리 둘을 위해 용왕묘龍王廟를 짓도록 만들 방법이 있지." 하고 말했습니다. 그것이 어떤 방법이냐고 큰 뱀이 묻자, 작은 뱀이 대답했습니다. "너는 그대로 머리를 쳐들고 우쭐거리면서 건너가는데, 나를 네 머리 위에 얹고 함께 건너가는 거야. 그렇게 하면 너와 내가 맞아죽지 않을 뿐더러, 사람들이 우리를 기이하게 여겨 틀림없이 용왕이 출현한 것으로 알고 향로상을 차려 놓고 우리에게 절을 하게 될걸. 그리고 우리를 위해 용왕묘를 지어 줄 거야." 상의를 마친 두 마리 뱀이 그 방법대로 거리를 건너가자, 과연 그곳 사람들이 보고 용왕묘를 지어 주었습니다.

이 이야기를 분석해 보면 아주 일리가 있습니다. 그러므로 사업에서 성공하려면 항상 자기 머리 위에 한 가지 두려워하는 것을 이고 있어야 합니다. 한 친구가 장사하려고 하기에 나는 그에게 이렇게 충고했습니다. "작은 뱀을 하나 자네 머리에 올려놓아 이사장으로 삼고, 자네는 총지배인도 하지 말고 부지배인 노릇을 하면 되네. 천천히 거리를 건너

성공하게 되면 큰 용왕묘가 생기게 되니 바람을 쏘일 수 있는 곳이 자연히 생기게 될 것이고, 성공하지 못한다 하더라도 일을 좀 줄일 수 있으니 말일세."

또 하나의 이야기가 있습니다. 옛날에 한 태자太子가 명성이 이미 높았는데도, 그 명성을 더욱 널리 떨치기 위해 여러 나라를 두루 돌아다니고 싶어 했습니다. 그 때 왠 시골 노인이 나타났는데, 옆구리에는 낡은 우산을 끼고 있고, 말주변도 없고, 외모도 별 볼일 없었습니다. 그런데도 그 노인은 자칭 현자라면서, 황제의 스승이 되어 평천하平天下를 도울 수 있으니 태자를 만나게 해 달라는 것이었습니다. 태자가 노인을 모셔다 만나보자, 그는 태자에게 이렇게 말하는 것이었습니다. "그대가 출국하고자 한다고 들었는데, 그렇게 혼자 가면 안 되오. 나를 스승으로 모시고 가서 가는 곳마다 나를 추켜세우고, 각국이 그대를 초청하여 연회를 베풀면 높은 자리를 사양해서 내가 앉도록 해야 하오. 그래야 성공할 수 있소."

태자가 그게 무슨 소리냐고 묻자, 노인이 말했습니다. "나는 그대가 총명해서 한 번 말하면 알아들을 줄 알았는데, 못 알아듣는 것을 보니 멍청한 것이 틀림없구면. 내 지금 그대에게 일러 줄 테니 잘 새겨들으시오. 그대는 태자로 태어났으니 절대 두 번째 자리에 앉지는 않을 것이고, 국제적인 명성 또한 이미 높아져 있으므로 다시 다른 나라를 방문한다 해도 그 명성이 크게 더해지지는 않을 것이오. 그러나 이번에 나 같은 늙다리를 데리고 가서 가는 곳마다 나를 칭찬하면, 모두들 그대에 대해서 보고 느끼는 바가 달라지면서 대단하게 여기게 될 게요. 첫째, 어진 사람을 우대하는 대단히 겸손한 사람으로 보일 것이오. 둘째, 이 늙다리의 뱃속에 도대체 얼마나 큰 학문이 들어 있는지 알 수 없을 것이기에 그대를 무서워할 것이오. 각 나라마다 그대에게 이 두 가지를 보고 느끼게 되면, 이미 성공한 것이오."

태자는 그가 시키는 대로 하여 과연 성공했습니다. 이것은 그저 우스개 이야기만은 아니며, 이를 통해 인생을 이해할 수 있습니다. 이 비결을 알고 나면 역사의 열쇠도 쥐게 되고, 나아가서 성공할 수 있는 이치도 알게 됩니다.

때로는 좋은 자리를 남더러 앉으라고 사양하고, 자기는 옆에서 가마 드는 것을 도와주면 아주 마음이 편안합니다. 이것이 바로 "군자삼외"君子三畏로서, 두려워하는 바를 한 가지 찾아 정성스럽게 공경하는 것이 일종의 도덕입니다. 정녕 두려워하는 것이 없으면 종교에 귀의하여 두려워해야 하고, 종교마저도 두렵지 않으면 집에 돌아가서 마누라라도 두려워하는 척해야 합니다. 이것이야말로 진정 하나의 철학입니다.

나는 사상적으로 신앙이 있는 사람을 하나 발견했는데, 그의 성취는 다른 사람들과 전혀 달랐습니다. 사람이 자기를 통제할 그 무엇이 없을 때가 바로 실패의 시작이 되기 쉽습니다. 두려워할 것이 아무것도 없으면 집에 돌아가 관세음보살께 절하는 것도 좋습니다.

학문의 조건

공자께서 말씀하셨다. "태어나면서부터 아는 사람은 (천재이자) 상 등급의 사람이요, 배워서 아는 사람은 그 다음 등급의 사람이요, 강요하여 배우는 사람은 또 그 다음 등급의 사람이며, 강요하여도 배우지 않으면 백성 중에서도 하 등급의 사람이 될 것이다!"

孔子曰 : 生而知之者, 上也。學而知之者, 次也。困而學之, 又其次
공자왈　생이지지자　상야　학이지지자　차야　곤이학지　우기차

也。困而不學, 民斯爲下矣!
야　곤이불학　민사위하의

이것은 교육과 천재와의 관계입니다. 공자는 태어나면서부터 아는 사람(生而知之者)은 천재이자 상등인上等人이라고 말했습니다. 동서고금의 역사를 보면, 태어나면서부터 아는 사람들이 확실히 있었습니다.

대단한 군사가軍事家라 해서 꼭 병법을 알고 있는 것은 아니었습니다. 송나라 명장 적청狄靑의 작전을 가리켜 '암합병법'暗合兵法이라는 말을 씁

니다. 그는 결코 무술을 익힌 사람이 아니었지만, 태어날 때부터 군사적인 천재성이 있었다는 뜻입니다. 내가 알기에도, 많은 친구들이 군사에 관한 학문적 이론은 아주 훌륭하지만, 실제 전쟁에서는 늘 패배하였습니다. 대단한 정치가도 반드시 정치학과 졸업생이 아닌 경우는 많았습니다. 인정세태를 훤히 알고 나면, 자연히 그렇게 되는 것입니다.

그러므로 문학이든 예술이든 어떤 방면이든 다 천재가 있습니다. 공자는 철학과나 윤리학과나 교육학과 같은 곳을 다녔던 사람이 아니며, 예수나 노자老子도 무슨 전공학과를 공부한 사람이 아니었습니다. 그러나 그들의 학문은 천추만세에 변하지 않는 진리가 되고 있으니, 그들은 바로 나면서부터 알았던 천재들이었습니다.

그 다음 등급은 "학이지지"學而知之로, 배우고 나서야 아는 것을 말합니다.

또 그 다음은 "곤이학지"困而學之로, 억지로라도 배운다는 것입니다. 우리는 모두 이 정신을 가지고 스스로 자신을 강요하여 억지로라도 배우려고 노력하지 않으면 안 됩니다. 개인의 기호嗜好에 따라 다르겠지만, 나의 경우에는 며칠 동안 책을 만지지 않으면 무언가 정상이 아닌 듯한 느낌이 드는 것이, 마치 며칠 동안 카드놀이를 하지 않으면 손이 근질근질한 사람과 같습니다. 이것이 "곤이학지"困而學之로, 자기가 정해 놓고 억지로라도 책을 읽지 않으면 안 되는 것입니다. 소설을 읽는 것도 좋습니다. 그러나 일반인들은 대부분이 "곤이불학"困而不學이어서, 애써 범위를 정해 주고 가서 배우라고 해도 배우려고 하지 않습니다. 이런 사람은 배운다고 할 것이 없습니다.

공자께서 말씀하셨다. "군자에게는 (사람됨과 일처리 기준으로서) 아홉 가지 생각하는 바가 있다. 보는 데 있어서는 (특히 정신적인 관찰 주의를 기울여) 분명하게 볼 것을 생각하고, 듣는 데 있어서는 (심사숙고深思熟考하여) 가려들을 것을 생각하고, 안색은 온화할 것을 생각하고, 태도는 공손할 것을 생각하고, 말은 신용이 있을 것을 생각하고, 일을 함에는 책임을 다할 것을 생각하고, 의심스러운 것이 있을 때는 질문할 것을 생각하고, 감정적인 충동(忿)에서 어떤 일을 하게 될 때는 어려움을 겪을 것을 생각하고, 이득을 보게 될 때는 (얻는 게 도리에 맞는 것인지 그) 의로움을 생각하는 것이다."

孔子曰 : 君子有九思 : 視思明 · 聽思聰 · 色思溫 · 貌思恭 · 言思忠 ·
공자 왈   군자유구사   시사명   청사총   색사온   모사공   언사충
事思敬 · 疑思問 · 忿思難 · 見得思義 。
사 사 경   의 사 문   분 사 난   견 득 사 의

　이 아홉 가지 조건은 모두 생각의 문제를 말한 것입니다. 우리가 생활하며 생각하는 면에서, 윤리 도덕을 기준으로 하는 사람됨과 일처리의 기준으로서 아홉 가지 중점이 있다고 공자는 말합니다. 이 단락은 문자대로만 해석한다면 더 말할 것이 없습니다.

　"시사명"視思明은 사물을 볼 때 분명하게 보라는 것이지만, 결코 두 눈으로 사물을 보는 것만을 말하는 것은 아닙니다. 요즘은 눈이 잘 안 보여도 상관이 없습니다. 거리에 안경점이 아주 많기 때문이지요. 여기서 말하는 것은 추상적인 것으로 무슨 일에 대해서나 정신적인 관찰을 말하는 것인데, 특히 주의를 기울여 또렷이 보아야 한다는 것입니다.

　마찬가지로 남의 말을 들으면 그 말을 심사숙고해 보아야 합니다(聽思聰). 그러므로 헛소문은 지혜로운 자에게서 멈추는 것입니다. 조趙씨는 와서 전錢씨 말을 하고, 전씨는 와서 손孫씨 말을 하는 식으로, 말이 많은 것을 나는 늘 경험하게 됩니다. 나도 늘 그들에게 말하기를, 이런 말들은 그저 떠도는 말이니 믿을 필요가 없으며, 들은 말을 지혜로써 판단해야 한다고 합니다.

　얼굴 표정과 태도는 겸손하고 온화해야 합니다(色思溫). 요즈음 말로 하면 뻐기지 않는 모습입니다. 남을 대하는 태도는 어디서나 늘 공손해야 합니다(貌思恭). 그러나 그 공손함은 결코 틀에 박힌 것이 아니라, 지성스러운 심정에서 우러나오는 것이어야 합니다.

　또, 자기가 한 말에 대해서는 신용이 있어야 하며(言思忠), 일에 대해서는 책임을 져야 합니다(事思敬). 의심스러운 것이 있으면 연구해서 정

확한 답을 찾아야 합니다(疑思問).

　"분사난"忿思難에서의 '분'忿은 문자로 보면 분노이지만, 실제로는 감정적인 충동을 말합니다. 즉, 어떤 일을 감정적인 충동에서 하게 될 때에는 여러 번 고려하고, 무슨 일이나 그 나름대로의 어려운 일면이 있으므로 단숨에 해치우려고 해서는 안 된다는 것입니다.

　가장 중요한 것은 "견득사의"見得思義로, 자기가 어떤 이익을 얻게 될 경우에는 그것이 도리에 맞는 것인가, 마땅히 가져도 되는 것인가를 고려해 보아야 한다는 것입니다.

　공자께서 말씀하셨다. "(남의 좋은 점인) '선善한 것을 보면 거기에 미치지 못할 듯이 뒤쫓(아 자기도 얼른 배워서 익히)고, (남의 나쁜 점인) 선하지 않은 것을 보면 끓는 물에 손을 넣(었다가 즉시 빼내)는 듯이 빨리 피(하여 자기는 절대로 하지 아니)한다.' 는 말이 있다. 나는 그런 사람도 보았고, 그런 말을 듣기도 하였다.

　'(일생 동안 벼슬길에 나서지 않고) 숨어 살면서 (학문을 하고 자기 인생을 관리할 뿐 이름을 날리지 않으려는) 자기의 뜻을 추구하고, (경우에 맞고 사리에 맞는) 의로운 일을 행함으로써 (인의仁義의 길을 걸어가는) 자기의 이상에 도달한다.' 는 말이 있다. 나는 그런 말을 듣기는 하였으나, 그런 사람을 보지는 못하였다.

　(일생 동안 어떠한 부귀공명에도 마음이 움직이지 않는다는 것은 이론상으로 말하기는 쉽지만, 실제로 부귀공명이 눈앞에 놓여 있는데도 그것을 바라지 않을 수 있기란 어렵고 어렵다)"

　孔子曰: 見善如不及 , 見不善如探湯 , 吾見其人矣 , 吾聞其語矣。隱
　　공자왈　견선여불급　견불선여탐탕　오견기인의　오문기어의　　은

居以求其志 , 行義以達其道 , 吾聞其語矣 , 未見其人也。
거이구기지　행의이달기도　오문기어의　미견기인야

　앞 단락에서는 인생의 대원칙을 말했고, 여기에서는 공자 자신의 경험을 제공하고 있습니다. "선한 것을 보면 거기에 미치지 못할 듯이 뒤

쫓는다."(見善如不及), 어떤 사람들은 남의 좋은 점을 보면 자기도 얼른 배워 익히며 미처 그만큼 배우지 못할까 두려워한다는 것입니다. 또 "선하지 않은 것을 보면 끓는 물에 손을 넣은 듯이 빨리 피한다."(見不善如探湯), 나쁜 일을 보면 마치 끓는 물속에 손을 넣었다가 즉시 빼내는 것처럼 피한다는 것입니다. 즉, 어떤 사람들은 나쁜 일을 절대로 하지 않는다는 것입니다. 공자는 "이렇게 오로지 좋은 길을 가고 나쁜 길은 근처에도 가지 않는 사람을 나는 본 적이 있고, 또 그런 사람이 있다는 말을 들은 적도 있다."고 했습니다.

다음으로 "어떤 사람들은 숨어 살면서 자기의 뜻을 추구한다."(隱居以求其志)고 했습니다. 이들은 일생 동안 밖으로 나올 생각을 하지 않았고, 특히 고대에는 벼슬하는 것이 뜻을 펴는 유일한 길이었음에도 불구하고 일생토록 벼슬길에 나서지 않았다는 것입니다. 그들은 자유로운 의지로 학문을 하며 자기 인생을 관리했을 뿐, 이름을 날리거나 벼슬 하려고 하지는 않았습니다. "의로운 일을 행함으로써 자기의 이상에 도달한다."(行義以達其道)는 것은, 어떤 일이든 경우에 맞고 사리에 맞는 일을 하여 인의仁義의 길을 걷는다는 것입니다. 여기에 대해서 공자는 "나는 이런 말을 듣기는 했지만, 실제로 이렇게 해낸 사람은 보지 못했다."고 말했습니다. 공명부귀를 결코 바라지 않고 오로지 의로운 일을 행함으로써 자기의 이상에 도달한다는 것은 이론상으로 말하기는 쉬워도 실천하기란 대단히 어렵다는 것을 말하고 있습니다.

이 단락은 앞뒤의 말이 서로 대비됩니다. 앞부분에서는 오로지 좋은 일만 하고 나쁜 일은 근처에도 가지 않는 사람들은 많다고 말합니다. 뒷부분에서는 일생 동안 어떠한 부귀공명에도 마음이 움직이지 않는다는 것은 이론상으로 말하기는 쉽지만, 실제로 부귀공명이 눈앞에 놓여 있는데도 그것을 바라지 않을 수 있기란 어렵고 어렵다고 말합니다. 이것은 인생철학입니다. 그러나 이 「계씨」편의 내용은 모두 정치 철학을 벗어나지 않는다는 점을 유의해야 합니다. 이 때문에 다음 단락이 이어 집니다.

　제나라 경공(은 제후로 태어나 정권을 잡았으며 그)에게는 (재산이
많고) 말 사천 필이 있(어 더할 나위없는 부귀를 누렸)었으나, (백성들
이 그를 그리워할 만한 좋은 일을 하지 못했기 때문에) 그가 죽던 날
백성들 중에 그를 (선행의) 덕德이 있다고 칭송한 사람이 없었다.

　(그런데) 백이와 숙제 (두 형제)는 (황제 자리조차도 마다하고 끝내)
수양산 아래에서 굶어 죽었으나, 백성들은 지금까지도 그들을 칭송하고
있(어 만고에 그 이름을 남겼)다. 그것은 바로 ('숨어 살면서 자기의 뜻
을 추구하고, 의로운 일을 행함으로써 자기의 이상에 도달한다.'는) 이
것을 두고 말한 것인가?

　(다시 말해, 제왕자리도 하찮게 여길 정도의 수양이 없이 '숨어 살면
서 자기의 뜻을 추구한다.'고 함부로 말한다면, 그것은 허튼소리에 지나
지 않을 뿐이다)"

　　齊景公有馬千駟, 死之日, 民無德而稱焉。伯夷·叔齊餓于首陽之下,
　　제 경 공 유 마 천 사　사 지 일　민 무 덕 이 칭 언　백 이　숙 제 아 우 수 양 지 하

民到于今稱之。其斯之謂與?
민 도 우 금 칭 지　　기 사 지 위 여

　옛 사람은 이 단락을 본 편에서 따로 떼어 생각했습니다. 송대 유학
자는 이 단락이 제12편에 나오는 "학문과 도덕 수양이 있다면 진실로
유형의 부는 아니지만 무형의 부는 가지고 있는 것이다."(誠不以富, 亦祇以
異)라는 단락 다음에 들어가야 마땅하다고 보았습니다. 글자를 새긴 죽
간을 이리저리 옮기다 보니 위치가 잘못 놓였다는 것입니다. 그러나 내
가 보기에는 그렇지 않고, 바로 앞 단락과도 뜻이 잘 통합니다.

　공자는 이렇게 말했습니다. "제경공齊景公은 제후로 태어나 정권을 잡
았으며, 재산이 많고 수천 필의 명마名馬가 있어 더할 나위 없는 부귀를
누렸다. 그러나 그는 백성들이 그를 그리워할 만한 좋은 일을 하지 못
했기 때문에, 죽은 뒤 곧 잊혀져버렸다. 그런데 백이·숙제 두 형제는
황제자리조차도 마다하고 끝내 수양산에서 굶어 죽었지만, 지금까지 사
람들의 칭송을 받고 있어 만고에 그 이름을 남겼다. 이것이 바로 '숨어

살면서 자기의 뜻을 추구하고, 의로운 일을 행함으로써 자기의 이상에 도달한다.'(隱居以求其志, 行義以達其道)라는 말의 뜻이다." 다시 말하면, 제왕 자리도 하찮게 여길 정도의 수양이 없이 함부로 "숨어 살면서 자기의 뜻을 추구한다."고 말한다면, 그것은 허튼소리에 지나지 않을 뿐이라는 것입니다.

시와 예를 배우게 하다

다음은 본 편의 결론에 가깝습니다.

(어느 날) 진항이 (공자의 아들) 백어(를 끌어당기면서 그)에게 물었다. "(우리들 선생님이 바로 당신의 아버지인데, 선생님이 따로 무슨 비결을 전해 주셔서) 당신은 특이한 가르침을 들은 게 있겠지요?"

그가 대답하였다. "없습니다. (다만 한 가지 말씀드릴 것이 있습니다. 이전에 (어느 날 저의 부친께서) 홀로 서 계실 때에 제가 종종걸음으로 대청을 지나가는데, '(요즈음 무슨 책을 보느냐?) 시詩를 배웠느냐?' 하고 물으시더군요. '아직 배우지 못했습니다.' 하고 대답하니, '시를 배우지 않으면 (지식이 해박해질 수 없고, 지식이 해박하지 않으면 문장을 짓거나) 남과 말을 할 수가 없느니라.' 고 하셨습니다. 저는 물러나 시를 배웠지요.

다른 날 또 홀로 서 계실 적에 제가 종종걸음으로 마당을 지나가는데, '예禮를 공부했느냐?' 하고 물으시더군요. '못했습니다.' 하고 대답하니, '예를 배우지 않으면 (문화 정신의 기본을 알지 못해) 자립(하여 사람 노릇) 할 수 없느니라.' 고 하셨습니다. 저는 물러나 예를 배웠지요. 들은 것은 이 두 가지입니다."

진항은 물러나와 기뻐하며 말하였다. "나는 (선생님이 어떤 분이신가 연구하고 싶어) 한 가지를 물었다가 (뜻밖에도) 세 가지 사실을 들(어 알게 되)었다. 시(를 배워 해박한 지식을 얻는 것이 중요하다는 것)에 대해 들(어서 알게 되)었고, 예(의 중요함, 즉 문화의 중심이 중요하다는 것)에 대해 들(어서 알게 되)었고, 군자(인 선생님께서)는 (진정한 성인이며 사심이 없기 때문에) 자기 자식(에 대한 교육에 있어 부자지 간의 관계와 감정)을 멀리(하고 일반 제자들과 마찬가지로 대)한다는 것도 들(어서 알게 되)었다."

陳亢問於伯魚曰：子亦有異聞乎？對曰：未也。嘗獨立，鯉趨而過
진항문어백어왈　자역유이문호　대왈　미야　상독립　이추이과

庭，曰「學詩乎?」對曰「未也」。「不學詩，無以言」。鯉退而學詩。他
정　왈　학시호　대왈　미야　불학시　무이언　이퇴이학시　타

日又獨立，鯉趨而過庭，曰：「學禮乎？」對曰：「未也」。「不學禮，無以
일우독립　이추이과정　왈　학례호　대왈　미야　불학례　무이

立」。鯉退而學禮。聞斯二者。陳亢退而喜曰：「問一得三：聞詩 · 聞禮 ·
립　이퇴이학례　문사이자　진항퇴이희왈　문일득삼 문시　문례

又聞君子之遠其子也」。
우문군자지원기자야

이것은 공자 자신의 이야기인데, 본 편의 뒤쪽에 놓아 결론으로 삼은 것은 그 속에 매우 도리가 있습니다. 진항陳亢은 공자의 학생으로, 이름 은 자금子禽입니다. 상론上論에서 그는 자공에게 "공자께서 각 나라마다 다니시는데 도대체 정치를 하시겠다는 건가요? 아니면 남에게 공헌할 수 있기를 바라시는 건가요?" 하고 의심스레 물었습니다. 이 학생은 매 우 재미있는데, 항상 공자를 연구하고 공자에 대해 의심을 품고 있었습 니다. 백어伯魚는 이름이 이鯉인데, 공자의 아들로서 젊어서 죽었습니다. 이의 아들이 바로 『중용』中庸을 쓴 자사子思입니다.

어느 날 자금이 공자의 아들 백어를 끌어당기면서 물었습니다. "우리 들 선생님이 바로 자네의 아버지인데, 선생님이 자네에게는 따로 무슨 비결을 전해 주셨겠지? 자네에게는 무언가 다른 가르침을 주셨겠지?" 그러자 백어는 말했습니다. "없습니다. 다만 한 가지 말씀드릴 것이 있 습니다. 어느 날 저의 부친께서 혼자 서 계셨습니다(이 때는 물론 곁에 학 생들이 없었고, 부자지간에 비밀 이야기를 했을 때였을 것입니다). 제가 돌아와

총총히 대청大廳을 지나갈 때, 부친께서 저를 부르시더니 물었습니다. '요즈음 무슨 책을 보느냐? 시詩를 연구했느냐?' 제가 '아직 못했습니다.'고 하자, 부친께서는 '시를 배우지 않으면 남과 말할 방법이 없다.'고 훈계하셨습니다 (고대의 시는 만상을 포괄하고 있어, 시를 연구하면 지식이 자연히 해박해지고 각종 지식을 이해할 수 있습니다. 예를 들어, 생물계의 짐승·물고기·새 등의 이름을 알게 되고, 나아가서는 식물·동물 등에 대한 여러 가지 과학적인 지식을 이해하여 사물을 널리 알 수 있습니다. 그래서 공자는 백어에게 시를 배우지 않으면 지식이 해박해질 수 없고, 지식이 해박하지 않으면 문장을 짓거나 말하는 것 등이 모두 안 된다고 일러 준 것입니다). 그래서 저는 시를 배우기 시작했습니다. 또 어느 날 제가 부친과 마주쳤을 때, 부친은 제게 '예禮를 배웠느냐?' 하고 물었습니다. 제가 배우지 않았다고 하자, 부친은 '사람이 예를 배우지 않아 문화의 기본 정신을 알지 못한다면 어떻게 자립하여 사람 노릇을 할 수 있겠느냐?'고 하셨습니다. 저는 어르신의 가르침을 듣고 나서 한 걸음 더 나아가 예禮의 학문을 연구했습니다. 단지 이 두 가지 점을 들었을 뿐입니다." 이것이 백어의 답변이었습니다. 바꾸어 말해, 공자는 자기 아들에 대해서도 다른 학생들과 마찬가지로 교육을 하여 특별한 비결과 사심이 조금도 없었다는 것입니다.

자금은 백어의 말을 듣고 대단히 기뻐하면서 말했습니다. "나는 선생님이 어떤 분이신가 연구하고 싶어 한 가지를 물어 보았을 뿐인데, 뜻밖에도 세 가지 사실을 알게 되었다. 첫째, 시를 배워 해박한 지식을 얻는 것이 중요하다는 것을 알게 되었다. 둘째, 예禮의 중요함, 즉 문화의 중심이 중요하다는 것을 알게 되었다. 셋째, 공자는 진정한 성인이며 사심이 없어 자기 아들에 대한 교육도 일반 학생들에 대한 교육과 마찬가지라는 것을 알게 되었다."

이 이야기를 하고 나니, 내가 직접 겪은 일이 하나 생각납니다. 나의 태로사(太老師: 스승의 스승) 조봉호趙鳳篪 선생은 광서廣西 사람으로 전통 학문뿐만 아니라, 불학佛學에도 깊이 통달하여 사람들의 우러름을 받는 분이었습니다. 부처의 정신은 중생의 제도를 중요하게 여기는데, 중생은 결코 사람만을 가리키는 것이 아닙니다. 사람은 중생 중의 하나일 뿐이며, 일체의 생명을 가진 동물은 모두 다 중생입니다.

나의 스승이 말씀하셨는데, 그 태로사는 이상한 일이 많은 분이라고 합니다. 그분에게 외아들이 하나 있었는데, 뒷날 성도成都 사법계에서 일을 하셨답니다. 언젠가 스승이 태로사의 아들을 방문하여, 아들의 입장에서 보기에 태로사의 일생 학문에 무슨 특이한 점은 없었느냐고 물었답니다. 그러자 아들은 웃으면서 엄부 선친께서는 무슨 특이한 점은 없었고, 다만 일체 중생을 자식처럼 여기고, 자식을 또한 일체 중생처럼 보셨다고 말하더랍니다. 이 말을 나는 지금까지 기억하고 있는데, 생각할수록 깊은 의미가 있습니다. 일체 중생을 자식처럼 여긴다는 말은 그래도 쉽다고 하겠지만, 자식을 일체 중생처럼 보셨다는 말은 참으로 어렵습니다. 이것이 바로 선배들의 교육으로, 모든 사람을 자기의 아들딸처럼 사랑하고, 자기의 아들딸에 대해서는 모든 사람을 대하듯 하는 것을 나는 정말 마음으로 동경하고 앙모하여, 교육 면에서 사심이 없으려고 합니다.

호칭의 예절

나라 임금의 아내는, 임금이 부를 경우에는 부인夫人이라 하고, 부인이 스스로를 칭할 경우에는 소동小童이라 하고, 그 나라 사람들이 부를 경우에는 군부인君夫人이라 하고, 다른 나라 사람들 앞에서 스스로를 칭할 경우에는 과소군寡小君이라 하고, 다른 나라 사람들이 부를 경우에는 역시 군부인君夫人이라 한다.

邦君之妻, 君稱之曰「夫人」, 夫人自稱曰「小童」。邦人稱之曰「君
방군지처　군칭지왈　부인　부인자칭왈　소동　　방인칭지왈　군

夫人」, 稱諸異邦曰「寡小君」。異邦人稱之, 亦曰「君夫人」。
부인　칭저이방왈　과소군　이방인칭지　역왈　군부인

이것은 중국 고대의 예禮입니다. 본 편은 계씨에서 시작하여 문화의 쇠락과 역사의 변천을 말했고, 다음에는 예의禮義의 중요함을 말했으며,

마지막에는 지금까지와는 상관이 없어 보이는 호칭 문제를 하나 덧붙였습니다. "방군지처"邦君之妻는 제후의 부인이라는 뜻입니다. 제후는 자기 부인을 공식적으로 '부인'夫人이라 불렀고, 부인이 제후에 대해 스스로를 일컬을 때에는 '소동'小童이라 했으며, 백성은 그녀를 '군부인'君夫人이라 불렀습니다. 외교 예의상으로 그녀는 스스로를 '과소군'寡小君이라 일컬었고, 외국인은 그녀를 '군부인'君夫人이라 불렀습니다. 이것은 고대의 예절인데, 이러한 예절들을 지금은 말하기 어렵게 되었습니다. 이것을 연구하려면 중국에 일련의 책들이 있는데, 오늘날의 단계에서는 이런 예절을 엄격히 중시하지 않지만, 그러나 장래의 새로운 문화는 이런 정신을 계승할 것이며, 명칭만 다를 것으로 나는 생각합니다.

예컨대 여자 선생님의 남편을 뭐라고 불러야 마땅할까요? 토론한 지오래 되었는데, 지금은 이미 사장師丈이라 부르기로 결정한 것 같습니다. 오늘날 허다한 호칭들이 이상합니다. 세백世伯이란 호칭은 아버지의 친구로서 나이 많은 사람에 대한 존칭이라는 것을 많은 사람들이 알지 못하고 왕백백王伯伯(백백은 큰아버지나 아저씨에 대한 호칭임—역주)이나 이마마李媽媽 (마마는 어머니에 대한 호칭임—역주)라고 부르고 있는데, 이전에는 그렇게 성씨를 부르면 불경스러운 것이었습니다. 폐처敝處(겸칭·겸손어 저의 고장. 저의 고향.—역주)라는 단어도 젊은이들은 알지 못하고 부상모지府上某地(댁의 모처라는 뜻—역주)라고 스스로 부르는 것은 더 보편적이 되어 버렸습니다. 태보台甫(존칭·존댓말 아호. 성함. 남의 이름·호·자 따위를 물을 때 쓰는 말—역주), 귀경貴庚(존칭·존댓말. 연세. 춘추—역주)은 더욱 알지 못합니다.

이 시대는 내가 뒤떨어진 사람이어서인지 문화가 쇠락했기 때문인지는 모르겠지만, 일체의 인문 규범人文規範이 대단히 문란하고 사교 예절도 갖가지 방식이 출현하여 모두 제멋대로입니다. 문화 부흥을 안팎으로 동시에 진행시켜, 오늘날의 국민생활 필수지식을 마땅히 광범위하고 자세하게 논의하여 정함으로써 오늘날의 요구에 적합하게 해야 합니다.

陽貨

『논어』 전체 20편 중 마지막 몇 편은 『논어』의 결론에 해당합니다. 특히, 제17편 「양화」는 제7편 「술이」의 확장입니다. 이 편 내용은 대부분 공자가 말하는 처세의 요점으로서, 후세 사람들이 이를 '차경'借鏡으로 삼았습니다. '차경'이란 사람들이 자기의 의관 외모가 단정한가를 거울에 비쳐 보듯이 인생에서 선배를 거울삼아 자기를 비쳐 보는 것을 말합니다. 즉, 본받고 살펴 가다듬는다는 뜻입니다.

이 '차경'의 요점은 인생의 출처出處입니다. 고서에서는 '출처'라는 말을 많이 볼 수 있지만, 지금은 이 말을 사용하는 사람이 매우 적습니다. '인생의 첫걸음'이란 뜻인데, 인생의 첫걸음을 어떻게 시작하느냐 하는 것이 아주 중요합니다. 첫걸음이 잘못되면 영원히 잘못된 길로 나아가게 됩니다. 역사적으로나 개인적으로나 이러한 본보기가 많습니다. 그러므로 인생의 출처는 과거 지식인에게 있어서 대단히 중요한 일이었습니다.

예를 들면, 송대宋代의 신기질辛棄疾(稼軒)은 송대 역사상 대단히 걸출한 인물이었는데, 악비岳飛보다는 좀 늦고 주희朱熹와는 거의 동시대에 살았던 산동山東 사람으로 학문이 아주 깊었습니다. 당시 원元나라는 아직 흥기하지 않았고, 북방은 금金나라 사람들이 점령하고 있었습니다. 신기질은 호협한 기상을 지닌데다 문무文武를 겸한 인재로 일반 습속에 얽매이지 않았습니다 (요즘 말로 건달이라고 할 수 있지만, 본질적으로 오늘날의 불량배와는 다릅니다). 그는 열아홉 살에 나라에 보답할 뜻을 세우고 많은 청년들과 함께 금나라에 대항하여 국토를 회복하고자 했습니다. 그래서 수천 명에게 봉기를 호소하여 산을 점령하고 유격전을 벌였습니다.

신기질은 이전에 어떤 사람을 장수감이라고 남송 조정에 추천한 적이 있었는데, 뜻밖에 그 사람이 반란을 일으켰습니다. 그는 이 소식을 듣고 단창필마單槍匹馬로 반군의 진지로 뛰어들어, 그 반도叛徒를 잡아왔습니다. 이를 보아도 신기질의 무공·담력·식견이 대단히 뛰어났음을 알 수 있습니다. 뒷날 그는 1만여 명을 이끌고 강을 건너 남송으로 돌아왔습니다. 그도 악비의 뜻이 그랬던 것처럼 하루빨리 국토를 회복하고 금나라 를 몰아내고자 했습니다. 그렇지만 남송 조정에서 그를 중용重用하지 않았기 때문에, 유명한 사詞 작가로만 남게 되었습니다. 송나라 문학이나 사詞를 말할 때에는 그를 언급하지 않는 사람이 없습니다.

그의 일생의 출처出處를 보면, 젊은 시절에는 건달로서 의협심이 충만한데다 문무를 겸비한 인재였으며, 중년에는 의거를 일으켜 유격전을 벌이다가 적진에서 1만여 명을 이끌고 강을 건너올 수 있었습니다. 남송 조정에 국토 회복 계획을 몇 번이나 올렸지만 조정의 군신들이 북벌北伐을 원치 않아 그의 의견이 받아들여지지 않았습니다.

그는 뒷날 유명한 문학가이자 이학가理學家 되었습니다. 남송에서 벼슬을 하였지만, 재기才氣가 너무 뛰어나 사람들로부터 많은 공격을 받고 몇 차례 면직되었습니다. 사람들은 그가 재물을 탐하고 호색한다고 비난했지만 모두 떠도는 말일 뿐 사실 근거가 없었으므로, 그는 전혀 개의치 않았고 물러나라 하면 바로 물러났습니다. 그러나 지방에서 군사 반란이나 정치적으로 골치 아픈 문제가 발생할 때마다 조정에서는 그를 기용하여 난을 평정하고 수습하도록 파견했습니다. 그가 파견되면 몇 달 되지 않아 난은 평정되고 일이 잘 수습되었으니, 그의 재능이 얼마나 뛰어났는지 알 수 있습니다.

여기서 신기질의 이야기를 꺼낸 것은 바로 그의 입신출처立身出處를 말하기 위한 것으로, 겉으로의 행동이 어떠했든 간에 그의 입신출처는 한결같이 정당하고 확고부동했습니다. 이 점은 그가 만년에 지은 시사詩詞 속에서 엿볼 수 있습니다. 물론 그 중에는 불평을 토로한 것도 있지만, 문학적 입장에서 보면 성취가 대단히 높고 수양도 훌륭해서 유·불·도 삼가에 두루 통하여 모르는 바가 없었으니, 비록 불평이 들어 있다 하더라도 이해할 만한 일입니다. 그는 한마디로 기인이었습니다. 우리가 오늘날 역사를 진지하게 연구하여, 청년들로 하여금 신기질 같은 사람을 본받도록 장려하는 것도 의미 있는 일일 것입니다.

출처出處라는 두 글자를 말했으니, 이제 신기질의 사詞를 한 수 보도록 합시다.

인생 첫 출발은 예로부터 똑같지 않았으니	出處從來自不齊
임금의 수레로 강태공을 모셨다네	後車方載太公歸
그 누가 알리, 적막하고 빈 산 속에	誰知寂寞空山裏
채미가 부르는 높은 선비 있는 줄을	卻有高人賦採薇
부드러운 노란 국화 늦향기 가지에 감돌자	黃菊嫩 晚香枝
사람들은 다 같이 꽃을 꺾는데	一般同是採花時
벌들은 고생스레 관부에 들끓지만	蜂兒辛苦多官府
나비는 꽃 사이로 자유롭게 날아다니네	蝴蝶花間自在飛

이 사는 신기질이 남방에 도착한 후 나이가 많아졌을 때 지은 것입니다. 이 사의 전반부를 보면, 인생의 출처, 즉 첫째 역에서의 출발은 누구나 다 같기를 바랄 필요가 없다고 말하고 있습니다. 그는 주대周代 역사를 인용하고 있는데, 문왕이 강태공을 찾아 모셔올 때 자기의 존귀한 자리를 강태공에게 양보하여 앉게 하고, 문왕 자신은 수레를 몰았다는 것입니다. 그 결과 주대 정권이 8백 년 동안 안정되었고, 왕업王業을 성공시킨 계획이 강태공 손에서 나왔다고 말합니다. 그러나 같은 시대에 백이와 숙제는 황제가 되는 것도 원치 않아서 끝까지 도망가 숨어 수양산에서 굶어 죽었다는 것입니다. 즉, 앞에서 말한 "어떤 이는 벼슬을 버리고 고향으로 돌아가는데, 어떤 이는 비오는 밤 과거시험장으로 달려가네."(有人辭官歸故里, 有人漏夜趕科場)라 읊은 시구처럼, 사람의 지향은 각각 다르다는 것을 말하고 있습니다. 어떤 이는 세상으로 들어가려 하고, 어떤 이는 세상에서 벗어나려 합니다. 어떤 이는 황금 천만 냥을 대하고도 쳐다보지도 않는가 하면, 어떤 이는 하찮은 몇백 원에도 눈이 번

쩍 뜨입니다. 이처럼 사람마다 출처가 다릅니다.

위의 사詞는 출처의 문제를 말한 것으로, 문학적인 관점에서만 보면 특별히 좋은 작품은 아닙니다. 그렇지만 그 문학적 경지가 학술 사상과 관계 있기 때문에 그의 전집에서 유명한 작품 중의 하나로 손꼽히며, 일반인들은 그의 사를 배우기도 어렵습니다. 사람들은 문학가 이야기만 나오면 먼저 소동파를 언급하는데, 그는 운이 좋았고 명성도 높았습니다. 시대적으로 보면 소동파는 신기질보다 앞선 선배지만, 어떤 사람들은 신기질의 사詞가 그 기백에서 소동파를 능가한다고 생각합니다. 신기질은 소년 공자公子에서 건달, 유격대 우두머리에 이르기까지 떠돌이 생활을 맛보았는가 하면 장수도 되어 보았고, 지방 정치 수장首長도 해 보는 등 일생 동안 여러 가지 경험을 했습니다. 그의 경험 속에는 지배 계층의 부패하고 음탕한 생활이나 좋고 나쁜 것이 모두 다 갖춰져 있었습니다. 그의 작품 속에는 이처럼 다방면의 것들이 들어 있어, 기백이 완전히 다릅니다.

입신출처立身出處와 관련하여 송宋·명明 이후에 '출산'出山이라는 또 하나의 새로운 단어가 널리 유행했는데(물론 오늘날 보면 구식 문학의 명사입니다), 이는 은사隱士·처사處士를 존중하는 기풍에서 만들어진 말입니다. 두보杜甫의 다음 시에 나오는 '출산'이라는 단어에도 그런 함의가 들어 있습니다.

산 속에서는 샘물이 맑았건만	在山泉水清
산 떠나니 샘물이 탁해지네	出山泉水濁

이 이야기를 하다 보니, 나의 스승인 원후 선생님이 지은 것으로 관현灌縣 영암사靈巖寺에 걸려 있는 대련 한 폭이 생각납니다. 영암사는 도강언都江堰의 관구灌口 가까운 곳에 있는데, 선진先秦 시대에 서촉西蜀 태수 이빙李冰 부자父子가 관구 도강언을 수축했습니다. 양자강 상류에 이 위대한 수리 공사가 있고부터 1, 2천 년 동안 성도成都는 땅이 기름지고 물산이 풍부한 고장으로서 농토가 수리 혜택을 누리게 되었습니다.

그래서 사천四川 사람들은 이빙 부자에게 감사와 흠모의 뜻을 표하기 위하여 관구에 이랑묘二郎廟라는 사당을 지어 놓고, 후인들이 향 피우고 큰절을 하며 그의 명성과 위업을 기리고 존경하도록 해 놓았습니다. 원 선생님의 대련은 다음과 같습니다.

수만 이랑의 좋은 농토에 물 대어 주니 漑數萬頃良田
산 속에서도 맑은 샘물이요 在山泉水淸
산 떠나서도 맑은 샘물이라 出山泉水淸
마치 이웃 진나라의 태수와 같네 個比鄰秦太守

일천칠백 조사 공안 주무르니 揉千七則藤葛
말하지 않아도 떨어지고 不說話亦墮
말하려 해도 떨어지니 欲說話亦墮
인도 승려 아지타에게 집어 주네 拈與胡僧阿耆多

하련은 선문 공안禪門公案이니 상관하지 맙시다. 상련의 "산 속에서도 맑은 샘물이요, 산 떠나서도 맑은 샘물이라."(在山泉水淸, 出山泉水淸)는 구절은, 진태수 이빙 부자의 천추에 남을 공훈 업적은 정말 명신名臣이 산에서 나와 정치에 종사한 가장 좋은 모범으로 삼을 만하다는 것을 노래하고 있습니다.

우리가 왜 「양화」 편을 강의하기에 앞서 신기질과 그의 출처를 말했을까요? 이 「양화」 편의 내용 대부분이 공자의 출처를 말하고 있기 때문입니다. 만약 신기질이 지은 사詞의 전반부 네 구절 의미를 기억해둔 다음에 이 「양화」 편의 절반을 연구해 보면, 신기질의 사詞의 네 구절을 「양화」 편 전반부의 결론으로 삼을 수 있습니다.

이제 『논어』 본문을 보겠습니다.

양화가 보낸 돼지 족발

(양화의 외모는 공자를 매우 닮았기 때문에, 공자가 진陳나라와 채蔡나라 사이에서 양화로 오인되어 체포되어 살해될 뻔한 적이 있었다. 양화는 노나라 사람으로 매우 사악한 간신이었지만 재능이 있었으며, 뭔가 노리는 게 있어 늘 공자를 끌어들일 생각을 하고 있었다. 그래서 그는 공자를 만나고 싶어 했지만 공자는 계속 그를 만나 주지 않고 미루어버렸다)

(어느 날) 양화가 공자를 뵙고자 하였으나 공자께서 만나 주지 않자, 공자에게 (소금에 절여 구운) 돼지족발 하나를 선물로 남겨놓고 돌아갔다. ('당신이 나를 만나 주지 않더라도, 나는 당신을 만나겠다. 당신이 나를 깔보더라도 나는 당신을 깔보지 않겠다.'는 뜻이었다)

(이렇게 되자 어떻게 해야 할지 난처하게 된) 공자께서는 그가 집에 없을 때를 틈타서 그에게 사례를 하러 가다가 (뜻밖에) 도중에 그를 만나게 되(어 더 이상 그와의 만남을 피할 길이 없으)셨다.

그가 공자에게 말하였다. "어서 오십시오. 내 당신과 하고 싶은 이야기가 있었습니다. (어떤 사람이) 보배 같은 경륜을 (가슴속에 가득) 품고 있으(면서 학문도 있고 큰 뜻도 있습니다. 그러)나, (국가 사회가 몹시 어지러운데도 일어나서 자신의 경륜으로 세상과 나라를 구하려 하지 않고 한 켠에서 수수방관하고 있습니다. 그렇게) 자기 나라를 어지럽도록 내버려 둔다면, (공자 당신은 인仁의 도를 제창하는 사람인데, 당신이 보기에 그런 사람을) 인仁하다고 할 수가 있겠습니까?"

"안 되지요. (그것은 옳지 않습니다. 인하다고 할 수 없습니다.)"

"(어떤 사람이 사상도 있고 방책도 있으며 재능도 뛰어나 국가를 위해 일을 할 수 있습니다. 그는) 정치에 종사하기 좋아하면서도 (일할 기회를 얻지 못하고 있고, 또 기회가 찾아오더라도 싫다며) 번번이 기회를 놓친다면, 그런 사람을 지혜롭다고 할 수가 있겠습니까?"

"안 되지요. (그것은 옳지 않습니다. 지혜롭다고 할 수 없습니다)"

"해와 달은 (쉼 없이) 지나가고 있고, (시간은 빠르게 흘러갑니다. 사람도 날마다 노쇠해 갑니다. 나이가 들고 나서 세상을 구하고 나라를 구하려 한다면, 이미 정력이 없어진 상태입니다) 세월은 나와 함께 머물지 않(아서 사람을 영원히 젊음의 단계에 머물러 있게 하지 않)습니다!"

(그러자) 공자께서 말씀하셨다. "그렇습니다. 나도 장차 (일하러 나서서) 벼슬을 할 것입니다!"

陽貨欲見孔子, 孔子不見。歸孔子豚。孔子時其亡也, 而往拜之, 遇
양화욕견공자 공자불견   귀공자돈   공자시기무야   이왕배지   우

諸塗。謂孔子曰:來, 予與爾言。曰:懷其寶而迷其邦, 可謂仁乎? 曰:
저도 위공자왈   래   여여이언   왈   회기보이미기방   가위인호   왈

不可。好從事而亟失時, 可謂知乎? 曰:不可。日月逝矣, 歲不我與!
불가 호종사이기실시   가위지호   왈 불가   일월서의   세불아여

孔子曰:諾, 吾將仕矣。
공자왈   낙   오장사의

여기의 '豚'(돈)자는 점을 하나 더해 '豚'으로 써야 마땅하며, 발음은 '斷'(착)으로 읽고, 뜻은 '돼지족발'입니다. 그러나 현대 표준 중국어에서는 '屯'(둔)으로 읽고, 쓰기는 '豚'으로 씁니다. 그 뜻은 새끼돼지, 즉 광동廣東 사람들이 먹는 젖먹이돼지 불고기입니다. 이치대로라면 이것은 '豚'(착)이어야 하며, 소금에 절여 구운 돼지족발 하나를 말합니다.

앞에서 이야기한 것처럼, 양화의 외모는 공자를 매우 닮았기 때문에, 공자가 진陳나라와 채蔡나라 사이에서 양화로 오인되어 체포되어 살해될 뻔한 적이 있었습니다. 양화는 노나라 사람으로 매우 사악한 간신奸臣이었지만 재능이 있었으며, 뭔가 노리는 게 있어 늘 공자를 끌어들일 생각을 하고 있었습니다. 그래서 그는 공자를 만나고 싶어 했지만 공자는 계속 그를 만나 주지 않고 미루어버렸습니다.

어느 날 양화는 공자를 만나러 갔는데, 역시 만나지 못하고 돼지족발 하나를 선물로 남겨 놓고 돌아갔습니다. 고대에 선물을 보내는 예절은 오늘날豚처럼 멋대로가 아니어서, 계급이 다르면 선물을 보내는 방법과 내용도 달랐습니다. 마치 오늘날 국제간 외교 예절에서 훈장을 수여할

때, 수훈자의 계급이 다르면 수여하는 훈장의 등급도 다른 것이나 마찬가지였습니다. 양화가 공자를 만나러 갔다가 만나지 못하고 돼지족발을 선물한 것은 그가 공자에게 던진 매서운 한 수였습니다. 즉, "당신이 나를 만나 주지 않더라도, 나는 당신을 만나겠다. 당신이 나를 깔보더라도 나는 당신을 깔보지 않겠다."는 것이었습니다.

이렇게 되자 공자는 어떻게 해야 할지 난처하게 되었습니다. 우리는 이 일을 통해 공자라는 성인이 모두들 상상하는 것처럼 그렇게 융통성 없는 사람이 아니었음을 알 수 있습니다. 그에게도 일가견이 있었습니다. 아마도 공자는 먼저 자기 학생을 정보원으로 보내 양화의 행방을 알아본 다음, 그가 집에 없는 날을 이용하여 답례 방문을 하고 다녀갔다는 것을 알림으로써 실례를 면하려 했을 것입니다.

그런데 뜻밖에 가는 도중에 양화를 만나게 되어, 공자는 더 이상 그와의 만남을 피할 길이 없었습니다. 양화는 공자에게 "어서 오십시오. 내 당신과 하고 싶은 이야기가 있었습니다."(來, 予與爾言)라고 말했습니다. 이 문장은 고문으로 간단히 쓰여 있지만 백화문처럼 조금도 거리낌이 없는 양화의 기색을 표현하고 있습니다.

그리하여 양화는 길에서 만난 공자에게 첫 번째 문제를 제기했습니다. "어떤 사람이 자루에 보배를 담고 있듯이 가슴 속 가득히 경륜을 품고 있으며 학문도 있고 큰 뜻도 있습니다. 그러나 국가 사회가 몹시 어지러운데도 일어나서 자신의 경륜으로 세상과 나라를 구하려 하지 않고 한켠에서 수수방관하고 있습니다. 공자 당신은 인仁의 도를 제창하는 사람인데, 당신이 보기에 그런 사람을 인仁하다고 할 수 있겠습니까?" 이에 대해 공자는 "그것은 옳지 않습니다. 인하다고 할 수 없습니다."라고 말했습니다. 양화의 말에 공자는 코가 납작해져 버린 것입니다.

양화는 또 두 번째 문제를 제기하였습니다. "어떤 사람이 사상도 있고 방책도 있으며 재능도 뛰어나 국가를 위해 일을 할 수 있습니다. 그러나 일할 기회를 얻지 못하고 있고, 또 기회가 찾아오더라도 그 사람이 싫다고 합니다. 그런 사람을 지혜롭다 할 수 있겠습니까?" 공자는 "그것도 옳지 않습니다." 라고 말했습니다. 두 번째 문제에서도 공자는 코가 납작해져 버렸는데, 이로 보아 양화는 큰 정객政客이었음을 알 수 있습니다. 그는 공자에게 당신은 옳지 않다고 직접적으로 말하지 않고, 이처럼 간접적으로 문제만 제기한 것입니다.

공자의 대답을 듣고, 양화는 다시 말했습니다. "태양과 달이 쉼 없이 가고, 시간은 빠르게 흘러갑니다. 사람도 날마다 노쇠해 갑니다. 나이가 들고 나서 세상을 구하고 나라를 구하려 한다면, 이미 정력이 없어진 상태입니다. 세월은 사람을 영원히 젊음의 단계에 머물러 있게 하지 않습니다." 그러자 공자는 "나는 장차 일하러 나설 것입니다." 하고 대답했습니다. 공자가 막다른 골목에 몰리듯이 양화에게 몰려 어찌할 수 없게 된 것입니다. 이것이 공자가 양화를 만난 유명한 고사입니다.

그러나 공자는 정말 양화에게 몰려 벼슬길에 나섰을까요? 이 역시 공자가 자기 일생의 출처를 확정한 것입니다. 만일 당시에 공자가 머리를 끄덕였다면, 벼슬길에 나서서 양화와 한 무리가 되어 좋지 않은 일을 할 수 있었습니다. 권력이든 부富든 바라는 것은 뭐든지 가질 수 있었을 것입니다. 그러나 공자는 절대 벼슬길에 나서지 않았습니다. 이것이 바로 옛 사람이 말한 입신출처로서, 자기가 어떤 입장에 서야 하는지 분명히 알아야 한다는 것입니다. 그래서 나는 앞에서 신기질의 "출처는 예로부터 똑같지 않았다."(出處從來自不齊)는 구절을 인용하여, 먼저 「양화」편을 요약했던 것입니다.

그 다음으로 우리는 공자가 양화를 만났을 때 보여 준 태도를 거울삼아 자신을 살펴보아야 합니다. 우리가 보았듯이 개성이 대단히 곧고 인격이 고상한 사람은 흔히 자신의 날카로운 개성을 너무 드러내어 남에게 상처를 줄 뿐 아니라 자신도 상처를 입기 쉽습니다. 그런데 공자가 양화를 만나는 모습을 한 번 그려보십시오. 그런 모습이 바로 공자의 태도이자 남을 대하는 처세 방법이었습니다.

다음 단락에는 이어서 공자의 말을 기록해 놓았습니다. 그러기에 내가 말하기를, 『논어』는 겉보기에는 한 구절 한 구절 산만하고 두서없는 기록 같아 서로 상관이 없는 것 같지만, 우리가 지금과 같은 방법으로 연구해 보면 책 전체의 내용이 일관된 연관성을 가지고 있어서, 공자의 학생들이 이 책을 회의 기록이나 담화 기록처럼 쓰지 않고 일관성 있게 편집했다고 하는 겁니다.

다음 두 마디는 양화의 일과 연결되지 않는 것 같지만, 지금 우리가 양화의 처세 방법을 이해하고 나서 보면, 다음 두 마디의 말은 바로 공자가 양화를 만났던 일에 대한 주해임을 알 수 있습니다.

『삼자경』과 공자

공자께서 말씀하셨다. "사람은 태어날 때에는 선량하고 순결한 본성에 가깝지만, (훗날) 점차 습관이 더해지면서 (갈수록) 그 본성과는 멀어진다."

(이 말을 통해 공자와 양화의 만남을 해석해 보면, 공자는 자신의 이 말을 통해 자기 입장을 공개적으로 나타낸 것이라 할 수 있습니다. 사람들은 모두 공자가 나서서 벼슬하기를 희망했지만, 뒷날 공자는 한 번도 나서지 않았습니다. 사람마다 흥취가 다르고 습성도 다르기 때문에, 자신이 처한 시대나 사회와 의사소통을 할 수 없을 바에야 시대와 환경의 영향을 받지 않고 초연히 서 있는 것, 이것이 바로 이 말의 도리입니다. 사람의 본성은 도道에 가깝지만, 습관이 갈수록 나빠져 자신을 도에서 멀어지게 하므로, 우리는 이것을 주의해야 합니다)

子曰 ： 性相近也 ， 習相遠也 。
자왈　성상근야　습상원야

앞에서 말한 바 있듯이, 우리 옛 문화를 이해하려면, 『삼자경』三字經과 『천자문』千字文 두 책이 대단히 중요합니다. 한 미국인이 나에게 1년 동안 『역경』을 공부한 뒤, 영어로 『역경』에 관한 책을 써서 미국 여러 대학에서 활용하고 있습니다. 이 미국인 친구는, 중국 문화와 서양 문화의 교류를 촉진하기에는 우리 나이가 너무 많으니 다음 세대를 길러야 한다면서, 열두 살 난 나의 막내 자식을 미국으로 데리고 갔습니다. 이 아이는 매년 여름 방학 때면 대만에 와서 붓글씨도 익히고 사서오경四書五經을 읽습니다.

미국에서 고등학교로 진학하고 나서 아이가 최근에 내게 편지를 보내 왔는데, 미국에서 과외로 『삼자경』과 『천자문』을 읽어보니 읽으면 읽을 수록 그 속에 담긴 이치에 동의하게 된다면서, 특별히 『삼자경』에 나오는 "성상근, 습상원"性相近, 習相遠의 두 구절을 해석해 달라고 부탁해왔습니다. 『삼자경』의 이 두 구절은 『논어』에서 온 것으로, 우리는 『삼자경』을 경시하면 안 됩니다. 지난날 우리 세대는 글을 배우기 시작하자마자 이 책을 읽었는데, 지금 학생들이 이 책을 제대로 해석하고 이해할 수 있는지는 역시 문제입니다. 나는 어린이들이 과외로 『삼자경』을 암송해야 한다는 데 한결같이 찬성합니다. 어른이 되어 그 책 내용에서 조금씩 꺼내 쓰면 모두 쓸모가 있습니다.

"성상근, 습상원"性相近, 習相遠은 표면적으로는 사람의 심리를 해석한 것입니다. 사람의 천성은 서로 비슷한 점이 있지만, 발전 방향은 각각 다릅니다. 교육 부문에서 볼 수 있듯이, 지금의 대학 입학생 연합 모집 분류 방법은 문제가 정말 큽니다. 많은 학생들이 자기가 진학할 학과의 실제 내용도 모르고 시험 전에 자신의 성향도 모르는 상황에서 시험을 치고는, 시험에 합격하고 학과 배정을 받고 난 뒤에야 자기가 그 학과에 적합하지 않다는 것을 발견하게 됩니다. 이는 곧 인재를 망치는 길입니다. 지금 말하는 성향性向은 '성상'性相은 아닙니다.

"성상근, 습상원"性相近, 習相遠이란 사람의 천성은 서로 가깝지만, 사람마다 흥취가 다르고 습관도 다르다는 것입니다. 예를 들어, 어떤 사람의 개성은 결코 어떤 일을 좋아하지 않지만 그에게 억지로 그 일을 되풀이하여 시키면 서서히 습관이 되어, 원래 개성의 방향과는 갈수록 멀어집니다. 이것은 표면적인 해석으로, 이런 논법대로 공자와 양화의 만남을 해석해 보면, 공자는 자신의 말을 통해 자기 입장을 공개적으로 나타낸 것이라 할 수 있습니다. 사람들은 모두 공자가 나서서 벼슬하기를 희망했지만, 뒷날 공자는 한 번도 나서지 않았습니다. 사람마다 흥취가 다르고 습성도 다르기 때문에, 자신이 처한 시대나 사회와 의사소통을 할 수 없을 바에야 시대와 환경의 영향을 받지 않고 초연히 서 있는 것, 이것이 바로 "성근, 습원"性近, 習遠의 도리입니다. 이런 수양은 이루기 어려운 것입니다. 이상은 바로 앞 단락에 이어서 한 설명이었습니다.

　그런데 우리가 "성근, 습원"性近, 習遠의 두 마디만을 본문의 전후 맥락에서 떼어내어 연구해 보면, 문제가 대단히 큽니다. 공자가 형이상形而上의 도리를 말하고 있기 때문입니다. "성근, 습원"性近, 習遠은 무엇을 말하는 것일까요? 여기의 '성'性자는 현대 철학 사상에서 인성人性을 가리킨다고 할 수도 있습니다. 무엇이 인성인지가 하나의 문제입니다. 전통 문화에 의거하여 공자의 말을 인용하면 "인지초, 성본선"人之初, 性本善으로, 다시 말하면 사람의 원래 시초原始는 다 선량하여 나쁜 사람이 없다는 것입니다. 성선性善·성악性惡의 문제에 관해서는 우리가 이미 말한 바 있습니다. 공자가 여기서 말하는 성性은 태어난 후의 후천적인 것이지만, 태어난 지 얼마 되지 않는 영아 단계에서의 천부天賦적인 성性은 아직도 선천先天의 본성과 가까워 반드시 선하다는 것입니다.

　"습상원야"習相遠也란, 타고난 성에 훗날 습관이 더해지면 갈수록 타고난 성에서 멀어진다는 것입니다. 실례를 들어 보면, 우리들의 개성은 본래 선량한 것이지만 습관은 잘못 들기 쉽습니다. 습관은 사람에게 대단히 중요한 것으로 환경이 사람을 바꾸기 때문에, 교육 사상 면에서 "성상근, 습상원"性相近, 習相遠이란 여섯 글자에 대해 특별히 주의해야 합니다.

　공자는 "사람은 태어날 때에는 본성이 선량과 순결에 가깝지만, 점차 습관이 더해지면서 그 본성과는 멀어진다."(性相近也, 習相遠也)고 했습니다. 사람이 습관이 된 후에는 본래의 선량함이나 순결함과는 갈수록 멀어지고 기호嗜好도 갈수록 달라집니다. 그러므로 자기의 수양에 대해, 어떤 일을 하든 간에, 나가면 장군이요 들어오면 재상이든 그렇지 않든 간에, 천만 달러를 가진 부자이든 아니든 간에 원래의 소박함을 유지할 수 있는 사람은 대단히 드뭅니다. 이는 학문의 도리이며, 고도의 수양을 요구합니다. 사람의 본성은 도道에 가깝지만, 습관이 갈수록 나빠져 자신을 도에서 멀어지게 하는데, 우리는 이것을 주의해야 합니다. 그래서 다음 단락이 이어집니다.

공자께서 말씀하셨다. "오직 최상급의 지혜가 있는 사람과 최하급의 어리석은 자만이 (환경의 영향을 받지 않아 본성이) 변하지 않는다."

(사람은 입신출처가 대단히 중요합니다. 환경의 영향을 받아서는 절대로 안 됩니다. 밖으로부터 들어오는 권세와 이익의 유혹을 받아 처음에 가진 마음을 바꾸어서는 안 되며, 한결같이 확고한 마음으로 변함이 없어야 합니다)

子曰 : 唯上知與下愚不移 。
자 왈　유 상 지 여 하 우 불 이

이 문장은 바로 앞 단락과 의미상으로 이어집니다. 앞에서는 사람이 원래 본성에 가깝지만, 기본적인 중심 사상이 없어 환경의 영향을 받게 되면 습관이 쌓여 본성과 멀어진다는 것을 말했습니다. 지금 여기서는 오직 '상지'上知, 즉 최상급의 지혜가 있는 사람과 '하우'下愚, 즉 최하급의 어리석은 사람만이 환경의 영향을 받지 않아 본성이 변하지 않는다고 말하고 있습니다. 아주 높은 지혜를 가진 사람은 스스로 사상이 있고 견해가 있으며 중심 주장이 있어 환경의 영향을 받지 않습니다. 또, 지혜가 없어 아주 어리석은 사람도 환경의 영향을 받을 수 없습니다. 그 밖에 우리 같은 일반 사람들이 가장 문젯거리인데, 지혜롭다 하기에는 어리석고 어리석다 하기에는 지혜로워서, 지혜롭기도 하고 어리석기도 한 이런 사람들이 가장 쉽게 시대 환경에 영향 받습니다.

내 고향 어촌의 가난한 가정에서는 일 년 내내 바닷가로 나가 제일 좋지 않은 살조개를 조금 주워서 고구마 말린 것과 섞어 소금을 넣고 죽을 끓여 먹습니다. 한번은 이렇게 가난하게 살던 한 사람이 만약 돈을 많이 벌게 된다면 끼니때마다 누구네 집처럼 말린 두부를 먹겠다고 했습니다. 그가 바라는 것은 이 정도밖에 안 되어, 더 좋은 것을 먹으라고 주어도 누릴 수 없습니다. 이런 일도 "오직 최상급의 지혜가 있는 사람과 최하급의 어리석은 자만이 변하지 않는다."(唯上知與下愚不移)는 예가 될 수 있습니다. 하루는 우리 집에 시골 양반들이 몇 분 오셨기에 좋은 외국산 초콜릿 사탕을 가져다 드렸습니다. 그런데 그분들이 가고 난 후에 보니, 탁자와 의자 밑에 초콜릿 사탕이 많이 버려져 있었습니다. 알고 보니, 그분들이 먹어 보고는 맛이 이상하니까 버렸던 것입니다. 나는 그제야 내가 잘못했다는 것을 알게 되었는데, 이 역시 "최상급의 지혜가 있는 사람과 최하급의 어리석은 자만이 변하지 않는다."는 이치입니다.

그러므로 이 말 속에는 하나의 철학이 있으니, 진정으로 가장 총명한 사람은 바로 가장 어리석은 사람이요, 또 진정으로 가장 어리석은 사람은 바로 가장 총명한 사람이라는 것입니다. 이 말은 보기에는 모순되는 것 같지만, 잘 연구해 보면 이해할 수 있습니다. 그러므로 사람은 애써 총명 부릴 필요가 없습니다. 총명 부리기를 좋아하는 사람은 최후에 실패합니다.

그리고 우리는, 공자 제자들이 이 두 단락을 이곳에 배치함으로써 공자가 양화를 만난 일의 결론으로 삼았음도 볼 수 있는데, 대단히 좋은 설명으로서 공자 자신이 해명한 것이나 다름없습니다. 사람은 입신출처가 대단히 중요합니다. 환경의 영향을 받아서는 절대로 안 됩니다. 밖으로부터 들어오는 권세와 이익의 유혹을 받아 처음에 가진 마음을 바꾸어서는 안 되며, 한결같이 확고한 마음으로 변함이 없어야 합니다.

공자께서 무성武城에 가셨는데 현악기를 연주하며 노래하는 소리를 들으셨다. (예악은 공자가 학생을 교육하는 고급 방법이었는데, 무성의 수장을 맡고 있는 자유가 이 고도의 문화 예악으로 백성을 교육하고 있었던 것이다)

공자께서 빙그레 웃으시며 말씀하셨다. "(자유는 정말 익살스럽구나. 이렇게 작은 지방에서 이런 고급의 예악으로 백성을 교육하고 있다니. 작은 일을 너무 크게 처리하는구나!) 닭을 잡는 데 어찌 소 잡는 칼을 쓰겠느냐?"

(어떤 사람이 이 말을 자유에게 알려주자)

자유가 (당장 와서 서슴없이) 대꾸하였다. "선생님, 이전에 제가 선생님께서 늘 하시는 말씀을 들었는데, '(지식이 있는 상등인의) 군자가 (학문을 추구하고) 도道를 배우면 (인자한 도량을 넓힐 수 있으며 또) 사람들을 사랑하게 되고, (능력이 낮은) 소인이 (교육을 받아) 도를 배우면 (도리를 알게 되어서) 다스리기 훨씬 쉽게 된다. (왜냐하면 도리를 모르는 것을 더욱 두려워하기 때문이다. 교육의 목적은 여기에 있다. 제일류의 두뇌가 교육을 받으면 더욱 좋다. 하등인은 교육을 받고 나면 자기를 위해서도 좋고 남을 위해서도 좋다)고 하셨습니다. (이 말씀은 선생님이 저에게 가르쳐 주신 것입니다! 제가 지금 지방의 수장으로서 백성의 윗사람이자 부모요 스승이 되었으니, 저는 마땅히 그들을 교육시켜야 합니다!)"

공자께서 말씀하셨다. "얘들아! (잘 들어 두어라) 언偃의 말이 옳다. 조금 전 (내가) 한 말은 농담이었다."

子之武城, 聞弦歌之聲, 夫子莞爾而笑曰:割鷄焉用牛刀? 子游對曰:
자지무성 문현가지성 부자완이이소왈 할계언용우도 자유대왈

昔者, 偃也聞諸夫子曰:「君子學道則愛人, 小人學道則易使也」。子曰:二
석자 언야문저부자왈 군자학도즉애인 소인학도즉이사야 자왈 이

三子! 偃之言是也, 前言戲之耳!
삼자 언지언시야 전언희지이

무성武城은 지명으로, 공자의 학생인 자유子游가 그곳에서 수장首長을 맡고 있었습니다. 한번은 공자가 그곳에 갔다가 현악기를 연주하며 노래하는 소리를 들었습니다. 예악禮樂은 공자가 학생을 교육하는 고급 방법이었는데, 자유는 이 고도의 문화 예악으로 백성을 교육하고 있었던 것입니다. 공자는 빙그레 웃으며, 즉 미소보다는 좀더 크게 웃으며 말했습니다. "자유는 정말 익살스럽구나. 이렇게 작은 지방에서 이런 고급의 예악으로 백성을 교육하고 있다니. 닭 한 마리 잡는 데 소 잡는 칼을 사용하는 격으로, 작은 일을 너무 크게 처리하는구나!" 어떤 사람이 이 말을 자유에게 알려주었습니다.

자유는 이 말을 듣고, 공자를 곧 서슴없이 대하기로 하고 당장 와서 공자에게 물었습니다. "선생님, 이전에 저희들에게 늘 말씀하시지 않았습니까? '지식이 있는 상등인은 학문을 추구하고 도를 배워 인자한 도량을 넓힐 수 있으며, 또 사람을 사랑하게 된다. 능력이 낮은 소인은

더욱 교육을 받아야 하고 도를 배워야 한다. 왜냐하면 하등의 소인이 도를 배워서 도리를 알게 되면, 다스리기에 훨씬 편해지고 도리를 모르는 것을 더욱 두려워하기 때문이다. 교육의 목적은 여기에 있다. 제일류의 두뇌가 교육을 받으면 더욱 좋다. 하등인은 교육을 받고 나면 자기를 위해서도 좋고 남을 위해서도 좋다.'고 말입니다. 이 말은 선생님이 저에게 가르쳐 주신 것입니다! 제가 지금 지방의 수장으로 백성의 윗사람이자 부모요 스승이 되었으니, 저는 마땅히 그들을 교육시켜야 합니다!"

공자는 이 말을 듣고 조금 전에 했던 자신의 말을 거두어들이며 곁에 있던 학생들에게 말했습니다. "너희들 잘 들어 두어라. 자유의 말이 맞다. 내가 조금 전에는 농담으로 그런 말을 했다."

공자가 이번에는 정말 틀린 말을 한 것입니다. 우리는 옛 사람들처럼 공자의 모습을 그렇게 좋게만 빚을 필요가 없습니다. 공자도 사람인지라 때로는 우스갯소리도 할 줄 알았습니다. 그리고 깊이 생각해 보지 않고 말한 적도 있었습니다. 이런 일을 보면, 그들 사제지간에는 서로 터놓고 이야기를 할 수 있었으며, 선생님의 말이 옳으면 옳은 것으로 받아들이고, 선생님의 말이라 해도 틀린 것은 틀렸다고 말할 줄 알았다는 것을 알 수 있습니다.

이 단락을 여기에 놓은 것은 문장상 하나의 기복起伏을 준 것이라고 할 수 있습니다. 동시에 앞에 나온 양화의 이야기와도 관계가 있는데, 어떤 의미에서 관계가 있을까요? 공자는 당시 자신이 정치 무대에 나설 필요가 없다고 느끼고, 다음 세대를 양성했습니다. 그리하여 자기 학생들이 성공하여 사회와 시대에 공헌할 수 있기를 바랐습니다. 즉, 공자의 뜻은 다음 세대의 교육에 있었다는 점에서 양화의 이야기와 이 단락의 관계를 알 수 있습니다.

그러므로 여기에서 우리는 이 「양화」편의 편집 의도를 볼 수 있습니다. 즉, 자유가 지방 수장으로 나가 있다는 사실을 이곳에 밝혀 놓음으로써 공자 자신은 정치 일선에 나설 필요가 없었음을 설명해 주고 있습니다. 그러나 공자는 정말로 나서기를 바라지 않았을까요? 그렇지 않습니다. 이것은 출처出處의 문제입니다. 이어서 이 문제가 나옵니다!

공자와 자로가 펼친 무성 영화

(계씨 삼형제 중 계환자의 부하) 공산불요가 비費 지방을 거점으로 반란을 일으켜 점령하고 (사자를 보내 도와달라고) 초청하자, 공자께서 가시려고 했다.

자로가 (대단히) 언짢아하며 물었다. "가실 곳이 없으면 그만 두시지, 하필 공산 씨에게 가시려고 합니까? (공산불요는 반란자로서 사람들의 비난을 받고 있는 자가 아닙니까? 그런데도 그곳으로 가시고자 합니까?)"

공자께서 말씀하셨다. "(그가 나더러 오라고 청한 것이지 내가 먼저 나선 것이 아니다) 나를 부르는 사람이라면 어찌 공연히 그러겠느냐? 만일 나를 기용(해서 내 말을 따르고자) 하는 사람만 있다면, 나는 그 나라를 동주東周(의 문화 국가)로 만들 것이다."

公山弗擾以費畔, 召, 子欲往。子路不說, 曰：末之也已, 何必公山氏
공산불요이비반　소　자욕왕　자로불열　왈　말지야이　하필공산씨

之之也？子曰：夫召我者，而豈徒哉？如有用我者，吾其爲東周乎！
지지야　자왈　부소아자　이기도재　여유용아자　오기위동주호

공산불요公山不擾는 사람 이름으로, 공산이 성씨이고, 불요가 이름입니다. 비費는 지방 이름인데, 공산불요가 이 지방에서 반란을 일으켜 독립했습니다. 당시 노나라의 계씨季氏 삼형제는 세력이 대단히 컸는데, 계환자季桓子의 부하가 반란을 일으킨 것입니다. 춘추 시대 말기에는 갖가지 반란이 발생하여 사회가 대단히 혼란했습니다.

공산불요는 반란을 일으킨 후, 공자에게 사자使者를 보내 도와 달라고 요청했습니다. 공자가 공산불요에게 가려 한다는 소문이 들리자, 자로는 대단히 못마땅해 했습니다. 우리가 알다시피 자로는 여러 번 선생님을

못마땅해 했는데, 이번에 또 그런 것입니다. 그들 사제지간은 이처럼 감정을 서로 나누었으며, 또 서로 잘 이해했습니다.

자로가 선생님에게 말했습니다. "갈 곳이 없으면 그만 두시지(末之也已: 여기의 末〈말〉자에 대하여 어떤 사람은 고서에 인쇄가 잘못된 것으로 마땅히 未〈미〉자가 되어야 한다고 했습니다. 之〈지〉자는 이르다는 뜻입니다), 하필 그에게로 가시려 합니까? 선생님께서는 그렇게 갈 곳이 없으십니까? 공산불요는 반란자로서 사람들의 비난을 받고 있는 자가 아닙니까? 그런데도 그곳으로 가시고자 합니까?"

이에 공자가 말했습니다. "그가 나더러 오라고 청한 것이지 내가 먼저 나선 것이 아니다. 만일 어떤 사람이 진정으로 나를 기용해서 내 말을 따르고자 한다면, 나는 그 나라를 동주로 만들 것이다(吾其爲東周乎)!" 이 말에는 두 가지 해석이 있습니다. 하나는, 공자 자신이 당시 시대를 만회하여 동주東周를 여전히 옹호하겠다는 것입니다. 다른 하나는, 동주 문화를 그 지방에 새롭게 일으키겠다는 것입니다.

그런데 실제로 공자는 갔을까요? 자로가 불만을 터뜨리며 말리기는 했지만, 공자는 자로가 말렸기 때문이 아니라, 가겠다고 학생들을 한번 놀려 본 것일 뿐 실제로는 절대로 가지 않았을 것입니다. 그러나 자로는 성격이 비교적 직선적인 사람이어서, 그 말을 듣자마자 공자가 진짜로 갈 것이라고 생각한 것입니다. 자로는 여러 번 그랬는데, 상론上論에서 말했듯이 한번은 공자가 출국하고 싶다고 하자 자로는 자기도 곧바로 따라가겠다고 했습니다. 이번에도 자로는 이야기를 듣고 나서 바로 선생님께 달려가 반대 의견을 내놓은 것이었습니다. 그런데 나는 왜 공자가 가지 않았을 것이라고 말할 수 있을까요? 다음 단락을 해석해 봅시다.

자장이 인仁에 대하여 묻자,
공자께서 (인의 용을) 말씀하셨다. "천하에서 다섯 가지를 다 실천할 수 있다면 인하다 할 것이다."
"그 (다섯 가지) 것을 물고자 합니다."
"공손·관용·신뢰·민첩·진실한 감정이다. (자신을 엄숙하게 관리하여) 공손하면 (남을 업신여기지 않을 뿐만 아니라 자신도) 모욕을 당하지 않고, (남에게 너그러워) 관대하면 여러 사람들의 마음을 얻고 (부하들이 자연히 따르며), 남을 신뢰하고 자신을 믿으면 사람의 신임을 얻(어 어떤 사람도 잘 부릴 수 있)고, (일을 처리하는 데 두뇌가 명석하고) 민첩하면 공적을 이루게 되고, (사람과 사람 사이에) 진실한 감정이 있으면 (서로 잘 지낼 수 있으며) 사람들을 따르게 (해서 함께 사업을) 할 수 있다."

子張問仁於孔子。孔子曰：能行五者於天下，爲仁矣。請問之。曰：
자장문인어공자　공자왈　능행오자어천하　위인의　청문지　왈

恭·寬·信·敏·惠。恭則不侮，寬則得衆，信則人任焉，敏則有功，
공　관　신　민　혜　　공즉불모　관즉득중　신즉인임언　민즉유공

惠則足以使人。
혜 즉 족 이 사 인

　　이 단락이 바로 공자가 공산불요에게 가지 않을 것이라는 이유를 말해 줍니다. 특히, 공자는 정도正道로써 정권을 취하지 않은 사람들을 거들떠보지도 않았을 것입니다. 자장이 공자에게 인仁에 대하여 묻자, 공자는 여기서 인仁의 작용을 말하고 있습니다. 공자는 다섯 가지를 다 해낼 수 있다면, 인仁하다 할 수 있다고 말했습니다. 그 다섯 가지가 무엇이냐고 묻자, 공자는 "공恭·관寬·신信·민敏·혜惠"라고 대답합니다. 고문에서 이 다섯 글자는 간단하지만, 오늘날 말로 하면 곧 다섯 가지 원칙이나 목표 또는 수칙이 됩니다.

　　첫째는 '공'恭입니다. 이것은 자신의 생각과 행동을 엄숙하게 관리 단속하는 것입니다. 특히, 지도자는 자기 관리가 중요합니다. 둘째는 '관'寬으로, 다른 사람들에게 관대한 것입니다. 이것은 곧 도량이 넓은 것으로, 부하나 친구의 모든 단점과 작은 잘못을 포용할 수 있어야 합니다. 셋째는 '신'信으로서, 다른 사람을 신임할 수 있고 자신을 믿을 수 있어야 합니다. 넷째는 '민'敏으로서, 총명 민첩하고 반응이 빨라야 합니다. 다섯째의 '혜'惠는 더욱 중요한데, 이것은 '은혜'로서 오늘날로 말하면 사

회 복리 제도가 곧 은혜의 일종입니다. 그러나 복리福利를 모두 '혜'惠로 보아서는 안 됩니다. 사람에게 은혜를 베풀 때에는 반드시 진실한 감정이 있어야 합니다. 젊은이를 보면 자기 형제나 자식인 듯 대하고, 나이 많은 사람은 연장자로 예를 갖추어 대하되, 수단이 아니라 진심에서 우러나는 정성으로 대해야 합니다. 이것이 사람됨과 일처리의 다섯 가지 기본 조건인데, 만일 이를 잘 실천한다면 어느 분야에서 일을 하든 반드시 쓸모가 있을 것입니다.

다음으로 공자는 그 다섯 가지를 실천해야 하는 이유를 말하고 있습니다. "사람이 자기 자신을 엄숙하게 관리할 수 있으면, 남을 업신여기지 않을 뿐 아니라 자기 자신도 모욕당하지 않는다. 남을 너그럽게 대하면, 부하들이 자연히 따르게 된다. 남을 신뢰하고 자신을 믿으면, 사람들의 신임을 얻어 어떤 사람도 잘 부릴 수 있다. 일을 처리하는 데 두뇌가 명석하고 민첩하면, 공을 이루기 쉽다. 끝으로 가장 중요한 것은 사람과 사람 사이에 진실한 감정, 정성스런 감정이 반드시 있어야 피차간에 서로 잘 지낼 수 있으며 함께 사업을 이룰 수 있다는 것이다.."

이어서 다음 단락에는 또 한 사람의 이야기가 나옵니다. 이 이야기를 통해 당시 노나라의 정치 상황을 알 수 있으며, 또 춘추전국 시대 각 나라의 혼란상을 볼 수 있습니다.

필힐이 초청하자, 공자께서 가시려 했다.

자로가 물었다. "전에 제가 선생님으로부터 들은 말씀인데, '나라와 윗사람에 의해 양성되었으면서도 좋지 못한 짓을 하는 자들 틈에는 군자가 들어가지 않는 법이다.' 라고 하셨습니다. 필힐은 중모中牟를 거점으로 반란을 일으켜서 점령하고 있는데, 선생님께서 (그곳에) 가시려 하니 어찌 된 일입니까?"

공자께서 말씀하셨다. "그렇다, 그렇게 말한 일이 있다. (그러나 너는 모르느냐? 금강석처럼 단단한 돌덩이는) 갈아도 얇아지지 않는다면 단단하다 하지 않겠느냐? (결점이 없는 진짜 옥덩이는 아무리) 검은 물을 들여도 검어지지 않는다면 희다 하지 않겠느냐? (사람이 진정으

로 내적 함양이 있다면 어떠한 환경, 어떠한 시대에도 꿋꿋이 서 있을
수 있는 것이다) 내 어찌 조롱박이 되란 말이냐? 어떻게 매달려 있기
만 하고 남에게 먹히지 않을 수 있겠느냐!"

佛肸召, 子欲往。子路曰：昔者由也聞諸夫子曰：「親於其身爲不善
필힐소　자욕왕　　자로왈　석자유야문저부자왈　　친어기신위불선

者, 君子不入也」。佛肸以中牟畔, 子之往也, 如之何？子曰：然, 有是
자　군자불입야　　필힐이중모반　자지왕야　여지하　자왈　연　유시

言也。不曰堅乎？磨而不磷, 不曰白乎？涅而不緇。吾豈匏瓜也哉？
언야　불왈견호　마이불린　불왈백호　열이불치　오기포과야재

焉能繫而不食！
언능계이불식

　　필힐佛肸은 사람 이름으로, 그는 반란자였습니다. 그도 역시 공자를
초청했는데, 공자가 가려고 하자 자로가 또 반대하면서 말했습니다. "선
생님, 선생님은 옛날에 저희들에게 가르치시기를, 국가와 윗사람에 의해
양성되었으면서도 좋지 못한 일을 하는 사람과는 내왕하지 말아야 한다
고 하셨습니다. 이런 사람이 관할하는 지방에는 가지 말라고 하셨습니
다. 그런데 필힐은 중모中牟에서 반란을 일으켜 독립한 사람인데도 지금
선생님께서 그곳에 가시려 하다니, 이것은 무슨 까닭입니까?" 그러자
공자는 이렇게 대답했습니다. "네 말이 맞다. 그러나 너는 모르느냐? 금
강석처럼 단단한 돌덩이는 아무리 갈아도 부서지지 않는다. 결점이 없
는 진짜 옥 덩이는 아무리 검은 물을 들여도 검어지지 않는 것이다."
　　공자의 이 말은 곧 사람이 진정으로 내적 함양이 있다면 어떠한 환
경, 어떠한 시대에도 꿋꿋이 서 있을 수 있다는 것입니다. 공자는 이어
서 말합니다. "조롱박이 사람들에게 먹히지 못하고 영원히 나무에 매달
려 있는 것처럼 나도 마냥 그렇게 있을 수는 없다." 이로 보아 자로에
게 농담하면서, 간다고만 했지 실제로는 가지 않을 것임을 일러주고 있
습니다. 그렇지만, 정말로 간다면 어떤 환경 속에도 꿋꿋이 서 있을 수
있으며 이룩하는 바가 있을 것임을 내비치고 있습니다. 더 나아가, 이

시대를 구하고 싶은 마음 때문에, 마치 조롱박이 나무에 매달린 채 사람들에게 그저 감상거리가 되는 식으로 지낼 수는 없다고 한 것입니다.

앞의 몇 단락을 연결시켜 보면, 이 「양화」편은 주로 사람의 입신출처를 말하고 있으며, 공문 제자들이 공자 자신의 경력을 예로 들어서 그 도리를 설명하고 있음을 이해할 수 있습니다. 다음 단락은 그 도리를 더욱 나타내고 있는데, 입신출처 하여 하나의 인격을 완성하는 일이 쉽지 않음을 말하고 있습니다.

긍정과 부정은 서로 의지한다

공자께서 (육언육폐六言六蔽를) 말씀하셨다. "유由야! 너는 여섯 가지 원칙과, 그에 따르는 여섯 가지 폐단에 대하여 들은 일이 있느냐?"

"듣지 못했습니다."

"거기 좀 있거라. 내가 네게 말해 주마. 인仁을 좋아하되 (좋아하기만 하고 내적인 함양과 수양을 위해) 배우기를 좋아하지 않으면 (시비선악을 분간할 수 없어서), 그 폐단은 어리석어지는 것이다.

지식이 해박하기를 좋아하되 배우기를 좋아하지 않으면 (자기를 단속하는 중심 수양이 없어), 그 폐단은 (제멋대로) 방탕해지는 것이다.

자신自信을 가지기 좋아하되 배우기를 좋아하지 않으면, (교활하고 음흉한 수단을 쓰기 좋아하고 자기에게 방법이 있다고 생각하게 되어), 그 폐단은 자기를 해치게 되는 것이다.

곧음을 좋아하되 배우기를 좋아하지 않으면 (어느 정도 여유를 보일 만한 수양이 없어서), 그 폐단은 일을 망쳐 놓는 것이다.

용기를 좋아하되 배우기를 좋아하지 않으면 (툭하면 사람을 때리고, 해 놓고 보자, 죽여 놓고 보자 하는 식이어서), 그 폐단은 난폭하게 되는 것이다.

굳셈을 좋아하되 배우기를 좋아하지 않으면, 그 폐단은 거만하게 되는 것이다."

子曰：由也，女聞六言六蔽矣乎？ 對曰：未也。 居！ 吾語女：好仁不
자왈 유야 여문육언육폐의호 대왈 미야 거 오어여 호인불

好學，其蔽也愚。 好知不好學，其蔽也蕩。 好信不好學，其蔽也賊。 好直
호학 기폐야우 호지불호학 기폐야탕 호신불호학 기폐야적 호직

不好學，其蔽也絞。 好勇不好學，其蔽也亂。 好剛不好學，其蔽也狂。
불호학 기폐야교 호용불호학 기폐야란 호강불호학 기폐야광

이 단락의 대화는 자로의 질문에 공자가 바로 대답한 것이라기보다는, 공자가 평소 자로에게 가르친 내용을 편집해 놓은 것입니다. 『논어』 편찬자가 이 몇 단락을 한 곳에 배열해 놓은 것은 하나의 사상 체계를 두드러지게 하여, 우리에게 더욱 분명히 보이기 위한 것입니다.

그래서 여기에서 공자는 자로에게 여섯 가지 대원칙과 여섯 가지 병폐를 들어본 적이 있느냐고 물었습니다. 자로가 들어본 적이 없다고 하자, 공자는 정중하게 자로에게 일러줍니다. "너 거기 좀 있거라. 내가 너에게 일러 주겠다. 비록 인仁을 좋아하더라도 분별없이 좋아하기만 하고 진정한 학문적 함양이 없어 시비선악을 분간할 수 없다면, 그 폐단은 바보가 되고 만다는 것이다." 많은 사람들이 마음씨가 좋고 인자하여 남을 사랑합니다. 유가에서는 인仁을 말하고, 불가佛家에서는 자비를 말하는데, 맹목적인 자비도 옳지 않습니다. 이른바 "자비에서 화근이 나오고, 방편에서 저급한 것이 나온다."(慈悲生禍害, 方便出下流)는 것으로 지나치게 편리를 봐줘서는 안 됩니다. 자식들 교육뿐만 아니라, 자신의 수양에 있어서도 그렇습니다. 인자함은 중요합니다. 하지만 인생을 경험하면서 체험해 보면, 기본적으로 인자한 심리에서 사람을 도와준 것이, 때로는 도리어 도움 받은 사람에게 해를 끼치게 되는 경우가 많습니다. 이것은 바로 교육의 도리인데, 바른 사람됨과 바른 일처리가 참으로 어렵다는 것을 우리에게 말해 줍니다.

선량한 사람이라 해서 반드시 일을 잘하는 것은 아닙니다. 마음씨 좋고 인자한 사람이라도 학문이 부족하고 재능이 부족하면, 그 폐단은 사람이 어리석어진다는 것입니다. 어리석은데다 자기만 옳다고 생각한다면 더욱 나쁩니다. 그러므로 자신의 학문 수양에 주의해야 합니다. 친구

나 부하를 정확하게 관찰해야 합니다. 때로는 겉보기에 인자하게 대하지 않는 것이 실제로 그 사람에게 도움이 되는 경우가 있습니다. 그러니 나이 들수록 올바른 사람됨과 바른 일처리가 두려워져 마침내는 어떻게 해야 좋을지를 모르게 됩니다. 그러기에 지혜가 필요하고 학문이 필요한 것입니다. 이것이 첫째 점입니다.

둘째로 공자는 "사람들이 지식은 해박하면서도 배우기를 좋아하지 않는다면(이것은 앞에서 강조한 바 있는데, 제1편 「학이」에서 말한 대로 학문은 결코 지식이 아니라, 올바른 사람이 되고 올바른 일처리를 하는 수양을 뜻합니다), 그 폐단은 방탕해지는 것이다."라고 말합니다. 지식이 해박하게 되면 대체로 방탕해지고 제멋대로 행동합니다. 예를 들어, "명사의 풍류는 대범하여 구애받지 않는다."(名士風流大不拘)고들 말하는데, 이게 곧 방탕입니다. 지식이 해박하다고 남을 깔봅니다. 여러 가지 면에서 남보다 유능하고 재능이 있지만 진정한 중심 수양이 없는 것, 이것이 바로 방탕한 것으로서, 자기를 단속하는 것이 부족한 것입니다. 이런 사람들도 적지 않습니다.

셋째로는 "자신自信을 가지기 좋아하되 배우기를 좋아하지 않으면, 그 폐단은 자기를 해치게 된다."(好信不好學, 其蔽也賊)고 했는데, 여기의 '신'信은 해석에 문제가 있습니다. 신용信用의 신信을 말한다면, 남에게 한 말에 대해 신용이 있다는 것이 되는데, 이것은 좋은 것이 아닙니까? 신信을 좋아하면서 배우기를 좋아하지 않으면 '적'賊, 즉 교활하고 음흉하다니, 이것이 무슨 뜻일까요? 남을 대하든 일을 하든 어느 곳에서나 신용을 지키는데 왜 교활하고 음흉하다는 것일까요? 신信은 적어도 『논어』속에서 두 가지 의미가 있는데, 즉 '자기를 믿는 것'(自信)과 '타인을 믿는 것'(信人)입니다. 지나치게 자기를 믿는 것은 때로는 잘못을 초래합니다. 왜냐하면 지나치게 자신이 있으면, 수단을 쓰기 좋아하고 자기에게 방법이 있다고 생각하게 되어, 결과적으로 자기를 해치게 됩니다. 이것이 "호신불호학, 기폐야적"好信不好學, 其蔽也賊의 뜻입니다.

넷째로 공자는 "곧음을 좋아하되 배우기를 좋아하지 않으면, 그 폐단은 일을 망쳐 놓는 것이다."(好直不好學, 其蔽也絞)라고 했습니다. 마치 노끈을 너무 팽팽하게 꼬면 끊어져 버리는 것과 같습니다. 사람이 너무 곧기만 하고 배우기를 좋아하지 않아 어느 정도 여유를 보일만한 수양이 없다면, 그 폐단은 팽팽한 노끈이 끊어지듯 일을 망쳐 놓는다는 것입니다. 기질이 성급한 사람은 흔히 일을 망칩니다. 성격이 게으르고 산만한 사람은 일에 지장을 줄 때가 많지만, 엄격히 말해서 일에 지장을 주는 것이 일을 망쳐 놓는 것보다는 그래도 좀 낫습니다. 일을 망치면 한 번에 일이 박살나 버립니다. 그러므로 성격이 너무 곧은 사람은 늘 다른 면을 반성해야 하며, 다른 면에서의 수양을 하지 않으면 일을 망치기 쉽습니다.

다섯째는 "용기를 좋아하되 배우기를 좋아하지 않으면, 그 폐단은 난폭하게 되는 것이다."(好勇不好學, 其蔽也亂)입니다. 성미가 급한 사람은 툭하면 사람을 때리고, 해 놓고 보자, 죽여 놓고 보자 하는 식입니다. 이는 용기를 좋아한 결과 생길 수 있는 문제로서, 진정한 수양이 없으면 난동을 일으키기 쉽습니다.

여섯째는 "굳셈을 좋아하되 배우기를 좋아하지 않으면, 그 폐단은 거만하게 되는 것이다."(好剛不好學, 其蔽也狂)입니다. 성격으로 보면 사실 그대로를 단도직입적으로 말하고 도량이 크다는 점에서 위의 네 번째에서 지적한 성격과 비슷합니다. 굳센 사람은 말이 정직하고 마음씨가 곧아서, 무엇을 마음속에 품어 두지 못합니다. 이런 사람은 얼굴색이 쉽게 붉어지고 아첨하지 않으며, 말을 에둘러 하지 않고 자기의 주견主見을 절대 바꾸지 않습니다. 이처럼 성격이 굳센 사람이 배우기를 좋아하지 않으면, 극도로 거만하여 남의 시선 따위 등에 전혀 개의치 않기 쉬운 폐단이 있습니다.

이 여섯 가지 점은 특별히 유의할 필요가 있습니다. 이 글을 노트에나 책상머리에 써 붙여 두고 자기를 반성하는 거울로 삼아도 좋습니다. 사람들의 개성도 이 여섯 가지로 분류할 수 있습니다. 가만히 보면 사람은 누구나 이 여섯 가지 개성 가운데 하나에 속합니다. 이 여섯 가지 개성은 나쁜 것은 아니지만, 진정한 내적인 함양의 수양이 없다면 나쁜 것으로 변합니다. 사람마다 개성이 달라서, 인하거나(仁) 지혜롭거나(知)

자신이 있거나(信) 곧거나(直) 용감하거나(勇) 굳센(剛) 성격을 갖고 있습니다. 그러나 어느 개성이든 간에, 공자는 말하기를, 중요한 것은 자기 스스로 내적인 함양이 있어야 하고 진정한 수양이 있어야 한다는 것이며, 학문의 도리가 바로 여기에 있다고 합니다.

가장 어려운 것은 자기를 인식하고, 그런 다음 자신을 정복하고 자기를 변화시키는 일입니다. 그러나 자신의 성격이 완전히 변해 버리는 것이 아님에 주의해야 합니다. 그렇게 된다면 개성이라는 것이 없어져 '나'가 사라져 버립니다. 사람마다 초연한 독립적인 '나'가 있어야 합니다. 사람마다 각각 장점과 단점이 있는데, 그의 장점이 곧 단점이기도 하며, 단점이 장점이기도 합니다. 장점과 단점은 하나의 것으로서, 올바로 사용하지 않으면 단점이 되고 적절하게 사용하면 장점이 되는 것이니, 이 점을 특히 유의하기 바랍니다. 부하나 자녀를 교육하고 지도하는 것도 이와 같아서, 개인의 성향을 명확히 알아야 합니다. 천성이 내성적인 사람에게 호방한 일을 바라서는 안 되며, 천성이 호방한 사람에게 사무실에 착실히 앉아 있기를 바라서는 안 됩니다. 그의 장점을 알고 일러 주어, 그가 장점을 발휘할 수 있도록 도와주어야 합니다.

공자가 이 단락을 특별히 자로에게 일러 준 것은 사실 자로의 소질과 능력에 맞추어 가르친 것입니다. '육언육폐'六言六蔽를 서로 대응시키면 열두 가지 성향의 유형이 되지만, 사실 우리들은 저마다 지知·인仁·용勇·신信·직直·강剛의 요소를 모두 구비하고 있습니다. 이런 요소들을, 심혈을 기울여서 함양하는 것이 바로 학문의 도리입니다.

수양의 문제를 말한 다음, 다음에서는 다시 시詩를 언급합니다.

시의 교화를 다시 논함

공자께서 말씀하셨다. "젊은이들아, 왜 시詩를 배우지 않느냐? 시는 사람의 감정을 달래 줄 수 있고, 많은 이치를 볼 수 있게 하며, 남과 잘 어울릴 수 있게 하고, 원망을 토로할 수 있게 하며, 가까이는 어버이를 섬겨 효순하게 하고, 멀리는 임금을 섬겨 국가 사회에 공헌하게 하며, 새·짐승·풀·나무의 이름도 많이 알게 하는 것이다."

子曰 : 小子, 何莫學夫詩? 詩, 可以興, 可以觀, 可以群, 可以怨,
자왈   소자   하막학부시   시   가이흥   가이관   가이군   가이원

邇之事父, 遠之事君。多識於鳥·獸·草·木之名。
이지사부   원지사군   다식어조   수   초   목지명

　　공자는 여기에서 학문 수양을 하기 위해서는 시를 읽어야 한다고 말
하고 있습니다. 우리가 늘 언급하듯이 중국의 상고 문화는 서양 문화처
럼 종교를 그렇게 중요한 위치에 놓지 않았습니다. 상고 문화에서는 시
의 문학적 경지를 중시했는데, 시는 종교적인 정감과 아울러 철학적인
정조情操를 내포하고 있었습니다. 상고의 시에는 오늘날 말하는 문예文藝
전체가 포함되어 있습니다. 그러므로 공자는 학생들에게 문학적 수양을
많이 강조했습니다.

　　역사를 읽어 보면 고대의 문신 무장文臣武將들은 모두 문학의 기본 소
양을 갖추고 있었습니다. 정사正史를 보면, 관우關羽는 춘추학春秋學을 연
구한 전문가였습니다. 악비岳飛 등은 학문이 대단히 훌륭한 사람들로서
다들 자신들의 문학적 경지가 있었습니다. 퇴직한 친구들은 이 노선을
걸어가는 것도 괜찮습니다. 아니면 종교를 연구해 보는 것도 좋습니다.
가장 걱정스러운 것은, 퇴직해서 한가해지는 대신 내면에 약간의 중심
수양이 없어서 직장 외에는 인생이 없는 것처럼 되어 버리는 것인데,
정말 딱한 일입니다. 한 가지 예술을 배우는 것도 좋으니, 자기만의 정
신세계가 있어야 합니다. 이것은 아주 중요한 일입니다.

　　그래서 공자는 "너희 젊은이들은 왜 시詩를 배우지 않느냐?"고 말합
니다.

　　"시는 사람의 감정을 달래 줄 수 있다(可以興).", '흥'興은 사람의 감정
을 달래 주는 것입니다. 사람의 감정은 고통스러울 때가 많으며, 인생에
는 부모·아내·자식·친구에게도 털어놓을 수 없는 번뇌가 많습니다.
그럴 때 문학적인 또는 예술적인 경지가 있다면, 그렇지 않으면 마음
내키는 대로 붓글씨라도 써 보면, 원망이나 분노 등도 풀어져버리니, 그

림을 그리는 것도 좋고, 시詩나 사詞를 짓게 되면 더욱 좋습니다. 그러므로 시는 인간의 감정을 달래 줍니다. 원문의 '흥'은 흥치로서, 바로 정감의 발휘입니다.

"많은 이치를 볼 수 있게 한다."(可以觀), 우리는 시 속에서 많은 이치를 얻을 수 있고, 시를 통해 많은 계발을 얻을 수 있습니다. 또한 자신의 시에 대해서 자기의 사상 노선과 정서를 볼 수 있습니다. 어떤 사람의 작품을 보면 대체로 작자의 개성을 단정할 수 있습니다. 글씨 이야기를 해 봅시다. 과거에는 글씨를 '심화'心畵라고 했는데, 같은 붓으로 같은 자첩字帖을 보고 쓰는데도 사람마다 글씨가 모두 다릅니다. 그래서 붓글씨를 보면 쓴 사람의 개성, 수명의 장단, 앞날의 화복禍福을 알 수 있습니다. 만년필 글씨나 연필 글씨에서도 마찬가지로 그 사람의 개성을 볼 수 있습니다. '관'觀이란 이런 도리로서, 작품을 통해 사람을 이해할 수 있는 것입니다.

"남과 잘 어울릴 수 있게 한다."(可以羣), 시를 지음으로써 자기의 심경을 조절하여 직업에 전력할 수 있게 되고, 벗과 사귀는 것을 즐길 수 있으므로 외롭지 않게 지낼 수 있습니다. 이는 곧 학문을 통해 친구를 사귀는 것(以文會友)입니다.

시가 "원망을 토로할 수 있게 한다."(可以怨)는 것은 아주 명백한 일인데, 문학적인 소양이 있으면 문학을 통해 마음속의 번민이나 원망을 털어놓을 수 있습니다. 털어놓지 못하고 눌러 두면 서서히 마음의 병이 됩니다. 성미가 급하거나 정서가 불안한 사람은 많은 괴로움을 마음속에 눌러 두고 지내다가 흔히 간질환이나 정신병을 얻습니다. 그러므로 수양을 해야 합니다. 하지만 수양은 자기를 억누르는 것이 아니라 자기를 적절히 풀어주는 것입니다. 풀어줄 수 없다면 안 됩니다. 사람의 불평을 어디 가서 쏟아놓을까요? 시를 지을 줄 알면 불평을 쏟아놓을 수 있습니다. 문학이나 예술의 수양이 있으면 문학이나 예술의 경지에 불평을 쏟아서 없앨 수 있습니다.

"가까이는 어버이를 섬겨 효순하게 한다."(邇之事父). 시가 어떻게 어버이에게 효순하게 할 수 있을까요? 예술적인 수양이 있으면, 부모를 모시는 데 있어서 낙관적인 태도를 가질 수 있기 때문입니다.

"멀리는 임금을 섬겨 국가 사회에 공헌하게 한다."(遠之事君). 시는 또한 멀리는 국가 사회에 공헌할 수 있게 합니다.

마지막으로, 문학을 좋아하고 시사詩詞를 좋아하면, "새·짐승·풀·나무의 이름도 많이 알게 된다."(多識於鳥·獸·草·木之名)고 했습니다. 고대의 시는 오늘날의 박물학博物學처럼 많은 것을 포함하고 있어서, 시를 배우면 무엇이나 알 수 있었습니다. 공자 시대에는 사전류의 공구工具 서적이 전혀 없었기 때문에, 이러한 지식들을 시들을 통해 알게 되었습니다. 사전류 서적은 당·송 이후에야 편집되었습니다. 『사해』辭海·『사원』辭源은 중화민국 시대에 『연감류함』淵鑑類函·『패문운부』佩文韻府 같은 책들을 토대로 하여 편집한 것이며, 이런 부류의 책들은 모두 후세에야 있게 된 것입니다. 예컨대 한漢나라 시대에 좌사左思가 『삼도부』三都賦를 짓는 데 십년의 시간이 걸린 것은 문장을 짓기 어려워서가 아니라, 당시에는 그런 유서類書 (여러 책들을 내용이나 항목별로 분류·편찬한 책을 통틀어 이르던 말—역주)가 없어서 이른바 새·곤충·물고기·짐승이나 인물 자료는 수집하기가 어려웠기 때문이었는데, 하물며 멀리 춘추전국 시대에는 더 말할 나위가 있었겠습니까? 공자가 특별히 시를 배워야 한다고 제창한 이유 중의 하나도 각종 지식을 얻게 하기 위한 것이었습니다. 이상이 공자가 학생들에게 반드시 시를 배워야 한다고 가르친 이유입니다.

담벽을 마주하고 서 있는 비탄

공자께서 (아들) 백어에게 말씀하셨다. "너는 『시경』의 「주남」周南과 「소남」召南을 연구한 적이 있느냐? 사람으로서 「주남」과 「소남」을 연구하지 않으면, 그는 마치 담벽을 마주 대하고 서 있는 것과 같을 것이다!"

(사람이 지식이 해박하지 못하고 문학 수양이 최고의 경지에 이르지 못하는 것은 담벽을 마주 대하고 서 있는 것이나 다름없어서, 담 밖의 것은 아무것도 볼 수 없고

자기 등 뒤에 있는 것도 전혀 볼 수 없는 문맹이나 백치와 같다는 것입니다)

　　子謂伯魚曰：女爲周南召南矣乎？人而不爲周南召南，其猶正牆面
　　자 위 백 어 왈　　여 위 주 남 소 남 의 호　　　인 이 불 위 주 남 소 남　　기 유 정 장 면

而立也與！
이 립 야 여

　「주남」周南·「소남」召南은 『시경』의 국풍國風 속에 나오는 두 편의 시
입니다. 공자는 자기 아들인 백어伯魚에게, "너는 이 두 편을 연구한 적
있느냐?" 하고 물었습니다. 왜 연구해야 했을까요? 바로 앞 단락에서
말한 몇 가지 큰 이유들 때문인데, 시에는 그렇게 많은 좋은 점이 있습
니다. 공자는 말합니다. "사람이 지식이 해박하지 못하고 문학 수양이
최고의 경지에 이르지 못하는 것은 담벽을 마주 대하고 서 있는 것이나
다름없어서, 담 밖의 것은 아무것도 볼 수 없고 자기 등 뒤에 있는 것
도 전혀 볼 수 없는 문맹이나 백치와 같다."

　여기서 많은 것들을 소개할 수 있겠는데, 문학적인 경지의 시 중에
마음 속 고통과 근심을 토로한 것으로서 좋을 대로 예를 들어보겠습니
다. 송나라 애국 시인 육방옹陸放翁의 시에는 많은 불평이 들어있습니다.
국가와 세상일에 대한 많은 근심과, 발휘할 길이 없는 애국 열정을 그
의 시문집에서 많이 볼 수 있습니다. 또, 악비岳飛의 얼마 안 되는 유작
속에도 불평이 많이 들어있고, 문천상文天祥의 시사詩詞속에서도 많은 불
평이 보입니다. 동서고금의 시대마다 삶의 고통, 특히 국가 사회에 공헌
하고자 했던 사람들이 당한 고통이 보통 사람보다 더 많고 더 컸다는
것을 시사 속에서 대부분 볼 수 있습니다. 앞에서 언급했던 신기질辛棄
疾이 지은 유명한 사詞가 있는데, 사의 반만 보아도 그에게 얼마나 많은
고통과 불평이 있었는지 알 수 있습니다.

　　지난 일을 떠올리며 오늘의 나를 탄식하니　　　　　追往事, 嘆今吾
　　봄바람은 흰 머리털과 수염을 물들이지 못하네　　春風不染白髭鬚
　　만자로 쓴 오랑캐 정벌책을　　　　　　　　　　　却將萬字平戎策

이웃집 채소재배법 책과 바꾸었네　　　　換得東鄰種樹書

　　이것은 사의 반쪽 후반부입니다. 전반부는 젊은 시절에 가졌던, 하늘을 찌를 듯한 포부와 기백을 묘사한 것입니다. 이 후반부 사에서는 과거를 회상하면서, 이제는 늙어 머리도 수염도 하얗게 되어 청춘의 숨결이 없어졌다며, 백발을 젊음으로 회복시킬 수 없고 되돌아갈 수 없는 자신을 탄식하고 있습니다. 그 무렵 그는 어떻게 지내고 있었을까요?

　　당시 남송南宋 조정이 감히 기용하지 않았으므로, 그는 고향에서 지내고 있었습니다. 남송 조정에 보고하려고 정치를 논하고 전략을 논하는 여러 편의 대문장을 썼지만, 이제 아무 쓸모가 없어졌습니다. 그러니 이웃에 사는 늙은 농부 집으로 가지고 가 채소 농사법 책과 바꿔 볼 수밖에 없었던 겁니다. 그의 시사 속에 어찌 불평이 내포되어 있지 않겠습니까? 그는 불평도 컸지만, 자기 마음속의 불평을 절대로 숨기지 않았습니다. 그는 사람됨이 대단히 수수하고 담박해서 국가에서 공헌하라 하면 최대한 공헌하고, 국가에서 공헌을 바라지 않으면 공헌하지 않았으며, 불평도 대단히 평담平淡합니다. 그는 예술적·문학적 수양이 매우 높았기 때문에, 인생을 이처럼 평담하게 보았습니다.

　　이러한 감정들은 그의 시사詩詞 속에 대단히 많이 나타나고 있기에, 읽어보고 나면 인생을 이해하게 되고, 역사를 이해하게 됩니다. 동서고금이 마찬가지로서, 사람이 인생을 훤히 꿰뚫어 이해하고 나면, 더욱 평범하고 담담해지면서 사회에 더욱 공헌하기를 원할 것입니다. 신기질辛棄疾 같은 경우 일생 동안 너무 큰 타격을 받았으므로, 오늘날 우리 같은 수양 정도라면 반란을 일으켰을지도 모릅니다. 이러한 애국적인 열정으로 그가 남송으로 이끌고 온 부대가 해산되었어도 그는 그것을 견디어 내고 담담하게 대처할 수 있었습니다. 비록 증오심은 가슴에 북받쳤지만, 보통 사람들처럼 툭하면 난리를 피우는 일은 하지 않았습니다. 왜냐하면 그의 목적이 오로지 국가에 공헌하는 데만 있었기 때문입니다.

　　여기서 그의 예를 든 것은, 바로 공자가 말한 "시는 사람의 감정을 달래 줄 수 있고, 많은 도리를 볼 수 있게 하며, 남과 잘 어울릴 수 있게 하고, 원망을 토로할 수 있게 한다."(詩, 可以興·可以觀·可以羣·可以怨)는 도리를 설명하기 위해서였습니다.

예악의 기본 정신

다음은 위의 이야기에 대한 결론입니다.

공자께서 말씀하셨다. "예禮다, 예다 하고 말하지만, (그 중점이 문화의 정신에 있는 것이지) 옥이나 비단 같은 예물이나 보내는 것만을 뜻 하겠는가? 음악(樂)이다, 음악이다 하고 말하지만, (그 중점이 정신을 영원한 낙관의 경지까지 승화시키는 데에 있는 것이지) 종이나 북으로 노래하고 춤추는 것만을 뜻 하겠는가?"

子曰 : 禮云禮云, 玉帛云乎哉? 樂云樂云, 鐘鼓云乎哉?
자왈   예운예운   옥백운호재   악운악운   종고운호재

공자는 기회만 있으면 사람들에게 예악禮樂을 배우라고 했는데, 여기서의 예악은 일반적으로 말하는 예절이나 음악이 아닙니다. 그것은 바로 문화의 정신, 문화의 철학을 뜻하는 것임을 여러 차례 강조했습니다. 공자는 여기서 이렇게 말하고 있습니다. "예禮는 단지 남에게 선물이나 보내는 것 따위가 아니다. 이것은 정情을 약간 표현하는 것일 뿐, 그 중심은 문화의 정신에 있다. 악樂도 노래하고 춤추는 것만이 아니라, 사람의 정신을 영원한 낙관樂觀의 경지까지 승화시키는 것이다."
이상의 몇 단락을 연결시켜 보면 바로 인생의 출처出處로 귀결됩니다. 인생의 첫걸음을 내딛는 것을 신중하게 고려하라는 것은, 기회가 있으면 붙잡으라는 말이 아닙니다. 함부로 인생의 첫걸음 내디지 않는 바에야, 자기의 처신에 있어 어떻게든 바른 사람이 되어야 한다는 뜻입니다. 사업을 하지 못해도 좋습니다. 벼슬을 하지 못해도 좋습니다. 그러

나 어떻게 하든 바른 사람이 되어야 합니다. 앞에서 공자가 육언육폐六言六蔽를 알아야 하고 시를 배워야 한다고 한 것이나, 지금 또 어떤 것이야말로 예악인지 말하는 것은 모두 사람들에게 입신立身을 가르치고자 하는 것입니다. 즉, 어떻게 처신해야 하며 어떻게 사람이 될 것인가 하는 것을 가르치는 것인데, 우리 모두 이것을 기본적으로 수양해야 합니다.

허세를 부리다

공자께서 말씀하셨다. "외관상 태도는 위엄이 있으면서도 속마음은 공허한 사람은, 소인에 비유한다면 마치 벽을 뚫고 담을 뛰어넘는 좀도둑(이 남에게 잡혔을 때 입으로는 강경하지만 실제 내심으로는 몹시 두려워하는 것)과 같다!"

子曰：色厲而內荏，譬諸小人，其猶穿窬之盜也與！
자 왈　색 려 이 내 임　비 저 소 인　기 유 천 유 지 도 야 여

이 단락은 글자 뜻만으로 보면 이해하기 쉽습니다. 많은 사람들이 외관상 태도는 대단히 위풍 있고 아주 무서워 보이지만 속마음은 몹시 공허하다는 것입니다. 공자는 이들에 대해 결론을 내려 이렇게 말하고 있습니다. "이런 사람들은 저급한 소인들에 해당한다. 좀도둑처럼 남에게 잡혔을 때 입으로는 강경하지만, 실제 내심으로는 몹시 두려워한다." 공자의 이 말은, 춘추전국 시대 당시에 많은 대인大人 선생들이 흔히 이런 비정상적인 심리를 범했다는 것을 가리킵니다.

우리가 알듯이 사람이 내심에 진정한 함양이 없다면 "외관상 태도는 위엄이 있으면서도 속마음은 공허한 사람"(色厲內荏)으로 변할 것입니다. 우리 자신도 때때로 반성해 보면 어찌 이렇지 않다고 할 수 있겠습니까? 솔직히 말해서, 때로는 생활이 곤란해서 궁해 보았자 한 달이요 넉넉해 보았자 3일을 못 가는 월급쟁이로 지내노라면 겉으로는 번드르르

한 척하지만 내심으로는 고통스러운데, 이것도 "색려내임"色屬內荏의 일종입니다. 사실 그런 식으로 할 필요가 전혀 없습니다. 사람이 좋으면 좋은 것이고, 궁하면 궁한 것이며, 고통스러우면 고통스러운 것입니다. 역사의 법칙으로부터 보면 지도자가 된 사람은 더욱 그래서는 안 됩니다.

당나라 현종 같은 사람은 소년 시절에도 훌륭했고 중년에도 훌륭했지만 만년에는 좀 못했는데, 그는 자기 수하에 인재人才가 없다고 느꼈습니다. 당대唐代의 역사 두 가지를 들어 보면 이해할 수 있습니다. 당현종은 초기에는 명재상 장구령張九齡과 한휴韓休를 기용했는데, 두 사람 모두 현종이 상당히 경외하는 사람들이었습니다. 그래서 당현종의 초기 공로업적은 훌륭했습니다. 당현종과 양귀비와의 사건을 두고 후인들은 역사를 쓰면서 모든 책임을 한 여인에게 전가시켜 버렸습니다. 마치 당현종이 양귀비를 총해하였기 때문에 비로소 모든 게 끝장나버린 것처럼 말하고 있는데, 이 말은 결코 공평하지 않습니다. 총명한 황제들 중에는 여인을 총애한 사람도 많았지만 모두 당현종처럼 되지는 않았습니다. 그러므로 문제는 역시 황제 본인에게 있었습니다.

당현종은 형제간 항렬에서 셋째였기 때문에, 별명도 이삼랑李三郎이라 불렸습니다. 그는 좀 잘못한 일이 있을 때면 한휴韓休가 그것을 알까봐 걱정이 되어, 옆 사람에게 한휴가 알고 있는지 묻곤 했습니다. 현종의 걱정이 채 끝나기도 전에 벌써 한휴의 간의의견서諫議意見書가 도착하는 일이 흔히 있었습니다. 옆 사람이 "황제께서 한휴를 기용한 후로 몸이 야위셨습니다." 라고 하자, 현종은 "괜찮다. 내가 마르고 천하가 살찌면 된다."고 말했습니다. 뒷날 그는 양귀비 자매를 총애하고 또 공놀이와 연극 공연을 즐겼는데, 이것도 마음속의 공허감을 없애기 위해 자극을 찾은 것이라 할 수 있습니다.

그러나 이런 일은 당현종의 중년 이후의 일이었습니다. 그래서 송대의 문학가 조열지晁说之(1059年—1129年)는 다음과 같은 시를 남겼습니다.

대궐의 모든 문 활짝 열어젖히고 　　　　　　閶闔千門萬户開

삼랑은 술에 취해 공을 치네 　　　　　　　三郞沉醉打毬回
장구령은 이미 늙고 한휴는 죽었으니 　　　九齡已老韓休死
내일 조회에 다시 상소문 올라올 일 없으리 　無復明朝諫疏來

이 시는 당현종을 대신해서 한없는 고통을 말한 것입니다. 안록산安祿山의 반란이 일어나기 전, 조정에는 인재가 없어 황제에게 간하려고 하는 사람이 없었습니다. 장구령도 한휴도 세상을 떠나 버려, 황제에게 감히 반대 의견을 제시할 사람이 없었습니다. 현종은 안록산의 난을 당해 사천四川 변경까지 피난을 갔는데, 훗날 청대淸代 말기에 자희慈禧 태후가 피난 갔을 때와 같이 낭패스럽고 처량했습니다.

현종은 피난길에서 말을 탄 채 인재가 부족함을 탄식하면서, "이제는 이임보李林甫 같은 인재를 찾고 싶어도 찾을 수 없게 되어 버렸다."고 말했습니다. 이임보는 역사에서 당현종이 기용한 재상 가운데 나쁜 사람으로 공인되고 간신奸臣으로 거명되는 사람입니다. 그런데도 현종은 이임보처럼 수완 있고 재능을 갖춘 인재를 찾을 수 없음을 탄식한 것입니다. 그 때 곁에 있던 다른 간의대부諫議大夫가 "확실히 인재는 얻기 어렵습니다." 하고 맞장구를 쳤습니다. 그러자 현종이 말했습니다. "안타깝게도 이임보는 그릇이 너무 작아 좋은 사람을 포용할 수 없었고, 도량이 너그럽지 못해 인재도 등용할 수 없었다."

간의대부는 놀라면서 "폐하께서도 이미 아셨군요!" 하자, 현종은 "당연히 알고 있었다. 그것도 일찍부터 알고 있었다." 하고 말했습니다. 간의대부가 "이미 알고 계셨으면서도 왜 그를 기용했습니까?" 하고 묻자, 현종은 이렇게 대답했습니다. "내가 그를 기용하지 않고 달리 누구를 기용할 수 있었겠는가? 그 사람보다 더 유능한 사람을 찾을 수 있었던가?" 이는 현종이 지도자가 된 후에 인재를 얻기 어려워 몹시 고통스러워했던 것을 말하는 것으로, 이임보가 겉으로는 위엄이 있으면서도 속마음은 공허했음(色厲內荏)을 뻔히 알고 있었지만 없는 것에 비하면 그래도 낫다고 판단하고 있었음을 알 수 있습니다.

오래된 문화사회의 병폐

다음에는 그러한 원칙에 따라 인간사의 여러 가지 도리를 말합니다.

공자께서 말씀하셨다. "(시비선악是非善惡을 분명히 가리지 않고 두루 뭉술한 태도로 한 고을에서 만사 호인으로 칭송받는 자인) 향원鄕原은 도덕을 해치는 자이다.

(그는 겉으로 보면 도덕이 있지만, 이런 도덕은 남을 해치는 것으로 시비是非에 어둡고 좋은 것과 나쁜 것 사이에서 자기 결론이 없다. 보기에는 아주 수양이 있어 남을 기분 나쁘게 하지 않지만, 그것이 도리어 남을 해친다. 사람은 하나의 중심 사상이 있고 옳고 그름을 알아야 비로소 진정한 도덕이 있는 것이다) "

子曰 : 鄕原 , 德之賊也!
자 왈 　 향 원 　 덕 지 적 야

중국인들이 흔히 남을 욕할 때, '향원'(鄕原 : 겉으로는 착한 것 같으나 속마음은 검은 사람, 곧 위선자를 가리키는 말—역주)이라는 말을 쓰는데, 어떤 사람을 향원이라고 할까요? '향'鄕은 곧 향당鄕黨으로, 고대에 보통 사회를 일컫는 통칭이었습니다. '原'(원)자는 '愿'(원)자와 통용되었는데, 이 '原'은 겉보기에 만사 호인으로 마치 한약방의 감초처럼 일마다 그를 필요로 하지만, 그에게 의견을 물어 보면 무엇이나 다 좋고 일리가 있다고 하고, 반대 의견에 부딪치면 그것도 좋다고 말하는, 그런 사람을 가리키는 말입니다. 이런 사람은 아무 실속이 없고, 이래도 좋고 저래도 좋다고 하며, 양쪽 모두의 비위를 맞춥니다. 오늘날 말로는 이른바 '무골호인'이나 '두루춘풍'으로, 잘못이나 결함이 없으면서 단정하고 예절 바릅니다. 그러나 진정으로 그에게 시비선악 사이에서 한 가지 결론을 내리라고 하면 도무지 결론이 없습니다. 그러면서 겉으로는 도덕적인 모습을 보입니다.

유가에서는 이런 사람들을 가장 반대하여 '향원'鄕原이라 이름 지었는데, '향당 속의 원인原人'이란 뜻입니다. 공자는 이런 사람을 "도덕을 해치는 자"(德之賊也)라고 했습니다. 겉으로 보면 도덕이 있지만, 이런 도덕은 남을 해치는 것으로 시비是非에 어둡고 좋은 것과 나쁜 것 사이에서 자기 결론이 없습니다. 보기에는 아주 수양이 있어 남을 기분 나쁘게 하지 않지만, 그것이 도리어 남을 해칩니다. 사람은 하나의 중심 사상이 있고 옳고 그름을 알아야 비로소 진정한 도덕이 있는 것입니다.

　　공자께서 말씀하셨다. "길에서 들은 말을 길에서 그대로 이야기하는 것은 도덕을 버리는 것이다.
　　(책을 읽어 학문을 하든 도덕 수양을 하든 입신처세를 하든, 모두 다 깊이 들어가 깨달아야지 함부로 뜬소문을 믿어서는 안 된다)"

　　子曰 : 道聽而塗說, 德之棄也!
　　자왈　도청이도설　덕지기야

　　이것은 지식에 대해 이야기한 것으로서, 모든 일은 깊이 들어가서 알아야 한다는 것을 빗대어 말하고 있습니다. 업무를 처리함에 있어서, 어떤 사람이나 일에 대해 절대로 남 이야기를 그대로 믿고 말해서는 안 됩니다. 뉴스 취재를 예로 들면, 오다가다 들은 소식에 유의해야 하지만 절대 함부로 단정해서는 안 됩니다. 발표된 소식에 의거하여 반드시 자료를 찾아보고 사실 진상을 분명히 확인해야지, 그렇지 않고 길에서 들은 대로 그대로 말하는 것은 직업 윤리상 해서는 안 되는 일입니다.
　　한번은 하버드 대학생과 이야기하다가, "미국이란 나라는 정말 위험하다."고 했습니다. 나는 이렇게 말했습니다. "미국 국회의원들과 그들이 내미는 정책은 설령 우리 나라 제갈량 같은 정치가 백 명이 있더라도 어쩔 수 없을 것이네. 미국식 민주주의에서는 어느 국회의원이든 맘대로 의견을 낼 수 있지만, 그 수재秀才들은 문밖을 제대로 나서지도 않기 때문에 천하사天下事를 이해하지 못하지. 대만이 지구 어느 곳에 있는지도 잘 모르는 그런 사람들을 믿고 동양 정책을 결정하려 하니 어찌 잘 될 수 있겠는가? 그런 사람들이 가진 지식은 바로 길에서 들은 것을 그

대로 길에서 말하는 것과 같으니, 깊이 들어가 본 적이 절대 없지 않은
가."

"길에서 들은 것을 그대로 길에서 말한다."(道聽塗說)는 것은, 책을 읽
어 학문을 하든 도덕 수양을 하든 입신처세를 하든, 모두 다 깊이 들어
가 깨달아야지 함부로 뜬소문을 믿어서는 안 된다는 것을 말합니다.

얻으려고 근심하고 또 잃을까 근심하고

(당시 여러 제후국 정치인들 중에는 공자의 눈에 거슬리는 이들이 매
우 많았다)

공자께서 말씀하셨다. "(사욕에 사로잡혀 진정으로 위대한 사상과 인
격, 목표가 없이 단지 개인적인 이해만을 따지는) 비루한 사람들이구나
! 이런 사람들과 함께 임금을 섬겨 국가대사를 처리할 수 있겠는가? 그
들은 (가장 기본적인 수양조차도 없어서) 부귀와 권력의 지위를 얻지
못하였을 때는 그것을 얻으려고 걱정하고, 그 지위를 얻고 나서는 (대
신大臣으로서 나라의 이익을 위해 머리를 써서 일할 생각은 없고, 충성
과 지조도 없이 단지) 잃을까 걱정한다. 만약 그 지위를 잃을까 걱정하
면 (일체를 돌아보지 않고 무슨 수단을 써서라도 동료를 치고, 좋은 사
람들을 치며, 현명한 인재를 질투하는 일들을 벌이는 등) 못하는 짓이
없다!"

子曰 : 鄙夫! 可與事君也與哉? 其未得之也, 患得之;既得之, 患
자왈 비부   가여사군야여재   기미득지야   환득지 기득지 환

失之;苟患失之, 無所不至矣!
실지 구환실지 무소부지의

공자는 여기서 '비부'鄙夫란 단어를 써서 누군가를 꾸짖은 듯합니다.
마치 오늘날 '필부'匹夫란 말로 남을 욕하는 것과 같습니다. 이 '필'匹은
'하나'(一個)라는 뜻으로, 사실은 꼭 남을 꾸짖는 것은 아닙니다. 단지 '어

떤 사람' 또는 '이 사람'이라는 뜻이며, 구어체로는 '이 녀석'이라는 뜻입니다. 그런데 여기에 쓰인 '비부'鄙夫의 '비'鄙는 속되고 천하다는 뜻으로, 학식이 없고 천박한 사람을 밀합니다. 예를 들어, 우리는 편지를 쓸 때 약간 고문 투로 '비인'鄙人이라 자칭하여 겸손의 뜻을 표하는데, 어떤 사람은 '폐인'敝人이라 바꿔 쓰기도 합니다. 사실은 '비인'이라고 쓰는 게 옳으며, '겸손'의 뜻을 나타내기 위해 옆에다 약간 작게 써야 합니다.

공자가 누군가를 '비부'라 일컬은 것은 그를 꾸짖은 것이나 다름없습니다. 당시 여러 제후국 정치인들 중에는 공자의 눈에 거슬리는 이들이 매우 많았는데, 공자는 이런 사람들을 모두 '비부'라 했습니다. 공자는 이렇게 말하고 있습니다. "이런 사람들이 어떻게 국가의 대사大事를 책임지고 처리하겠는가? 이들은 가장 기본적인 수양조차도 없어서, 자신들이 공명과 권력을 손에 쥐지 못했을 때는 그것을 얻을 수 없을까 걱정하며 이런저런 방법을 다해 얻으려고 한다. 또, 그 지위를 얻어 권력을 손에 쥐면 그것을 잃을까 걱정한다. 대신大臣으로서 나라의 이익을 위해 머리를 써서 일할 생각은 없고, 충성과 지조도 없이 단지 자신의 지위와 권력을 잃을까 두려워한다. 그래서 일체를 돌아보지 않고 무슨 수단을 써서라도 동료를 치고, 좋은 사람들을 치며, 현명한 인재를 질투하는 일들이 벌어진다."

공자는 여기서 사욕에 사로잡혀 진정으로 위대한 사상과 인격, 목표가 없이 단지 개인적인 이해만을 따지는 사람을 '비부'鄙夫라고 설명했습니다. 후세의 '환득환실'(患得患失: 이해타산을 한다는 뜻—역주)이라는 성어成語도 바로 여기에서 온 것입니다.

지금까지 논의한 앞 몇 단락을 연결시켜 보면, 사람의 수양과 인품, 그리고 사회에 나와 일하는 것과 위인 처세為人處世의 원칙을 설명하고 있는 것임을 알 수 있습니다. 다음에는 방향을 바꿔 인물에 대해 토론합니다.

고금 인물론

공자께서 말씀하셨다. "옛날 사람들에게는 세 가지 병폐가 있었는데, 지금은 더 나빠져 이것마저도 없어진 듯하다.

옛날의 호방한 사람은 (좀 제멋대로여서) 규범에 별로 구애됨이 없었는데, 지금의 호방한 사람은 방탕하(여 멋대로 흐르는 물처럼 파랑을 일으킨)다.

옛날의 오만한 사람은 청렴결백(하여 자기를 잘 다스려 인격이 꿋꿋)했는데, 지금의 오만한 사람은 (남이나 일에 대해 너그럽지 못하고) 성내고 부딪친다.

옛날의 어리석은 사람은 (그래도) 정직했는데, 지금의 어리석은 사람은 (어리석음을 교활 간사한 기량으로 가장하여) 남을 속일 따름이다."

子曰 : 古者民有三疾, 今也或是之亡也。 古之狂也肆, 今之狂也蕩。
자왈　고자민유삼질　금야혹시지무야　　고지광야사　금지광야탕

古之矜也廉, 今之矜也忿戾。 古之愚也直, 今之愚也詐而已矣。
고지긍야렴　금지긍야분려　　고지우야직　금지우야사이이의

공자는 고대 사람들에게 세 가지 병폐가 있었다고 말합니다. 이 세 가지는 사회의 병폐이자 인류의 병폐이기도 하지만, 지금에 이르러서는 "더 나빠져 이것마저도 없어진 듯하다."(或是之亡也)고 했습니다 ─ 여기서 或(혹)자는 '혹시'의 뜻이며, 是(시)자는 '이것'이란 뜻입니다. 다시 말하면, 옛 사람의 세 가지 병폐는 지금에 이르러 더 나빠지고 더 심해졌다는 것입니다. 그림으로 비유하면, 옛 사람의 그림은 매우 잘 그려졌지만 그래도 그 속에 세 가지 결점이 있었습니다. 그런데 지금의 예술가는 더 형편없어서, 옛 사람의 결점이라고 생각하는 그 수준에도 도달하지 못한다는 것입니다. 다시 말해서, 옛 사람의 결점이라고 생각되는 것이 지금 사람들의 우수한 점이라고 생각되는 것보다 더 낫다는 것입니다.

공자는 이 세 가지 결점을 설명하고 있습니다. 고대의 '광'狂은 꼭 나쁜 뜻이 아니었습니다. 현대적 관념의 '광'狂과는 달랐습니다. 현대에는 정신병을 '광'狂이라고 하는데, 그런 뜻이라면 여기에서는 큰일 납니다.

옛날의 '광'狂은 '조금도 개의치 않는다'는 의미인데, 그 개의치 않음에 어느 정도 한계가 있었습니다. 오늘날로 말하면 '호방함'이라고 할 수 있습니다. 그래서 공자는 말합니다. "옛날의 호방한(狂) 사람은 좀 제멋대로여서 규범에 별로 구애받지 않는 데 불과했다. 그러나 지금은 더 나빠져, 호방한 사람은 방탕하여 마치 멋대로 흐르는 물처럼 파랑波浪을 일으킨다. 고대의 '긍'矜은 오만하고 스스로 뽐내는 것을 가리켰지만, 여기에는 좋은 점도 있었다. 왜냐하면 오만한 사람들은 자기를 중요시했으므로, 비교적 청렴결백하고 자기를 잘 다스려 꼿꼿한 인격을 지켰기 때문이다. 그러나 오늘날 오만하고 뽐내기 좋아하는 사람은 다른 사람이나 일에 대해 너그럽지 못하고 화를 잘 내며 남과 잘 부딪친다. 고대의 어리석은 사람은 그래도 정직했는데, 지금은 더 나빠져 어리석으면서도 정직한 사람이 없다. 오늘날 어리석은 사람들은 어리석음을 가장하는 것으로, 교활하고 간사한 기량에 지나지 않을 뿐이다."

이것은 공자 당시의 탄식이지만, 우리가 알듯이 사람을 관찰하는 여섯 가지 대원칙이기도 합니다. 이 단락을 읽을 때는 이것이 사람을 관찰하는 법이라는 것을 특별히 유의해야 합니다. 많은 사람들이 관상을 중시하는데, 이 단락의 내용은 바로 관상법이라 할 수 있습니다. 이 관상법은 얼굴 생김새와 손금을 보는 것이 아니라, 그 사람의 기색을 보고 그의 사람됨과 일처리를 보고서 알아내는 것입니다.

다른 사람들을 이끌거나 사람들과 교제 왕래할 때, 부하나 동료가 좀 호방해도(狂) 상관없습니다. 때로는 오히려 그의 호방함을 아주 마음에 들어하면서 그의 호방함이 부족할까 걱정하기도 합니다. 재능이 있다면 좀 호방해도 괜찮습니다. 그러나 호방하여 방탕하다면 문제가 됩니다. 지나치게 호방하여 신용을 지키지 않거나 공금을 마구 써 버리거나 무슨 일이든 닥치는 대로 해 버려서는 안 됩니다. 재능이 있는 사람은 대부분 호방한 성질이 있습니다. 인재를 사랑하는 것은 바로 그 호방함을 좋아할 줄 아는 것이니, 그가 자기와 같기를 바라서는 안 됩니다. 자기가 싫어한다고 하여 다른 사람도 그것을 싫어하도록 요구할 필요는 없습니다. 그러나 호방한 사람이 방탕함에 빠지는 것은 경계해야 합니다.

방탕함에 빠지지만 않는다면, 호방함은 인재의 요소가 됩니다.

'긍'矜은 오만하고 개성이 있는 것을 말합니다. 사람이 자긍심自矜心을 가지는 것은 좋은 일입니다. 사람이 개성이 없고 오만스럽지 않다면 맛이 없습니다. 사람마다 그의 독립적인 개성이 있지만, 적당한 한도가 있어야 합니다. 오만하여 함부로 성내고 사나운 기질을 부린다면 남의 원한을 사게 되고, 어떤 사람 어떤 일에도 만족하지 못하게 됩니다. 그런 사람은 홀로 있을 때 자기 자신에 대해서도 만족하지 못할 것입니다. 지나치게 성을 잘 내고 사나운 것은 아주 좋지 않습니다.

또, 어리석음과 정직함은 서로 관계가 없습니다. 일부러 정직을 피우고 정직한 척 해서는 안 됩니다. 흔히 말하듯 "겉모습은 충실한 듯이 보이지만 마음은 간사함을 품고 있다."(貌似忠厚, 心存奸詐)면 큰 문제가 됩니다. 이 광狂·긍矜·우愚의 세 가지 성질에 따르는 여섯 가지 모습은, 밖으로는 남을 관찰하고 안으로는 자기수양을 살펴보는 준칙이 되는 것이므로, 모두 유의해야 합니다.

 공자께서 말씀하셨다. "듣기 좋게 말이나 잘하고 보기 좋게 태도나 꾸미는 자들 중에는 인仁의 학문 경지를 진정으로 이를 수 있는 사람이 드물다."

 子曰:巧言令色, 鮮矣仁。
 자 왈   교 언 영 색   선 의 인

이 구절은 상론上論에서도 언급되었습니다. 중복된 것 같지만, 이곳에서는 작은 결론 역할을 합니다. 입만 놀리는 사람은 앞 단락에서 말한 몇 가지 상황보다 더 문제가 있으므로, 거의 논할 필요가 없다는 뜻입니다. 왜 그럴까요? 다음 구절을 이어서 보면 알게 됩니다.

 공자께서 말씀하셨다. "나는 자주색이 붉은색을 탈취하는 것을 미워하고, (저속하고 향락적인) 정나라 음악이 (정통 음악인) 아악雅樂을 어지럽히는 것을 미워하며, (진정한 사상과 내용 없이) 입만 놀리는 말재

주가 나라를 뒤엎는 것을 미워한다."

(사람의 학문·도덕·수양에 있어 가장 두려운 게 사이비似而非가 되어버리는 것입
니다)

> 子曰 : 惡紫之奪朱也, 惡鄭聲之亂雅樂也, 惡利口之覆邦家者。
> 자 왈   오 자 지 탈 주 야   오 정 성 지 란 아 악 야   오 리 구 지 복 방 가 자

이것은 위의 狂광·矜긍·愚우 세 가지 조목과 관계가 있습니다. 이
세 가지 점은 모두 옳고 틀림이 없지만, 지나치면 도리어 옳지 않습니
다. 공자는 여기서, 자기의 수양과 남을 대함에 있어서 왜 이 세 가지
점을 주의해야 하는지 말하고 있습니다.

첫째로 "자주색이 붉은색을 빼앗는 것을 미워하기"(惡紫之奪朱也) 때문
이라고 했습니다. '주'朱는 붉은색으로 바른 색(正色)이고, '자'紫는 붉은
빛이 너무 지나친 것인데, 자주색이 붉은색을 탈취하는 것을 두려워한
다는 것입니다.

공자는 또 음악을 비유로 들었습니다. 당시 아주 저속하고 향락적인
정나라 음악(鄭聲)이 많이 유행했기 때문에, 공자는 정나라 음악이 정통
음악을 망친다고 크게 반대했습니다.

셋째로 말재주(利口)가 나라를 뒤엎는다고 했습니다. 진정한 사상과 내
용이 없이 입으로만 번드르르하게 하는 말은 나라를 망하게 하고 집안
을 뒤엎는다는 것입니다. 역사상 이런 사람들이 많았으므로, 우리는 절
대로 주의해야 합니다. 특히, 자기 자신이 이런 말을 하지 않도록 해야
합니다. 재능 있는 사람은 흔히 입씨름에서 남에게 지지 않아, 그 결과
자기를 해치고 나아가서는 목숨을 잃게 될 뿐 아니라 집안사람들까지
연루되고, 심지어는 나라를 뒤엎기도 합니다. 동서고금의 역사상 이런
말재주가 나라를 뒤엎은 사례는 대단히 많았습니다.

이 단락은 문자상으로 보면 이해하기 쉽습니다. 방금 말하기를 이 세
가지와 앞 단락에서 말한 狂광·矜긍·愚우의 세 가지는 서로 연관된 것
이라고 했는데, 蕩탕과 狂광, 紫자와 朱주 등과 같이 연관시켜 보면 모두
일종의 '그런 듯하면서도 아닌'(似是而非) 모습이 됩니다. 사람의 학문·도

덕·수양에 있어 가장 두려운 게 사이비似而非가 되어버리는 것입니다.

　자주색이 붉은색을 탈취하는 것을 미워한다는 이야기가 나오니, 역사상 유명했던 사건이 생각납니다. 알다시피 만주족은 중국에 들어온 뒤 많은 문자옥文字獄을 일으켰습니다. 강희·옹정 연간에 많은 사람들이 반청 사상反淸思想을 가지고 있었는데, 특히 일부 지방 관리들은 황제의 뜻에 영합하여 문인들을 억울하게 죽게 하는 일이 많고 많았습니다. 어떤 사람은 몇 구절 시를 구실삼아 문자옥을 크게 일으켰는데, 당시 형법은 당사자를 사형에 처함은 물론 9족까지 멸했습니다. 그 중에 "붉은색을 탈취하는"(奪朱) 것과 관계된 사건이 하나 있었습니다. 어떤 사람이 자주색 모란을 읊은 시 한 수를 지었는데, 그 중 두 구절은 이렇습니다.

　　붉은색을 탈취한 것은 바른색이 아닌데　　　　　　　奪朱非正色
　　다른 종자도 왕이라 칭하누나　　　　　　　　　　　異種也稱王

　작자가 실제로 그런 뜻으로 썼는지 안 썼는지는 알 수 없지만, 문자상으로 보면 이 시구는 민족 사상을 표현한 것임이 확실합니다. 명조明朝의 황제는 성이 주朱씨였으므로 "붉은색을 탈취한 것은 바른 색이 아니다."(奪朱非正色)라고 말한 것이며, "다른 종자도 왕이라 칭하누나."(異種也稱王)는 자연히 청조淸朝가 한인漢人이 아님을 암시한 것입니다. 이 두 구절의 시가 지방관에 의해 조정에 보고됨으로써 문자옥이 크게 일어났습니다. 이 시는 죄罪의 확실한 증거라 할 수 있지만, 훗날의 어떤 문자옥들은 억지로 죄의 증거를 만들어 사람들을 불쌍하게 죽이기도 했습니다. 예를 들면, 한 문인의 책 속에서 이렇게 쓴 쪽지가 발견되었습니다.

　　맑은 바람은 글자를 모르면서　　　　　　　　　　　清風不識字
　　어찌하여 책장을 어지럽게 넘기는가　　　　　　　　何以亂翻書

　이 시는 청나라에 문화가 없는 것을 풍자한 것이라고 상부에 보고되어, 역시 문자옥을 크게 일으켰습니다.

이상은 "자주색이 붉은색을 탈취하는 것을 미워한다."(惡紫之奪朱也)는 말을 오늘 보면서, 청대의 문자옥들이 너무 지나친 것이었음을 생각해 본 것입니다.

법이 본래 이와 같다

공자께서 (어느 날 탄식하여) 말씀하셨다. "나는 (영원히) 말하지 않으려 한다."

자공이 말하였다. "선생님께서 만약 말씀하시지 (않고 우리를 가르치시지) 않는다면, 저희들은 (장래에 선생님의 사상을 이해하지 못할 것이고 또 논하여 밝힐 길도 없을 것인데) 무엇을 전하고 밝히겠습니까?"

공자께서 말씀하셨다. "(사람이 어찌 꼭 말을 해야만 하느냐? 진정한 학문은 죽은 글을 읽는 것이 아니다. 천지를 관찰하면 다 알 수 있다. 지금까지) 하늘이 무슨 말을 한 적이 있더냐? (춘하추동) 사계절이 (이처럼 분명히 구분되고 규칙적으로) 돌아가고 있고 만물도 (예전대로) 생겨나 자라고 있지만, 하늘이 (언제) 무슨 말을 한 적이 있더냐? (스스로 그러할 뿐이다. 사람은 학문이든, 도덕이든 일체의 수양에 있어서 자기가 당연히 이와 같아야 한다는 것을 이해해야 한다. 내가 어찌 많이 말할 필요가 있겠느냐!)"

子曰：予欲無言, 子貢曰：子如不言, 則小子何述焉? 子曰：天何言
자왈　여욕무언　자공왈　자여불언　즉소자하술언　자왈　천하언

哉? 四時行焉, 百物生焉, 天何言哉?
재　사시행언　백물생언　천하언재

공자가 어느 날 탄식하면서 "나는 영원히 말을 하고 싶지 않다."고 했습니다. 이 말은 평범해 보여서 젊은이들이 보면 별다른 감명이 없을지 모릅니다. 그러나 나이 많은 사람들은 감명하는 바가 있을 것입니다.

특히, 모종의 사회 환경에 처했을 때는 정말로 말하고 싶지 않아집니다. 왜냐하면 할 수 있는 말이 없기 때문입니다. 그래서 공자도 만년에 이런 탄식을 했던 것입니다.

공자의 말을 듣고 자공이 말했습니다. "선생님께서 말씀을 하시지 않고 우리를 가르치시지 않는다면, 우리는 장래에 선생님의 사상을 이해하지 못할 것이고, 또 논하여 밝힐 길도 없을 것입니다." 이에 공자가 대답합니다. "사람이 어찌 꼭 말을 해야만 하느냐? 진정한 학문은 죽은 글을 읽는 것이 아니다. 천지를 관찰하면 다 알 수 있다. 하늘은 지금까지 말한 적이 없지만, 춘하추동 네 계절이 이처럼 분명히 구분되고 이렇게 규칙이 있다. 또, 만물도 천지 사이에서 예전대로 생장하고 있다. 천지가 언제 무슨 말을 한 적이 있더냐?!" 이것은 문자대로의 해석입니다.

그런데 여기에는 문제가 있어 토론하겠습니다. 이 부분은 유가 사상과 도가 사상이 같은 체계임을 말하고 있습니다. 공자는 여기서 천도天道를 언급하고 있는데, 노자도 천도를 대단히 중시했습니다. 노자는 "사람은 땅을 본받고, 땅은 하늘을 본받고, 하늘은 도를 본받고, 도는 자연을 본받는다."(人法地, 地法天, 天法道, 道法自然)고 가르쳤는데(제25장—역주)., 이것이 노자의 사상입니다.

현재 노장사상老莊思想은 외국에서 크게 유행하고 있습니다. 우리들은 노장사상에 관한 영문 서적을 읽어 둘 필요가 있습니다. 만일 외국에 갈 기회가 있다면 외국인과 만나 노장사상에 대한 이야기를 하게 될지도 모릅니다. 그런데 중국인 자신이 오히려 잘 알고 있지 못한다면 아주 곤란합니다. 듣기로는 외교관 중에 노장老莊을 읽어 본 적이 없어서 외국에서 창피를 당한 사람들이 많다고 합니다. 비단 노장뿐만 아니라 불학佛學·선학禪學을 연구하는 외국인들이 아주 많습니다.

요 며칠 전에 벨기에 학생 두 사람이 나를 찾아왔습니다. 원래 이곳으로 유학 와서 동양학을 공부했던 학생들로 벨기에 동양 문화 센터를 만들어 학생들을 가르치고 있는데, 지금 많은 문제에 부딪쳐 있다고 했습니다. 수준이 높고 깊은 문제들이 있는데 해결할 수 없어서, 돌아와 보충하려고 정치대학교의 어느 노년 교수 분의 소개로 나를 찾아와 중국 문화에 관한 것들을 연구하고 있습니다. 그러므로 노장 방면은 전 세계에서의 번역본만 해도 수십 가지나 있어서, 왕씨 '노자' 손씨 '노자 식으로 연구 성과에 따라 각자의 견해가 서로 다릅니다.

알다시피 노자는 "사람은 땅을 본받고, 땅은 하늘을 본받는다."(人法地, 地法天)고 말했는데, 어떻게 본받는다는 것일까요? 그리고 "하늘은 도를 본받는다."(天法道)고 했는데, 도는 또 무엇일까요? 그 정의가 없습니다. 또 "도는 자연을 본받는다."(道法自然)고 하니까, 어떤 사람은 말하기를, 노자의 사상은 "도 이외에 한 가지 무엇이 있는데, 그것은 자연自然이라며, 중국 도가의 사상은 우주만유는 '자연'이다고 말한다." 라고 봅니다.

이렇게 되면, 자연이란 무엇인가 하는 문제가 대두됩니다. 그래서 외국의 어떤 학파는 노자 사상이 유물론적이라고 주장합니다. 그들은 『노자』 속에 나오는 말들을 열거하면서 이런 논지를 펴는데, 한 외국 학자가 이런 주장을 듣고 내게 물으러 왔습니다. 나는 그에게 "노자뿐만 아니라 중국의 대성인大聖人들 모두 유물주의를 말한 적이 없지만, 물질은 그 속에 포함하고 있습니다." 하고 대답했습니다.

이 외국 학자가 "도는 자연을 본받는다."(道法自然)는 말을 인용하면서 질문하기에, 나는 그에게 어느 책에서 본 것이냐고 물었습니다. 그는 중국인이 번역한 외국어본 『노자』에서 본 것이라 했습니다. 그것은 번역이 잘못된 것이라고 나는 말해 주었습니다 (누가 와서 문제를 토론할 때, 어떤 사람이 어떻게 말했다고 하면 나는 내 의견을 말하지 않는 것을 원칙으로 합니다. 이는 벌써 사람에 관계되기 때문입니다. 그러나 어떤 책에 이렇게 기록되어 있다거나 어떤 사람의 설이 그렇다고 하면 내 의견을 제시합니다. 객관적인 증거에 기초하여 얘기할 수 있기 때문입니다).

먼저 '자연'自然이란 단어를 봅시다. 우리는 자연과학自然科學이라는 명사의 기원을 분명히 알아야 합니다. 우리가 서양 문화를 받아들일 때 썼던, 철학·자연과학·화학·물리학 같은 명사들은 일본에서 먼저 번역한 것을 참고하여 다시 번역한 것입니다. 왜냐하면 서양 문화가 동양으로 전해져 왔을 때 대부분은 일본인들이 1차로 번역하고, 우리는 일본어 번역을 참고하여 2차로 번역했기 때문입니다. 그래서 철학 등의 명사는 일본에서 이미 번역이 확정되어 있었던 것입니다.

하지만 일본은 명치유신明治維新 전후에 여전히 한자 문화권이었기 때문에, 고전에 쓰인 한자 용어에 근거하여 서양 용어들을 번역하였습니다. 그렇지만 번역이 모두 제대로 된 것은 아니었습니다. 예를 들어 '경제'經濟란 단어는, 본디 고문에서는 오늘날과 같은 좁은 의미의 경제로 쓰인 것이 아니라 '경세제민'經世濟民의 뜻이었습니다. 공업·상업 같은 경제도 아니었고, 일본어에서 온 '시간을 경제한다'(經濟時間)와 같은 의미도 아니었습니다. 그러므로 일본어 식으로 번역된 '자연과학'의 '자연'이란 말도, 서양에서 쓰는 물리 세계의 우주를 '자연'이라는 고전 용어를 빌어 번역한 것입니다. 이제는 다를 이렇게 2차로 번역된 명사의 용법에 습관이 되어버려 '자연'이란 말만 나오면 곧 유물적唯物的인 자연의 이미지가 떠오릅니다. 2천여 년 전 인도에 '자연 철학'이라 불렸던 일종의 철학 사상이 있었는데, 여기에 쓰인 '자연'도 오늘날 '자연 세계'에 쓰이는 '자연'과는 다른 뜻으로, 더 이상 논의하지는 않겠습니다.

우리는 '경제'와 같은 단어가 제자백가諸子百家의 학설에서 빌려 온 것임을 알아야 합니다. 단지 '자연과학'의 '자연'이란 말은 『노자』의 "도법자연"道法自然이라는 말에서 '자연'을 빌려 쓴 것에 불과합니다. 그렇지만 오늘날 젊은이들은 『노자』를 읽을 때 대다수가 이러한 문화적 변천의 진상들을 알지 못하고, 어려서부터 들어온 '자연과학' 할 때의 '자연'에 익숙해져 물리적인 물상의 세계를 가리키는 말이라고만 알고 있을 뿐입니다. 그래서 『노자』에 나오는 "도법자연"道法自然을 보고는 이 자연이 곧 물리 세계라고 생각하여 노자의 사상은 당연히 유물론적인 것이라고 여기는데, 이것은 정말 틀려도 크게 틀린 것입니다.

우리가 어느 시대의 책을 읽을 때에는 그 당시의 시대 배경을 알아야 제대로 이해할 수 있습니다. 노자 당시에는 '자연과학'이 없었습니다. 그러기에 노자의 '자연'에는 다른 의미가 있습니다. 그 외국 학자는 내가 말하는 '자연'은 또 무엇이냐고 물었습니다. 나는 "스스로 『노자』를 찾아서 그 원문대로만 읽고 자기의 주해를 더하지 말고 답안을 찾아보십시오." 하고 대답했습니다.

『노자』의 본문인 "인법지, 지법천, 천법도, 도법자연"人法地, 地法天, 天法道, 道法自然에서 마지막 넉자는 그 자체가 하나의 주해입니다. 다시 말해, 도는 무엇을 본받는다는 것일까요? 아무것도 본받지 않고, 그 자체 스스로(自)가 당연히(然) 이와 같은 것이 바로 '도'이며, 그 자체가 당연히 이와 같다는 것은 바로 스스로 그렇다는 것입니다. 이 점을 특별히 주의해야 합니다.

오늘날 학술계·사상계는 더없이 어지러워 10년, 15년 후에는 큰 문제가 될 것입니다. 젊은이들은 정말 노력해야 합니다. 장래의 책임이 큽니다. 뿐만 아니라 젊은이들 자신이 잘하면 장래의 전망도 밝습니다. 10년 후에는 중국의 문화가 장차 크게 인기 있을 것입니다.

『장자』를 예로 들면, 장자는 자기가 한 말을 스스로 '우언'(寓言)이라 했는데, 오늘날 사람들은 『장자』 이야기를 꺼내면 장자가 말한 것은 우언이기 때문에 믿을 수 없다고 합니다. 이 관념도 틀렸습니다. 왜 틀렸을까요? 장자가 한 말을 빈말이라 생각하는 것은 모두들 『이솝우화』를 읽었기 때문입니다. 『이솝우화』는 서양의 설화인데, 설화는 모두 멋대로 생각하여 꾸며낸 이야기입니다. 마치 공상과학소설이 공상을 바탕으로 쓰여진 것과 같습니다. 여기서 우리는 『이솝우화』의 '우화'가 당시 서양 설화를 번역하면서 『장자』의 '우언'寓言이라는 명칭을 빌려 쓴 것임에 주의해야 합니다. 그런데 오늘날에 와서는 거꾸로 되어, 어린이들은 필독서처럼 『이솝우화』를 읽는데다, 선생님도 이런 설화를 가리켜 '우언'寓言이라 부른다 하고 가르치니, '우언'이라는 단어의 개념이 현대인들의 머릿속에서는 허구적인 것으로 각인되어, 멋대로 떠들어 댄 이야기를 모두 '우언'이라 생각하게 됩니다. 마침내는 장자가 말한 중국 문화 사상도 허구적으로 멋대로 떠들어 댄 '우언'이라고 여겨버립니다.

장자가 말한 '우언'은 무슨 뜻일까요? 우리는 '우'寓란 것은 '기우'寄寓임을 이해해야 합니다. 본적과 본관을 예로 들면, 내 조상의 본적은 절강浙江이지만 나는 현재 대만에서 '붙어 살고'(寄寓) 있습니다. 이 객지살이가 바로 '우'寓입니다. 장자는 자기가 한 말을 '우언'이라고 했는데, 그 뜻은 자기가 한 말은 '몸종을 때려 아가씨를 욕하는 격'이라는 것입니다. 이것이 바로 우언입니다. 인간의 언어란 자기 생각을 직접 표현할 길이 없는 경우가 때때로 있습니다. 우리가 자세히 연구해보면, 다른 사람과 이야기할 때, 직접 대놓고 말하면 상대방이 알아듣지 못할 것 같아 우스갯소리로 바꿔 말하는 경우가 있는데, 그렇게 하면 상대방은 말이 끝나기도 전에 알아듣고는 하하 크게 웃습니다. 이는 사람과 사람 사이에 생각이나 의견을 소통시키는 가장 좋은 방법입니다.

그러므로 인도의 인명학(因明學: 논리학)에서는 '비유'喩의 방법을 사용합니다. 설명하기 어려운 뜻을 남에게 전달할 때 가장 좋은 방법은 우스개 이야기나 고사故事를 이용하는 것입니다. 그래서 장자는 대부분 우언을 사용하여 말했습니다. 이 점을 특히 유의해야 합니다. 앞으로 우리 문화를 널리 전파하고 빛낼 때, 다시 틀리게 해서는 안 되겠습니다. 지금도 벌써 크게 잘못되어 있는데, 서서히 바로잡아야 합니다.

이제 노자의 "도법자연"道法自然으로 돌아가 말해 봅시다. 이는 천도天道는 스스로 그러하다는 뜻으로, 자기 자신이 당연히 그러하다는 것입니다. 우리는 노자의 '자연'을 현대 과학에서 말하는 자연으로 보아서는 안 됩니다. 노자는 우리들에게 천도天道를 배우라고 가르치고 있습니다. 『노자』를 읽어보면 천도를 많이 말하고 있고, 사람의 최고 도덕 수양은 바로 천지를 본받는 것이라 했습니다. 천지는 만물을 낳아 기르지만 공功을 차지하지 않고, 사사롭게 공에 대한 보답을 바라지 않습니다. 또, 공을 차지하려고 하지도 않습니다. 뿐만 아니라, 천지는 평등해서 좋은 것이든 나쁜 것이든 독이 있는 것이든 없는 것이든 모두 생장시키고 분별하지 않습니다. 오로지 쉬지 않고 끊임없이 만물을 낳을 뿐(生生不息), 보답을 요구하지 않습니다. 인류는 천지가 낳아 기르는 좋은 것들을 먹으면서, 그에게 똥을 돌려 줄 뿐입니다. 그래도 천지는 화를 내지 않고 끊임없이 낳아 기릅니다. 그러므로 사람의 마음·도덕·도량은 천지를 본받는 것이 가장 중요합니다.

또한 우리에게 사업 면에서는 "공을 이루고 이름이 성취되고 나면 자신이 물러나는 것은 하늘의 도이다."(功成名遂, 身退, 天之道也)라는 노자의 말을 실천하라고 가르칩니다. 한 가지 일에 성공했으면 다음 대에 넘겨 주고 손을 털고 상관하지 않는 것, 이것이 하늘의 도입니다. 이는 후세의 중국 문화 천인합일天人合一 사상의 기원이기도 합니다. 공자가 여기서 말하는 것도 바로 천도天道의 정신입니다. 공자는 말하고 있습니다. "저 하늘이 무슨 말을 하더냐? 스스로 그러할 뿐이다. 사람은 학문이든, 도덕이든 일체의 수양에 있어서 자기가 당연히 이와 같아야 한다는 것을 이해해야 한다. 내가 어찌 많이 말할 필요가 있겠느냐!" 이것이 바로 중국 문화의 근본 자리本位 문화로서 유가나 도가나 다 마찬가지입니다.

거문고를 타면서 돌아가는 기러기를 바라보다

유비가 (어느 날) 공자를 만나 뵈려고 찾아왔으나, 공자께서는 (사람을 시켜) 병을 핑계로 거절하셨다.

말을 전해 온 제자가 그를 문 밖까지 전송할 무렵, (공자께서는 안에서 일부러) 거문고를 타면서 노래를 하여 그로 하여금 듣도록 하셨다.

(진정한 학문은 토론이 꼭 필요한 것이 아니며, 심지어는 말로써 비유할 수 없다는 뜻이었습니다)

孺悲欲見孔子, 孔子辭以疾。將命者出戶, 取瑟而歌, 使之聞之。
유 비 욕 현 공 자 공 자 사 이 질   장 명 자 출 호   취 슬 이 가   사 지 문 지

이 단락에 대한 옛 사람들의 주해는 명확합니다. 유비孺悲라는 사람이 공자를 찾아와 만나고자 했지만, 공자는 사람을 시켜 자신이 오늘은 병이 나서 손님을 만날 수 없다고 핑계를 댔습니다. 공자의 학생 가운데 접대를 맡은 사람이 손님을 문 밖까지 전송했을 무렵, 공자는 안에서 거문고를 타면서 노래를 불러 일부러 유비의 귀에까지 들리도록 했습니다.

이 단락에 대한 옛 사람들의 주해는 대부분 주희朱熹 선생의 다음과 같은 주해와 같습니다. "유비라는 사람에게는 뭔가 공자의 눈에 거슬리

는 점이 있어서 공자에게 미움을 샀기 때문에, 공자는 그를 만나려 하지 않았다. 공자는 자기가 그를 싫어하고 무시한다는 것을 분명히 표시하려고, 그가 문 밖을 나갈 때 일부러 그에게 들리도록 노래를 불러 자기가 병이 나지 않았다는 것을 알게 했다."

그러나 나는 옛 사람들의 관념과는 다릅니다. 나는 공자에게 그런 뜻이 있었다고 생각하지는 않습니다. 그 이유를 설명하자면 많은 시간을 들여야 합니다. 문제는 공자가 왜 음악을 연주하고 노래를 불러 그에게 들리도록 했느냐 하는 데에 있습니다. 옛 사람들의 해석처럼 공자가 자신이 병이 나지 않았음을 유비에게 알리려고 한 것이라면, 안에서 한마디 하거나 학생 이름을 불러도 되었을 텐데 하필 음악을 연주하고 노래를 불렀을까요? 관건은 바로 앞 단락의 "하늘이 무슨 말씀을 하시더냐!"(天何言哉)라는 말에 있습니다. 진정한 학문은 토론이 꼭 필요한 것이 아니며, 심지어는 말로써 비유할 수 없다는 것입니다. 이 이치를 연구해 보려면 아주 번거롭습니다. 나의 견해는 이러한데, 맞고 안 맞고에 대해서는 나 자신의 의견을 고집하지 않습니다.

그렇다면 이 단락의 글은 무슨 의미일까요? 다른 곳에 나오는 이야기를 인용하여 이 문제를 해석해 봅시다. 중국 문학에는 "목서의 향기를 맡느냐?"(聞木樨香否)라는 고사故事가 있습니다. 목서木樨는 계수나무 꽃의 일종입니다. 이것은 송대 문학가였던 황산곡黃山谷의 고사인데, 그는 선禪을 배운 사람이었습니다. 그의 스승은 송대의 유명한 회당선사晦堂禪師였습니다. 선종 대사들의 교육 방법은 문자를 쓰지 않고(不立文字) 언어를 사용하지 않기 때문에, 황산곡은 회당선사를 여러 해 따라다녔지만 얻는 바가 없는 것 같았습니다.

어느 날 그는 스승에게 공부를 하는 데 무슨 묘한 방법이 없느냐고 하면서, 약간의 힌트를 주어 그가 뚫고 들어갈 수 있도록 틈새를 좀 내어 달라고 했습니다. 그러자 회당은 그에게 『논어』를 읽어보았느냐고 물었습니다. 오늘날 젊은이들에게 이렇게 물어보는 것은 별로 이상할 게 없지만, 당시 황산곡 같은 사람에게는 무례하고 난감한 질문이었습니다. 왜냐하면 옛 사람들이 치르는 과거시험의 밑천이 바로 사서오경四

書五經이어서, 황산곡으로서는 『논어』를 줄줄 외고 있는 게 당연한데 그 것을 읽어 본 적이 있느냐고 물어 왔으니, 그에게는 큰 충격이 아닐 수 없었습니다. 황산곡은 물론 읽었다고 대답했습니다. 회당은 "그대가 『논어』를 읽었다니 묻겠는데, 『논어』에 '너희들은 내가 숨기는 게 있다고 생각하느냐? 나는 너희들에게 숨기는 게 없다.'(二三子, 以我爲隱乎? 吾無隱乎爾)는 말이 있는데, 공자의 이 말을 그대는 이해하는가?" 라고 물었습니다. 회당선사는 이 말을 인용하여 "나는 언제 어디서나 그대를 가르치고 있지만, 그대 자신이 이해하지 못하는 것이다. 다른 무슨 방법이 있겠는가?" 하고 말한 것입니다. 그래도 황산곡은 전혀 알아듣지 못했습니다.

그 뒤 어느 날 황산곡이 회당선사 곁에 서 있었을 때, 회당선사는 그에게 소매를 저어서 곧바로 산문山門 밖으로 나가자고 했습니다. 때는 바로 가을이라 길가에 목서꽃이 무성히 피어 있었습니다. 회당은 꽃을 감상하러 가는 것 같았지만, 황산곡은 영문을 알지 못해 뒤에서 따라갈 수밖에 없었습니다. 회당은 한참 가다가 고개를 돌려 황산곡에게 물었습니다. "목서꽃 향기를 맡는가?" 황산곡은 "맡습니다." 하고 대답했습니다. 이 때 회당은 눈을 부릅뜨고 말했습니다. "나는 너희들에게 숨기는 게 없다."(二三子, 吾無隱乎爾). 황산곡은 이를 계기로 문득 깨달은 바가 있어 도道에 들어갔다고 합니다. 뒷날 이학가理學家들이 말하는 바로 그 심성의 본원을 깨달은 것입니다. 이것은 유명한 선 이야기입니다.

황산곡은 수양에서나 시詩에서 모두 명성이 높았지만 소동파와 다른 몇 사람과 함께 왕안석王安石으로부터 갖은 핍박을 당해 뒷날 귀주의 한 시골로 유배되었습니다. 옛날 유배되는 대관大官은 압송되어 유배지에 도착한 뒤 감시를 받았는데, 반범죄인이나 다름없어 자유롭지 못한 기거起居에다 생활이 매우 고달팠습니다. 그는 압송되는 도중에, 왕양명王陽明이 용장龍場에서 도를 깨달았듯이 스승 회당선사의 말을 참으로 이해하게 되었습니다. 그래서 그는 정치적인 핍박, 환경과 생활의 고통을 모두 태연히 받아들이고 그곳에서 지방을 위해 유익한 일을 많이 했습니다.

이제 이 고사를 가지고 설명해보면, 유비가 공자를 만나러 갔지만 공자가 만나 주지 않고 일부러 거문고를 타며 노래를 했던 것은, 일종의 말없는 가르침(不言之敎)과 다름없는 것이었습니다. 이것이 이 단락의 진정한 뜻입니다.

효도는 사랑에 대한 보답

재아가 물었다. "(부모가 죽으면 삼년상을 지켜야 하는 사회 제도가 상고부터 지금까지 행해져 오래되었습니다) 삼년상은 기간이 너무 깁니다. (그 삼 년 동안은 아무것도 손댈 수 없으니 뭐든지 나빠집니다) 군자가 삼 년 동안 예禮를 지키지 않으면 예가 반드시 파괴될 것이고, 삼년 동안 음악樂을 다루지 않으면 음악이 반드시 무너질 것입니다. 옛 곡식은 다 없어지고 새 곡식이 등장하며, 불씨를 얻는 나무도 철에 따라 바뀌니, (제가 보기에는) 일 년으로 끝내도 될 것입니다."

공자께서 말씀하셨다. "(부모가 죽었는데 네 생각에는 일 년만 지나면 노래도 듣고 춤도 출 수 있겠느냐?) 쌀밥을 먹고 비단 옷을 입어도, 네 마음이 편안하겠느냐?"

"편안할 것입니다."

"네가 편안하다면 (너는 네 식대로) 그렇게 하여라! (아무도 너를 막는 이가 없을 테니, 너는 삼 일만 지내고 춤을 춰도 좋다. 상례는 강제적인 규정보다 진정한 내심에서 우러나는 것이 중요하다. 고대 문화는 내심을 따른 것이지, 법률 규정에 의한 것이 아니다) 군자는 상을 치를 때에는, (마음속으로 그리워하며 슬퍼하여) 맛있는 것을 먹어도 달지 않고, 음악을 들어도 즐겁지 않으며, 잘 지내고 있어도 편안치 않기 때문에, 그렇게 하지 않는 것이다. 지금 너는 편안하다니 그렇게 하여라! (일 년으로 고치자고 제창할 필요가 없다. 남이 고치기를 원치 않는 것은 남의 일이다)"

(이렇게 부드럽게 반박을 당한) 재아가 (밖으로) 나가자,

공자께서 말씀하셨다. "여予는 인仁하지 못하다! (재여는 양심이 조

금도 없다) 자식은 나서 삼 년이 된 뒤라야 부모의 품을 벗어날 수가 있다. 삼년상이란 천하에 통용되고 있는 상례이다. 여도 삼 년 동안은 그의 부모의 사랑을 받았겠지?

(재여가 삼 년을 반대하고 일 년으로 고치자고 주장하는 것은 재여에게는 부모를 그리워하는 심정이 없고, 부모가 삼 년 동안 안고 어루만져 길러 준 것에 감사하는 심정이 없는 것이나 다름없다. 만약 일 년으로 고친다면 천하에 효자가 하나도 없다고 할 수 있을 것이다. 천하에 어느 부모가 자식이 세 살 되기 전까지 그러한 자애·수고·보살핌을 살뜰하게 쏟지 않았겠는가?

전통 문화에서 부모상을 삼 년으로 정한 것은 바로 이런 자애에 대한 보답이며, 그것도 최소한의 보답에 지나지 않는다. 지금 사람들은 세 살 이전에 부모가 자기를 그렇게 사랑으로 돌보아 주었듯이 부모가 죽고 난 뒤 삼 년 동안 부모를 그리워하는 심정이 있을까? 삼 년 동안 그리워함도 없다면 어찌 효라고 할 수 있겠느냐?)"

宰我問：三年之喪，期已久矣！君子三年不爲禮，禮必壞，三年不爲
재아문　삼년지상　기이구의　군자삼년불위례　예필괴　삼년불위

樂，樂必崩，舊穀旣沒，新穀旣升，鑽燧改火，期可已矣。子曰：食夫
악　악필붕　구곡기몰　신곡기승　찬수개화　기가이의　자왈　식부

稻，衣夫錦，於女安乎？曰：安。女安！則爲之！夫君子之居喪，食旨
도　의부금　어여안호　왈　안　여안　즉위지　부군자지거상　식지

不甘，聞樂不樂，居處不安，故不爲也。今女安，則爲之！宰我出。子
불감　문악불락　거처불안　고불위야　금여안　즉위지　재아출　자

曰：予之不仁也！子生三年，然後免於父母之懷。夫三年之喪，天下之
왈　여지불인야　자생삼년　연후면어부모지회　부삼년지상　천하지

通喪也。予也，有三年之愛於其父母乎？
통상야　여야　유삼년지애어기부모호

이것은 고례古禮를 말하고 있는데, 이 제도는 크게 바뀌어 지금에 이르렀습니다. 역사와 시대는 결국 돌이킬 수 없는 것이니, 오늘날의 변모

된 모습에 대해서는 여기서 거론하지 않기로 하겠습니다. 공자는 비교적 보수적인 사람으로 효도의 예를 유지할 것을 극력 주장했습니다. 부모의 장례와 같은 큰 문제는 마땅히 고례에 의거해야 한다고 했습니다. 재아宰我는 대낮에 잠을 잤던 바로 그 학생입니다.

지금 재아는 큰 문제를 하나 제기하고 있습니다. 고대에는 부모가 죽으면 삼년상三年喪을 치렀습니다. 우리가 수십 년 전, 적어도 정처 없이 떠돌다 대만으로 오기 전 대륙에 있을 때만 해도 많은 친구들이 여전히 옛 예법을 지켜, 팔에 흰 천이나 검은 천 조각을 달았습니다. 그런 예법은 지금은 없어져 버렸고, 3년도 3일로 변했습니다. 삼년상을 입는 기간을 제중制中이라고 했으며, 명함 윗면 이름자 옆에 좀 작은 글자로 제制자를 더해 상을 입고 있음을 나타냈습니다.

고대 정치제도를 연구해보면, 고대에는 이 예법이 더 엄중했습니다. 이른바 "조정朝廷은 효로써 천하를 다스린다"고 해서, 관료는 문관이든 무관이든 벼슬이 얼마나 높든 간에 부모의 상을 당하면 휴가를 청해 고향으로 돌아가야 했습니다. 그렇지 않을 경우, 감찰어사가 즉시 탄핵을 제출하여 영원히 관리로 채용될 수 없는 정도까지 엄중한 처분을 받았습니다.

하지만 약간의 예외는 있었는데, 무장武將이 전방에서 작전 중에 부모가 죽어 고향에 돌아가려고 휴가를 청할 경우, 황제는 그에게 조서를 내려 부모에게 효도하는 마음으로 나라에 충성한다고 칭찬하고 만류하면, 그 때는 고향에 돌아가지 않아도 됐습니다. 어떤 연극에서는 무장武將이 흰 두루마기를 반쪽만 입고 있는 것을 볼 수 있는데, 이것은 그가 부모상 중에 전쟁터에 나와 있으며, 국가에 이 사람이 없으면 안 된다는 황제의 특별한 위로를 받고 있음을 나타냅니다. 어떤 경우에는 고향에 돌아가 삼년상을 지내는 동안에 그 기간이 다 차지 않았는데도 황제가 특별히 기용하는 일도 있었는데, 이를 기복起復이라고 했습니다. 기복에는 두 가지가 있었는데, 하나는 은퇴한 후에 재기용하는 것이고, 다른 하나는 고향에 돌아가 삼년상을 지내고 있는 사람을 기용하는 것이었습니다.

고대의 이러한 정치 제도는 사실 장점도 있었습니다. 정치에 오래 종사하다 보면 민간으로부터 멀어진 지 너무 오래되어 민간 상황에 대해 모르게 됩니다. 그런데 상을 당해 고향에 돌아오면 바깥출입을 하지 않고 자신의 잘못을 생각하며, 손님에게 잔치도 베풀지 못하고 지방 관리들도 접촉하지 못하도록 되어 있었기 때문에, 민간에 깊이 들어갈 수 있었습니다. 이것이 고례인데, 이런 사회 기풍과 정치 제도가 바뀌어 버린 것은 불과 몇십 년 동안의 일입니다.

고대에는 황제도 삼년상을 지켜야 했습니다. 예를 들면, 삼년상 동안에는 결혼을 하지 못하게 되어 있어서, 젊은 황제가 즉위하기 전에 결혼하려면 황태후의 하명下命이 있어야 했습니다. 당·송·명·청대에도 모두 그러했는데, 늙은 황제가 죽으면 새 황제는 즉위하기 전에 황제의 사망을 발표하지 않고 먼저 혼사를 치르고 나서, 그 다음날 발상發喪을 했습니다. 그렇지 않으면 예제禮制를 위반하는 것이 되었습니다. 이런 고례古禮는 황제도 지켜야 하는 것이 중국 문화의 정신이었습니다.

재아는 여기서 상례법에 대해 묻고 있습니다. "부모가 죽으면 삼년상을 지켜야 하는 사회 제도가 상고부터 지금까지 행해져 오래되었습니다. 이 3년 동안은 아무것도 손댈 수 없으니 뭐든지 나빠집니다. 벼도 옛 것을 베고 나면 새 것이 또 자라납니다. 불씨를 얻는 나무도 계절에 따라 바뀝니다. 계절도 바뀌고 세월도 바뀝니다. 제가 보기에는 상을 입는 것은 1년이면 족합니다."

이에 공자는 "부모가 죽었는데 네 생각에는 1년만 지나면 노래도 듣고 춤도 출 수 있겠느냐? 너는 마음이 편안하겠느냐?" 하고 물었습니다. 재여가 "편안합니다." 라고 대답하자, 공자는 다음과 같이 말했습니다. "네 마음이 편안하다면, 너는 네 식대로 하려무나! 아무도 너를 막는 이가 없을 테니, 너는 3일만 지내고 춤을 춰도 좋다. 상례는 강제적인 규정보다 진정한 내심에서 우러나는 것이 중요하다. 고대 문화는 내심을 따른 것이지, 법률 규정에 의한 것이 아니다. 군자는 부모가 죽어 상을 입었을 때는 마음속으로 그리워하며 슬퍼하여 밥을 먹어도 맛이 없고, 음악을 들어도 즐겁지 않으며, 잠을 자도 편히 잘 수 없는 법이다. 그래서 3년 동안 예악禮樂을 없이하는 것이다. 내가 지금 너에게 1년이면 마음이 편할 수 있겠느냐고 물으니, 너는 마음이 편할 수 있다고 했다. 그렇다면 너는 그렇게 하려무나. 1년으로 고치자고 제창할 필요가 없다. 남이 고치기를 원치 않는 것은 남의 일이다." 재아는 공자로부터 부드럽게 반박을 당하자, 밖으로 나가 버렸습니다.

그래서 재아가 나간 후 공자는 다른 학생들에게 "재여는 양심이 조금도 없다."고 말했습니다. 그 다음에 이어지는 공자의 말은 중국 문화인 삼년상의 도리입니다. 공자는 어린아이는 세 살이 되어야 부모의 품을 떠날 수 있다고 했습니다. 특히, 우유가 없던 고대에는 3년이 되어야 혼자 걸을 수 있고 부모의 품을 떠날 수 있었습니다. 그 뒤 20년 동안 길러 주는 것은 그만두고라도, 이 3년 동안은 한 사람의 일생에서 가장 중요합니다. 부모를 친구라고 생각해 봅시다! 늙으신 이 두 분 친구가 당신을 그렇게 3년 동안 돌보아 주었습니다. 그런데 그분들이 죽었을 때 그 3년 동안의 애정을 어떻게 갚겠습니까? 삼년상은 부모가 3년 동안 우리를 품어 주고 어루만져 길러주신 데 대한 작고 작은 보답인 것입니다.

이는 천하의 사람이 다 마찬가지인데도 재여는 3년을 반대하고 1년으로 고치자고 주장했습니다. 이처럼 주장하는 것은 재여에게 부모를 그리워하는 심정이 없고, 부모가 3년 동안 안고 어루만져 길러 준 것에 감사하는 심정이 없는 것이나 다름없습니다. 만약 1년으로 고친다면 천하에 효자가 하나도 없다고도 할 수 있을 것입니다. 천하에 어느 부모가 자식이 세 살 되기 전까지 그러한 자애·수고·보살핌을 살뜰하게 쏟지 않겠습니까? 전통 문화에서 부모상을 3년으로 정한 것은 바로 이런 자애에 대한 보답이며, 그것도 최소한의 보답에 지나지 않습니다. 사실 부모의 자애는 이 정도에 그치지 않고, 세 살 이후에도 자식이 스무 살 남짓 클 때까지 줄곧 돌보아 줍니다. 그래서 김성탄金聖嘆이란 장난기 많은 문인이 한 말에는 아주 깊은 뜻이 담겨 있다고 하겠습니다.

이제 우리는 김성탄의 뜻으로 그가 자식에게 보낸 편지를 한번 말해 봅시다. "나와 너는 친구이다. 최초에 너도 나를 아버지로 삼겠다고 지

정하지 않았고, 나 역시 너를 아들로 삼겠다고 지정하지 않았다. 우리는 우연히 마주쳐서 맺어진 것이다. 마주쳐서 맺어졌기에 서로 간에 말할 만한 정분이 없다. 본론으로 돌아와서, 이 영감(자신을 가리킴)과 할망구(자기 처를 가리킴)는 너의 대소변을 받아낼 때부터 시작해서 너를 20년이나 보살폈다. 이 20년 동안 너에게 이 두 늙은 친구보다 더 좋은 친구가 있었더냐? 네가 사회에 나가서 찾아보려무나. 우리는 지금 네가 효도하느냐 하지 않느냐를 묻는 것이 아니다. 이런 말은 다 쓸데없는 것이다. 다만, 너에게 바라는 것은 이 두 늙은이가 20년 동안 너를 보살펴 준 감정으로, 너 역시 이 두 늙은이를 20년 동안 보살펴 주면 족하다는 것이다." 이것은 김성탄의 장난스런 글이자, 효도의 진정한 철학을 설명한 글입니다.

우리가 효를 중시하는 것은, 효가 바로 부모의 사랑에 대한 보답이기 때문입니다. 이 때문에 공자는 "지금 사람들은 세 살 이전에 부모가 자기를 그렇게 사랑으로 돌보아 주었듯이 부모가 죽고 난 뒤 3년 동안 부모를 그리워하는 심정이 있을까? 3년 동안 그리워함도 없다면 어찌 효라고 할 수 있겠느냐?" 라고 말했습니다. 최근 몇십 년 사이에 '효자'孝子의 의미가 거꾸로 자식에게 효순한다는 뜻으로 해석되고 있습니다. 지금까지 효도에 대해 길게 얘기했는데, 이제 『효경』孝經에 대해 생각해 봅시다.

증자는 공자가 말한 전통 문화에 근거하여 『효경』을 썼는데, 이것은 '십삼경'十三經 중의 하나입니다. 『효경』에서 부모에게 효경孝敬하는 것은 '작은 효'(小孝)이며, '큰 효'(大孝)는 천하에 효도하는 것이라고 말하고 있습니다. 천하 백성을 모두 자신의 부모처럼 보는 것이 전통 정치 철학의 대원칙입니다. 위정자로서 백성을 자기 부모나 마찬가지로 여겨 효도하는 것을 글자를 바꾸어 '충'忠이라고 합니다. 그러므로 정치에 종사하는 사람은 천하 사람에게 효도하겠다는 마음이 있어야 합니다. 이런 도덕적 기초로부터 나아가 정치에 종사하는 것이 중국 전통 정치 철학의 핵심이자 『효경』의 기본 핵심입니다.

마작麻雀의 학술 사상

이제는 인품에 대해서 말합니다.

공자께서 말씀하셨다. "(어떤 사람들은) 종일 배불리 먹고 (아무것도 하려하지 않아) 마음 쓰는 데가 없다면, 딱한 일이다! 장기나 바둑이라는 게 있지 않으냐? 그것이라도 하는 것이 안 하는 것보다는 낫다! (머리를 쓰려고 하지 않으면 정말 다루기 힘들어 그를 교육시킬 방법이 없다)"

子曰 : 飽食終日, 無所用心, 難矣哉! 不有博奕者乎? 爲之猶賢乎己!
자 왈　 포식종일　 무소용심　 난의재　　 불유박혁자호　　 위지유현호이

여기에 이르러서 이 말을 보니 우리는 아주 기쁩니다. 공자가 마작이나 바둑을 두어도 좋다고 했으니 말입니다. 공자는 "어떤 사람들은 배불리 밥 먹고 나서도 하루 종일 아무것도 하려 하지 않는다." 하고 말했습니다. 여러분은 아마 이런 모습을 별로 보지 못했겠지만, 나는 친구들 중에서 많이 봅니다. 나는 몇몇 친구들에게 종종 공자의 말을 빌려 "종일 배불리 먹고 마음 쓰는 데가 없다."(飽食終日, 無所用心)고 놀리는데, 그들은 태어날 때부터 부모가 많은 돈을 남겨 주었기 때문에 배불리 먹고 나서 일을 하기는커녕 어떻게 재미있게 놀아야 할지도 모릅니다. 어떤 때에는 그가 무엇이 맛있는 것인지 알지 못해 고통스러워하는 것을 보았을 정도입니다. 맛있는 것이라고는 다 먹어 본 나머지 이제는 식도락도 질려 버려, 하루 종일 어떻게 보내야 좋을지를 모릅니다. 정말 이런 사람들이 있습니다.

공자는 이런 사람은 정말 딱하다고 말했습니다. 이 말은 두 가지로 해석할 수 있는데, 하나는 방금 말한 것처럼 "종일 배불리 먹고 마음 쓰는 데가 없는" 것은 괴로운 일이라는 것입니다. 다른 하나는, 사람이 진정으로 "종일 배불리 먹고 마음 쓰는 데가 없는" 정도로 수양하려면 참으로 어렵다는 것입니다. 이제 그런 수양에 대해서 말해 보겠습니다.

　요즈음 많은 사람들이 수도修道란 곧 외부의 어떤 사물도 자신에게 영향을 미칠 수 없다는 듯이 조용히 앉아 있기만 하고, 아무것도 관여하지 않는 것으로 알고 있습니다. 장자莊子는 이런 사람을 '좌치'坐馳라 불렀습니다. 가만히 앉아 있기는 하지만, 머릿속에서는 생각이 운동회를 개최한 듯 쉬지 않고 움직입니다. 머릿속이 완전히 평온해진다는 것은 참으로 어렵습니다. 그러나 이 단락에서는 이런 뜻으로 해석할 수 없습니다. 왜냐하면 바로 아래에서 공자는 사람이 "종일 배불리 먹고 마음 쓰는 데가 없으면", 즉 머리를 쓰려고 하지 않으면 정말 다루기 힘들어 그를 교육시킬 방법이 없다고 말하고 있기 때문입니다.

　공자는 왜 이런 탄식을 했을까요? 당시의 사회·정치 제도 하에서 많은 부잣집 공자公子 도련님들이 모두 이런 모습이었기 때문입니다. 그래서 공자는 "바둑이라도 두면 머리를 쓸 수 있으니, 그래도 좀 낫다. 가장 걱정스러운 것은 머리를 쓰지 않는 것이다." 라고 말한 것입니다. 이 말은 오늘날 우리에게는 별다른 느낌을 주지 않을지 모르지만, 교육에 종사하는 사람이라면 공자처럼 탄식하게 될 것입니다.

　내가 알기로는 오늘날의 교육은 이미 학생들이 "종일 배불리 먹고 마음 쓰는 데가 없는" 정도에 이르러 있습니다. 여러분들이 믿지 못하겠거든 직접 한번 관찰해 보십시오. 지금 내가 가장 심각하다고 생각하는 문제는 문화 사상의 몰락입니다. 오늘날 교육이 많이 보급되어 있지만, 시험 보려고 열심히 공부하여 대학에 들어간다 해도 문제는 대학교에 참다운 문화 사상이 없다는 점입니다. 이런 상황은 해마다 나빠져 더 나빠질 것이 없을 정도입니다. 이런 형편은 우리가 앞에서 말한 바 있는 고정림顧亭林이 지적한 것과 똑같은데, 문제가 심각함을 이해하기 위해 여기서 한 번 더 이야기하겠습니다.

　명조明朝 말년 만주족이 입관入關한 초기에 고정림은 명 말의 사대부를 남북으로 나누어 비평하며, 명나라가 망한 이유를 지적했습니다. 첫째는, 남방의 사대부들이 "여럿이 하루 종일 함께 지내면서, 하는 말은 의에 미치지 않았기"(羣居終日, 言不及義) 때문이라고 했습니다. 사람들이 패牌나 치고 술이나 마시며, "국가 일은 내 알 바 아니니, 마작이나 하자."는 식이었으며, 함께 모여 하는 담론이란 국가 사상이나 민족 문화를 담론하지 않았고, 심지어 의리지학義理之學의 그림자조차 없는 부질없는 말들뿐이었다는 것입니다. 둘째는, 북방의 사대부들이 "종일 배불리 먹고 마음 쓰는 데가 없었기 때문"이란 것입니다. 그래서 고정림은, "이렇게 하는 것은 참으로 위험한 일이니, 나라가 어찌 망하지 않았겠느냐?" 라고 보았습니다. 이것이 당시 사대부들의 기풍이었습니다. 그래서 한 국가의 문화 사상은 이렇게 중요한 것입니다.

이어서 삽입된 다음 단락은 묘합니다.

자로가 물었다. "군자는 (무武적인 것도 배워) 용기를 숭상합니까?"
공자께서 말씀하셨다. "(맞다, 무예도 좋아야 한다. 그렇지만) 군자는 의리를 첫째로 친다. 군자가 용기만 있고 의리의 수양이 없으면 (사회를 혼란하게 하는) 난동을 일으키고, 소인이 용기만 있고 (그 바탕으로 삼는) 의리가 없으면 (나쁜 일을 저지르기 쉬워) 도적 같은 행위를 한다."

子路曰：君子尚勇乎？ 子曰：君子義以爲上。君子有勇而無義爲亂，
자 로 왈　군 자 상 용 호　　자 왈　군 자 의 이 위 상　　군 자 유 용 이 무 의 위 란

小人有勇而無義爲盜。
소 인 유 용 이 무 의 위 도

자로가 공자에게 "선생님은 문文적인 것들만을 말씀하시는데, 사람이 꼭 책만 읽어야 학문하는 것입니까? 무武적인 것도 배워야 하지 않겠습니까? 용기도 중시해야 하는 것이 아닙니까?" 라고 물었습니다.

그러자 공자가 말했습니다. "나는 결코 용기를 반대하는 것이 아니다. 맞다, 무예도 좋아야 한다. 그렇지만 군자의 용기는 의리를 첫째로 친다. 만약 군자에게 의리의 수양이 없고 그저 용기만 있다면, 난을 일으켜 사회를 혼란케 하기 쉽다. 또, 소인이 용기만 있고 의리를 바탕으로 삼지 않는다면 나쁜 일을 저지르기 쉬워 도적 같은 행위들을 하게 된다."

그래서 다음에 자공의 말이 나옵니다.

자공이 물었다. "군자(로서 인仁한 사람의 수양에)도 미워하는 (일면의) 것이 있습니까?"

공자께서 말씀하셨다. "미워하는 것이 (당연히) 있지. 남을 헐뜯는 말을 하는 것을 미워하고, (자신이) 낮은 자리에 있으면서 윗사람을 (불만스러워하고) 비방하는 것을 미워하고, 용감하기만 하고 (문화적 기초 수양이 없어) 무례한 것을 미워하고, 과감하(여 결심하)기만 하(면 해버리)고 (다른 의견은 문 닫아 걸고 일체 듣지 않아) 꽉 막힌 것을 미워한다."

또 말씀하셨다. "사야! 너도 미워하는 것이 있느냐?"

"자기의 편견을 내세우면서도 그것을 (대단히 높은) 지혜가 있는 것으로 여기는 것을 미워하고, (예의가 없고 상스러워) 불손하면서도 그것을 용기가 있는 것으로 여기는 것을 미워하고, 혹독 야박한 말로 남을 공격하면서도 그것을 곧은 말을 하는 것으로 여기는 것을 미워합니다."

子貢曰：君子亦有惡乎？子曰：有惡。惡稱人之惡者，惡居下流而訕
자공왈　군자역유오호　자왈　유오　오칭인지악자　오거하류이산

上者，惡勇而無禮者，惡果敢而窒者。曰：賜也亦有惡乎？惡徼以爲知
상자　오용이무례자　오과감이질자　왈　사야역유오호　오요이위지

者，惡不孫以爲勇者，惡訐以爲直者。
자　오불손이위용자　오알이위직자

자공이 어느 날 공자에게 물었습니다. "군자로서 인仁한 사람의 수양에도 남을 미워하는 일면이 있습니까?" 공자는 당연히 있다고 대답했습니다. 어떤 것들을 미워할까요? 공자는 예를 들어 말했습니다. "남을 헐뜯는 말을 하는 것을 가장 미워한다(惡稱人之惡者). 자신이 낮은 자리에 있으면서 윗사람을 불만스러워하고 비방하는 것을 미워한다(惡居下流而訕上者). 사납게 다투는 데에는 용감하면서도 문화적인 기초 수양이 없는

것을 미워한다 (惡勇而無禮者)."

　권법拳法을 배운 사람들은 대부분 서로 만나면 몇 동작 겨루어 보려고 하는데, 가장 혐오스러운 일입니다. 몹시 이상하게도, 무예를 배운 사람들은 항상 성질이 거칠고, 태극권을 배운 사람들은 툭하면 남과 한 번 겨루기를 좋아한다는 것입니다. 이것은 연구해볼만 한 것인데, 왜 어떤 운동을 배우고 나면 흔히 사람의 기질이 변해 찍하면 만용을 부리며 싸우기를 좋아하게 될까요? 하지만 경험으로 알게 되었는데, 무예를 처음 배울 때에는 확실히 남을 때리고 싶은 마음이 일어납니다. 그러나 높은 수준에 도달하게 되면 남이 그 수준을 알아볼 수도 없으며, 본인도 남을 때리고 싶지 않고 또 감히 때리지도 못합니다. 때렸다 하면 사람을 다치게 하기 때문입니다. 그러므로 용감하면서 무례한 사람은 위험하여 사람들이 싫어하게 됩니다.

　"과감하기만 하고 꽉 막힌 것"(果敢而窒者)도 주의할 필요가 있습니다. 어떤 이들은 아주 결단성이 있어서 쉽게 결심해 버리는데, 특히 정치 지도자는 이 점에 더욱 주의해야 합니다. 과감하고 용기가 있어서 결심했다 하면 해 버리고 다른 의견은 문 닫아 걸고 일체 듣지 않는 것, 이것은 아주 심각한 문제입니다.

　공자가 자공에게도 같은 질문을 하자, 자공은 자기도 미워하는 것이 몇 가지 있다고 말합니다. 첫째, 자신의 편견을 내세우면서도 스스로 매우 높은 지혜 있다고 생각하는 것을 미워한다 (惡徼以爲知者)고 했습니다. 이런 사람은 치료할 약이 없습니다. 둘째, 예의가 없고 상스러우면서도 그것을 용기 있는 것으로 생각하는 것을 미워한다 (惡不孫以爲勇者)고 했습니다. 그 다음은, 하는 말이 혹독하고 야박하게 남을 공격하면서도 곧은 말을 하는 것으로 생각하는 것을 미워한다 (惡訐以爲直者)고 했습니다. 스승과 제자 두 사람이 맞장구를 치며 말하는 것이 마치 쌍피리를 서로 곡조를 맞추어 부는 것 같습니다. 여기서 두 사람이 말한 점들은 우리 모두 반성하고 스스로 체험해야 합니다. 또 이를 기준으로 남을 살펴볼 수도 있습니다. 만일 자기에게 이런 병폐가 있다면, 노력해서 잘못을 고쳐야 하겠습니다.

남자와 여자

공자께서 말씀하셨다. "여자와 소인은 (가장) 다루기 어렵다! (잘 대하고) 가까이해 주면 (총애를 믿고 교만해져) 불손하고, (반대로 잘 대해 주지 않고) 멀리하면 (죽도록) 원망(하고 증오)한다."

子曰：唯女子與小人爲難養也！近之則不孫，遠之則怨。
자왈   유녀자여소인위난양야   근지즉불손   원지즉원

다음의 몇 마디 말을 하기에 앞서 여성분들에게 미안함을 표시해야겠습니다. 나는 전에도 『논어』를 강의하면서 다음 몇 마디말을 한 적이 있습니다. 한번은 어떤 여성단체가 우리 전통문화를 강의해 달라고 해서 갔는데, 어떤 분이 이 단락의 말을 제기하며 물었습니다. 내가 "감히 말하지 못하겠습니다. 내가 말하면 여러분들은 나를 때리려고 달려들 것입니다."라고 했더니, 그들은 그러지 않겠다고 했습니다. 그래서 나는 "여러분들이 때리지 않겠다니 말씀드리겠는데, 나는 공자의 이 말에 동의합니다. 이는 여성분들이 변호할 여지가 없는 말입니다." 하고 말했습니다.

공자는 이렇게 말하고 있습니다. "여자와 소인은 가장 다루기 어렵다. 여자를 너무 사랑하고 잘 대해 주면, 그 총애를 믿고 교만해진다. 그리하여 남자가 웃지도 울지도 못할 지경이 되고 툭하면 잘못했다고 탓만 당하게 된다. 반대로 여자를 잘 대해 주지 않으면 남자를 한없이 증오하여 죽어서야 그친다." 이는 확실히 사실로서 부인할 수 없는 천하에 어려운 일입니다. 그런데 문제는 세상의 남자 중에 소인이라는 죄명을 면할 자격이 있는 자도 하나 있을까 말까 하다는 것입니다. 공자의 이 말은 겉으로는 천하의 여성들을 나무라고 있지만, 한편으로 생각하면 욕먹지 않는 축에 끼일 남자는 또 몇 명이나 될까요? 우리 남자들은 늘 우쭐거리지만, 가슴에 손을 얹고 한번 물어봐야 할 것입니다.

물론, 우리는 공자가 이 말을 했던 시대 배경을 알아야 합니다. 상고 시대는 남권男權 중심의 사회 구조였기 때문에 여성은 대다수가 교육을

받지 못해 바깥 사물에 낯설고 지식이 어두웠습니다. 이것은 오늘날 사회에 살고 있는 우리가 상상할 수 있는 정도가 아니었습니다.

어린 시절 우스운 이야기가 생각납니다. 그 당시 나는 그야말로 소인小人이었지요. 우리 아이들이 공부할 때 다른 글자를 쓰거나 잘못 쓰기라도 하면, 사람들이 놀려대면서 "이건 공부자孔夫子 부인夫人이 가르쳐준 거냐?" 했습니다. 그 때부터 몇십 년이 지나 오늘에 이르렀으니, 공사모孔師母님도 이제 여성 교육가처럼 진짜 나서서 선생님 노릇을 해야할 테지요. 그러므로 이와 반대로 여성의 입장에서는 아마 이렇게 말할 것입니다. "오직 남자와 소인은 다루기 어렵다. 가까이 하면 가지고 놀고, 멀리하면 원망한다."고요. 생각해 보세요, 이것도 이유가 아니라고 말할 수 없습니다.

몇 년 전에 여권 운동을 제창하는 학우가 찾아왔습니다. 나는 이런 운동에 대해 반대하지 않습니다. 그렇지만 오늘날의 사회는 여권이 이미 높아져 있는 것 같습니다. 만일 정말로 남성 중심의 사회를 여권 위주의 사회 구조로 바꾼다면 나도 이에 찬성합니다. 왜냐하면 남자들에게도 남자들의 고충이 있고, 남자들이 사회의 주역을 맡은 지 이미 몇천 년이 되었으니, 이제는 은퇴하고 자리를 양보해서 여성들이 모든 일을 처리하도록 하면 되니까 말입니다. 군대에 가서 전쟁하는 것도 여성들에게 맡기고, 남성들은 집안으로 돌아가 밥 짓고, 요리하고, 빨래하고, 카드놀이나 해야 마땅합니다. 다만, 안타깝게도 한 가지 모자라는 것은 남성이 아이를 낳을 수 없으니, 이 점은 서로 바꿀 수 없어 유감이군요.

다시 본론으로 돌아가서, 이전 사람들은 언제나 남성 중심의 입장에서 여성에 대해 "다루기 어렵다"(難養)는 시각을 갖고 있었습니다. 이런 시각은 옛 기록에서 많이 볼 수 있습니다. 송대의 도곡陶穀이란 사람이 쓴 『청이록』淸異錄이라는 책이 있습니다. 이 책 속의 「여행문」女行門 중에는 내주장사萊州長史 우의방于義方이 쓴 「흑심부」黑心符라는 글이 한 편 들어 있는데, 주로 여성을 꾸짖는 글입니다. 그는 먼저 여후呂后·측천무후則天武后와 같은 역사상 유명한 여성들의 나쁜 점만 골라 말했습니다. 그러나 내가 생각하기에 여러분이 「흑심부」를 자세히 읽고 나면 하하 크게 웃을 것입니다. 원고原告인 남자들이 열심히 말하고 있는 것을 들어 보면, 남자들의 싹수없는 짓이 아닌 것이 없습니다. 거의가 피고인 여성과는 전혀 무관한 일들입니다.

불경에 이런 이야기가 있습니다. 한 국왕이 왕후와 화목하지 못해 함께 부처님을 뵈러 왔습니다. 부처님은 먼저 국왕의 입장에서 여성의 많은 나쁜 점들을 말했습니다. 국왕은 듣고 나서 기뻐했습니다. 다음으로 부처님은 "그렇지만 사람들은 여성의 잘못만 안다. 사실 남성들의 나쁜 점도 많다."고 하면서 남성들의 옳지 않은 점들을 모두 들어 말했습니다. 이 이야기는 웃음을 자아냅니다. 이것은 여순양呂純陽의 시가 말하는 바와 같습니다.

높은 봉우리에 홀로 서서 천지팔방을 바라보니	獨立高峰望八都
검은 구름 흩어진 뒤 달만이 외롭구나	黑雲散後月還孤
망망한 우주에 사람이 무수하건만	茫茫宇宙人無數
몇 명의 남아가 장부일까?	幾個男兒是丈夫

여자! 남자! 누가 옳고, 누가 잘못일까요? 내 생각에는 우주간의 다른 사물들과 마찬가지로 영원히 결론을 내릴 수 없습니다. 그렇지요?

공자께서 말씀하셨다. "(사람이 중년에 이르면 경험도 충분해진다. 젊었을 때의 잘못은 중요하지 않다. 중년에 이르러서는 스스로 반성해야 한다. 더 이상 교육할 필요가 없이 자기도 스스로 고칠 수 있으면 된다. 그런데도) 나이 마흔이 되어서도 (자신의 많은 병폐와 많은 나쁜 일들을 스스로 반성하고 고치지 못해서) 남의 미움을 받으면, 그는 끝난 것이다."

子曰:年四十而見惡焉,其終也已。
자왈　연사십이견오언　기종야이

이것은 이 편의 결론입니다. 이 「양화」편은 소인小人의 우두머리였던 양화陽貨에서 시작하여 여기에 이르러 하나의 결론을 맺습니다. 공자는 말하고 있습니다. "사람이 중년中年에 이르면 경험도 충분해진다. 젊었을 때의 잘못은 중요하지 않다. 중년에 이르러서는 스스로 반성해야 한다. 더 이상 교육할 필요가 없이 자기도 스스로 고칠 수 있으면 된다. 그런데도 끝내 많은 병폐와 많은 나쁜 일들을 고칠 수 없다면 더 이상 말할 것이 없다. 이미 고정된 형태로 굳어져버려 고칠 수 없으니까!"

微子

　　지금부터 제18편인 「미자」微子를 강의하겠습니다. 이 편은 제 8 편 「태백」泰伯과 서로 호응하고 있습니다. 이 두 편은 서로 이어지는 것으로 「태백」편은 상론上論의 결론에 가깝고, 이 「미자」편은 하론下論의 결론에 가깝다고 할 수 있습니다. 「미자」편에 기록된 것은 모두 공자 당시의 학설 사상과 관계되는 일들이기 때문에, 공자가 한 말은 아주 적고, 공자의 사상과 관계있는 개인의 역사가 약간 기록되어 있습니다. 이 편의 강의 진도는 빨리 나가 마칠 수 있지만, 그 속에 제기되어 있는 문제는 매우 중요합니다. 그래서 먼저 이 편의 문제가 어디에 있는지부터 살펴보겠습니다.

　　이 편의 제목은 「미자」인데, 미자微子·기자箕子·비간比干 세 사람은 주周나라 문왕文王과 무왕武王이 혁명을 일으키고자 할 때 주왕紂王의 대신들로서, 역사상 유명한 충신들이었습니다. 역사 기록에 따르면 기자箕子는 뒤에 고조선高朝鮮에 봉해졌는데, 바로 지금의 남북한입니다. 그러므로 남북한의 문화에는 중국 고대 문화의 영향이 많이 남아 있으며, 한민족 중 일부는 기자의 후예라 할 수 있습니다. 당시 기자는 중국 문화의 음양陰陽·팔괘八卦·오행五行·천간天干·지지地支 같은 것들을 고조선에 전해 주었습니다. 그래서 한국 국기國旗에 사용된 것이 『역경』 8괘 중 4괘인 건乾·곤坤·감坎·리離입니다. 이것은 곧 천天·지地·일日·월月을 나타내는 것으로, 전체가 중국 전통 문화의 정신이라고 할 수 있습니다. 이것은 기자가 전해준 것입니다. 미자·기자·비간은 모두 은나라 귀족들로서 주왕紂王의 웃어른들이었습니다.

　　이 편은 먼저 이 사람들 이야기를 하고, 마지막 결론에서 주나라가 흥기할 수 있었던 것은 주나라에 여덟 명의 훌륭한 선비들이 있었기 때문이라고 말하고 있습니다. 이 여덟 명의 선비 속에 강태공姜太公과 주공周公은 들어가 있지 않습니다. 그리고 이 편의 중간 부분에 많은 은사隱士들의 이야기가 나오는데, 그들은 꼭 은나라 걸왕 때의 사람들은 아니며, 많은 이들이 공자와 동시대 인물입니다. 이 편 전체의 편집 노선은 이와 같습니다.

이 「미자」편을 표면상으로만 읽은 사람들, 특히 오사 운동 이후 이 글을 읽은 많은 사람들은 그 내용이 전제적인 지도자를 사상적으로 뒷받침한 것이라고 생각했으며, 그 때문에 여러 가지 비방도 많았습니다. 사실은 그런 것이 아니지만, 표면상으로 보면 여기에는 반反공자적인 사람들의 이야기가 많이 실려 있습니다. 이른바 '반反'이란 오늘날 우리들이 하는 말이고, 사실은 공자의 관점과 함께 그 상대적인 입장의 관점도 기록해 놓은 것이라고 할 수 있습니다. 그러므로 우리가 책을 읽을 때에는 표면상의 문자에 속아 넘어가서는 안 됩니다.

다음으로, 우리는 이 「미자」편의 글이 왜 이렇게 편집되어 있는지를 연구해봐야 합니다. 첫째, 역사를 창조하고 시대를 창조하는 것은 전적으로 '사람'의 문제에 속한다는 것을 설명하기 위해서였습니다. 즉, 영웅이 시대를 창조한다고 말한 것이나 다름없습니다. 어느 시대든 인재가 있으면 그 시대는 흥성합니다. 인재가 줄어들면 그 시대도 끝나 버립니다. 둘째는 용인用人의 문제입니다. 한 지도자가 인재를 알아보고 인재를 양성할 수 있다면 그의 사업은 성공하지만, 만약 인재를 알아보지 못하고 인재를 양성할 줄 모른다면 사업은 반드시 실패합니다. 셋째는 개인에 관한 것입니다. 이는 엄중한 문제로서, 적어도 과거에는 그러했습니다. 장래 사회가 어떻게 변할지는 말하기 어렵지만, 과거 시대에는 개인의 입신출처가 대단히 중요했습니다. 다시 말해, 인생의 첫걸음을 어떻게 내디디느냐 하는 것은 아주 중요한 일이었습니다. 그래서 어떤 사람은 일생 동안 은사로 지냈습니다.

은사와 역사 문화

어떤 사람은 말하기를, 과거 은사隱士 사상은 바로 서양 문화의 자유주의자들의 부동의不同意 주장이라고 합니다. 이들은 반대하지는 않지만 어쨌든 개인적으로 초연히 독립적인데, 이것이 곧 민주정치의 자유정신이라는 것입니다. 이런 비교는 겉보기에는 맞는 것 같지만, 실제로는 역시 맞지 않습니다. 왜냐하면 중국의 일반 지식인들 중 은사의 길을 택한 사람들은 국가 천하 대사에 관심이 없었던 게 아니라, 사실은 대단히 관심을 가지고 있었기 때문입니다. 아니, 오히려 관심이 너무 지나쳐 스스로 물러서 있는 경우가 많았는데, 물러서 있다고 해서 상관하지 않는 것은 결코 아니었습니다. 인도에서는 도를 닦기 위해 출가한 다음에는 일체의 일에 절대 상관하지 않았습니다. 그러나 고대의 은사는 그런 사상이 아니었습니다.

중국의 은사를 연구해 보면, 은사들마다 현실의 정치 사회에 대해 모두 절대적인 관계가 있었습니다. 그러나 취한 방법은 시종 옆에서 남을 도와주는 것이지, 자신이 직접 그 가운데로 나서고 싶어 하지는 않았습니다. 친구나 제자, 또는 타인이 성공하도록 도와주면서 자신은 처음부터 끝까지 절대로 나서지 않았습니다. 중국은 과거에 새로운 왕조가 열리는 시대 때마다 이런 사람들이 많았음을 볼 수 있습니다.

가장 유명한 예로, 명나라 주원장이 개국할 때 원나라를 무너뜨릴 수 있었던 것은 도가의 은사 몇 명이 힘쓴 덕택이었습니다. 정면에 나섰던 사람은 유백온劉伯溫이었고, 나서지 않고 배후에서 일부러 미친 척하고 바보짓 한 사람들이 몇 명 있었습니다. 예를 들면, 미치광이 행세를 했던 주전周顚이나 그 밖에 철관도인鐵冠道人이 유명했는데, 이런 사람들을 위해 주원장은 친히 그들의 전기傳記를 썼습니다. 이런 사실이 정사正史에 실려 있지 않은 까닭은, 정사가 유가 사람들이 편찬한 것인데다 이들이 너무 신기하게 느껴져 일부 자료들은 정사에 기록하지 않기 때문입니다.

특히 주전이란 사람은 더욱 괴이했습니다. 화상和尙도 아니고 도사道士도 아닌 모습으로 미친 사람처럼 떠돌아다니면서 주원장과 깊은 교분을 나누었는데, 주원장이 해결할 수 없는 문제에 부딪칠 때마다 그가 돌연 나타나 해결 방법을 일러주었습니다. 한번은 주원장이 그를 시험해 보려고 하자, 그는 어떤 시험에도 자기가 죽지 않을 것이라 했습니다. 그래서 주원장은 그를 시루에 넣어 쪘습니다. 한참 찌고 나서 시루를 열어 보았더니, 그는 오늘날 터키탕 식 목욕이나 하고 난 듯 온몸이 아주 시원하다고 말하더랍니다. 그때부터 주원장은 부하들에게 주전은 기인奇 人이므로 그를 절대 소홀히 대해서는 안 된다고 주의시켰습니다. 이런 사람은 유명한 은사 사상의 일류 인물에 속합니다.

중국의 과거에 도가 있는 선비는 현실의 일에 나서서 간섭하지 않아도 되었지만, 국가가 태평하기를 열성적으로 바랐고 또 백성들이 잘 지내기를 바랐습니다. 그는 다른 사람이 태평시대를 만들도록 도와주기는 했지만, 자신은 벼슬에 나서지 않았습니다. 천하가 태평해지고 공이 이루어지고 나면 그는 그림자조차 찾을 수 없었으며, 그 자신을 위해서 아무것도 바라지 않았습니다. 중국 고대 역사에서 이런 사람은 대단히 많았습니다. 물론 정면의 역사에는 잘 드러나지 않지만, 이면의 역사에는 거의 매 왕조마다 이런 사람들이 있었습니다. 왕양명王陽明을 예로 들면, 그가 만난 사람 중에는 보통 사람의 생활이나 관념과는 다른 이인異人들도 많았습니다.

이 「미자」에서 말하는 것은, 은사들이 시대를 구할 수 없다는 것을 분명히 알았을 때는 물러나 있지만, 그것은 소극적인 도피가 아니라 문화 정신을 보존하고 다음 세대를 양성하며 기다리는 것과 다름없었다는 것입니다. 가장 유명한 사람으로 당나라의 왕통王通을 들 수 있는데, 앞에서도 여러 번 말했지만 그의 학생들은 그가 죽은 뒤 사적私的으로 그의 시호를 문중자文中子로 정했습니다.

문중자는 수양제隋煬帝 때 천하 경영에 뜻을 두고 나서서 일을 해보려 했지만, 수양제와 이야기를 나누고 여러 곳을 살펴본 다음 안 되겠다는 것을 깨닫고 돌아가 학문을 강의하면서 젊은 세대를 양성했습니다. 그래서 당나라 개국 당시 이정李靖·서세적徐世勣·방현령房玄齡·위징魏徵 같은 개국 공신과 문신 무장文臣武將들이 거의 모두 그의 학생들이었습니다. 이처럼 당나라의 문화 사상이 창시된 데에는 문중자의 공로가 대단히 컸습니다.

그러나 당나라 역사를 읽어보면 문중자의 전기傳記가 없습니다. 후세 사람들은 그의 전기가 없는 것을 이상히 여겨, 그의 사적事蹟이 사실인지 의심했습니다. 끝까지 고증을 해 보니, 문중자에게 아들이 있었는데 유명한 대신이 되었고 좋은 정치를 했지만 당태종의 처남에게 미움을 샀기 때문에, 훗날 당사唐史를 편찬할 때 학술 사상 면에서 의견이 다르다는 이유로 문중자의 사상을 넣지 않았던 것입니다. 그래서 문중자가 죽고 난 뒤, 조정 대신들, 즉 그의 학생들이 비밀리에 그의 시호를 지었던 것입니다.

역사상 유명한 '자비니산'自比尼山의 고사는 바로 문중자가 자기 제자들은 물론 자기 자신까지도 그 시대의 공자孔子로 비유한 것입니다. 실제 업적으로 보면, 문중자는 공자보다 운이 좋았는지도 모릅니다. 공자는 삼천 제자를 양성했지만 결과적으로 공훈 업적을 성취한 제자를 하나도 보지 못한 데 비해, 문중자는 수십 년 동안 다음 세대를 양성하여 당나라의 국운과 문화를 열었기 때문입니다.

시대가 돌이킬 수 없다는 것을 분명히 알고 억지로 나서지 않으며, 유가 사상에서 말하는 '어떤 역경 속에서도 굴하지 않는 튼튼한 기둥과 같은 인물'(中流砥柱)이 되지 않는 것도 일종의 은사 사상에 속합니다. 사람은 응당 어떤 역경 속에서도 굴하지 않는 기개가 있어야 하지만, 시대라는 물줄기를 돌이킬 수 있을까요? 불가능합니다. 단지 자기를 위해 충신이라는 이름을 남길 수 있을 뿐, 시대와 사회에 대해서 진정으로 공헌할 수 있는 길이 없습니다. 도가에서는 추세에 따라 임기응변해야 한다고 하는데, 이런 사람들의 방법이 훗날 은사를 형성했습니다.

이 「미자」편에는 많은 은사들의 이야기가 실려 있는데, 당시 공자가 만난 사람들 중에는 면전에서 공자의 코를 납작하게 만들어 버린 사람이 있는가 하면, 공자와 정면으로 충돌한 사람도 있었습니다. 이 충돌은 말다툼이 아니라 의견 충돌로서 사상이 담긴 유머였습니다. 이를 통해서 우리는 은사들도 공자를 잘 이해하고 있었으며, 또 공자의 방법에 별다른 잘못이 없다고 생각하고 각자의 길을 갔음을 알 수 있습니다. 이것이 이 편의 넷째 요점입니다.

결론을 내리면 이 편에는 두 가지 핵심이 있습니다. 첫째는 역사철학의 한 가지 관점입니다. 둘째는 개인의 입신처세로서, 자기의 인생관, 인생철학은 결국 어느 길을 택할 것이냐 하는 것입니다. 이런 관념과 사상이 본문 중에는 한 글자도 언급되어 있지 않지만, 그 속에는 바로 이런 정신을 담고 있기에, 이 편 전체를 연구하고 나면, 이 편을 자신에게 마땅히 좋은 거울로 삼아서 참고로 삼아도 좋습니다. 이 편의 정신과 핵심을 이미 다 말씀드렸으므로 이제부터는 연구하기가 비교적 쉽습니다. 이전의 각 편에서처럼 매 구절마다 그 의미를 충분히 설명할 필요가 없이, 여기에서 거의 한 가지 관념마다에 대해 전체적으로 그 의미를 충분히 설명했습니다. 이제 본문을 보겠습니다.

뭇 새들은 다 높이 날아가 버렸는데

(은나라 주왕紂王의 폭정으로 일어났던 서주西周 혁명 때)

미자는 떠나 버렸고, 기자는 노예가 되었고, 비간은 건의하다가 죽었다. 공자께서 말씀하셨다. "은나라에는 (의롭게 생명을 바친) 이 세 분의 인仁한 사람이 있었다!

(이 세 사람은 다 걸왕桀王 시대의 충신이었지만, 이렇게 포악한 군주를 만난 것이다. 시대의 쇠망衰亡을 돌이킬 수 없을 때 사람들은 떠나고, 갇히고, 죽었다. 이 사람들은 고대의 충신으로서 자신은 비록 죽었지만, 국가 문화의 정신면에 대해서는 천추만대의 본보기를 영원히 남겼다)"

微子去之, 箕子爲之奴, 比干諫而死。孔子曰:殷有三仁焉!
미자거지　기자위지노　비간간이사　공자왈　은유삼인언

이것은 은나라 주왕紂王의 폭정으로 일어났던 서주西周 혁명 때의 일입니다. 잘 알다시피 주왕은 포악한 사람이었지만, 유구한 문화의 영향으로 그에게는 많은 충신들이 있었습니다. 미자微子를 비롯한 몇 사람의 충신이 주왕에게 여러 차례 건의했지만(고대에는 아랫사람이 윗사람에게 건의하는 것을 '간諫', 윗사람이 아랫사람에게 권고하는 것을 '권勸'이라 했는데, 오늘날에는 '건의'로 통용됩니다), 주왕은 무도하여 이런 건의를 듣지 않고 미자를 버렸으므로, 미자는 종실宗室을 떠났습니다. 미자의 후대는 주 왕조에 의해 송宋에 봉해졌는데, 바로 춘추전국 시대의 송나라입니다. 이것이 중국 문화의 특색인 "흥멸국, 계절세"興滅國, 絶繼世입니다. 주 왕조는 혁명을 일으켜 성공한 후, 주왕의 후손을 끊어 버리지 않고 전 왕조의 후손을 찾아내어 조상의 제사를 이어가도록 해 주었습니다. 그리고 기자는 주왕의 숙부였는데, 노예로 강등되었지만 죽지 않고 은나라 문화를 가지고 요동遼東에서 바다를 건너 조선朝鮮으로 갔습니다. 또 비간은 주왕에 의해 살해되었습니다.

이 세 사람은 다 걸왕 시대의 충신이었지만, 이렇게 포악한 군주를 만난 것입니다. 시대의 쇠망을 돌이킬 수 없을 때 사람들은 떠나고, 갇히고, 죽었습니다. 공자는 이 사람들이 고대의 충신으로서 자신은 비록 죽었지만, 국가 문화의 정신면에 대해서는 천추만대의 본보기를 영원히 남겼다고 생각했습니다. 그래서 그들을 은나라 시대 세 사람의 인한 사람(仁人)으로 의롭게 생명을 바친 사람들이라고 했습니다.

다음에는 이어서 노나라 사람인 유하혜에 대해 말하고 있습니다. 여러분은 유하혜의 고사인 좌회불란(坐懷不亂: 춘추 시대에 유하혜가 곽문에서 잠 잘 때 어떤 여자가 잘 곳을 찾지 못해 와서 함께 자게 해 달라고 하자, 유하혜는 그녀가 얼어 죽을까 봐 품에 안아 재웠지만 그 하룻밤에 예가 아닌 행동이 없었다는 고사—역주)을 알고 계시겠지만, 이 정도는 대단한 일이 아닙니다. 역사상 좌회불란한 남자나 여자는 그밖에도 많았습니다. 하지만 옛 사람들이 유하혜를 모범으로 삼았을 뿐이므로, 우리는 또 다른 사람의 예를 들 필요가 없겠습니다. 좌회불란은 유하혜의 가장 훌륭한 일면이 아닙니다. 그의 가장 훌륭한 일면은 바로 다음 단락에서 이야기됩니다.

유하혜는 (노나라 사법부 장관인) 사사士師를 하다가 세 번이나 (파면되어) 쫓겨났다.

어떤 사람이 "선생께선 (당신을 필요로 하는 다른 나라로) 떠나 버릴 수가 없던가요?" 하고 묻자,

그는 대답하였다. "(어떤 사람이 일생토록 사상이나 행동이나 일처리가) 곧은 도리로써 (바른 길을 걸어가며) 남의 부하로 일하다보면, 어디에 간들 (문제가 있어 손해를 보아야 하고 밀려나) 세 번은 쫓겨나지 않겠습니까? (그릇된 생각으로 수단을 쓰는 등) 비뚤어진 도리로써 (지위를 얻고 부귀공명을 누리는 것을 영예로 여길 뿐, 진정으로 국가 사회를 위해 일하고 싶지 않으면서) 남의 부하로 일하고자 한다면, (조상이 여기에 다 계시니 마찬가지로 일할 수 있는데) 구태여 자기 부모의 나라를 떠나야 할 필요가 있겠습니까?

(어디에 있든 절대로 그릇된 길을 가지 않고 바른 길을 간다면, 어느 사회에서나 모두 마찬가지로 비교적 곤란을 당하는 것입니다)"

柳下惠爲士師, 三黜。人曰:子未可以去乎? 曰:直道而事人, 焉往
유 하 혜 위 사 사   삼 출   인 왈   자 미 가 이 거 호   왈   직 도 이 사 인   언 왕

而不三黜? 枉道而事人, 何必去父母之邦?
이 불 삼 출   왕 도 이 사 인   하 필 거 부 모 지 방

유하혜는 '사사'士師를 지냈는데, 이는 형법 담당관으로서 굳이 비교하자면 오늘날의 사법부장관이나 최고법원장에 해당합니다. 유하혜는 세 번 관직에 올랐다가 세 번 다 파면되어 내려왔습니다. 그래서 어떤 사람이 그에게 말했습니다. "선생께서는 꼭 노나라에서 일할 필요가 있습니까? 다른 나라로 떠나 버리시지 그래요. 당신 나라에서 당신을 필요로 하지 않는데, 꼭 일할 필요가 있습니까? 다른 나라로 가면 더 좋은 자리를 얻을 수도 있지 않겠습니까?"

이에 유하혜는 대답했습니다. "어떤 사람이 일생토록 곧은길을 걸어서, 사상이나 행동이나 일처리가 완전히 곧게 바른 길을 걸어가며 남의 부하가 될 경우, 어느 국가 사회에서나 모두 마찬가지로 문제가 있어 손해를 보아야 하며 밀려나게 될 것입니다. 만약 그릇된 생각으로 수단을 써서 지위를 얻고 부귀공명을 누리는 것을 영예로 여길 뿐, 결코 진

정으로 국가 사회를 위해 일하고 싶지 않다면, 구태여 자기 부모의 나라를 떠날 필요가 어디 있겠습니까? 조상이 다 여기에 계시니 마찬가지로 일할 수 있습니다." 바꾸어 말하면, 어디에 있든 절대로 그릇된 길을 가지 않고 바른 길을 간다면, 어느 사회에서나 모두 마찬가지로 비교적 곤란을 당한다는 것입니다.

유하혜의 훌륭한 인품은 바로 여기에 있습니다. 즉, 그는 인격과 사상을 관철하고, 전통 문화를 관철하기 위하여 정도正道로써 사람을 섬기고 정도로써 입신처세하며, 부귀공명은 몸 밖의 일로서 마음에 두지 않고 경시했던 것입니다. 이게 바로 그의 인격이었습니다. 여기서는 먼저 그에 관한 일을 기록해 놓고, 뒤에 가서 공자가 다시 그를 언급합니다.

왜 유하혜의 일을 미자·기자·비간의 이야기 다음에다 놓았을까요? 유하혜는 은나라 주왕 시대 사람이 아니라 춘추 초기의 사람이며 공자는 춘추 시기의 사람이었습니다. 유하혜는 이미 천하에 이름이 난 훌륭한 인물이었기에 여기에 그에 관한 일과 그의 말을 기록해 놓아, 앞의 세 사람의 일을 보충적으로 설명한 것입니다.

그러므로 『논어』와 같은 고전은 언뜻 보면 법률 조문처럼 한 구절한 구절이 별개인 것 같지만, 자세히 읽어보면 장편의 문장으로 대단히 잘 연결됩니다. 바꾸어 말하면, 미자·기자·비간 중 비간 같은 사람은 살신성인殺身成仁하기를 원했고, 미자 같은 사람은 벼슬에서 쫓겨나자 떠났고, 기자 같은 사람은 노예가 되라 하자 노예가 되었습니다. 그들은 왜 굽히지 않았을까요? 태도를 조금만 바꾸어 아첨하면 잘 쓰일 수 있었을 텐데요. 더구나 그들은 본래 황족皇族이었습니다. 그런데 그들은 왜 그렇게 하지 않았을까요?

이는 바로 한 개인이 사람됨에 있어서든 국가 사회 속에 발붙이고 보통사람으로 사는 데 있어서든, 대원칙으로서 인격이 중요하다는 것을 말해 주고 있습니다. 바꿔 말하면, 그릇된 길(枉道)로 사람을 섬기려면 어디 다른 곳으로 가서라도 일할 수 있겠지만, 끝까지 바른 길(正道), 곧은 길(直道)로 사람을 섬기려면 구태여 떠날 필요가 없다는 것입니다. 그러므로 유하혜의 이 말을 여기에 인용하여 설명한 것은 앞 세 사람의 일에 대한 주해나 다름이 없습니다. 이게 바로 『논어』 전편의 편집 방법입니다.

공자가 떠나도 만류하지 않은 왕

제나라 경공이 공자의 대우에 관하여 말하였다. "나는 계씨와 같이 공자를 대우할 수는 없다. (내가 그를 중용重用해서 그가 우리 나라에 살기를 원한다면) 계씨와 맹씨의 중간만큼 대우하겠다. (비록 중용하지 않더라도 푸대접을 하지 않고 그에게 알맞은 대우를 할 것이다)"

(그러나) 다시 말하였다. "내가 이미 늙어서 (웅대한 뜻이 없어 제후들 사이에서 왕자王者나 패자霸者로 불리고 싶지 않으니) 그를 중용하지 못하겠다! (만일 내가 젊었을 때 공자가 왔더라면, 나는 틀림없이 그를 중용했을 것이다)"

말을 전해들은 공자께서는 그날로 제나라를 떠나셨다.

(좌우에 공자를 시기하는 사람들이 많았기에, 곧바로 떠나지 않으면 누군가 그를 해칠지도 몰랐기 때문입니다. 제경공은 공자를 매우 아끼고 사랑했다고도 할 수 있는데, 그로서는 국내 정권과 기타 모든 여건들이 형성한 환경이 정말로 공자를 기용할 방법이 없었기 때문에, 그렇게 말해 공자에게 떠나라는 암시를 줄 수밖에 없었습니다. 그래서 공자는 그의 말을 듣고 얼른 떠나 버렸습니다. 앞의 유하혜의 단락과 이 단락이 말해주는 의의와 정신은, 사람의 입신출처에 있어서 환경이 허락하지 않을 때는 결연히 떠나 버린다는 것입니다)

齊景公待孔子, 曰：若季氏, 則吾不能, 以季·孟之間待之。曰：吾
제경공대공자 왈 약계씨 즉오불능 이계 맹지간대지   왈 오

老矣！不能用也。孔子行。
로의   불능용야   공자행

공자가 열국을 주유하다가 제나라에 도착했습니다. 그 때 제나라 국군(國君: 제나라의 제후인데, 국군이라 한 것은 편의상 차용한 명칭입니다)은 경공景公이었습니다. 당시 경공 아래에는 제나라 역사상 유명한 땅딸보인 안

자娶子, 즉 안영晏嬰이 재상으로 있었는데, 이 사람은 인품과 덕성이 좋고 학문도 높았습니다. 그는 역사상 명재상이자 충신으로서 청렴하고 모든 면에서 훌륭했으며, 『안자춘추』晏子春秋라는 책도 한 권 썼습니다. 안자보다 좀 빠른 시기에 살았던 관중管仲도 제나라의 유명한 대신이었는데, 그는 『관자』管子라는 책을 썼습니다. 이 두 책은 지금도 전해지고 있습니다. 물론, 그 내용은 진위가 뒤섞여 있습니다.

공자가 제나라에 갔을 때 제경공은 공자를 기용하고 싶어 했습니다. 그러나 재상 안자는 그렇게 되면 자신이 설 자리가 없어질까 봐 동의하지 않았다고 합니다. 그런데 이에 관해서는 자료가 충분하지 않아, 안자가 그렇게 인재를 질투한 사람이었는지는 아직 확실히 밝혀 말할 수 없는 문제입니다. 그 다음으로 제경공과 관계된 평가인데, 역사에서는 제경공이 안자의 영향을 받아 이렇게 한 것이라는 설이 있습니다. 그러나 우리는 당시 제나라와 노나라의 외교 관계가 좋지 않았다는 데에 주의해야 합니다. 뒷날 제나라는 노나라를 칠 준비를 했는데, 노나라는 제나라와 싸워 이길 수 없을 게 뻔했습니다. 공자는 이 때 조국의 위기 때문에 애태우다가 자신이 직접 출국해서 국제적인 해결 방법을 찾으려고 했습니다. 그 때 자공이 나서서 각국을 한 번 다녀옴으로써 전체적인 국제 정세를 전환시켜 놓았던 것입니다.

당시 제경공은 공자에게 매우 잘해 주었습니다만, 그를 기용할 수는 없었습니다. 기용할 수 없었다는 것은 외교적 언사였고, 제경공은 공자의 면전에서 "공 선생님, 당신은 훌륭하십니다. 나는 당신을 기용하고 싶습니다. 하지만 당신을 기용할 수 없습니다." 하고 말하지는 않았습니다. 이렇게 말하기가 너무 난감하여, 대신 다른 사람을 거론하여 말할 수밖에 없었습니다. 그래서 제경공은 "나는 계씨와 같이는 할 수 없다."(若季氏, 則吾不能)고 했습니다. 여기의 계씨는 바로 노나라의 계가季家입니다. 계가는 공자에게 대단히 잘해 주었기 때문에, 공자의 학생들 중에는 계씨 형제 밑에서 일하는 사람도 많았습니다. 계씨는 공자를 존경했지만, 중용重用하지는 않았습니다.

제경공은 공자에 대해 이렇게 말했습니다. "나는 계씨와 같이 공자를 대우할 수는 없다. 내가 그를 중용해서 그가 우리 나라에 살기를 원한다면 나는 계씨 형제가 한 만큼 그를 대우하고, 비록 중용하지 않더라도 푸대접을 하지 않고 그에게 알맞은 대우를 할 것이다." 그러나 제경공은 공자를 기용하지 않겠다고 하면서, 그 이유를 다음과 같이 말했습니다. "내가 이미 나이가 많아 웅대한 뜻이 없으므로, 제후들 사이에서 왕자王者나 패자覇者로 불리고 싶지 않다. 만일 내가 젊었을 때 공자가 왔더라면, 나는 틀림없이 그를 중용했을 것이다." 이 말이 공자에게 전해지자, 그 날로 공자는 떠나 버렸습니다.

고대의 기록은 문자상으로는 아주 간단하지만 그 속에 중요한 뜻이 숨어 있는데, 바로 제경공이 "나는 늙어서 그를 쓰지 못하겠다."(吾老矣, 不能用也)고 한 말이 그러합니다. 이 말이 공자로 하여금 곧바로 떠나도록 만들었는데, 만약 소설로 쓴다면 그 사이에 틀림없이 많은 이야기가 들어갈 것입니다. 공자는 왜 곧바로 떠났을까요? 좌우에 공자를 시기하는 사람들이 많았기에, 곧바로 떠나지 않으면 누군가 그를 해칠지도 몰랐기 때문입니다. 이를 보면 제경공은 공자를 매우 아끼고 사랑했다고 할 수 있습니다. 그로서는 국내 정권과 기타 모든 여건들이 형성한 환경이 정말로 공자를 기용할 방법이 없었기 때문에, "나는 늙어서 그를 쓰지 못하겠다!" 라고 말해 공자에게 떠나라는 암시를 줄 수밖에 없었던 것입니다. 그래서 공자는 그의 말을 듣고 얼른 떠나 버렸습니다.

이 단락을 왜 앞 두 단락 다음에 두었을까요? 우리가 보통의 방법으로 『논어』를 읽는다면, 일생을 읽어도 헛 읽는 것이 됩니다. 그러나 역사와 인생의 관점에서 『논어』를 읽어보면, 앞 두 단락의 의의와 정신은 같은 것임을 알 수 있습니다. 즉, 사람의 입신출처에 있어서 환경이 허락하지 않을 때는 결연히 떠나 버린다는 것입니다. 멀리 훌쩍 떠나 버려 미련을 두지 않는다는 것입니다. 인생은 무엇을 위해 있는 것일까요? 자기의 이상을 실현하고 인류 사회를 위해 공헌하기 위해서지, 결코 현실의 부귀공명을 위해서가 아닙니다. 마치 도연명이 오두미五斗米를 받기 위해 허리를 꺾지 않았듯이 말입니다. 유하혜의 입신출처와 은 왕조의 삼인三仁이었던 미자·비간·기자의 입신출처에 대해서도 이렇게 설명할 수 있습니다.

강산과 미인

앞에서는 공자가 제나라를 떠난 중요한 이유를 말했는데, 다음 단락에서는 당시 공자가 왜 노나라를 떠났는지를 말하고 있습니다.

제나라 사람들이 (노나라를 더욱 쇠약하게 만들기 위해, 여간첩을 이용하기로 하고 아주 예쁜) "여자 악인樂人들을 (뽑아 노나라 정공에게) 보내 왔다. (이를 안 공자는 '여자 악인들을 받아들여서는 안 된다. 노정공은 의지가 약한 사람이라, 여자 악인들에게 빠져 국가 정사에 나쁜 영향을 미칠 것이다.'라고 주장했다. 그러나 권력을 쥔) 계환자가 이를 (자발적으로) 받아들이고 (노정공은 그들에 빠져) 사흘이나 조회朝會를 열지 않자, 공자는 (이런 상황을 보고 제나라의 수법이 무섭다는 것을 알았다. 그래서 노나라의 앞날도 끝났다며) 노나라를 떠나셨다.
(공자가 노나라와 제나라를 버리고 떠난 사실은 사람이 떠나고 머무는 데 있어 자기 분수를 잘 알아야 한다는 것을 말해 줍니다)

齊人歸女樂, 季桓子受之, 三日不朝, 孔子行。
제 인 귀 녀 악   계 환 자 수 지   삼 일 부 조   공 자 행

원래 제나라는 군대를 출동시켜 노나라를 치려고 했습니다. 그 전에 공자가 노나라에서 사구司寇 벼슬을 지낸 적이 있었는데, 국제적으로 각 제후들은 노나라가 정말로 공자를 기용하면 큰일이라면서 두려워했습니다. 그리하여 제후들은 갖은 방법을 생각해 내고 갖가지 수단을 써서 공자가 물러나도록 만들었습니다. 아울러 국내 환경도 공자가 포부를 펼 수 있도록 허락하지 않기 때문에, 공자는 3개월 만에 벼슬을 그만두어 버렸습니다.

그 뒤 제나라는 노나라를 더욱 쇠약하게 만들기 위해, 요즈음 말로 하면 여간첩을 이용하기로 하고 아주 예쁜 여자 악인女樂들을 뽑아 노

정공에게 보내왔습니다. 이것을 안 공자는 "여자 악인들을 받아들여서는 안 된다. 노정공은 의지가 약한 사람이라, 여자 악인들에게 빠져 국가 정사에 나쁜 영향을 미칠 것이다." 라고 주장했습니다.

그러나 권력을 쥔 계환자季桓子는 자발적으로 제나라의 여자 악인들을 받아들였습니다. 아니나 다를까, 노정공은 그들에게 빠져 매일 열도록 되어 있는 조회朝會를 연이어 3일 동안이나 열지 않았습니다. 공자는 이런 상황을 보고 제나라의 수법이 무섭다는 것을 알았습니다. 그래서 공자는 노나라의 앞날도 끝났다며, 즉시 출국해 버렸던 것입니다.

공자가 노나라와 제나라를 버리고 떠난 사실은 사람이 떠나고 머무르는 데 있어 자기 분수를 잘 알아야 한다는 것을 말해 줍니다. 중국 문화가 중시한 것으로, 지식인과 선비들은 입신처세나 진퇴 문제에서 자기 분수를 아주 잘 알았으며, 생활 문제를 절대 염려하지 않았습니다. 이것은 아주 중요한 문제입니다. 과거에는 설을 지낼 때 많은 가정에서 장식용이든 남에게 보이기 위한 것이든 간에 주백려朱柏廬의 치가격언治家格言을 걸어 놓았는데, 그 격언 가운데 "책을 읽는 뜻은 성현이 되고자 함에 있고, 관리가 되려는 마음은 임금과 나라에 충성하고자 함에 있다." (讀書志在聖賢, 爲官心存君國)는 말은 매우 무게 있는 명언입니다.33)

옛 선비들은 왜 관료가 되고 싶어 했을까요? 오늘날은 공무원이라고 하는데, 오늘날의 공무원과 옛날의 관료는 개념이 다릅니다. 그러므로 오늘날의 공무원을 과거의 관료에 비교하는 것은 그리 타당하지 않다고 나는 생각합니다. 과거의 선비는 10년 동안 어렵게 공부하여 일단 과거에만 합격했다 하면 정말 그 맛이 대단했습니다. 하찮은 현령縣令이라도 행차할 때에는 징을 울려 길을 열고 백성들은 비켜 서 있었으니, 가마를 타는 것이 오늘날 자동차를 타는 것보다 훨씬 기분이 좋았을 것입니다. 가장 작은 벼슬이 전사典史였는데, 이는 굳이 비교한다면 오늘날 현縣의 경찰서장이나 교도소장에 해당하고, 관료 편제官僚編制 안에 들어가는 직위였습니다. 조례(皂隸: 옛날 하급 관노로 죄인을 처형하는 등 천한 역할을 맡았던 사람—역주)는 관료 편제 안에 들지 못했는데, 현령 자신이 수단껏 절약한 비용 범위 내에서 그들에게 지불했습니다.

옛날 현縣 관아에서는 관료 편제에 들지 못하는 불과 1, 20명의 사람들이 일을 했습니다. 예를 들어, 청나라 강희제 시대에는 전국의 관리가 위로는 재상으로부터 아래로는 지방 작은 관리에 이르기까지 1만 7천 명 정도밖에 안 됐지만, 그렇게 많은 일을 했습니다. 이 문제는 오늘날 우리가 연구해 볼 가치가 있습니다. 그 당시 과거시험에 합격하여 관리가 된 사람은 4억 인구 중에 겨우 1, 2만 명밖에 안 되었으니 확실히 영광스러웠지요. 지금이야 물론 달라져서 공무원으로 국민들을 위해 봉사합니다. 그러나 아직도 공무원과 옛날 관리를 같은 개념으로 한결같이 혼동하는 잘못을 범하고 있습니다. 이 둘을 올바로 구별하여 분명히 한다면 이해하기 쉬울 것입니다. 그러나 유감스럽게도 수십 년이 지나도 이 점을 분명히 하지 못하고 있어서, 정치적·사회적으로 많은 분규를 야기하고 있습니다.

알다시피 옛 사람들은 벼슬길에 나서야 할 지 나서지 말아야 할 지, 즉 입신출처立身出處에 신중했습니다. 오늘날 우리들의 교육은 변해서, 시험을 치르고 입학하는 학생들 모두 직업을 중심 문제로 생각하는데, 이것은 미국화 내지는 서양 문화의 영향 때문입니다. 이른바 "생활이 바로 교육"이라는 존 듀이 식의 실용주의 사상을 기반으로 하고 있는데, 서양 교육은 생활과 기술이 하나로 결합되어 있습니다. 서양 문화의 기초가 우리와 완전히 다른데도, 우리는 오늘날 우리의 문화 정신을 명확히 알지 못하고 남의 것에 대해서도 명확히 알지 못한 채, 남의 것이 우리 나라 실정에 맞는지 안 맞는지를 아직도 시험하는 중에 있습니다.

오늘날 시험 치르고 입학하는 학생들은 목적이 오로지 직업을 찾는 데에 있습니다. 직업을 찾을 바에야 의사가 되는 것도 직업이고 공무원이 되는 것도 직업이니, 이제는 오직 어느 쪽 대우가 좋은가 하는 것만이 문제가 됩니다. 과거에 우리들은 대우 문제는 고려하지 않았습니다. 이른바 "관리가 되려는 마음은 임금과 나라에 충성하고자 함에 있다." (爲官心存君國)는 것으로, 좋은 쪽으로 말하자면 국가 사회를 위해 자기를 희생하는 것이었습니다. 권력의 자리를 얻으려는 것은 자기의 이상을 실현하고, 국가를 위해 일하기 위한 것일 뿐이었습니다. 역사상 많은 대신大臣들이 사후에는 몹시 불행했습니다. 예를 들면, 진회秦檜는 악비岳飛를 살해하였는데, 그의 재산을 몰수할 때 다른 것은 몰수하지 않고 서적만 모두 없애 버렸습니다. 이런 옛 정신은 우리가 연구해 볼 만한 중대한 문제입니다.

난리통에는 닭보다 못한 봉새

이제 다음은 공자가 노나라를 떠난 후 여러 나라를 주유하면서 가는 곳마다 문화를 위하고 인류의 사상을 위해서 노력하고 있는 모습입니다.

초나라의 (미친 척 하는) 광인 접여가 (어느 날 우연히 공자를 만나게 되었을 때) 노래를 하며 공자 곁을 지나갔다. "봉새여! 봉새여! 어찌하여 덕이 그리 쇠하였나? (너는 운이 없구나. 이 시대에 나서서 무얼 하려느냐?) 지난 일은 잘못을 탓해도 소용없지만, 앞일은 쫓아가 바로잡을 수 있다네. 아서라, 아서라! 지금의 정치에 종사하는 자는 위태롭다네!"

공자는 (그 광인이 보통 사람이 아니란 것을 알아차리고) 수레에서 내려 그와 이야기를 해 보고자 하였으나, 그는 빠른 걸음으로 피해 버려 함께 이야기하지 못하였다.

(이 광인은 공자가 마주친 은사 가운데 공자와 반대 곡조를 부른 첫 번째 은사였습니다)

楚狂接輿, 歌而過孔子曰:鳳兮! 鳳兮! 何德之衰, 往者不可諫, 來
초광접여　가이과공자왈　봉혜　봉혜　하덕지쇠　왕자불가간　내

者猶可追。已而! 已而! 今之從政者殆而! 孔子下, 欲與之言, 趨而辟
자유가추　이이　이이　금지종정자태이　공자하　욕여지언　추이피

之, 不得與之言。
지　　부득여지언

　　여기서 공자는 한 은사隱士에게 보기 좋게 퇴짜를 맞습니다. 초楚나라의 접여接輿는 저명한 도가 인물로 일부러 미친 척하던 광인狂人이었습니다. 당시의 광인이라 함은 정신병자가 아니었습니다. 옛날의 '광'狂은 전혀 개의치 않는 태도를 가리켰는데, 말하자면 오늘날의 히피족과 좀 비슷한 것이었습니다.

　　미국에서 몇 년 전에 유행한 히피들이 그린 조사祖師들의 모습은 모두 중국인들이었습니다. 그 중의 두 사람은 선종禪宗 스님인 한산寒山과 습득拾得으로 긴 머리에 빗자루를 든 모습이었고, 초나라의 접여를 닮은 모습도 있었습니다. 또, 애주가였던 위진 남북조 시대의 진晉나라 유영劉伶·완적阮籍도 있었습니다. 이런 사람들을 그들은 모시고 스스로 일컫기를 자신들의 조사님이라고 했습니다. 이것은 그들이 중국 문화의 아주 작은 껍데기를 배운 것이었습니다.

　　그러므로 이름이 접여接輿인 초나라 광인은 결코 정신병자가 아니었습니다. 도가 서적과 『고사전』高士傳에서는 그의 성을 육陸씨라 하였으며, 육접여陸接輿는 초나라의 땅인이자 도가의 저명한 은사로서 학문과 인격이 대단히 높은 사람이었다고 기록되어 있습니다. 그런데 공자가 어느 날 우연히 그를 만나게 되었을 때 그는 노래를 부르며 공자 곁을 지나갔습니다. 그는 공자가 들으라고 일부러 노래를 부른 것인데, 직접 공자의 이름을 부르지 않고 "봉새여! 봉새여! 어찌하여 덕이 그리 쇠하였나?"(鳳兮! 鳳兮! 何德之衰)라고 했습니다.

　　옛 사람이 말하는 기린이나 봉새는 때로는 사람들 중의 군자를 상징했습니다. 천하가 완전히 태평하여 도道가 있는 시대에는, 들짐승들 중의 기린과 날짐승들 중의 봉새를 볼 수 있었고, 난세에는 볼 수 없었다고 합니다. 하지만 후세 일반 사람들은 이 두 가지 동물을 상상의 존재라 생각하고, 긴 목을 가진 사슴을 기린으로 여겼는데, 맞는지 안 맞는지는 말하기 어렵습니다. 이 두 가지 동물은 중국 문화의 상징이며, 또 한 가지로는 용龍이 있습니다.

지금 초나라 광인 접여는 공자를 봉새에 비유하면서, "봉새여! 봉새여! 너는 운이 없구나. 이 시대에 나서서 무얼 하려느냐? 과거의 것이 잘못되었다면 당신은 내버려두라. 미래의 것은 당신이 아직 바로잡을 수 있다." 라고 말합니다. 이 말에는 깊고 깊은 의미가 함축되어 있습니다. 그 의미를 크게 말해보면, 잘못된 역사는 돌이킬 수 없으니, 당신은 과거의 역사를 그리워하지 말고 마땅히 미래를 새로 열어야 한다는 뜻이라고도 할 수 있습니다. 하지만 접여가 공자에게 이 노래를 불러서 들려 준 의미는 심원합니다. 이 노래는 공자에게 다음과 같이 말하고 있음이나 다름없습니다. "너는 아직도 이 시대를 돌이켜 구하고 싶어 하지만 그렇게 될 수는 없는 것이야! 그만둬라, 그만둬! 지금 이 시대를 구하려 나서는 것은 위험하기 이를 데 없는 일이다. 네가 이런 시대에 정치를 하려고 나서서는 안 된다."

공자는 노래를 듣고 그 광인이 보통 사람이 아니란 것을 알아차리고, 얼른 수레를 멈추고 내려와 그와 얘기하려고 했습니다. 그러나 접여는 공자가 수레를 멈추는 것을 보자마자, 자기와 이야기하고자 하는 것임을 알고는 더 빠른 걸음으로 빠져나가 피해 버렸습니다. 이리하여 공자는 영원히 접여와 이야기를 나눌 수 없게 되어 버렸습니다. 그가 공자와 토론하는 게 귀찮았던 것이기도 했습니다.

접여라는 유명한 은사가 공자의 코를 아주 납작하게 만들어 버린 것입니다. 그러나 만일 그에게 공자를 좋아하는 마음이 없었다면 굳이 노래를 불러 들려주었을까요? 이로써 알 수 있듯이 그에게는 그런 마음이 있었습니다. 공자는 이를 알았으며, 그를 이해하고는 수레에서 내려 그에게 가르침을 청하려고 했지만, 그는 떠나 버렸던 것입니다. 역사상 은사들은 모두들 이러해서 이상한 일들을 많이 했는데, 그들은 슬쩍 언급만 하고 그만두곤 했습니다. 이 광인은 공자가 마주친 은사 가운데 공자와 반대 곡조를 부른 첫 번째 은사였습니다. 이 편 속에는 온통 이런 사람이 출현하고 있습니다.

가는 곳마다 썰렁한 대접

장저와 걸익이 나란히 농사일을 하고 있었는데, 공자께서 지나가시다가 자로를 시켜 나루터가 있는 곳을 물어보도록 하였다.

장저가 (뻔히 알고 있으면서도) 물었다. "저 말고삐를 잡고 있는 사람은 누구요?"

자로가 대답하였다. "공구이십니다!"

"바로 노나라의 공구요?"

"그렇습니다."

"그렇다면 나루터 있는 곳을 아실 거요."

(자로는 그 의미를 알아채지 못하고, 이번에는 고개를 돌려)

다시 걸익에게 묻자, 걸익이 말하였다. "선생은 뉘시오?"

"중유라는 사람입니다."

"바로 노나라 공구의 제자군요?"

"그렇습니다."

"큰물이 도도히 흘러가듯 온 천하가 혼탁하게 흘러가고 있는데, 누가 그 방향을 바꾸겠소? 또한, 당신도 사람을 피해 다니는 (저 공구라는) 사람을 따르는 것보다는, (우리처럼) 세상을 피해 (잊어버리고 이 시대도 잊어버린 채, 자신의 땅을 가꾸면서 그 밖의 것은 아무것도 상관하지 않고) 사는 사람을 따르는 게 낫지 않겠소? (왜냐하면 시대란 도피할 수 없기 때문이지)" 그리고 호미를 들고 농사일을 멈추지 않았다.

자로가 돌아가 이 일을 아뢰자,

공자께서는 언짢은 듯이 말씀하셨다. "새와 짐승은 같은 무리로 어울릴 수가 없다. (새는 날아다니는 것이요, 들짐승은 달리는 것이다. 새는 드넓은 하늘을 날아다니고, 들짐승들 중 대부분은 산 속에 살고 사람이 사는 사회에는 살지 않는다. 날아다니는 것과 달리는 것은 한 곳에서 살 수 없다. 사람은 각자의 뜻이 다르니 저마다 자기의 길을 가서, 멀리 갈 사람은 멀리 가고, 높이 날아오를 사람은 높이 날아오르는 것이다) 내가 이 세상 사람들의 무리가 아니라면 누구와 더불어 어울릴까? 천하가 정상 궤도에 있다면 나는 개혁하려 들지 않을 것이다."

長沮·桀溺, 耦而耕, 孔子過之, 使子路問津焉。長沮曰: 夫執輿
장저　걸익　우이경　공자과지　사자로문진언　장저왈　부집여

者爲誰? 子路曰: 爲孔丘。曰: 是魯孔丘與? 曰: 是也。曰: 是知津矣!
자위수　자로왈　위공구　왈　시로공구여　왈　시야　왈　시지진의

問於桀溺, 桀溺曰: 子爲誰? 曰: 爲仲由。曰: 是魯孔丘之徒與? 對曰:
문어걸익　걸익왈　자위수　왈　위중유　왈　시로공구지도여　대왈

然。曰: 滔滔者, 天下皆是也, 而誰以易之? 且而與其從辟人之士也,
연　왈　도도자　천하개시야　이수이역지　차이여기종피인지사야

豈若從辟世之士哉? 耰而不輟。子路行以告。夫子憮然曰: 鳥獸不可與
기약종피세지사재　우이불철　자로행이고　부자무연왈　조수불가여

同群, 吾非斯人之徒與而誰與? 天下有道, 丘不與易也。
동군　오비사인지도여이수여　천하유도　구불여역야

　　장저長沮와 걸익桀溺은 둘 다 은사인데, 서로 친한 친구로 나란히 농사일을 하고 있는 중이었습니다. 공자가 그곳을 지나가다가 일부러 그랬는지 어쨌는지는 모르겠지만, 자로더러 강을 건너는 나루터 가는 길을 좀 물어 보라고 했습니다. 여기에 나오는 '문진'問津이란 말은 이 편의 내용 전체를 요약하는 단어로서, 옛날부터 자주 사용해온 '지점미진'(指點迷津: 잘못된 길을 바로잡아 준다는 말―역주)이라는 고사성어는 여기에서 나온 말입니다.

　　자로가 장저에게 나루터 가는 길을 묻자, 장저는 "당신이 몰고 있는 수레에 탄 늙은이는 누구요?" 하고 반문하는데, 이는 뻔히 알면서도 물은 것입니다. 자로가 말했습니다. "수레에 타고 계신 분은 우리 선생님으로 이름이 쟁쟁하신 공구孔丘이십니다!" "바로 그 노나라 공구?" 하고 장저가 다시 반문하자, 자로는 "그렇습니다. 바로 그분입니다." 하고 대답했습니다. 그러자 장저는 말했습니다. "공구라면 당연히 길을 알고 있을 텐데, 나에게 와서 묻소?" 그의 이 대답은 아주 묘합니다. 자로는 수레가 가는 길을 물었는데, 장저는 수레가 가는 길이 아니라 인생의 길

을 두고 대답한 것입니다. 장저의 뜻은, "열국을 주유하면서 도처에서 전도傳道하고자 하는 그 공자가 지금 자기가 갈 길조차도 모른단 말이오?"하는 반문입니다. 그의 대답이 묘하고 유머러스합니다.

자로는 그 의미를 알아채지 못하고, 이번에는 고개를 돌려 걸익에게 물었습니다. 그러자 걸익은 자로를 보고, "당신은 누구요?" 하고 물었습니다. "저는 중유仲由라고 합니다." 자로가 대답하자, 걸익은 "저 노나라 늙다리 공구의 제자요?" 하고 물었습니다. 자로가 그렇다고 하자, 걸익은 "큰물이 도도히 흘러가듯 온 천하가 혼탁하게 흘러가고 있소."(滔滔者, 天下皆是也)라고 했습니다. '도도'滔滔는 형용사로서 오늘날 단어로는 '조류'潮流인데, 조류가 밀려올 때에는 바닷물이 불어나 물보라가 넘치고 출렁이면서, 좋은 것이든 나쁜 것이든 모두 휩쓸어 삼켜 버립니다. 지금 온 세상에 탁한 파도가 넘치고 온통 흐린 물이 흐르고 있는데, 이런 상황을 누가 변화시킬 수 있겠느냐는 것입니다. 홍수가 범람하듯 시대의 추세가 그러한데, 누가 막을 수 있겠느냐는 것입니다.

걸익은 또 자로에게, "당신도 사람을 피해 다니는 사람을 따르는 것보다는 세상을 피해 사는 사람을 따르는 게 낫지 않겠소?"(且而與其從辟人之士也, 豈若從辟世之士哉) 하고 말했습니다. 여기서 '辟'(피)는 곧 '도피逃避하다'의 '避'(피)입니다. "피인지사"辟人之士는 공자를 가리키는 말로, 노나라를 피하고 있다는 뜻인데, 노나라 정치가 너무 어지러우니 공자 자신의 나라지만 구할 수 없지 않느냐고 한 것입니다. 자기의 이상을 실현하고 싶어 여러 곳을 다니고, 어지러운 사회를 피해 달리 더 좋은 환경을 찾고 싶어 하는 사람이 "피인지사"입니다.

걸익이 자로에게 한 말은, 당신이 공자 같은 "피인지사"를 따라다니지만 사람을 피할 수는 없다는 것입니다. 마치 오늘날 스님들이 출가하거나 신부들이 집을 떠나 성직자로 살지만, 어쨌든 사회를 떠날 수 없고 생활만 바꾼 데 불과한 것과 같다는 것입니다. 어떻게 해야 집을 벗어날 수 있을까요? 진정한 출가가 말처럼 그렇게 쉬울까요?

진정한 출가는 바로 걸익이 여기서 말하는 "피세지사"辟世之士로서, 이 세상마저 내던져 버리는 것입니다. 이 사회를 떠나서 깊은 산 속으로 들어가 그 누구와도 사귀지 않는 것이 곧 출가일까요? 영가 선사永嘉禪師가 말했듯이, 여러분의 마음이 평정平靜에 이를 수 없을 때에는 깊은 산 속으로 달려가도 다 소용이 없습니다. 산에 들어가는 것을 출가수행이라 생각하지 말기 바랍니다. 어떤 때는 부는 바람에 초목이 움직이는 것만 봐도 마음속에 번뇌가 일어날 것입니다. 만약 자기의 마음을 닦아 평정에 이르렀다면, 아무리 시끄러운 곳에 있더라도 산림 속에 있는 것처럼 청정합니다. 이것이 기본 이치입니다.[34]

그래서 이 단락에서 걸익은 자로에게 말합니다. "당신은 공자를 따라다니면서 그가 하듯이 여기가 안 되겠다 싶으면 또 다른 사회를 찾아다니는데, 그것은 우리처럼 이 세상을 잊어버리고 이 시대도 잊어버린 채 자신의 땅을 가꾸면서 그 밖의 아무것도 상관하지 않는 것만 못하오. 왜냐하면 시대란 도피할 수 없기 때문이지." 걸익은 여기까지 말한 후 더 이상 말을 하지 않고, 호미를 들어 농사일을 계속했습니다.

자로는 코가 납작해져서 돌아가 공자에게 경과를 보고했습니다. 공자는 그 말을 듣고 마음속이 흐뭇하지 않아 얼굴색이 변하면서 쓸쓸하고 괴로운 표정으로, "새와 짐승은 같은 무리로 어울릴 수가 없다!"(鳥獸不

---

34) 이 단락과 관련하여 참고로, 당나라 현각玄覺 선사(647—713)의 저작 『선종영가집』禪宗永嘉集 「제9, 벗에게 보내는 글」 중 그 일부만 번역하여 싣는다.

그러기에 먼저 도道를 알고 난 뒤에 산山에 살아야 합니다. 만약 도를 아직 알지 못하고 먼저 산에 산다면 그 산만 볼 것이오, 반드시 그 도는 모를 것입니다. 만약 산에 살지 않더라도 먼저 도를 안다면 그 도만 볼 것이오, 반드시 그 산을 잊을 것입니다. 산을 잊으면 도 자체의 본성이 정신을 기쁘게 하겠지만, 도를 잊으면 산의 형상은 눈을 어지럽게 할 것입니다. 그러므로 도를 보고 산을 잊는다면 인간 세상도 고요하겠지만, 산만 보고 도를 잊는다면 산중이 곧 시끄럽습니다. 반드시 오음五陰이 무아無我인 줄 철저하게 알 수 있다면 나가 없는데 누가 인간 세상에 머무는 것이겠습니까? 만약 오음과 육입六入이 허공과 같은 줄 안다면 텅 빈 촌락(空聚)이 어찌 산골과 다르겠습니까?

是以先須識道後乃居山, 若未識道而先居山者, 但見其山, 必忘其道. 若未居山而先識道者, 但見其道, 必忘其山. 忘山則道性怡神, 忘道則山形眩目. 是以見道忘山者, 人間亦寂也, 見山忘道者, 山中乃喧也. 必能了陰無我, 無我誰住人間? 若知陰入如空, 空聚何殊山谷?

可與同羣)고 말했습니다. 후세에 유가라 자처하는 사람들은 이 말을 꽉 붙들어 잡고 꼬투리로 삼아, 도가의 은사들은 다 틀렸다고 하면서 이렇게 말합니다. "공자가 그들을 금수라고 꾸짖고 있는 것이다. 이 사람들은 국가 관념도 없으니 사람이 아니고 금수다." 이것은 후세의 해석입니다만, 나는 이런 해석을 부정합니다. 후세 유가의 해석은 근본적으로 틀렸습니다.

내가 보기에 공자는 은사들의 말에 대단히 공감했으며, 공자의 이 말은 그들을 꾸짖는 것이 아닙니다. 왜냐하면 그 위에 "공자께서는 언짢은 듯이 말씀하셨다."(夫子憮然曰)라는 말이 있기 때문입니다. 공자는 마음속으로 괴롭고 쓸쓸한 느낌이 들어, 자로에게 "새와 짐승은 같은 무리로 어울릴 수가 없다!"고 말한 것입니다. 즉, 이런 뜻입니다. "새는 날아다니는 것이요, 들짐승은 달리는 것이다. 새는 드넓은 하늘을 날아다니고, 들짐승들 중 대부분은 산 속에 살고 사람이 사는 사회에는 살지 않는다. 날아다니는 것과 달리는 것은 한 곳에서 살 수 없다." 바꾸어 말하면, 사람은 각자의 뜻이 다르니 저마다 자기의 길을 가서, 멀리 갈 사람은 멀리 가고, 높이 날아오를 사람은 높이 날아오른다는 것입니다.

공자는 이어서 말했습니다. "나도 그들과 같이 천하 국가를 내던져 버리고 관여하고 싶지 않은 생각이 들지만, 나는 그들 두 사람의 사상과는 같지 않다. 세상을 근심하고 국가 사회와 시대를 걱정하는 점에 있어서는 모두 마찬가지이지만, 단지 그 방법이 다르다. 그들은 이 사회, 이 시대를 버리고 상관하지 않으면서 자기들 농사일이나 관여할 수 있겠지. 그러나 나는 버릴 수가 없다. 국가 사회가 정상 궤도에 있다면, 내가 구태여 이를 바꾸려고 나서겠느냐? 시대가 어지럽기 때문에 나를 희생해서라도 반드시 이 사회의 조류를 바꿔 놓겠다." 이것이 바로 공자입니다!

그러므로 우리는 공자가 걸어간 길이 은사들이 걸어간 길보다 더 어렵다는 것을 알게 됩니다. 험난한 짐을 짊어질 수 없다는 것을 분명히 알면서도 그는 한사코 지려고 했던 것입니다.

여기서 역사에 실제로 일어났던 일을 인용하여 보충 설명을 하겠습니다. 송나라의 왕안석이 정권을 잡았을 때 소동파 같은 사람들은 그와 의견이 달랐으므로, 양쪽에 분쟁이 생겨 뒷날 유명한 당화黨禍를 만들어 냈습니다. 왕안석이 기용한 사람들은 몹시 나쁜 사람들이어서, 올곧은 군자들은 연이어 사직해 버렸습니다. 그래서 당시 한 사람이 이렇게 주장했습니다. "사직하지 않는 것이 제일 좋다. 왜냐하면 왕안석 아래 있는 사람들은 틀림없이 일을 그르칠 텐데, 당신들이 한 자리라도 더 차지하고 있으면서 그들이 나쁜 짓을 덜 하도록 막으면 좋은 일을 하는 것이 아니겠느냐?"

이것은 어려운 시대를 구하기 위해 짐을 진다는 것이 무척 어렵다는 것을 설명하고 있는데, 나빠질 것을 뻔히 알면서도 그 자리를 피하지 않고 지킴으로써 조금이라도 덜 나빠지게 한다는 것입니다. 비록 적극적으로 끌어당겨 구해 낼 수는 없더라도 소극적으로 방지하는 것, 이것이 공자가 걸어간 길이었습니다.

이런 풍파에 배를 띄우다니

다음에 또 한 명의 은사가 나옵니다.

자로가 공자를 수행隨行하다 뒤처져 일행을 놓쳤는데, 지팡이에 (대나무그릇 짜는 데 쓰는) 푸른 대쪽들을 걸어 어깨에 메고 있는 노인과 마주쳤다.

자로가 물었다. "노인장께서 저희 선생님을 못 보셨나요?"

노인이 (호되게 꾸짖어) 말하였다. "(뭐? 당신의 선생? 그런 사람은 허풍만 쳐대고) 팔다리도 수고롭게 (노동)하지 않고 오곡도 분별 못하면서 (하루 종일 머리만 굴리고 입만 놀려대는데, 그런 사람이) 누가 선생이란 말이오?"

노인은 지팡이를 땅에 꽂아 놓고 논의 풀을 뽑았다. 자로가 (어찌할 바를 모르고 노인의 기세에 눌려) 손을 모아 잡고 (공손히) 서 있었다. 그러자 노인은 자로를 (데리고 가) 집에 묵게 하고 닭도 잡고 기장쌀밥도 지어 (푸짐하게 정성껏) 대접하고, 또 자기의 두 아들에게 손님을 모시게 하였다.

다음날 자로가 떠나와 공자를 찾아내고 그 사실을 말씀드렸다.

공자께서는 "은자隱者로구나." 하고 말씀하시며 자로로 하여금 되돌아가 그를 만나도록 하였는데, 자로가 가서 보니 이사를 가고 없었다.

자로가 말했다. "(학문과 능력이 있는 지식인이 나라에 공헌할 수 있는) 벼슬길에 나서지 않는 것은 의義에 부합하지 않는다. (사회에는 사회 질서가 있고) 장유長幼의 (계급이 있어 아버지는 아버지, 자식은 자식으로서의) 인륜 계급을 없앨 수 없는 것이다. (가정의 부모·자녀의 질서조차도 어지럽게 해서는 안 되는데, 하물며 국가 사회의 정치 체제인) 임금과 신하 사이의 의義를 어떻게 없앨 수 있겠는가? (이를 없앤다면, 사회는 형태가 없고 질서가 없어져 사회를 이루지 못하게 된다. 이런 은사 사상을 가진 사람이 세속에 물들지 않고) 자신(의 심신 인격)만을 깨끗하게 하고자 하는 것은 (남이야 어떻든 자기 자신만을 생각하는 것으로), 오륜五倫의 인륜 대도大道를 어지럽히는 일이다. 군자가 벼슬길에 나서는 것은 (자기를 내세우기 위해서가 아니라 국가 사회에 봉사하는) 의義를 실천하는 것이다. 올바른 도가 행하여지지 않는 까닭을 나는 이제 은사들을 보고 나서 알게 되었다! (지식인들은 대부분이 은사의 길을 좋아해서, 시대를 구할 수 없다고 느끼면 은사가 되어 물러나고 이 혼탁한 물에 감히 뛰어들려고 하지 않기 때문이다)"

子路從而後，遇丈人，以杖荷蓧。 子路問曰：子見夫子乎？ 丈人曰：
자로종이후　우장인　이장하조　자로문왈　자견부자호　장인왈

四體不勤，五穀不分，孰爲夫子？ 植其杖而芸。 子路拱而立。 止子路
사체불근　오곡불분　숙위부자　식기장이운　자로공이립　지자로

宿，殺鷄爲黍而食之，見其二子焉。 明日，子路行以告。 子曰：隱者也，
숙　살계위서이식지　현기이자언　명일　자로행이고　자왈　은자야

使子路反見之。 至，則行矣。 子路曰：不仕無義。 長幼之節，不可廢
사자로반견지　지　즉행의　자로왈　불사무의　장유지절　불가폐

也！君臣之義，如之何其廢之？ 欲潔其身，而亂大倫，君子之仕也，行

야　군 신 지 의　여 지 하 기 폐 지　욕 결 기 신　이 란 대 륜　군 자 지 사 야　행

其義也。道之不行，已知之矣！
기 의 야　　도 지 불 행　　이 지 지 의

　한번은 자로가 공자 뒤에서 따라가다가 아마 뒤처져 일행을 놓쳤을 것입니다. 그 때 자로는 "한 영감님과 마주쳤습니다."(遇丈人). 고대에 장인丈人은 처갓집 장인이 아니라, 어른에 대한 존칭으로 쓰였습니다. 과거에는 편지를 쓸 때 아버지의 친구들에 대해서는 세백世伯이라고 칭하고, 자신은 세만世晩 또는 세지世侄라 했습니다. 하지만 아버지 연배로서 교분이 없고 나이나 지위는 자기보다 많이 높은 경우에는 상대방을 '장'丈이라고 존칭했는데, '장자'長者 또는 '선배'先輩라는 의미입니다.

　자로가 마주친 노인은 대나무 그릇을 짜는 데 쓰는 푸른 대쪽들을 지팡이에다 걸어서 어깨에 메고 있었습니다. 공자 일행을 놓친 자로는 그에게 "저의 선생님을 못 보셨습니까?" 하고 물었습니다. 그러자 이 영감님은 자로를 호되게 꾸짖으며 말했습니다. "뭐? 당신의 선생? 그런 사람은 허풍만 쳐대고 노동도 하지 않고 오곡도 분간 못하는데다 종일토록 머리만 굴리고 입만 놀려대는데, 나야말로 그가 당신의 무슨 선생인지 모르오." 영감님은 말을 마치고는 지팡이를 땅에 꽂아 놓고 논의 풀을 뽑았습니다. 그는 손으로 지팡이를 붙들고 벼 모종 주위의 풀을 발로 밟아 진흙 속으로 밀어 넣었습니다. 자로는 어찌할 바를 몰랐습니다. 노인의 기세에 눌려, 손을 모아 잡고 그 옆에 아주 공손히 선 채 감히 움직이지 못했습니다. 그러자 영감님은 자로를 자기 집으로 데리고 가서 머물게 했습니다. 그리고 닭도 잡고 좋은 밥도 지어 자로를 푸짐하게 정성껏 대접했습니다. 뿐만 아니라, 자신의 두 아들로 하여금 손님을 모시게 했습니다.

　그 다음날 자로는 공자를 찾아내고 경과를 보고했습니다. 그러자 공자는 "그는 숨어사는 인품이 높은 사람이다." 라고 하면서, 자로더러 그를 다시 찾아가 보라고 했습니다. 그러나 자로가 그곳에 이르러 보니, 그 노인은 이사를 해 버린 뒤였습니다.

　이런 은사들에 관한 유가의 기록은 매우 한정되어 있지만, 『고사전』

高士傳·『신선전』神仙傳 같은 책에는 이런 사람들이 많이 나옵니다. 불가 선종의 은산 스님(隱山和尙)을 예로 들어보겠습니다. 불교가 중국에 들어온 후 당나라 때의 일입니다. 아주 유명한 대사 두 분이 행각行脚에 나섰습니다. 행각은 불가의 술어로서, 각지를 돌아다니며 도덕과 학문이 있는 훌륭한 사람을 참방하는 것입니다.

이 두 스님은 어느 깊은 산 속으로 들어가 계곡 물에 얼굴을 씻었습니다. 그 때 그 중 한 분인 동산洞山 스님이 다른 한 분인 밀사백密師伯 스님에게 말했습니다. "이 산중에는 고인高人(고사高士와 같다. 뜻이 크고 인격이 높은 사람—역주)이 살고 있네." "그걸 어떻게 아는가?" 밀사백이 묻자, 동산은 "우리가 세수할 때 채소 잎 조각 하나가 계곡물에 떠내려오는 것을 보지 않았는가? 이것으로 상류에 사람이 있음을 알 수 있네." 라고 말했습니다. 이에 두 스님은 그 숨어사는 사람을 찾아갔습니다.

따라갈 길도 없었지만, 두 스님은 마침내 은산 스님을 찾아냈습니다. 그는 띠집을 짓고 깊은 산 속에 홀로 살고 있었습니다. 두 스님은 은산 스님과 도를 담론했는데, 상당히 의기가 투합했습니다. 그런 뒤에 다시 길을 떠났습니다. 그런데 두 스님은 도중에 그냥 가서는 안 되겠다는 생각이 들었습니다. 여러 해 만에 어렵사리 만난 고인이 이곳에 은거하고 있다는 것이 너무 안타까웠습니다. 그래서 다음날 되돌아가 그 은사를 찾아보았으나, 그는 이미 보이지 않았습니다. 띠집도 불타 없어졌고, 오직 시 몇 수만 그곳에 남아 있었습니다. 그 시의 마지막 두 구절은 다음과 같았습니다.

세상 사람들에게 사는 곳이 이미 알려졌으니　　　　剛被世人知住處
또 띠풀집을 옮겨 깊은 산 속으로 들어가 살련다　　又移茅屋入深居

이와 같은 은사 사상의 인물들은 중국 역사상 매우 많았는데, 그들은 결코 낙심해서 그런 것은 아니었습니다. 낙심한 것이라면 자살을 했겠지만, 대부분 수양이 깊은 사람들이었습니다.

　자로는 대나무쪽을 짊어졌던 그 노인을 찾아 내지 못하고 돌아와 공자에게 보고한 후, 이 일에 대해 감상을 말했습니다. 자로는 몹시 거칠고 경솔하기만 한 사람은 아니었습니다. 그는 공자를 그만큼 많은 햇수를 따랐으며, 공자도 그를 좋아했습니다.

　그래서 자로는 한 가지 도리를 말하였습니다. "학문과 능력이 있는 지식인이 출사出仕하여 국가 사회에 공헌하지 않는 것은 의義에 부합하지 않다 (여기서 주의해야 할 것이 있습니다. '仕'는 춘추전국 시대 이전에는 국가에 공헌하기 위해 벼슬에 나서는 것이었는데, 후세에는 자신의 부귀공명을 위해 벼슬하는 것을 출사라고 했습니다. 완전히 서로 다릅니다). 사회에는 사회 질서가 있고, 장유長幼의 계급이 있어 아버지는 아버지, 자식은 자식으로서의 인륜 계급을 없앨 수 없는 것이다. 가정의 부모·자녀의 질서조차도 어지럽게 할 수 없는 것인데, 하물며 국가 사회의 정치 체제를 어떻게 없앨 수 있겠는가? 이를 없앤다면, 사회는 형태가 없고 질서가 없어져 사회를 이루지 못하게 된다. 이런 은사 사상을 가진 사람들은 세속에 물들지 않고 자신의 순결을 지키고자, 자신의 심신 인격을 고결하게 하고 남이야 어떻든 자기만을 생각하는 것이다."

　사회 중의 많은 사람들도 이런 개성을 가지고 있는데, 이런 사람들은 남이 이룩해 놓은 것을 지키는 데는 제일급의 인재들이지만, 그들에게 스스로 사업을 창업하라고 하면 하지 못합니다. 사업을 창업하는 사람은 좋은 것도 나쁜 것도 필요로 합니다. 뿐만 아니라, 나쁜 것을 받아들일 준비를 해야 합니다. 좋은 명성을 떨치는 것은 물론 좋지만, 때로는 한 가지 사업을 성공시키기 위해 억울하더라도 나쁜 명성을 짊어져야 하는 일도 있습니다. 그러나 그렇게 짊어질 수 있기는 실제로는 아주 어려운 일이며, 자신만 보전하는 것보다 더 어렵습니다. 그래서 나는 늘 말하기를, 수고를 떠맡고 남의 원망을 떠맡기는 정말 어려운 일이며, 특히 최고 책임자가 된 사람은 더욱 그러하다고 합니다. 창업하는 사람은 첫 번째 수양으로 원망을 떠맡을 수 있어야 합니다. 그러나 수단이 아니라 일종의 덕행德行이어야 됩니다. 그러므로 남이 어떻든 자기 한

몸만을 생각하는 사람들은 대부분 은사입니다.

자로는 이때에 한 가지 감상이 들었습니다. 자신만을 보전하는 사람은 인륜의 도를 어지럽혀서, 모든 것을 다 버리고 오직 자신만 챙기는 사람이라고 보았습니다. 이들은 절대적인 개인 자유주의자로서, 국가 사회에 대한 공헌이 없다고 말할 수도 있습니다. 그래서 자로는 군자의 출사出仕는 자기를 내세우고 싶어서가 아니라 "국가 사회에 공헌하기 위해서"(行其義也)라고 말했습니다. 자로는 이런 은사들을 보고 나서 "올바른 도가 행하여지지 않는"(道之不行) 까닭을 알았다고 했습니다. 왜냐하면 지식인들은 대부분이 은사의 길을 좋아해서, 시대를 구할 수 없다고 느끼면 은사가 되어 물러나고 이 혼탁한 물에 감히 뛰어들려고 하지 않았기 때문입니다. 다들 이런 모습 같아서, 학문이 있고 수양이 있는 사람은 두뇌가 너무 명석해서 또렷이 보고는 이 혼탁한 물에 들어오기를 원하지 않았습니다. 그러나 그렇게 해서는 안 된다는 것을 자로는 알게 되었다고 말했습니다. 그는 공자라는 선생님과 함께 걸어가는 길이 처음부터 끝까지 자기희생임을 알았습니다. 왜냐하면 다른 지식인들은 대부분 오로지 자기만 생각했기 때문입니다.

이상은 여기에 이르러서 일단락을 짓고 있습니다. 다음 한 장章은 공자의 논평을 인용한 것이나 다름없는데, 먼저 '일민'逸民에 대해 이야기하고 있습니다. 고대에는 '일민'도 은사에 가까운 사람들이었는데, 뒷날 공자의 이 말을 인용해서 『일민전』逸民傳이 써지게 되었습니다. 특히 청나라 역사에는, 명나라 지식인들로서 청나라에 절대 투항하지 않았음은 물론, 더더욱 새 왕조에 벼슬하러 나서려하지 않았던 사람들이 많았습니다. 예를 들면, 왕선산王船山은 호남湖南의 산 속으로 도망갔고, 섬서陝西의 이이곡李二曲, 강서江西의 고정림顧亭林 등은 완강히 나서지 않았는데, 이들은 물론 살해되지도 않았습니다. 이런 사람들은 청나라 역사에 남아 『일민전』에 기록되었는데, 당연히 이신二臣이 아닙니다. 일민은 고아하고 탈속한(高逸) 사람으로, 은사와는 같은 면이 있으면서도 크게 다른 면이 있었습니다.

꼭 그래야 함도 꼭 그래서는 안 됨도 없다

이제 「미자」편을 계속 강해하겠습니다. 오늘은 '일민'逸民 단락을 말하겠습니다. 지난번에 말했듯이 이 「미자」편은 역사 인물에 관한 기록이며, 동시에 입신출세의 도리도 반영하고 있습니다. 하나는 현실참여(入世)의 길을 걷는 것이고, 다른 하나는 은일隱逸의 길을 걷는 것으로 은사가 되는 것을 세상을 벗어나는 길(出世)로 삼았습니다.

하지만 중국 과거의 은일의 길은 완전히 소극적인 것은 아니었습니다. 옛날 문자로 형용해 보면, "유소대야"有所待也라는 네 글자를 사용할 수 있습니다. 그들은 개인의 이익을 위해서 기다린 것이 아니라, 오직 국가 사회에 공헌하고 싶어 기다렸던 것입니다. 비록 현실 참여를 하는 사람과는 견해가 달랐고 각도도 달랐지만, 양쪽 다 기다리는 바가 있었습니다. 이 때문에 은일의 노선도 적극적이라고 할 수 있으며, 사람을 구하고 세상을 구한다는 목표는 일치했습니다. 그러나 이런 사람들을 공부자孔夫子와 정면으로 대조시켜 보면 두 가지 방향이 드러납니다.

이 「미자」편에서는 대부분 은일의 인물들을 말하고 있는데, 공자는 다음과 같이 말합니다.

(세상을 피해 숨어 산 훌륭한 인물이었던) 일민逸民으로서 (가장 존경하고 탄복할 만한 사람으로)는, 백이·숙제·우중虞仲·이일夷逸·주장朱張·유하혜·소련少連이 있었다.

공자께서 말씀하셨다. "자기의 (고상한) 뜻을 굽히지 않고 자기의 (인격을 정하여) 몸을 욕되게 하지 않은 이는 백이와 숙제이다. (이 두 사람은 황제 자리조차도 마다하여 도덕에 마음을 깃들이고 천하를 헌신짝처럼 보는 정도에까지 이르렀다)

유하혜와 소련에 대하여 말하면, (유하혜의 경우 세 번이나 벼슬길에 올랐다가 물러나서 잘하지 못했는데, 잘해 낼 수 없는 줄 뻔히 알면서도 한사코 한데다, 또 임기응변할 줄도 몰랐다. 임기응변할 줄 알았더라면 불만스러운 대로 좀 하는 것도 좋았을 텐데, 그것도 할 수 없었다. 시대를 돌이킬 수 없으면서도 나아가 일하고자 함으로써) 뜻을 굽히고 몸을 욕되게 하였으나 말과 사상이 인륜도덕에 들어맞고 행동은 중정中正의 정신에 합치되었는데, (요컨대, 그들의 언행과 사상은 원래 의 법도를 간직할 수 있어서 변하지 않았다) 그들은 이러했을 따름이었 다.

우중과 이일에 대하여 말하면, (시대의 탈영병이거나 현실 사회에서 제대한 사람이라 할 수 있다. 사회에 대해서 무슨 공헌이 없으니 퇴출될 수밖에 없다고 스스로 생각한 사람들이었다. 그들은 일생 동안 은거하였고 나서서 일한 적이 없지만) 숨어 살면서 자신들의 견해를 거리낌 없이 말하였으나 몸가짐은 고상하였고 세상을 버린 것은 때에 적절하였 다.

나는 이들과 다르니, 꼭 그래야 한다는 것도 없고, 꼭 그래서는 안된다는 것도 없다. (진정으로 시대가 나를 필요로 하지 않는다면 은사가 될 수도 있고, 시대가 나를 필요로 한다면 나아가서 절대적으로 책임지고 일할 수도 있다. 나는 위에서 말한 저명한 은사들처럼 스스로 틀에 박힌 목표를 세워 정해 놓은 것은 아니다. 그들은 스스로 한계선을 그어 놓고, 자신이 인격의 기준을 규정함으로써 그 틀을 지키고 있었다)"

逸民：伯夷·叔齊·虞仲·夷逸·朱張·柳下惠·少連。子曰：不
일민　백이　숙제　우중　이일　주장　유하혜　소련　자왈 불

降其志，不辱其身，伯夷·叔齊與？謂柳下惠·少連：降志辱身矣，言
강기지　불욕기신　백이　숙제여　위유하혜　소련　항지욕신의　언

中倫，行中慮，其斯而已矣！謂虞仲·夷逸：隱居放言，身中清，廢
중륜　행중려　기사이이의　위우중　이일　은거방언　신중청　폐

中權。我則異於是，無可無不可。
중권　아즉이어시　무가무불가

공자는 이 한 무리의 '일민'逸民들은 가장 존경하고 탄복할 만한 사람들로서, 인격을 확정하고 입지立志가 불변했으며, 자기가 한 가지 주의主義, 한 가지 사상, 한 가지 목표를 분명히 인식하고 있었다고 보았습니

다. 그들의 인격은 어떤 환경에서도 바뀌거나 동요되지 않았고, 아울러 "자기 몸을 욕되게 하지 않았습니다."(不辱其身). 사람이 자기 몸을 욕되게 하지 않는 것은 아주 어려운 일입니다. 사회 현상을 가지고 역사와 한 번 대비해보면, 많은 사람들이 "자신의 뜻을 굽히고 몸을 욕되게 하였음"(降志辱身)을 알 수 있습니다. 시대가 바뀔 때, 특히 국가가 패망할 때, 예를 들면 송나라 말기나 명나라 말기 같은 때에 많은 사람들이 죽음에 대한 두려움이나 일신의 부귀공명 때문에 뜻을 굽혔습니다. 뜻을 굽힌 후에는 몸을 욕되게 해서 얼마나 많은 모욕을 초래하고 사람들에게 멸시를 당했는지 모릅니다.

그러나 다시 본론으로 돌아와, 많은 사람들이 자기 몸을 욕되게 하는 것을 영광으로 여기는데, 이런 사람들에 대해서는 정말 방법이 조금도 없습니다. 아울러 우리는 이로부터 중국 사상 문화가 인격 교육의 건립을 매우 중시했음을 알 수 있습니다. 자기 몸을 욕되게 하지 않은 사례를 다시 얘기하겠습니다. 오늘날 많은 사람들이 비록 재산은 모았지만 불쌍하게도 그 재산은 뜻을 굽혀 몸을 욕되게 함으로써 얻은 것임을 우리는 봅니다. "자기 몸을 욕되게 하지 않는다."는 것은 넓은 의미로는 인격을 굳게 정하고 그 뜻을 고상하게 하는 것인데, 쉬운 일이 아닙니다. 공자는, 진정으로 그 뜻을 굽히지 않고 그 몸을 욕되게 하지 않은 사람은 오직 백이·숙제로서, 이 두 사람은 황제 자리조차도 마다하여 도덕에 마음을 깃들이고 천하를 헌신짝처럼 보는 정도에까지 이르렀다고 여겼습니다.

공자는 그 다음 등급으로, 유하혜·소련 두 사람을 말했습니다. 유하혜는 앞에서 말했듯이 세 번이나 벼슬길에 올랐다가 물러나서 잘하지 못했는데, 공자는 그에 대해 "이는 좀 못 미치는 것으로, 그 뜻을 굽히고 그 몸을 욕되게 했다고 할 수 있다."고 했습니다. 잘해 낼 수 없는 줄 뻔히 알면서도 한사코 한데다, 또 임기응변할 줄도 몰랐습니다. 임기응변할 줄 알았더라면 불만스러운 대로 좀 하는 것도 좋았을 텐데, 그것도 할 수 없었습니다. 시대를 돌이킬 수 없으면서도 나아가 일하고자 함으로써 결과적으로 뜻을 굽히고 몸을 욕되게 했던 것입니다. 몸을 욕되게 한다는 것은 사회 환경에 대한 개인의 행위를 가리켜 한 말이고, 뜻을 굽힌다는 것은 인격을 가리켜 한 말입니다.

공자는 말하기를, "그런 면에서 보면 유하혜·소련은 비교적 못하다. 하지만 그들 일생의 말과 사상은 인륜에 들어맞았다(中倫)."고 했습니다. '중륜'中倫의 '中'은 활을 쏘아 명중시킨다는 뜻으로, 여기서 '중륜'은 인륜도덕의 도리에 들어맞아 전통적인 문화 정신을 유지했다는 것입니다. 아울러, 그들의 언어와 사상은 완전히 꼭 들어맞는 길을 걸었으며, 그들의 행위는 중정中正의 정신에 들어맞을 수 있었음을 말합니다. 그래서 공자는 말하기를 "요컨대, 그들의 언행과 사상은 원래의 법도를 간직할 수 있어서 변하지 않았다. 그들은 단지 이와 같이 할 수 있었을 뿐이다! 그러나 시대를 만회할 수 없었고 사회에 대해서도 공헌이 없었기 때문에, 그들은 스스로 뜻을 굽히고 몸을 욕되게 했다." 라고 합니다.

또 그 다음 등급으로, 우중虞仲·이일夷逸 같은 몇 사람은, 오늘날 말로 하면 시대의 탈영병이거나 현실 사회에서 제대한 사람이라 할 수 있습니다. 사회에 대해서 무슨 공헌이 없으니 퇴출될 수밖에 없다고 스스로 생각한 사람들이었습니다. 그들은 일생 동안 은거하였고 나서서 일한 적이 없지만, 자신들의 높은 견해를 거리낌 없이 말해서 시비득실是非得失을 비판했습니다. "숨어살면서 자신들의 견해를 거리낌 없이 말하였다."(隱居放言)라는 말을 연결해 보면, 오직 은거해야 말을 거리낌 없이 할 수 있음을 알게 됩니다. 무슨 말이냐고요? 부귀공명이나 사회적인 모든 것에 대해 바라는 것이 없고 꾀하는 바가 없기 때문에, 객관적인 입장에서 공정한 말을 할 수 있고 또 감히 말한다는 것입니다.

그러나 공자는 그들에 대해서 말하기를, "그들이 비록 이와 같았지만, 기껏해야 일생 동안 자신이 고상한 정도에까지만 도달할 수 있었을 뿐이다. 비록 아무리 큰 부귀공명이 그들 앞에 놓여 있다 하더라도 이를 바라지 않고, 인간사의 이해화복利害禍福 관계를 던져 버리고 스스로 은퇴하여 오로지 자신만을 닦았을 뿐이다."고 했습니다. 물론 시대가 옳지 않은데다 환경이 그들로 하여금 무언가를 성취할 수 있도록 허용하지 않아 어쩔 수 없었으니, 은퇴할 수밖에 없었습니다. 그렇지만 그 은퇴는 부득이한 일시적인 방법이었습니다. 공자는 그것이 시세의 변화를 알고 그에 적응하는 일종의 방법이었을 뿐이라고 말했습니다.

공자는 이 은사들 몇 명의 전형을 들어 보인 후 다음과 같이 말했습니다. "나는 그들과 다르다. 진정으로 시대가 나를 필요로 하지 않는다면 은사가 될 수도 있고, 시대가 나를 필요로 한다면 나아가서 절대적으로 책임지고 일할 수도 있다. 나는 위에서 말한 저명한 은사들처럼 스스로 틀에 박힌 목표를 세워 정해 놓은 것은 아니다. 그들은 스스로 한계선을 그어 놓고, 자신이 인격의 기준을 규정함으로써 그 틀을 지키고 있다."

결론적으로 공자는 "꼭 그래야 한다는 것도 없고, 꼭 그래서는 안 된다는 것도 없다."(無可無不可)고 말했습니다. 즉, 어떤 틀을 지키지 않는다는 것으로, 앞에서 말한 "군자는 그릇과 같은 것이 아니다."(君子不器)라는 말과 같습니다. 다시 말해서, "써 주면 국가와 천하를 위해서 일을 하고, 버리면 숨어 지낸다."(用之則行, 舍之則藏)는 뜻입니다. 사회가 나를 필요로 할 때 나에게 책임을 맡겨주면, 그대로 해서 그 짐을 짊어질 것이고, 내가 이 짐을 짊어지기를 바라지 않을 때는 결코 굳이 가서 짊어지려고 하지 않는다는 것입니다. 그래서 공자를 '성지시자'聖之時者라고 말합니다. 공자라는 성인이 다른 성인과 같지 않은 점은 바로 그가 말한, "꼭 그래야 한다는 것도 없고, 꼭 그래서는 안 된다는 것도 없다."라는 점에 있습니다. 어떤 것을 꼭 해야 한다고 규정하지도 않았고, 어떤 것을 절대 해서는 안 된다고 부정하지도 않았습니다. 때로는 사람들이 공자의 이 말을 이렇게 해도 좋고 저렇게 해도 좋다는 식의 교활함으로 잘못 해석하고 있는데, 사실은 그런 뜻이 아니라 자기의 선입견을 고집하지 않는다는 뜻입니다.

이 단락은 이 18편 내용의 요점으로 화룡점정畵龍點睛이나 다름없으며, 이 편의 주요 취지가 바로 여기에 있습니다. 또, 우리가 사람으로서 처세하는 데 있어 어떤 길로 매진하여야 할 것인가를 보라고 깨우쳐 보여준다고 할 수 있습니다.

세상이 쇠퇴하니 귀신이 사람을 희롱한다

다음은 곧 이어 시대의 혼란을 말하고 있는데, 이 단락을 통해서 춘추전국, 특히 노나라에서 전통 문화가 쇠퇴한 결과 지식인들이 모조리 도망가서 일민逸民이 되었음을 볼 수 있습니다.

(노나라 음악을 관장하던 장관인) 태사大師 지摯는 제나라로 가고, (서열 2위인) 아반亞飯 간干은 초나라로 가고, (서열 3위인) 삼반三飯 요繚는 채나라로 가고, (서열 4위인) 사반四飯 결缺은 진나라로 가고, 북잡이 방숙方叔은 황하黃河 유역으로 가고, 작은북을 흔들던 무武는 한수漢水 유역으로 가고, 소사少師 양陽과 경쇠를 치던 양襄은 함께 바다를 통해 해외로 갔다.

(이처럼 한 국가 사회가 변란에 처하면 높은 자리에 있는 사람이 법률과 기율을 무시하고 멋대로 하므로, 진정으로 시대를 걱정하고 세상을 바로잡으려는 인재들도 어찌해 볼 수가 없어 실망하고 현실을 도피하여 떠나 흩어져버립니다. 전체 역사 시대의 밝음과 어둠은 모두 사람의 문제입니다. 제도가 아무리 좋아도 그것을 집행하는 것은 사람이므로, 인재가 없다면 끝장나버립니다)

大師摯適齊, 亞飯干適楚, 三飯繚適蔡, 四飯缺適秦, 鼓方叔入於河,
태 사 지 적 제　　아 반 간 적 초　　삼 반 료 적 채　　사 반 결 적 진　　고 방 숙 입 어 하

播鼗武入於漢, 少師陽·擊磬襄入於海。
파 도 무 입 어 한　　소 사 양　　격 경 양 입 어 해

여기서 공자는 당시 노나라의 음악 관장 조직원들이 다 흩어져 버린 사실을 이야기하고 있습니다. 노나라는 주공의 후예로서, 주공은 주대의 문화를 건립한 개척자였습니다. 그래서 상고 시대부터 주대까지 이어진 전통 문화가 비교적 보존될 수 있었는데, 노나라에서 공자 시대에 이르러 쇠퇴해서 사람들이 다 흩어져 버렸습니다. 당시의 문화는 중점이 예악禮樂에 있었는데, 그 시대의 음악 관장자는 오늘날과 같은 음악 전문가가 아니었습니다. 오늘날 말로 하면 다들 심오한 철학사상가로서 예악 분야의 일을 겸했습니다. 그런데 이런 사람들이 다 흩어져 버린 것

입니다.

'태사'大師는 음악을 관장하는 관직 이름인데, 굳이 말하면 오늘날의 장관급이나 마찬가지이고, '지'摯는 인명입니다. 태사 지는 자기 나라인 노나라를 떠나 제나라로 가서 숨어 버렸습니다(더 좋은 직위로 간 것이 아닙니다). '반'飯은 음악을 관장하는 관직의 계급 이름으로, '아반'亞飯은 서열 2위인 부수장部首長이었습니다. 그 부수장이었던 간干은 초나라로 가고, 삼반三飯이었던 요繚는 채蔡나라로 가고, 사반四飯이었던 결缺은 진秦나라로 가 버렸습니다.

'고'鼓는 북치는 고수를 말하는데, 중국 고대 음악에서 고수는 합주 지휘자였는데, 어려운 일이었습니다. 고수였던 방숙方叔은 황하 상류 유역으로 가고, 딸랑이북을 흔들던 무武는 한수漢水를 건너 양자강 유역으로 가고, 태사의 조수인 소사少師 양陽은 큰 경쇠를 치던 사람인 양襄과 함께 바다로 나가 해외로 가 버렸습니다.

이 한 편의 간단한 서술은 몇 사람들의 행방을 기록해 놓은 것입니다. 이 기록만 단독으로 보면 아무런 뜻이 없어 보입니다. 그러나 이 기록은, 한 국가 사회가 변란에 처하면 진정으로 시대를 걱정하고 세상을 바로잡으려는 인재들이 떠나 흩어져 버린다는 것을 설명하고 있습니다. 높은 자리에 있는 사람이 법률과 기율을 무시하고 멋대로 하므로(無法), 인재들이 모두 은퇴하여 흩어져 버린다는 것입니다. 진정으로 학문이 있고, 국가 천하를 생각하여 공헌할 능력이 있는 사람도 어찌 해 볼 수가 없어 실망하고 현실을 도피하여 동서로 뿔뿔이 흩어져 버립니다. 인재가 한 번 흩어져 버리면 이런 사회는 정치 구조나 사회 형태 면에서 큰 문제가 생기게 됩니다.

이 단락을 통해 우리는 그 속에 담긴 정신을 이해해야 합니다. 한 조직 단위를 이끌어 가는 데 있어, 여러 인재를 발굴했지만 봉급을 적게 주어 그들이 노후에 쓸 돈이 부족하거나, 어떤 환경 때문에 곤혹스럽게 되면 그들은 흩어져 버려서, 지도자 혼자 연극을 하는 꼴이 됩니다. 전체 역사 시대의 밝음과 어둠은 모두 사람의 문제입니다. 제도가 아무리 좋아도 그것을 집행하는 것은 사람이므로, 인재가 없다면 끝장나 버립니다.

그러므로 이 단락은 앞뒤 글과 연결시켜 보아야 그 의미를 찾을 수 있습니다. 이 단락을 동그라미 쳐서 끊어 놓은 것은 후대에 송·명의 유학자들이 한 일인데, 그들이 끊어 놓은 대로 읽어보면 이 단락은 쓸쓸하게 여기에 놓여 있을 뿐 아무런 의의가 없습니다. 마치 왕안석이『춘추』라는 책을 단순한 기록의 나열에 지나지 않는 출납부라며 아무런 가치가 없다고 욕을 했지만, 전체를 연결시켜 보면 그 출납부 속에 큰 문장이 들어 있는 것과 같습니다. 이 단락을 통해, 우리는 당시의 역사적 상황이 심각했으며, 변란의 시대가 되어 인재들이 모두 떠나 흩어져 버렸음을 알 수 있습니다.

이 단락으로부터 다음 두 단락을 연결시켜서 이 편의 결론으로 삼습니다.

주공周公의 유훈

주공이 (노나라 개국 초에 자신의 아들) 노공魯公에게 (지도자가 되는 중요한 네 가지 원칙을 분부하여) 말하였다. "지도자인 군자는 (개인적인 사람됨에 있어서나 정치 면에 있어서나, 요컨대 천하 국사 사회를 위하여 매우 공평하고 사심私心을 없이하여서) 좋은 자리 등을 먼저 자신의 측근들에게 베풀지 않으며,

대신들로 하여금 (자기를 자리나 채우는 허수아비로 만들고 진정으로 일하도록) 써 주지 않는다고 원망케 하지 않으며,

(창업하여 공을 세운) 옛 친구들이 (나이가 많아졌을 때, 비록 그들의 머리가 쇠퇴하여 쓸모가 없어졌다 하더라도 지난날 수고한 공로를 보아) 큰 잘못이 없다면 버리지 않으며,

(사람은 누구나 장점도 있고 단점도 있으므로) 한 사람이 모든 것을 다 갖추기를 바라지 않는다."

周公謂魯公曰：君子不施其親，不使大臣怨乎不以，故舊無大故，則

주공위로공왈 군자불시기친 불사대신원호불이 고구무대고   즉

不棄也 ， 無求備於一人 。
불기야   무구비어일인

　　다시 강조하거니와, 『논어』의 본문은 서로 연결시켜 보아야 전체적인 의미가 통하고, 우리가 연구하려는 방향으로 이끌어 나갈 수 있습니다. 바로 앞 단락에서는 당시 문화의 집중지였던 노나라가 공자 시대에 이르러 이미 쇠미해지기 시작하여, 덕망 있는 사람들이 죽어 가고 인재들이 별처럼 흩어졌다는 이야기를 했습니다.

　　이 단락에는 더 거슬러 올라가 노나라 개국 초 주무왕周武王의 형제로서 주나라의 문화를 건립한 주공周公이 자신의 아들인 노공(魯公: 곧 백금伯禽으로, 노나라에 봉해졌음)에게 일러 준 말을 기록해 놓았습니다. 주공은 첫째로 다음과 같이 말하고 있습니다. "한 영도자는 개인적인 사람됨에 있어서나 더 나아가 정치 면에 있어서나, 요컨대 천하 국사 사회를 위하여 사심私心을 없이하여, 좋은 자리 등을 자기 측근에게 먼저 주려는 생각을 하지 말고 매우 공평하고 사사로움이 없어야 한다."

　　둘째는 "대신들로 하여금 써 주지 않는다고 원망케 하지 않는다."(不使大臣怨乎不以)는 것입니다. 즉, 주요 간부가 자기를 자리나 채우는 허수아비로 만들고 진정으로 일하게 해 주지 않는다고 불만을 느끼게 해서는 안 된다는 것입니다. 대신으로서, 영도자가 하는 일이 잘못되었다고 생각하면서도 그것을 대놓고 말하지도 못하고 놀고먹는 사람이 되어 그럭저럭 출근이나 하고, 무슨 의견을 내놓아도 소용이 없는 그런 지경이 되면 국가가 위험하게 됩니다.

　　셋째는 "오래 함께 일한 사람은 큰 잘못이 없다면 버리지 않는다."(故舊無大故, 則不棄也)는 것입니다. 이것은 고대 우리 문화의 정신이었던 염구정신(念舊精神: 옛 시절을 기억하는 마음―역주)을 말하고 있습니다. 즉, 함께 창업하여 공을 세운 옛 친구들이 나이가 많아졌을 때, 비록 그들의 머리가 쇠퇴하여 쓸모가 없어졌다 하더라도 지난날 수고한 공로를 보아 중대한 잘못이 없는 한 그들을 함부로 버리지 말고 그대로 써야 한다는 것입니다. 중국 문화에서 말하는 인륜 문화人倫文化는 바로 자기 심정에

비추어 남의 심정을 헤아려 남을 사랑하는 것입니다. 그래서 주공은 말하기를, 옛날 함께 일했던 사람에 대해서는, 비록 늙었더라도 젊은 시절에는 쓸모가 있었고 힘을 다했으며, 심지어 그 과정에서 거의 목숨을 날릴 뻔했는지도 모르는데, 살아서 지금 늙은 것만도 행운이라 할 수 있으니, 그가 큰 잘못을 범하지 않은 이상 까닭 없이 버려서는 안 된다고 합니다. 위정의 도리에서든 사람됨의 도리에서든, 이것이 옛 시절을 기억하는 것이요 사람을 사랑하는 것입니다. 친구에 대해서도 이것은 당연한 일로서, 오랜 친구는, 살아 있는 동안 볼 기회도 몇 번 되지 않는데 그에게 무슨 중대한 문제가 없는 한 그와의 우정을 버려서는 안 됩니다.

마지막으로 가장 중요한 점은, "한 사람이 모든 것을 다 갖추기를 바라지 않는다."(無求備於一人)는 것입니다. 영도자가 된 사람은 간부가 모든 점에서 완벽하기를 바라서는 안 됩니다. 사람들은 항상 이런 잘못을 범하기 쉬운데, 간부가 유능하면서도 또 결점이 없기를 바랍니다. 이것은 해내기 지극히 어렵습니다. 또, 영도자가 흔히 범하는 한 가지 잘못이 있는데, 유능한 간부 한 사람에게 무슨 일이든 다 떠맡겨 결과적으로 그가 일을 감당할 수 없게 만들어 버리는 것입니다. 그도 결국은 사람이지 쇠뭉치로 만들어진 몸이 아니기 때문입니다. 이것은 바로 "한 사람이 모든 것을 다 갖추기를 바라지 않는 것"을 말합니다. 게다가 사람은 누구나 다 장점도 있고 결점도 있으므로, 사람마다 다 성인聖人이기를 바라서는 안 됩니다. 특히, 공동으로 창업한 간부가 영도자를 위해 천하를 세워 주고, 또 그것을 지켜 주면서, 나아가 성인聖人까지 되는 것은 불가능합니다. 그러므로 친구를 사귀는 경우나 영도자가 되는 경우, 남이 모든 것을 다 갖추어 주기를 바라서는 안 됩니다.

이 네 가지는 주공이 자신의 아들인 노나라 임금에게 분부한 것으로, 영도자가 되는 중요 원칙이었습니다. 그러므로 이 단락을 이곳에 놓은 것은 편집 구성상 매우 훌륭합니다. 앞 부분에서는 인생의 태도가 공자와 대립되는 많은 사람들과 도망가 숨었던 보통 사람들에 대해 이야기하였습니다. 『공자가어』孔子家語에 공자에 대한 욕으로 "상갓집 개와 같다."(如喪家之狗)는 말이 있는데, 공자가 한 마리 들개처럼 도처를 뛰어다 녔다는 뜻입니다. 이로써 목표가 완전히 다른 두 가지 상대적인 유형의 인물이 형성되었습니다. 여기서 한 가지 이치를 찾아낼 수 있습니다. 즉, 많은 은자들이 환경상 어쩔 수 없이 떠났으며, 이것은 곧 정치상 영도자들의 문제와 관계가 있었다는 것입니다.

공자는 항상 주 왕조의 덕을 말했습니다. 그래서 다음 글은 주 왕조 에 인재들이 많았다는 것으로 부분적인 결론을 삼고 있습니다.

주나라(가 흥기하는 데)는 (인재가 많아서 강태공과 주공 이외에도 막료 중의 중요 인물로서) 여덟 명의 선비가 있었으니, 백달·백괄·중 돌·중홀·숙야·숙하·계수·계왜였다.

周有八士:伯達·伯适·仲突·仲忽·叔夜·叔夏·季隨·季騧。
주유팔사　백달　백괄　중돌　중홀　숙야　숙하　계수　계왜

주 왕조가 흥기한 데에는 주요 인물로 강태공·주공 이외에도 중요한 간부가 있었는데, 바로 이 여덟 명이 막료 중의 주요 인물이었습니다. 주 왕조 초기에는 후세 8백 년 동안의 기초를 다지는 일이 간단하지 않았습니다. 이것은 많은 인재들이 모두 한 마음으로 협력한 덕택이었 습니다. 이 여덟 명에 관한 역사는 우리에게 보존된 자료가 그리 많지 않으므로 이만 줄입니다.

제19편 자장

子張

　　제19편 「자장」은 상론 제9편 「자한」과 성격이 비슷한 점이 있습니다. 「자한」편은 당시 공자가 행했던 학문·논의·행위에 관한 실제 교육 이론의 기록이고, 지금 이 「자장」편은 공자의 제자와 문인들이 공자로부터 교육을 받은 후 공문의 도학道學을 발휘한 것을 말하고 있습니다.

　　자장이 말하였다. "국가나 사회가 위급(하거나 어려움에 처)한 것을 보면 목숨까지 바치고, 이득을 얻게 (되거나 공로에 대한 보답을 받게) 되면 (자신의 본분상 응당 취해도 되는) 의로운 것인지를 생각하(고 함부로 취하지 말)며, 제사 지낼 때에는 (신령을 대하듯이) 경건함을 생각하고, 상喪을 당하면 애통함을 생각한다면 선비라고 할 수 있다."

　　子張曰：士, 見危致命, 見得思義, 祭思敬, 喪思哀, 其可已矣。
　　자장왈　사　견위치명　견득사의　　제사경　　상사애　기가이의

　　앞에서 말했듯이 공자는 비평이나 주장을 하면서 무슨 중요한 것을 말할 때마다 "군자, 군자" 했는데, 자장은 여기서 지식인인 '사士'에 대해 이야기하고 있습니다. 이로 보아 앞뒤 시대가 조금 다르다는 것을 알 수 있습니다. 고대의 '사士'에 대해서는 앞에서도 말한 바 있습니다. 청년 열 명 중에서 비교적 학문이 뛰어나고 능력이 있는 사람 한 명을 선발해서 '사士'라고 했는데, 중국 고대의 초기 선거 제도라고 할 수 있습니다. 지금의 선거 제도는 서양식입니다. 중국 고대의 선거 정신은 한漢나라 때까지도 표면적으로는 줄곧 이러했는데, 진정 자유민주적인 선

거라 할 수 있으며, 이와 같이 사직社稷을 위해 봉사하도록 선발된 사람을 '사'士라 했습니다.

여기에서 자장은 국가와 사회가 왜 지식인인 '사'士를 필요로 하는지를 말하고 있습니다. 이 지식인의 개념은 지금과는 조금 차이가 있습니다. 당시의 지식인은 '사람(人)들에게 필요하다(需)'는 '유'儒의 뜻을 가지고 있었습니다. 그래서 자장은 "견위수명"見危致命, 지식인은 국가와 사회가 어려움에 처한 것을 보았을 때는 나서서 그 책임을 짊어질 수밖에 없다고 말했습니다.

『예기』에도 이와 똑같은 말이 있습니다. 우리가 자주 칭송하는 문천상은 재상을 지냈는데, 사실상 그 직위는 매우 괴로운 자리였습니다. 남송 말엽에 정부가 최후에 어찌할 방법이 없을 때가 되어서야 발표하였는데, 그는 사실 재상 직에 나가지 않을 수도 있었습니다. 말하자면 "당신들은 고기 먹던 좋은 시절에는 내가 필요 없다더니, 이제 와서는 나를 찾느냐?"고 할 수도 있었습니다. 그러나 문천상은 이런 무기력한 생각을 하지 않고 재상 직을 맡았습니다. 이것도 "위급함을 보면 목숨까지 바치는 것"의 전형인데, 국가가 위험하고 어려울 때 나를 필요로 한 바에야, 내가 나서서 목숨까지 바칠 준비를 하겠다는 것입니다.

물론 문천상 외에도 역사상 많은 개국 창업의 시대들 중에는 좋은 사례가 있었습니다. 그러나 성공한 일면에 대해서는 다들 눈에 띄기에는 부족하다고 생각했습니다. 그래서 언급하지 않았습니다. 예를 들어, 곽자의의 사례가 "견위치명"見危致命한 하나의 전형典型입니다.

다음은 "견득사의"見得思義입니다. 이익을 얻게 되거나 공로에 대한 보답을 받을 때에는, 자신의 본분상 응당 취해도 되는 것인지를 고려해 보고 함부로 취해서는 안 됩니다. 이를 통해 중국 문화는 지식인으로서 사대부 계층인 유자儒者에 대해 요구하는 바가 엄격했음을 알 수 있습니다. 즉, 몹시 어렵고 힘든 일은 자기가 맡고, 좋은 것은 다른 사람들이 가지도록 내어주고 자기는 꼭 가지려 하지는 말라는 것입니다.

셋째는 "제사경"祭思敬입니다. 중국 고대 문화에서는 천지, 조상, 귀신에게 제사지내는 일을 매우 중시했습니다. 예컨대 음력 12월 24일에 부뚜막에 제사지내는 것도 수천 년의 역사를 갖고 있습니다. 언뜻 미신처럼 보이지만 사실은 중대한 의미를 갖고 있습니다. 물론 제사에서 절을 할 때 신령을 대하듯 단정하고 예의 바르게 해야 합니다. 현대의 과학은 지금껏 눈에 보이는 면만을 중시해 왔는데, 요즘은 눈으로 볼 수 없는 면도 탐구하고 있는 중입니다. 적어도 현재의 과학 수준으로는 눈으로 볼 수 없는 것의 존재 여부를 증명할 방법이 없지만, 진정한 대과학자는 그것이 없다고 감히 말하지 않습니다. 그러므로 하늘과 사람 사이를 잇는 제사는 경건함을 생각해야 합니다.

마지막으로 "상사애"喪思哀는, '상'喪은 사람이 죽은 것을 말합니다. 좁은 의미로 말하면 상사喪事에는 애통한 마음을 가져야 한다는 뜻입니다. 그런데 『예기』에서 상喪은 더욱 큰 의미, 즉 '시대의 실패'라는 의미도 포함하고 있습니다. 지금 이 자리에 있는 사람들은 이 땅에서 함께 살면서 모두 견줄 바 없는 비분悲憤이 있는데, 다들 마땅히 책임 문제를 통렬히 생각하고 반성해야 합니다.

자장은 이상의 네 가지를 갖추어야 지식인으로서 '사'士라고 할 수 있고, 독서인으로서 부끄럽지 않다고 말합니다. 우리 전통 문화 중에서 지식인이나 독서인이 '사'士가 되는 조건은 이토록 어려웠습니다. 우리는 이 점을 분명히 알아야 합니다.

공자가 죽은 뒤 자장이 학생을 가르치고 있었던 것도 공자의 정신을 계승해서 사회 교육에 종사한 것입니다.

자장이 말하였다. "(도덕이나 좋은 일 등인) 덕德을 (좋아하는 마음은) 지녔으되 (그 실천으로) 넓히지는 못하고, (모든 진리를 포함한 올바른 도리인) 도道를 믿되 (정작 일처리에서는 그 도리대로) 독실하지 못하다면, 자신의 (인생관을 세운) 중심 사상이 있다고 할 수 있을까, 없다고 할 수 있을까?" (능히 있음有에도 처할 수 있고 없음無에도 처할 수 있어야 마음이 편하고 자재하다)

子張曰 : 執德不弘, 信道不篤, 焉能爲有? 焉能爲亡?
자장왈 집덕불홍 신도부독 언능위유   언능위무

 "집덕불홍, 신도부독"執德不弘, 信道不篤의 여덟 글자는 이해하기 어렵습니다. "집덕불홍"執德不弘에서 '집'執은 붙잡고 있다는 뜻입니다. 예컨대 신앙은 바로 어떤 한 가지 사상을 중심으로 붙잡고 있는 것입니다. '덕'德은 넓은 의미로 도덕의 덕, 진리 등을 포함하고 있습니다. 우리는 보통 저마다 이런 덕이 있습니다. 예컨대 다른 사람이 좋은 일을 하는 것을 보면 마음속이 숙연 경건해지기 마련이고, 다른 사람이 좋은 그림을 가진 것을 보면 마음속으로도 좋다고 여기고, 책을 읽을 때 책 속의 진리가 맞다고 느껴지면 즐거워지는데, 이런 것들이 덕德입니다. 그러나 과연 이런 것들을 실천으로 옮겼나요? 옮기지 못했습니다. 이것이 바로 "덕을 지녔으되 넓히지는 못한 것"(執德不弘)입니다. 우리는 이런 원대함이 없습니다. 즉, 우리는 진리에 복종하고 훌륭한 사람, 훌륭한 일을 보면 감복하면서도, 정작 자기가 실천하는 데는 그리 적극적이 않고 발휘할 수 없습니다.

 "신도부독"信道不篤에서 '도'道는 종교의 '도'뿐만 아니라 일체의 진리가 포함됩니다. 우리의 인생 체험으로 볼 때, 때로는 이런 도리를 뻔히 알면서도 정작 일을 처리할 때는 자신의 개성이나 성격 때문에 도리고 뭐고 따지지 않습니다. 이것이 바로 "도를 믿되 독실하지 못한 것"(信道不篤), 즉 성실하지 못한 것입니다.

 위의 여덟 글자는 우리가 가장 쉽게 범하는 잘못으로서, 솔직히 말하면 일반 사람들뿐만 아니라 많은 종교인들도 그렇습니다. 종교인들은 신앙에 확고해야 하는데도, 내가 겪어본 바로는 그들을 웃어넘길 수밖에 없는 때가 있습니다. 그들은 대부분 "덕을 지녔으되 넓히지는 못하고, 도를 믿되 독실하지 못한 것"을 자주 발견할 수 있습니다. 그들은 자신의 종교에 대해 진정한 인식과 신앙을 가지고 있는 것 같지 않습니다. 이런 사람들은 득의得意하게 해도 안 되는 것이니, "언능위유"焉能爲有, 그는 득의하면 득의한 대로 자신의 처지를 잊어버리고 자신을 망각할 것입니다. 그런 사람은 실의失意하게도 할 수 없으니, "언능위무"焉能爲無, 실의해도 자신의 처지를 잊어버릴 것입니다. 다시 말하면, 스스로 인생관을 세우지 못했기 때문에 중심 사상이 없어서 환경의 영향을 받게 됩니다.

어떤 사람들은 할 일이 없으면 매우 고통스러워하는데, 이것은 중심 사상의 수양을 갖추지 못했기 때문입니다. 만약 중심 사상이 있다면 퇴직해서 한가하게 보내더라도 별 문제가 없지만, 그렇지 않으면 한가하게 보내는 것도 매우 힘이 듭니다. 이런 상황이 바로 자장이 말한 "자신의 중심 사상이 있다고 할 수 있을까, 없다고 할 수 있을까?"(焉能爲有, 焉能爲亡)라는 문제입니다. 자장은 너그러운 덕을 지닐 수 있고, 도를 돈독히 믿을 수 있으려면 자신의 중심 사상이 있어야 가능하다고 말한 것입니다. 능히 '유'有, 있음에도 처할 수 있고 '무'無, 없음에도 처할 수 있어야 마음이 편하고 자재합니다.

포용의 덕이 있어야 크다

자장과 자하는 모두 학우들로서, 공자가 세상을 떠난 후 자장도 학문을 가르치고 자하도 가르쳤습니다. 후세의 순자荀子 일파는 자하 일파에서 나왔습니다. 자장과 자하에게는 모두 학생들이 있었는데, 어느 날 이런 일이 있었습니다.

자하의 문인이 자장에게 사람 사귀는 법을 물었다.
자장이 말하였다. "자하께서는 어떻게 말씀하셨느냐?"
"자하께서 말씀하시기를 '사귈 만한 사람과는 사귀고, 사귀어서는 안 되는 사람은 거절하여라.' 하셨습니다."
자장이 말하였다. "내가 (선생님으로부터) 들은 것과는 다르구나. 군자는 (학문과 도덕이 있어 존경할 만한) 현명한 사람을 존경하나 (그렇지 못한) 일반인도 포용해주며, 선행을 하는 사람은 격려해주고 부족하고 나쁜 사람이라도 동정해주는 것이다. 내가 크게 현명한 사람이라면, 사람들을 대함에 있어 어떤 이가 나를 받아들이지 않겠느냐? 내가 현명하지 못하다면, 남들이 나를 거절할 것인데 어떻게 남을 거절한다 하겠느냐?"

子夏之門人, 問交於子張。子張曰：子夏云何？ 對曰：子夏曰, 可者
자하지문인　문교어자장　자장왈　자하운하　대왈　자하왈　가자

與之, 其不可者拒之。子張曰：異乎吾所聞, 君子尊賢而容衆, 嘉善而矜
여지　기불가자거지　자장왈　이호오소문　군자존현이용중　가선이긍

不能。我之大賢與, 於人何所不容？ 我之不賢與, 人將拒我, 如之何其
불능　아지대현여　어인하소불용　아지불현여　인장거아　여지가기

拒人也？
거인야

　자하의 제자가 사숙(師叔: '스승의 형제'라는 말로서, 자하보다 네 살 아래인 자장을 가리킴—역주)을 만나 친구를 사귀는 도리에 대해 물었습니다. 자장은 먼저 "너희 선생님은 어떻게 말하시더냐？" 라고 되물었습니다. 자하의 제자는 말했습니다. "우리 선생님은 친구로 사귈 수 있는 사람과는 서로 왕래하면서 친구로 지내고, 친구로 사귀어선 안 되는 사람은 멀리하라고 가르쳤습니다."

　이 말을 듣고 자장은 말했습니다. "미안하지만 예전에 우리 선생님이신 공자께서 가르친 내용과 자네 선생님이 가르친 것이 다르구나(자장도 말을 잘 할 줄 알았습니다. 그는 너희 선생님이 잘못 이야기했다고는 하지 않았습니다). 우리 선생님은 사회에서 친구를 사귈 때는 도덕과 학문이 있어 존경할 만한 현명한 사람을 존중해야 한다고 했다. 하지만 도덕과 학문이 보잘것없는 일반인도 포용해 주라고 하셨지. 또 선행을 행하는 사람은 격려해 주고, 부족하고 나쁜 사람이라도 동정해야 한다고 가르쳤다. 자신이 도덕 수양을 갖추고 학문이 있는 군자라면 어느 누구인들 포용하지 못하겠느냐？ 만약 나 자신이 어리석은 바보라면, 내가 다른 사람을 거절하지 않아도 그들이 먼저 나를 싫어할 것이니, 다른 사람을 거절할 필요가 있겠느냐？"

　이 단락은 자장과 자하가 모두 공자의 학생이라는 것을 솔직하게 기록하고 있습니다. 어떤 교육과 어떤 사상은 제3대에 이르면 크게 변합니다. 예컨대 삼민주의 사상은 지금에 이르러서 시험을 치러보면 어렵습니다. 우리는 이 대화에서 학문의 발휘는 제2대, 제3대로 내려가면

범위가 넓어지면서 방향이 달라진다는 것을 알 수 있습니다. 이것이 첫째 관점입니다.

둘째 관점은, 자장의 견해가 자하의 견해보다 좀 뛰어나다는 것입니다. 사람됨의 도리는 이처럼 자신보다 못한 사람을 미워할 필요 없이 동정해야 하며, 도울 수 있으면 힘껏 돕고, 도울 수 없다 할지라도 남을 포용하고 좀 양해해야 합니다. 자신이 옳다면 남을 도와주는 것이 당연하지만, 자기가 옳지 못하다면 남이 먼저 자기를 받아들이지 않을 것이므로 더 말할 것이 없습니다. 그러므로 자장의 견해는 자하보다 뛰어납니다.

보잘것없는 재주도 크게 볼 만하다

자하가 말하였다. "비록 작은 재주라 하더라도 반드시 볼 만한 것이 있을 것이나, (사람의 정신 사상이 앞의 목표를) 원대한 (곳에 두고 그) 길을 가야 하는데, (약간의 작은 성취를 붙들어 쥐고 있으면서 큰 학문으로 생각하고는 마치) 진흙수렁에 빠져들(어 기어 나오지 못할)까 두려우므로 군자는 배우지 않는 것이다."

子夏曰:雖小道,必有可觀者焉,致遠恐泥,是以君子不爲也。
자 하 왈   수 소 도   필 유 가 관 자 언   치 원 공 니   시 이 군 자 불 위 야

여기서는 학문과 인생의 수양의 이치를 말하고 있습니다. 자하는 천지간의 학문은 한 가지로만 분류할 수 없으며, 바둑·서예·시詩·전각, 심지어는 카드놀이 같은 것들은 무슨 큰 학문은 아니지만 사소한 도(小道)는 된다고 했습니다. 옛 사람들은 이런 것들을 하찮은 재주라고 했지만, 이것 역시 학문이라서 결코 간단하지 않고 어렵습니다. 깊이 연구해 보면 성취한 바가 있을 것입니다.

그런데 왜 사소한 도일까요? 사람이 정신 사상이 앞의 목표를 원대한 곳에 두지 못하고, 약간의 작은 성취를 붙들어 쥐고 있으면서 큰 학문

으로 생각하고는, 마치 진흙 수렁 속으로 떨어져 기어 나오지 못하는 것처럼 속박되어 빠져 나올 수 없기 때문입니다. 이 때문에 군자는 작은 길(小道)을 가지 않고 차라리 큰길(大路)을 가는 것입니다. 그러나 지금은 시대가 바뀌어서 꼭 그렇다고는 할 수 없습니다. 팔고문八股文을 예로 들면, 글을 잘 쓰는 것도 소도小道입니다만, 지금의 청년들은 그 소도조차도 잘할 수 없습니다.

인생 수양에 있어서 대장부라면 어떤 분야의 학문을 하든 철두철미 파고들되 거기에 얽매이지 말아야 합니다. 바둑을 두고 카드놀이를 하더라도 빠져들지 않으면 학문이 아니라고 할 수 없지만, 일단 빠지게 되면 "먼 길을 가야 하는데, 진흙 수렁에 빠져들까 두렵습니다."(致遠恐泥).

내 친구의 아들이 대학에 다니는데, 성적도 좋고 글 솜씨도 훌륭하고 글씨도 잘 썼습니다. 그 친구는 나에게 자기 아들이 서예를 잘 못한 것 같으니, 붓글씨를 배우러 다니라고 타일러 달라고 했습니다. 나는 친구에게 다음과 같이 말해 주었습니다. "요즘은 이미 타자기를 사용하는 시대인데다 붓 한 자루에 1천 원 남짓, 먹 하나에 2천 원 가량이나 하고 화선지 한 장에 몇 백 원을 하니 서예를 하기가 어렵네. 장래에 학업을 끝내면 사업을 할 텐데, 무엇 때문에 서예를 꼭 잘해야 할 필요가 있겠는가?"

정말 "백대百代의 영웅의 기를 소모시키는 것은 전체서와 시서詩書, 그리고 팔고문이라네."(銷磨百代英雄氣, 殿體詩書八股文)라고 한 것과 같습니다. 전체서殿體書는 전각체殿閣體 혹은 대각체臺閣體라고 하는데, 황제 앞에서 시험 볼 때 쓰던 서체입니다. 요즈음 인쇄업계에서 말하는 해서체楷書體입니다. 이런 것들은 다 소도小道입니다. 그러나 오늘날 가련하게도 진정한 문화가 없습니다. 외국인들이 중국 문화를 보러 오면 우리는 무엇을 보여 줍니까? 걸핏하면 고궁박물관으로 갑니다. 고궁박물관에 가면 조상의 덕을 입고 있다는 부끄러운 생각이 듭니다.

우리 세대는 남에게 보여 줄만한 것이 있을까요? 우리 스스로 정말 반성해 볼 필요가 있습니다. 우리는 그저 서화書畫·음악 등 작은 재주

(小道)를 문화로 간주하고 있고, 그나마 지금은 해 보일 수도 없습니다. 해 보일 수 있다 하더라도 형식적인 것이지 정신적·사상적 면에서는 자신의 문화를 조금도 건립하지 못하고 있습니다. 이것은 매우 심각한 문제입니다. 그러므로 자하가 작은 재주도 볼 만한 것이 있다고 한 말은 참으로 감회와 부끄러움을 느끼게 합니다.

학문은 끝없는데 세월은 가고

자하가 말하였다. "(사람은 누구에게나 부족한 점이 있으니 날마다 반성하며 계속 보충하고 배워야 한다) 날마다 모르던 것을 알게 되고, 달마다 할 줄 알던 것을 잊지 않는다면, (정말로 꾸준히) 배우기를 좋아하는 것이라 말할 수 있을 것이다!"

子夏曰 : 日知其所亡, 月無忘其所能, 可謂好學也已矣!
자 하 왈   일 지 기 소 무   월 무 망 기 소 능   가 위 호 학 야 이 의

이것은 자하가 학생들에게 학문하는 이치를 말해준 것입니다. 자하가 학생들에게 가르친 이 두 가지를 보면 정말 감회가 깊습니다. 자하는 말합니다. "사람은 매일 자신의 부족한 점을 반성해야 한다. 사람은 누구에게나 부족한 점이 있으니, 지식이 조금 있다고 만족하지 말고 계속 보충하고 학습해야 한다. 매일 자기에게 부족한 학문을 보충하면서 한 달 한 달 빠뜨리지 않고 꾸준한 마음으로 배워 나가고, 배운 것은 잊지 말아야 한다. 이래야만 학문을 좋아한다고 말할 수 있고 꾸준함이 있는 것이다."

자하가 말하였다. "(지식을) 널리 배우되 (사상적인 중심이 있어) 의지를 확고하게 하며, 간절히 (많이 듣고) 묻되 가까운 것에서부터 생각하면, 인仁(의 학문 중심)도 그 가운데 있다."

子夏曰 : 博學而篤志, 切問而近思, 仁在其中矣。

자 하 왈   박 학 이 독 지   절 문 이 근 사   인 재 기 중 의

　자하는 말했습니다. "사람은 지식이 해박해야 하지만, 지식이 해박할수록 사상적 중심이 없다." 이 점을 여러분은 좀 연구해보고 각별히 주의해야 하며, 사상을 연구하는 사람은 더욱 주의해야 합니다. 오늘날만이 아니라 동서고금의 지식인은 모두 마찬가지인데, 지식이 해박한 사람은 오히려 사상적 중심을 잃어버립니다. 나의 이런 견해가 틀렸을지도 모르지만, 만약 지식이 해박하면서 인품이 훌륭하고 수양에 중심이 있는 사람이라면 제일류의 인물일 것입니다. 이런 사람은 대하기가 매우 어려워서, 어떤 수단이나 방법도 통하지 않습니다.

　사실 일반적인 지식인은 자신의 분수를 편히 여기기 때문에 두려워할 필요가 없습니다. 나도 학생들과 이런 우스갯소리를 자주 합니다. "여러분은 아직 젊었으니 미래의 시대는 여러분의 것이고, 나는 그 시대를 볼 수 없을 것이다. 여러분이 나중에 사회에 나가서 일을 할 때 만약 지식인이 소란을 피우는 일을 만나게 되면 쉽게 해결할 수 있다. 그에게 돈을 좀 보내주고, 한량한 관직을 마련해서 그에게 하라고 주고 난 뒤, 가무와 여색을 주면 아무런 문제도 없을 것이다."

　역사를 살펴보면 황제들이 문인을 다루는 것은 간단해서, 모두 이런 방법이었습니다. 문인들에게 무슨 한림원이니 무슨 대학사大學士니 하는 직함을 주었는데, 이는 고문顧問직과 같은 것으로서 출근하여 차를 마시면서 허풍이나 쳤습니다. 여기다가 얼마간의 황금을 상으로 주고 별도로 궁녀 몇 명만 하사하면, 문인은 더 이상 소란을 피울 정신이 없습니다. 그럼 끝났지요! 안배安排하기가 쉬웠습니다. 사람들에게는 학문이란 것이 꼭 대단한 것은 아닙니다. 그러나 문인은 지식이 있어서 함부로 떠들어대기 좋아합니다.

　수십 년 동안 우리 사회가 이렇게 어지러운 모습이 된 것은 그릇이 되지 못한 일반 지식인이 먼저 소란을 피워서 그런 것이 아닙니까? 그는 극단적인 사상에 기울어졌다고 하자니 아닌 것 같고, 어떤 사상에 대해 정말 연구한 바가 있는가 하면 그것도 아닌 것 같습니다. 그는 어떤 사람에 대해 불만이어서, 어떤 일을 구실 삼아 자기 의사를 말하면

서 소란을 피웁니다. 그 결과 한 나라를 이 모양으로 어지럽혀 놓는 것입니다. 이런 사람들 역시 가련하게도 대부분 중심 사상이 없으며, 게다가 매우 곤궁하고 의지할 데가 없어서 어느 일에나 만족하지 못하는데, 사실상 이들의 말은 마치 시골 사람이 조정을 담론하는 것과 같습니다. 이게 바로 지식이 해박하다고 해서 반드시 쓸모가 있는 것은 아니라는 겁니다.

"널리 배우되(博學而) '독지'篤志.", 하나의 중심이 있어 의지가 확고하고 인품을 건립해야 합니다. 그러면 지식이 해박하다는 것은 마치 한 알의 좋은 씨앗과 같고, 의지가 확고하다는 것은 비료와 같아서, 꽃을 피우고 열매를 맺을 수 있습니다. 안으로 하나의 중심이 없으면 지식이 해박할수록 생각은 그만큼 위험하고, 뭐든지 도리가 있는 것같이 여겨져 쉽게 동요됩니다. 마땅히 진리는 오직 하나뿐이니, 그것을 찾아내려 하기 때문에, 확고한 의지가 있어야 합니다.

"간절히 묻되 가까운 것에서부터 생각한다."(切問而近思)는 것입니다. '절문'切問은 많이 듣고 많이 물어 경험하는 것입니다. 여기서 주의해야 할 점이 있습니다. 중년의 사람들은 많은 것을 체험하여 인생 경험이 풍부해지면 두 길을 가기 쉽습니다. 허망함을 느끼거나 원망을 하게 되는 것입니다. 수십 년 동안 속아 살았다는 느낌이 들고, 사회에 진리가 없다는 생각을 하게 됩니다. '절문'에는 경험이 포함되므로, 경험이 있다면, 또 '근사'近思가 필요합니다. 진정으로 사상 학문이 있고 인생 경험을 이해하면 좋습니다. '근사'近思에는 두 가지 의미가 있습니다. 하나는 사상에 중심이 있어야 한다는 것입니다. 다른 하나는 너무 허황되게 멀리 생각하지 말고 가깝게 평범하게 생각하는 것입니다. 인생에는 결국 고원高遠한 것이 없으니 밖으로 향하여 찾을 필요가 없습니다. 알다시피 주희朱熹 선생이 『근사록』近思錄이란 책을 썼는데, 이 구절의 의미를 취한 것입니다. 자하는 학생들에게 "이 두 마디 말을 실천할 수 있다면 공자가 표방한 인仁이라는 학문의 중심도 그 속에 있다."고 가르쳤습니다.

체體와 상相이 원용하고 써도 써도 다함이 없다

자하가 말하였다. "모든 장인들은 일터에 있음으로써 (마음을 집중해서) 그들의 일을 성취하고, 군자는 학문으로써 도道에 이른다."

(군자는 학문을 할 때는 우선 학술적 지식이 무엇인지 분명히 알아야 하고, 지식을 통해 또 한 가지 것을 세워야 합니다. 그 한 가지 것을 이름 지을 길이 없어 '도'라고 부릅니다. 모든 학문은 이 '도'를 위해서 배우고, 지식 학문은 모두 이 '도'를 배양하기 위한 것이지만, 지식은 결코 '도'가 아닙니다)

子夏曰 : 百工居肆以成其事, 君子學以致其道。
자 하 왈　백 공 거 사 이 성 기 사　군 자 학 이 치 기 도

자하는 사회의 갖가지 공예 장인들은 반드시 자신의 작업장이 있어야만 마음을 집중해서 자신의 일을 해서 이룰 수 있다고 말했습니다. 지식인이 학문을 할 때는 우선 학술적 지식이 무엇인지 분명히 알아야 하고, 지식을 통해 또 한 가지 것을 세워야 합니다. 그 한 가지 것을 이름 지을 길이 없어 '도'道라고 부릅니다. 모든 학문은 이 '도'를 위해서 배우고, 지식 학문은 모두 이 도를 배양하기 위한 것이지만, 지식은 결코 '도'가 아닙니다.

그러면 '도'란 무엇일까요? 이 문제는 '인'仁과 마찬가지로 토론하면 커지고 복잡해집니다. 우리는 간단하게 세 부분으로 나누어서 이야기할 수 있는데, 즉 도의 체體, 도의 상相, 도의 용用입니다. '체'는 중심이고 형이상적인 것입니다. '상'은 도의 현상現象인데, 예컨대 사서四書 전체가 말하는 인생에 관한 행위와 사상은 모두 도의 '상'입니다. 이 '상'이 인생의 목적에 이르기 위한 것이 '용'이 됩니다. 이상은 '도'道의 체·상·용을 간단하게 해석한 것입니다. 엄격히 논하려면 너무 많아지게 되니, 여기서는 더 이상 논하지 않겠습니다.

자하가 말하였다. "(군자는 잘못을 저지르면 그대로 인정하지만,) 소인은 잘못을 저지르면 반드시 (갖가지 이유를) 꾸며대고 감춘다."

子夏曰 : 小人之過也必文 。
자 하 왈　소 인 지 과 야 필 문

　　인생 수양을 말할 때 중국 문학에서는 "과오를 덮어서 감춘다."(文過飾
非)는 말이 자주 나오는데, 그 출전이 바로 이 구절입니다. 자신의 잘못
을 보기 좋게 꾸미고 가린다는 것입니다. 자하는 "소인은 잘못을 저지
르면 갖가지 이유를 꾸며대서 감추고, 군자는 잘못을 저지르면 그대로
인정한다."고 했습니다. "군자의 잘못은 일식이나 월식과 같다."는 말이
있는데, 군자에게는 일식이나 월식 때처럼 가끔 검은 그림자가 나타나
는 것을 사람들이 볼 수 있지만, 조금만 지나면 사라져서 본래의 빛을
잃지 않는다는 뜻입니다.

　　**자하가 (공자를 찬양하여) 말하였다. "군자는 (매우 높은 수양을 갖
춘 사람으로서) 세 가지 변화 모습이 있다. 그를 바라보면 엄숙하여 침
범할 수 없고, 그를 가까이 해 보면 온화한 정감이 넘치고, 그의 말을
들어보면 장중하면서 엄격하다."**

子夏曰 : 君子有三變 ， 望之儼然 ， 卽之也溫 ， 聽其言也厲 。
자 하 왈　군 자 유 삼 변　망 지 엄 연　　즉 지 야 온　청 기 언 야 려

　　이것은 하론下論에서 이미 말한 적이 있듯이, 공자를 찬양한 말입니
다. 군자는 고도의 수양을 갖춘 사람으로서, 그 모습에 세 가지 변화를
보인다고 자하는 말합니다. 외관상으로는 침범할 수 없는 것처럼 보이
지만, 실제로 접근하면 매우 부드럽고 정감이 넘칩니다. 그러나 그가 이
야기하는 것을 들으면 비록 우스갯소리를 하고 있다 할지라도 말하는
내용은 매우 장엄하여 침범할 수 없는 것입니다. 이것은 고도의 수양을
갖춘 사람을 말하는 것입니다.
　　상론上論에서는 이 세 마디 말의 동의어로써 공자를 형용하고 있는데,
여기서 다시 언급함으로써 군자의 학문과 수양의 전형典型을 강조하고
있습니다.

사귐이 얕으면 깊은 말을 하지 않는다

자하가 말하였다. "(지도자인) 군자는 (아랫사람들의) 신뢰를 얻은 뒤에 아랫사람들을 (지휘하여) 일을 시켜야 한다. (신뢰를 얻은 뒤에 그들에게 일을 시키면 이유를 말하지 않아도 자발적으로 할 것이다. 반대로) 신뢰를 얻지 못한 상태에서는 (그들에게 지나치게 요구하면) 자기들을 귀찮게 한다고 여길 것이다.

또, (고급 간부인) 아랫사람은 (지도자인) 윗사람의 신임을 얻은 뒤에 건의해야 한다. 신임을 얻지 못한 상태에서는 (설령 좋은 의견을 제시하더라도) 윗사람이 자기를 (반대하거나) 비방한다고 여길 것이다."

(상하가 서로 존경·신뢰·신임해야 위대한 성취를 하며, 만약 서로의 신뢰가 부족하고 생각과 감정이 진정으로 통하지 않는다면 문제가 심각해진다는 것을 말해줍니다)

子夏曰：君子信而後勞其民，未信，則以爲厲己也。信而後諫；未信，
자하왈　군자신이후로기민　미신　즉이위려기야　신이후간　미신

則以爲謗己也。
즉이위방기야

여기서 자하는 제자들에게 장래에 올바른 사람으로서의 처세하는 도리를 가르치고 있습니다. 앞부분은 지도자가 되는 법을 이야기한 것이며, 뒷부분은 다른 사람의 간부가 되는 법, 즉 신하의 도리로서 마땅히 지녀야 할 태도를 이야기한 것입니다.

자하는 지도자가 되는 법을 다음과 같이 말하고 있습니다. "군자가 아랫사람들을 지휘하여 일을 시켜야 할 때는 반드시 먼저 자신에 대한 아랫사람들의 신뢰를 얻어야 한다. 신뢰를 얻은 뒤에 그들에게 일을 시키면 이유를 말하지 않아도 자발적으로 할 것이다. 반대로 신뢰를 얻지 못한 상태에서는 그들에게 지나치게 요구하면, 윗사람이 자신들을 귀찮게 한다고 생각할 것이다. 또, 지도자가 간부들 사이에 신뢰가 형성되기 전에는 설령 간부들의 이익을 위한 방법이더라도, 간부들은 오히려 지도자가 자신들을 이용하고 있고 자신들의 권리와 이익을 해친다고 오해할 것이다." 일반 사람들의 심리는 대개 이러합니다. 사람을 대하는 문

제는 매우 어렵기 때문에, 대인 처세에는 반드시 신뢰를 바탕으로 해야 합니다. 신뢰의 중요성이 바로 여기에 있습니다.

다음으로 자하는 간부가 되는 법을 말하고 있습니다. 고급 간부는 지도자에게 건의하기 전에 자기가 지도자의 마음속에 신임을 쌓았는가를 추정해 보고, 정말로 자기에 대해 신임하고 있다면, 신임의 정도에 따라 적당하게 건의를 해야 옳습니다. 만약 자기에 대해 상사의 신임이 부족하면 설령 좋은 의견을 제시하더라도 정반대의 결과를 가져오기 쉽습니다. 상사는 간부가 자신을 비방하거나 반대한다고 오해하고 의심할 수도 있는데, 이런 경우에는 문제가 심각해집니다.

역사책, 특히 『정관정요』貞觀政要를 읽어 보면, 위징魏徵과 방현령房玄齡 같은 대신들은 당태종의 의견이 옳지 않을 때는 서슴없이 반대 의견을 올렸습니다. 어떤 사람들은 위징이나 방현령도 대단했지만, 당태종은 더욱 대단한 인물이었다고 말합니다. 만약 위징이 이런 훌륭한 주인을 만나지 못했더라면, 벌써 주인의 의심을 샀을 테니까요. 당태종은 훌륭한 황제답게 대신들을 신임하고, 그들의 반대 의견을 포용할 수 있었던 것입니다.

또, 장량張良은 왜 다른 주인을 찾아가지 않고 유방劉邦을 찾아갔을까요? 유방 역시 대단한 인물로서, 장량의 어떤 말이나 계책도 모두 듣고 그대로 따랐기 때문입니다.

이상 모두는, 상사와 부하 사이에 아랫사람은 윗사람을 존경·신뢰하고 윗사람은 아랫사람을 신임해야 위대한 성취를 하며, 만약 서로의 신뢰가 부족하고 생각과 감정이 진정으로 통하지 않는다면 문제가 심각해진다는 것을 말해줍니다.

큰 것과 작은 것

자하가 말하였다. "큰 덕목(德이나 대원칙)에서 (보아) 그 범위를 벗어나지 않는다면, 작은 덕목에 있어서 잘못이 다소 있더라도 훌륭한 것이다. (잘못은 누구에게나 다 있는 것이니 지나치게 책망하지 말아야 한다)."

子夏曰：大德不踰閑，小德出入可也。
자 하 왈　　대 덕 불 유 한　　소 덕 출 입 가 야

　이 단락은 자하가 한 말이라는 것에 유의해야 합니다. 그런데 일반적으로 많은 사람들이 이것을 공자의 말로 잘못 인용하여 말하고 있습니다. '한'閑은 범위를 말합니다. 상고 시대에는 방문의 문짝이 없었기 때문에, 저녁에 잘 때에는 문에 나무틀을 대어 막는 것이 고작이었습니다. 예전에 대륙의 서남·서북 지역에서 볼 수 있었는데, 산굴의 문에 나무틀을 대어 막아 놓으면, 좀도둑을 걱정하지 않고 소나 양이 달아나는 것을 막을 수 있었으므로, 이것을 '한'閑이라고 불렀습니다.

　자하는 이렇게 주장하고 있습니다. "대덕大德·대원칙大原則은 범위를 벗어나서는 안 되며, 쉽게 고쳐서도 안 된다. 작은 잘못은 누구에게나 다 있는 것이니, 지나치게 책망하지 말라. 사람이 이렇게만 할 수 있어도 훌륭한 것이다."

　그런 까닭에 자유子游와 자하 사이의 대화가 다음에 나옵니다.

　자유가 말하였다. "자하 문하의 제자들은 물 뿌리고 비로 쓸어 청소하는 일이나 사람 응대하는 일, 그리고 나아가고 물러나는 몸가짐 따위는 잘하는 셈이지만, 그것은 지엽적인 일에 불과한 것이다. 근본적인 것은 배운 게 없으니, 어찌 되겠는가?"

　자하가 이 말을 듣고 말하였다. "아아! 자유가 지나치다. 군자의 도道에 있어서 어떤 것을 먼저 가르치고, 어떤 것을 뒤로 미루고 게을리할 것인가? 풀과 나무에 비유를 하면 종류에 따라 구별하여 키우는 것과 같은 것이다! 군자의 도에 있어서 어떤 것인들 무시할 수가 있겠는가? 기본 생활 교육에서 시작하여 마지막인 정신 교육의 최고점까지 도달하여 도의 참뜻을 곧바로 깨닫도록 가르칠 수 있는 사람은 오직 성인뿐일 것이다!"

子游日 : 子夏之門人小子, 當灑掃應對進退則可矣 , 抑末也 ; 本之則
자유왈　자하지문인소자　당쇄소응대진퇴즉가의　억말야　본지즉

無 , 如之何 ? 子夏聞之日 : 噫 ! 言游過矣 ! 君子之道, 孰先傳焉 ? 孰後
무　여지하　자하문지왈　희　언유과의　군자지도　숙선전언　숙후

倦焉 ? 譬諸草木, 區以別矣 ! 君子之道, 焉可誣也 ? 有始有卒者, 其惟
권언　비저초목　구이별의　군자지도　언가무야　유시유졸자　기유

聖人乎 !
성인호

　여기서는 자하가 제자를 가르친 이야기를 기록하고 있습니다. 공자가
죽은 후, 자하가 하서河西에서 학문을 강하던 때의 일입니다. 그의 학우
자유는 "자하가 가르친 젊은 학생들은 청소하고 사람 응대하고 나아가
고 물러나는 몸가짐은 잘한다."(當灑掃應對進退則可矣)고 평가했습니다. 여
기에서 '청소(灑掃), 사람 응대應對, 나아가고 물러남(進退)'은 옛 사람의 교
육으로서 생활 교육·인격 교육이 그 안에 들어 있습니다. 이것은 중국
문화의 3천 년 동안 일관되어 온 전통입니다.

　만약 외국인이 중국 문화에서 전통 교육의 주요 목적과 의도가 무엇
이었는지 묻는다면, 전문가는 자기들의 이론을 이야기하겠지만, 우리는
교육 전문가가 아닌 만큼 솔직하게 말하겠습니다. 즉, 과거 교육은 주로
인격 교육을 먼저 시켰습니다. 즉, 생활 교육이었습니다. 미국도 생활
교육을 주장하지만, 그들의 생활 교육은 직업이나 돈 버는 일에 맞추어
져 있습니다. 그러나 과거 우리의 생활 교육은 인격 형성과 결합되어
있기 때문에, 나중에 무슨 일을 하든 우선 인격부터 형성했습니다. 이것
이 바로 우리 문화 교육입니다.

　오늘날 우리의 교육은 서양을 따라가고 있습니다. 이른바 생활 교육
이란 미국식 생활 교육으로서, 이런 것을 배운 아이들은 직업을 찾고
생활을 꾸려나가는 것을 우선순위에 놓고 있습니다. 이처럼 우리 나라
와 미국의 교육에는 큰 차이점이 있는데, 이것은 교육상 중대한 문제입
니다. 물론 앞으로는 변할 것이고, 내가 보기에는 반드시 변해야 합니
다. 변하지 않으면 큰일 납니다. 아마 사회에 의해 자연스럽게 변할 것
인데, 우리의 수천 년 문화는 우연히 이루어진 것이 아니므로, 어느 상

황, 시기에 이르면 자연히 변할 것입니다.

옛날의 아이들은 학교에 들어가서 맨 처음 받는 교육이 바로 "청소하고 손님 응대하고 나아가고 물러나는 것" 이 몇 가지였습니다. '쇄소'灑掃는 청소하고 위생을 청결히 하는 것 등으로, 요즘도 초·중·고등학교에서 모두 하고 있습니다. 이것은 마치 고대의 교육처럼 보이지만, 사실은 다릅니다. 우리는 서양식 교육을 본뜨느라 학교의 제도가 바뀌어, 교무教務·훈도訓導·총무總務 세 부문으로 분리되어 있는데, 이것은 마치 정치의 삼권분립과 같아서 삼자가 서로 연결되지 못하면 교육은 실패하고 맙니다. 교무는 지식만 가르치고 학문은 가르치지 않으며, 훈도는 공허해졌고, 총무는 보통 돈을 만지는 것이라고 잠재의식적으로 생각합니다.

이렇게 변해 버린 것을 보면, 우리의 전체적인 교육 제도는 제대로 검토하지 않았음을 알 수 있습니다. 그 때문에 학생들은 학교에 대해 대체적으로 나쁜 인상을 갖게 되었습니다. 그 속에는 또 자질구레한 일들이 많습니다. 예를 들면, 요즘은 선생님이 학생들에게 청결히 하라고 해도 제대로 하는 사람이 하나도 없습니다.

나는 총무의 어려움을 자주 이야기하는데, 훌륭한 총무는 재상이 될 만한 인재입니다. 한대漢代의 소하蕭何는 바로 총무 일을 했던 사람입니다. 오늘날에는 총무 부문의 학문으로 가정학과 — 이 번역은 잘못된 것입니다. 실제는 내무학과입니다 — 가 있어서 내무 인재를 훈련합니다. 그러나 총무 업무는 제대로 하기가 어려운데, 이는 각종 기관이나 단체의 화장실에 가 보면 문제점을 발견할 수 있습니다. 총무라고 해도 매일 가서 수세식 변기를 점검할 수는 없으니, 이로 보면 총무 관리의 어려움을 알 수 있습니다. 청소의 경우도 요즘 젊은이들은 바닥조차도 비로 쓸 줄 모릅니다. 학교에서 바닥을 쓸어 라고 가르치지만 빗자루를 마구 휘둘러서 먼지를 사방에 날리거나 책상의 먼지를 닦아서 몸을 돌려 그냥 벽에 문지르곤 합니다. 청소하는 것도 제대로 배우지 못했으니 생활 교육이 어렵다는 것을 알 수 있습니다.

그 다음으로 '응대'應對의 문제는 더욱 심각합니다. 요즘 학생들은 대부분 사람 응대를 잘 할 줄 모릅니다. 어른이 학생에게 "이름이 무엇이 냐?"고 묻거나 "집이 어디냐?"고 물으면, 자기를 존칭으로써 대답을 합니다. 이처럼 '응대'의 예의가 사라진 것이 큰 문제입니다.

마지막으로 '진퇴'進退는 더욱 어렵습니다. 어떤 것은 가지고 어떤 것은 가지지 말아야 하는지, 어떤 일은 해야 하고 어떤 일은 하지 말아야 하는지, 이런 것은 큰 학문이므로 어릴 때부터 가르쳐야 합니다. 어른들에게 새해 인사드리러 갈 때에도, 그 집에 가서 서야 할지 앉아야 할지, 어디에 서고 어디에 앉아야 할지 등등 나아가고 물러나는 데 있어 사람 됨의 도리를 가르치는 데 주의를 기울여야 하는데, 지금은 이런 것을 가르치지 않습니다. 고대의 교육은 청소하고, 응대하고, 나아가고 물러나는 것에서부터 시작되었습니다.

중국 고례古禮인 '주공의 예'(周公之禮)에 따르면 여섯 살이면 소학小學에 들어가 공부합니다. 소학에서는 이런 생활 규범부터 배우기 시작합니다. 그 다음 8~10세에는 글자를 배우고, 18세에는 대학大學에 들어가서 어른이 되는 것을 배웁니다. 그러므로 중국 문화는 소학 단계에서 사람이 되는 지식을 배워 한 인간으로 양성됩니다. 그리고 나서 높고 깊은 수양을 익히는데, 이것이야말로 '대학의 길'(大學之道)입니다. 이것이 과거 중국 문화 교육의 노선이었습니다.

지금 우리가 이 시대를 보면 정말 가련하고 형편없습니다. 청소하고, 사람 응대하고, 나아가고 물러나는 법이 온통 사라져서 문제가 매우 심각한데, 학교만 온통 탓해선 안 되고, 거의 사람마다 모두 자신을 탓해야 합니다. 왜냐하면 현재 우리가 하는 게 중국식도 아니고 서양식도 아니며 옛날식도 아니고 지금식도 아닌, 이도저도 아니기 때문입니다.

차라리 완전히 서양식대로 한다면, 서양 사람이 예절을 잘 지키니 괜찮습니다. 비록 일부 사람들이 머리털이 마구 헝클어진 모습으로 마치 히피족처럼 보이긴 하지만, 그들은 사람을 나름 매우 예의 있게 대합니다. 미국인들이 슬리퍼를 신고 왔다 할지라도 그들에게 우리식 예절을 요구할 필요는 없습니다. 미국 아이들은 절약 정신이 매우 강하여, 이발하는 것만 해도 1년에 한 번 할까 말까 한답니다. 일반 주부도 절약 정신이 강해서 대부분의 문제를 스스로 해결합니다. 영국에서만은 옷차림의 체면을 따집니다. 그러므로 평소 외국인의 옷차림이 보잘것없다고 해서 문화가 없다고 생각하면 안 됩니다. 그들은 사교적인 파티에 갈 때는 매우 신경을 씁니다. 그들은 그들 나름대로의 예절이 있는데, 가련하게도 우리의 젊은 세대들은 아무 예절도 없습니다.

그러므로 우리 세대는 특히 다음 세대를 위해서 이 문제를 진지하게 고려해야 합니다. 이상으로 "청소하고, 응대하고, 나아가고 물러나는 것"을 대체적으로 말해 보았습니다. 우리의 전통적인 생활 교육 연혁을 자세히 말하려면 전문 서적 한 권을 쓸 수도 있을 것입니다.

자유는 자하를 비판하여 말했습니다. "자하는 교육에 종사하면서 청소하고, 응대하고, 나아가고 물러나는 일은 그런 대로 괜찮게 가르쳤지만, 이것은 지엽적 문제로서 근본을 가르치지 못했다. 외형은 그럴 듯하게 가르쳤지만 내용이 없으니, 어떻게 하나?"

그의 말이 자하의 귀에 들어가자, 자하는 이렇게 말했습니다. "학우의 요구가 너무 각박하고 너무 지나치다. 어디서 무엇부터 시작하고 어느 것을 마지막에 놓아야 할까? 또 어떤 것들을 버려야 할까? 다시 말해 교육에 종사하는 사람은 다음 세대를 양성함에 있어 소질과 능력을 살피면서 교육을 실시해야지, 근본을 먼저 하고 지엽은 나중에 하라는 고정된 법이 없다. 기본적으로 하나의 인격을 완성하기 위해서는 사람은 외형적으로도 잘해야 한다. 청소하고, 응대하고, 나아가고 물러나는 일부터 알고 나서 서서히 내심에 도달하는 것이다. 예컨대 초목은 구분을 해서 심어야지 마구 섞어서 심어서는 안 된다. 이와 마찬가지로, 학생들을 교육할 때는 인재의 자질을 자연스럽게 분류해야 한다. 마치 비가 골고루 두루 내려도 야채가 흡수하는 수분과 나무가 흡수하는 수분의 양이 다르듯이, 가르침을 베푸는 것도 그 과정에서 피교육자의 타고난 바탕이 각각 다르므로 반드시 구별이 있어야 한다. 어쨌든 교육에 종사하는 사람은 누구나 다음 세대가 잘 되기를 바라지만, 기본적인 교육이 가장 중요하다. 비록 그것이 외형적인 형태를 중시하더라도 형태도 잘 가르쳐야 하지, 어찌 쓸모없다고 함부로 말할 수 있을까? 다시 더 나아가 생활 교육으로부터 정신 교육의 최고점까지 도달하도록 가르치는 것은 우리가 해낼 수 있는 것이 아니다. 성인이라야만 사람으로 하여금 '도'道의 참뜻真諦을 곧바로 깨닫도록 가르칠 수 있다."

배움과 벼슬

자하가 말하였다. "벼슬을 하면서 여력이 있으면 학문을 하고, 학문을 하면서 여력이 있으면 벼슬을 하라."

子夏曰：仕而優則學, 學而優則仕。
자 하 왈　사 이 우 즉 학　학 이 우 즉 사

이 두 마디 말에 주의를 기울여야 합니다. 이 말은 훗날 줄곧 중국 문화의 중심 사상의 하나가 되었습니다. 여기를 강해하게 되니 나는 특히 많은 감개가 일어납니다. 과거 우리 문화는 모두 이 두 마디 말의 노선을 걸었으며, 우리가 역사를 읽어보면 사랑스럽게 느껴집니다. 옛 사람들이 "10년 동안 힘들게 공부할 때 묻는 이 없더니, 공명을 이루자 천하가 아누나."(十年窗下無人問, 一旦成名天下知)라고 말했습니다. 학문에 성과가 있어서 공명을 얻어 관직에 오르면 세상에 이름이 널리 알려졌습니다. 하지만 관직에 오른 뒤에도 한결같이 책을 떠나지 않고 여전히 배움을 추구하고 있었습니다. 저마다 모두 서재가 있어서, 공무 외의 여가 시간에는 홀로 서재에서 부단히 진보했습니다. 이것이 바로 옛 사람들의 아름다운 점으로, "벼슬을 하면서 여력이 있으면 학문을 한다."(仕而優則學)는 것입니다. 비록 지위가 높아졌다 해도 끊임없이 배움을 추구하는 것입니다.

다음은 "학문을 하면서 여력이 있으면 벼슬을 하라."(學而優則仕)는 것입니다. 학문이 높아지면 당연히 나서서 천하의 모든 사람들을 위해서 일을 했습니다. 그러나 오늘날에 이르러 몇 십 년 동안을 보면, 학문하면서 여력이 있으면 벼슬하는 경우는 있되, 벼슬하면서 여력이 있으면 학문하는 사람은 아주 드물고 대부분은 카드놀이를 합니다. 일부 사람들은 『이십오사』二十五史 같은 책을 사기는 하지만, 책은 쌓아 놓기만 하고 카드 놀이하는 데 여념이 없기 때문에, 나는 그 책에 좀벌레가 생길까 걱정됩니다. 『노잔유기』老殘遊記에서 "궁중 장서각이 좀벌레 배불려 주네."(靑瑣瑯嬛飽蠹魚)라고 말한 꼭 그대로입니다.

그래서 나는 매우 깊이 개탄합니다. 한 시대의 기풍은 매우 중요합니다. 우리는 다음 세대를 위해서 좋은 본보기가 되어야 합니다. 우리는 이미 우리 자신에게 해를 끼쳤고 사회에 해를 끼쳤지만, 절대 다음 세대에는 해를 끼치지 말아야 합니다. 다음 세대를 잘 양성해서 나라의 앞날을 밝게 해야 하므로, 우리 세대는 이 문제를 더 이상 소홀히 하면 안 됩니다. 역사상 사마광司馬光 같은 이는 큰 벼슬을 지냈으며, 『자치통감』自治通鑑은 그가 저작한 것입니다. 공무 외의 여가 시간이나 퇴직하고 나서 그는 책을 저작하고 독서했는데, 이처럼 천고의 명저名著는 쉽게 이루어지지 않습니다. 요즘에는 책 읽는 기풍이 사라졌습니다. 조금 전에 우스갯소리로 "학문을 하고 여력이 있으면 벼슬하고, 벼슬하고 여력이 있으면 카드놀이를 한다."고 했는데, 요즈음은 이런 풍조도 지나갔습니다. 이제는 카드놀이가 아니라 벼슬하고 여력이 있으면 술 마시고 춤을 춥니다. 이상은 독서하는 사회 기풍이 정말 중요하다는 것을 말해 본 것입니다.

그 다음으로, 내가 크게 개탄하는 일이 또 하나 있습니다. 과거에는 교육에 종사하는 사람은 그저 희생자였습니다. 한평생 교육 사업에만 종사했으니 희생이라 할 수 있습니다. 교육을 받았던 제자들이 지위가 높아도 선생님을 찾아뵐 때는 엎드려 절을 하고 무릎을 꿇었는데, 무엇 때문이었을까요? 선생님이 교육의 책임을 맡아 준 데 대해 제자가 한평생 감사의 마음을 가졌기 때문입니다.

그러나 오늘날은 그렇지 않습니다. 공부를 잘하면 졸업하고 가서 사업을 하고, 사업 하다 망하면 공무원이 되고, 공무원도 못 되면 방향을 바꾸어 교사가 됩니다! 이를 어찌 해야 할지 정말 큰일입니다. 이 말은 내가 솔직한 심정으로 하는 말입니다. 여러 해 전에 확실히 그러했고 이런 상황을 보고 교육계에 몸담고 있는 사람으로서 정말 많이 개탄했습니다. 시대적인 추세가 이렇게 변하였으니, 자하의 말을 깊이 반성하고 생각해 봐야 합니다. 오늘의 사회에서, 이른바 중국 문화와 중국 교육이 이런 상황에까지 이르렀으니, 어떻게 해야 할까요?

우리는 문화 자산 중에서 역대 명신의 저작이 매우 많은 것을 볼 수 있습니다. 명가名家라고 해서 꼭 지위가 높다거나 큰 벼슬을 한 것은 아닙니다. 청나라의 정판교鄭板橋나 원매袁枚 등은 명가였지만, 관직은 현령밖에 지내지 못했습니다. 그들 스스로 높은 관직은 바라지 않아, 현령을 지내고 난 후 아직 젊은 나이임에도 관직을 그만두었습니다. 고향으로 돌아가 명사名士의 신분으로 저술에 종사했기 때문에, 그 영향력이 매우 컸습니다. 그런데 오늘날에는 이런 정신이 이미 사라진 것 같습니다. 날마다 우리 문화를 이야기하고 있지만, 우리 문화인인 지식인의 독서 정신은 이미 변질되었습니다.

최근 이래로 많은 젊은 학우들이 저작의 문제를 토론했는데, 나는 그들에게 말했습니다. "오늘날의 교육은 초등학교에서부터 대학교까지 10여 년 동안 내내 시험을 대비하기 때문에, 정신적인 낭비가 실로 큽니다. 어린이들은 정말 불쌍합니다. 머리에 주입된 지식은 시험만 끝나면 그림자조차 남지 않습니다. 이런 학문들이 결국 쓸모가 있는지 없는지는, 장래 언젠가는 문화 교육사적으로 큰 문제가 될 것입니다. 지금은 느끼지 못할지라도 역사는 공정한 것이니, 장래에는 반드시 총 손익 결산이 이루어질 것입니다. 현재 젊은 학생들은 불필요한 것들을 기억하는 데 두뇌의 힘을 쓰기 때문에, 대학에 가서 진정으로 공부를 시작하려고 하면 이미 그럴 정력이 없습니다. 게다가 마음도 안정되어 있지 못하고, 책 읽는 습관도 없습니다. 우리가 전에 공부할 때는 머릿속에 가능한 한 많이 흡수하고 집어넣는 것이, 물론 자신의 생각을 계발시키는 데도 큰 힘이 되었습니다. 그러나 그때는 시험을 위해서 하는 것처럼 기억들을 해야 할 걱정이 없었기 때문에 마음 편히 독서했고, 2,30세에 이르러 이전에 배운 책들을 모조리 발휘했습니다. 특히 바른 사람으로서 처세의 문제를 만났을 때 원래 흡수했던 것들을 발휘해 보니 정말 아주 쓸모가 있었습니다. 지금 젊은 친구들은 책 한 권도 제대로 읽어 본 적이 없다고 할 수 있습니다. 요즘 초등학교 어린이들의 지식은 20년 전의 어린이들보다 훨씬 많지만, 어린이에게 정말로 학문 수양을 할 결심을 하나 하라고 가르치면 그는 그렇게 하지 못합니다. 감히 예언하건대, 앞으로 우리 국가 민족은 이런 교육 문제에 대해서, 그 좋은 점보다는 나쁜 점이 많다는 것을 깊이 느끼고 고통스러워할 것입니다."

이상은 "벼슬하면서 여력이 있으면 학문을 하고, 학문을 하면서 여력이 있으면 벼슬을 하라."(仕而優則學, 學而優則仕)는 두 마디 말로부터 떠오르는 생각들을 말해본 것이었습니다.

"벼슬하면서 여력이 있으면 학문을 하고, 학문을 하면서 여력이 있으면 벼슬을 하라."는 이 말을 다시 한 번 살펴봅시다. 옛 사람은 책을 읽었을 뿐만 아니라 일의 경험과 학문이 한데 녹아 있었기 때문에, 진정으로 가치 있는 글을 써서 세상에 널리 전파시키려고 했습니다. 옛 사람들의 가치 있는 저작을 한번 봅시다. 예컨대 중국 정치 철학을 논할 때, 『관자』管子를 절대 빼놓을 수 없습니다. 그런데 『관자』라는 책은 요즘 우리가 학위나 명예를 위해 마구 쓴 것과는 달리, 자기 일생의 경험, 나아가 공자가 그를 평한 말로 유명한 "천하를 하나로 통합하고 제후를 아홉 번이나 규합했다."(一匡天下, 九合諸侯)는 데서 나온 작품입니다.

관중管仲은 본래 법을 어긴 죄인이었는데, 제환공齊桓公이 그를 등용하자 제후들을 규합시킬 수 있었습니다. 당시 국제 관계는 지금보다도 더 해결하기 어려웠는데, 그는 전후 아홉 번의 국제 연합 회의를 열어서 다른 나라가 그의 말을 듣지 않을 수 없도록 했습니다. 그는 남을 원자폭탄으로 압박하지도 않았고, 석유를 이용하여 제압하지도 않았지만, 정치적으로 혼란한 시대를 제 궤도로 이끌었습니다. 이런 인물이었기에 공자가 탄복한 것입니다.

일생의 공적이 이러했으면서도, 그는 책을 『관자』 한 권밖에 쓰지 않았습니다. 더욱이 후세 사람들이 책 내용을 고증해본 결과, 그가 진짜 쓴 것은 10분의 3,4밖에 안 되고 그 나머지는 다른 사람이 보탠 것이거나 그의 이름으로 쓴 것으로 여겨지고 있습니다. 혹은 당시 그의 참모가 증보한 것이라고도 합니다. 어쨌든 이 책은 중국의 정치사상·문화 사상에 있어 대단히 중요하며, 공자의 사상보다 더 빠르다 할 수 있습니다. 그가 일생의 경험으로도 책 한 권밖에 쓰지 않았던 것을 볼 때, 옛 사람들은 저작을 매우 신중하게 했다는 것을 알 수 있습니다.

또 『상군서』商君書라는 책이 있습니다. 진시황 이전의 진나라가 특히 강성하였던 까닭은 상앙商鞅의 변법을 채택했기 때문인데, 상앙은 법치法治를 주장하는 법가 출신으로, 법률을 통치 수단으로 한 정치가라 할 수 있습니다. 진나라에서는 상앙을 등용한 후 줄곧 법치를 주장했습니다. 이 책에서 진짜와 가짜 내용 부분이 어느 정도인지에 대해서는 상관하지 않겠지만, 중국 법가의 정치사상적으로 매우 중요하여, 사상 투쟁을 연구하는 데에 이 책은 없어서는 안 됩니다.

우리 일반인들은 요 몇십 년 동안 외국 철학 사상을 우리 나라 철학 사상보다 더 많이 받아들였고, 서양 서적을 우리 고전보다 더 많이 읽었는데 이것도 큰 문제입니다. 청나라가 산해관山海關을 들어와서 명나라를 치던 병법이 『삼국연의』를 이용한 것이라는 견해는 지나치게 개괄적이라서 아무래도 청나라를 얕잡아본 데서 나온 얘기지만 대체적으로는 그렇습니다. 『삼국연의』는 소설이지만, 외교·정치·경제·군사·모략 사상을 아주 많이 담고 있습니다. 제2차 세계대전 때, 일본이 중국을 침략하기 전에 일본 국민 거의가 『손자병법』과 『삼국연의』를 읽었다는 사실에 주목할 필요가 있습니다. 그러나 요즘 젊은이들 중에는 이런 소설들을 읽는 사람이 참으로 드뭅니다.

우리가 문화 투쟁을 연구할 때는 반드시 타인의 뿌리를 찾아내야 합니다. 이른바 "지피지기, 백전백승"知彼知己, 百戰百勝입니다. 상대의 뿌리가 어디에 있는지를 알아야 그의 다음 걸음을 알 수 있고, 그가 지향하는 필연적인 노선이 무엇인지를 알 수 있습니다. 사실상 역대 통치를 논한 사람들은 안으로는 모두 법가 사상과 원칙을 사용했습니다. 상앙의 변법 자체는 비록 실패했지만 『상군서』는 『한비자』 등 법가의 저작들과 마찬가지로 중국 정치의 운용에서 모두 중요한 서적이었습니다. 투쟁의 수단을 연구하려면 이런 책들에서 수없이 많은 예증例證을 찾을 수 있어서, 다 사용하지 못할 정도입니다.

이것은 "벼슬하면서 여력이 있으면 학문을 한다."(仕而優則學)는 말을 설명한 것이 되겠는데, 우리는 직장에 근무하면서 경험을 쌓아가는 한편, 끊임없이 학문을 탐구하고 학식을 넓힘으로써 도량을 키우고, 게다가 자신의 사람됨과 처세에서의 실험과 결합시켜 학문을 이룩해야 합니다. 이것이 중국 문화가 말하는 '학이치용'學以致用의 정신입니다. 그러나 요즘 인문과학을 배우는 학생들과 이야기를 나누다 보면, 참으로 비애를 느끼게 되는데, 우리의 역사조차도 잘 읽어보지 않은 채 역사를 연구하는 방법만 배웠습니다. 옛 선인들이 역사를 읽었던 방법은 그런 식이 아니라, 읽어서 이해하고 나면 자연히 그 방법을 터득하게 되는 것이었습니다.

요즈음 더욱 가슴 아픈 일은, 우리 중국 학생이 미국에 가서 중국사·중국 문학 같은 학문을 연구하거나, 우리 역사 중의 한 시대 어떤 점만을 연구해서 학위를 따는데, 생각 좀 해보세요, 이 얼마나 불쌍한 일입니까! 이런 방법으로 역사를 공부하면 비록 학위를 딴다 하더라도 역사와 인생의 결합은 알지 못합니다. 이것 역시 우리가 주의를 기울여야 할 점으로, 나중에 후세를 교육할 때나 직업을 얻거나 처세 하는데 있어서도 아마 새로운 인식을 가지게 될 것입니다. 그러므로 "벼슬하면서 여력이 있으면 학문을 하고, 학문을 하면서 여력이 있으면 벼슬을 한다."는 말을 오늘날 읽고 보니, 감개가 무량합니다.

장례는 연극 놀이가 아니다

자유가 말하였다. "상례는 (진심으로) 애통해하는 선에서 그쳐야 한다."

子游曰 : 喪致乎哀而止。
자 유 왈   상 치 호 애 이 지

여기서는 장례 이야기를 하고 있습니다. 사서오경, 특히 『논어』에서는 상사喪事를 여러 번 언급하고 있습니다. 요즈음 젊은이들의 관념으로 하면 '죽은 사람의 문제'를 이야기한 것이 매우 많은데, 이것도 하나의 문제입니다. 유가는 무엇 때문에 상사, 즉 죽은 사람의 문제를 이렇게 많이 이야기할까요? 여기에 대해 두 가지 도리를 알아야 합니다.

첫째로 이른바 인생에는 오직 생生과 사死, 두 가지 대사大事가 있을 뿐이라는 것입니다. 이 두 단계는 양 끝으로서, 천체 현상에서 아침에서 저녁에 이르는 과정, 혹은 1년 중 정월에서 연말에 이르는 과정과 같습니다. 그래서 우리 전통 문화에서는 인생의 중점을 양생養生과 송사送死에 두고 있습니다. 서양 문화에서는 그 한쪽인 양생만을 중요시합니다. 그래서 서양 문화에서는 어린이의 지위가 매우 높고, 노인은 매우 불쌍합니다. 왜냐하면 그들은 송사를 중시하지 않기 때문입니다. 우리는 양생과 송사 양쪽을 모두 중시하였습니다. 예로부터 장례가 매우 중요하게 취급된 것은 이런 까닭입니다.

그러나 이러한 중시로 인해서 폐단이 생겼는데, 춘추전국 시대에는 장례가 번잡하여 싫어하기 이를 데 없었습니다. 관 하나에도 이른바 의衣·츤襯·관棺·곽槨이라는 네 가지 절차가 있었습니다(衣는 시신에 입히는 옷, 襯은 시신을 덮는 이불, 棺은 속널, 槨은 겉널—역주). 주희가 장례에 대해 쓴 책이 있는데, 예컨대 매장할 때 숯이나 석회를 넣는 것은 과학적인 근거가 있습니다. 일부 지방에서는 그 풍습이 달랐습니다. 천장天葬하는 곳에서는 시신을 나무에 걸어서 새가 쪼아 먹게 하고, 수장水葬하는 곳에서는 바다에 버렸는데 매우 간편했습니다. 그러나 대부분 지역에서의 장례는 지나치게 번잡해서 당시에도 반대하는 사람이 있었습니다.

공자 이후에 활동한 묵자도 장례를 중시하는 풍습을 반대한 사람 중의 하나였습니다. 묵자는 번잡한 장례를 매우 싫어했습니다. 『묵자』「절상」節喪편에서, 번잡한 장례는 사회 경제적인 면에서 큰 낭비이므로 그래서는 안 된다고 말하고 있는데, 이것도 묵자의 경제 도덕적 관점입니다. 그러나 공자와 맹자는 장례를 지나치게 간소화하는 것을 반대했습니다. 『예기』에는 장례 절차를 수정하는 규정이 있는데, 이것은 우리가 주의를 기울여야 할 역사 문화적인 사실事實 문제입니다.

둘째로 주의를 기울여야 할 것은 인류 문화에 속한 것인데, 이 '상'喪이란 글자를 쓰지 않아도 좋습니다. 고서古書를 연구할 때 이 '상'喪자에 대해 골치 아파할 필요는 없습니다. 만약 사상을 전면적으로 이해해서(貫通) 인류학의 관점에서 보면 모두 같습니다.

앞에서 언급했듯이 서양 문화의 근원은 종교이며, 종교로부터 철학이 발전하였으며, 철학으로부터 오늘날의 과학이 발전하였습니다. 이 셋은 삼위일체입니다. 종교에 대해서는 비교종교학적 관점에서 말해 보는 게 좋겠습니다. 비교종교학은 근년 들어 대학에 신설되고 있는 학과로서 하버드 대학 등에도 있는데, 모든 종교의 교의·철학 이론·방법을 객관적으로 비교합니다. 비교종교학적 관점에서 보면 우선 교의는 차치하더라도, 모든 종교에서 가장 먼저 다루는 것은 바로 사람이 죽는 문제입니다. 어느 종교나 죽은 사람에 관해 전문적으로 이야기하면서, 교인들에게 죽는 것을 두려워하지 말라고 가르칩니다. 모든 종교의 교주들이 마치 관광호텔을 열어 놓고 손님 끌기에 나서기라도 한 듯이, 죽은 후 좋은 곳에 가려면 자신에게 오라고 합니다. "우리 천당에 오세요. 우리 천당이 제일입니다."라고도 하고, "우리 서방 극락세계로 오세요. 알뜰히 보살펴 주고 깨끗하고 조용합니다."라고도 합니다.[35] 어떤 이는 "우리 천상으로 오세요. 우리가 있는 곳은 진정으로 맑고 참됩니다."라고도 하는데, 마치 예전에 상해에 도착하여 부두에 올라서면 초롱을 든 여관 심부름꾼들이 나와 호객 행위를 하던 모습과 같습니다.

왜 모든 종교는 이처럼 죽음에만 신경을 쓰고, 태어나는 일에 대해서는 신경을 쓰지 않을까요? 이 점에서 우리 문화만의 자랑이 있습니다. 우리 문화는 종교를 거의 언급하지 않지만, 죽음에도 신경 쓰고 태어나는 것에도 신경을 씁니다. 여러분이 장의사 문 앞에 한번 서 있어 보십시오. 날마다 죽은 자들이 실려 나가는 것이 몹시 불쌍하게 보일 것입

---

35) 서방 극락세계에 관하여는 송찬문 편역 『나무아미타불이 팔만대장경이다』를 참고하기 바란다.

니다. 때로는 영안실마다 줄을 서야 하고, 오전 오후 내내 바쁘기 그지없습니다. 그러나 중국 문화에는 "쉬지 않고 끊임없이 만물을 낳는다." (生生不息)는 사상이 있습니다. 산부인과 문 앞에 서 있어 보면, 날마다 아이가 태어나 부모에게 안겨 나오는 것을 볼 수 있습니다. 슬퍼할 것이 별로 없습니다. 저쪽에서 한 사람이 죽어 실려 나가면, 이쪽에서는 두 아이를 안고 나오면서 기뻐합니다. 이것이 서양 원시 문화와 중국 원시 문화의 기본적인 차이점입니다.

그러나 우리가 주의를 기울여야 할 점은, 어떻든 간에 생명의 태어남과 죽음의 문제에 대해 연구가 진행되고 있다는 것입니다. 태어남과 죽음은 참으로 크나큰 문제이지만, 아직까지 해결되지 않고 있습니다. 이것은 곧 중국 문화에서 상례喪禮가 차지하는 위치를 의미하는데, 옛 사람은 무엇 때문에 도처에서 장례의 의의를 이야기하고 있을까요? 이것이 내포하고 있는 문제는 매우 커서 결코 간단하지 않으니, 가볍게 보아서는 안 됩니다.

다시 본문으로 돌아갑시다. 본문에서 자유는 "상례는 애통해하는 선에서 그쳐야 한다."(喪致乎哀而止)고 말하고 있습니다.

자유의 사상은 공자의 전통을 계승한 것입니다. 그는 상례가 지나치게 겉치레로 흐르는 당시의 사회 풍조를 바로잡으려는 논조로, 장례식은 진심으로 애통해하면 된다고 했습니다. 겉으로 대단히 화려하고 몹시 성대하게 치르더라도 애통해하는 마음이 없다면, 겉으로의 예절이 아무리 훌륭하더라도 상례의 정신이 아니라는 것입니다. 위에서 말한 관념을 고대에는 이렇게 한 마디 말로 개괄했지만, 만약 오늘날 문장을 쓴다면 신문 잡지에다 여러 편의 논문을 기고해서 상례의 겉치레를 비평했을 것입니다. 우리가 지금 젊은 사람들에게 자유의 이 말을 하면 틀림없이 반감을 일으켜서, 그들은 이 말이 뭐가 대단하냐고 생각할 것입니다. 이것이 바로 학문과 시대가 결합될 방법이 없다는 것입니다.

우리 세대가 아는 바이지만, 중국의 구식 사회에서는 수천 년 동안의 습속으로 상가喪家에서 돈을 주고 사람을 불러다 곡을 시키는 지방이 있었습니다. 이런 곡소리는 노래보다 더 듣기 좋은데, 전문적으로 상갓

집에 가서 대신 울어 주고 돈을 받아 생계를 유지한 사람들이 있었습니다. 이것은 중국 문화의 악습이었습니다. 이런 풍조는 과거 광동성과 복건성 일부 지역들에서 가장 성행하였는데, 한나라와 당나라 문화의 유풍 때문이었습니다. 남을 대신해 장례식에서 울어 주는 사람을 '만랑'輓郎이라 불렀습니다. 요즘 장례 행렬에서 볼 수 있는, 중국식과 서양식이 뒤섞인 큰 악대와 같습니다. 이 때문에 자유는 이런 사회 풍조를 바로잡자고 주장을 제시한 것입니다.

기특한 일

자유가 말했다. "우리들의 학우 자장은 (사람됨이 확실히 대단하다. 일반인이) 해내기 어려운 일을 (감히 책임지고 맡아) 해낸다! 그러나 (선생님이 말씀하시는) 인仁의 경지에는 아직 도달하지 못했다."
증자가 말했다. "정정당당한 대장부로다, 자장은! 그러나 함께 인仁을 행하기는 어렵다."

子游曰：吾友張也，爲難能也！然而未仁。曾子曰：堂堂乎張也！難
자유왈   오우장야   위난능야   연이미인   증자왈   당당호장야   난

與並爲仁矣。
여병위인의

이것은 공자가 죽은 후 학우들 사이의 상호 평론인데, 자기들끼리 행한 자기 검토입니다. 이 편은 자장子張에서 시작되었기 때문에, 여기서 자장에 관해 토론한 것입니다. 자유는 자장에 대해 이렇게 말했습니다. "우리 학우 자장은 사람됨이 확실히 대단하다. 일반인들이 해 내기 어려운 일을 그는 감히 책임지고 맡아 임무를 달성한다. 그러나 자장이라 하더라도 선생님이 말씀하시는 인仁의 경지에는 아직 도달하지 못했다."

자유가 자장에 대해 이렇게 평론하자, 증자도 덩달아서 자장을 평론하여 말했습니다. "자장은 정정당당한 대장부지만, 내적 수양은 아직 인의 경지에 이르지 못했다."

　　증자가 말했다. "내가 선생님에게서 들었는데, '사람이 어떤 일을 순수하게 내심의 정감과 양심이 스스로 우러나서 하는 경우는 거의 없다. 굳이 말한다면 친부모의 상을 당한 경우에는 스스로 우러날 것이다!' 하셨다."

　　(사람은 기꺼이 자기비판을 하기가 매우 어렵고, 내적 반성으로 성인聖人의 경지에 이르기란 극히 드문 일이다는 뜻입니다)

　　曾子曰 : 吾聞諸夫子, 人未有自致者也, 必也親喪乎!
　　증자왈　오문저부자　인미유자치자야　필야친상호

　　여기서는 증자의 말을 빌려 학문의 도리를 설명하면서, 다시 상사喪事를 언급하고 있습니다. 증자는 예전에 공자가 "인미유자치자야"(人未有自致者也)라고 말하는 것을 들었다고 했습니다. 이것은 하나의 문제입니다. 여기서 '자치'自致는 자발적인 것입니다. 다시 말하면 자발적인 사람은 거의 없고, 비록 그런 마음을 가지고 있더라도 꾸준한 행위를 이루기는 매우 어려워서 최후의 목표에 이를 수 있는 사람은 아주 드물다는 뜻입니다.

　　이 말은 매우 공허해 보이지만, 공문의 도통道統은 내적 자성自省의 수양을 중시하기 때문에, 이것 역시 학문과 인仁을 탐구하는 요점입니다. 이 말 뜻은 사람은 기꺼이 자기비판을 하기가 매우 어렵고, 내적 반성으로 성인의 경지에 이르기란 극히 드문 일이라는 것입니다. 바꾸어 말하면, 대부분의 사람들은 어떤 일이든지 외부적인 환경의 영향으로 부득이 나서서 하는 것이지, 완전히 자발적으로 하는 일은 매우 적다는 것입니다. 예컨대 트럼프놀이는 세 사람이 있어야 하는데, 한 사람이 부족할 경우 멀리까지 뛰어가서 한 사람을 끌고 옵니다. 이것이 자발적으로 우러나는 행위입니다. 그러나 심리학적으로 연구해 보면 이것도 자발적인 것은 아닙니다. 왜냐하면 트럼프놀이는 자기 혼자 할 수 있는 게 아니고, 여러 사람이 함께 모여서 이루어지는 일종의 환경적 영향에 의존하여 하는 것이기 때문입니다. 그러므로 진정한 마음에서 우러나 자발적으로 인仁의 경지에 이르는 일은 대단히 적습니다.

엄격한 의미에서, 어떤 것을 자발적이라 할 수 있을까요? 증자는 공자의 말인 "굳이 말한다면 친부모의 상을 당한 경우에는 스스로 우러날 것이다!"(必也親喪乎)를 인용하고 있습니다. 즉, 부모가 죽었을 때 내심에서 진정으로 느끼는 슬픈 감정이야말로 자연적인 것이며, 순수하게 자발적인 슬픔이라고 말할 수 있다는 것입니다. 여기서 '필야'必也라는 두 글자에 유의해야 합니다. '굳이'·'꼭'·'한사코 이야기해야 한다면'의 뜻으로, 사실은 그런 슬픔도 때로는 자연스럽게 우러나는 참된 감정이 아니라 억지로 자아내는 감정일 수 있다는 것입니다(그러므로 중국 고문을 읽을 때에는 허자〈虛字〉에 주의할 필요가 있는 곳이 많습니다). 그러므로 사람은 내심의 정감과 양심이 순수하게 자발적으로 우러나기가 정말 어렵습니다. 이 단락의 글은 간단하게 보이지만, 심리학적·철학적으로 보면 그 뜻을 깊이 생각해 볼 여지가 아주 많습니다.

선인의 사업을 이어 나가다

증자가 말하였다. "내가 선생님에게서 들었는데, '맹장자의 효도에서 다른 점은 남들도 해 낼 수 있다 하더라도, 그가 (높은 관직을 계승한 후에도) 부친의 (이전의) 가신과 부친의 정책을 (계속 집행하고) 바꾸지 않았던 점은 (천하에 크게 효도한 것으로서 참으로) 하기 어려운 일이다.' 고 하셨다."

曾子曰 : 吾聞諸夫子 , 孟莊子之孝也 , 其他可能也 , 其不改父之臣與
증자왈　오문저부자　맹장자지효야　기타가능야　기불개부지신여

父之政 , 是難能也 。
부지정　시난능야

이것은 역사 철학의 문제입니다. 맹장자孟莊子는 고대의 세가世家로서 노나라 세습 대부인데, 성은 중학仲學이고, 이름은 속速입니다. 부친 맹헌자孟獻子는 이름이 멸蔑입니다. 당시 공자는 그에 대해 이렇게 말했습

니다. "맹장자야말로 효자다. 그가 부모에게 행한 효도는 다른 사람도 해낼 수 있다."(내 친구 한 사람은 백발이 성성한 60여 세의 나이지만, 큰 사업을 해서 매우 바쁩니다. 집에는 80세가 넘은 부친이 계시는데, 매일 저녁 집에서 부친을 모시고 식사를 합니다. 그렇지 않으면 부친이 식사도 하지 않고 가끔 아들을 욕하거나 심지어는 지팡이로 때리기도 하는데, 그럴 때면 아들은 재빨리 꿇어앉아 매를 맞습니다. 그렇지만 이런 효행도 아주 힘든 것은 아닙니다).

공자는 이어서 말했습니다. "그러나 가장 해내기 어려운 일은 맹장자가 높은 관직을 계승한 후에도 부친이 기용했던 이전 간부들을 그대로 두고 변함없이 대해 준 것과 부친의 정책을 계속 집행한 것이다." 이두 마디 말은 정말 도리가 많습니다. 역사상 고대의 정치 형태에 있어, 진한秦漢 이전의 종법사회는 진한 이후와 다르며, 지금과는 더욱 다릅니다. 만일 지금 사회가 고대와 같다면 큰일 납니다. 지금은 상공업 사회로서 과학 시대이지만, 춘추전국 시대는 농업 사회였을 뿐만 아니라, 종법사회 형태가 짙게 남아 있어 매우 보수적이었습니다. 그 때는 노인을 공경하고 현명한 사람을 존중하고 이전 사람의 경험을 중시했습니다. 지금은 젊은이를 중시하고 새로운 것과 변화를 추구하는 데 중점을 두고 있습니다. 이 역시 역사 문화의 큰 문제인데, 미래에는 인류 문화 전체가 이미 지나온 길로 되돌아갈까요? 말하기 어려운 문제인데, 역사의 발전·변화 과정을 보면 지나온 길로 되돌아갈지도 모릅니다. 이것이 첫 번째 점입니다.

이 단락 글에서 또 유의해야 점으로, 중국은 효도를 중시해 왔고, 증자는 뒤에 '십삼경'十三經의 하나로 들어간 한 부의 『효경』孝經을 지었습니다. 효도를 엄격히 연구해 보면, 그 속에도 문제들이 있습니다. 만일 우리들 모든 가정의 자녀마다 좁은 의미에서 말하는 효자라면 혁명하려는 사람이 없을 것이고, 다들 모두 효자 노릇한다면 이 사회는 진보하지 못할 것입니다. 그러므로 '효'와 '불효'의 사이에는 문제가 존재합니다. 뒷날 효孝와 충忠이 서로 연관된 것으로 발전하였고, 뒷날 또 한 사람이나 한 가지 일에 충성하는 좁은 의미의 충으로 변했습니다. 사실 효도를 이야기하려면 증자가 지은 『효경』을 연구해야 하는데, 그 책에서 말하는 효의 정신은 바로 서양 문화의 '사랑'입니다. 사랑을 천하 모든 사람을 사랑하는 데까지 확대하면, 천하에 대효大孝하는 것이 됩니다. 후세에 제창된 충은 효를 널리 실천한 것입니다. 그리하여 당송唐宋 이후에는 "충신은 효자의 가문에서 구하라."(求忠臣於孝子之門)는 명언이 생겼습니다. 부모와 가정에 대해 참된 애정을 지닌 사람이, 만약 국가와 천하를 위해 나서서 헌신한다면 반드시 진정으로 책임감을 갖는다는 것입니다.

고대의 '충'忠은 오늘날의 개념으로는 하나의 큰 '책임감'인데, 이 두 단어를 비교해 보면 나는 고대의 '충'이 더 좋다고 여겨집니다. '책임'은 법치의 개념인데, 법치 개념에서 생기는 폐단은, 어떤 일에 대해서 가치가 있느냐 없느냐 하는 문제가 우리 머릿속에서 떠오르며, 만일 가치가 없다면 구태여 책임을 다할 필요? 라는 생각이 일어난다는 것입니다. 그러나 중국 고대의 문화에서는 가치의 문제는 말하지 않고, 오직 인정과 의리의 문제만 중시했습니다. 그래서 공자가 맹장자의 효도에 대해 "그가 부친의 가신家臣과 부친의 정책을 바꾸지 않았던 점은 참으로 하기 어려운 일이다."(其不改父之臣與父之政是難能也)라고 말한 것임을 우리는 이해해야 합니다. 즉, 맹장자가 천하에 대효大孝하고, 부친이 남긴 기존의 좋은 정치 규범을 계승한 것은 아주 드문 일이라고 하였습니다. 이것이 두 번째 점입니다.

우리가 유의해야 할 세 번째 점은, "아버지의 가신과 아버지의 정책을 바꾸지 않는 것"이 왜 어려운 일일까요? 사실 이것은 대단히 어려운 일입니다. 우리들은 이런 가정환경에서 자라지 않았기 때문에 체험하지 못한 문제인데, 맹장자처럼 권세 있고 부유한 집안에서 태어났더라면 우리들 대부분은 아버지 세대의 간부를 그대로 기용하지 않았을 것입니다. 옛말에 "한 조정의 천자, 한 조정의 신하"(一朝天子, 一朝臣)라는 말이 있는데, 역사에 있었던 두 가지 사례를 보면 이 말 뜻을 알 수 있습니다.

한나라 무제武帝가 가장 총애하는 왕비 구익부인鉤弋夫人을 죽인 것은, 그녀가 낳은 아들을 태자로 세우기 위해서였습니다. 한무제는 태자 책봉을 결심하자, 먼저 태자의 모친을 죽였습니다. 어떤 사람이 왜 그렇게 하느냐고 묻자, 한무제는 이렇게 말했습니다. "예로부터 나라가 어지러워지곤 했던 까닭은 모두 제왕이 연소하면 젊은 모후가 정치에 간섭했기 때문이다. 나는 이미 늙었고 왕비는 아직 젊으니, 장차 나의 아들이 황제가 되었을 때 모후가 정치에 간섭하면 어떻게 하겠느냐?"고 했습니다. 한무제의 이런 방법은 일종의 권모술수이자 제왕의 통치 수단으로, 일리가 없다고 할 수는 없습니다.

두 번째 사례도 한나라 때의 일인데, 나는 앞에서 한나라의 문제文帝가 주아부周亞夫의 세류영細柳營에 간 이야기를 한 적이 있습니다. 한 문제가 영문營門을 들어갈 수 없자, 주아부가 나와서 영접했습니다. 갑옷을 입고 있어서 무릎 꿇고 인사드리기에 불편하여 공수拱手의 예를 표했는데, 군용軍容이 엄숙했습니다. 한 문제는 그의 군대가 가장 뛰어나다고 칭찬하면서 그를 중용했습니다. 그러나 뒤에 경제景帝 시대에 와서 주아부는 못살게 굴어 죽음을 당했습니다. 왜 죽어야 했을까요? 경제는 한 마디로 주아부를 비판하기를 "이 사람은 불만을 품고 있어서 어린 주군의 신하가 될 수 없다."(此人鞅鞅, 非少主臣)라고 하고, 이때에 그를 죽이겠다고 결심했습니다. 경제는 주아부가 절대적인 충신이기는 하지만, 경제 자신과 국가에만 충성할 뿐이라고 생각했습니다. 자신은 이미 늙어서 거의 죽게 되었고 아들은 아직 어린데, 어린 아들이 황제로 즉위하면 주아부가 불복하고 기분 좋아할 리 없을 것이라고 생각했던 것입니다.

우리가 역사를 읽어 보면 많은 일을 보게 됩니다. 그런 것을 꿰뚫어 본 일부 사람들은 한평생 관직에 나서서 일하기를 원치 않았습니다(지금의 민주 시대에는 물론 다릅니다). 이런 황제들이 이렇게 한 것은 고대 종법 사회 체제의 입장에서 보면 나름대로 일리가 있습니다.

다음은 당태종과 서세적徐世勣의 이야기입니다. 서세적은 당태종과 함께 천하를 평정했습니다. 그는 무예도 뛰어나고 전공戰功도 많이 세워 모든 면에서 훌륭했습니다. 그런데 당태종은 자기가 죽을 무렵, 가장 우선적으로 서세적을 멀리 보내 변방을 수호하게 하라고 명령했는데, 이것은 총사령관을 사단장으로 강등하는 격이었습니다. 당태종은 자신의 아들 고종에게 이르기를, 이 명령이 송달된 뒤 서세적이 어떻게 출발하는지 동정을 주의해 살피라고 했습니다. 그러나 서세적은 아무래도 젊었을 때 당태종과 함께 천하를 평정한 만큼 대단한 식견이 있는 사람이었고, 당태종이란 사람을 잘 알고 있었습니다. 그는 길을 가다가 이 명령을 전달 받았는데, 명령을 받자마자 집에도 가지 않고 그 길로 변방에 가서 신고했습니다. 이것을 보고 받은 당태종은 그제야 서세적이 앞으로도 고종에게 복종할 것이라 믿고 마음을 놓았습니다.

만일 서세적이 망설이거나 불쾌한 언동을 보였더라면, 죽음을 면치 못했을 것입니다. 이 일로 보아 당태종이 영명英明하다는 것을 충분히 알 수 있습니다. 이런 일을 당태종이 했다는 것이 다행입니다. 왜냐하면 당태종은 좋은 점들이 너무 많아서, 이런 수작을 부렸던 사실이 가려졌기 때문입니다. 만일 진시황 같은 사람이 이런 일을 했더라면, 그는 세상 사람들에게 엄청난 욕을 먹었을 것입니다. 당태종의 이러한 행위는 이른바 "신하의 공이 높으면 임금을 떨게 한다."(功高震王)는 격으로, 서세적의 공이 너무 큰 것을 두려워한 결과였습니다.

사실 정치만 그런 게 아니라, 사회 인정도 마찬가지입니다. 어떤 사람에게 지나친 정을 쏟으면 상대방은 그것을 받아들이지 못하며, 친구를 열심히 도와준다고 그의 일을 지나치게 간섭하면 친구의 반감을 사기 마련입니다. 그래서 인생이 곧 정치이고, 정치가 곧 인생입니다. 이렇게 보면 "아버지의 신하와 아버지의 정책을 바꾸지 않는 것"이 정말 어려운 일임을 알 수 있습니다. 그러므로 이 몇 구절의 글은 간단해 보이지만 진정한 학문이니 잘 배우고 깊이 생각하며, 머리를 써서 인생 가운데서 체험해야 합니다.

법률이란 인정에 맞아야

맹씨가 양부를 (사법부 장관인) 사사士師로 삼자, 양부가 (취임 전에) 선생님인 증자에게 가르침을 청하고 의견을 구했다.

증자가 말하였다. "위에서 지도하는 사람이 올바른 도道를 잃어서 민심이 흩어져버린 지 이미 오래되었다. (지도하는 사람이 도를 상실하면, 사회 문화가 궤도에 들어서지 못해 시대가 어지러워진다. 시대가 어지러워지면 민심도 흩어져서 중심 사상과 중심 신앙도 없어지며, 사람 사이의 진실한 감정도 없어지게 된다)! 만약 (사건을 판결하는 사람이) 그들이 (죄를 짓게 된) 속사정을 알게 되면, (사회의 구조적 문제로 인해 죄를 범하는 사람이 많으므로 범인을 동정하고) 불쌍히 여겨야지, (사건을 처리했다고 자기 공적으로) 기뻐해서는 안 된다."

孟氏使陽膚爲士師, 問於曾子。曾子曰:上失其道, 民散久矣! 如
맹 씨 사 양 부 위 사 사   문 어 증 자   증 자 왈   상 실 기 도   민 산 구 의   여

得其情, 則哀矜而勿喜。
득 기 정   즉 애 긍 이 물 희

　　맹씨 가문에서는 증자의 학생 양부陽膚를 사사士師로 삼았습니다. 사사는 굳이 비유한다면 지금의 사법부 장관에 해당하는 관직인데, 권한은 더 커서 사안을 직접 처리하고 집행할 수 있었습니다. 양부는 취임하기 전에 선생님인 증자에게 가르침을 청하고 의견을 구했습니다.

　　이에 증자는 양부에게 일러 줍니다. "위에서 지도하는 사람(고대 제왕 정치에서 위에서 지도하는 사람이란 국가 사회의 운명을 책임진 결정권자라 할 수 있으며, 오늘날로 보면 전체의 역사 시대라고 할 수 있습니다)이 도道를 상실하면, 사회 문화가 궤도에 들어서지 못해 시대가 어지러워진다. 시대가 어지러워지면 민심도 흩어져서 중심 사상과 중심 신앙도 없어지며, 사람 사이의 진실한 감정도 없어지게 된다. 이런 상황이 된 지 이미 오래되었다."(춘추 시대부터 증자 시대에 이르기까지 3백여 년은 매우 혼란한 시대였습니다. 지금 우리들보다도 더 딱한 처지였지요. 참으로 재난이 많았던 역사 시기였습니다. 중화 민족 문화가 이토록 깊고 두터운 것도 역사가 재난이 아주 많았던 길을 헤쳐 왔기 때문입니다. 당시 지식인들은 많은 재난 속에서 정치·인생·사회·역사의 경험을 축적하여 우리에게 전해 주었는데, 이것이 바로 역사 문화의 정신입니다).

　　"만약 그들이 죄를 짓게 된 속사정을 알게 되면 불쌍히 여겨야지 기뻐해서는 안 된다."(如得其情, 則哀矜而勿喜)라는 말은 법치에 대한 증자의

관점입니다. 그의 생각은 이렇습니다. "사회 실제 상황을 법치와 결합해야 한다. 이것은 법을 집행하는 사람이 마땅히 지녀야 할 태도이다. 사건을 판결하는 사람은 당사자의 속사정을 잘 이해하여 범죄의 동기가 어디에 있는지 알아야 한다. 사회의 구조적 문제로 인해 죄를 범하는 사람이 많으므로, 범인을 동정하고 비통해하는 마음을 가져야 한다. 왜냐하면 모두가 우리의 동포이고 백성이기 때문이다. 그 사람이 죄를 짓게 된 데에는 우리의 책임도 없다고 할 수 없으므로 그에 대해 비할 바 없는 비통과 연민의 정을 가져야 할 뿐, 기뻐해야 할 무슨 공적이 없다. 큰 사건을 처리했다고 자기 공을 기뻐해서는 더더욱 안 된다. 범죄 사건이 영원히 발생하지 않는 사회라면 얼마나 좋겠느냐?" 그러므로 고대의 사대부들은 사회 풍조가 나빠지면 자기가 책임을 져야 한다는 생각을 가지고 있었습니다.

이상 몇 단락은 증자의 말을 빌려 학문의 외적 활용을 설명한 것입니다. 다음에는 자공子貢의 관념을 말하고 있습니다.

성패로 영웅을 논함

자공이 말했다. "은나라 주왕紂王의 악행은 후세에 말하는 것처럼 그렇게 심하게 나쁜 것은 아니었다. 그래서 군자는 (비열하거나 나쁜 행위를 하는) 하류下流로 처신하기를 싫어하는 것이니, 천하의 잘못이나 나쁜 일들이 모두 그에게 돌아가기 때문이다. (그러므로 사람은 조심스럽게 처세해야 한다)"

子貢曰：紂之不善，不如是之甚也。是以君子惡居下流，天下之惡
자공왈　주지불선　불여시지심야　시이군자오거하류　천하지악

皆歸焉。
개귀언

이것은 자공이 말한 역사 철학에 대한 비평입니다. 주의 무왕武王이 은의 주왕紂王을 뒤엎고 주나라를 세운 것은 주왕이 포학했기 때문입니다. 그러나 자공은 주왕이 후세에 말하는 것처럼 그렇게 심하게 나쁘지는 않았다고 말합니다. 이것은 일부 사람들이 진시황을 그렇게 나쁘지 않았다고 말하는 것과 같습니다.

진시황이 분서갱유焚書坑儒를 한 것은 사실이지만, 그가 전국의 서적을 모두 태워 버렸다고는 할 수 없습니다. 그는 전국의 서적을 거두어들여 함양咸陽의 아방궁阿房宮에 넣어 놓고 민간에 전해지지 못하게 했습니다. 이것은 백성들의 지식 수준이 높아져 통치하기 어렵게 될 것을 두려워했기 때문인데, 이거야말로 진짜 사실입니다. 갱유坑儒라는 것도 실은 그가 몹시 미워했던 일부 유생들을 생매장한 것뿐이었습니다. 그러므로 우리는 역사에 기록된 "처사들이 멋대로 논의한다."(處土橫議)는 말에 유의해야 합니다.

진시황도 초기에는 많은 고급 지식인들을 소집해서 회의를 열고 여러 가지 문제를 묻고 가르침을 청했습니다. 그런데 이 지식인들은 회의를 할 때는 아무런 의견도 내놓지 않고 있다가, 회의가 끝난 후에야 속으로 불평을 중얼거리는 것이었습니다. 이것은 그래도 크게 얄미운 것은 아니었습니다. 더 얄미운 것은 관직에 오르지 못한 처사處土들이었습니다. 그들은 멋대로 논의하고 달걀 속에서 뼈를 찾듯이 멋대로 무슨 꼬투리를 찾아내려고 하는데다 정직한 길을 걷지 않았습니다. 그래서 진시황은 화가 난 나머지 그들을 생매장한 것입니다.

지식인은 이런 잘못을 범하기 쉬우므로, 우리도 반성해야 합니다. 회의를 여러 번 해 보면 알 수 있듯이, 일부 사람은 회의할 때는 "예, 예." 하고 무슨 일에 대해서나 아무런 의견도 없다가, 회의가 끝나기 바쁘게 어디 가서나 마구 비판을 합니다. 그러므로 진시황이 유생을 생매장한 것도 나름대로 이유가 있었던 것입니다. 그러나 이것도 사실은 모두 이사李斯가 저지른 행위인데, 죄는 진시황에게 씌워졌습니다.

중국의 고대 서적은 누가 태웠을까요? 항우가 태웠습니다. 그는 함양에 불을 질러 연속 3개월 동안이나 타게 했습니다. 진시황이 아방궁을 지은 것은 물론 잘못이었지만, 항우가 태워 버리지 않고 지금까지 전해졌다면 그 건축물은 대단한 문화 고적이 되었을 것입니다. 『아방궁부』

阿房宮賦에서 묘사한 것처럼 사람이 말 위에 서서 열 길이나 되는 깃발을 높이 들고 아방궁의 성문을 통과할 수 있을 정도였다면, 그것은 이탈리아의 건축물과도 비교되지 않을 것입니다. 그러므로 고서 문화古書文化를 파괴한 데에는 항우의 죄과도 아주 큰 것입니다.

항우의 죄과가 클 뿐만 아니라 소하蕭何에게도 죄가 있습니다. 그는 아무래도 현 서기, 즉 과원科員 출신에 불과했기에, 함양에 도착해서는 그곳에 있는 호적·금전·양식 등 행정의 기초 자료들에만 관심을 가지고 수집하여 모두 운반해 갔습니다. 그러나 책은 자신이 제대로 공부한 적이 없었기 때문에 상관하지 않았습니다.

그 뒤에 세가공자인 항우가 함양에 도착하여 아방궁에 불을 놓아 책을 모두 태워 버렸는데, 이래도 진시황의 죄일까요? 이상은 모두 역사를 공평하게 이야기해 본 것입니다. 세가공자이면서 건달이었던 항우는 이렇게 철이 없었습니다. 근대인인 역실보易實甫가 항우를 묘사한 아주 재미있는 시가 있습니다.

스무 살에 이미 재능이 있어 패권을 다투었으며　　二十有才能逐鹿
팔천 명이 명령 없이도 용을 따르고자 했네　　　八千無命欲從龍
함양의 궁궐 순식간에 불지르고　　　　　　　　咸陽宮闕須臾火
천하의 제후와 왕들을 제멋대로 봉했네　　　　　天下侯王一手封

그래서 여기서 자공은 주왕紂王이 나쁘긴 했지만, 후세에 말하는 것만큼 나쁘지는 않았다고 했습니다. 사람이, 특히 지도하는 사람이 행위가 비열하고 나쁘면 천하의 잘못이 모두 그에게 돌아갑니다. 그래서 역사를 읽어 보면 어떤 사람들은 정말 불쌍하게 느껴집니다. 역사뿐만 아니라 사회도 마찬가지인데, 이런 점에서 자공의 말은 솔직합니다. 그러므로 사람은 조심스럽게 처세해야 합니다.

자공이 말했다. "군자의 잘못은 일식이나 월식 같다. 잘못을 범하면 (숨기지 않고 솔직히 인정하니) 사람들이 모두 보게 되고, 고치고 나면

사람들이 (해와 달을 대하듯 그의 광명을) 모두 우러러보게 된다."

> 子貢曰：君子之過也，如日月之食焉。過也，人皆見之；更也，人
> 자공왈　군자지과야　여일월지식언　과야　인개견지　경야　인
>
> 皆仰之。
> 개앙지

　자공은 말했습니다. "대장부에게 잘못이 있는 것은 별로 관계가 없다. 마치 해와 달은 본래 빛나는 것이기에 다른 그림자에 가려져도 누구나 볼 수 있으며, 가려진 것이 벗겨져도 누구나 볼 수 있고 여전히 앙모하는 것과 같다." 이 단락은 문자 상으로는 이렇습니다만, 그 의미는 두 가지가 있습니다. 첫째는, "군자는 자기에게 잘못이 있는 것을 두려워하지 않고 그것을 덮어 숨기려 하지 않는다. 잘못했으면 솔직히 인정하여 누구에게나 보여 주는 것이 군자의 풍모이다. 또, 그 잘못을 고치고 나면 사람들은 해와 달을 대하듯 군자의 광명을 흠모한다."는 것입니다.

　둘째 의미를 봅시다. 군자는 윗사람인 지도자를 뜻합니다. 과거 사회에서 소인小人은 잘못이 있어도 관계가 없었습니다. 왜냐하면 소인은 그 자신이 본디 온통 어두워 밝은 빛이라고는 찾아볼 수 없으므로, 누구나 그 어두움에 익숙해 있기 때문입니다. 그러나 태양에 대해서는 누구나 그 밝음에 익숙해 있으므로 한 점의 흑점만 눈에 띄어도 금방 지적됩니다. 그러므로 객관적으로 볼 때 군자의 잘못은 이처럼 두려운 것입니다. 하지만 잘못을 범하면 곧바로 고치려 하고, 바로잡고 나면 모두들 그를 용서할 것입니다. 왜냐하면 사람들은 모두 군자를 흠모하기 때문입니다.

성인은 일정한 스승이 없다

　위나라 (대부) 공손조가 자공에게 물었다. "공자는 누구에게서 배우셨기에 그토록 훌륭합니까?"

　자공이 말했다. "문왕과 무왕의 도道가 아직 땅에 떨어지지 않고 사

람들에게 있습니다. (중국 문화는 완전히 없어진 것이 아니라 아직 남아 있으니, 문제는 사람에게 있습니다) 지혜와 도덕을 갖춘 현명한 사람은 그 중 큰 부분을 알고 있고, 현명하지 않은 사람도 그 중 작은 부분을 알고 있으니, 문왕과 무왕의 (문화 정신인) 도道를 지니지 않은 이가 없습니다. (선생님께서는 이러한 전통 문화의 모든 정신을 갖추고 있었으니, 그분의 스승이 누구냐고 묻는다면 없었다고 할 수밖에 없습니다) 선생님께서는 (어느 한 사람에게서 배우려 하지 않고, 무엇이든 장점을 가진 사람이라면) 누구에게서나 배우시지 않았겠습니까? 그러니 또 어찌 일정한 스승이 있으셨겠습니까?"

衛孔孫朝問於子貢曰：仲尼焉學？ 子貢曰：文武之道，未墜於地，在
위 공 손 조 문 어 자 공 왈　중 니 언 학　　자 공 왈　문 무 지 도　미 추 어 지　재

人。賢者識其大者，不賢者識其小者，莫不有文武之道焉。夫子焉不學？
인　　현 자 지 기 대 자　불 현 자 지 기 소 자　막 불 유 문 무 지 도 언　부 자 언 불 학

而亦何常師之有？
이 역 하 상 사 지 유

이 단락은 공자 개인에 관한 연구나 전통 문화 연구에 있어서 몇 가지 다른 관점입니다. 공손조孔孫朝는 위나라 대부인데, 그는 자공에게 공자는 누구에게서 배웠기에 학문이 그토록 훌륭하냐고 물었습니다. 이것은 우리가 지금 어느 대학을 졸업했느냐고 묻는 것과 같습니다. 이에 자공은 "문왕과 무왕의 도道가 아직 땅에 떨어지지 않고 사람에게 있습니다."(文武之道, 未墜於地, 在人)라고 했습니다.

주나라는 중국 고대 문화를 집대성했는데, 대표적 인물로는 세 사람이 있습니다. 문왕·무왕은 천하를 통일했고, 주공은 중국 고대 문화와 정치의 기초를 확립했습니다. 이 때문에 주나라는 8백여 년 동안 정권을 유지할 수 있었습니다. 춘추전국 시대는 바로 주나라가 쇠락하던 시기였습니다.

자공의 말은 이런 뜻입니다. "중국 문화는 완전히 없어진 것이 아니라 아직 남아 있습니다. 문제는 사람에게 있습니다. 지혜와 도덕을 갖춘 현명한 사람이라면 우리 문화의 큰 부분을 알고 있고, 현명하지 못한

사람이라도 우리 문화의 작은 부분은 알고 있습니다. (요즘 사람들은 전통 문화를 이해하려면 고궁박물관에 가보는 것으로도 충분하다고 생각하는 사람들이 많습니다. 사람들은 과학 분야의 문화는 보잘것없다고 여길 뿐만 아니라 오히려 반 감을 가지고 있고, 심지어 우리에게 인문과학이 없다고 생각하여 정신적인 면에서 전통 문화의 위대함을 모르고 있습니다. 그러나 아무리 현명하지 못한 사람이라도 전통 문화를 전혀 모르는 것은 아닙니다. 예컨대, 회화 · 편직編織 · 목각, 그리고 유 명한 세 자루의 칼, 즉 요리사의 식칼, 재봉사의 가위, 이발사의 면도칼도 우리 문 화가 아니라고 할 수 없습니다. 이런 것들은 누구나 알고 있는 전통 문화의 한 작 은 부분입니다) 크든 작든 전통 문화는 문왕 · 무왕 · 주공 이후 공자 시대 에 이르기까지 모두 우리 문화의 정신을 가지고 있습니다. 공자는 이러 한 전통 문화의 모든 정신을 갖추고 있었으니, 공자의 선생님이 누구냐 고 묻는다면 없었다고 할 수밖에 없습니다. 공자는 어느 한 사람에게서 배우려 하지 않고, 무엇이든 장점을 가진 사람이라면 누구에게서나 배 웠기 때문에 일정한 스승이 없었습니다." 뒷날 당나라 때 한유의 '사설' 師說 관념도 여기에서 나온 것입니다.

왕궁 담장에서 바라보기

(노나라 대부) 숙손무숙이 조정에서 대부들에게 말하기를 "자공이 공 자보다도 현명하다." 고 하였다. (대부) 자복경백이 이 말을 자공에게 전하자,

자공이 말하였다. "(학문 · 도덕 · 수양 등을) 담장에 비유하면, 내 집 의 담장은 어깨 정도 높이어서 (남이 밖에서) 집안의 좋은 것 등을 (훤 히) 들여다볼 수가 있으나, 선생님의 궁전 담장은 몇 길이나 되는 높이 여서 그 문을 찾아 들어가지 못하면 종묘의 아름다움과 관리들의 많음 을 볼 수가 없습니다. 그 문을 찾아 낸 사람은 아마도 드물 것입니다! (숙손무숙이란 분이 내가 선생님보다 더 훌륭하다고 했다는데, 나는 너 무 낮아서 그들이 한눈에 꿰뚫어보고 나를 이해하는 것은 쉬우나 선생 님을 이해하는 일은 어려우니) 그분이 그렇게 말씀하신 것도 당연한 일 이 아니겠습니까?"

叔孫武叔語大夫於朝曰：子貢賢於仲尼。子服景伯以告子貢，子貢曰：
숙손무숙어대부어조왈　자공현어중니　　자복경백이고자공　자공왈

譬之宮牆，賜之牆也及肩，窺見室家之好；夫子之牆數仞，不得其門而入，
비지궁장　　사지장야급견　규견실가지호　부자지장수인　부득기문이입

不見宗廟之美，百官之富。得其門者或寡矣！夫子之云，不亦宜乎？
불견종묘지미　백관지부　　득기문자혹과의　부자지운　불역의호

숙손무숙叔孫武叔은 노나라 대부로서, 성은 숙손이고, 이름은 주구州仇, 시호는 무武입니다. 이 단락은 공자가 죽고 난 이후의 일을 말한 것입니다. 이 「자장」편에는 공자의 학생들이 등장하고 있는데, 이 때 자로는 이미 죽었고, 자공은 국제적으로 명성을 떨치고 있었습니다. 그래서 숙손무숙은 조정에서 대부들에게 "사실상 비교해 보면 공자의 학생인 자공이 공자보다 더 훌륭하다."고 말했습니다.

자복경백子服景伯도 노나라 대부로서, 자공의 학우였습니다. 이 사람은 제14편 「헌문」에도 나오는데, 당시 실권을 가지고 있던 자복경백은 공자에게 공백료公伯寮가 스승에 관한 유언비어를 퍼뜨리고 있으니, 한 마디 하시면 공백료를 제거하겠다고 했습니다. 그 때 공자는 그럴 필요가 없다고 대답했습니다.

여기서 자복경백은 숙손무숙의 말을 듣고, 돌아와 숙손무숙이 선생님을 어떻게 비평하고 있는 지를 자공에게 전했습니다. 그러자 자공은 이렇게 말했습니다. "담장에 비유하면 (후에 스승으로 모시는 것을 '담장에 들어간다'〈列入門牆〉고 한 것은 이 말에서 유래된 것입니다), 내 집의 담장은 어깨 높이만큼 되어서 다른 사람이 밖에서 들여다보면 그 안의 모든 것이 다 보입니다."

담장 이야기가 나온 김에 더 말해 봅시다. 일본식 건물은 담이 매우 낮습니다. 흔히들 일본 사람은 낮은 것을 좋아한다고 하지만, 사실은 그렇지 않습니다. 중국 고대나, 당나라와 송나라 시대의 건물도 이처럼 모두 담장이 낮았기 때문에, 고대 무협지에서는 추녀와 벽을 나는 듯이 넘나들었다고 말하고 있습니다. 이런 담장은 무예가 조금만 있어도 손으로 꼭대기를 짚고 휙 하고 올라갈 수 있었으니, 추녀와 벽을 나는 듯

이 넘나들었다고 해도 과언이 아닐 정도로 지금의 몇 층 높이의 담장과 는 비교할 수 없었습니다. 또, 옛날의 담장은 토담이라서 대부분 위에 작은 구멍들이 있었기 때문에, 무예가 조금만 있어도 그 구멍을 잡고 올라갈 수 있었습니다. 지금의 철근콘크리트 담장은 벽호공壁虎功이 아 니라 그 어떤 무공을 쓰더라도 올라갈 수 없습니다. 고대에는 일반 민 가의 담장만이 아니라 왕궁의 담장도 높지 않았습니다. 일본 황궁을 보 면 해자垓子 가까운 바깥쪽 왕궁 담장은 성벽처럼 높지만, 안쪽에 있는 담장은 높지 않습니다. 이것은 중국의 고대 제도였습니다.

자공은 이렇게 말하고 있습니다. "내 집의 담장은 어깨 높이여서 사 람들이 밖에서 머리만 들면 집 안에 어떤 탁자가 있고, 무슨 그림이 걸 려 있고, 무엇이 좋고 나쁜가를 모두 볼 수 있습니다. 바꾸어 말해, 담 장이 얕으면 안의 내용이 남에게 환히 드러나 보이듯이, 나의 학문·수 양·사람됨은 모두 남이 한눈에 알아볼 수 있는 낮은 수준입니다. 그러 나 우리 선생님의 궁전 담장은 높이가 수십 척이나 되기 때문에 일반인 은 그 안의 모습을 볼 수 없고 드나드는 문조차 찾을 수 없으니, 담장 안에 있는 종묘宗廟의 아름다움과 백관百官의 많음을 볼 수 없음은 말할 필요가 없습니다."

여기서 우리는, 옛 사람들의 글에서 두 곳에 사용한 단어가 다르다는 것을 알 수 있습니다. 자공은 자기 집 담장이 낮아서 다른 사람들이 '실 가'室家까지 볼 수 있다고 했습니다. 실가는 엄격히 말해서 부부의 침실 인데, 즉 방 안의 사생활까지도 한눈에 속속들이 보이는 것이 자공 자 신이라고 묘사하고 있습니다. 그러나 선생님을 말할 때는 공경스러워서, '실가'室家라는 말을 쓰지 않고, '종묘'宗廟라고 쓰고 있습니다. 고대 제도 에서 종묘는 조상을 경배하는 최고의 장소입니다.

이 두 가지 묘사에서 하나는 자신을 낮추는 것이고, 다른 하나는 선 생님을 공경하는 것임을 알 수 있습니다. 여기에서 우리는 고문에서의 문자의 논리 개념을 알 수 있는데, 신분이 다르니 다음 글귀의 묘사 단 어가 모두 달랐던 것입니다. 옛 사람은 이런 요점들에까지도 주의를 기 울였습니다. 오늘날 우리가 하는 식인 '편한 대로'는 편한 대로의 좋은 점도 있고 편한 대로의 나쁜 점도 있습니다.

자공은 공자의 학문을 황궁으로 묘사하면서 말합니다. "궁전의 담장은 너무 높아 볼 수가 없습니다. 공자의 학문은 황궁처럼 장엄하고 부유하고 면전에는 많은 문무백관이 서 있습니다. 그러므로 일반인이 선생님을 연구하려면 문을 찾을 수 있는 사람도 매우 드문데, 하물며 당堂에 오르고 실室에 들어가겠습니까! 숙손무숙이란 분이 내가 선생님보다 더 훌륭하다고 했는데, 그런 것도 무리는 아닙니다. 왜냐하면 나는 너무 낮아서 그들이 한눈에 꿰뚫어보기 때문입니다. 나를 이해하는 것은 쉬우나 선생님을 이해하는 일은 어려우니, 그들이 그렇게 말하는 것도 이상할 것이 없습니다." 맨 끝의 "당연한 일이 아니겠습니까?"(不亦宜乎)는 여기에서 반어적 용법으로 쓰였습니다.

송나라 재상 장상영張商英은 선禪을 배운 사람인데, 그는 재상이 되기 전에 많은 불교 서적을 읽고 자신이 선을 이해하고 있다는 자부심을 갖고 있었습니다. 당시 그의 관직은 몇 개 성省의 재정과 세금, 그리고 운수運輸, 보급補給에다 지방행정까지 관장하는 전운사轉運使로서, 권력이 상당히 컸습니다. 한번은 그가 절을 지나가게 되었는데, 절에 있던 운봉열雲峰悅이라는 대화상大和尙이 이렇게 말했습니다. "전운사는 너무 교만하다. 스스로 선을 이해하고 있다고 생각하고 있는데, 그는 높은 관직에 있을 뿐이지 선 수양이 뛰어난 것은 아니다. 오늘은 그의 오만을 꺾어 놓아야겠다." 이 말을 들은 아래 스님들은 두려워서 벌벌 떨었습니다. 왜냐하면 옛날의 대화상大和尙은 정부에서 임명하는 지위로서, 지금의 대학 총장과 같았는데, 전운사는 대화상을 해임시키는 데 영향을 미칠 수 있는 권한을 갖고 있었기 때문입니다. 제자들은 운봉 스님에게 이 높은 관원의 노여움을 사지 말라고 권했습니다. 그러자 운봉 스님은 출가한 사람은 명예도 이익도 바라지 않고, 옳은 것은 옳고 그른 것은 그른 것이니 상관하지 말라고 했습니다.

이튿날 장상영이 왔는데, 두 사람은 처음에 서로 공손하게 선禪에 대한 이야기를 나누었습니다. 그런데 장상영는 이 큰 스님을 깔보고는 시詩만을 담론하며 스님에게 "당신이 시詩를 매우 잘 짓는다고 들었습니다." 라고 말하자, 스님이 이렇게 말했습니다. "전운사께서는 사람들이 함부로 말하는 것을 믿지 마십시오. 사람들이 내가 시를 잘 짓는다고 말하는 것은, 그들이 당신이 선을 잘 배웠다고 말하는 것과 꼭 같습니다." 라고 대답했습니다. 이 말은 장상영을 여지없이 욕한 것인데, 이 단락의 끝부분인 "당연한 일이 아니겠습니까?"(不亦宜乎)란 말도 바로 그런 이치입니다. 이것은 대화의 예술이자 다른 사람을 욕하는 예술로서, 자공의 말도 이와 마찬가지입니다. "사람들이 나 자공을 훌륭하다고 말하는 것도 당연하다. 왜냐하면 그들은 안목이 짧아 낮은 곳만 볼 수 있을 뿐, 공자의 학문은 너무나 높고 깊어서 그들이 볼 수 없기 때문이다."라는 뜻입니다.

성인의 마음은 해와 달

숙손무숙이 공자를 또 비방하자,

자공이 말했다. "그러지 마십시오! 선생님은 당신들이 비방할 수가 없는 분입니다. 다른 사람의 (학문과 도덕이 훌륭한) 현명함은 언덕과 같은 것이어서 (비록 숭고하고 위대할지라도 여전히 천천히 그 정상까지 올라가) 넘어갈 수가 있지만, 선생님께서는 (그 위대하고 숭고함이) 해나 달과 같으셔서 (취할 수도 없고 만질 수도 없어서) 넘어갈 수가 없습니다.

(일반인이 그분과의 관계를 단절해서 공자 사상의 영향을 받지 않으려 하는 것은 해나 달의 영향을 배척하는 것과 같습니다) 사람이 비록 집을 하나 지어서 해나 달을 스스로 차단하고자 하더라도, 어찌 해와 달이 영원히 천하를 비춤에 손상이 가겠습니까? (그러는 당신에게 해나 달은 화를 내지 않을 것이지만, 당신의 집에는 아무래도 어느 정도 밝은 빛이 있어야 하는데, 이 빛도 역시 해나 달로부터 오는 것입니다.

다시 말하면, 당신이 공자의 사상을 받아들이지 않는다 해도 상관이 없습니다. 그래도 공자의 사상은 천천히 당신에게 영향을 줄 것입니다. 그러므로) 당신이 (공자를 비방하려는 것은) 자신의 능력을 헤아릴 줄

모른다는 것을 드러낼 뿐입니다!"

叔孫武叔毀仲尼。 子貢曰：無以爲也！ 仲尼不可毀也。 他人之賢者，
숙손무숙훼중니　　자공왈　무이위야！　중니불가훼야　　타인지현자

丘陵也, 猶可踰也；仲尼, 日月也, 無得而踰焉。 人雖欲自絕, 其何傷
구릉야　유가유야　중니　일월야　무득이유언　　인수욕자절　　기하상

於日月乎？ 多見其不知量也！
어일월호　　다견기부지량야

　　숙손무숙이 또 한 번 공자를 비방하자, 자공은 이렇게 충고했습니다. "이러지 마십시오. 공자는 당신들이 비방할 수 있는 분이 아닙니다. 다른 사람의 학문과 도덕이 훌륭한 것은 비유하자면 언덕과 같습니다. 그 언덕이 숭고하고 위대할지라도 천천히 정상까지 올라갈 수 있습니다. 그러나 공자의 위대함과 숭고함은 해나 달과 같아서 취할 수도 없고 만질 수도 없습니다. 일반인이 그분과의 관계를 단절해서 공자 사상의 영향을 받지 않으려 하는 것은 해나 달의 영향을 배척하는 것과 같습니다. 해나 달은 영원히 높은 데서 천하를 두루 비추고 있는데, 당신이 집을 하나 지어서 해나 달을 차단하고자 하더라도 해나 달은 화를 내지 않을 것입니다. 그러나 당신의 집에는 아무래도 어느 정도 밝은 빛이 있어야 하는데, 이 빛도 역시 해나 달로부터 오는 것입니다. 다시 말하면, 당신이 공자의 사상을 받아들이지 않는다 해도 상관이 없습니다. 그래도 공자의 사상은 천천히 당신에게 영향을 줄 것입니다. 당신이 공자를 비방하려는 것은 당신이 자신의 능력을 헤아리지 못한다는 것을 드러낼 뿐입니다."

　　일부 사람들이 공자를 비판하면, 어떤 이는 이 단락을 인용하여, 공자를 무너뜨리고자 하는 것은 소용없는 일이며 공자는 헐뜯을 수 없는 존재라고 설명합니다. 이런 인용은 맞습니다. 우리는 기독교와 불교경전 같은 종교 경전에서도 이와 비슷한 비유를 자주 볼 수 있습니다. 대성인의 마음은 해나 달과 같습니다. 우우임于右任 선생이 가장 즐겨 쓰는 한 폭의 대련 중에 "성인의 마음은 해와 달이다."(聖人心日月)라는 말이

있는데, 바로 이 단락 글에서 온 것입니다. 해나 달의 광명은 영원히 비춥니다. 당신이 집을 지어 가리려고 하는 것은 당신의 일이고, 해와 달이 비추는 마음은 불공평이 없어 영원히 평등합니다.

칭송하기에 마땅한 단어가 없다

진자금이 학우인 자공에게 말했다. "(자공 형, 내가 보기에 당신은 매우 훌륭해서 우리들의 존경을 받을 만합니다) 당신은 심신 안과 밖의 수양이 모두 공경 신중한 경지에 이르렀습니다. 중니가 어찌 꼭 당신보다 훌륭하다 하겠습니까?"

자공이 (듣고 훈계하여) 말했다. "(사람의 말이란 매우 중요하네. 우리가 남이 말하는 것을 들으면, 상대방이 입을 열자마자 그가 어느 정도인지, 수양이 얼마나 되었는지 곧 알 수 있네) 군자란 한마디 말로 지혜롭다고 여겨지기도 하고, 한마디 말로 지혜롭지 않다고 여겨지기도 하는 것이니, 말은 신중히 하지 않으면 안 되네! 우리가 선생님께(서 도달한 그런 고명하고 숭고한 경지에 영원히) 미칠 수 없는 것은, 마치 하늘을 사다리 계단으로 기어 올라갈 수 없는 것과 같네."

(자공은 한걸음 더 나아가 말했다)

"선생님께서 나라를 맡아 (자신의 학문 사상으로) 다스린다면, 이른바 백성을 세워 주어 백성이 일어서게 되고, 백성을 인도해 주어 백성이 걸어가게 되고, 백성을 어루만져 주어 백성이 따르게 되고, 백성을 행동하게 해주어 백성이 평화롭게 될 것이네. 살아 계셔서는 사람들의 영광이고, 돌아가셔서는 사람들의 슬픔일 것이니, 우리가 어떻게 그분에게 미칠 수 있겠는가! (선생님의 학문 사상은 영원할 것이며, 인생의 경험이 쌓였을 때에 이르면 선생님이 옳다는 것을 더욱더 깊이 느끼게 되네)"

陳子禽謂子貢曰：子爲恭也，仲尼豈賢於子乎？ 子貢曰：君子一言
진자금위자공왈　자위공야　중니기현어자호　　자공왈 군자일언

以爲知，一言以爲不知，言不可不愼也！夫子之不可及也，猶天之不可
이 위 지　일 언 이 위 부 지　언 불 가 불 신 야　　부 자 지 불 가 급 야　　유 천 지 불 가

階而升也。夫子之得邦家者，所謂「立之斯立，道之斯行，綏之斯來，動
계 이 승 야　부 자 지 득 방 가 자　소 위　　입 지 사 립　도 지 사 행　수 지 사 래　동

之斯和，其生也榮，其死也哀。如之何其可及也！」
지 사 화　기 생 야 영　기 사 야 애　　여 지 하 기 가 급 야

　진자금陳子禽은 공자의 학생인데, 이 학우는 상론과 하론에서 여러 번
이나 의문을 가지고 자공에게 문제를 제기했습니다. 여기서는 자공에게
이렇게 말합니다. "자공 형, 내가 보기에 당신은 매우 훌륭해서 우리들
의 존경을 받을 만합니다. 이미 성공했고 모자람이 없으며 심신의 안팎
수양은 모두 '공'(恭: 이 '공'은 공경이라는 뜻만이 아니라, 신중 엄밀하다는 뜻도
있습니다)의 경지에 이르렀어요. 내가 보기에 사실 스승님(고대 예절에서
학생은 스승의 자, 호는 칭할 수 있었지만, 이름을 칭할 수는 없었습니다. 그들이
말하는 '중니'仲尼는 공자의 호입니다)도 꼭 당신보다 훌륭하다고는 할 수 없
습니다."

　이 말을 들은 자공은 그를 훈계하였는데, 앞의 몇 사람에게 대답한
것과는 또 다릅니다. 자공은 이렇게 말했습니다. "사람의 말이란 매우
중요하니, 한마디 말이 자네의 지혜와 학문을 나타낸다네. 다시 말해,
우리가 남이 말하는 것을 들으면, 상대방이 입을 열자마자 그가 어느
정도인지, 수양이 얼마나 되었는지 곧 알 수 있네. 어떤 때는 한 마디
를 듣자마자 그가 무지하다는 것을 알게 되네. 그러므로 말에 각별히
주의해서 함부로 말을 해서는 안 되지. 우리는 선생님의 그런 고명한
경지에 영원히 도달할 수 없다네. 선생님의 숭고함은 마치 우리가 하늘
에 사다리를 타고 올라갈 수 없는 것과 같네."

　『논어』의 이런 자료들로부터 우리는 공자가 살아 있을 때나 죽은 뒤
에나 진정으로 공자를 널리 알리고 떠받든 사람이 역시 자공이라는 것
을 알 수 있습니다. 공자의 학문을 현실에 적용해서 시대에 이바지한
사람도 역시 자공이었습니다. 그러므로 그는 대단한 인물이었습니다. 만
약 공자의 학문을 완전히 존경하고 우러르며 공자를 정면으로 칭찬한

면에서 보면, 공자를 칭송하는 동서고금의 어떤 문장이나 말도 자공이 여기서 모조리 다 말했다고 할 수 있습니다. 자공의 결론은 그 다음 말에 있는데, 다른 사람이 공자의 훌륭함을 결코 초월할 수 없을 것이라고 한 것은 예언이라 할 수도 있습니다.

그는 한 걸음 더 나아가 진자금에 말합니다, "선생님의 학문은 이 세상에 영원히 존재할 것일세. 작게는 개인이 가정을 이루어 자립하고 크게는 천하와 국가를 위해 큰일을 하는 데 있어서, 하나의 사상을 기풍으로 하는 기초를 세우려면 반드시 공자의 학문 사상을 기본으로 해야 하네. 그렇게 하지 않을 방법이 없으며, 그의 범위를 초월할 길이 없네. 인생의 경험이 쌓였을 때에 이르면 선생님이 옳다는 것을 더욱더 깊이 느끼게 되네. 훌륭한 지도자가 되려면 반드시 지도자로서의 기본 도덕과 학문을 갖추어야 하는데, 지도자의 기본 조건은 많지. 세상에는 관련 서적도 많지만 대부분 권모술수를 말할 뿐 도덕을 말하지 않는데, 그것은 안 되는 일이네. 진정한 지도자는 도덕을 바탕으로 삼아야 하고, 도덕을 바탕으로 하는 지도자라면 공자의 사상을 떠날 수 없네. 천하를 어루만지고 인심을 어루만지려면 역시 공자의 사상만을 쓸 수밖에 없지. 공자의 사상이 중국 문화의 중견 정신을 대표하고 있기 때문이지. 그래야 일반인들이 믿고 우러러볼 것이며, 이런 어루만짐을 받아들이고 순응하게 되네. 모든 행위가 도덕을 바탕으로 하는 공자의 사상을 따라야만 비로소 사람과 사람 사이에 진정한 평화 공생이 이루어지네." 이상은 자공이 공자의 위대한 점을 묘사한 것입니다.

그 다음은 공자 개인에 대하여 말한 것입니다. "공자의 삶은 사람들의 영광이고 그의 죽음은 사람들의 슬픔으로서, 그 누구와도 비길 수 없네. 우리 두 사람은 학우인데, 그대는 어찌 나를 선생님보다 훌륭하다고 떠받들 수 있는가?" 여기서 "어떻게 그분에게 미칠 수가 있겠는가!"(如之何其可及也)라는 말은 "어떻게 그분만큼 해 낼 수 있겠는가!"라는 말인데, 그야말로 자공이 내린 진실하고 간절한 확정적 논단論斷이라 할 수 있으며, 스승을 향한 자공의 깊은 정과 참된 뜻이 담긴 마음의 소리를 토로한 것이기도 합니다.

堯曰

이 「요왈」堯曰편은 관점을 달리해서 연구해야 합니다. 『논어』의 일부는 공자의 제자들이 공자의 언행을 기록한 것이며, 뒤의 몇 편들은 공자의 문인들, 즉 제자의 제자들이 기록한 것으로, 일부는 공자의 말이고 일부는 공자의 대제자, 예를 들면 자공·자하의 말입니다. 그런데 「요왈」편은 마지막 부분 약간만이 공자의 말이고, 나머지는 모두 중국 역사 문화의 정신을 말하고 있습니다. 이 편은 요·순堯舜 사이의 역사를 말한 것이기 때문에, 마땅히 역사의 글이라 말하거나 혹은 오경五經의 하나인 『상서』에 붙여 넣어야 합니다. 그 내용이 공자가 말한 것인지, 아니면 공자가 이런 자료를 학생들에게 가르친 것인지는 잠시 접어 두고, 아무튼 이 편에서는 '공천하'公天下 시대인 요·순·우 3대의 선양禪讓에 대해 이야기하고 있습니다.

왜 이 편을 여기에 넣어 놓았을까요? 자세히 연구해 보면, 정말 하나의 큰 문제로서, 중국 문화의 진정한 정신이 있는 곳입니다.

첫째, 『논어』의 편자들은 왜 상고 시대의 『상서』에 나올 법한 역사 자료를 이 『논어』 속에 넣었을까요? 그의 정신은 어디에 있을까요? 또 무엇을 나타내는 것일까요?

둘째, 이 편에서 말한 요 임금과 순 임금 사이의 양위讓位 내용은 『상서』에 있는 「요전」堯典·「순전」舜典과 공통점이 있지만, 더욱 상세하게 묘사되어 있습니다.

셋째, 이 편을 『논어』의 마지막에 배치한 의도는 무엇일까요? 『논어』는 맨 처음에 "공자께서 말씀하셨다. 배우고 때때로 그것을 익히니"(子曰:學而時習之)로부터 시작하여 쭉 연결되어 여기에 이르러서, 왜 이렇게 큰 것을 넣었을까요? 지금까지의 한 조목 한 조목의 대화 기록 방식과는 완전히 다른 것은 또 무엇 때문일까요?

이런 문제들을 자세히 연구하여 박사 논문을 써 본다면, 깊은 의미가 있음을 발견하게 될 것입니다. 중국 문화에서 여기는 선비나 지식인의 학문은 그 목적이 문장에 있는 것이 아니라, 올바른 사람됨에 있습니다. 또, 올바른 사람됨만으로도 안 되고, 자신의 학문을 '남을 세워 주는'(立人) 일, 즉 국가 사회와 천하를 위한 일에 써야 합니다. 그리고 국가 사회와 천하를 위하려면, 지도자의 정신, 즉 고대에 말하던 제왕정치를 중시해야 합니다. 그렇다면 제왕정치의 진정한 정신은 어디에 있는 것일까요?

넷째, 나는 사마천이 쓴 『사기』의 「백이숙제열전」伯夷叔齊列傳을 여러 번 언급하였습니다. 많은 사람들이 「백이숙제열전」의 문장을 좋다고 하지만, 문장만을 가지고 말한다면 사마천은 정말 손바닥을 맞아야 합니다. 읽기에 쉽지 않기 때문입니다. 꿰뚫어 이해하고나면 비로소 훌륭하다는 것을 깨닫게 되는데, 사마천은 전체 역사의 정신을 모조리 써 넣었던 것입니다. 사마천의 그 역사 정신은 바로 이 「요왈」편에 근거하고 있다는 것을 나는 강조하여 말할 수 있습니다.

우리는 「요왈」편에 대해 대략 이런 몇 가지 점을 이해하게 되었습니다만, 만일 정말 박사 논문을 쓴다면 이 밖에도 여러 가지 문제들을 발견할 수 있을 것이며, 그 깊은 의미를 밝혀 볼 만한 것이 많을 것입니다. 그러면 이제 본문을 봅시다.

역사 문화의 핵심은 공천하公天下

요堯 임금께서 (중국 문화 정치사상의 중심을 넘겨주고 당부) 말씀하셨다. "아아, 그대 순舜이여! 하늘의 뜻으로서 역수曆數가 그대 몸에 와 있으니, 공평한 원칙인 중도中道를 굳게 지키라! 그렇지 않으면 온 세상이 곤궁해지고 하늘이 그대에게 준 봉록과 벼슬도 영원히 끊어질 것이다."

堯曰:咨! 爾舜! 天之曆數在爾躬, 允執其中! 四海困窮, 天祿永終。
요왈 자 이순 천 지 역 수 재 이 궁 윤 집 기 중 사 해 곤 궁 천 록 영 종

    사마천이 쓴 『사기』의 자료에 의하면, 중국 최초의 역사 자료인 『상서』 제1편은 「요전」堯典입니다(『상서』는 공자가 정리한 것인데, 그는 『상서』를 간추려 중국의 첫 역사서로 삼았습니다. 공자는 『상서』를 정리하고 나서 『춘추』를 편집하였습니다). 그러면 『상서』는 왜 요 임금부터 시작하였을까요? 요 임금 이전에도 아주 오랜 역사가 있었습니다. 예를 들면 황제黃帝 시대는 그보다 더 앞선 시대입니다. 그러나 공자는 사료적史料的인 관점에서, 요 임금 이전은 자료가 너무 적고 미심쩍어서 정리할 방법이 없다고 생각했기 때문에, 이를 사료로 채택하지 않고 요 임금부터 시작한 것입니다.

    그러나 지금 연구해 보면 공자가 이렇게 한 데에도 역시 문제가 있습니다. 그가 우리를 한 수 속인 것이 분명합니다. 온전한 역사 자료를 구할 수 있었기 때문이라고는 하지만, 정말 왜 공자는 역사 편집을 요 임금 때부터 시작했을까요? 이 점을 지적해야 합니다. 내가 볼 때 그 이유는 요·순·우 3대가 공천하公天下였으며, 공자 또한 "천하는 모든 사람의 것이다."(天下爲公)라는 사상을 갖고 있었기 때문입니다. 그러나 공자 당시는 이미 춘추전국의 제왕정치 시대였기 때문에, 이 말을 드러내 놓고 할 수가 없었습니다.

    그래서 공자는 『상서』를 정리할 때 요 임금부터 시작한 것인데, 이 점을 우리는 반드시 주의해야 합니다. 나의 이 말은 우연히 멋대로 한 것이 아닙니다. 게다가 공자의 언행에 내포되어 있는 사상 정신을 전반적으로 연구해 보면, 공 선생님께서 역시 우리를 한 수 속였다는 것을 알 수 있습니다. 물론 그가 일부러 우리를 속인 것은 아니고, 사마천이 자신의 의도를 『사기』에 담아 놓은 것처럼 공자도 그렇게 한 것입니다. 그러므로 책을 읽을 때는 안목이 있어야 합니다(옛날 우리 나라 사람들은 보살상을 만들 때 이마에 세로로 눈을 하나 그려 넣는데, 바로 지혜의 눈을 상징합니다. 우리는 이마의 눈을 통해 책 속에 숨겨진 이치를 발견할 수 있어야 합니다. 우리가 이런 이치를 알게 된다면 공자가 「요전」의 말을 인용한 것도 마찬가지란 것을 알 수 있습니다).

「요왈」편의 문장은 묘하게 쓰여 있습니다. 사실의 기술이 앞뒤가 관련되지 않고 중간에 우뚝 솟은 기이한 산봉우리처럼 갑자기 한 단락이 튀어나오곤 합니다. 마치 외국의 영화나 현대 연극에서 이야기의 머리와 꼬리는 모두 잘라 버리고 중간 부문만 따로 떼어내서 관중들로 하여금 스스로 짐작하여 판단하고 결론짓게 하는 수법과 같습니다.

그러므로 우리가 연구할 때는 앞뒤를 연결시켜야 합니다. 우리가 잘 알다시피 요 임금은 늙어서 순舜에게 자리를 물려주고자 했습니다. 자리를 넘겨주고 이어받는 의식은 종교 의식처럼 엄숙하고 장엄한 큰 행사였습니다. 그 날은 태산에 불을 피워 놓고 전국 백성들 앞에서 임금 자리를 넘겨주었는데, 이 때 요는 순에게 "자!"咨라고 말했습니다. 이 '자'咨는 역대 황제의 조서詔書에 흔히 사용되던 글자입니다. 사실 나는 이런 점에 있어서는 옛 사람들이 답답하게 느껴지는데, 이런 고풍의 문장을 답습할 필요가 어디 있겠습니까! 사실대로 말하자면 이 '咨'자는 요즈음도 우리가 연단에 올라가 말할 때, 본론에 들어가기 전에 소리 내는 "음, 저……"와 같이 아무런 의미도 없는 어조사語助詞일 뿐입니다. 그런데 한漢나라 때부터 훈고를 하는 한학자들은 이런 글자를 해석하기 위해 십여 만 자나 되는 글을 썼으니, 얼마나 짜증납니까?

실제로는 요堯가 무대에 올라서서 아래에 서 있는 순舜에게 이렇게 말했습니다. "여보게, 순! 올라오게. 내 그대에게 말하는데 '하늘의 역수曆數가 그대 몸에 와 있네.'(天之曆數在爾躬) ─ 지난날 우리의 정치 철학 사상은 천도정치天道政治로서, 이른바 하늘의 뜻을 따른다는 것입니다. 이와 관련하여 '역수'曆數를 해석해 보면 아주 많은 의미를 지니고 있습니다 ─ 이는 하늘의 뜻으로서 운수가 그대에게 이르른 것이니, 그대가 올라와서 이 짐을 져야 할 차례가 되었네. 이것은 내 개인의 뜻이 아니라 하늘의 뜻이요, 시대의 추세이니, 이 짐을 반드시 그대가 져야 하네." 요 임금은 이렇게 첫 마디부터 순이 왕위를 이어받는 것이 하늘의 뜻이라고 말하고 있습니다.

여기에 "천지역수"天之曆數란 네 글자가 나왔으니, 또 번거롭게 되었습니다. 첫째로 문제가 되는 것은 '천'天자입니다. 우리 문화에서는 흔히

'천인합일'天人合一을 말하는데, '천'天은 도대체 어떤 것일까요? 토론하자면 아주 번거로운 문제입니다.

천인합일의 운수

둘째는 '역수'曆數의 문제입니다. 중국 역사 문화의 정신은 모두 이 '역수'에 있습니다. '역'曆은 고대에 역법曆法이라고 불렸는데, 요즘 우리가 사용하고 있는 양력·음력 등이 바로 '역'曆입니다. 중국의 역법과 천문 방면의 학문은 가장 일찍 발달한 분야이며, 중국이 사용하고 있는 음력·간지干支 등은 하나의 대단히 깊은 문화 정신을 나타냈습니다. 옛날에 왕조가 바뀔 때, 예를 들어 명나라가 망하고 청나라가 시작되었을 때 많은 사람들은 죽을 때까지 투항하지 않았습니다. 청나라가 중국을 3백 년이나 통치하였지만 한민족漢民族의 많은 지식인들은 3백 년간 투항하지 않았던 것입니다. 말하자면 많은 사람들이 "정삭을 받들지 않았습니다."(不奉正朔: 正은 바로 정월이고, 朔은 월초로서 역법을 대표합니다).

몇 년 전에 세상을 떠난 화가 보유溥儒를 봅시다. 여러분도 알다시피 그는 청나라 황실 사람입니다. 그가 평생 동안 제작한 그림·서예·시 작품을 보면 중화민국의 정삭正朔을 사용하지 않았는데, 이 역시 자기가 청나라 황실 사람으로서 중화민국의 정삭을 따르지 않는다는 것을 표시한 것입니다. 물론 서기 몇 년이라고도 할 수 없었기 때문에, 옛날 방법인 간지干支를 써서 '갑인삼월'甲寅三月이니 '을묘오월'乙卯五月이니 하는 식으로 표시하였습니다. 이것은 바로 그의 마음속은 정삭을 따르지 않았음을 보여 주는 것인데, 이처럼 연호年號를 쓰는 문제만 해도 정말 흥미롭습니다.

지금 우리는 애써 중화 문화를 부흥시키려고 하지만, 문화의 기본 정신이 어디에 있는지조차 모르고 있습니다. 이상은 '역'曆에서 비롯된 일단의 나의 소감입니다.

'수'數 또한 큰 문제입니다. 중국인들이 말하는 역사의 운명에 대한 일련의 학문은 크고 많은데, 거기에는 운명을 점치는 술법도 있습니다.

예컨대 『논어』 마지막 단락 속에 있는, "명을 알지 못하면 군자가 될 수 없다."(不知命, 無以爲君子也)는 공자의 말은 '명'命을 이야기하고 있습니다. 언젠가 나는 유명한 점쟁이와 식사를 같이 하면서 운명을 점치는(算命) 도리에 대해 이야기를 나누게 되었습니다. 그는 공부한 이라면 반드시 운명을 점칠 줄 알아야 한다면서, "명을 알지 못하면 군자가 될 수 없다."는 말을 빌려 유식한 척했습니다. 이 말을 듣고, 나는 공자의 이 말이 공부하는 사람마다 운명을 점칠 줄 알아야 한다는 뜻은 아니라고 말하기가 거북했습니다.

그런데 이 '수'數자는 '명'命자와 관계가 있을까요, 없을까요? 물론 관계가 있습니다. 역사에는 대운명이란 것이 있습니다. 예컨대 역사 운명 중의 '수'數의 이치는 6에 이르면 7이 되거나 9에 이르면 8이 되는 것과 같은 것이 아닙니다. 마치 지구의 운행 도수度數의 궤도에서 지구가 어느 위치에 이르는 것과 같아서, 그 힘이 내려갈 때 잡아당겨 되돌리려고 하면 문제가 발생하기 마련입니다. "천지역수"天之曆數라는 네 글자는 중국의 문화 사상에서 매우 많은 내용을 포함하고 있기 때문에 해석하기가 어렵습니다. 이 네 글자의 의미를 자세히 설명하자면 하루 이틀에 끝날 문제가 아니기 때문에 여기서는 더 이상 풀이하지 않겠습니다.

요 임금은 왕위를 물려줄 때 순에게 이것은 천명이지 자신의 뜻이 아니라고 말했습니다. 이 말 속에 담긴 의미를 살펴보면, 요 임금이 왕위를 친척도 아니고 친구도 아니며 더욱이 자손도 아닌 순에게 넘겨주니, 이것이 바로 고대의 '공천하'公天下입니다. 그는 몇십 년 동안 여러 번 시험을 거쳐 한 사람을 키워 냈는데, 연로해져서 백 살쯤 되자(『사기』의 기록에 의하면 옛 사람들은 우리보다 오래 살았습니다), 그에게 임금 자리를 선양禪讓하면서 개인의 사견이 아님을 표시했습니다. 역사의 정신은 바로 여기에 있습니다.

"공평한 원칙인 중도를 굳게 지키라!"(允執其中)는 말에서도 중요한 문제가 나타납니다. 경서에는 "사람의 마음은 위험하고 도의 마음은 미묘하니, 오로지 마음을 정성스럽고 한결같이 하여 그 중도를 신실하게 잡으라."(人心惟危, 道心惟微, 惟精惟一, 允執厥中)라는 네 마디 말이 있는데, 여

기서는 한마디만 인용하였습니다. 중국 사상 가운데 유가 사상에서 요
·순·우·탕·문·무·주공·공자 모두가 이 네 마디 말을 사용하였습
니다. 중국 문화에서 말하는 사람의 학문 수양과 교육의 중심은 모두
여기에 있다고 말할 수 있으며, 더 줄여서 '중'中자 한 글자만 말할 수
도 있습니다.

"사람의 마음은 위험하다."(人心惟危)고 했습니다. 사람의 생각은 대단
히 위험한 것입니다. 이 위험은 꼭 사람을 죽이는 위험만은 아닙니다.
무릇 사람에게는 누구나 욕망이 있는데, 욕망이란 단어는 하나의 총체
적인 명칭입니다. 요즈음 많이 쓰이는 '이기기 좋아하는 마음', '명예를
찾는 마음', '희망이 있다', '가치 있는 생활을 한다' 등은 좋은 말들이지
만, 귀납시키면 모두 욕망입니다. 이 욕망이 치달리면 사람 마음은 대단
히 위험하게 됩니다. 자신을 멸망시키고 세계를 멸망시킬 수 있는 것도
바로 이 욕망 문제 때문입니다.

여기서 아라비아 문화 속에 나오는 이야기를 하나 해 봅시다. 중동은
모두 이슬람교를 믿는데, 어떤 이슬람교 노년 교사阿訇가 퇴직한 후 산
속에서 도를 닦고 있었습니다. 하루는 중동의 한 국왕이 사람들을 거느
리고 사냥을 나와 활로 사슴 한 마리를 쏘아 맞혔습니다. 이 사슴은 화
살을 맞고 부상을 입은 채 필사적으로 도망가다가 이슬람교 교사의 몸
뒤에 숨었습니다. 교사는 뒤를 돌아보고 사슴이 부상을 입은 채 사냥꾼
에게 쫓기고 있다는 걸 알고는 넓은 두루마기로 부상당한 사슴을 덮어
주었습니다. 얼마 있지 않아 국왕의 부하 하나가 뒤쫓아 왔는데, 사슴이
보이지 않자 이슬람교 교사에게 사슴을 못 보았느냐고 물었습니다. 교
사는 눈을 감은 채 명상에 잠겨 국왕의 부하를 거들떠보지도 않았습니
다. 부하는 몇 번이나 물어도 대답이 없자, 교사를 죽이겠다고 말했습니
다.

그제서야 교사가 눈을 뜨고 그 부하에게 누구냐고 묻자, 그는 국왕의
이름을 말하면서 그의 부하라고 대답했습니다. 그러자 이슬람교 교사는
"너의 국왕은 내 노예의 노예이니라." 하고 말했습니다. 부하는 듣자마
자 울컥 부아가 치밀어 교사를 죽이려고 했습니다. 그 때 마침 국왕이

달려와서 왜 그러느냐고 물었습니다. 이야기를 듣고 난 국왕은 이슬람교 교사에게 "너는 죄를 범한 줄을 아느냐, 모르느냐?" 하고 소리쳐 물었습니다. 그러나 교사는 태연하게 "실제로 당신은 나의 노예의 노예요." 하고 말했습니다. 국왕은 "그럼 너의 노예는 누구인가? 네 말이 맞으면 무죄로 하겠다."고 말했습니다. 이슬람교 교사는 이렇게 대답했습니다. "화내지 말고 앉아서 천천히 들으시오. 나는 이전에 욕망의 노예였지만, 지금은 도를 닦아 그것을 알게 되어 다시는 욕망의 지배를 받지 않게 되었소. 이제는 내가 욕망을 다스릴 수 있게 되었으니, 욕망이 나의 노예가 된 것이지요. 하지만 당신은 비록 국왕이라 해도 욕망으로 가득 차서 사슴 한 마리조차 가만두지 않으니 아직도 욕망의 지배를 받고 있는 셈이오. 당신은 그러한 욕망의 노예이니, 나의 노예의 노예가 아니고 무엇이오?"

왕은 그 말을 듣고 문득 크게 깨달아 그 자리에서 이슬람교 노년 교사를 스승으로 모시고 도를 배웠다고 합니다. 이것은 이슬람교에 전해 오는 이야기인데, 바로 "사람의 마음이 위험한" 예라 할 수 있습니다. 생각이 자신을 바르게 지도하면 바르게 되고, 나쁘게 지도하면 나쁘게 되는 법입니다.

오늘날 우리는 생각이 하나의 관념을 형성한다고 말하는데, 이는 마치 색안경을 쓰고 물건을 보면 색안경의 빛깔에 따라 물건이 다른 색으로 보이는 것과 같습니다. 우리가 귀신이 있다고 의심하면 털이 곤두서면서 식은땀이 납니다. 불경에서는, 실제로 절벽 위에 서 있을 필요 없이 앉은 채 눈을 감고, 마음으로 자신이 만 길이나 되는 절벽에 서 있어서 떨어지면 죽는다는 생각만 해도 다리가 후들거릴 수 있다고 하는데, 사실은 이런 현상現象입니다. 이것은 마음속의 욕망이 무섭다는 것을 설명해줍니다. 만약 이런 욕념欲念을 평온하고 고요하게 하여(平靜) 도심道心으로 변화시키고자 하면, 이는 너무나도 어렵고 매우 미묘하며 불가사의합니다(道心惟微).

어떻해야 '도심'이라고 할 수 있을까요? 중국 문화에서는 이에 대해 수천 년 동안 말해 왔습니다. 사서四書에서도 도심을 말하였고 송명宋明

시대의 이학가도 도심을 말하였으며, 불가·도가·노자·장자도 한결같이 도심을 말하여서, 모두 미묘하기 이를 데 없는데, 어떻게 해야 이 미묘한 도심의 경지에 도달할 수 있을까요? 오직 마음을 정성스럽고 한결같이 하여야 하며(惟精惟一), 마지막으로는 "그 중도를 신실하게 잡으라."(允執厥中)는 바로 이 한마디 말이 그 대답입니다.

무엇이 중中일까

무엇을 '중'中이라고 할까요? 우리가 알고 있는 지식으로 연구해 본다면, 많은 설명을 할 수 있습니다. 예를 들어, '중용'中庸은 곧 중도中道를 말하는데, 물리적인 관점에서 찻잔의 중심점을 말할 때는 물리적으로 가정假定된 것입니다. 한 사람이 방의 중심에 서 있는 것을 '중'이라고 한다면, 그가 중심에 서 있다는 것은 주변에 대해 상대적으로 말한 것입니다. 사실은 변두리에 서 있는 것인지도 모릅니다. 왜냐하면 이쪽에서 볼 때는 중심이지만, 저쪽에서 볼 때는 왼쪽이나 오른쪽 혹은 앞이나 뒤가 될 수도 있으므로 중심이 아닌 '변'邊이 됩니다. 절대적으로 '중'中인 것은 없습니다.

이상은 물리에서 말하는 '중'인데, 사상에서 말하는 '중'은 더욱 확정하기 어렵습니다. 우리는 머릿속으로 어떤 것의 중심인 '중'을 가정해 볼 수 있습니다. 그렇다면 그 '중'은 어디에 있을까요? 힘이 균형을 이루면 '중'입니다. 젓가락 하나를 보더라도, 젓가락 양쪽의 중간 지점을 '중'이라고 생각하면 안 됩니다. 젓가락은 양쪽의 굵기가 다르고 무게도 다르기 때문입니다. 젓가락을 손가락 위에 올려놓아 수평으로 양쪽이 균형을 잡았을 때, 젓가락과 손가락의 접촉점이 바로 '중'입니다.

이와 같이 사상에 있어서도 균형을 이루는 것을 '중'이라고 합니다. 따라서 '중'은 추상적인 명칭인 동시에 실제적인 것이라고도 할 수 있습니다. 예를 들면, 태극권은 동작마다 중심이 있는데, 이것이 바로 원圓의 이치이며 태극太極의 이치입니다. 후세의 해석처럼 중용은 교활한 것이 아니라, 균형을 이루는 중심점임을 알아야 합니다. 이 학문은 연구해 보면 매우 어려운데, 인격 수양과도 관련되므로 우리는 사람됨과 처세에서 균형을 잘 유지해야 합니다. 진정으로 균형을 이룰 수 있다면, 그 사람은 평온해져 말할 것이 없습니다. "물은 평평한 곳에서는 흐르지 않고, 사람은 심기가 화평하면 말을 하지 않는다."(水平不流, 人平不語)는 말과 같습니다. "균형이 이루어지지 않으면 소리가 난다."(不平則鳴)고 했습니다. 곧, 균형이 깨어지면 어지러워집니다.

위정爲政의 이치도 균형을 유지하는 데 있는데, 이 균형을 이루기란 아주 어려운 일입니다. 그러므로 다들 천하태평을 말하지만, 태평을 이루기는 너무나 어렵습니다. '평'平이란 바로 '중'中의 이치인데, 개인의 수양과 처세에 있어서도 마찬가지입니다. '중'의 이치는 이 정도만 이야기하겠습니다. 확대 설명하려면 반 년도 더 걸릴 것입니다.

요는 순에게 "공평한 원칙인 중도를 굳게 지키라!"(允執其中)고 일러 주었습니다. '윤'允자에는 두 가지 뜻이 있습니다. 하나는 믿음(信)이며, 또 하나는 균형(平)입니다. 즉, 요는 순에게 "공평한 원칙을 굳게 지키라. 사적인 정에 치우쳐 동요되어서는 안 된다. 이 원칙을 지키지 않으면 천하국가도 온 세상도 사람도 사물도 모두 망하게 될 것이다." 라고 말한 것입니다.

요 임금 때는 중화 민족의 국가 건립이 아직 완성되지 않은데다 수재가 빈번하게 일어났습니다. 대우大禹가 치수治水를 한 후에도 황하와 장강이 아직 개발되지 않은데다 온 나라가 수재 속에서 여전히 고통스러웠으므로 가장 어려운 시대였습니다. 만약 이 때 정치가 균형을 잡지 못하면, 나라가 망할 뿐만 아니라, 자칫하면 "하늘이 준 봉록과 벼슬도 영원히 끊어질"(天祿永終) 형편이었습니다. "천록영종"天祿永終이라는 네 글자는 두 가지 뜻으로 해석할 수 있습니다. 하나는 잘못하면 제명에 죽지 못한다는 뜻이고, 다른 하나는 잘하면 하늘이 준 봉록과 벼슬로 영원히 좋은 결과를 얻게 된다는 뜻입니다. 고문古文의 아름다운 느낌(美感)이 바로 이런 데에 있으며, 이해하기 어렵고 싫증나는 점도 바로 이런 데에 있습니다. "천록영종"天祿永終이라는 표현은 하늘을 날아오르는 듯하고 어느 각도로 보아도 원만합니다. 마치 좋은 그림은 한 획도 더할 수 없고 뺄 수도 없는 것과 같습니다. 그러나 이렇게 좋은 고문도 구어체로 해석하면 끝장나 버립니다. 그 아름다운 느낌이 파괴되어 버리는 것입니다.

이 단락은 당시 요·순 사이에 제위를 물려주고 받을 때, 요가 중국 문화 정치사상의 중심을 넘겨주고 당부하였다는 것을 인용한 것입니다. 순 임금이 늙었을 때 비로소 대우大禹가 홍수를 다스리는 데 성공했지만, 중국 문화사 입장에서 진지하게 말하면, 문화를 개창한開創 공로는 요·순을 첫손으로 꼽아야 합니다. 그러나 국가 건설의 기초를 다지는 데는 대우의 공로가 가장 컸다고 할 수 있습니다. 대우 이후 물론 정치상으로는 공천하公天下가, 제왕이 천하를 자기의 소유로 여기고 대대로 전하여 주는 가천하家天下로 변했지만, 그의 개인적인 공적으로서 정말 천추만대千秋萬代에 빛난 것은 그가 농업 입국의 기초를 닦은 것입니다.

우 임금이 천하를 구주九州로 나누다

우禹는 천하를 구주九州로 나누었습니다. 그래서…….

순 임금도 우禹에게 자리를 물려줄 때 하늘에 제사 지내며 이렇게 기도했다. "저는 선배들이 했던 대로, 감히 검은 황소를 제물로 쓰고 백성을 대표하여, (위에 계신 광대하고 위엄 있고 높고 깊어 알 수 없는) 천제天帝와 천후天后에게 (감히) 기도합니다. (저는 수십 년 동안 정치를 맡아 했지만 많은 잘못이 있었을 것입니다) 저에게 죄가 있으면 용서하지 마(시고 벌하여 주)소서. 천제의 신하인 저는 (나이가 들고 정신이 따라 주지 않아서 더 이상 천하를 보호할 수 없게 되었사와) 후계자를 선택하여 왔는데, (이 사람은 공로가 대단히 크고 나라와 백성들에게 크나큰 공헌을 했기 때문에) 천제의 마음에 드실 것입니다. 제 몸에 죄가 있다면 그 죄는 저의 (부하들이나) 백성과는 관계가 없지만, 저의 (부하들이나) 백성에게 죄가 있다면 그 죄는 제 몸에 있나이다."

舜亦以命禹, 曰：予小子履, 敢用玄牡, 敢昭告于皇皇后帝, 有罪不敢
순역이명우 왈 여소자리 감용현모 감소고우황황후제 유죄불감

赦, 帝臣不蔽, 簡在帝心, 朕躬有罪, 無以萬方；萬方有罪, 罪在朕躬。
사 제신불폐 간재제심 짐궁유죄 무이만방 만방유죄 죄재짐궁

　순이 왕위를 대우에게 넘겨줄 때에도 전통 문화의 정신을 일러 주었습니다. 순이 여기에서 한 말은 다른 곳에는 없고 『논어』에서만 볼 수 있습니다. 여기서 순은 어조를 더욱 무겁게 했는데, 그 까닭은, 우리가 다른 각도로 보면 이미 시대가 달라졌고 문화가 점차 발달했기 때문입니다. 예컨대 지금 사용하고 있는 백화문은 이렇듯 번거로운데, 과거로 갈수록 좀더 간단했습니다. 그래서 요가 순에게 양위할 때 한 말은 간단했지만, 시간이 흘러 순이 우에게 양위할 때는 좀 복잡해진 것입니다. 순이 우에게 왕위를 넘겨줄 때도 큰 의식을 벌이고 하늘에 제사를 지냈습니다.

　순은 하늘에 이렇게 기도했습니다. "저는 선배들이 했던 대로(予小子履) ― 하늘을 향해 스스로를 감히 임금(帝)이라 칭하지 않았습니다. '리'履는 '선배의 하는 법을 배워서'라는 뜻입니다 ― 검은 황소를 제물로 쓰고(敢用玄牡), 전국의 백성을 대표하여 위에 계신 광대하고 위엄 있고 높고 깊어 알 수 없는 천제와 천후에게 감히 기도합니다(敢昭告于皇皇后帝). 저는 수십 년 동안 정치를 맡아 했지만 많은 잘못이 있었을 것입니다. 하늘이 용서해 주시기를 감히 바라지 않습니다! 만약 죄가 있다면 저를 벌하소서, 저를 너그러이 용서하지 마시고 저를 사면하지 마소서(有罪不敢赦)."

　"제신불폐, 간재제심"(帝臣不蔽, 簡在帝心). 이 말은 우에게 배우라고 일러 준 것입니다. '제'帝는 위에 있는 지도자이고 '신'臣은 부하인데, 여기서의 '제'는 천제天帝이고 순 자신은 신하라는 것입니다. 이것은 중국 과거의 정치사상은 종교 정신과 한데 연결되어 있었다는 것을 말해줍니다. 이 때문에 황제를 천자天子로 불렀는데 '하늘의 자식'인 백성이란 뜻입니다. 그는 인간 세상에서는 황제이고, 저승에서는 염라대왕입니다. 그래서 지난날의 황제는 만인의 절을 받았지만, 남에게는 절하지 않았

습니다. 다만, 하늘이나 조상에게 제사 지낼 때나 후궁에 가서 황태후를 뵐 때는 황제도 무릎을 꿇어야 했습니다.

순은 여기서 "제신불폐"帝臣不蔽라 말했는데, 천제의 신하인 자기는 나이가 들고 정신이 따라 주지 않아서 천하를 보호할 수 없게 되었다는 뜻입니다. 그래서 "간재제심"簡在帝心, 즉 지금 자기가 한 사람을 선택하여왔는데 자기 자리를 계승해도 좋겠으며, 자기가 선택한 이 사람은 공로가 대단히 크고, 나라와 백성들에게 크나큰 공헌을 했기 때문에 천제도 동의하시리라는 것입니다.

"짐궁유죄, 무이만방"朕躬有罪, 無以萬方은 지도자의 가장 중요한 정치적 덕성으로, "저의 죄는 모두 저에게 책임이 있고 일체의 처벌은 제가 받겠으니, 저의 부하나 백성들과는 관계가 없습니다."라는 뜻입니다. 지도자는 자신의 잘못에 대해 책임을 회피하거나 부하나 백성들에게 덮어씌워서는 안 됩니다. 이것이 중국 문화의 정치 철학의 정신이자 중국 정치 지도자 철학의 대원칙으로서, 아주 실천해내기 어려운 일입니다. "만방유죄, 죄재짐궁"萬方有罪, 罪在朕躬은 백성들이나 부하들의 잘못에 대해서는 임금인 자기가 책임지겠다는 뜻입니다.

이 단락의 글을 보고 우리는 대단히 엄중하고 매우 탄복하며 자기도 모르게 이를 위해 엄숙 경건해짐을 느낍니다. 중국 문화에서 말하는 요·순·우·탕·문·무·주공은 불교에서 말하는 보살이나 도가에서 말하는 신선·천인天人과 같은 사람들입니다. 좋은 일이 있어도 절대로 사심을 부리지 않고 그 덕을 모든 사람에게 돌립니다. 좋은 것은 모든 사람의 것이며, 자기의 것이 아니므로 조금도 바라지 않습니다. 불가에서 말하는 보시布施는 심지어 자기의 생명마저 남에게 줄 수 있는 것이니, 그 정신이 얼마나 위대합니까!

그러므로 우리는 이 단락에 기록된 역사 자료를 보고 중국의 정치사상을 이해하게 됩니다. 서양에서 온 민주 정신과 비교해 보면, 서양의 사상이 아무리 민주적이라 해도 우리의 "제 몸에 죄가 있다면 그 죄는 만방의 백성과는 관계가 없지만, 만방의 백성에게 죄가 있다면 그 죄는 제 몸에 있나이다."(朕躬有罪, 無以萬方, 萬方有罪, 罪在朕躬)라는 정도까지는 도달하지 못합니다. 이렇게 종교적이기까지 한 자기희생적인 군주가 되기란 쉽지 않습니다. 범위를 좁혀서, 만약 한 조직 부서의 책임자가 도덕적 수양에서 이 정도에 도달했다면, 그는 바로 가장 성공한 사람입니다. 물론 자신에게는 고통스러울 것이지만, 성공하는 사람은 다른 사람들의 고통을 짊어져야 합니다. 자신의 고통을 절대로 남의 어깨에 떠넘기지 않으며, 부하들의 고통을 모두 자기가 대신 감당해야 합니다.

선한 사람이 주나라의 부富

주나라에는 건국 시기의 중요 문헌인 대뢰大賚가 있었는데, 그 중심 사상은 선善한 사람이 곧 부富라는 것이었다. (진정한 부강富强이란, 개인의 부강을 비롯하여 가정의 부강이나 국가의 부강은 모두 선인善人, 즉 좋은 사람이 많은 데 있다) 비록 어떤 사람의 주위에 맹목적으로 따르는 사람들이 많다 해도, 안목이 있고 인의도덕이 있는 한두 사람이 있음보다 못한 것이다. 백성들에게 허물이 있다면 나 한 사람에게 책임이 있다.

> 周有大賚, 善人是富。雖有周親, 不如仁人。百姓有過, 在予一人。
> 주유대뢰　선인시부　수유주친　불여인인　백성유과　재여일인

앞에서는 요 · 순 · 우 3대의 정치사상 및 사람됨의 도리를 말하였습니다. 전통 문화의 절정은 3대부터 주나라에 걸쳐 완성되었으며, 공맹사상은 바로 주공의 사상을 계승한 것입니다. 주나라의 저명한 문헌인 「대뢰」大賚는 주나라 건국을 시작할 때의 중요한 사상(주의主義)을 담은 것이었는데, 이 사상의 중심은 "선한 사람이 곧 부"(善人是富)라는 것이었습니다. 무엇이 진정한 부강富强일까요? 개인의 부강을 비롯하여 가정의 부강이나 국가의 부강은 모두 선인善人, 즉 좋은 사람이 많은 데 있습니다. 여기에서 좋은 사람이란, 성실한 사람이라기보다는 생각이 순수하고 올바르며 행위가 단정하여 모든 면에서 좋은 사람을 말합니다. "원컨대

하늘은 항상 좋은 사람을 낳으소서. 원컨대 사람은 항상 좋은 일 하소서."(願天常生好人, 願人常作好事)인데, 이것이 바로 크나큰 부(大富)입니다.

"수유주친"雖有周親의 '주'周는 '원만하다', '주위에 가득하다'라는 뜻입니다. 즉, 어떤 사람에게 많은 군중이 있는데, 맹목적인 많은 사람들이 당신을 따른다는 것입니다. "불여인인"不如仁人은 안목이 있고 인의도덕仁義道德이 있는 한두 사람이 있음보다는 못하다는 뜻입니다. 사람들은 늘 이런 잘못을 쉽게 범합니다. 즉, 난쟁이 중의 키다리가 되기를 좋아하지, 키다리 중의 난쟁이가 되는 것은 싫어합니다. 난쟁이가 키다리들 가운데로 가면 어디서든 정상이 아니어서 온종일 말을 들어야할 몫만 있고, 모든 사람이 다 자기보다 나으니, 기분이 정말 좋지 않습니다. 우리가 인생에서 경험하듯이 천만 명의 맹인이 당신을 따른다 해도 그것은 조금도 신기한 일이 아닙니다. 눈 밝은 한 사람이 당신에게 "당신은 길을 잘못 들어섰습니다!" 라고 말할까 봐 두려워해야 합니다. 이렇게 되면 끝장이니까요. 역사상 수많은 사람이 당시에는 누구에게나 칭송을 받고 대단한 사람으로 인정되었지만, 그 후 눈 밝은 사람이 역사에 남긴 한두 마디에 의해 그만 명예가 추락하여 버린 일이 많았습니다. 그러므로 역사의 무대 위에 있을 때는 조심해야 합니다. 들은 것, 본 것, 말한 것이 모두 뜻대로 되고 옳은 것이었다고 해도, 절대로 자만한 나머지 자신의 처지를 잊어서는 안 됩니다.

"백성들에게 허물이 있다면 나 한 사람에게 책임이 있다."(百姓有過, 在予一人)고 했으니, 주나라도 역시 삼대三代시의 그런 정신 그대로였습니다. 이로 보면 황제가 된다는 것이 얼마나 어려운지 알 수 있습니다. 나는 미국 친구들과 민주주의와 제왕정치를 토론하게 되면, 그들의 민주정치는 가짜이고 옛날의 제왕정치사상이 진정한 민주라고 늘 말하는데, 이 또한 근거 있는 말입니다.

상고 시대의 정치·경제

진정한 학문은 외적 활용에 도달해야 하는 데, 옛 사람들은 대부분

정치 분야에 활용했습니다. 지금 우리가 말하고 있는 것은 모두 역사상 의 중국 정치 철학의 도리인데, 이제 상고 시대 위정에 관한 아홉 글자 를 말하고 있습니다.

정치적인 권력과 기능에 대한 구분을 신중히 하고, 각종 업무 처리 제도를 살피며, 폐기된 관직을 정비하니, 온 나라의 정치가 행해지게 되었다.

謹權量 , 審法度 , 修廢官 , 四方之政行焉 。
근 권 량   심 법 도   수 폐 관   사 방 지 정 행 언

이것은 『논어』를 편집할 때 인용한 상고의 문헌입니다. "정치적인 권 력과 기능에 대한 구분을 신중히 한다."(謹權量)는 것에는 두 가지 의미 가 포함되어 있습니다. 『상서』의 「순전」舜典을 보면 "율·도·량·형을 통일했다."(同律度量衡)는 말이 있습니다. 우리의 문자는 상고 시대로 갈 수록 복잡한데, 이것도 한자가 외국 문자와 기본적으로 다른 점입니다. 한자는 육서六書의 법칙에 의한 것인데, 글자마다 단독으로 하나의 개념 을 나타내므로, 때로는 한 글자에 서너 개의 개념이 포함되어 있기도 합니다. 외국 문자는 몇 개의 자모가 합쳐져야만 하나의 개념을 나타낼 수 있습니다. 이것은 중국 문화와 서양 문화의 중요한 차이점 중 하나 로서 우리가 반드시 알아 두어야 할 점입니다. 요즘 젊은 사람들은 고 문을 읽기 싫어하는데, 그 이유는 교육을 받을 때 한자 연구부터 시작 하지 않았기 때문입니다. 특히 지금은 더 심합니다.

『상서』에는 요순시대에 와서야 전국의 '율'律을 통일했다는 기록이 있 습니다. 이 '율'律에는 두 가지 뜻이 있습니다. 그 하나는 천문·물리의 법칙으로서 오늘날 말하는 과학적인 각종 법칙으로, 역법을 포함한 천 문의 법도 등등입니다. 이것은 중국이 시간적으로 가장 먼저였고 가장 오래되었으며 또한 가장 영광스러운 분야인데, 전 세계 각국의 천문학 의 발전에 있어 우리가 가장 먼저여서 다른 국가들보다고 몇 천 년이나 빨랐습니다. 다른 하나는 정치 제도의 각종 행정 조직 및 권한을 정하

는 법규로서, 비록 역대로 내려오면서 변화가 많았지만 원칙만은 일관되게 계승되어 왔습니다.

'도'度도 구분하여 말할 수 있습니다. 하나는 지리학 분야의 행도行度로서, 오늘날 서양 문화에서 말하는 지구의 경도經度·위도緯度에 해당합니다. 다른 하나는 길이로서, 경제 면에서 응용하고 있는 장丈·척尺·치寸·푼分 등의 단위입니다. 이것은 고대에 경제에 사용하기 위해 공평하고 합리적으로 통일하였습니다. '양'量은 홉合·되升·말斗 등 용량의 총칭입니다.

'형'衡은 저울인데, 무게의 단위인 근斤·량兩·전錢 등의 총칭입니다.

이상은 요순시대 이전에는 지역마다 부족으로 나누어진 종법사회가 제각기 정치를 했기 때문에 율·도·량·형이 통일되어 있지 않았는데, 요순 때 이것을 통일했던 것입니다. 우리가 경제와 사회를 연구하기 위해 『25사』(二十五史)를 보면, 지금에 이르기까지도 이런 것들을 완전히 철저하게 통일시키지 못했음을 알 수 있습니다. 채소 시장에 가면 대만 기준의 척尺·근斤 단위가 있어, 우리가 이전에 대륙에서 쓰던 것과는 다릅니다. 지금은 미터나 킬로그램 등을 쓰는데, 이것은 서양 문화에서 온 것입니다.

현재 전 세계를 보더라도 도량형이 완전히 통일된 곳은 아주 드물고, 다만 일부분이 통일되었을 뿐입니다. 예를 들어, 선적 적재 단위인 톤은 통일적으로 쓰이기는 하지만, 각 나라마다 따로 사용하는 전통적인 단위가 있으므로 완전히 통일된 것은 아닙니다. 이를 통해서도 알 수 있듯이, 인류는 수천 년을 노력해서 문명을 진보시켰다고 스스로 일컫고 있지만, 사실 이런 것은 아직도 수천 년 전의 단계에 머물러 있고 통일 작업은 완성되지 않았습니다. 이는 철학적인 관점에서 역사의 진화를 본 것으로, 하나의 아이러니입니다.

『논어』도 이 「요왈」편에서 "정치적인 권력과 기능에 대한 구분을 신중히 하고, 각종 업무 처리 제도를 살핀다."(謹權量, 審法度)고 하였습니다. 여기서 법도法度란 오늘날로 말하자면 '제도'란 뜻으로서, 각종 업무를 처리하는 제도를 일컫는데, 이것이 첫 번째 뜻임을 반드시 유의하시기 바랍니다.

두 번째 뜻은, 『상서』에 기록된 전통을 근거로 하지 않고 해석한다면, "근권량"謹權量의 '권량'權量은 바로 '권변'權變입니다. 중국 문화 중에서도 특히 유가는 다음 두 글자를 따지기 좋아합니다. 이른바 '경권'經權인데, '경'經은 영구불변이라는 뜻으로서 큰 원칙은 변하지 않고 영구불변하다는 것입니다. 예를 들면, 사람들이 옷 입고 밥 먹어야 한다는 자체는 변함이 없는 것이지만, 쌀을 먹든 빵을 먹든 혹은 양복을 입든 중산복中山服을 입든 자기 마음인데, 이것이 바로 '권변'權變입니다. '권'權에는 이런 뜻이 있습니다.

위정에서의 대원칙은 바로 "근권량"謹權量, 즉 정치적인 권력과 기능에 대한 구분을 대단히 신중히 해야 한다는 것입니다. 개인적인 견지에 서 말하면, 한 조직을 이끌어 갈 때 함께 일하는 사람의 권력을 어디까지 허용할 것인지는 재능에 따라서 신중히 해야 합니다. 이상은 인사人事에 대해서 말한 것입니다.

"심법도"審法度는 제도에 관한 것입니다. 비록 위정爲政은 사람에게 달렸다고 하지만, 제도를 어떻게 운용 발휘하느냐 하는 것은 대단히 중요한 일입니다.

인치人治도 중요하고 법치法治도 중요하다

"근권량, 심법도"謹權量, 審法度라는 두 마디는 연결해서 연구해보면 내가 보기에 대단히 엄중한 문제입니다. 지금 전 세계가 서양 문화를 쫓아가고 있습니다. 그 중에서 예컨대 서양의 공장 인사 관리를 활용해보니 효과가 좋으므로, 이런 인사관리 제도를 행정 방면에까지 확대 적용하고 있습니다. 미국은 인사 관리를 특히 중시합니다. 덴마크의 어떤 사람도 이에 대해 책을 한 권 썼는데, 『리더십의 예술』또는 『리더십의 기술』이라고 번역되어 나왔습니다. 책 제목이 상당히 참신한데, 그 내용은 인사 관리입니다. 이 인사 관리를 중국 문화로 말하면 바로 '심법도' 審法度입니다.

그런데 서양의 이 인사 관리를 행정에 적용하는 것은, 냉정한 태도로 어떤 것도 섞지 않은 관점에서 보면 매우 큰 결함을 가지고 있습니다. 즉, 사람이 제도의 틀 속에서 움직이게 되므로 사람의 영혼이 황폐하게 되어, 그에 따른 재난이 매우 클 수도 있습니다. 단언컨대, 앞으로는 반드시 변해야 합니다. 변하지 않으면 감당할 수 없습니다. 법규대로만 일한다면 사람은 기계가 될 것이며, 영혼이 없어지게 됩니다. 그러나 사람은 어디까지나 기계가 아닌 영혼이 있는 생명입니다.

지난날 우리의 정치를 돌이켜보면, '인치'人治를 중시했습니다. 그런데 인치는 흔히 독재로 변한다는 결점이 있었습니다. 이른바 "짐이 곧 국가요, 국가가 곧 짐이다."(朕卽國家, 國家卽朕)라는 것이었습니다. 국왕이 바로 법으로서 생사여탈권生死與奪權을 한 손에 쥐고 있었으니, 제도가 무용지물이 되었습니다. 우리는 왜 여기서 굳이 중국 역사 문화에 나오는 사례를 끌어다 증명하고, 그 뜻을 더욱 드러내 보이려고 하는 것일까요?

인사 관리 경험을 말하자면, 솔직히 수천 년 된 우리의 문화가 외국보다 훨씬 많습니다. 이는 우리 역사만의 자랑이라고 할 수 있습니다. 우리의 역사상 인사관리의 경험을, 서양의 민주자유 제도 하의 인사관리 과학적인 방법과 비교하고 통계를 한 번 작성해본다면, 중국의 인치人治 결함이 비교적 적은 편이었다고 나는 생각합니다. 옛날에도 물론 포학한 제왕이 적지 않아서 통치상 많은 과오를 낳았지만, 그가 끼친 재난은 그래도 적었다고 봅니다. 오늘날을 보더라도 미국은 베트남 문제에 대해 어째서 그 지경까지 되었습니까? 그렇다고 미국인 중에 안목이 원대한 세계적인 정치가가 없다고는 할 수 없습니다. 그러나 미국의 현행 제도 하에서는 어떤 정치가·사상가·군사 지도자라도 달리 방법이 없을 것입니다. 그 이유는 '과학적인 관리'에 너무 신경을 쓴 나머지 민주자유 정신의 법규가 그들을 오히려 곤혹스럽게 만들기 때문입니다.

우리에겐 군사 분야에서 자주 쓰는 옛말이 있습니다. "장군이 전방에 있을 때는 임금의 명령이라도 받아들이지 않을 수 있다."(將在外, 君命有所不受)는 말입니다. 전방에서 작전을 지휘하고 있는 장군은 황제의 지휘를 반드시 따르는 것은 아닙니다. 그것은 장군이 황제의 말을 따르지 않는다는 것이 아니라, 전방과의 거리가 너무 멀어서 수시로 변하는 전방의 상황을 황제가 알 수 없기 때문입니다. 전방에서 싸우는 장군은 나라의 이익을 위하여 실제 상황에 따라 전략을 결정해야 하고, 그러려면 황제가 내린 상황에 부적합한 명령은 따르지 않을 수도 있는데, 이것은 항명죄에 속하지 않습니다. 그렇지만 서양의 인사 법규에서는 이것이 통용되지 않습니다. 물론, 우리 역사에서도 항명죄가 적용된 실례가 적지 않게 있는데, 장군이 밖에서 임기응변한 것에 잘못이 없더라도 일단 군사를 거느리고 조정으로 돌아오면, 조정회의와 집권자들에 의해 법에 따라 심판을 받고 범죄가 되는 경우가 있었습니다.

우리가 이러한 역사적 상황과 관점들을 이해하고 나서 다시 중국 문화를 살펴보면, 요순시대에는 인사와 제도 어느 한쪽도 소홀히 하지 않고 균형 잡힌 저울처럼 법규와 인사를 아주 적절히 결합시켰습니다. 이것이 '근권량'謹權量입니다. 요즘 사회에서도 많이 볼 수 있는 일인데, 관청 같은 데 가서 일을 처리하다 보면 거절당하는 경우가 흔히 있습니다. 불만을 가득 안고 돌아서지만 방법이 없는데, 까닭인즉 관청 사람들이 법규대로만 일을 처리하기 때문입니다. 법규의 한 부분과 저촉될 때, 책임이 있는 윗사람들이 깊이 연구하지 않기 때문에 아랫사람들에게 많은 번거로움을 가져다주곤 합니다.

그러나 우리의 고대 인치 사상人治思想에서는 법규를 사람과 일의 변화에 알맞게 적용한다는 원칙이 있어서 서양과는 다른데, 도대체 어느 것이 좋고 어느 것이 나쁜지는 판단하기가 실로 어렵습니다. 이상은 "정치적인 권력과 기능에 대한 구분을 신중히 하고, 각종 업무처리 제도를 살핀다"(謹權量, 審法度)라는 구절에 대하여 생각난 것을 말해 본 것입니다.

셋째 구절은 "폐기된 관직을 정비한다."(修廢官)입니다. 고대의 '官'(관)은 '管'(관)으로서 일을 관장하는 사람을 말합니다. 엄격히 연구해보면, 고대의 관리는 진한秦漢 이후부터 특수 계급으로 변했습니다. 상고 시대의 관직은, 국부 손문孫文의 말처럼 관리한다는 뜻과 봉사한다는 성격의

것으로서 어떤 일을 주관하는 사람에 대해서 말한 것입니다. '수폐관'修
廢官에도 두 가지 뜻이 있습니다. 하나는 요·순·우 이후 은나라를 거
치면서 정치가 황폐해졌다가 주나라에 와서 다시 정돈되었다는 뜻입니
다. 다른 하나는 어떤 제도나 법규, 행정조치라도 『역경』의 이치에 의
하면 변하지 않는 것이 없다는 뜻입니다. 훌륭한 계획도 그 실행 단계
가 하층에까지 이르게 되면, 시간이나 공간적인 문제 때문에 오늘 옳은
이 방법이 내일은 상황이 바뀌어 옳지 않을 수도 있습니다. 그렇기에
적절히 바뀌지 않으면 안 됩니다. 변하지 않으면 문제가 생길지도 모릅
니다. 그러므로 관직을 폐기하거나 복구할 때는 많은 주의를 기울여야
합니다.

　이상의 세 가지를 잘 파악하였다면, 주나라 정치사상의 대체적인 규
범을 이해하는 데 문제가 없을 것입니다.

　마지막으로 "온 나라의 정치가 행해지게 되었다."(四方之政行焉)고 했는
데, 왜 사방四方이라고 했을까요? 상고 시대의 정치 제도가 중앙 집권적
이라고 말하지만, 사방에 제후가 있어서 지방을 분할 통치했기 때문에
실제로는 '중앙 분권'이었기 때문입니다.

선대를 계승 발전시키다

　최근 몇십 년 동안의 서양 문화의 견해에 따르면, 중국 상고, 예컨대
주周 왕조는 중앙에 권력이 집중되지 않았고 지방 권력이 아주 강했다
고 합니다. 이른바 중앙 집권은 도덕적·사상적인 영도였을 뿐 행정상
의 지휘는 대부분 지방 쪽에 속했다는 것입니다. 그랬기 때문에 이 단
락에서, "정치 권력과 기능을 신중하게 구분하고, 각종 업무 처리 제도
를 살피며, 폐기된 관직을 정비한다는 이 세 가지 점에 유의하니, 자연
히 온 나라의 정치가 행해질 수 있었다."고 말하고 있습니다. 범위를 좁
혀 말하면, 집안일을 다스리는 법에 있어서도 마찬가지입니다. 중국 문
화는 본래 종법사회를 기초로 하고 있어서, 씨족에는 씨족 규범이 있고
집안에는 집안 규범이 있었으며, 치가지도治家之道 또한 마찬가지였습니

다.

멸망한 나라를 일으켜 주고, 끊어진 후대를 다시 이어 주고, 숨어 있던 인재들을 등용하니, 천하 백성들의 마음이 되돌아오게 되었다.

(이것이 바로 중국 문화의 핵심인데, 여기에 인용한 것은 주 왕조 이후에 이런 식으로 했다는 말입니다)

興滅國・繼絶世・擧逸民 , 天下之民歸心焉。
흥멸국　　계절세　　거일민　　천하지민귀심언

이것이 바로 중국 문화의 핵심입니다. 오늘날 미국도 이 방향으로 가려 하지만, 솔직히 말해서 그들은 깊고 두터운 문화적 기초가 없기 때문에 실현할 수가 없습니다. 여기에 인용한 것은 주 왕조 이후에 이런 식으로 했다는 말입니다. 중국 고대의 정치사상은 종법사회의 기초 위에서 성립된 것입니다. "멸망한 나라를 일으켜 주고, 끊어진 후대를 다시 이어 준다."(興滅國, 繼絶世), 오래 전에 멸망한 나라는 후대를 이어야 하는데, 만일 후계자가 없다면 먼 갈래의 종친이라도 찾아내야 했습니다. 그래서 주무왕이 중원을 통일한 후 분봉한 제후국이 2, 3백 개나 되었는데, 분봉된 사람들도 모두 주문왕의 후예는 아니었습니다. 예를 들어, 당시에 분봉된 송나라는 바로 은상殷商의 후예였습니다. 주무왕은 한때 멸망하였던 많은 사람들을 다시 봉해 주어, 이런 나라들을 다시 일으켜 세웠습니다.

이런 사상은 후세에까지 줄곧 영향을 미쳤습니다. 예를 들어, 유방과 항우가 일어나 진시황의 폭정을 뒤엎으려 했을 때, 항우는 처음에는 자신을 감히 왕이라 칭하지 못하고 초楚나라의 마지막 황손인 어린 회왕懷王을 찾아내어 의제義帝로 모셨습니다. 지금 보기에는 이상한 일이지요. 항우가 일어났으면 일어난 것이지, 왜 어린아이를 찾아서 황제로 모셨을까요? 이것이 바로 종법사회의 사상으로서, 반드시 모자帽子를 찾아 써야 한다는 것입니다. 이것은 물론 항우 집안의 권모술수이지만, 도덕적인 관점에서 볼 때 중국 문화에는 시종일관 이와 같이 "멸망한 나라를 일으키고, 끊어진 후대를 이어 준다."는 정신이 있었습니다. 나중에 유방이 황제가 되자, 항우 가문과 전국 시대의 많은 후예들을 제후로 봉하였는데, 이것이 바로 한나라 초기의 사랑스럽고 존경할 만한 점입니다.

나는 외국 친구들에게 "당신들은 이렇게 할 수 없소." 하고 말합니다. 미국을 보더라도 그들은 비록 영토에 대한 야심은 크게 없다고 하더라도, 특히 경제 시장에 대한 야심은 대단히 큽니다. 과거에 중국은 어떤 나라를 도와주면, 특히 예속 국가를 도와주어 그 나라의 내란을 평정하고 그들이 자신의 좋은 정권을 세우거나 안정시키면, 군대를 철수해서 돌아왔습니다. 오직 한 가지 조건은 해년마다 조공을 바치러 오는 것이었습니다. 당나라 초기 "만국의 사신들이 면류관에 절하네.(萬國衣冠拜冕旒)"의 시대에 재물상으로 우리가 실제 보조해주는 게 더 많았지, 절대로 영토나 경제적인 야심은 없었습니다. 이것이 중국 문화가 남과는 다른, "멸망한 나라를 일으키고, 끊어진 후대를 이어 준다."는 정치 철학 사상입니다. 지금 미국은 왕도王道도 아닐 뿐더러 패도覇道도 제대로 못하고 있기 때문에, 이 노선을 걸어가고 싶어도 통하지 않습니다. 그 결과 많은 나라들이 수박 잘리듯이 미국에 의해 양쪽으로 나누어졌습니다. 그래서 나는 말하기를, 그들은 역사가 겨우 2백 년에 불과하기 때문에 이 방면에서는 우리 나라의 제자가 된다 하더라도 아직은 1백 년을 더 배워야 할 것이라고 합니다. 우리 문화를 가지고 전 세계의 역사 문화의 정신을 연구하게 되면, 이런 비교를 통해서 인류가 어떤 길을 가야 하는지 알 수 있습니다. 주 왕조가 간 길은 전통적이면서도 정확한 길이었습니다.

"숨어 있던 인재들을 등용한다."(擧逸民)에서, 이른바 '일민'逸民이란 주왕紂王 시대에 주왕의 하는 식에 동의하지 않고 달아나 숨거나 해외로 도피한 많은 사람들을 말합니다. 주무왕周武王은 천하를 통일한 뒤 이 사람들을 찾아내어 상당히 좋은 지위를 줌으로써, 그들의 장점과 사상을 발휘할 수 있도록 하였습니다. 이렇게 하자 인심이 돌아왔습니다.

이 세 가지 점으로 지난 역사를 돌이켜보면, 과거에는 인仁과 의義를 중시했지만 지금은 보기 힘든 일이 되어 버렸습니다. 옛날에는 한 가정에 문제가 생기면 친구가 그 가정을 책임졌는데, 이것이 바로 의義로서, 중국인의 수천 년 동안 전통이기도 했습니다. 지난날 우리는 두 가지를 소홀히 했는데, 하나는 특수 사회 조직이고, 다른 하나는 종법사회가 파괴당한 것입니다.

이는 상당히 중요한 문제입니다. 옛날에는 초하루와 보름이 되면 문중 젊은이들을 사당祠堂에 모아 놓고 훈訓을 읽게 하였습니다. 그 때 읽은 것이, 비록 청나라 강희제가 쓴 광훈廣訓이었지만, 어떻게 하면 부모에게 효순하고 어떻게 좋은 사람이 되고 좋은 일을 할 것인가를 가르쳤던 것입니다. 원래는 정치를 안정시키는 힘으로 삼았던 것인데, 나중에는 종법사회의 훌륭한 중심 사상이 되었습니다. 우리는 당시에 이런 것들을 소홀히 하였는데, 문화를 사랑하는 사람들만이 이것이 대단히 심각한 문제라는 것을 알고 있었습니다. 게다가 오늘날에는 사상의 분열로 인해 이런 것들이 파괴되었습니다.

그러므로 우리는 이런 사실을 통하여 과거 종법사회에서는 이러한 정신, 즉 친구를 위하여 목숨을 던지거나 친구를 대신하여 그의 가족을 돌보는 것이 매우 보편적이었음을 알아야 합니다. 무엇 때문에 이렇게 했을까요? 그것은 수천 년 동안 이어온, "멸망한 나라를 일으켜 주고, 끊어진 후대를 다시 이어 준다."(興滅國, 繼絕世)고 하는 깊고 두터운 문화 교육의 결과입니다.

살아서는 잘 모시고 죽어서는 편히 쉬시도록

정치에서 주의를 기울여야 할 두 가지 중점은 백성들의 생활과 장례에 있(으니, 살아서는 잘 봉양하고 죽어서는 안장해주는 것이)다.

所重 : 民食 · 喪祭。
소중   민식   상제

고서에서는 이 말을 "소중민, 식상제"所重民, 食喪祭로 구두점을 찍고 읽었는데, 나는 이에 동의하지 않습니다. 옛날 대유학자들의 말이라고 해서 꼭 옳다고는 생각하지 마십시오. 우리는 진리와 진실을 추구하기 위해서 옳은 것은 옳다 하고 틀린 것은 틀리다고 해야 합니다. 대유학 자라고 해서 틀리지 않는다는 법은 없으며, 실제로 틀린 것도 많습니다. 평범한 소유학자도 되지 못하는 나 같은 사람도 경험해 보면, 내가 글 자를 틀리게 썼을 때 학생들은 알고도 말을 하지 않습니다. 나중에 내 가 발견하고, 학생들에게 왜 말하지 않았느냐고 물으면, 학생들은 "선생 님이 쓰신 게 어찌 틀리겠습니까?" 라고 대답하는 것이었습니다. 이런 태도는 아주 나쁩니다. 선생이라고 해서 반드시 옳다는 법은 없으니, 될 수 있는 한 많은 의견을 제시해야 합니다. 설령 내가 옳더라도 이해하 지 못하겠으면 얼마든지 의견을 내놓을 수 있는데, 왜 모두들 가만히 있는지 모르겠습니다. 그러므로 옛사람의 말에 대해서도 주의해야 합니 다.

이 단락은 정무政務 시행에서 주의를 기울여야 할 두 가지 중점重點을 말한 것입니다. 첫째는 '백성들의 생활'(民食)에 있으며, 둘째는 '장례'(喪 祭), 즉 송사送死에 있습니다. 바꾸어 말하면, 정치의 중점은 "살았을 때 는 잘 봉양하고, 죽었을 때는 안장하는 것"(養生送死)인데, 이는 경제적인 면에 관한 것입니다.

(정치의 또 다른 네 가지 원칙으로서) 정치가 관대하면 백성의 인심 을 얻게 되고, 지도자가 말에 신용이 있으면 백성이 신임하게 되며, 총 명하고 민첩하면 공적을 이룩하게 되고, 무슨 일이든 공정 공평하면 모 두가 진심으로 기뻐하며 복종하게 된다.

寬則得衆, 信則民任焉, 敏則有功, 公則說。
관즉득중　신즉민임언　민즉유공　공즉열

이것은 정치의 또 다른 네 가지 원칙입니다. 상고의 정치는 처음부터 한결같이 관대하였다(寬)는 것이 유가의 주장입니다. 그러나 도가는 관대함(寬)과 엄격함(猛)이 모두 중요하다고 주장하였습니다. 역사를 읽어보면 엄격했던 시대는 바로 법치 시대로서, 엄격하게 관리했던 시대였습니다. 예치禮治를 중시했을 때에는 징치가 관대하였는데, 역사상 유명한 한당漢唐 시대가 그러했습니다.

여기서 또 다른 문제가 생각납니다. 최근 4, 50년 동안 역사학계에서는 명대明代 역사를 즐겨 연구하고 있는데, 특히 명대 후기 역사를 연구하고 싶어 합니다. 왜 하필이면 명대 역사만 연구하고 싶어 할까요? 청대와 관련이 있어서일까요? 아니면 청나라를 뒤엎은 혁명과 관계가 있어서일까요? 사실은 이런 것들 때문이 아닙니다. 나는 이것을 일종의 역사 기풍이라 생각하는데, 『역경』의 이치로 살펴보면 이상한 현상입니다. 왜 이런 것들만 전문적으로 연구하고, 한나라는 어떻게 일어났으며 당나라는 어떻게 일어났는지에 대해서는 연구하지 않을까요? 그토록 번창했던 기상氣象은 왜 연구하지 않을까요?

한나라의 문제文帝·경제景帝의 치세는 관대한 정치를 주장해서 법률도 관대했습니다. 처음 한고조가 패沛에 갔을 때 진시황의 법령이 너무 엄격했으므로, 그는 백성들에게 약법삼장約法三章을 제시했습니다. 아주 간단한 세 가지 법이었는데, 이를 보면 한나라의 흥기興起는 처음부터 관대하였음을 알 수 있습니다. 전란의 고통을 여러 해 겪고 엄한 형벌 통치를 받은 사회에서, 백성에게 가장 좋은 정책과 약은 바로 관대함(寬)을 베푸는 것입니다. 한나라는 무제 시대에 이르러서야 법치에 신경을 썼는데, 가혹한 관리가 나와서 엄격한 정치를 펴기 시작했습니다. 이것은 사회의 군중 심리와 관련되어 있는데, 너무 관대하면 방종하기 쉬우므로 강력하고 엄격하게 관리하지 않으면 안 되었던 것입니다.

정치적으로 관대한 수단방법을, 혹은 엄격한 수단방법을 운용할 것인가는 사람에게 달려 있는데, 유가의 관대함은 백성들의 인심을 얻을 수 있습니다. 그리고 지도자의 말에 신용이 있으면 백성들은 그 지도자를 완전히 신임하게 되고(信則民任焉), 지도자가 민첩하고 총명하면 공훈과 업적을 세울 수 있습니다(敏則有功). 또, 무슨 일이든 공정하고 공평하면 사람들이 진심으로 기뻐하며 복종하게 됩니다(公則說).

이 편은 처음부터 지금까지, 공자와 그 제자·문인들과는 관계없이 상고의 역사 자료만 기록하고 있어서 앞의 열아홉 편과 다른 것 같지만, 실제로는 공자의 사상이 중국 상고의 전통 문화의 연속선상에서 바로 그런 부분들로부터 나온 것임을 나타냅니다. 이제 다음 단락에서는 공자의 사상을 제기합니다.

정치 모범론

자장이 공자에게 물었다. "어떻게 해야 정치에 종사할 수 있겠습니까?"

공자께서 말씀하셨다. "다섯 가지 미덕을 존중하고, 네 가지 악덕을 물리친다면, 정치에 종사할 수 있을 것이다."

자장이 물었다. "다섯 가지 미덕이란 무엇을 말씀하시는 것입니까?"

공자께서 말씀하셨다. "군자가 은혜를 베풀되 힘들이지 않고, 수고롭게 하되 원망을 사지 않고, 바라기는 하되 탐내지 않고, 의연하되 교만하지 않고, 위엄이 있으되 사납지 않은 것이다."

자장이 물었다. "은혜를 베풀되 힘들이지 않는다는 것은 무엇을 말씀하시는 것입니까?"

공자께서 말씀하셨다. "백성들에게 이로운 바에 따라 그들을 이롭게 해 준다면, 이것이 은혜를 베풀되 힘들이지 않는 것이 아니겠느냐?

수고롭게 할 만한 일을 가리어 그들을 수고롭게 한다면, 또 누가 원망하겠느냐?

인仁하기를 바라서 인하게 된다면, 무엇을 탐하겠느냐?

군자가 많은 사람을 대하건 적은 사람을 대하건, 작은 일을 하건 큰 일을 하건, 감히 함부로 하지 않는다면, 이것이 의연하되 교만하지 않은 것이 아니겠느냐?

군자가 그 의관을 올바로 하고, 그 시선을 존엄하게 지니며, 장중하여 남이 바라보고 그를 경외하게 된다면, 이것이 위엄이 있으되 사납지 않은 것이 아니겠느냐?"

자장이 물었다. "네 가지 악덕이란 무엇을 말씀하시는 것입니까?"

공자께서 말씀하셨다. "가르치지는 않고 죽이는 것을 포학함이라 하고,

미리 훈계하지는 않고 일한 성과만 따지는 것을 난폭함이라 하고,

법령을 우롱하면서 기대에 어긋나지 않기를 바라는 것을 도적질이라 하고,

사람들에게 고르게 나누어 주어야 할 것이나 재물의 출납을 인색하게 하는 것을 옹졸함이라 한다."

子張問於孔子曰：何如斯可以從政矣？子曰：尊五美，屛四惡，斯可
자장문어공자왈　하여사가이종정의　자왈　존오미　병사악　사가

以從政矣。子張曰：何謂五美？子曰：君子惠而不費，勞而不怨，欲而不
이종정의　자장왈　하위오미　자왈　군자혜이불비　노이불원　욕이불

貪，泰而不驕，威而不猛。子張曰：何謂惠而不費？子曰：因民之所利而
탐　태이불교　위이불맹　자장왈　하위혜이불비　자왈　인민지소리이

利之，斯不亦惠而不費乎？擇可勞而勞之，又誰怨？欲仁而得仁，又焉
리지　사불역혜이불비호　택가로이로지　우수원　욕인이득인　우언

貪？君子無衆寡，無小大，無敢慢，斯不亦泰而不驕乎？君子正其衣冠，
탐　군자무중과　무소대　무감만　사불역태이불교호　군자정기의관

尊其瞻視，儼然人望而畏之，斯不亦威而不猛乎？子張曰：何謂四惡？子
존기첨시　엄연인망이외지　사불역위이불맹호　자장왈　하위사악　자

曰：不敎而殺謂之虐，不戒視成謂之暴，慢令致期謂之賊，猶之與人也，
왈　불교이살위지학　불계시성위지폭　만령치기위지적　유지여인야

出納之吝，謂之有司。
출납지린　위지유사

이 단락의 글은 보고 이해하기는 쉽지만, 남아있는 문제는 이를 행동으로 옮기기는 어렵다는 것입니다. "은혜를 베풀되 힘들이지 않는다."(惠而不費)는 것은 정치에 종사하면서는 쉽게 할 수 있습니다. "공무원 신분으로는 좋은 일 하기가 쉽다."(身在公門好修行)는 옛 속담이 민간에 있습니

다. 공무원은 때로는 좋은 일을 하기가 쉽습니다. 왕왕 어떤 일이 책상 머리에서 결정되는 경우가 있는데, 사무실에 앉아서 생각해 낸 아이디어 하나, 방법 하나라도 윗사람의 결정을 거쳐 실행된다면, 그 영향은 상상할 수 없을 정도로 큽니다. 그래서 고명한 정치가에게는 늘 이런 기회가 생기는데, 남에게 많은 이익을 주어 누구에게나 혜택을 베풀지만, 자신은 아무런 희생도 손해도 없습니다.

그렇지만 어떤 이들은 이런 일을 하지 않으려 합니다. 예를 들어, 어떤 공무원은 누가 민원을 가지고 왔거나 일을 보러 왔는데도 안내하는 말 한마디조차도 하지 않습니다. 그 결과 많은 이들이 원망하게 되는데, 결국 이 원망은 지도자에게 돌아갑니다. 그러므로 위정의 도리인 "은혜를 베풀되 힘들이지 않는"(惠而不費) 일을 하면 얼마나 좋겠습니까! 그렇지만 그렇게 할 수 없는 경우도 있습니다. 친구를 사귀는 일도 마찬가지입니다. 친구 일을 하나 도와주는 것이, 은혜를 베풀되 힘들이지 않는 일임을 우리는 늘 발견합니다. 그렇지만 요즈음 젊은이들 사이에는 "쓸데없는 일에 참견할수록 방귀 먹는다."(多管閒事, 多吃屁)는 말이 유행하고 있는데, 사실 쓸데없는 일에 참견하는 것이 무슨 방해가 되겠습니까? 친구 사이에는 은혜를 베풀되 힘들이지 않는 일을 많이 해야 합니다. 이런 일은 어떤 경우에나 수시로 할 수 있는 일이지, 어찌 정치에서만 할 수 있는 일이겠습니까?

가장 어려운 것은 "수고롭게 하되 원망은 사지 않는다."(勞而不怨)는 것입니다. 사람들은 일을 할 때는 남의 원망을 기꺼이 받아들일 수 있어야 한다고 늘 말합니다. 경험해 본 바로는, 노고를 마다하지 않기란 쉽지만 원망을 기꺼이 받아들이기란 정말 어렵습니다. 일을 힘들게 더 많이 하는 것은 괜찮지만, 일하고도 욕먹는 것은 참을 수 없습니다. 그러나 어떤 일을 하더라도 일단 시작했으면 욕먹을 각오를 해야 하며, "수고롭게 하더라도 원망을 사지 않아야" 합니다. 나는 원망을 기꺼이 받아들이는 일이 어렵다고 생각합니다.

"바라기는 하되 탐내지는 않는다."(欲而不貪)는 말은 아주 일리가 있습니다. 청렴하기를 바란다면 자신이 그렇게 하도록 노력하면 되지, 다른 사람도 모두 그렇게 하기를 가혹하게 바랄 필요는 없습니다. 누구나 본능적인 욕망이 있기 때문에 어느 정도 바라는 것은 괜찮지만 지나친 탐욕은 버려야 합니다. 중국 문화에서는 유가든 도가든 모두 대공大公을 주장하고 있지만, 약간의 사심이 있는 것은 허용하였습니다.

"의연하되 교만하지는 않는다."(泰而不驕)는 것은 태도나 심경心境에서 도량이 넓어야 하며 교만하지 말아야 한다는 뜻입니다.

또, "위엄이 있으되 사납지 않아야"(威而不猛) 하는데, 여기서 '위'威는 남을 위협하는 것이 아닙니다. 사람의 수양이 정말로 위덕威德이 있으면, 보는 사람마다 자연히 두려워하게 되는데 이것이 바로 '위'威입니다. 여기서 두려워한다는 것은 공포의 감정이 아니라 일종의 '경외·존경'의 감정입니다. 만약 '위'威가 사람에게 공포심을 불러일으키는 것이라면 그것은 사나움(猛)입니다. 역사상 많은 사람을 보더라도 사나운(猛) 잘못을 범하고도 실패하지 않은 사람은 없었습니다.

이상 다섯 가지 미덕은 위정과 처세의 원칙입니다. 우리 나름대로 이 다섯 가지를 해석했으니, 이제 공자의 해석을 보겠습니다. 공자는 "백성들에게 이로운 바에 따라 그들을 이롭게 해 준다면, 이것이 은혜를 베풀되 힘들이지 않는 것이 아니겠느냐?"(因民之所利而利之, 斯不亦惠而不費乎)고 했습니다. 오늘날의 민주정치처럼 백성들이 필요로 하고 바라는 바를 따라 이로움을 베푸는 것이 바로 "은혜를 베풀되 힘들이지 않는 것"입니다. 사회에서 얻은 것을 사회에 사용하는 것입니다.

"수고롭게 할 만한 일을 가리어 그들을 수고롭게 한다면, 누구를 원망하겠는가?"(擇可勞而勞之, 又誰怨)라는 말은, 같은 노동이라도 백성들의 이익과 관련된 일이라면 백성들에게 노동을 시켜도 원망할 사람이 없다는 뜻입니다. "인하기를 바라서 인하게 된다면, 무엇을 탐하겠느냐?"(欲仁而得仁, 又焉貪)라는 말은, 바라는 것이 '인'仁인데 그 '인'을 얻었다면 더 무슨 욕심이 있겠느냐는 뜻입니다. 다시 말하면, 요구하는 것이 정당하고 자기 분수를 지켜서 목적을 이루었다면 그 밖에는 욕심이 없다는 것입니다.

"군자가 많은 사람을 대하건 적은 사람을 대하건, 작은 일을 하건 큰 일을 하건, 감히 함부로 하지 않는다면, 이것이 의연하되 교만하지 않은 것이 아니겠느냐?"(君子無衆寡, 無小大, 無敢慢, 斯不亦泰而不驕乎)를 보겠습니다. 군자는 어떤 환경에서도 많다, 적다는 생각이 없습니다. 예컨대 대우의 좋고 나쁨, 이익의 많고 적음, 직위의 높고 낮음 등의 생각이 없어서 무슨 일이든 얕보지 않으며 사소한 일이라도 흔히 전력을 다합니다. 불교에는 이런 말이 있는데 대단히 좋습니다. "사자가 먹이를 잡듯이 한다."(獅子搏物). 사자는 백수의 왕이라고 하는데, 왜 백수의 왕이 될 수 있을까요? 어떤 일에 대해서나 공경스럽고 진지해서 사람을 잡아먹고자 할 때에도 있는 힘을 다 기울이고 절대 소홀히 하지 않습니다. 사자는 쥐 한 마리를 잡더라도 전력을 다하는데, 이런 사자의 정신이야말로 대소大小가 없고 감히 소홀함이 없는 것입니다. 해야 할 일이 하나 생겼을 때, 그 일이 크든 작든 쉽다고 생각하지 말아야 하는데, 만약 쉽게 생각한다면 왕왕 잘못될 가능성이 많습니다. 이는 즉 어떻게 해야 태연하되 교만하지 않을 수 있는가를 말하는 것입니다.

이어서 태도에 대해서 말합니다. "군자가 그 의관을 올바로 하고 그 시선을 존엄하게 지니며, 장중하여 남이 바라보고 그를 경외하게 된다면, 이것이 위엄은 있으되 사납지 않은 것이 아니겠느냐?"(君子正其衣冠, 尊其瞻視, 儼然人望而畏之, 斯不亦威而不猛乎). 이것 역시 외형론인데, 내적인 뜻은 이미 앞에서 말했습니다. 여기서 글자 뜻만으로 말해 보면, 사람이 의관衣冠이 단정하고 예절과 위의威儀가 갖추어졌다면, 다른 사람이 멀리서 보든 가까이서 보든 모두 경외하는 마음이 일어나게 되는데, 이것이 바로 "위엄은 있되 사납지는 않다."(威而不猛)는 이치입니다.

네 가지 악덕

지금까지 다섯 가지 미덕(五美)에 대해서 우리가 연구한 바와 공자가 풀이한 바를 모두 이해했습니다. 다음에는 네 가지 악덕(四惡)에 대하여 풀이해 보겠습니다.

먼저 "가르치지는 않고 죽이는 것을 포학함이라고 한다."(不敎而殺謂之

虐)를 보겠습니다. 부하나 학생이나 모두 마찬가지 경우인데, 윗사람이 잘 가르치지 않아서 그가 잘못을 저질렀다면 윗사람 자신이 책임을 져야 합니다. 사람은 무슨 일에나 경험이 있는 것은 아니므로 경험이 있는 윗사람이 잘 가르쳐야 합니다. 가르쳤는데도 고치지 않으면 그 때야 처벌해도 됩니다.

"미리 훈계하지는 않고 일의 성과만을 따지는 것을 난폭함이라고 한다."(不戒視成謂之暴)에서, '계'戒는 훈계입니다. 부하에게 사전에 타일러 주지 않고, 때가 되었을 때 결과만을 바라면서 지나친 요구를 하는 것은 인정과 도리에 맞지 않는 일이니, 그래서는 안 됩니다. 이것은 대단히 허용할 수 없는 일입니다.

"법령을 우롱하면서 기대에 어긋나지 않기를 바라는 것을 도적질이라고 한다."(慢令致期謂之賊)는 것은, 법규나 명령을 경시輕視하고 염두에 두지 않는 것을 말합니다. '만령'慢令은 요즘 식으로 말하면 법령을 우롱한다는 뜻입니다. 흔히 자기는 법령을 우롱하면서 남에게는 법령을 잘 지켜 목적에 도달하고 임무를 완성하여 자기의 기대에 부합하기를 바라는데, 이것은 '도적질'賊이라는 것입니다.

"사람들에게 고르게 나누어주어야 할 것이나 재물의 출납出納을 인색하게 하는 것을 옹졸함이라 한다."(猶之與人也, 出納之吝, 謂之有司). 위정의 도리란 모든 일을 생각할 수 있어야 합니다. 내가 필요로 하는 것은 다른 사람도 필요로 할 것입니다. 가령 어떤 일이 나에게 닥쳤을 때, 내가 바라지 않는 일이라면 다른 사람도 그러할 것입니다. 이것이 "유지여인야"猶之與人也인데, "남도 자기와 비교해 보니 같다."는 뜻입니다. "재물의 출납을 인색하게 하는 것"(出納之吝)은 정치 분야와는 별도로 경제적인 분야를 말하고 있는 것인데, 어떻게 절약하고 알맞게 쓰느냐의 한계는 각 부문을 전문적으로 책임지는 사람이 알아서, 써야할 것은 쓰고 절약해야 할 것은 절약해야 할 것입니다.

논어의 결론

앞 단락은 자장이 다섯 가지 아름다움(五美)과 네 가지 악덕(四惡)을 묻자, 공자가 그에 대해 답한 내용이었습니다. 이제 다음 단락은 『논어』 전체 20편의 결론이 됩니다.

공자께서 말씀하셨다. "(시대의 환경과 추세인) 명命을 알지 못하면, (선견지명先見之明이 없으니) 군자가 될 수 없다.

(사람으로서의 예의와 전통 문화의 철학적 이치이자 인생의 도리인) 예禮를 알지 못하면, (환경에 끌려 다니며 휘둘릴 뿐) 스스로 꿋꿋하게 서서 인생길을 걸어갈 수 없다.

(옛 선현들이 일러 주는 인생 경험인) 말言을 (깊고 절실하게 진정으로 이해하여) 알지 못하면, 올바른 사람됨(과 처세의 방법)을 알 수 없다."

子曰 : 不知命, 無以爲君子也。 不知禮, 無以立也。 不知言, 無以
자왈   부지명   무이위군자야   부지례   무이립야   부지언   무이

知人也。
지인야

고대 중국인들은 '삼리'三理를 말했는데, 원래 '삼리'의 '리'理는 '예'禮입니다. 중국 문화에는 '삼례'三禮가 있는데, '주례周禮 · 예기禮記 · 의례儀禮'가 바로 그것입니다. 송명宋明 이후에도 '삼리'란 것이 있어서, 지식인은 반드시 '삼리'를 알아야 했는데, 곧 '의리醫理 · 명리命理 · 지리(地理:풍수)'를 말합니다. 이것은 효도 관념에서 온 것입니다. 즉, 부모가 아프면 보살펴야 하므로 '의리'醫理를 알아야 했습니다. "부모의 나이는 몰라서는 안 된다."(父母之年不可知也)고 했듯이, 사주나 '명리'命理를 볼 줄 알아야 했으며, 만일 일이 생기면 묏자리를 찾아야 하므로 '지리'地理를 알아야 했습니다.

그래서 점 잘 치는 한 친구가 이 단락을 인용해서, 공자는 지식인이라면 반드시 점을 칠 줄 알아야 한다고 주장했다고 말한 적이 있습니

다. 그러나 공자의 이 말은 점치는 일에 대해 언급한 것이 아닙니다. 공자 당시에는 아직 팔자八字로 운명을 감정하는 일이 없었습니다. 팔자로 운명을 감정하는 일은 당나라 때부터 성행했는데, 엄격히 말하면 좀 더 이른 남북조 시대부터 있었습니다. 거기다가 인도에서 들어온 문화가 더해졌는데, 예컨대 자子·축丑·인寅·묘卯 등 십이지十二支 동물은 인도에서 전해져 온 것입니다. 우리는 원래 지지地支만 있고 동물들과는 배합하지 않았는데, 동한東漢 이후 인도에서 12가지가 전해져서 당나라 때 운명 감정학으로 형성되었습니다. 그런데 이 운명 감정학도 여러 개의 큰 분파로 나누어지는데, 같은 팔자라도 이 파의 방법으로 하면 좋게 나오고 저 파의 방법으로 하면 나쁘게 나옵니다.

운명 감정가들은 역사상 가장 좋은 운명이 나온 사람은 건륭 황제乾隆皇帝라고 했습니다. 그의 팔자에서 지지地支가 담긴 네 글자는 자子·오午·묘卯·유酉로서, 이것을 '사정四正의 명命'이라고 했습니다. 실제로 역사상 황제들 중에서 건륭보다 명이 더 좋은 사람은 없었습니다. 그는 60년 간 태평 황제로서 80세까지 살아 자칭 '십전노인'十全老人이라고 했는데, 뭐든지 다 좋았으니 이런 황제 노릇을 한다면야 기분이 더없이 좋겠지요.

건륭 황제의 명이 이처럼 좋았는데, 이 황제와 팔자가 똑같은 사람이 하나 있었습니다. 건륭과 같은 해, 같은 달, 같은 날, 같은 시에 태어났는데, 그는 거지였습니다. 그렇다면 이런 사주는 어떻게 보아야 합니까? 이런 사주의 사례는 아주 많은데, 감정가들은 장소가 다르기 때문이라고 합니다. 말하자면 건륭은 북쪽에서 태어났지만, 거지는 남쪽에서 태어났다는 것입니다. 공간적으로 같은 방 안의 두 침대에서 태어나도 차이가 있다는 것인데, 이것을 '이형환보'移形換步라고 합니다. 한 걸음 움직이면 보이는 대상이나 형태도 변하고, 형태가 변하면 결론도 달라진다는 것입니다. 만약 이렇다면 정말 길도 감히 함부로 걷지 못하겠지요?

그렇지만 여기에는 한 가지 이치가 있는데, 이른바 "마魔는 자기 마음이 만들어 내고, 요귀는 사람으로 말미암아 나타난다."(魔從心造, 妖由人興)

고 하는 것입니다. 공자가 말하는 '명'命의 진정한 의미는 우주의 어떤 법칙을 말합니다. 인사·물리·역사의 운명이 시간·공간과 합쳐져서 하나의 힘을 형성할 때, 사람은 그것을 바꿀 방법이 없는데, 이것이 바로 '명'命입니다. 오늘날 우리는 이것을 '시대의 추세'라고 부르는데, 일단 기세를 타면 달리는 자동차처럼 힘이 다하기 전까지는 멈출 방법이 없습니다. 역사에도 원인과 결과가 있는데, 우리 이 시대는 어째서 이렇게 형성되었을까요? 그러므로 이 '명'命을 말하기는 매우 어렵습니다. 오늘날 우리의 팔자는 벌써 나와 있는데, 사주팔자가 아니라 '생우우환, 사우우환'(生于憂患, 死于憂患: 우환 속에 태어나 우환 속에 죽는다—역주)이라는 팔자(여덟 글자)입니다.

고대에는 "천명을 성性이라 한다."(天命之謂性)라는 말이 있었는데, 이때의 '명'命은 우주 생명의 '命'으로 해석되고 있습니다. 만약 우리가 『논어』 속의 이 말을 생명의 '命'으로 해석한다면, 다시 철학적인 문제와 결부됩니다. 또, 운명의 '命'에는 철학과 과학의 문제가 포함되므로, 이 역시 마찬가지로 연구하기 어렵습니다. 공자는 여기서 "부지명, 무이위군자야"不知命, 無以爲君子也라고 했는데, 바꾸어 말하면 사람이 시대의 추세를 모르고 시대의 환경을 이해하지 못한다면, 선견지명이 없으므로 군자가 될 수 없다는 뜻입니다.

또, "부지례, 무이립야"不知禮, 無以立也라고 했는데, 이 '예'禮에는 문화가 포함되어 있습니다. 이 점에 대해서는 앞에서 여러 번 해석했기 때문에 더 이상 말하지 않겠습니다. 간단히 말해서 모든 예의와 중국 전통 문화의 철학적 이치와 인생의 도리를 알아야 하는데, 이를 모르면 이 인간 세상에 서 있을 방법이 없어서, 영원히 환경에 끌려 다닐 뿐 세속에 휘둘리지 않고 자기의 신념대로 행동할 방법이 없다는 것입니다.

"부지언, 무이지인야"不知言, 無以知人也를 문자대로 해석하면, '말을 할 줄 모르면 처신할 방법이 없다'인데, 사람이 어떻게 말을 모를 리가 있겠습니까? 저마다 말을 할 줄 압니다. 여기서의 '말'(言)은 언어문화를 나타냅니다. 옛 사람인 선현先賢들이 우리에게 일러 준 말을 깊고 절실하게 진정으로 이해하지 못하면 올바른 사람이 되고 올바르게 처세할 방법이 없다는 뜻입니다. 예를 들면, 『논어』는 공자의 인생 경험을 우리에게 일러 주었는데, 이를 이해하지 못하면 어떻게 바른 사람이 되고 어떻게 일해야 하는지 잘 모르게 됩니다.

이 단락은 여기서 끝났습니다. 지금까지 우리가 보아 온 바와 같이 "공자께서 말씀하시기를, 배우고 때때로 익히니"(子曰 : 學而時習之)로부터 시작된 『논어』 전체 20편을 모두 이어 놓으면 모두 학문이 되는데, 이 학문은 지식도 아니고 문자도 아닙니다. 학문을 인생의 수양으로써 체험하고 언제 어디서나 배우고 익힐 수 있어야만 '명을 알고'(知命) '자립' 自立하는 경지에 도달할 수 있는 것입니다. 그리고 이렇게 할 때에만 '말을 안다'(知言)고 할 수 있으며, 『논어』를 헛되이 읽지 않았다고 할 수 있습니다. 내 생각으로는 『논어』의 정신은 대체로 이렇습니다. 맞고 안 맞고는 나도 모릅니다. 나의 학식은 이 정도일 뿐입니다. 앞으로 깊이 연구하게 된다면, 또 다르게 논할 수도 있겠지요(웃음).

제10편 향당

鄕黨

아직 강의하지 않은 제10편 「향당」이 남아 있습니다. 이 한 편은 풀이하지 않겠습니다. 「향당」편은 오늘날 개념으로 말하면 모두 공자의 생활 모습을 묘사한 것입니다. 지금의 뉴스 보도 방식으로 말하면 공자의 일상생활의 재미있는 토막 기사라고 할 수 있습니다. 여기에서는 공자가 외교의 일을 볼 때는 어떤 태도를 취했고, 사람을 대할 때는 어떤 태도를 취했으며, 출근할 때와 회의할 때는 어떤 태도를 취했는가 하는 것들을 언급했습니다.

지난날의 지식인들은 이 「향당」편의 글을 매우 엄중하게 보았는데, 오늘날 보니 생활의 예술입니다. 공자의 학생들이 공자를 위해 조각상을 하나 세우려 하거나 공자를 주인공으로 하는 연극을 하고 싶다면 이 편을 잘 연구해 보아야 합니다.

공자께서 마을에 계실 때는 공손하셔서 마치 말을 할 줄 모르는 것 같았다. 종묘와 조정에 계실 때는 분명하고 유창하게 말씀하시되 오로지 신중하게 하셨다.

孔子於鄕黨 , 恂恂如也 , 似不能言者。其在宗廟朝廷 , 便便言 , 唯
공자어향당　순순여야　사불능언자　기재종묘조정　편편언　유

謹爾。
근 이

조정에 나아가 하대부와 이야기할 때는 대범하셨으며, 상대부와 이야기할 때는 온화하고 조리가 있었으며, 임금이 계실 때는 몹시 공경스러

우면서도 의젓하셨다.

朝, 與下大夫言, 侃侃如也。 與上大夫言, 誾誾如也。 君在, 踧踖如
조 여하대부언 간간여야   여상대부언 은은여야   군재 축척여

也, 與與如也。
야 여여여야

　임금이 불러서 귀빈을 영접하게 하면, 공자는 태도를 장중하게 하시
고 발걸음이 빨라지셨다. 함께 서 있는 사람에게 읍을 할 때는, 왼쪽에
서 있는 사람에게는 두 손을 모아 왼쪽으로 향해 읍하고, 오른쪽에 서
있는 사람에게는 두 손을 모아 오른쪽으로 향해 읍하는데, 옷자락이 앞
뒤로 흔들리는 것이 흐트러지지 않고 가지런했다. 빨리 걸어 나아가실
때에는, 새가 두 날개를 편 듯하였다. 귀빈이 물러가면 반드시 "귀빈
이 돌아보지 않고 잘 가셨습니다." 라고 복명하셨다.

君召使擯, 色勃如也, 足躩如也。 揖所與立, 左右手, 衣前後, 襜如
군소사빈 색발여야   족확여야   읍소여립 좌우수 의전후 첨여

也。 趨進, 翼如也。 賓退, 必復命, 曰:賓不顧矣。
야 추진 익여야   빈퇴 필복명 왈 빈불고의

　궁궐 문을 들어가실 때는, 몸을 구부리시는 것이 마치 문이 낮아 들
어갈 수 없어서 그러시는 것 같았다. 서 계실 때는 문 가운데 서지 않
으시고 다니실 때는 문지방을 밟지 않으셨다. 임금의 자리 앞을 지나가
실 때는 태도를 장중하게 하시고 발걸음을 빨리하셨으며, 말씀은 제대
로 못하는 사람같이 하셨다. 옷자락을 걷어쥐고 대청에 오르실 때는 몸
을 굽히시고 숨을 죽여 마치 숨 쉬지 않는 것 같으셨다. 나가실 때는
층계를 한 계단 내려가서야 긴장한 얼굴 표정을 풀고 즐거운 자태를 지
으셨고, 층계를 다 내려가서 빠른 걸음으로 나아가실 때는 새가 두 날
개를 펼친 듯 하였으며, 본래의 자리로 되돌아가셔서는 조심스럽고 공
손하셨다.

入公門, 鞠躬如也, 如不容。立不中門, 行不履閾。過位, 色勃如也,
입공문 국궁여야 여불용 입부중문 행불리역 과위 색발여야

足躩如也, 其言似不足者。攝齊升堂, 鞠躬如也, 屛氣似不息者。出降一
족확여야 기언사부족자 섭자승당 국궁여야 병기사불식자 출강일

等, 逞顔色, 怡怡如也。沒階趨進, 翼如也。復其位, 踧踖如也。
등 영안색 이이여야 몰계추진 익여야 복기위 축척여야

　　외국에 사신으로 가셔서 홀을 잡으실 때는 몸을 굽히시는 것이 마치
무거워서 들지 못하시는 듯 하셨다. 홀을 위로 올리시는 것은 마치 읍
을 하시는 것 같았고, 아래로 내리시는 것은 다른 사람에 물건을 건
네주시는 것 같았으며, 태도를 장중하게 하시되 두려운 듯이 하셨고,
발은 종종걸음을 치는 것이 마치 무언가를 따라가시는 것 같았다. 예물
을 올릴 때에는 얼굴 가득 활기를 띠셨다. 개인적인 접견에서는 즐거운
기색이셨다.

　　執圭, 鞠躬如也, 如不勝, 上如揖, 下如授, 勃如戰色, 足蹜蹜如
집규 국궁여야 여불승 상여읍 하여수 발여전색 족축축여

有循。享禮, 有容色。私覿, 愉愉如也。
여순 향례 유용색 사적 유유여야

　　군자께서는 감색과 검푸른 회색으로 옷의 가장자리 선을 만들지 않
고, 붉은색과 자주색으로 평상복을 만들지 않으셨다. 여름이 되면 칡베
로 만든 홑옷을 입으시되, 외출할 때는 반드시 속옷을 받쳐 입고 나가
셨다. 검은 옷에는 검은 염소 가죽으로 만든 모피 옷을 입으시고, 흰옷
에는 새끼사슴 가죽으로 만든 모피 옷을 입으시고, 누런 옷에는 누런
여우가죽으로 만든 모피 옷을 입으셨다. 집에서 입는 평상복은 조금 길
게 하되, 일할 때 편리하도록 오른쪽 소매를 짧게 하셨다. 반드시 잠옷
을 갖추어 놓고 계셨는데, 그 길이는 한 길 반이었다. 여우와 담비의
두꺼운 털가죽으로 방석을 만들어 깔고 앉으셨다. 상복 입는 기간이 다
지나면 몸에 차지 않는 패물이 없으셨다. 조회와 제사 때 입는 예복의
치마는 천 한 폭 전부를 썼지만, 예복이 아닌 옷은 반드시 남은 천을

잘라 내셨다. 염소가죽으로 만든 검정색 모피 옷을 입거나 검은 갓을 쓰고는 조문을 가지 않으셨다. 매월 초하룻날에는 반드시 조복을 입고 조정에 나가셨다.

君子不以紺緅飾, 紅紫不以爲褻服。當暑, 袗絺綌, 必表而出之。緇
군자불이감추식　홍자불이위설복　　당서　진치격　필표이출지　　치

衣羔裘, 素衣麑裘, 黃衣狐裘, 褻裘長, 短右袂。必有寢衣, 長一身有
의고구　소의예구　황의호구　설구장　단우메　필유침의　　장일신유

半。狐貉之厚以居。去喪, 無所不佩。非帷裳, 必殺之。羔裘玄冠,
반　　호학지후이거　거상　무소불패　　비유상　필쇄지　　고구현관

不以弔。吉月, 必朝服而朝。
불이조　길월　필조복이조

재계를 할 때는 반드시 깨끗한 새 옷이 준비되어 있어서 그것으로 갈아입으셨으니, 그것은 칡베로 만든 것이었다. 재계를 할 때는 반드시 음식을 평소와 달리 하셨고 거처도 반드시 보통 때와 달리 하셨다.

齊必有明衣, 布。齊必變食, 居必遷坐。
재필유명의　포　재필변식　거필천좌

밥은 곱게 찧은 쌀로 지은 것을 싫어하지 않으셨고, 회는 잘게 썬 것을 싫어하지 않으셨다. 밥이 쉬어서 냄새가 나고 맛이 변한 것과 어물이 썩은 것과 육류가 썩은 것을 잡수시지 않으셨다. 빛깔이 나쁜 것도 잡수시지 않으셨고, 냄새가 나쁜 것도 잡수시지 않으셨고, 알맞게 익지 않은 것도 잡수시지 않으셨다. 식사할 때가 아니면 잡수시지 않으셨고, 썬 것이 반듯하지 않으면 잡수시지 않으셨고, 간이 맞지 않으면 잡수시지 않으셨다. 고기가 비록 많을지라도 밥보다 많이 잡수시지 않았다. 다만, 술은 정해진 양이 없으되, 어지러운 지경에는 이르지 않으셨다. 사 온 술과 사 온 고기 포는 잡수시지 않으셨다. 식후에는 생강을 항상 드셨으나 많이 잡수시지는 않으셨다. 나라의 제사를 지내고 가져온 고기는 그 날을 넘기지 않으셨다. 제사에 쓴 고기는 사흘을 넘기지 않으

셨으며, 사흘이 지나면 잡수시지 않으셨다. 식사를 하실 때도 말씀을 하지 않으셨고, 잠자리에 드셔서도 말씀을 하지 않으셨다. 비록 거친 밥과 나물국일지라도 식사 전에 감사의 제사를 드리시되 반드시 엄숙 경건하셨다.

食不厭精，膾不厭細。食饐而餲，魚餒而肉敗，不食。色惡不食，
사 불 염 정　회 불 염 세　사 의 이 애　어 뇌 이 육 패　불 식　색 오 불 식

臭惡不食。失飪不食，不時不食。割不正不食。不得其醬不食。肉雖
취 오 불 식　실 임 불 식　불 시 불 식　할 부 정 불 식　부 득 기 장 불 식　육 수

多，不使勝食氣。惟酒無量，不及亂。沽酒市脯不食。不撤薑食，不多
다　불 사 승 사 기　유 주 무 량　불 급 란　고 주 시 포 불 식　불 철 강 식　부 다

食。祭於公，不宿肉。祭肉不出三日，出三日，不食之矣。食不語，寢
식　제 어 공　불 숙 육　제 육 불 출 삼 일　출 삼 일　불 식 지 의　식 불 어　침

不言。雖疏食菜羹瓜祭，必齊如也。
불 언　수 소 사 채 갱 과 제　필 재 여 야

자리가 반듯하지 않으면 앉지 않으셨다.

席不正不坐。
석 부 정 부 좌

마을 사람들과 한데 모여 술을 마실 때는 지팡이를 짚은 노인이 먼저 나간 다음에야 나가셨다. 마을 사람들이 신을 불러 역귀를 쫓는 나례를 거행할 때는 조복을 입고 동쪽 섬돌에 서 계셨다.

鄕人飮酒，杖者出，斯出矣。鄕人儺，朝服而立於阼階。
향 인 음 주　장 자 출　사 출 의　향 인 나　조 복 이 립 어 조 계

다른 나라에 있는 사람에게 문안드리기 위해 사람을 보낼 때에는, 가는 사람에게 두 번 절하고 보내셨다.
계강자가 약을 보내 오자 절을 하고 받고 나서 말씀하셨다. "내가 이 약에 대해 알지 못하니 감히 복용할 수 없습니다."

問人於他邦，再拜而送之。康子饋藥，拜而受之。曰：丘未達，不
문인어타방　재배이송지　　강자궤약　배이수지　　왈　구미달　불

敢嘗。
감상

마구간이 불탔는데 공자께서는 조정에서 돌아와 "사람이 다쳤느
냐?" 하고 물으시고 말에 대해서는 묻지 않으셨다.

廄焚，子退朝，曰：傷人乎？不問馬。
구분　자퇴조　왈　상인호　불문마

임금이 음식을 하사하시면 반드시 자리를 바로 고쳐 앉아 먼저 맛을
보셨고, 임금이 날고기를 하사하시면 반드시 익혀서 먼저 조상의 영전
에 제물로 바쳤으며, 임금이 산 짐승을 하사하시면 반드시 기르셨다.
　　임금 곁에서 모시고 식사를 할 때 임금이 감사의 제사를 드리는 동안
먼저 시식을 하셨다.
　　병환이 심하시어 임금이 와서 보시면 머리를 동쪽으로 두고 조복을
덮은 뒤 그 위에 큰 띠를 펼쳐 놓으셨다.
　　임금이 명령을 내려 부르시면 수레에 말을 매는 것을 기다리지 않고
바로 가셨다.

君賜食，必正席先嘗之。君賜腥，必熟而薦之。君賜生，必畜之。
군사식　필정석선상지　　군사성　필숙이천지　　군사생　필축지

侍食於君，君祭，先飯。　疾，君視之，東首，加朝服拖紳，君命召，不
시식어군　군제　선반　　질　군시지　동수　가조복타신　군명소　불

俟駕行矣。
사가행의

태묘에 들어가면 매사를 물으셨다.

入太廟，每事問。
입태묘　매사문

친구가 죽었는데 거두어 줄 사람이 없자, "내 집에서 장례를 치르겠다." 고 하셨다.

친구가 보내 온 선물은 그것이 비록 수레나 말일지라도, 제사에 사용한 고기가 아니면 절을 하지 않으셨다.

朋友死, 無所歸, 曰: 於我殯。 朋友之饋, 雖車馬, 非祭肉, 不拜。
붕우사 무소귀 왈 어아빈 붕우지궤 수거마 비제육 불배

주무실 때는 시체처럼 반듯하게 눕지 않으셨고, 집에 계실 때는 근엄한 표정을 짓지 않으셨다.

상복 입은 사람을 만나면 비록 친한 사이라고 할지라도 반드시 태도를 바꾸었고, 예모를 쓴 관리와 눈먼 사람을 만나면 비록 허물없는 사이라고 할지라도 반드시 예의 있는 용모를 갖추셨다.

수레를 타고 가다가도 상복 입은 사람에게는 수레의 손잡이를 잡은 채로 몸을 굽혀 절하셨고, 나라의 지도나 호적을 지고 가는 사람에게도 몸을 굽혀 절하셨다.

성찬이 나오면 반드시 정색하며 일어서셨다. 심한 천둥이 치고 바람이 세차게 불면 반드시 정색하셨다.

寢不尸, 居不容。 見齊衰者, 雖狎必變。 見冕者與瞽者, 雖褻必以
침불시 거불용 견재최자 수압필변 견면자여고자 수설필이

貌。 凶服者式之。 式負版者。 有盛饌, 必變色而作。 迅雷, 風烈必變。
모 흉복자식지 식부판자 유성찬 필변색이작 신뢰 풍렬필변

수레에 오르실 때는 반드시 똑바로 서서 손잡이를 잡으셨다. 수레 안에서는 이리저리 돌아보지 않으셨고, 말을 빨리 하지 않으셨으며, 친히 손가락으로 사물을 가리키지 않으셨다.

升車, 必正立執綏。 車中不內顧, 不疾言, 不親指。
승거 필정립집수 거중불내고 부질언 불친지

꿩이 산뜻하고 아름다운 깃털을 펼치면서 날아올랐다가 내려앉았다.

공자께서 말씀하셨다. "산언덕의 암꿩이 때를 만났구나! 때를 만났구나!" 그러자 자로가 읍하였는데, 그 뜻을 깨닫고 감탄의 숨을 세 번이나 쉬었다.

色斯擧矣。翔而後集。曰：山梁雌雉, 時哉！時哉！子路共之, 三
색사거의　상이후집　왈　산량자치　시재　시재　자로공지　삼

嗅而作。
후이작

「향당」편에 감추어진 뜻

지금 이 「향당」편은 풀이하기가 쉽지 않은데, 잘 풀이하려면 누군가가 공자 배역을 맡아서 영화로 만들어야 합니다. 그러나 이런 배역을 맡는 연기자는 매우 힘이 들 것입니다. 마치 영화에 나오는 예수처럼 정면의 모습이 거의 나타나지 않아서 생동감 있게 묘사할 수 없습니다.

이런 우스갯소리가 있습니다. 옛날에 세상 물정에 어두운 늙은 선비가 있었는데, 『논어』의 한두 마디만 그대로 실천해도 평생 큰 도움이 된다고 생각하였습니다. 그 때 한 젊은이가 자신은 두 마디를 그대로 실천했다고 말하자, 늙은 선비는 곧바로 공경하는 표정을 짓고 그 젊은이에게 어떤 두 마디를 실천했느냐고 물으며 가르침을 청했습니다. 그러자 젊은이는 "밥은 곱게 찧은 쌀로 지은 것을 싫어하지 않았고, 회는 잘게 썬 것을 싫어하지 않았다."(食不厭精, 膾不厭細)는 것이라고 대답하였습니다. 이것은 하나의 우스갯소리에 불과합니다. 공자의 생활에 대한 이런 묘사를 모두 「향당」편에 넣었는데, 생활 습관이 그의 학문의 정신을 나타내고, 그의 언행이 일치함을 나타낸 것입니다. 이것이 「향당」편에 대한 첫째 관점입니다.

그리고 내가 예전에는 미처 발견하지 못했던 둘째 관점이 있습니다. 요즘 젊은이들이 옷도 제대로 입을 줄 모르고, 말도 제대로 할 줄 모르고, 음식도 제대로 먹을 줄 모르고, 걸음도 제대로 걸을 줄 모르는 것을 보고서야 나는 공자의 생활 모습에 대한 기록이 확실히 일리가 있음을 알게 되었습니다.

또, 셋째 관점이 있습니다. 우리가 알 수 있듯이 공자는 인仁·효孝·충忠을 주장했습니다. 이는 역설적으로 춘추전국 시대에는 사회 인심이 몹시 나빠서 불충불효不忠不孝하고 불인불의不仁不義한 사람들이 많았음도 말해 줍니다. 이러한 관점에서 볼 때 「향당」편은 도대체 왜 공자의 생활 모습을 이렇게 많이 실었을까요? 마찬가지로 당시의 젊은이들도 요즘처럼 생활의 예의禮儀를 몰랐기 때문입니다. 학문이 있는 사람이라고 꼭 합당하게 처신하는 것은 아니어서 대인 처세에 있어 어디에, 어떤 태도로 서고 어떻게 말해야 마땅한지를 몰랐기 때문입니다. 요즘 사람들은 미국인들의 생활 모습이 매우 자유롭다고 생각하는데, 사실 그들의 상류 사회나 지도층은 여전히 단정하게 넥타이를 매고 옷차림도 깔끔하게 하고 다니면서 예의를 매우 중시합니다. 따라서 진정한 학문은 자신의 지혜로 발굴해내야 합니다.

「향당」편에 대해서는 더 이상 논하지 않고 『논어』 전체에 강의를 여기서 모두 마치겠습니다.

한마디로 말하면, 만사는 사람됨에서부터 시작됩니다. 한 번의 인생에서 사람이 어떤 일을 하든 간에, 벼슬을 하든, 상업에 종사하든, 학자가 되든, 평민이 되든, 먼저 사람이 되어야 합니다. 사업의 흥망성패는 변화무상한 것이지만, 사람으로서는 먼저 반드시 올바른 사람이 되어야 합니다. 그런 뜻에서 이 「향당」편에 공자가 어떤 사람이었는지를 기록해 놓은 것입니다. 후세 사람들은 공자가 성취한 바를 존중해서 그를 '성인'聖人이라고 불렀습니다. 사람마다 모두 성인이 될 수 있는데, 그것은 자기가 어떻게 성인의 경지를 성취할 수 있는가에 달렸습니다.

『공학신어』孔學新語 자서自序

어려서 글을 배우기 시작할 때 처음에는 사서四書를 배웠고, 장성해서는 경經을 연구했던 나는, 결국 삼학(三學 : 불교의 계戒 · 정定 · 혜慧를 말함— 역주)에 깊이 몰두하게 되었습니다. 하지만 불도佛道에 마음을 두고 생명의 진여眞如를 탐구하면서도 정작 현실적으로는 유학을 널리 보급하는데 뜻을 두고 '치국평천하治國平天下'라는 현재 문제에 관심을 가졌습니다.

지난 날 우리 민족은 서로 다른 사상과 무기로 무장하고 치열하게 내전을 벌였습니다. 그 결과 조국의 산하는 옛 모습을 잃었고, 밀려드는 서양 문화 속에서 세상 변화가 빈번히 일어나면서 문화 교육 정신은 무너져 버렸습니다. 이런 와중에서 묵묵히 숨어 지내고 자취를 감추기가 무엇이 어렵겠습니까. 하지만 온갖 고통이 몰려온다고 해서 현실 사회를 떠나버리는 것은 해결책이 아니었습니다. 그래서 깊은 밤이나 한낮에 몇몇 학우들과 옛것을 익히면서 새로운 것을 찾아보았습니다. 옛것에 의문을 가지면서 그 해답을 오늘의 현실을 통해 찾아보면서, 나는『논어』 20편에 대한 기존의 주류 학설이 잘못되었음을 통감하게 되었습니다.

강의를 자주 하다보니 메모가 가득 쌓이게 되었고 이를 본 주위 분들의 권유로 이처럼 출판하게 되었습니다만, 나의 견해가 보잘것없음에 부끄럽기만 합니다. 그저 궁궐 담장 밖에서 서성이면서 그 안의 규모와 아름다움을 조금 들여다보는 정도라 해도 다행이라 생각합니다. 학문의 길을 걸어가면서 우리는 생각과 견해가 다를 수 있지만 결국 천일합일 天人合一이라는 최고의 경지를 지향하는 점에서는 마찬가지입니다.

이제『논어』 20편 가운데 우선 여섯 편을 강해하고 나머지 부분은 나중에 강해할 것을 기약합니다. 이 여섯 편만으로도 논어의 참뜻을 이해하는 데 도움이 될 것이라 스스로 위로해 봅니다. 견해가 높든 낮든, 그 취지는 공자의 사상을 선양 발전시키고 그 명맥을 이어가려는 데 있습니다. 강의 중에 했던 풍자나 유머, 우아한 말이나 통속적인 언사言辭들에 대해서 나무라실지 칭찬하실지는 공자님의 회초리에 맡기겠습니다.

이에 서문을 씁니다.

임인년(壬寅, 1962년) 공자탄신일에
대북의 우거에서
남회근 쓰다

■부 록 2
『공학신어』孔學新語 요지(發凡)

현대의 한 사람으로서 우리는 가슴 아픈 비참한 불운도 있지만 만나기 어려운 행운도 있어서, 역사 문화상 일찍이 없었던 거대한 변화의 조류의 시대에 태어나, 자신이 그 충격을 받은 사람은 과거를 계승하고 미래를 열어나가야 할 책임을 져야만 하게 되었습니다. 그러나 개인으로서 직면하게 되는 갖가지 위험과 재난은 몸으로 겪는 고통 말고는 두려워할 만한 게 못됩니다. 우리의 역사 전통의 문화 사상이 곧 단절되려는 것을 직접 보는 것이야말로, 몹시 놀라고 슬퍼해야 할 일입니다!

오사 운동 앞뒤의 시기에, 우리보다 한 세대 앞서 늙어간 당시의 청년들은 구국의 길을 모색하기 위해, 불합리한 논리를 동원하여 "공가점孔家店을 타도하자!"는 구호를 소리 높여 외쳤습니다. 사람은 임종할 때가 되면 착한 말을 하기에, 일부 사람들은 만년에 이르러서야 방향을 바꾸어 유가의 사상을 강술하고 공맹孔孟의 학문을 제창함으로써 내심

후회하고 용서를 빌지만, 이미 형성된 풍조는 산을 밀어치우고 바다를 뒤집어엎을 듯이 그 위세가 대단해서 아예 역부족으로 어찌할 수 없는 지경이 되고 말았습니다!

사실 공가점은 40년 전의 그 시기에 타도되어야 했는지 여부는 차분한 마음으로 논하자면, 정말 문제가 있으며, 모든 책임을 당시 타도하자고 크게 외치며 앞장섰던 큰 인물들에게만 전가시킬 수도 없습니다. 진정한 원인은 공가점이 개업한 지 너무 오래되어 2천여 년 동안 지나오면서 너무 낡고 썩었다는 데 있습니다. 훌륭한 많은 것들이 과거 점원들이 잘못하여 곰팡이가 피어 변질되었는데도 한사코 좋은 것이라면서 사람들에게 사먹으라 권하는 것도 매우 불합리한 일입니다.

하지만 우리 문화 속에서 유구한 역사를 가지고 있는 이름난 상점을 다시 물 뿌리고 닦아서 혁신하는 것은 본래 당연한 일이지만, 만약 이를 함부로 타도하려 한다면 절대로 그래서는 안 될 일입니다. 왜 그럴까요? 내가 간단한 비유를 하나 해보겠습니다. 우리의 저 유서 깊은 가게인 공가점은 지금까지 쌀·보리·오곡 등 오곡을 판매하는 양곡 가게였습니다. 이미 신선이나 부처를 이루었지 않은 이상, 우리는 곡식을 먹지 않고서는 살 수가 없습니다! 물론 서양 빵이나 소갈비로도 배불리 먹을 수는 있겠지만, 그것은 결국 질이 낮아 긴 낮 동안 내내 배고픔을 해결할 수는 없습니다. 게다가 사먹을 형편도 못 되는 데다, 심지어 무례하게 말한다면 먹는 습관이 되지 않아 늘 소화불량 병에 걸릴 지도 모릅니다. 그런데 제철에 맞지 않고 새 곡식이 이미 등장했기에, 우리가 공가점의 낡고 곰팡이 핀 상품을 쏟아버리고 새 쌀을 사서 보태고자 한다면, 완전히 그래도 되는 일입니다.

그러므로 공가점이 까닭 없이 타도된 것이 아니라는 것을 이해해야 합니다.

첫째로 강해하는 의리義理가 옳지 않았습니다. 둘째로 내용의 해석이 비합리적이었습니다. 몇 가지 예를 들어 말해보겠습니다.

(1) "삼년무개어부지도, 가위효의"(三年無改於父之道, 可謂孝矣)를 해석하기를 무려 2천 년 동안이나, "부모님이 죽고 나서 3년 동안 부모님이 걸

었던 옛길을 바꾸지 않는 것이야말로 효자이다." 라고 하였습니다. 그러나 이 해석에는 문제가 있습니다. 만약 아버지가 도적이고 어머니가 기생이라면 자식들도 그 길을 3년 동안 걸어야 할까요?

(2) "무우불여기자"(無友不如己者)를, "자신보다 훌륭한 사람은 친구로 사귀고 자신보다 못한 사람은 사귀지 말라."고 해석하였습니다. 만약 사람들이 모두 이런 식으로 교제한다면, 그것은 권세나 이익으로 사람을 대하는 것이 아닐까요?

사실 2천 년 동안 사람들은 이런 구절들을 잘못 해석해서 공자를 너무나 고통스러울 정도로 억울하게 했습니다! 그래서 나는 이제 욕먹을 것을 두려워하지 않고 공자를 대신해 분명하게 밝혀서 그의 억울함을 풀어드리고자 합니다.

이런 잘못들은 어디에서 기인한 것일까요? 옛 사람이나 지금 사람이나 『논어』의 각 구절을 독립된 격언으로 구두점을 찍고 읽을 뿐, 그것들이 실제로는 앞뒤로 연관되어 있는 관계일 뿐만 아니라, 각 편도 모두 따로 떼어내서는 안 되며 매 구절도 토막으로 잘라서는 안 된다는 것을 꿰뚫어보지 못했기 때문입니다. 그들의 잘못은 단장취의斷章取義하여 전체적인 의미와 이치를 산산조각 내어버린 데 있습니다.

본래 『논어』 스무 편은 공자의 제자들이 수미가 일관되고 조리가 정연하도록 마음을 다해 편찬한 한 편의 완전한 글입니다. 따라서 모두들 이야기하는 둘째 문제, 즉 체계를 이루지 못하고 불합리한 분류 방식으로 편집 배열되었다고 여기는 것도 큰 오해입니다.

옛 사람들은 왜 이 점을 소홀히 해서 내용을 오해하여 2천여 년 동안 틀렸을까요? 이것도 이유가 있습니다. 한대漢代부터 유학만 떠받들게 되면서 사대부들은 "문무의 재주를 배워 이루면 제왕가에 판다."(學成文武藝, 貨與帝王家)는 생각에 사로잡혀 있었습니다. 거기에다 공가孔家 한 집만이 유일한 도매상으로 되면서, 사람들은 남이 하는 대로 따라 할 뿐 아무도 감히 자신만의 독특한 견해를 가질 수 없었습니다. 그랬다가는 사모관도 쓸 수 없을 뿐만 아니라, 심지어는 사대부들의 질책을 받고 사회로부터 버림받아 관직에서 쫓겨나게 되었습니다. 그러니 누가 감히 예전의 학설을 뒤엎고 공자의 누명을 벗겨 주려했겠습니까? 게다가 명나라 시대부터는 과거 시험이 반드시 사서四書의 장구章句를 시험 문제로 냈고, 사서의 의미와 해석은 또 주희朱熹의 것을 옳음의 기준으로 하였습니다. 그리하여 선현에게 잘못이 있게 되자 모두들 잘못된 것인 줄 알면서도 그대로 밀고나가 지금까지 잘못되고 있으니, 이것이야말로 억울한데다 잘못을 더한 것이 아니고 무엇입니까!

지금 나의 견해로는 『논어』 20 편 전체뿐만 아니라 각 편의 문장 모두가 조리가 정연하고 맥락이 일관되어 있습니다. 뿐만 아니라 전체 20편은 수미首尾가 호응하도록 편집 배열되어 있어서 한 편의 자연스럽고 완벽한 훌륭한 문장이나 다름없습니다.

우리의 역사 전통 문화의 사상 정신을 정확하게 이해하려면, 먼저 반드시 유가 공맹의 학學을 이해하고 공자 학술 사상의 체계를 연구해야 합니다. 그런 다음에 비로소 하나로부터 추리하여 다른 것까지 알아 갈 수 있다면 자연히 그것을 융합 조화시킬 수 있을 것입니다. 그리고 내용 면에서 역대 이래의 강해 중에는 잘못된 부분이 드물지 않게 자주 보이는 것도 하나하나씩 분명히 가려 보여주어야 사람들이, 공자가 성인으로 받들어지는 까닭에는 확실히 그가 위대한 이유가 있었기 때문이라는 것을 인식할 수 있게 됩니다.

만약 사람들이 내가 대담하게도 오만방자하게 갑자기 수천 년 동안 전해내려 온 지난 학설을 감히 뒤엎는다고 생각한다면, 나는 맹자의 "어찌 변론하기를 좋아하리요! 부득이 했을 뿐이다."(予豈好辯哉! 不得已也) 이라는 말을 인용할 수밖에 없습니다. 더군다나 내가 이처럼 주장하게 된 것도, 역대 선인들이 앞서 계발한 데에 힘입은 바 큰데다 힘써 배우고 사유하여 가리고 체험하였기 때문에 비로소 감히 새로운 학설로 제기하는 것입니다.

다음으로 정중하게 밝히자면, 나는 송·명의 이학자理學者들처럼 불가와 도가의 계발에 힘입어 유학을 발휘한 것이 분명한데도 사대부라는 사회적 지위 때문에 불교를 크게 욕하는 따위의 너절한 행동은 감히 하지 않습니다. 만약 나의 이런 견해가 옳다면, 그것은 내가 다년간 불교를 배워서 그 속의 도리를 깨달은 덕분입니다. 세태의 변화에 두려움을 깊이 느끼고 있기 때문에, 다시 공가점을 새롭게 정비하지 않는다면 우리 모두 정신적으로 만나게 될 위험과 재난은 더 큰 비애가 있을까 심히 걱정됩니다! 그래서 나는 20년 전에 얻은 보잘것없는 견해를 강의하여 장래가 촉망되는 여러분께 제공하는 것입니다. 송대의 대유학자 장횡거張橫渠 선생이 말씀하신 "천지를 위해 마음을 세우고, 백성의 삶을 위해 사명을 세우고, 지나간 성인을 위해 단절된 학문을 잇고, 만세를 위해 태평천하를 연다."(爲天地立心, 爲生民立命, 爲往聖繼絕學, 爲萬世開太平)는 목표를 여러분이 가지고, 앞으로 우리 문화와 역사를 위해 더욱 중대한 책임을 질 수 있기를 바랍니다. 나는 결코 공자사당孔子祠堂에 들어가 차갑게 식은 돼지머리를 대접받고 싶지도 않을뿐더러, 나 스스로 학문의 근원을 감히 막고 싶지도 않습니다.

그 다음은, 전통문화를 이해하려면 무엇보다 먼저 유가의 학술사상을 반드시 이해해야 합니다. 유가의 사상을 말하려면 첫째로 공맹의 학술을 연구해야 합니다. 공자의 학술사상을 말하려면 반드시 먼저 『논어』를 이해해야 합니다. 『논어』는 공자 일생의 강학講學과 제자들의 언행을 기록한 한 권의 책입니다.

『논어』는 비록 어록 형식을 취하여 간단한 문자로 교조적인 명언과 훌륭한 행실을 기록하고 있지만, 제자의 문인들이 심혈을 기울여 편찬하였기 때문에 나름대로 체계적인 조리가 있습니다. 당나라 이후 이름난 유학자들에 의해 『논어』의 장과 절을 마디마디 토막 내서 배우고 가르치는 전통이 이루어졌습니다. 그 뒤로 모두들 『논어』의 장과 절이 이렇게 자질구레한 형식으로 되는대로 배열되어 있다고 여겨, 감히 누구도 이러한 전통적인 틀을 뛰어넘어 새롭게 주석하지 못했습니다. 그리하여 낡은 관습을 그대로 지켜온 결과 많은 문제가 생기게 되었습니다. 이런 원인은 학자들이 기존 견해를 답습하면서 스승의 뒤를 좇는 데만 연연했기 때문입니다. 그러나 문제의 가장 큰 이유는 역시 한나라와 송나라 유학자들이 사상을 농단壟斷하여서 그 잘못이 오늘에까지 미치고 있기 때문입니다!

우리의 전통 역사문화에서, 유가의 학술사상은 진한秦漢의 통일 이후부터 천하에서 독존적인 위치를 차지하였습니다. 한나라 때 태어난 이름난 대유학자들은, 때마침 전국戰國과 진한 시대의 대변란을 거치고 난 뒤라서 문화 학술이 산산조각이 나 있던 상태였기 때문에 이를 다시 정리해야만 했습니다. 그래서 한나라 유학자들은 고증·훈고·소석疏釋 같은 작업에 있는 힘을 다해 치중하였고, 그에 따라 이런 학술 기풍은 한대 유학자들 특유의 소박한 풍격을 형성하였습니다. 이것이 바로 유명한 '한학'漢學입니다.

오늘날 외국인들은 우리의 중국 문화의 학문을 연구하는 것을 통틀어서 '한학'이라고 부르는데, 여기에는 큰 문제가 있습니다. 우리 스스로가 이 용어가 지니고 있는 다른 의미를 분명히 구분해야 합니다. 당나라 유학자들의 학풍은 대체로 '한학'을 답습하고 있어서 장구章句·훈고·명물名物 등에 대해 더욱 상세하게 고증하였습니다. 하지만 의리義理에 대해서는 특별한 독창적 견해가 없었습니다. 송대에 이르자 이학자들이 흥기하여, 자신들이 공맹 이후의 심전心傳을 곧바로 계승했다고 스스로 일컬으면서 심성의 미묘한 내용을 크게 강설했는데, 이것이 송나라 유학자의 '이학'理學입니다. 이학은 훈고·소석疏釋만을 위주로 한 한나라 시대 유학자들의 학문과는 사뭇 다른 모습을 띠었습니다.

그 후 유학은 한학의 범주에서 벗어나서, 의리를 따지는 학문이 곧 유가의 요지로 줄곧 잘못 인식되면서 그대로 답습되어 왔습니다. 명대의 유학자들까지도 이런 울타리를 벗어나지 못했습니다. 명말 청초 시대에 이르러 몇몇 유학자들은 평소 정좌하면서 심성이나 논하는 이학을 극도로 증오하고, 이학이야말로 앉아서 나라를 멸망시킨 원인이라고 생각했습니다. 그 결과 박학樸學의 노선을 부흥시키자고 주장하면서, 소박한 태도로 학문을 연구할 것을 주장하고 형이상학적인 현담玄談을 중시하지 않았습니다. 그리하여 여전히 고증과 훈고를 기본으로 하는 학문을 중시하고 한학의 정리를 표방하였습니다. 이것이 바로 청나라 유학자들의 '박학'입니다.

이를 통해서 알 수 있듯이 유가의 공맹학설은 한·당·송·명·청이라는 수 세기의 시대적 변동을 겪으면서 학문 연구방법과 노선을 달리했지만, 공자와 맹자를 숭상하기만 했을 뿐 감히 굳어진 전통에서 벗어나는 새로운 학설을 제기하지 못한 것은 여전히 변함없는 태도였습니다. 유학이 완전히 하나의 종교로까지 형성되지는 않았지만 공자의 온화·선량·공경·검소·겸양(溫·良·恭·儉·讓)의 생애를, 침범할 수 없는 위엄을 갖춘 성인이라는 우상으로 빚어 놓아 후대 사람들로 하여금 접근하기 힘들게 만들었으니, 정말 사람들의 안목을 속였던 혐의가 크고, 그 죄과도 적지 않다 하겠습니다! 그러므로 현대인들이 공가점을 타도하려고 분연히 떨치고 일어나면서, 창업한 지 2천여 년이나 된 옛 가게의 조상까지도 연루시켜 죄를 묻는 것은 너무나 억울하지 않습니까?

이제 우리가 『논어』를 다시 연구하고 평가하려면 무엇보다 먼저 반드시 다음 몇 가지 전제를 알아야 합니다.

첫째, 『논어』는 공문 제자들의 기록을 편집한 것으로서, 옛 현인들이 거듭 고증한 결과 대부분 증자曾子와 유자有子의 문인들이 편찬한 것으로 판정했는데, 이 관점은 비교적 신실하여 믿을 만합니다.

둘째, 공문의 문인들은 이 책을 편집할 때, 상세하게 편집 체계를 연구했기 때문에 그 조리와 순서가 모두 어지럽지 않고 정연합니다.

셋째, 그러므로 이 책은 공자와 제자들의 당시 언행록일 뿐만 아니라 만대의 위대한 스승인 공자에 대한 사료史料이기도 합니다. 그리고 한나라의 역사학자들이 공자에 관한 사료를 뽑아 기록한 근거이기도 합니다. 이를 통해 알 수 있듯이 『논어』를 연구하는 것도 바로 공자의 생애를 직접 연구하는 것입니다. 그리고 지나간 성인을 본받아 자신도 일어서고 남도 일어서게 해주며 나아가 치국평천하治國平天下의 도에 이르는 것은 당연히 본래 해야 할 일입니다.

넷째, 고대의 서적은 죽간에 새겨졌기 때문에 문장이 간결하고 세련되어야 했습니다. 나중에 종이와 붓과 먹이 발명되면서도 두루마리에 베껴서 둘둘 말았지만, 고대의 글자체가 여러 번 변화를 거쳤기 때문에 여러 번 베끼다 보니, 잘못된 곳도 있고 누락된 곳도 있기 마련이어서 몇 군데는 중복되거나 누락되고 첨삭되는 것을 면할 수 없었습니다.

다섯째, 고대에 『논어』는 세 가지 판본이 전해졌다고 하는데, 『노론』(魯論) 20편과 『제론』(齊論) 20편, 그 외에 한나라 효경제孝景帝 시기에 노공왕魯恭王이 공자의 옛 집의 벽을 헐어서 얻은 『고문논어』가 그것입니다. 그러나 『고문논어』와 『제론』은 한위漢魏 양대에 실전되었으며, 지금 전해지는 『논어』는 『노론』 20편입니다.

여섯째, 『논어』의 훈고주소訓詁註疏는 한·당·송·명·청대를 거치면서 상세한 고증을 했으므로 우리는 더 이상 쓸모없는 작업을 할 필요가 없습니다. 성명性命과 심성을 극도로 이야기한 미언微言 같은 것도 북송의 5대 유학자가 나타나면서부터 일련의 완벽한 노력을 거쳤기 때문에 우리가 더 이상 새로운 학설을 세우고 보탤 필요가 없습니다.

마지막으로, 우리가 지금 강해하고자 하는 방법을 적시해보면, 안으로 깊이 들어가려면 그 밖으로 나와 체험하는 식으로, 2천 년 동안 내려온 장구훈고章句訓詁의 번거로운 주석을 벗어나 다시 그 장구훈고의 속뜻을 확정한다는 것입니다. 대부분은 경사합참經史合參의 방법을 통해 『논어』와 『춘추』의 사적을 서로 결합시켜 이해하면서 춘추전국 시대의 혼란상을 보고, 공자가 확립하고 창시하여 교화한 역사문화의 정신을 살펴보는 것입니다. 그런 다음 오늘날 전세계의 국제 문화조류에 비추어 봄으로써 자기 민족과 국가 역사가 앞으로 나아가야 할 노선과 방향을 확정하는 것입니다.

그리하여 현대사회의 심리적 병폐에 빠져있는 일반인들이, 우리가 풀이하는 문자 언어 밖에서 체험하고 해탈할 수 있는 하나의 답안을 찾아내어, 인생의 비바람과 고난위험 속에서도 우뚝 서서 흔들리지 않는 인생의 목적과 정신을 하나 세울 수 있게 되는 것이야말로 바로 내가 간절히 바라는 바입니다.

임인년(壬寅, 1962년) 8월
대북에서
남회근 쓰다

중국문화 속에서의 유가

평소에 제게 이렇게 묻는 사람들이 있습니다. "유가가 바로 중국문화의 중견적인 대표입니까?" 그럴 때마다 저는 눈을 휘둥그레 뜨고 쳐다볼 뿐 어떻게 대답해야 할지 모릅니다. 저는 천성이 책을 이것저것 두루 널리 읽기를 좋아하지만 어느 한 가지 기예의 학문만을 전공하지 못해 지금까지 한 가지도 잘하는 게 없고 한 가지도 이루어 놓은 게 없습니다. 그러기에 중국 독서인 중의 지식인이라고는 할 수 없습니다. 그저 인연의 때를 만나 우연히 요구하였을 때에 『논어』·『맹자』·『대학』·『중용』등의 공맹 학설을 강해한 적이 있을 뿐입니다. 이 때문에 사람들은 제가 유학에 통한 사람이라고 오인하고 있습니다. 이는 마치 제가 일생 동안 선禪을 말하고 불교를 말하기 좋아하니까 남들이 저를 불학에도 통달한 사람으로 오인하는 것이나 마찬가지입니다. 사실 저는 유가에도 통하지 못하고 불교는 더더욱 알지 못하며, 도가에도 밝지 못함은 물론입니다. 한비자韓非子가 말한 남곽처사南郭處士처럼 재간은 없고 끼어들어 숫자만 채우는 사람에 불과할 뿐입니다. 그러므로 저의 책을 읽어보신 분들은 저의 저작들을 타산지석他山之石으로 삼고 약간의 참고로 제공된 것일 뿐이라고 여겨도 좋습니다만, 만약 다시 깊이 들어가 제게 묻는다면 저는 대답할 말이 없습니다.

중국의 5천년 가량의 문화는 시대가 멀고 오랫동안 누적되다보니 자연히 문화가 잡다하면서 심오함을 형성할 수 있었습니다. 이는 마치 장자가 말한, 8천 년을 봄으로 삼고 8천 년을 가을로 삼는 대춘大椿이라는 나무와도 같습니다. 그 나무의 성장 연대가 멀고 오랜 기간이다 보니 자연히 가지들은 묘하면서 빽빽하고 줄기와 잎들은 어지럽습니다. 그런데다 저 등나무와 무성한 풀들이 나무줄기를 기어올라 붙어서 떼

지어 살고 있으니, 설사 전문학자라도 하나하나 분석하여 매우 자세하기가 어려운데 어찌 함부로 정론定論을 내릴 수 있겠습니까!

이런 비유를 이해한다면 중국 문화를 대충 말하고자 하면서 한 가지로써 만 가지를 개괄함은 정말 불가능하며 한 측면으로써 전체를 개괄해서는 더더욱 안 된다는 것을 알 수 있습니다. 굳이 말한다면 중국인의 수천 년 동안의 문화 본질로서, 민간 사회에 영향을 미친 것은 잡가雜家·음양가陰陽家·도가道家의 학이지 전적으로 유가 혹은 공맹의 가르침만은 결코 아니었습니다. 역대로 정치 학술사상에 이용된 것도 실질적으로는 법가法家·도가·병가兵家·농가農家·유가儒家·묵가墨家등 제가諸家의 학을 뒤섞은 것이었지 온통 유가 학설만은 결코 아니었습니다.

문화를 얘기하려면 우리 자신의 역사를 알아야 합니다. 우리 조상들의 역사를 자세히 한 번 읽어보기만 하면, 우선 삼황오제三皇五帝 등의 화려하고 훌륭한 존칭은 말하지 않더라도, 다들 알듯이 우리들의 공통조상인 헌원황제軒轅黃帝로부터 시작하고, 그 시대에 무엇보다도 먼저 건립된 문명은 상고 원시 자연과학인 천문天文·성상星象·역수曆數 그리고인류의 생활기술인 농업·목축·병기 등의 개발로부터 비롯되었습니다. 그런 다음 자연법칙인 성상에 근거하여 사무를 관리하는 정치체제를 세웠습니다. 이런 일체의 상고 시대 전통 학술들은 한漢나라의 역사학자들에 의하여 도가·음양가·잡가의 범위로 귀납되었습니다. 이 때문에 진한秦漢 이후의 중국 문화는 마치 글공부를 한 유생들로 대표되는 유학만이 중국 문화의 핵심인 것 같은데 그건 완전히 오해한 결과입니다.

만약 "주공周公이 예악禮樂을 제정한 것으로부터 시작하여, 다시 6백년을 지난 뒤에 공자가 『시경』과 『서경』을 간추리고 예악을 확정하여공맹의 유학이 형성되었기 때문에 중국 역사 정치상의 주류이다." 라고말한다면, 이 역시 꼭 모두 그런 것만은 아닙니다.

주공과 공자가 글을 써서 이론을 내세운 목적은, 상고 시대인 들의인도人道 문화의 정화精華를 한 데 모아 후세에 전하여 그 문교文敎가 모든 사람들에게 보급되어, 위로는 제왕에 이르고 아래로는 백성에게까지미치기를 바라는 것이었음을 알아야 합니다. 즉, 모두 저마다 어떻게 사람다운 사람이 될 수 있으며, 만일 나아가 정치를 하여서 사회군중을 위하여 큰일을 하려면 반드시 고금의 일에 정통할 줄 알아야 하며, 어떻게 해야 비로소 성군聖君과 현명한 재상이 될 수 있는지를 교화하는 데에 있었습니다. 바꾸어 말하면 공자가 주공이 결집 교화한 주요 목적을 받들어 계승한 것도, 바로 장자莊子가 말한 대로 단지 '도주요순陶鑄堯舜'일 뿐이었습니다. 즉, 사람들에게 어떻게 성군과 현명한 재상의 전형을 하나 빚어 만들 것인지를 가르쳐서, 그가 대중을 위하여 봉사함으로써 일생 동안 배운 것을 저버리지 않게 하는 것일 뿐이었습니다.

그러나 매우 유감스러운 것은 진한 시대 이후부터 이른바 유생들은 영광스러운 직업을 꾀하기 위하여 벼슬길에 나아가 관료가 되었으며, 그저 기성 권력의 제왕 폐하에 의지하여 따르면서 신하로서 엎드려 제왕을 부르고, 그 자신은 고요皋陶·설契·직稷같은 군주나 재상으로서의 뛰어난 인재도 아니면서도 도리어 '치군요순지도致君堯舜之道', 즉 군왕을 보좌하고 이끌어 역사상의 요임금 순임금에 견줄 수 있게 하는 도가 있다고 일컬었으니 어찌 춘추대몽(春秋大夢: 비현실적인 생각—역주)이 아니겠습니까! 이로 말미암아 사유지도師儒之道가 있는 유가 학설, 더 나아가는 오경과 사서 등의 유학의 내함을 저버리게 함으로써 천고 동안 먼지를 뒤집어쓰고 있는 채 세상일에 어둡고 소홀히 하는 학문으로 변하게 해 버렸습니다.

비록 그렇더라도 중국의 역사 문화상 역대의 유생들은 전체적으로 보아 그래도 주공과 공자의 가르침의 정신을 매우 보존한 셈이었으며, 유가의 학이 중국 문화 제자백가 속에 두루 이어져 관통하고 있는 경락 작용이 되게 하여 영원히 그 범주를 벗어날 수 없습니다. 이는 마치 인체 혈육의 몸 생명이 만약 경락 작용이 없다면 생명의 활력이 끊어져 생기가 없게 되어버리는 것과 다름없습니다.

사유지도師儒之道의 역사상의 분기分岐와 변천

주나라 무왕武王 희姬가 발분하여 혁명을 일으켜 은나라 말기 걸왕紂王의 폭정을 뒤엎고서부터 제후를 세워 분봉하였는데, 중앙집권의 주나라 왕조 봉건제도는 대체로 유럽 역사상의 연방제도와 유사합니다. 하지만 주왕조의 봉건제도는 유럽 중고시대의 노예제도 봉건과는 결코 같지 않습니다. 주나라 시대의 정치는 문화를 중심으로 하는 정체政體로서 주공周公 희단姬旦이 예禮 · 악樂 · 형형刑 · 정정政 제도를 제정하고 아울러 사유지도師儒之道를 최고의 지도 방향으로 하였습니다. 이른바 "사이덕행교민師以德行教民", 전 인민에 대한 도덕 교육을 기초로서 중시하였습니다. "유이육예교민儒以六藝教民", 전 인민 자치의 문무합일文武合一과 생산기술과의 결합을 근본으로 하였습니다. 그러나 시대가 흘러가다 보면 어떤 체제든 결국은 흥성이 극에 달하면 반드시 쇠망한다는 자연법칙을 벗어나기 어려운 것이라, 주나라 초기의 봉건제도와 사유지도의 정신도 수백 년을 지난 뒤에는 쇠락하고 변질되었습니다.

춘추 시기의 시작에 이르자 이른바 사유지도의 예 · 악의 유풍은 오직 주공의 후손인 노나라가 대체로 아직은 주례周禮 문화의 유가 학술의 규모를 보유하고 있었습니다. 그래서 노나라에서 출생한 공자가 일어나 왕도로 전해오는 제도의 정신을 모체로 해서 뜻을 펴 서술하여, 『시경』과 『서경』을 간추리고 예 · 악을 확정하며, 덕행의 도와 육예(예악사어서수禮樂射御書數)와의 상호 결합을 전하여 말하고, 사師와 유儒를 하나로 겸비하는 교화를 보존하여, 후세의 준칙으로 삼았습니다. 공문의 제자들, 예컨대 안연顔淵이나 증삼曾參 같은 이는 도道가 예藝를 겸하는 정신으로써 공문을 전승하였습니다. 그런데 자유子游 · 자하子夏 등에 이르러서는 약간 달라서 문예文藝가 도를 겸함을 위주로 하였습니다. 이 때문에 춘추 말기에 노나라의 정공定公 · 애공哀公 시기의 노나라는 아직은 주나라 노나라의 유가 학술의 가장 순박한 기풍을 보존할 수 있었습니다. 이것이 후세와 오늘날 말하는, 유가 학술사상이 두드러져서 학파를 이룬 주요 시기였습니다.

진한 시대의 단계

전국이 시작되자 맹자이외의, 유가에서 퍼져 나온 순자(荀子: 순경荀卿)의 유가 학술 같은 경우는 증자·자사가 전승한 도관道貫과는 크게 달랐습니다. 뿐만 아니라 공자가 확정한 육경(시서역예악춘추詩書易禮樂春秋)으로 전해오는 학설로부터도 각자 스승의 계승을 주장하고 지키면서 분기分岐를 나타냈습니다. 진시황秦始皇이 천하를 통일하자 순자의 제자인 이사李斯를 재상으로 삼아 법치 위주의 정권을 세우고 주나라 노나라의 유가 학술의 전범을 완전히 버렸습니다. 그래서 진秦나라가 한漢나라로 교체하는 70년간의 이른바 유가의 경세지학은 그 목숨이 거의 끊어질 듯 말 듯 한 한 오라기 실낱같았습니다.

유劉씨의 한나라가 흥기한 초기에, 구사舊史에서 찬양하는 문경지치(文景之治: 문제文帝와 경제景帝의 정치)의 문화 정치 정신은 대체로 황로(黃老: 황제黃帝와 노자老子)의 도가 사상과 형명(刑名: 법치)을 서로 혼합하여 주체로 삼았습니다. 다시 한나라 무제武帝 시대에 이르러서 비로소 이른바 '파출백가, 일존어유(罷黜百家, 一尊於儒: 선진先秦 이래의 여러 사상 학파를 폐지하여 없애버리고 유가 사상만을 존중하다—역주)'의 시대추세가 출현했습니다. 만약 우리가 오늘날의 사유 방법에 서서 한나라 무제 시대의 문화 역사의 변천을 탐구하여 논한다면, '파출백가'에 대한 득실성패는 정말 정론을 내리기 어렵습니다. 그러나 한나라 무제 시대부터 선제宣帝 이후까지 한나라 왕조 정권 정부 중의 인재들인 공公·경卿·대부大夫·사士·리吏 등 각 계층은 대체로 말해서 확실히 질박함과 문식文飾을 함께 갖춘 문학 선비들로서 널리 한 시대의 전반적인 풍격을 이루었습니다.

동한 이후 유생儒生이라 일컫는 수만 명이 5경의 장구훈고章句訓詁 학문에 대하여 도리어 태만히 하고, 일반적으로 이름 높은 훌륭한 인물이라 일컬어지는 자들은 주공·공자의 학으로써 군왕을 요 임금 순 임금에 비견될 수 있도록 보좌하며 이끌 수도 없었을 뿐만 아니라, 더욱이 황제의 배후에 있는 한 무리의 태감들조차도 감화시킬 수 없었습니다. 조정에 있는 학문 있는 사士는 태감들이 권력을 마음대로 휘두르고 제멋대로 하는 것을 싫어하였으며, 일반적으로 군자로서의 유생이라고 자처하는 자들은 군자들처럼 누구에게나 평등하게 대하여 차별을 두지 않지도(周而不比) 못하고 도리어 소인들처럼 차별을 두어 누구에게나 평등하게 대하지 않는(比而不周) 당파를 형성하였습니다. 그래서 태감들과 권력 투쟁을 하였는데, 역사상 맨 처음 출현한 동한東漢 특출의 당화黨禍는 마침내 유씨 한나라 정권을 쇠락 패망으로 빠지게 하고 일이 끝났습니다. 하지만 우리가 『전한서』前漢書와 『후한서』後漢書 속의 유림儒林의 전기에 주의를 기울여보면 양한의 경사가법經師家法과 수수授受의 질서가 비록 주례의 사유지도의 정의精義에 대하여 최고의 영역에 까지 도달하지는 못했지만, 그 시기에 명유대신名儒大臣들로 여겨졌던 사람들의 장소문사章疏文辭는 주공과 공자의 법언을 조술祖述하고 있으며 당시의 현실 정치와 교화를 도와주는 데 대하여 그래도 상당히 유력하였음을 알 수 있습니다. 그러므로 역사학자들은 한나라의 유생들이 "조정에 들어가서는 삼강오상三綱五常을 주장하고 사士로서는 명예와 절조를 중시하여 쇠퇴한 나라를 구해내고 반역을 소멸시켜 오랫동안 나라를 지속시킨 것은 주나라 노나라 유생들의 공적이다."(朝秉綱常, 士敦名節, 拯衰銷逆, 多歷年所, 則周魯儒生之效也.)다고 보았습니다. 이런 것들은 비록 붓을 들고 역사를 썼던 유가들이 말하는 주관적인 말이지만 대체로 사실이었으며 완전히 비난만할 수는 없습니다.

위진 남북조 시대

위진魏晉 시대에 이르자 한나라 말엽의 유학의 내용이 공허하고 소략하며 현실에 맞지 않는 데 자극을 받아 학술 사상이 일변하여 『노자』·『장자』·『주역』이라는 삼현학三玄學이 갑자기 성행하고 유가의 경학은 거의 쇠진하여 한때 멈추었습니다. 특히 동진이후부터 정국이 변하여 남북으로 나누어 다스리는 할거割據 국면이 되자 사유지도의 전승도 점점 같거나 다른 견해들이 발생하였습니다. 북위北魏와 남조南朝의 소蕭·

양梁 시기에 유가경학의 의리주소義理注疏에 대하여 문사는 더욱 세밀한 수준에 이르렀습니다. 남방의 학자들은 새로움을 좋아하고 묵은 것을 싫어하였습니다. 하지만 북방의 학자들은 묵은 것을 좋아하고 새로운 것을 의심하였고, 심지어 남조의 학자들에 대하여 남달리 특별한 주장을 내세워 허위가 많다고 비웃었습니다. 이 시기에 인도에서 중국으로 들어온 대소승 불학의 전파와 번역 그리고 새로운 지식은 삼현학과 서로 박자가 맞아 위진 남북조 문화가 새로운 지식을 흡수 융회한 특색을 이루었는데, 잠시 낱낱이 논하지 않겠습니다.

　수나라 당나라 무렵에는 위진 남북조 2백여 년간의 유불도 삼가 학의 상호 혼합을 이어받은 뒤 사상이 개방되어, 유학의 육예로부터 문예를 뛰어난 기예로 여기는 것으로 변하여 문장시부文章詩賦가 새로운 국면을 열었습니다. 오직 공영달孔穎達의『오경정의』五經正義만이 대작으로 집성된 이외에는 사유지도의 정의精義와 전문가가 경을 전하는 기풍은 거의 끊어졌습니다. 이李씨의 당나라 3백여 년간의 문운文運은 웅혼하고 시원스러우며 풍류스럽고 뜻이 크고 기개가 있는 독특함이 있는데, 사실은 모두 문예가 선종과 도가와 서로 의존하는 천하였습니다. 당나라 중기 이후에 명신학사名臣學士들은 정치적 견해의 다름 때문에 의기意氣의 투쟁을 일으켜 사유지도의 경의는 학술적인 면에서 특별한 창조적 견해가 없었습니다. 예컨대 이덕유李德裕와 우승유牛僧孺의 당파 투쟁은 문인학사들이 정치적인 면에서 의기로써 일 처리를 한 것이 아님이 없었는데, 그 화禍는 조정과 재야에 이어졌습니다. 이로부터 당나라 말기 오대까지 80여 년 사이의 고명한 선비는 시대 추세에 염증을 느끼고 대부분 선종으로 도피하지 않으면 도가로 돌아갔습니다.

송명 이학의 흥기

　송나라 초기의 명신은 사유지도를 스스로 자기의 임무로 떠맡으며 재상의 권력과 군주의 권력 사이에 상호 대등한 지위나 예의로써 대하는 기개를 형성했습니다. 이 때문에 송나라 왕조로 하여금 사유지도를 존중하도록 한 자취는, 그 이전으로는 한나라 당나라에서부터 그 이후로는 원나라·명나라·청나라에 세 왕조에 이르기까지 모두 그에 미치지 못하였습니다. 이로부터 렴렴濂의 주돈이周敦頤·낙洛의 정호程頤와 정이程顥·관關의 장재張載·민閩의 주희朱熹, 이 사파오자四派五子의 이학유종理學儒宗이 열려 오로지 심성心性에 대한 미언微言을 밝히는 것을 일삼고 스스로 공맹의 심법을 계승하였다고 일컬으며 불교와 도가 학설을 배척하였습니다. 이로부터 후세의 사유명교師儒名教를 형성하고 오로지 정주程朱의 장주章注만을 지킴으로써 주공·공자의 학문은 끊겨졌습니다. 심지어 송사宋史도 『한서』漢書나 『당서』唐書의 기존 법식을 바꿔 고쳐서, 별도로 도학道學과 유림儒林의 분류 전기를 세우고 이를 빌려 송 시대의 도학이야말로 공자·맹자·안자·증자의 사유지도의 진수라고 표방했습니다. 이른바 유림은 문학사장의 선비(文學辭章之士)일 뿐 아직은 자유·자하의 무리에 만에 하나도 미치지 못하였습니다. 정말 하나의 큰 특별난 현상이었습니다. 이 때문에 북송 시기의, 군자가 군자를 공격하고 명신이 명신을 공격한 저명한 당쟁이 쌓여 이루어져 낙당洛黨·촉당蜀黨·삭당朔黨 등의 이견이 형성되어 원우元祐 당화의 거대한 변을 초래함으로써 역사의 은감(殷鑒: 뒷사람이 경계해야 할 앞사람의 실패나 잘못의 본보기—역주)이 되기에 충분했습니다. 남송 말기에 권상명신들이 또 일어나 도학을 타도하고 허위의 학문이라고 지적하며 모두 학술적 의기의 주관적인 선입견으로써 정치투쟁의 무기로 삼아 스스로 서로 내부 알력을 다투어, 마침내 송나라 왕실을 나약하게 하여 멸망에 이르게 하였으니 더욱 한탄스러운 일입니다! 그러나 북송·남송 이 양송 3백 년간에 북방에 할거하여 나라를 세운 요遼·금金·원元 내지 송나라 왕실과 서로 시작과 끝을 함께 한 서하西夏는 그 정치와 교화의 규모가 대체적으로 여전히 공맹의 유교遺教를 준수하였습니다. 단지 북방의 학자들은 대부분 유가를 끌어다 불가와 도가로 들어가거나 불가와 도가를 유학에 융합시켜 따로 한 풍격을 이루었습니다. 심지어 어떤 자는 송명이학이 유종儒宗을 철저하게는 알지 못했다며 상당히 이의가 있는데, 무릇 문화 학술사를 연구하는 자들은 대부분 이 역사적 사실을 소홀히 합니다.

명청 시대의 유림

원나라와 명나라 사이에 과거를 계승하고 미래를 연 곳은 남송 말기의 금화金華와 영가永嘉의 사공학파事功學派의 계발로부터이며, 뒤를 이어 일어난 하동河東의 설경헌薛敬軒 · 요강姚江의 왕양명王陽明은 문정門庭을 나누어 세워 번갈아 흥성하거나 쇠망했습니다. 그러나 한결같이 송나라 주희의 도문학道問學과, 육상산陸象山의 존덕성尊德性, 이 양자의 울타리를 벗어나지 못했습니다. 명대의 유일한 특색은 바로 백가가 다투어 나타나 선종의 공안어록公案語錄을 모방하여 유가학안儒家學案의 저작을 창시한 점이고, 경의가법經義家法에 대하여는 완전히 적막하여 들리는 게 없었습니다. 가정嘉靖으로부터 신종神宗 이후까지는 동한 말기 시대와 똑같이 대신大臣 학사들이 태감들과의 권력투쟁을 일으켜, 마침내 동림당화東林黨禍라는 거대한 변란을 형성하여 민란과 도적의 상호 결합을 촉성함으로써 멸망에 이르렀습니다. 그러나 유학을 숭상한 청대의 학자들은 송나라와 명나라의 유가와 한나라의 유경사儒經師를 종합하고 비교 분류하여 다음과 같이 논단했습니다.

"전한과 후한의 명교(名敎: 인륜의 명분을 밝히는 가르침—역주)는 유가 경서에 있고, 송명宋明 시대의 강학講學은 사도에 도움이 되었는데, 모두가 주공과 공자의 도에서 나누어졌거나 합한 것이었으니 어느 한 쪽만을 비난하거나 양쪽을 다 비난하여도 안 된다."
兩漢名敎, 得儒經之功, 宋、 明講學, 得師道之益, 皆於周、 孔之道, 得其分合, 未可偏譏而互詆也.

그러나 명대 유학에 대하여는 따로 공정한 논단을 하지 않을 수 없었습니다. 그래서 다음과 같이 말했습니다.

"주례周禮에 비추어 살펴보면 사師는 있고 유儒는 없으니 내용이 심히 공허하고 현실과 동떨어졌다. 그러나 대각臺閣의 준엄함(장거정 張居正 등을 가리킨다)은 정도正道를 지키고 위태로움을 붙들었으니 학사명류學士名流들이 이에 격발激發할 줄 알게 되었다. 비록 사적으로 논의하는 일이 많아 국체國體를 손상시키기도 하였지만 그 정도正道는 참으로 세상 사람들의 마음을 구제하였다."

揆之周禮, 有師無儒, 空疏甚矣. 然其臺閣風厲(指如張居正等), 持正扶危. 學士名流, 知能激發. 雖多私議, 或傷國體, 然其正道, 實拯世心.

예컨대 양쪽을 다 부정하면서도 긍정하는 이런 평어는 마치 경험이 풍부하여 사무에 익숙한 관리가 소송 사건을 판결하는 것과 완전히 같아서, 먼저 그 죄를 논하고 다시 필봉을 돌려 그를 위하여 교묘하게 석방하였으니 정말 도필관리刀筆吏의 모호하면서도 묘한 문장은 책상을 치며 절묘하다고 소리를 칠만 합니다.

청나라 왕조는 처음에는 동북의 궁벽한 변경인 만주에서 건국하였지만 수도를 성경(盛京: 요녕성 심양)에 세우면서부터 위정의 도리는 반드시 유사儒士를 무엇보다도 먼저 중시하여야 한다는 것을 알았습니다. 그래서 명나라 말기에 선대가 동북으로 흘러 이사하여 기하旗下로 귀순한 유생, 예컨대 범문정范文程・용완아庸完我 등배를 기용하여 명나라 왕조의 정치체제를 참조하여 규모를 세웠습니다. 범문정은 송대의 명신인 범중엄范仲淹의 후손으로 황태극皇太極과 순치順治・강희康熙 삼대의 통치가 이어진 초기의 삼조三朝의 중신重臣이었습니다.

강희는 친정을 시작하자 한창 때의 나이로서 배우기를 좋아하였는데, 특히 유가 경설을 중시하고 아울러 서양의 천문天文・역수曆數의 학 등을 익히고, 이광지李光地・웅사리熊賜履・위상추魏象樞・장영張英・방포方苞 등과는 임금과 신하, 스승과 벗의 사이에서 주공・공자의 경의를 존중하고 명나라 왕조이래의 정주의 장주로써 선비를 뽑는 제도를 습용襲用하였습니다. 또한 전란 속에서 전 왕조 때 귀순한 품행이 훌륭한 유신儒臣 들인, 탕빈湯斌・육롱기陸隴其 등의 무리를 기용하여 유가의 예의로써 천하를 다스리는 일조리치一朝吏治를 형성하고 청렴 공정하고 규칙을 잘 지키는 선량한 관리들이 배출되었습니다. 그러나 민간에 은거하면서 굴복하지 않던 대유大儒는 명나라 말기 유림의 내용이 공허하고 소략하며 현실에 맞지 않던, 누적되어 온 폐단을 비추어보고, 평소에 학문을 강하되 경세지학經世之學과 사유지도師儒之道를 스스로 자기의 임무로 떠맡았습니다. 손기봉(孫奇逢: 夏峰) · 황종의(黃宗羲: 百家) · 왕부지(王夫之: 船山) · 이우(李顒: 二曲) · 고염무(顧炎武: 亭林) 등배는 저마다 청나라 왕조 2백여 년이래 유가경의를 쓴 경세지학에 영향을 미쳐, 송명이학 제가들이 현실에 맞지 않는 심성에 대한 이념을 쓸데없이 일삼았던 것을 일변시켜 한학훈고漢學訓詁의 고증으로 전환하여 중시함으로써, 마침내 청나라 유학 1백여 년의 경학이 한나라 당나라의 세를 크게 초월하게 하였습니다. 완원阮元이 찬집한 『황청경해』皇淸經解 1,400권 180종이 있고 함풍咸豊 · 동치同治 이후에는 왕선겸王先謙의 속편 290권 등이 있는데, 확실히 다채롭고 그야말로 볼만하며 학자가 필생의 힘을 다하더라도 그 세밀함을 다 엿볼 수 없습니다. 고증을 중시하여 근대의 고고학의 선도로 발전한 것으로 말하면 그 공을 더욱 지울 수 없습니다.

그러나 순치順治 때부터 강희康熙 · 옹정雍正 · 건륭乾隆 삼대에 이르기까지 비록 겉으로는 유가경학을 존중함을 표시하고 품행이 훌륭한 유자儒者를 중용하여 천하 선비들의 반역심을 가두어 놓았지만, 왕실에 대하여는 내명內明의 심성의 도를 스스로 닦게 하여, 삼대가 이어 익혀서 저마다 불학에 잠심함으로써 외용지술外用之術에 결합시켰습니다. 강희가 『반야심경』般若心經을 재역한 것이나, 옹정이 선종에 전심하고 불교를 정화한 것이나, 건륭이 어린 시절 그의 아버지 옹정을 따라서 선禪을 배우고 또 선종과 밀교를 함께 수행하며 밀승密乘의 대위덕금강의궤大威德金剛儀軌 등을 자기가 번역한 일 등은 일반 유학자들이 이해할 수 있는 바가 전혀 아니었습니다. 하지만 건륭의 심성지학에 대한 정밀함은 그의 부친과 조부가 사업공적 면에서 깊이 단련했음에는 미치지 못했습니다. 그러므로 황제의 자리를 계승한 뒤에 사장문예詞章文藝를 특히 좋아하는 쪽으로 흘렀습니다. 이 때문에 건륭 · 가정 연간의 청대 문학은 당나라 송나라를 뒤좇아 그를 뛰어넘는 풍격이 크게 있었습니다. 도광道光 시기까지 이르도록 승평承平의 세월이 오래되자 사회 풍기는 사치스럽고 낭비하여 문인하사들은 대부분 풍화설월風花雪月: 지구에 얽메여서 내용이 빈약하고 공허한 문사려구—역주) 사이에 심취하였습니다. 저명한 사인詞人인 항홍조(項鴻祚: 蓮生)가 억운사億雲詞의 자서自序에서, "무익한 일을 하지 않으면 어떻게 이 유한한 생을 보내겠는가(不為無益之事, 何以遣此有涯之生)."라고 말한 것처럼 학자들은 외우고 슬퍼하였습니다. 이로부터 알 수 있듯이 도광·함풍 사이의 문풍文風은 날마다 변하였는데, 시대를 걱정하고 세상에 분개한 공자진(龔自珍: 定盦)·위원魏源 같은 이들은 이를 비추어보고 기회를 타고서 학설을 세워, 서북 몽고·티베트 변경·해안에 대한 외국의 침략을 방비해야 한다는 실용적인 사업공적에 대한 논의를 중시하여 동료로서 우호적이었던 임칙서林則徐가 아편을 불살라버린 위대한 공적을 격려하였습니다. 동치同治 이후 문운文運이 다시 변하였는데, 그 중에 걸출한 인사는 바로 청나라 역사가 찬양하는 중흥명신인 증국번(曾國藩: 滌生)이었습니다. 그는 그의 필생의 학술과 사업공적의 실천에서 마음으로 얻은 바로써, 옛 전통 문화를 전하기는 하되 창작하지는 않는다는 술이불작述而不作의 필법으로 『경사잡초』經史雜鈔라는 책 한 권으로 가려 모아서 경세학술의 대요大要를 보여주었습니다. 『증국번가서』曾國藩家書 같은 자질구레한 말들은 그 나머지 일일 뿐입니다.

그러나 이 무렵에 해상 운행이 이미 개방되어 청나라 말기 학자들이 말하는 구주만국九洲萬國의 지식은 이미 점점 그 싹이 트고 있었습니다. 그래서 광서光緖·선통宣統 사이에 시국을 걱정하는 선비들, 예컨대 남해南海의 강유위康有為·양계초梁啟超 등배는 유학경의로써 서양 문화 속의 정치학 이념을 흡수하고 그가 잘하는 춘추春秋·공양公羊의 주요 취지를 이용하여 중국의 전통 문화를 받들되 서구의 신문화를 스승으로 한다는 존왕사이尊王師夷의 유신학설維新學說을 제창하여 일세를 풍미하였습니다. 강유위와 양계초를 버린 청나라 말 민국 초의 대혁명 시기에 황제 보위에 대한 편견 고집과 주장의 옳고 그름 같은 것은 논하지 않더라도, 강유위가 서양의 정치학 이념에 스며들어가 저작한 대동편大同篇은 민국

초 각 당파의 혁명지사의 사상에 큰 계발이 있었습니다. 이것은 현대 역사 문화 변천의 사실로서 그 사람과 그 일 때문에 그 말도 폐지하여서는 안 되는 것입니다. 이와 동시에 그간 유럽이나 미국에 유학하였던 명유인 엄기도嚴幾道와 고홍명辜鴻銘은 저마다 중국과 서양의 여러 학자들의 학설에 정통하였지만 결국 유학으로 돌아갔습니다. 그러나 시대 추세에 제한되어 사람마다 그것을 예사롭게 보았습니다. 반성하는 데 도움을 주고자 이제 그들의 언론에 관한 내용을 인용하여 보겠는데 다음과 같이 말하고 있습니다.

엄기도嚴幾道는 서양 문자에 정통하여 번역한 글들은 수사를 사용하여 깊은 의미를 전달하였다. 국내외 정치의 원리를 거론함에는 그 자초지종을 궁구하고 그 득실을 가려내었으며, 증명하고 회통시키지 않은 게 없었다. 항상 많은 사람들 앞에서 말했다. "자유・평등・권리 등의 여러 설은, 그에 따르면 이롭지 않음이 없으나 만일 절충함이 없다면 방탕하고 멋대로 여서 그 피해가 이루 말할 수 없을 것이다."

嚴幾道精歐西文字, 所譯書以瓖辭達奧旨, 舉中外治術原理, 靡不究極原委, 抉其得失, 證明而會通之. 常於廣眾中言自由、平等、權利諸說, 由之未嘗無利, 脫靡所折衷, 則流蕩放佚, 害且不可勝言.

고홍명辜鴻銘은 학문을 논함에 있어 정의正誼와 명도明道를 귀결점으로 삼았다. 그래서 일찍이 말했다. "유럽과 미국은 강권을 주장하여 외양外樣에 힘쓰는 사람들이고, 중국은 예교(예기, 의례, 주례의 경학을 가리킨다)를 주장하여 그 내면을 수양하는 사람들이다. 요즘 사람이 유럽과 미국의 정치학으로 중국을 변화시키려는 것은 중국을 혼란스럽게 하는 것이다. 훗날 세계의 다툼이 반드시 격렬해질 텐데, 중국의 예교(예기 등의 경의의 학문을 가리킨다)가 없다면 그 재앙을 해소하지 못할 것이다."

辜鴻銘論學, 以正誼明道為歸. 嘗謂歐、美主強權, 務其外者也, 中國主禮教 (指禮記、儀禮、周禮經學), 修其內者也. 近人欲以歐、美政學變中國, 是亂中國也. 異日世界之爭必烈, 微中國禮教(指禮記等經義之學) 不能弭此禍也.

청나라 왕조를 뒤엎고 중화민국이 성립한 이래 지금까지 80여년의 변고를 거치면서, 유가경의와 공맹의 치국평천하治國平天下의 학술이념은 거의 이미 3천년 역사의 옛 자취를 따라 사라져서 남아있지 않습니다. 20세기 중기 이래로 상공업과 정밀과학의 발달, 화폐금융의 거대한 파도가 인문학술 사상을 침몰시키는 조류는 지금 한창 발전하고 있기 때문에, 그 동안 비록 중국 고유문화에 대하여 정이 많은 소수의 학자들이 신지식을 종합하고 신유학新儒學을 제창하고 중류지주中流砥柱가 된다는 뜻이지만 실은 역시 쇠퇴 몰락의 처지로서 어찌 해볼 수 없으며 이름만 있고 실질은 없습니다. 그러나 옛것을 좋아하는 정신으로 시기를 기다려 흥기시키려는 뜻은 정말 칭찬할 만합니다.

(남회근 선생의 「교육만담」에서 번역)

공자의 생애

탄생과 조상

공자는 B.C 551-479, 중국 춘추시대 말기의 대 사상가이며 교육자로 유교의 개조(開祖)이며 성인으로 일컬어진다.

공(孔)은 성이고 자(子)는 남자의 미칭(美稱)으로 '선생'의 뜻이며, 이름은 구(丘), 자는 중니(仲尼)이다. 노나라 창평향(昌平鄉) 추읍(陬邑: 지금의 산동성 곡부현 남쪽 추현) 출신이다. 탄생 연도에 대해서는 기원전 551년(주왕실 영왕 21년, 노양공 22년)이라는 설(사마천의 『사기』 「공자세가」)과, 552년이라는 설(『춘추공양전』 『춘추곡량전』)이 있다.

아버지는 숙량흘(叔梁紇), 어머니는 안징재(顏徵在)이다. 숙량흘은 그의 본처 시씨(施氏) 사이에는 아홉 명의 딸이 있었으나 아들이 없었고, 첩과 낳은 아들 공피(孔皮)는 다리에 선천적인 장애를 가지고 태어났다. 이에 그가 60세가 넘어 젊은 안징재와의 사이에서 공자를 낳은 것이라고 한다. 두 사람은 정식으로 혼인한 관계는 아니었다. 안징재는 숙량흘의 동료 무사이자 친구였던 안양(顏襄)의 셋째 딸이었다. 숙량흘이 안징재를 만났을 당시 숙량흘은 60대 후반이었고 안징재는 16세의 소녀였다. 숙량흘과 안징재는 공자를 낳기 위해서 니구산(尼丘山)에 기도를 드렸다 하는데, 공자의 이름이 구(丘)이고 자가 중니(仲尼)인 것도 니구산과의 관계에서 온 것이라고 한다. 혹은 나면서부터 머리꼭대기 가운데가 움푹 들어가 언덕처럼 생겼으므로 이름을 구라고 했다고도 한다(『사기』).

공자의 조상은 은(殷) 왕실과 줄이 닿아있다. 즉, 은나라가 망한 뒤 주공은 은나라 최후의 임금인 주왕(紂王)의 서형(庶兄) 미자계(微子啓)를 송(宋)나라에 봉했다. 송나라는 제 6대 양공희에 와서 조카인 여공에게 죽임을 당하고 왕위를 빼앗겼는데, 양공희에게는 이때 아들 불보하(弗父何)가 있었다. 그가 공자의 조상이다. 그 뒤로 송나라의 10대 대공(戴公)에서 무공(武公), 선공(宣公)에 걸쳐 임금을 보좌한 재상 정고보(正考父)가 있으나, 그 아들 공보가(孔父嘉)가 송나라의 정쟁에 휘말렸고(B.C 710) 다시 그의 아들 자목금보(子木金父)는 송나라를 떠나 노나라로 옮겨와 살게 되었다. 그리고 공보가의 '공'자를 따서 성으로 삼게 되었다고 한다. 이 자목금보의 현손이 공자의 아버지 숙량흘이며, 숙량흘은 '키가 10척이고 무예와 힘이 뛰어났다'고 한다(『공자가어』). 『춘추좌씨전』에는 숙량흘이 전쟁에 나가 무공을 세웠다는 기사가 두 군데(양공10, 17년) 기록되어있다. 공자도 용모나 몸집이 보통 사람과는 달랐다고 한다. 『사기』에는 "키가 9척 6촌(190㎝이상)이어서 사람들이 모두 키다리라 부르며 이상하게 생각하였다."라고 하였고, 또 공자가 정(鄭)나라에 가서 제자들과 떨어져 어려운 처지에 놓였을 때의 모습을 정나라 사람의 입을 빌어 "이마는 요임금 같고 목은 고요 같고 어깨는 자산과 같으나, 허리 아래편은 우임금보다 3촌이 모자라며 초상난 집의 개처럼 축 늘어져 있더라."라고 표현하였다. 『공자가어』「곤서(困書)」에서는 '키는 9척 6촌이며 눈두덩이 평평하고 긴 눈에 툭 불거진 이마를 지녔다.'는 형용을 보탰으며, 한대 공부(孔駙: 공자의 9대손)의 『공총자』「가언(嘉言)」에서는 장홍(萇弘)이 공자의 인상을 표현하여, "눈두덩이 평평하고 꼬리가 긴 눈과 불거진 이마는 황제(黃帝)의 모습이요, 긴 팔에 거북 같은 등을 하고 9척 6촌의 키를 지니고 있는 것은 탕(湯)임금의 용모이다."라고 하였다. 이같이 공자는 용모가 비범하였고 체력도 강했다 한다.

청소년 시기

공자의 가계는 훌륭했으나 공자가 태어났을 당시 공자의 집안은 가난하고 보잘 것이 없었다. 더욱이 **공자가 3세 때**(B. C 549)에 부친 숙량흘이 죽어서 방(防: 지금의 곡부시 동쪽 25리 지점의 방산防山)에 장사지냈다,

어머니 안징재가 공자를 데리고 노나라의 도읍 곡부(曲阜)의 궐리(闕里)로 이사하여 홀로 공자를 키웠다. 공자는 사생아였기 때문에 공씨 집안에서 숙량흘의 자손으로 인정받지 못했다. 부친 숙량흘의 재산은 이복 누이들과 이복 조카에게 상속되었고, 그의 몫으로 돌아온 것은 없었다. 설상가상으로 모친마저 눈이 멀어버려 생활 형편은 더욱 나빠졌다. 이 결과 공자는 어려서부터 거칠고 천한 일에 종사하면서 곤궁하고 불우한 소년 시절을 보냈다. 『논어』 「자한」 편에는 공자 스스로 "나는 어려서 빈천했기 때문에 천한 일도 많이 할 줄 알게 되었다."라고 말한 기사가 있다.

또한 공자가 17세 때(B. C 535. 『궐리지연보』의 설에는 24세 때) 어머니가 죽었는데 그때서야 사람들에게 물어 아버지 무덤을 찾아 합장했다고 하였으니(『사기』) 공자는 극히 어려운 생활을 하였다고 할 수 있다. 장례 후 오래지 않아 노나라 대부 계손씨가 일급의 사(士)와 귀족을 연회에 청하여 공자는 상복을 입고 갔으나 계손씨의 가신 양화에 의해 출입을 제지당했다고 한다.

공자 4세 때 제나라의 최저(崔杼)가 제장공(齊莊公)을 죽이고 그 아우를 즉위시켰는데 경공(景公)이다.

공자 5세 때 제자 진상(秦商)이 태어났다. 자는 불자(不慈), 노나라 사람이다. 공자 6세 때 제자 증점(曾點)이 태어났다. 자(字)는 증석(曾晳), 증삼(曾參)의 아버지다. 7세 때 제자 안요(顔繇)가 태어났다, 자는 계로(季路), 안연의 아버지이다. 8세 때 제자 염경(冉耕)이 태어났다. 자는 백우(伯牛), 노나라 사람이다.

10세 때 제자 중유(仲由)가 태어났다. 자는 자로(子路), 노나라 변(卞)땅 사람이다. 이 해에 노양공(魯襄公)이 죽고 그 아들 무(躝)가 이었으니 소공(召公)이다.

12세 때 제자 칠조개(漆彫開)가 태어났다. 자는 자약(子若)으로 채(蔡)나라 사람이다. 16세 때 제자 민손(閔損)이 태어났다. 자는 자건(子騫), 노나라 사람이다.

그러나 『사기』 「공자세가」에 "공자는 아이 때 언제나 제기를 벌여놓고 예를 갖추는 소꿉놀이로 장난을 하였다." 라고 한 것을 보면, 젊은 홀어머니 밑에서 자란 공자이지만 비교적 바르고 엄격한 가정교육을 받은 것으로 볼 수 있다.

공자는 15세에 학문에 뜻을 두었다 (吾十有五而志于學)."고 말했다. 공자는 스스로 "(나는 평범한 길을 걸어왔다) 나는 태어나면서부터 아는 사람이 아니라, 옛 전통적인 것을 추구하기 좋아하고 (부지런하고) 민첩하게 학문을 탐구해 온 자이다. (子曰: 我非生而知之者, 好古, 敏以求之者也)『논어』「술이」편)" 라고 말하였으나 실제로 공자가 어떻게 공부를 하였는지는 분명치 않다. 다만 『논어』 「자장」 편에서 자공이 공자의 학문방법에 대하여, 어디에서도 배웠으며 일정한 스승이 없었다고 하였으며, 「팔일」 편에는 "공자께서 태묘에 들어가셔서는 매사를 물으셨다." 라고 한 것에서 미루어 보면, 공자는 옛 글뿐만이 아니라 눈에 띄는 모든 일에 대하여 스스로 연구하고 공부해서 견식을 넓혀갔던 듯하다. 『논어』 「태백」 편에서는 증자가 "유능하면서도 무능한 사람에게 묻고 많이 알면서도 적게 아는 사람에게 묻는다."고 말하였듯이, 공자는 실제로 자기만 못한 사람도 찾아가 묻고 공부하였다. 『춘추좌씨전』 소공(昭公) 17년(B. C 525, 공자 27세)의 기록에는 담자(郯子)가 노나라를 방문했을 때 공자는 그가 중국 고대의 관제에 대하여 잘 알고 있다는 말을 듣고 그를 찾아가 관제에 대하여 묻고 배웠다. 담자는 노나라보다도 문화 정도가 훨씬 낮은 조그만 담나라의 제후였는데도 불구하고 옛 관제에 대하여 아는 것이 많다는 말을 듣고 찾아갔던 것이다. 이 밖에 『사기』 「공자세가」에는 공자가 29세 때 사양자(師襄子)에게 가서 금(琴)을 배웠으며, 또 「노장신한열전」에는 공자가 노자를 찾아가 예(禮)에 대하여 물었다는 기록도 있으며, 『공총자』에는 주나라로 가서 장홍에게서 음악을 공부하였다는 기록이 있다. 또한 공자 자신이 만년에 자기 일생의 학문 과정을 회고하면서 "나는 열다섯 살에 학문에 뜻을 두었다."라고 하고 또 "서른 살에는 내 인생의 길을 세웠다."(『논어』 「위정」 편)라고 하였으니, 그는 열다섯 살에는 이미 유학을 이룩하기 위한 학문의 길을 분명히 자각하고 이를 공부하기 시작하였으며, 그 학문이 서른 살에는 어느 정도 원숙한 경지에 이르렀음을 알 수 있다. 그의 학문은 개인적으로는 인의예지(仁義禮智)에 바탕을 두고 개인 윤리를 확충해서 이상적 인간형 인 군자에 이르는 길을 깨우쳐 주었고, 정치적으로는 요, 순, 우, 탕, 문왕, 무왕, 주공의 도를 이어받아 도덕을 기초로 해서 꽃피운 문물제도를 되살려 잘 조화되고 질서 있는 세상을 재현시키는 것이었다. 그 조화와 질서는 예악(禮樂)에 의해서 이룩되는 것이라 가르쳤다.

공자는 모친의 복상을 마친 19세 때(B. C 533) 송나라에 가서 송나라 기관(亓官: 일설에는 병관幷官) 씨 집안 딸에게 장가들어, 다음 해 (공자 20세)에 노나라로 돌아왔고 아들 이(鯉)를 낳았는데, 노나라 임금이 잉어를 공자에게 내렸으므로 이를 이름으로 삼고 자(字)를 백어(伯魚)라고 했다(『공자가어』).

20세 때 계씨의 창고 관리를 맡는 위리(委吏)라는 벼슬을 시작으로 관직에 나아갔다. 위리는 낮은 관직으로서, 생활을 위한 수단이었을 것이라는 해설이 있다. 다시 21세에는 승전리(乘田吏)가 되었는데, 역시 계손 씨 집안의 가축 관리를 맡는 낮은 관직이었으며, 가축이 잘 번식하였다고 한다.

22세 때 제자 남궁괄(南宮适, 敬叔)이 태어났다. 자는 자용(子容)이며 노나라 맹희자(孟僖子)의 차자이다. 장자 맹의자(孟懿子)는 역시 공자의 제자이다.

29세 때는 처음으로 노나라의 제사에 참가하였다.

장년 시기

공자는 "30세에 자신의 인생의 길을 확고하게 세웠다. (三十而立)."라고 말했다. 이 해에 제나라 군주 경공(景公)과 안영(晏嬰)이 노나라를 방문했는데, 그 자리에 참여해 접견했다.─《이 해에 제자 안회(顔回: 자는 연연(淵), 염옹(冉雍: 자는 중궁仲弓), 염구(冉求: 자는 자유子有), 상구(商瞿: 자는 자목子木), 양렬(梁鱣: 숙어叔魚)가 태어났다.》―공자는 계씨 집안의 가신 직을 사임하고, 사학을 열어 제자를 양성하기 시작했다. 30대로 접어들면서 학문과 경륜이 더욱 원숙해진 공자는 노나라에서 가장 박식한 사람이 되었다. 따라서 그 때부터는 개인 문제나 가정생활의 문제를 벗어나 어지러운 민심을 바로잡고 세상을 구원하는 일로 관심이 옮겨갔다. 따라서 이 무렵부터 그의 명성도 커져서 문하에 제자들이 모여들기 시작하였다. 공자의 제자에 관한 기록으로 가장 확실하고 빠른 것은 『춘추좌씨전』 소공 20년에 보이는 금장(琴張)이다. 이미 공자가 20대에도 제자를 거느렸을 가능성은 있으나, 본격적인 유가사상을 바탕으로 한 교육은 30대 무렵부터 시작되었던 것으로 볼 수 있다.

공자 31세 때, 제경공과 안영이 수렵(狩獵)을 나왔다가 노나라에 들려 공자에게 치국의 도(道)에 대해서 물었다. 제자 무마시(巫馬施: 자는 자기子期. 진(陳)나라 사람), 고시(高柴: 자는 자고自高, 제나라 사람), 복부제(宓不齊: 자가 자천子賤, 노나라 사람)이 태어났다.

―《32세 때 제자 단목사(端木賜)가 태어났다. 자는 자공(子貢), 위나라 사람이다.》

34세 때 노나라의 맹희자(孟僖子)가 임종(臨終) 시에 그의 아들을 공자에게 사사하여 예를 배우라고 유언했다. 노소공의 지원으로 남궁경숙과 함께 주(周) 왕조의 수도인 낙읍을 방문해 노담(老聃)에게 예를 물었다고 한다.

한편, 노나라의 정치는 당시에 더욱 혼란해져 노나라의 정권은 완전히 삼환씨(三桓氏)의 손에서 놀아났다. 그 중에서도 계씨(季氏)의 세력은 더욱 커서 노나라 임금마저도 안중에 두지 않을 정도로 방자했었다. 노나라 군대를 모두 자신들의 사병(私兵)화 했으며, 경제적으로는 자신들의 채읍(采邑)을 넓히고 많은 가신을 두고 나라의 재물을 멋대로 좌우하였다.

이러던 중 공자가 35세 되던 해(소공 25년) 팔일무(八佾舞) 사건이 발생하였고, 공자로서는 그대로 보아 넘길 수 없는 사건이 일어났다. 곧

계평자의 방자함을 참지 못한 소공이 후(郈)씨와 합세하여 무력으로 계씨를 제거하려다가 삼환씨가 합세하여 반격하는 바람에 경우 목숨만 건져 제나라로 도망한 것이다. 제경공이 소공을 도와 다시 노나라로 돌아가게 해 주려했으나 뜻대로 되지 않아 결국 소공은 7년 동안 타국에서 산 뒤 객사하고 말았다. 공자는 이런 극도의 비리를 보고 노나라에서는 자신의 정치이념을 실현할 길이 전혀 없다고 생각하고 같은 해 소공이 망명한 제나라로 갔다. 태산을 지나며 "가혹한 정치는 호랑이보다 사납다"라는 현실을 경험했다. 제나라로 가서의 행적은 확실하지 않으나 『사기』「공자세가」의 기록에 의하면 공자는 제나라로 가서 대부 고소자(高昭子)의 가신이 되어 고소자의 힘을 빌어 경공(景公)을 만났다. 이 때 경공은 공자의 말을 듣고 매우 기뻐하며 공자에게 니계(尼谿)의 땅을 떼어주고 중용하려 하였다. 그러나 여러 신하들의 반대로 결국 경공은 등용을 포기하였다. 그래서 공자는 37세 되던 해(B. C 515) 겨울에 다시 노나라로 돌아왔다(여기에는 이설이 많다). 이때부터 51세 관직에 나갈 때까지 사학에 전력을 기울였다. 그는 가르치는 데 신분 차별을 두지 않았다. 역사서에는 '제자 3천', '현자 72인(혹은 77인)' 이라고 부른다.

공자는 36세 때 제나라를 여행하면서 제나라의 음악 책임자인 태사를 만나 음악을 논하기도 하고, 순임금의 음악인 소(韶)를 듣고 크게 감동하기도 하는 등 음악 공부에 대하여 이해를 넓히는 데 성과를 얻었다. 공자가 37세 때 노나라로 돌아온 뒤 노나라의 정치는 더욱 어지러워졌다.

공자 37세 때 제자 번수(樊須: 자는 자지子遲, 노나라 사람)와, 원헌(原憲: 자는 자사子思, 송나라 사람)이 태어났다.

공자는 "40세에 자신의 인생길을 의심하지 않게 되었다. (四十而不惑)."라고 말했다. 제자 담대멸명(澹臺滅明)이 태어났다. 자는 자우(子羽)이며 노나라 무성(武城) 사람이다.

41세 때 제자 진항(陳亢)이 태어났다. 자는 자금(子禽), 진(陳)나라 사람이다.

공자가 42세 되던 해에는 노나라 소공이 제나라 간후에서 객사하여 그의 동생 정공(定公)이 그 뒤를 이었으나, 정공은 아무런 권한이 없었다. 또한 노나라 권세가인 계씨 집안도 질서가 어지러워져 실제로는 계씨의 가신인 양호(陽虎:『논어』에서는 양화陽貨)가 권력을 잡고 있었다.

43세 때 제자 공서적(公西赤)이 태어났다. 자는 자화(子華), 노나라 사람이다. 45세 때 제자 복상(卜商)이 태어났다, 자는 자하(子夏), 위나라 사람이다. 46세 때 제자 언언(言偃)이 태어났다. 자는 자유(子游), 오나라 사람이다. 47세 때 제자 증삼(曾參)이 태어났다. 자는 자여子輿, 노나라 사람이다. 제자 안행(顏幸)이 태어났다. 자는 자류子柳, 노나라 사람이다.

공자 47세 때는 양호가 계환자를 붙잡아 가두고 자기에게 충성을 맹세시키고 풀어주었다. 특히 계평자가 죽은 뒤로 모든 권력은 완전히 양호에게로 돌아갔다. 『논어』「양화」편을 보면, 양호는 권력을 잡은 뒤 공자를 자기편으로 끌어들이려고 시도하기도 하였다.

공자 48세 때 양호(陽虎)의 계략으로 노나라가 정나라를 공격했다. 공자는 벼슬에서 물러나 시서예악을 간추렸다. 제자가 갈수록 많아졌고 먼 곳으로부터 와서 가르침을 받았다.

49세 때 제자 전손(顓孫)이 태어났다. 자는 자장(子張), 진(陳)나라 사람이다.

공자는 50세에 (우주만물의 근원인) 천명을 알게 되었다. (五十而知天命)"고 말했다.

50세 때인 정공 8년에 계씨의 또 다른 가신인 공산불뉴(公山不狃)가 양호를 충동하여 반란을 일으켰는데, 이때 계평자의 뒤를 이은 계환자가 계략을 써서 이들을 쳐부수었다. 공자는 이러한 혼탁 속에서도 세상이 어지러울수록 더욱 분발하여 자신의 학문을 닦는 한편 제자들의 교육에 힘을 쏟았다. 이러한 노력 때문에 이 무렵에는 공자의 명성도 더욱 커졌고 먼 곳으로부터도 제자들이 모여들었다.

계환자가 양호를 몰아낸 다음해 (공자 51세) 공자는 노나라의 중도재

((中都宰: 지금의 산동성 문상현汶上縣 서쪽의 읍재)라는 벼슬에 올랐다. 중도를 다스리는 장관으로, 공자가 그 벼슬을 맡은 지 1년 만에 중도는 다른 고을이 모두 본받을 정도로 질서가 잡히고(『사기』) 예의와 윤리의 기틀이 잡혔다(『공자가어』).

공자 52세 때인, 노나라 정공 10년에 노나라 정공과 제나라 경공이 화평을 위해 협곡에서 회합을 하였는데, 이때 공자가 예를 돌보는 관리로 정공을 수행하였다. 여기서 공자는 정공과 경공의 사이에서 외교상의 공로를 세움으로써, 제나라는 노나라의 영지였던 세 고을을 다시 노나라에게 돌려주고 화해를 하게 되었다. 이로써 공자는 다음해에 곧 육경(六卿)의 하나로 국토를 관장하는 벼슬인 소사공(司空)에 임명되고,

53세 때 나라의 법을 다스리는 벼슬인 대사구(大司寇)에 임명되었다. 공자가 국정(國政)을 관장하자 노나라가 크게 다스려졌다.

54세 때 삼환씨의 세력을 누르고 노나라 공실의 지위를 강화하기 위하여 삼환씨의 삼도(三都)를 허물기로 하였다. 삼도란 계손씨의 비성(費城), 숙손씨의 후성(邱城), 맹손씨의 성성(成城)으로서 이 세 성을 헐어 없앤다는 것은 노나라 임금을 중심으로 한 정치적, 군사적 통일의 회복을 뜻하는 것이었다. 그런데 이 계획은 숙손씨와 계손씨에서는 이루어졌으나 맹손씨에서는 그 가신 맹의자의 반대로 실패하고 말았다. 이 밖에도 공자는 나라의 정치를 어지럽히던 대부 소정묘(少正卯)를 처단하기도 하였다. 공자는 굳은 신념과 올바른 판단을 바탕으로 사구의 직책을 수행하여 명성이 국내외에 높아졌다. 그 때문에 다시 다음 해에는 사구에 재상의 일까지 겸임하였다. 이러한 공자의 혁신정치가 효력을 나타내자 이웃한 제나라에서는 크게 경계하고 공자를 제거할 계책을 꾸민 끝에 결국 벼슬자리에서 떠나도록 만들었다.

그리하여 공자 55세 때 봄에 제나라에서는 정공과 계환자에게 악무(樂舞)에 능한 미녀 80명과 좋은 말 120필을 선물로 보냄으로써, 정공 등이 즐김에 빠져 정사를 돌보지 않고 법도에 어긋나는 행동을 자행하도록 하였다. 공자는 이를 말리다가 계씨와의 사이에 불화가 일어나 결국 벼슬자리를 떠나고 말았다.

열국을 주유하다

모든 벼슬을 버린 B. C 497년(노 정공 13년 **공자 55세**) 공자는 자신의 이상을 실현할 나라와 임금을 찾아서 국외로 망명길에 올랐다. 그 뒤 B. C 481년(노 애공 11년, 공자 68세) 노나라로 되돌아오기까지 14년 동안 공자는 여러 나라의 군주들과 만나 도덕정치의 이념으로 설득을 하였다 (『사기』의 「십이제후연표」에는 공자가 70여 나라를 돌아다녔다고 했으나 공자가 방문했던 나라 수에 대하여는 학자들 사이에 여러 의견이 있다). 그런데 어지러운 천하를 바로잡으려는 이 긴 여정에서 공자는 여러 어려움을 겪었다.

공자는 **55세 때** 노나라를 떠나 위나라에 들어가자 위령공이 그의 녹을 노나라에서 받았던 만큼 주었다. 같은 해 10월 공자는 참언의 해를 당하여 위(衛)나라를 떠나 진(陳)나라로 가다가 광(匡)땅, 지금의 하남성 장원현(長垣縣) 경계에서 양호로 오인 받아 그곳 사람들에게 위협을 받았으며, 마음을 바꿔 위나라로 다시 돌아갔다.

56세 때 위령공의 총비 남자를 만났다. 정나라 자산의 별세 소식을 듣고 눈물을 흘리며 말하기를 "그의 인애(仁愛)는 고대 현명한 정치의 유풍이었다."고 하셨다.

57세 때 위(衛)나라를 떠나 조(曹)나라를 거쳐 다시 진(陳)나라에 가려고 송나라를 지나다 큰 나무 밑에서 제자들에게 예(禮)에 대해 강론했다. 송나라의 대장군 사마환퇴가 공자를 죽이려한 일을 겪었다. 공자가 강론을 하면서 환퇴는 부패한 사람이라고 비난했기 때문이다. 공자는 위협을 피해 남루한 옷[微服]으로 갈아입고 정(鄭)나라로 갔으나 도중에 제자들을 잃어버려 송나라 사람들로부터 상가 집 개와 같다는 소리를 들었다.

노정공이 죽고 세자 장(將)이 새로 섰다. 이가 노애공(魯哀公)이다.

58세 때 공자는 다시 정나라를 떠나 진나라로 가서 사성정자(司城貞子)의 집에 머물렀다.

59세 때 위령공이 군사 진법을 묻자 완곡하게 거절하고 곧 위(衛)나라를 떠나 진나라로 가던 중 황하 부근에 이르렀을 때, 조간자(趙簡子)가 현인(賢人) 두 사람을 죽였다는 말을 듣고는 위(衛)나라로 다시 돌아왔다. 그 후에 다시 위나라를 떠나 송나라로 향하는데, 도중에 사마환퇴가 죽이려고 하자 정나라로 갔다가 다시 진(陳)나라로 향하였다. 이 해 여름에 위령공이 죽어 괴외(蒯聵)의 아들 첩(輒)을 옹립하였는데 바로 위출공(衛出公)이다.

공자는 "60세에는 무슨 말을 들어도 마음이 평온했다. (六十而耳順)."라고 말했다. 송나라를 지나 진나라로 갔다. 계환자가 죽을 때 그의 아들인 계강자에게 공자를 불러 쓰라고 유언했다. 백어가 아들(『중용』의 저자 자사子思)을 낳았다.

61세 때 공자가 섭읍(葉邑)으로 가서 섭공 심제량(沈諸梁)을 만나 정치에 대해 논했다.

63세 때 진나라에서 삼년 가량 머물다가 다시 위나라로 돌아가려고 광(匡) 땅 근처의 포(浦) 지역을 지나다가 포 땅 사람들의 방해를 받았다. 또한 공자가 진나라와 채나라 사이에 오랫동안 머물러 있다가 초나라 소왕이 공자를 초빙하였을 때, 진나라와 채나라에서는 공자가 강한 초나라로 가게 되면 큰일이라고 생각하여 군대를 동원하여 공자의 가는 길을 막았다. 그 때문에 공자 일행은 꼼짝도 못하게 된 채 양식도 떨어지고 병든 제자가 생기는 등 고생을 겪었다. 부함(負函)에 도착하여 섭공(葉公)이 예(禮)로써 대우하고 초(楚)나라의 소왕(昭王)이 공자를 중용(重用)하려 했으나 간신배들의 반대로 성사되지 않았다.

64세 때 부함을 떠나 위나라로 돌아왔다. 위정은 먼저 명분을 바로 잡아야 한다고 주장했다.

65세 때 공자는 위나라에서 계셨으며, 이 해에 오나라가 노나라를 정벌하였지만 패전하였다. 공자의 제자 유악이 참전하여 공을 세웠다.

14년간 주유한 행적은 다음과 같다. 위(衛)→광(匡)→포(浦)→위(衛)→조(曹)→송(宋)→정(鄭)→진(陳)→위(衛)→노(魯)→위(衛)→진(陳)→채(蔡)→섭(葉)→채(蔡)→성보지야(成父之野)→초(楚)→위(衛)→노(魯)

이렇게 공자의 14년간의 주유는 수많은 고난이 뒤따랐으나 한편으로
는 이미 이론과 실천을 겸한 정치가로서 명성이 높았고, 뛰어난 학문과
심오한 사상으로 많은 제자들을 거느리는 처지였으므로 찾아간 곳마다
상당한 대우를 받기도 하였다. 그러나 난세의 사람들은 공자의 사상에
한결같이 공감하고 찬동은 하면서도 도덕을 바탕으로 한 이상사회 건
설에 발 벗고 나서는 군왕은 없었다. 공자의 이상 실현을 위한 노력은
결국 당세에 성공을 거두지 못한 것이다. 그래서 진나라를 방문한 뒤에
는 스스로 탄식하면서 노나라로 돌아갈 뜻을 비쳤다.

67세 때 부인 기관씨가 별세하였다.

결국 B. C 484년(노 애공11년, **공자68세**), 계강자의 초청을 계기로 공
자는 위나라를 떠나 노나라로 돌아왔다. 이 해에 제나라 군대가 노나라
를 침략했는데, 공자의 제자 염유가 노나라 군대를 이끌고 제나라와 전
쟁을 하여 승리하였다. 그래서 계강자 염유에게 묻기를 지휘 재능이 어

디로부터 왔느냐고 하니 공자에게서 배웠다고 답했다. 그래서 계강자는 폐백으로 예를 갖추어 공자를 돌아오시라고 청한 것이었다.

만년 시기

노나라로 돌아온 공자는 국로(國老)의 대우를 받으면서 국정의 자문에 응하기도 하였다. 그러나 무엇보다도 그가 힘을 기울인 것은 전적(典籍)의 편찬과 제자 교육이었다. 당시의 제자들은 염유를 비롯하여 자공, 자로, 자유, 자하, 재여, 등이 각기 정치에 참여하여 중요한 벼슬을 하고 있었다. 이로 보아 공자의 학문은 노나라뿐만 아니라 가까운 외국에까지도 상당한 세력으로 퍼져나가고 있었음을 알 수 있다. 그러나 공자는 자신의 이상이 실현된다는 것은 요원하다는 판단을 하고 있었고 그 이상을 후세에 전해 실현하지 않으면 안 된다고 믿었다. 따라서 공자는 먼저 후세에 전할 전적으로서 육경(六經)을 편정하고 그것을 통하여 자신의 이상을 후세 사람들에게 교육하려하였다. 육경이란 『시경』 『서경』 『역경』 『예기』 『악경』 『춘추』의 여섯 가지 유가의 기본 경전을 말한다. 이들 육경은 앞서간 사람들의 정치, 사회, 문화, 사상, 생활 등에 관한 여러 가지 지식을 획득하는 한편 올바른 성정을 닦고 인격을 수양하는 데 큰 무게를 두었던 유가의 기본 경전이다. 공자의 교육은 비교적 성공적이어서, '제자가 3천명'(『사기』「공자세가」)이라 한 것도 이 무렵이었다. 이때 제자들 중에는 뛰어난 인재들이 많아 노나라를 중심으로 하여 그 밖의 여러 나라에서도 눈부신 활약을 했으므로 스승인 공자도 높은 명성과 대우를 받았다. 그러나 개인적으로는 불행이 거듭되었다.

69세 되던 해 외아들 리(鯉, 자는 백어(伯魚))가 50세의 나이로 먼저 죽었다. 공자가 어린 손자를 키웠다. 그의 손자인 자사(子思)는 훗날 공자의 뛰어난 제자 가운데 한 사람인 증자를 스승으로 모시고 그의 문하에서 배워 조부인 공자의 사상과 학맥을 훌륭히 이어 나갔다.

"일흔 살에는 마음이 하고자 하는 대로 따라도 법도를 넘어서지 않게 되었다 (七十而从心所欲 , 不逾矩)" 라고 말했던 공자 70세 때는 공자가 가장 사랑하고 기대를 걸었던 제자 안연(顔淵)이 죽었다. 공자는 이때, "아! 하늘이 나를 버리셨구나. 하늘이 나를 버리셨구나! (噫! 天喪予! 天喪予! 『논어』「선진」편)!" 라고 통곡하였다. 공자에게 안연의 죽음은 큰 충격이었으며 절망에 가까운 슬픔을 안겨주었다.

다시 그 다음 해인 B. C 481년(노애공 14년, **공자 71세 때**) 노나라 역사책인 『춘추(春秋)』를 저술하였다. 봄에 노나라 서쪽에서 기린이 잡혔다. 기린은 예로부터 어진 짐승으로서 훌륭한 임금에 의해 올바른 정치가 행해지면 나타나는 것으로 알려져 있었다. 난세에 잘못 나와 어리석은 인간들에게 잡힌 기린을 보고, 공자는 자신의 운명에 비추어 슬퍼하였으며, 『춘추』의 저술도 이 '서수획린(西狩獲麟)에서 끝맺고 있다. 6월에 제나라 진항이 제간공을 시해하였다. 이에 공자는 노애공과 삼환에게 노나라가 출병하여 진항을 토벌하자고 건의하였으나 지지를 받지 못했다.

그 다음 해 (공자 72세)에는 오랜 제자로 깊은 애정을 지니고 있던 자로가 벼슬하고 있던 위나라에서 내란에 휩쓸려 전사했다.

이러한 겹친 불행을 겪고서 B. C 479년(노 애공16년 **공자 73세**) 4월 11일 기축일 공자는 일생을 마쳤다. 공자가 서거하자 노나라 애공도 공자의 그 높은 덕을 추모하는 뇌문(誄文)을 지어 보냈는데, 공자를 '니보(尼父)'라고 존칭했다. (『사기』)『예기』「단궁」을 보면, 공자는 자신이 세상을 떠나기 칠일 전에 죽음을 예견하고 있었다. 공자는 아침 일찍 일어나 뒷짐을 지고 지팡이를 끌고 문 앞을 거닐면서 "태산이 무너지려 하도다, 들보가 부러지려 하도다, 철인이 시들어지려 하도다!"라고 읊었다. 그리고 방으로 들어가서 제자들에게 자신의 죽음에 대해 이야기하고 칠일 후에 돌아가셨다고 써져있다. 노나라 성 북쪽의 사상(泗上)에 장사지냈는데, 오늘날의 곡부(曲阜)이며 이곳을 공림(孔林)이라 부른다.

공자의 제자들

　공자가 돌아가신 후 그의 제자들은 증자를 상주로 하고, 부모의 장례에 준하는 예로써 그의 묘소 앞에서 3년상을 마친 뒤, 각자 고향에 돌아가 후학을 양성하였다. 자공은 홀로 6년간 공자의 묘를 지켰다.

　이후 증자의 문인들과 그 제자이자 공자의 손자인 자사의 문인들, 자사학파에서 갈려 나온 맹자의 학파, 자궁(子弓)의 학파, 자궁의 학파에서 분파된 순자(荀子)의 학파가 크게 융성하였다. 이후 유학의 사상은 인간의 본성은 선하므로 교육을 통해 선한 본성을 보존하는 데 힘을 쏟아야 한다는 맹자의 성선설과, 인간의 본성은 악하므로 예로써 악한 본성을 억제하여야 한다는 순자의 성악설로 나뉘어 발전하게 된다.

　『사기』「공자세가」에는 공자의 제자 수가 3천명이었는데, 그 중 육예(六藝)에 통달한 사람이 72명이었다고 기록하고 있다. 같은 책의「중니제자열전」에는 공자로부터 학문을 전수 받아 이에 통달한 제자가 77명이었다고 하였다. 이밖에 『맹자』「공손추」, 『대대례』「위장군문자」, 『회남자』「요략」, 『한서』「예문지」 등에 모두 공자의 제자 수를 70명이라 하고 있다. 『사기』「중니제자열전」이나 『공자가어』「제자해」 등에 이름이 기록되어 있는 이들은 모두 80명 정도이다. 『논어』에는 27명의 이름이 보이는데,「선진」편에는 이른바 공문 사과(孔門四科)의 십철(十哲)로서 안연, 민자건, 염백우, 중궁, 재여, 자공, 염유, 자로, 자유, 자하를 들었다. 공자는 하은주 삼대의 문물제도를 집대성하고 체계화해서 유교사상을 확립시켰다. 그는 어릴 적부터 부지런히 배우고 낱낱이 익혀 드디어는 인사백반(人事百般)에서 우주 진리에 이르기까지 통달하지 않은 것이 없었다. 자기 수양을 하여 남을 편안히 한다(수기안인:修己安人)는 신념으로 정치에 뜻을 두었으나 결국 이상을 실현하지 못했으며, 만년에 조국 노나라로 돌아온 이후에는 『시경』 『서경』 『역경』 등 전적 편찬과 제자 교육에 열중하였다. 그를 만세의 스승이라고 일컫는 것은 교육자로서의 위대함을 기리는 동시에 그가 남긴 가르침이 실천 도덕에 바탕을 둔 인류의 영원한 생활 지표가 되기 때문이다. 공자는 인의 실천에 바탕을 둔 개인적 인격의 완성과 예로 표현되는 사회 질서의 확립을 강조했으며 궁극적으로는 도덕적 이상 국가를 지상에 건설하는 것이 목표였다. 만년에 공들여 육경을 편정(編定)한 것은 후세에 그의 이상을 전하고 이를 실현하려는 노력이었으며 3천여의 제자를 가르친 것 또한 지칠 줄 모르는 인간애의 발로라고 할 수 있다. 경험할 수 없는 일에 대해서는 단정하기를 꺼린 공자는 철저한 현실주의자로 그의 사상 또한 실천을 전제로 한 도덕이 핵심을 이루고 있고 교육 방법도 현실적인 가치체계를 중요시하였다. 그의 교과목은 예악사어서수(禮樂射御書數) 등 육예로서, 이 육예에 통달해야 군자라 할 수 있고 완인(完人) 전인(全人)이라 할 수 있었으며, 제자 중에는 72명이 이에 해당한다고 하였다.

공자의 이상과 사상은 『논어』에 그대로 표현되어있다. 공자의 가르침은 그의 생시에는 실행되지 못하였고, 사후에 제자들이 각지에 전파하였으나 제자백가가 일어남에 따라 교세가 약해졌다. 이를 다시 일으킨 이는 맹자였으며, 또 전국시대 말기에 순자도 이를 계승하였다. 그후 한나라의 무제가 유교를 국교화 함으로써 공자의 지위는 부동의 것이 되었고 이후 2천여 년 간 동양의 사상계를 이끌어왔다.

738년 당 현종은 공자를 왕으로 추봉하여 문선왕(文宣王)의 시호를 내렸다. 1008년 송 진종은 시호 지성(至聖)을 추시하여 지성문선왕(至聖文宣王)이 되었다. 원나라에 와서는 대성지성문선왕(大成至聖文宣王)이 되었다. 명나라 건국 이후에는 지성선사(至聖先師)라는 다른 별칭도 수여되었다. 1645년 대성지성문선선사(大成至聖文宣先師)의 칭호가 수여되었다. 이렇게 후세의 제왕들도 공자의 봉작을 계속 높여, 왕(王)과 성(聖)의 칭호로 올림으로써 지극히 존숭 받게 되었으며, 각지에 '공묘(孔廟:文廟)'가 세워져 춘추로 석전을 받들고 있다. 우리나라에서도 양력5월 11일(돌아가신 날)과 9월 28일(태어나신 날)에 성균관과 전국의 향교에서 석전을 봉행하고 있다. 한편 공자의 후예는 중국에서 연성공(衍聖公)에 봉해져 세전(世傳)되고 있다.

(이상은 인터넷 「성균관」에서 얻은 자료를 기초로 하고 역자가 중국 인터넷상의 공자연보 관련 자료들을 참고하여 수정하거나 첨삭 보충한 것입니다)

남회근 선생 약력

남회근(南懷瑾) 선생은 1918년 중국 절강성 온주(溫州)에서 태어났다. 어릴 적부터 서당식 교육을 받아 17세까지 사서오경 제자백가를 공부하였다. 절강성성립국술원에 입학하여 2년간 무술을 배웠고 문학 서예 의약 역학 천문학 등도 두루 익혔다. 1937년 국술원을 졸업하였다. 그 후 중앙군관학교 교관직을 맡았으며, 금릉(金陵)대학 대학원에서 사회복지학을 연구하였다.

25세 때인 1942년에 스승인 원환선(袁煥仙) 선생이 사천성 성도(成都)에 창립한 유마정사(維摩精舍)에 합류하여 의발제자가 되었다. 1942년부터 1944년까지 3년간 사천성 아미산 중봉에 있는 대평사(大坪寺)에서 폐관 수행하며 팔만대장경을 완독하였다. 28세 때인 1945년 티베트 밀교의 여러 종파의 고승들을 참방하고 밀교 상사로 인가 받았다. 그 후 운남(雲南)대학과 사천(四川)대학에서 한동안 강의하였다.

30세 때인 1947년 고향에 돌아가 『사고전서(四庫全書)』와 『고금도서집성(古今圖書集成)』 등을 읽었다.

1949년 봄에 대만으로 건너가 문화(文化)대학 보인(輔仁)대학 등 여러 대학과 사회단체에서 강의하며 수행과 저술에 몰두하였다. 또 노고문화사업공사(老古文化事業公司)라는 출판사를 설립하고 불교연구단체인 시방(十方)서원을 개설하였다. 2006년 이후 대륙의 강소성 오강의 태호대학당(太湖大學堂)에서 머물며 교육문화 연구 등의 활동을 해오던 중 2012년 9월 29일 95세를 일기로 세상을 떠났으며, 다비 후 온전한 두개골과 혀 사리 등을 남겼다. 그 사리의 사진은 역자 편역의 『나무아미타불이 팔만대장경이다』 책 앞날개에 실려있다.

『논어별재』 등 저술이 60여종에 이른다. 좀 더 자세한 소개는 마하연 출판 『생과 사 그 비밀을 말한다』의 부록 「저자 소개」와, 『중용 강의』 부록의 「남회근 선생의 간단한 연보」를 참조하기 바란다.

번역자 송찬문(宋燦文)

1956년생으로 금융기관에서 20년 근무하였다. 대학에서 중어중문학을 전공했으며 1990년 대만담강대학 어학연수, 1991년 대만경제연구원에서 연구하였다. 1998년 이후 유불도 삼가 관련 서적들을 번역중이다. 번역서로는 남회근 선생의 『논어 별재』, 『생과 사 그 비밀을 말한다』, 『선정과 지혜 수행입문』, 『원각경 강의』등이 있으며, 편역 저서로는 『21세기 2천자문』, 『삼자소학』, 『그림으로 배우는 한자 첫걸음』, 『나무아미타불이 팔만대장경이다』가 있다.

다음카페 홍남서원 (http://cafe.daum.net/youmawon)

e-mail : youmasong@naver.com

마하연의 책들

1. **나무아미타불이 팔만대장경이다** 송찬문 편역 (제2증보판)

참선법문과 염불법문은 어떻게 다른가? 나무아미타불의 심오한 의미는 무엇인가? 극락세계는 어떤 곳인가? 왜 염불법문이 뛰어난가? 등 염불법문의 기본교리를 이해하도록 이끌어 준다.

2. **생과 사 그 비밀을 말한다** 남회근 지음, 송찬문 번역 (제4판)

생사문제를 해설한 기록으로 사망에 대해서부터 얘기를 시작하여 사람의 출생을 설명한다. 인간의 정상적인 생명의 윤회환생 변화를 기준으로 말한 것으로, 불법의 원리에서 벗어나지 않지만 종교의식에 물들지 않고 순수하게 생명과학의 입장에서 한 상세한 설명이다. 진귀한 자료로서 자세하고 명확하여 독자의 마음속에 있는 적지 않는 미혹의 덩어리를 풀어준다.

3. **원각경 강의** 남회근 지음, 송찬문 번역

원각경은 인생의 고통과 번뇌를 철저히 해결해주는 경전으로서, 어떻게 수행하여 성불할 것인가를 가리켜 이끌어 주는 경전이다. 남회근 선생의 강해는 쉽고 평이하면서도 어떻게 견성할 것인가와 수행과정에서의 문제들을 분명히 가려 보여준다. 참선을 하려거나 불교를 연구하고자 하는 사람이 반드시 보아야 할 책이다.

4.. **논어 별재 (상, 하)** 남회근 지음, 송찬문 번역
논어로 논어를 풀이함으로써 지난 2천년 동안 잘못된 해석을 바로잡은 저자의 독창적인 견해가 담긴 대표작이다. 동서고금과 유불도 제자백가를 넘나들면서 흥미진진한 강해를 통해 고유문화의 정수를 보여주어 현대인들로 하여금 전통문화를 이해하게 하고 나아가 미래를 창조하게 하는 교량 역할을 한다.

5. **역사와 인생을 말한다** 남회근 지음, 송찬문 번역 (제3판)
논어별재(論語別裁), 맹자방통(孟子旁通), 노자타설(老子他說) 등 남회근 선생의 여러 저작들 가운데서 생동적이며 유머가 있고 뛰어난 부분들을 골라 엮은 책으로 역사와 인생을 담론하고 있다

6. **선(禪)과 생명의 인지 강의** 남회근 지음, 송찬문 번역 (제2판)
생명이란 무엇일까요? 당신의 생명은 무엇일까요? 선은 생명 가운데서 또 어떠할까요? 당신은 자신의 지성(知性)을 이해합니까? 당신은 자신의 생명을 장악할 수 있습니까? 범부를 초월하여 성인의 영역으로 들어가고 싶습니까? 그 가장 빠른 길은 무엇일까요? 등, 선과 생명과학과 인지과학에 대한 강의이다.

7. **선정과 지혜 수행입문** 원환선 남회근 합저, 송찬문 번역
원환선 선생과 그 문인인 남회근 선생이 지관수정(止觀修定)에 대하여 강의한 기록을 모아 놓은 책이다. 선 수행자나 정토 수행자에게 올바른 지견과 진정한 수행 방법을 보여 주는 것으로 초학자에게 가장 적합하다.

8. **입태경 현대적 해석** 남회근 지도, 이숙군 역저, 송찬문 번역
사람이 모태에 들어가기 전에 자기의 부모를 인식할까요? 모태에 있을 때 어떤 과정을 거칠까요? 모태에 있을 때 교육을 받아들일 수 있을까요? 모태에 있을 때 심신은 어떻게 변화할까요? 이런 문제 등을 논술하고 있는 입태경은 인간 본위의 생명형성의 심신과학을 내포하고 있으며 범부를 뛰어넘어 성자가 되는 관건을 언급하고 있음에도 1천여 년 동안 마땅한 중시를 받지 못했습니다. 그래서 저자는 남회근 선생의 치밀한 지도 아래 입태경을 현대의학과 결합하는 동시에 전통 중의학 개념과도 일부 결합하여 풀이합니다. 태교부분에서는 3천여 년 전부터 현대까지를 말하면서 동서의학의 태교와 태양의 정화를 융합하고 있습니다. 그러므로 이 책은 부모 되는 사람은 읽지 않으면 안 되며 심신과학에 흥미가 있는 사람이라면 더욱 읽어야 합니다.

9. **장자 강의 (내편) (상, 하)** 남회근 강술, 송찬문 번역 (제2판)

장자 내7편에 대한 강해이다. 근대에 많은 학자들이 관련된 주해나 어역(語譯)이나 주석 같은 것들을 참고로 읽어보면 대부분은 문자적인 해석이거나 다른 사람의 주해를 모아 논 것일 뿐 일반 독자들의 입장에서 보면 사실 그 속으로부터 이익을 얻기가 어렵다. 남회근 선생은 청년 시기에 이미 제자백가의 학문을 두루 연구했고 30대에는 경전 도법(道法)에 깊이 들어가 여러 해에 걸쳐서 몸소 힘써 실제 수증하였다. 그러므로 그의 장자강해는 경사자집(經史子集)에서 노닐고 있다. 또 통속적인 말로써 깊은 내용을 쉽게 풀어내서 독자 청중을 위하여 문을 열어주고 있다. 남선생의 강의가 따로 일가의 품격을 갖췄다고 일컫더라도 과분한 칭찬이 되지 않을 것 같다.

10. **능엄경 대의 풀이** 남회근 술저, 송찬문 번역 (증보판)

옛사람이 말하기를 "능엄경을 한 번 읽은 뒤로부터는 인간세상의 찌꺼기 책들을 보지 않는다" 고 했듯이, 이 경은 우주와 인생의 진리를 밝히는 기서(奇書)이며, 공(空)의 이치를 깨달아 들어가는 문이자, 단계적인 수행을 거쳐 최후에 부처의 과위에 이르기까지 거울로 삼아야 할 경전이다. 옛날부터 난해하기로 이름난 이 경전을 현대적 개념으로 대의만 풀이했다.

11. **유마경 강의 (상, 중, 하)** 남회근 강술, 송찬문 번역

어떤 사람은 말하기를, 유마경을 조금 읽고 이해하고 나면 마음의 크기가 자기도 모르는 사이에 확대되어서, 더 이상 우리들이 생활하는 이 사바세계에 국한하지 않고, 동경하는 정토세계에도 국한하지 않으며, 무한한 공간에까지 확대될 것이라고 합니다. 또 어떤 사람은 말하기를, 이 경전은 온갖 것을 포함하고 있어서 당신이 부처님을 배우면서 어떻게 해야 할지 모를 때에는 당신에게 줄 해답이 본 경전에 들어있으며, 당신이 사리(事理)를 이해하지 못할 때에는 당신에게 줄 해답도 본 경전에 들어있다고 합니다. 남회근 선생이 1981년에 시방서원에서 출가자와 불교도를 위주로 했던 강의로 수행방면에 중점을 두었기 때문에 일반적인 불경강해와는 다르다. 유마경은 현대인들에게 원전경문이 너무 예스러운데 남선생은 간단명료한 말로써 강해하였기에 독자들이 이해하기 쉽다.

12. **호흡법문 핵심 강의** 남회근 강의, 유우홍 엮음, 송찬문 번역 (증보판)

남회근 선생은 석가모니불이 전한 가장 빠른 수행의 양대 법문이 확실하고

명확함을 얻지 못한 것이 바로 수행자가 성공하기 어려웠던 주요 원인이라고 보고 최근 수년 동안 남선생님은 수업할 때 항상 '달마선경(達磨禪經)' 속의 16 특승안나반나(特勝安那般那)법문의 해설과 관련시켰다. 이 책은 남회근 선생님의 각 책과 강의기록 속에 여기저기 흩어져 보이는 안나반나 수행법을 수집 정리하여 책으로 모아 엮어서 학습자가 수행 참고용으로 편리하도록 한 것이다.

13. **중용 강의** 남회근 지음, 송찬문 번역
자사(子思)가 『중용(中庸)』을 지은 것은 증자의 뒤를 이어서 「곤괘문언(坤卦文言)」과 『주역』「계사전(繫辭傳)」으로부터 발휘하여 지은 것입니다. 예컨대 『중용』이 무엇보다 먼저 제시한 '천명지위성(天命之謂性)'으로부터 '중화(中和)'까지는 「곤괘문언」에서 온 것입니다. 이런 학술적 주장은 저의 전매특허입니다." 남회근 선생의 강해는 '경문으로써 경문을 주해하고[以經註經]', 더 나아가 '역사로써 경문을 증명하는[以史證經]' 방법으로 『중용』을 융회관통(融會貫通)하고 그 심오한 의미를 발명하여 보여주고 있다.

14. **도가 밀종과 동방신비학** 남회근 지음, 송찬문 번역
본서의 각 편은 비록 남선생님의 40여 년 전의 저술이지만, 오늘날 다시 읽어보면 그 문자가 간략하면서 내용이 풍부하고 조리가 분명하여 사람들로 하여금 밀종과 각 방면에 대해서 마음이 확 트이는 느낌을 갖게 합니다. 문화를 배우고 밀법(密法)을 배우고 불법을 배우는 독자들에게 이 책은 아마 없어서는 안 될 것으로 여겨도 될 것입니다.

15. **중의학 이론과 도가 역경** 남회근 지음, 송찬문 번역
강의 내용은 중의학의 여러 문제들을 탐구 토론한다. 음양(陰陽)·오행간지(五行干支)·팔괘(八卦) 등은 본래 후인들이 중의학에다 끼워 넣은 것이니, 음양의 보따리를 내버리고 구체적이며 이해하기 쉬운 방식으로 설명하여 중의학의 특수 기능을 발휘하자며, 적극적으로 제시하기를, "만약 사람마다 활자시(活子時)와 기경팔맥(奇經八脈)의 도리를 파악하여 일련의 새로운 침구(針灸) 법칙을 연구해내고, 한 걸음 더 나아가 불교 유식학(唯識學) 중의 '의식(意識)' 연구와 배합할 수 있다면, 병 상태를 판단하고 치료하는 데 대해 진일보하는 돌파가 될 수 있다."고 한다. 모두 14강의 내용 중에서 학술 이론적 탐구 토론 분석 이외에도 중의약의 실제 응용, 그리고 양생수양 방면에 대해서 발휘하고 실례를 해설하는 것도 많기에 내용이 극히 풍부하다. 수행자를 위한 의학 입문서이기도 하다.